JEAN-JACQUES ROUSSEAU

KULTURKRITISCHE UND POLITISCHE SCHRIFTEN

in zwei Bänden

Herausgegeben
von Martin Fontius

1

JEAN-JACQUES ROUSSEAU

KULTURKRITISCHE UND POLITISCHE SCHRIFTEN

in zwei Bänden

1

RÜTTEN & LOENING
BERLIN

Aus dem Französischen übersetzt von
Karlheinz Barck, Brigitte Burmeister, Rolf Geißler,
Heinz Hohenwald, Lore Judt, Joachim Meinert,
Henning Ritter und Vincent von Wroblewsky

VON AKADEMISCHEN PREISSCHRIFTEN ZU VERFASSUNGSENTWÜRFEN – ROUSSEAUS AUSEINANDERSETZUNGEN MIT DER GESELLSCHAFT

I

»Von der Parteien Gunst und Haß verwirrt, schwankt sein Charakterbild in der Geschichte.« Für den »citoyen de Genève« gilt das Schillersche Wort unvermindert bis in unsere Tage. Wie kein zweiter Autor des Jahrhunderts der Aufklärung ist Rousseau, dessen Denken in der europäischen Geistesgeschichte eine strategische Position einnimmt, ein Gegenstand vehementer Auseinandersetzungen geblieben.

»Rousseau ist ein Fanatiker, der stärkste Fanatiker, den das französische achtzehnte Jahrhundert vor der Revolution aufzuweisen hat … Bis auf den heutigen Tag sind seine Schriften Vorbild und Fundgrube fanatischer Politiker aus sehr verschiedenen Lagern.« Zu dieser Auffassung gelangte Victor Klemperer, der nachmalige Autor von *LTI*, im vierten Jahre der Naziherrschaft. Ein Opfer des Faschismus also, das zwischen Rousseau und den Verbrechen in Hitlerdeutschland einen Zusammenhang sieht. Und selbst am Ausgang der fünfziger Jahre, als er die Arbeit an seiner *Geschichte der französischen Literatur im 18. Jahrhundert* mit dem Rousseau gewidmeten Band fortsetzen und ihn publizieren konnte, hat Klemperer von dieser Auffassung nichts zurückgenommen.

»Rousseau war der bedeutendste Theoretiker und politische Ideologe des revolutionären Kleinbürgertums und der plebejischen Schichten vor der Französischen Revolution«, versichert dagegen das 1982 im Dietz-Verlag, Berlin, erschienene *Philosophenlexikon*. Es kommt allerdings um den einschränkenden Zusatz nicht herum: »Nicht wenig skeptische und selbst mystische Züge finden sich … in jenen Schriften Rousseaus, die unmittelbar den Menschen und seine Schicksale zum Gegenstand haben.« Zwei epochemachende Werke, der Roman *Julie ou la Nouvelle Héloïse* von 1761 und die postum erschienene Autobiographie *Les Confessions*, geraten hier »als Ausgangspunkt einer bis in die Gegenwart reichenden konservativen bürgerlichen Rousseau-Interpretation« in bedenkliches Zwielicht. Nun ist bekannt, daß die Informationen von Lexika nicht immer auf der Höhe der Zeit stehen. Aber müssen sie Aussagen enthalten, die auf einem seit einem halben Jahrhundert überholten Forschungsstand beruhen?

Schon 1960 war der Frankfurter Politikwissenschaftler Iring Fetscher in seinem Buch *Rousseaus politische Philosophie*, das mit dem Vorsatz geschrieben wurde, »das uralte Klischee vom ›revolutionären Denker‹ zu zerstören«, zu der entgegengesetzten Deutung gelangt: »Rousseau ... ein traditionalistischer Moralist, der die verheerenden Folgen der entfesselten Konkurrenzgesellschaft erkennt und durch politische und pädagogische Mittel ihren ›Fortschritt‹ zu verlangsamen versucht.« Fetschers Analysen, in Frankreich begrüßt als »bestes Buch in deutscher Sprache über das politische Denken Rousseaus« (Michel Launay 1968), stützen sich auf die einschlägigen Arbeiten Rousseaus, die allgemein staatsrechtlichen, die geschichtsphilosophischen und die für besondere Verhältnisse bestimmter Länder geschriebenen Werke. Sie mögen den »konservativen Charakter« von Rousseaus Werk entschieden zu einseitig akzentuieren – seine radikale Absage an die sich entwickelnde Bourgeoisgesellschaft kommt dadurch nur schärfer zur Geltung.

Lassen wir zum Abschluß, wie es sich gehört, noch einen gebürtigen Schweizer zu Worte kommen. So urteilt der in Marburg als Romanist tätige Hermann Hofer 1987: »Rousseau, der größte Tränenvergießer und Tränenlieferant des 18. Jahrhunderts, wirksamster Drogenfabrikant der Weltliteratur ...« Scheinbar handelt es sich hier um einen Rückfall in die Jahre jener wüsten Rousseau-Feindschaft, die am Beginn unseres Jahrhunderts in Frankreich die Diskussion beherrschte. Hofers These, daß die Verbreitung des Bildes vom »edlen Wilden« in Europa der Erkenntnis der brutalen Sklavenwirtschaft in den Kolonien behindernd im Wege gestanden habe, ist indes ernst zu nehmen, auch wenn die pauschale Schuldzuweisung an Rousseau nicht überzeugen kann.

Symptomatisch für diese einander widersprechenden Aussagen über den gleichen Autor ist nicht nur die Tendenz zur polemischen Tonart, zu der Rousseaus Werke immer wieder provozieren und der natürlich eine massive Rousseau-Apologetik in zahlreichen anderen Untersuchungen gegenübersteht. Ebenso bezeichnend ist, wie die Urteile über einen Autor des 18. Jahrhunderts mit den drängenden Problemen des 20. Jahrhunderts verkoppelt werden: erscheint Rousseau in Klemperers Verdikt in die politische Totalitarismusdiskussion verwickelt, die seit den dreißiger Jahren in Westeuropa und den USA gegen die faschistischen Diktaturen und den Stalinismus aufkam, wird er bei Fetscher als Kronzeuge für eine Strategie der »Verlangsamung des Fortschritts« entdeckt, mit der der aktuellen Krise des ökologischen Systems zu begegnen sei, während die ungeheuren Schwierigkeiten der Dritten Welt einen Hofer heute veranlassen, Rousseaus Naturmenschen mit der Geschichte des Kolonialismus zu konfrontieren.

Solche Wirkung haben nur Autoren von welthistorischem Range. Und wenigstens in diesem Punkte herrscht seit langem eine Meinung: der Verfasser der kulturkritischen Akademieabhandlungen und des *Emile*, des Briefromans *Julie* und des *Gesellschaftsvertrages* gehört zu ihnen. Jedes dieser Werke war, als es erschien, bahnbrechend auf seinem Gebiet. Das Ensemble dieses unvergleichlichen Lebenswerkes ist in wenig mehr als einem Jahrzehnt ans Licht getreten. Der ungewöhnlich dichten Folge des Erscheinens seiner Werke ist sich Rousseau selbst früh bewußt gewesen. Am 23. Dezember 1761 schreibt er in einem Brief an den befreundeten Roustan: »Loben Sie mich für eine einzige Sache ... nämlich etwas Talent gehabt und mich nicht beeilt zu haben, es zu zeigen, das ganze Feuer der Jugend erlebt zu haben, ohne zu schreiben ... die Feder mit vierzig Jahren ergriffen und sie vor dem fünfzigsten Jahr niedergelegt zu haben ...«

Der Widerstreit der Urteile, den die Stichworte »Drogenfabrikant«, »Moralist« und »Fanatiker« verdeutlichen, hat eine lange Tradition, und die Frage nach der inneren Einheit in Rousseaus Werk hat die Forschung des 20. Jahrhunderts vielfach behandelt.

Sie griff damit auf Überlegungen zurück, die Rousseau selbst schon beschäftigt hatten, wenn er wiederholt sein gesamtes Schaffen als kohärentes System ohne Widersprüche bezeichnete. So veröffentlichte aus Anlaß seines 200. Geburtstages im Jahre 1912 Gustave Lanson, der damals führende Literarhistoriker Frankreichs, den Aufsatz *L'Unité de la pensée de Jean-Jacques Rousseau.* Inzwischen wird die spannungsvolle Einheit des Rousseauschen Œuvre nicht mehr ernsthaft in Zweifel gezogen.

Dennoch läßt sich nicht übersehen, daß gerade aus der Orientierung der Forschung auf die innere Logik der Gedankenentwicklung neue Probleme erwuchsen. Indem man den 1762 erschienenen *Contrat social* zum »Schlußstein« in Rousseaus Entwicklung als Denker erhob, sanken nicht nur die zeitlich später liegenden Verfassungsentwürfe für Korsika und Polen zu Nebenprodukten herab. Auch die *Briefe vom Berge*, die große Verteidigungsschrift des *Gesellschaftsvertrages* und des *Emile*, blieben außerhalb des Interessenhorizonts. Vor allem aber wurde die innere Folgerichtigkeit im Schaffen Rousseaus damit immer schwerer verständlich. Denn losgelöst von dem Verbot seiner Schriften und der Verfolgung seiner Person seit 1762, muß die Zuwendung Rousseaus zu seinen individuellen Erfahrungen und zu autobiographischen Arbeiten als ein gravierender Bruch in seinem Lebenswerk erscheinen, als Rückzug in eine Sphäre unverbindlicher Subjektivität. Ein wirkliches Verständnis Rousseaus wird darum beide Seiten umspannen müssen, den großen Kulturkritiker, Ethiker, Rechtsphilosophen und den Verfasser des einstmals tränenentfesselnden Romans *Julie* und der Enthüllungen seiner *Bekenntnisse.*

Die einmal getroffene Entscheidung für das vereinzelte Individuum als Träger der Zukunft, als Träger einer neuen gesellschaftlichen Ordnung wird durch den Zyklus von autobiographischen Schriften in Rousseaus Spätwerk jedenfalls nicht in Frage gestellt. Vielmehr schließt dieses Spätwerk nach Rousseaus eigener Auffassung sogar eine Lücke in seinem gedanklichen System. Bei der grundlegenden Unterscheidung zwischen dem natürlichen Menschen, wie er aus den Händen der Natur hervorging, und dem egoistischen Menschen als Produkt der Vergesellschaftung war die Frage nach der Existenz des natürlichen Menschen von Rousseau zunächst als eine rein hypothetische Annahme hingestellt worden. Mit der Lebensbeichte der *Confessions* dagegen beanspruchte er nicht weniger, als für die Mit- und für die Nachwelt das »einzige exakt nach der Natur und in seiner ganzen Wahrheit gemalte Menschenporträt« geschaffen zu haben, das es gebe und wahrscheinlich jemals geben werde.

Ganz im Innern glaubte der seit 1757 in wachsender Isolation von der Gesellschaft lebende Rousseau, dem Menschen einer anderen Zeit auf der Spur zu sein. »Mit einem Wort«, heißt es in diesem Sinne in dem wenige Jahre vor seinem Tod geschriebenen Dialog *Rousseau juge de Jean-Jacques*, »es war notwendig, daß ein Mensch sich durch sich selbst malte, um uns auf diese Weise den ursprünglichen Menschen zu zeigen.« Die Auseinandersetzung mit der Gesellschaft ist von Rousseau also bis in die eigene Subjektivität getragen worden. Den Rückzug aus der Gesellschaft erlebte er als Befreiung von Entfremdungszwängen. Ein Bewußtsein von der Besonderheit, ja Einzigartigkeit seiner Person, das gelegentlich an Megalomanie grenzt, gehört mit zum Charakterbild dieses Mannes. In dem Aufsatz *Rousseau et la dissemblance* (1980) hat Roland Mortier die Ausprägung des Gedankens vom radikalen Anders-als-alle-anderen-Sein »eine fast ontologische Idee« genannt.

Am Anfang einer 1764 geschriebenen Skizze zu den *Bekenntnissen* heißt es: »... da ich mich früh als eine Art von besonderem Wesen fühlte.« Die Berufung auf das totale Anderssein dient aber schon 1757 dazu, den Bruch mit den Freunden in Paris zu begründen. »Keiner versteht sich an meine Stelle zu setzen«, schreibt Rousseau in einem Brief an Grimm vom 26. Oktober, »keiner will sehen, daß ich ein besonderes Wesen bin, das nicht den Charakter, die Grundsätze, die Hilfsquellen der anderen besitzt und das nicht nach ihren Regeln zu beurteilen ist.« Anders als für uns, denen Rousseau primär durch seine Werke und deren Wirkungen lebendig ist, muß der »citoyen de Genève« denen, die mit ihm zusammenlebten, als ein Exzentriker, ja als ein seltsamer Heiliger erschienen sein. Denn das Gefühl seiner Einzigartigkeit äußerte sich auch dahin gehend, daß sich der Mensch Rousseau mit seinem Widerspruch stets schuldlos fühlen durfte, wann immer er gefehlt hatte: sein Gewissen war bei solchen Prüfungen nur geschärft worden. Und ein Bekenntnis war für Rousseau stets gleichbedeutend mit Absolution.

Im Ergebnis der reinigenden Selbstbeobachtung war so ein Bewußtsein moralischen Besserseins entstanden, zu dem sich Rousseau ziemlich ungeniert bekannte. Nicht nur in einem Brief an Madame d'Houdetot, die als Vorbild für »Julie« gilt, heißt es am 2. November 1757: »Oh! wenn ich ein schlechter Kerl bin, so ist das ganze Menschengeschlecht gemein! Man zeige mir einen bessern Menschen als mich! Man zeige mir eine stärker liebende Seele ...« Auch in dem Brief vom 4. Januar 1762 an den Zensurchef Malesherbes bekennt Rousseau: »Ich werde ... in der festen Überzeugung sterben, daß von allen Menschen, die ich in meinem Leben kennenlernte, keiner besser war als ich.«

So bedeutsam die Aufwertung des Singulären und Individuellen für die Geschichte der Literatur und des ästhetischen Denkens im 18. Jahrhundert geworden ist – die berühmt-berüchtigten Eingangssätze der *Bekenntnisse* sind ohne diese Vorgeschichte nicht denkbar –, den Freunden wie Diderot dürften eher die fatalen Folgen von so viel Selbstgerechtigkeit vor Augen gestanden haben. »Das Gefühl der Vorzüglichkeit«, lautet der entscheidende Passus in Mortiers Analyse, »steht vor einer Alternative, sobald es mit dem Urteil der anderen in Konflikt gerät: Entweder es bricht zusammen vor der Evidenz einer vom Rest der einzelnen Gruppe angenommenen Schuld, oder es verstärkt sich noch, aber diesmal auf Kosten der anderen, die a priori für ›böse‹ und gehässig gelten. Das Bewußtsein einzigartigen moralischen Ausgezeichnetseins führt mit unerbittlicher Logik zur Zwangsvorstellung des Komplotts.« Seit den dramatischen Ereignissen des Jahres 1762, als das unerwartete Verbot des *Emile* in Paris Rousseaus Flucht durch Europa einleitete, hat ihn das Gefühl, das Opfer einer »Verschwörung geheimnisvoller Mächte« zu sein, nie mehr losgelassen. Der Bruch mit den Pariser Enzyklopädisten im Jahre 1757 war der Auftakt zu einer permanenten Lebenskrise, die zeitweilig selbst gegenüber den engsten Freunden bedrohliche Formen annahm.

Mit der geläufigen Vorstellung von Rousseau als geistigem Repräsentanten seines Zeitalters will all dies schlecht zusammenpassen. In der Tat hat Rousseau die größten Schwierigkeiten gehabt, sich seinen Zeitgenossen verständlich zu machen. Alle seine großen Werke haben in ganz Europa Aufsehen erregt, doch Leser, die ihn wirklich verstanden, gab es wenige. Es lohnt sich, diese Besonderheit der zeitgenössischen Rezeption etwas näher zu betrachten.

In der Studie *Rousseau's contemporary Reputation in France* (1962) hat Samuel S. B. Taylor nachgewiesen, daß man sich in Frankreich von den frühen Schriften nicht ernsthaft betroffen fühlte, sosehr man auch die außerordentliche Eloquenz des Verfassers zu schätzen wußte. Man konnte einfach nicht glauben, daß eine so hohe Intelligenz tatsächlich hinter den Behauptungen stehen sollte, die so radikal mit allen Überzeugungen und Wertungen aufräumten, auf deren allgemeine Anerkennung die französischen Aufklärer hinarbeiteten. Mit Rousseau war ein unvergleichlicher Polemiker in die Arena getreten, wie seine Antworten auf die Kritiken der *Abhandlung über die Wissenschaften und die Künste* belegten. Die von ihm vorgetragenen kulturkritischen Gedanken wurden als »Paradoxe« abgetan. In diesem Sinne urteilte der Rezensent der *Abhandlung über die Ungleichheit* am 2. Februar 1758 im *Journal encyclopédique*: »Es scheint uns, er hat gegen die Gesellschaft in dem gleichen Geiste geschrieben, in dem er schon gegen die Wissenschaften und Künste schrieb, das heißt als ein Mensch, der keineswegs überzeugt war von dem, was er vertreten wollte. Es ist unmöglich, anders diese gesunde und aufgeklärte Vernunft mit seinen Paradoxen in Übereinstimmung zu bringen.«

Auch nachdem 1761/62 die Hauptwerke erschienen waren, blieb der schlechte Ruf der beiden Akademieabhandlungen erhalten. Selbst Turgot, der spätere Staatsminister, ein scharfer Beobachter und zudem glühender Bewunderer des *Contrat social* und des *Emile*, betont in einem Brief an Hume vom 25. März 1767: »Wir müssen uns verstehen. Sie werden mir die Ehre machen, zu glauben, daß ich seine lächerlichen Paradoxe über die Gefahr der Wissenschaften und über die Bestimmung des Menschen zum unzivilisierten Leben mir nicht zu eigen mache. Ich betrachte sie, ganz wie Sie, als ein Spiel, eine Art rhetorischer Glanzleistung.« Gegen Einwände solcher Art hatte sich Rousseau von Anfang an zu verteidigen. Daß der entschiedene Widersacher der Wissenschaften und Künste überdies selber komponierte und Theaterstücke schrieb, war ein handfester Widerspruch zwischen seiner Theorie und seiner Praxis. Und auch Rousseaus wichtiger Hinweis in der *Vorrede* zu dem Theaterstück *Narcisse*, diese Antinomie zwischen seinen Prinzipien und seinem Handeln lasse sich durchaus auflösen, wurde lediglich als ein neues Paradoxon aufgefaßt.

Dennoch haben die Jahre 1761/62 ein neues Rousseaubild hervorgebracht. Der sensationell erfolgreiche Roman *La Nouvelle Héloïse* setzte nicht nur ein ungeahntes Potential von Emotionen frei. Er suggerierte den Lesern, die über das Schicksal fremder Menschen in Tränen zerflossen, die eigene Disposition zu tugendhaftem Handeln. Wie aus Rousseaus Korrespondenz hervorgeht, bildeten Pflicht, Tugend und Opfer fortan für viele nicht mehr einfach Wörter, die das Gegenteil von Glück, Leidenschaft und Genuß bezeichnen, sondern mit Sinn erfüllte Lebenswerte. Und während Rousseau durch seinen Roman für ein breites Publikum zum Propheten einer moralischen Erneuerung wurde, konnten die französischen Aufklärer nicht umhin, trotz prinzipieller Gegensätze in dem Autor des *Contrat social* und des *Emile* einen Bundesgenossen in ihrem Kampf gegen das Ancien régime zu sehen. Mochte der *Emile* nach Meinung Turgots auch noch manchmal an die »alten Torheiten« erinnern, die profunden Erkenntnisse beider Werke waren unbestreitbar und wegweisend für die weitere Entwicklung der ganzen Menschheit.

II

Durch seine Genfer Herkunft – von schweizerischer zu reden wäre ein Anachronismus – besaß Rousseau von Kindheit an ein latentes Doppelverhältnis zu Frankreich. Während er sprachlich und kulturell fest in der französischen Zivilisation verwurzelt war, lernte er politisch »als Bürger eines freien Staates und Mitglied des Souveräns« denken und urteilen.

In der Bibliothek seines Großvaters, die für den genialen Autodidakten so wichtig war, gab es außer der Bibel und den Autoren der Antike nur französische Literatur. Die ersten poetischen Versuche – für die ihm der Odendichter Jean-Baptiste Rousseau und später Voltaire als Vorbilder dienten – konnten für einen französischsprachigen Genfer nur in der französischen Sprache stattfinden. So entwickelte sich der junge Rousseau in mancher Hinsicht wie ein Untertan des französischen Königs, voller Stolz auf den Glanz der französischen Kultur und die in den Pariser Salons ausgebildeten zivilisierten Umgangsformen. »Durch sie werden ohne Zweifel auch unser Jahrhundert und unsere Nation den Sieg über alle Zeiten und über alle Völker davontragen«, heißt es in dieser nationalfranzösischen Sicht in der *Abhandlung über die Wissenschaften und die Künste.*

In Frankreich nur ein geduldeter Ausländer, war Rousseau als »Bürger von Genf« alles andere als ein »Untertan«. In Genf bezeichnete das Wort »citoyen« im 18. Jahrhundert die Zugehörigkeit zu einer privilegierten Minderheit. Bei einer Stadtbevölkerung von 20 000 gab es nie mehr als 1600 Vollbürger, untergliedert in »citoyens« und in »bourgeois«, denen von der Verfassung ein Mitwirken an den politischen Entscheidungen im Conseil général eingeräumt war. Nur »citoyens« jedoch, die von Vollbürgern abstammten und in der Stadt geboren sein mußten, konnten in die höchsten Ämter gewählt werden. Die übrige Bevölkerung, zusammengesetzt aus zugezogenen Ausländern, »habitants« genannt, und deren in Genf geborenen Kindern (»natifs«), hatte die Hauptlast der Steuern zu tragen und war sozial und ökonomisch unterdrückt. Theoretisch bildeten die Bürger in den Versammlungen des Allgemeinen Rats den Souverän. In der Praxis jedoch war im 18. Jahrhundert alle Macht in den Händen des Kleinen Rats konzentriert, dessen 25 Mitglieder im Prinzip wählbar waren, in Wirklichkeit aber sich ausschließlich aus einer Gruppe reicher, untereinander versippter Bankiers- und Kaufmannsfamilien rekrutierten. Genfs stürmische Geschichte im 18. Jahrhundert ist die Geschichte des Kampfes um die Macht zwischen den 1600 Bürgern und dem oligarchischen Kleinen Rat. Bei diesen Kämpfen sind den Genfer Bürgern die Parallelen zu den Kämpfen zwischen Plebejern und Patriziern in den antiken Polisdemokratien bewußt geworden. Durch seine intensiven politischen Auseinandersetzungen unterscheidet sich also das geistige Klima in Genf wesentlich von dem des benachbarten Frankreich. Wenn der künftige Autor des *Gesellschaftsvertrages*, dessen Familie seit dem 16. Jahrhundert das genannte Bürgerrecht besaß, schon als Fünfzehnjähriger sich »Jean-Jacques Rousseau, citoyen de Genève« nannte, wußte er, daß es ein Titel war, durch den er einer Elite angehörte. Einer Elite freilich, die seit Jahrzehnten für die Wiederherstellung ihrer politischen Rechte kämpfte.

Neben die kulturelle Identifikation mit Frankreich trat so bei Rousseau mit wachsendem politischem Bewußtsein eine vertiefte Besinnung auf die Genfer Geschichte. Die Übersiedlung nach Paris, mit der 1742 die Jahre des Vagantenlebens endeten, leitete eine kritische Zuspitzung dieses Spannungsverhältnisses ein. Die berühmte »Illumination von Vincennes« im August 1749, als Rousseau auf dem Wege zu dem im Gefängnis sitzenden Diderot im *Mercure* auf die von der Akademie in Dijon ausgeschriebene Frage gestoßen war, »ob die Wiederherstellung der Wissenschaften und der Künste zur Läuterung der Sitten beigetragen habe«, brachte als Auflösung nicht den endgültigen Sprung in die französische Geschichte, sondern das Bekenntnis zu den antik-heroisch verklärten Sitten der Genfer Republik.

Die erste Gesellschaft, mit der sich Rousseau kritisch auseinandersetzen sollte, war die französische. Entscheidend für seine weitere geistige Entwicklung sind in den Pariser Jahren des Suchens vor allem drei Erfahrungen gewesen: die Bekanntschaft mit den Pariser Salons, das Kennenlernen der Welt der Diplomatie und die Begegnung mit den Pariser »philosophes«.

Die Hoffnungen und Ambitionen, mit denen der Dreißigjährige in die Metropole der damaligen Zivilisation gekommen war, erfüllten sich zunächst nicht. Durch Empfehlungen gelang es ihm, seine neue Methode der musikalischen Ziffernnotation in der Akademie der Wissenschaften vorzustellen. Ein Durchbruch wurde es indes nicht. Die gedruckte *Abhandlung über die moderne Musik* fand ebensowenig Interesse wie die ungedruckten Manuskripte seiner Theaterstücke, und Rousseau mußte weiterhin vom Musikunterricht leben. Er machte einige wichtige Bekanntschaften in der Pariser Bohème, so die Diderots, der zusammen mit dem deutschstämmigen Melchior Grimm alsbald zu seinen engsten Freunden zählte. Aber auch der Auftrag Diderots, für die Enzyklopädie die Musikartikel zu schreiben, brachte nicht die ersehnte Anerkennung und die damit verbundene materielle Sicherheit.

Dennoch bleibt die Schnelligkeit beeindruckend, mit der sich Rousseau Zugang zu den aristokratischen Salons in Paris verschaffte, »um aus diesem Zustand der Schande und des Elends, wenn es möglich ist, herauszukommen«, wie er am 26. April 1748 an seine ehemalige Gönnerin Madame de Warens schreibt. Es ist jene Welt, von deren Eroberung er in seiner Jugend so oft geträumt hatte. Sein reizbares Gerechtigkeitsgefühl und sein scharfer Verstand verhinderten jedoch, daß er diese Welt des Reichtums auch innerlich bejahte, so daß er sich schließlich entschied, mit ihr zu brechen.

In den beiden Akademieabhandlungen hatte Rousseau seine Gesellschaftskritik auf die Höhe geschichtsphilosophischer Argumentation gehoben und verallgemeinert. In den Briefen des zweiten Buches der *Nouvelle Héloïse*, in denen der Held Saint-Preux von seinen Erfahrungen mit der eleganten Pariser Welt an die am Genfer See zurückgebliebene Geliebte berichtet, findet sie einen ausführlichen Niederschlag in literarischer Gestalt. Der Roman vermittelt Einblicke in das Leben der Aristokratie, in die Welt des Theaters und das Leben der emanzipierten Pariserinnen, in die Scheinwelt der Oper und in die Unterhaltungen der Salons. Der kritische Befund über den Konformismus der Pariser Gesellschaft lautet: »Kein Mensch wagt, er selbst zu sein. *Man muß wie die anderen sein*; das ist die erste Lebensregel der Weisheit des Landes.«

Doch Rousseau wäre nicht Rousseau gewesen, wenn er für die Lichtseiten der Zivilisation vollkommen unempfänglich gewesen wäre. Wie sehr ihm die Hauptstadt Frankreichs tatsächlich ans Herz gewachsen war, kommt in seinen Briefen und autobiographischen Schriften sehr viel klarer zum Ausdruck. Den guten Rat des Jesuiten Castel: »Ohne Frauen kann man in Paris nichts erreichen«, hat er ziemlich genau befolgt.

Über die Bedeutung der seit 1746 bei Madame Dupin verbrachten Jahre gibt die brillante Darstellung in den *Bekenntnissen* nur unzureichend Auskunft. Die Tochter des Bankiers Samuel Bernard und Frau eines Generalsteuerpächters war nicht nur eine der reichsten Frauen Frankreichs. Rousseaus Bericht zufolge war sie auch »eine der schönsten Frauen von Paris« und »ihr Haus so glänzend ... wie kein anderes ... Man sah bei ihr nur Herzöge, Gesandte, Ritter des blauen Ordensbandes. Herr von Fontenelle, der Abbé Saint-Pierre ... Herr von Buffon und Herr von Voltaire gehörten zu ihrem Kreis und zu ihren Diners ... und der arme Jean-Jacques hatte nichts, womit in diesem Kreise zu glänzen er sich schmeicheln durfte.«

Tatsächlich war Rousseau von der Hausherrin engagiert, um als Sekretär ihre Arbeit an mehreren Buchprojekten zu unterstützen. 2800 von seiner Hand beschriebene Blätter, die 1958 im Auktionshandel auftauchten, haben ganz neue Einblicke in diese Jahre ermöglicht. Neben einer Apologie der Frauen, in der die »Ungleichheit« zwischen den Geschlechtern als wider die »Natur« nachgewiesen werden sollte, stand im Mittelpunkt der Arbeiten der beiden Dupins eine Kritik an Montesquieus *Esprit des lois*, die Ende 1749 erschien und in erweiterter Form um den Jahreswechsel 1751/52 erneut abgedruckt wurde. Als Werk Rousseaus können beide Fassungen nicht gelten. In einer genauen Analyse hat Robert Shackleton 1980 jedoch nachweisen können, daß einige Passagen darin von ihm stammen müssen, da sie auch in der ersten Akademiepreisschrift auftauchen.

Daß Rousseau als bezahlter Lohnarbeiter im Dienst eines Generalsteuerpächters, also einer Symbolfigur der Welt des Luxus und des Reichtums, an der Kritik des »berühmten Montesquieu« mitwirkte, ist sicher kein Ruhmesblatt in seiner Karriere. Dennoch spricht viel für die Annahme, daß er bei diesen Arbeiten für die Dupins seine wesentlichsten politischen Grundsätze gefunden hat. In jedem Fall stellt die intensive Auseinandersetzung mit dem politischen Hauptwerk Montesquieus ein wichtiges Datum seiner intellektuellen Biographie dar.

Durch Empfehlung adliger Gönnerinnen war Rousseau schon Jahre zuvor beim französischen Botschafter in Venedig die Stelle eines Sekretärs verschafft worden. In dieser Eigenschaft hatte er zwischen September 1743 und Juli 1744 wöchentlich zweimal diplomatische Berichte zu schreiben, die als *Dépêches de Venise* erstmals 1964 integral in der Pléiade-Ausgabe veröffentlicht wurden.

Im 7. Buch der *Bekenntnisse* hat Rousseau seinen Aufenthalt in Venedig beschrieben. Während der Botschafter, ein ehemaliger Gardeoffizier, sich damit begnügte, den Inhalt der Depeschen in Stichworten anzugeben, hatte sein Gehilfe für die Formulierung zu sorgen. Wie Lessing im Siebenjährigen Krieg als Gouvernementssekretär in Breslau die Briefe des Generals von Tauentzien an den König von Preußen verfaßte, schrieb Rousseau – ohne den Titel, aber in der Funktion eines Botschaftssekretärs – aus Venedig an den französischen König und dessen Minister. Nicht Produkte ihres Geistes, nur Erzeugnisse ihrer Feder sind das Resultat – wobei die *Depeschen aus Venedig* auch einige stilistisch unredigierte Einlassungen des Botschafters enthalten.

In den Berichten aus der Lagunenstadt dominiert der diplomatische Alltag. Die politischen Verwicklungen, die der Verpflichtung der berühmten Barberina an die Berliner Oper folgten, sind zum Beispiel ausführlich dokumentiert. Der Einblick in die Praxis der Staatsverwaltung war bei alledem jedoch eine wichtige Erfahrung. In den *Bekenntnissen* erwähnt Rousseau, in Venedig sei ihm zum ersten Male der Gedanke zu dem Werk *Institutions politiques* gekommen, aus dem als ein Teilstück der *Contrat social* hervorgehen sollte. Die Bemerkung zeigt, daß sich der späte Rousseau der Bedeutung dieser politischen Lehrzeit wohl bewußt war, auch wenn seine Erinnerung die Dinge vereinfacht haben mag: denn die Briefe Rousseaus an Dupont, seinen damaligen Kollegen in Genua, zeigen, daß er damals beabsichtigte, »die Schikanen der Potentaten in Vorschriften zusammenzufassen«. Am Anfang seiner Karriere als politischer Schriftsteller stand also sehr wahrscheinlich der Plan nicht zu einem anspruchsvollen Werk politischer Theorie, sondern zu »einem Brevier technischer Vorschriften für die Potentaten und ihre Beamten« (Michel Launay), was für einen kleinen Sekretär immer noch ein ehrgeiziges Unterfangen war.

Während Rousseaus venezianisches Intermezzo mit seiner Entlassung durch den Botschafter 1744 endete, war er selbst es, der ein gutes Jahrzehnt später die Zusammenarbeit mit den Pariser Enzyklopädisten beendete. Zwischen 1745 und 1756 galt Rousseau ohne Zweifel als einer von ihnen. Ein »philosophe« jenes Typs, für den die französischen Aufklärer gerade in diesen

Jahren ein Leitbild entwickelten, ist er jedoch nur sehr bedingt gewesen – trotz seiner engen Beziehungen zu Diderot, Condillac und d'Alembert. Während die Aufklärer dem »philosophe« einen Platz in der Mitte der Gesellschaft zuwiesen und ihn als zeitgemäße Verkörperung des »honnête homme« verstanden, hat Rousseau mit Bedacht an eine antike Tradition angeknüpft und das Leitbild des vom Wirbel der Gesellschaft zurückgezogen lebenden stoischen Weisen hochgehalten. Die Distanz zu den Pariser Philosophen ist schon in der ersten Preisschrift unübersehbar. Das Lob der »glücklichen Unwissenheit«, die Absage an den Glauben, daß der »Fortschritt der Wissenschaften und der Künste« unweigerlich einen Fortschritt für die Menschheit bedeute, das Plädoyer für eine strenge Begrenzung wissenschaftlicher Forschung auf eine Elite und die Ablehnung aufklärerisch-populärwissenschaftlicher Anstrengung, kurz, all jene Gedanken, mit denen Rousseau in der *Abhandlung über die Wissenschaften und die Künste* sein Jahrhundert herausforderte und so zu einer europäischen Berühmtheit wurde, sie liefen, wenn man sie ernst nahm, auf Gegenaufklärung hinaus.

Rousseaus Mitarbeit an der *Enzyklopädie* und seine Beteiligung an jenen zwei akademischen Wettbewerben, die durch Preisfragen der Akademie in Dijon veranlaßt wurden, gehören natürlich zur Bewegung der Aufklärung als übergeordneter Struktur. Das Ziel der Enzyklopädie, das historisch erarbeitete Wissen zu sammeln und zu verbreiten, und der den Akademien bei ihrer Neubegründung im 18. Jahrhundert übertragene Auftrag, aus dem gesammelten Wissen jene Problemstellungen herauszufiltern, von deren Untersuchung durch einen breiten Kreis von Gebildeten ein möglichst großer Erkenntnisfortschritt zu erwarten sei, sie gehören beide zum aufklärerischen Verständnis von Wissenschaft. Die inhaltliche Absage Rousseaus an Grundwerte der Aufklärung wird durch diese Einbettung nur schärfer sichtbar.

»Ich weiß im voraus, mit welch großen Worten man mich angreifen wird«, hielt er im *Brief an Raynal* seinen Kritikern entgegen: »Aufklärung, Wissen, Gesetze, Moral, Vernunft, Schicklichkeit, Achtung, Sanftmut, Freundlichkeit, Höflichkeit, Erziehung und so weiter. Auf all das werde ich nur mit zwei Wörtern antworten, die in meinen Ohren viel stärker klingen: Tugend, Wahrheit! werde ich ohne Unterlaß rufen; Wahrheit, Tugend!« Die Auflistung verdeutlicht die Verbindung, die zwischen den Fahnenwörtern der »philosophes« und dem Persönlichkeitsideal der Pariser Salongesellschaft herrschte. Sie zeigt aber auch, wie Rousseau, indem er mit der Berufung auf die Bürgertugend vom Primat des Politischen ausgeht, sich von den Enzyklopädisten löst, obwohl er eine direkte Konfrontation noch vermeidet.

Eindeutig zu den französischen Aufklärern gehört Rousseau, was die erkenntnistheoretischen Voraussetzungen seines Denkens betrifft. Die Verarbeitung des Sensualismus, für den die Sinne das Tor des Menschen zur Außenwelt bilden, ist ein fundamentales Ereignis in seinen frühen Pariser Jahren. Von dieser Grundlegung beziehen die späteren Arbeiten zur Geschichtsphilosophie und Politik, zur Ethik und Pädagogik den methodischen Impuls. »Gesellschaft und Mensch immanent, d.h. ohne theologische Transzendenz, und anschaulich-konkret, d.i. ohne Substitution einer isolierten Vernunftkraft, die erst das an sich chaotische Subjekt formiere, aufzufassen« – mit diesen Worten kennzeichnet Gerd Irrlitz die Fragestellung des Sensualismus in dem Aufsatz *Jean-Jacques Rousseau in der Geschichte der Ethik* (1979), der wohl das Bedeutendste enthält, was bislang in der DDR zu Rousseau gesagt wurde.

Die Kritik am Sensualismus ist auch in Fichtes ausgewogener Auseinandersetzung mit Rousseau in den Jenaer Vorlesungen *Von den Pflichten des Gelehrten* (1794/95) unüberhörbar. Die entscheidenden Sätze lauten: »Er hat gewirkt. Er hat Feuer in manche Seele gegossen, die weiter führte, was er anfing. Aber er wirkte fast ohne seiner Selbstthätigkeit sich bewußt zu seyn. Er wirkte, ohne andre zum Wirken aufzurufen; ohne ihr Wirken gegen die Summe des gemeinsamen Uebels und Verderbens zu berechnen. Dieser Mangel des Strebens zur Selbstthätigkeit herrscht durch sein ganzes Ideensystem.«

III

Im Jahre 1972 wurden einige unbekannte Rousseau-Manuskripte veröffentlicht, unter denen ein *Fragment über die Freiheit* besondere Beachtung verdient. Der kurze Text sei an dieser Stelle eingefügt:

»Ob die Handlungen meines Willens meiner eigenen Macht unterliegen oder ob sie einer fremden Veranlassung folgen, weiß ich nicht, und es kümmert mich wenig, es zu wissen. Denn dieses Wissen würde keinen Einfluß auf mein Verhalten in diesem Leben haben, und wenn es ein anderes gibt, wie ich glaube, so bin ich überzeugt, daß die gleichen Mittel, durch die ich mein gegenwärtiges Glück machen kann, mir auch die unsterbliche Glückseligkeit erringen müssen.

Ich will also hier nicht von dieser metaphysischen und moralischen Freiheit sprechen.

Eines der größten Hirngespinste der Philosophie war der Vorsatz, nach irgendeiner Regierungsform zu suchen, in der die Bürger durch die alleinige Macht der Gesetze frei und tugendhaft leben könnten. Nur in der einsamen Lebensführung kann man die Freiheit und die Unschuld finden, und es muß als sicher gelten, daß die Zeit der ersten Errichtung von Gesellschaften die Zeit der Geburt des Verbrechens und der Knechtschaft gewesen ist. Seitdem die Welt Herren hat, ist die Verderbnis so allgemein wie die Knechtschaft geworden, und diese war es, die zu jener geführt hat.

Es ist schrecklich, doch in welchem Winkel der Erde ein Mensch vor der Unterdrückung Zuflucht suchen wollte, überall bemerkt er über seinem Haupte eine drohende Hand, die stets bereit ist, ihn niederzuschmettern. Es gibt kein Gebiet mehr, wo es nicht ein Verbrechen ist, auf die Rechte der Natur Anspruch geltend zu machen, und es ist nirgendwo erlaubt, Mensch zu sein. Ohne Zweifel haben unsere Tyrannen Ursache, das gesamte Universum auf diese Weise mit ihren Ketten zu bedecken. Wenn eine einzige Einöde bliebe, wo man ungestraft frei sein könnte, sie würde alsbald zum Vaterland des menschlichen Geschlechts werden, und zur Schande aller unserer Gesetzgeber würde man dann erkennen, daß ihre Gesetze einige Heuchler hervorbringen konnten, aber daß es den Gesetzen der Natur vorbehalten ist, anständige Menschen zu bilden.

Hört, wie unsere Politiker reden. Sie haben allein die Verteidigung und den Vorteil der Völker im Auge; seht sie handeln, sie arbeiten nur an ihrer Unterdrückung. Wer verteidigte, sagen sie, die Schwachen, wenn sie nicht vom Souverän beschützt würden; dabei bedürfen sie des Schutzes allein gegen den Souverän. Wer sicherte die Völker vor dem Einfall der Feinde, und welcher Feind hat ihnen jemals soviel Leid zugefügt als ihr Herr? Sie sorgen, sagen sie, für die Wahrung des Rechts, und all ihr Handeln ist nur Ungerechtigkeit, Gewalt und Grausamkeit. Sie tun, als ob sie uns Böses zu tun verbieten, und in Wahrheit hindern sie uns, das Gute zu tun. Um den Frieden unter ihren Untertanen aufrechtzuerhalten, überziehen sie sie mit ständigem Krieg und richten sie durch vieles Beschützen zugrunde. Ich rate ihnen, sich nicht mehr all dieser lächerlichen Grundsätze zu bedienen, mit denen sie die Dummheit der Völker einzuschläfern glauben. Davon läßt sich schon lange niemand mehr täuschen. Alle Untertanen zittern bei der geringsten Erklärung, die der Fürst zu ihren Gunsten macht, und sie fühlen sich verloren, sobald er erklärt, ihnen etwas Gutes zu tun.

Gesetze und Souveräne sind nötig.«

In diesem leidenschaftlichen Plädoyer für die Freiheit ist jede Vorsicht beiseite gelassen. Der Text ermöglicht einen unverfälschten Einblick in Rousseaus Gedankenwelt in einem frühen Stadium. Die Herausgeber Claude Pichois und René Pintard datieren seine Entstehung mit überzeugenden Argumenten auf das Frühjahr 1750. Mit großer Wahrscheinlichkeit handelt es sich um ein Bruchstück aus jener Phase, als die nach Dijon abgeschickte Abhandlung über die Wissenschaften »so durchmustert und erweitert« wurde, daß »daraus in gewisser Weise ein anderes Werk« zu werden schien, wie Rousseau in seinem nachträglich dazu geschriebenen *Vorwort* bemerkt. Als käme er aus einer Debatte mit Diderot, für den sich das Problem der Freiheit auf die Frage nach der Determiniertheit unseres Handelns reduzierte, wischt Rousseau die alte Frage nach der Willensfreiheit mit nervöser Geste vom Tisch. Ihm kommt es darauf an, im Bruch des Naturrechts den Ursprung der bestehenden Unrechtsgesellschaft aufzudecken. Die Frage nach der Freiheit ist für Rousseau vor allem ein politisches Problem und der Text darum in dreierlei Hinsicht bemerkenswert.

Unübersehbar ist zunächst: obwohl die Auseinandersetzung auf einer hohen Stufe der Verallgemeinerung geführt wird, ist der Gegenstand der Kritik eindeutig erkennbar. Nicht mehr die erlesene Gesellschaft der Pariser Salons, das politische System des europäischen Absolutismus wird hier verworfen. Die Wörter »unsere Politiker« oder »Fürst« sind völlig gleichbedeutend mit »unsere Tyrannen«, »Gewalttat« und »Grausamkeit«. Und wenn auch ein politisches Gegenprogramm nicht erkennbar ist – die Sprache der Empörung gegen die angestammten Fürsten von Gottes Gnaden ist es gewiß. Der abgrundtiefe Haß, der aus den grellen Antithesen lodert, in denen die Praxis des Absolutismus mit seiner Theorie konfrontiert wird, läßt nur einen Schluß zu: für Rousseau gehören alle Monarchien Europas zum Reich des Bösen, das im Begriffe steht, sich die ganze Welt zu unterwerfen.

Die französische Regierung, durch ihre Spitzel über Rousseaus Gesinnungen und selbst seine Äußerungen in Kaffeehausgesprächen offenbar gut informiert, erwog wenig später eine Verhaftung oder die Ausweisung. Daß Rousseau es wagte, den Schriftstellern als Devise ihrer Arbeit »Armut, Freiheit und Wahrheit« auf den Weg zu geben, mußte sie begreiflicherweise beunruhigen. Denn damit waren Reichtum, Unterdrückung und Lüge als Symbole der herrschenden Ordnung desavouiert.

Nicht weniger bemerkenswert an dem Fragment ist jedoch, daß Rousseau seine Absage an die Künste und die Wissenschaften zu einer Negation der ganzen Menschheitsgeschichte radikalisiert: die Auseinandersetzung mit der bestehenden Privilegiertengesellschaft wird zu einer Negation der Gesellschaftsbildung überhaupt. Freiheit und Unschuld gab es allein im Naturzustand. Die Geschichte der menschlichen Gesellschaft brachte nur Variationen der Knechtschaft.

Nicht nur die Themen der *Abhandlung über die Ungleichheit* sind hier entworfen, auch deren Tonart ist in diesem Bruchstück schon angeschlagen. Man spürt: ein Autor, der sich zwanzig Jahre lang erfolglos als Dichter und Stückeschreiber versucht hatte, ist dabei, endlich seinen Gegenstand und die ihm angemessene Sprache zu finden. Die großen Menschheitsinteressen haben einen mutigen Sprecher gefunden, der die Tribüne freilich nur mit Vorsicht benutzen kann.

Das Fragment in die Druckfassung der ersten *Abhandlung* einzuarbeiten und sich als Verfasser dazu zu bekennen war ausgeschlossen, wenn Rousseau nicht zum Märtyrer der Demokratie werden wollte. Die Differenz zwischen dem, was er dachte, und dem, was er sagen konnte, kommt durch den eigentümlichen Schlußsatz zum Ausdruck. Ohne Vermittlung zu dem Vorangehenden angefügt, wahrscheinlich eine gedankliche Brücke zu einem Zusatz in der Abhandlung, erinnert das ganze *Fragment* an die schwierigen Bedingungen, unter denen im Ancien régime ein politischer Autor zu arbeiten gezwungen war.

Mit offenem Visier und ohne Verhüllungen der verschiedensten Art haben Schriftsteller nie über den Absolutismus sprechen können. Eine allgemeine Tendenz zum Generalisieren und Umschreiben gehört zu dem Erbe, das die Aufklärung von der klassischen Literatur des 17. Jahrhunderts übernahm. Moderne Probleme waren in antiken Stoffen abzuhandeln, konkrete Beziehungen hatten möglichst in typisierender Darstellung zu erscheinen. Ein Ausländer, der unbequeme Wahrheiten zu sagen gewillt war, hatte zusätzliche Rücksichten zu nehmen. Dem in Genf wegen seiner republikanischen Gesinnung zu lebenslänglicher Verbannung verurteilten Lenieps vertraute Rousseau am 5. April 1759 an: »Ich habe mir gesagt: Jean-Jacques, da du das gefährliche Amt eines Verteidigers der Wahrheit annimmst, gib ständig auf dich acht, unterwirf dich in allem den Gesetzen und Vorschriften, damit man immer im Unrecht ist, wenn man dir Schaden zufügen will.«

Die 1754 für die Enzyklopädie geschriebene *Abhandlung über die politische Ökonomie* war indes noch so wenig den ungeschriebenen »Vorschriften« gemäß, daß der Herausgeber Diderot sich zu einer Vielzahl von abschwächenden Korrekturen veranlaßt sah. Hieß es im Manuskript noch: »Ist die Krone erblich, befiehlt oft Männern ein Kind«, so lautete die Druckfassung: »Ist das Amt *(magistrature)* erblich ...«, und das unbestimmtere Wort »magistrature« erschien fast regelmäßig, wo der Verfasser ursprünglich vom »Fürsten« oder »König« gesprochen hatte.

Unter solchen Bedingungen kann nicht überraschen, daß Rousseau sich stets gehütet hat, direkt in französische Angelegenheiten einzugreifen, und daß er sich nach Möglichkeit in sehr allgemeiner Begrifflichkeit ausdrückte. Wenn er von der Verderbnis der Sitten in den *großen Staaten* sprach und ihnen die Tugenden der *kleinen Republiken* entgegenhielt, argumentierte er auf einer unverfänglicheren Ebene, als wenn er Frankreich mit Genf konfrontiert hätte. Dennoch hat er damit, wie Tocqueville erkannte, mit Nachdruck eine Entwicklung vorangetrieben, bei der die soziale Phantasie sich oberhalb der real existierenden französischen Gesellschaft mit ihren zahllosen Ungerechtigkeiten und Ungereimtheiten eine ideale Gesellschaft schuf, in der alles gerecht und vernünftig eingerichtet schien.

Sicher hat nicht erst der späte Rousseau der *Dialoge* gesehen, daß »die großen Nationen auf sich bezogen, was nur die kleinen Republiken zum Inhalt hatte, und daß man sich darauf versteifte, in dem von tiefer Achtung für die Gesetze, für die nationalen Verfassungen erfüllten Mann einen Urheber von Umstürzen und Unruhen zu sehen«. Wie aber sind dann seine vielfachen Äußerungen zu beurteilen, in denen er eine republikanische Konstituierung der europäischen Monarchien für ausgeschlossen hält? Es wäre naiv, wollte man die überlegte »Dosierung von List und Freimut, von Verstellung im Dienste der Aufrichtigkeit und der Wahrheit« (Michel Launay) übersehen, die in der beharrlichen Gegenüberstellung der großen Monarchien und der kleinen Stadtstaaten mit enthalten ist. Denn diese Gegenüberstellung bot Rousseau eine außerordentlich vorteilhafte Position: er konnte die Korruption in den großen Staaten vom Standpunkt der Moral kritisieren und das ideale Gegenmodell der Polis vom Standpunkt der Politik beschreiben, als wären sie durch Welten voneinander getrennt. Den kleinen Stadtrepubliken sind in diesem Schema die direkte Demokratie und die öffentliche Erziehung vorbehalten, den großen Staaten dagegen der Despotismus und die private Erziehung, um das Individuum vor den verderblichen Einwirkungen der Gesellschaft zu bewahren. Im *Emile*, dem Entwurf einer solchen idealen Privaterziehung, aber findet sich die Maxime, mit der dieser strikten Scheidung aufgekündigt wird: »Man muß die Gesellschaft durch die Menschen erforschen und die Menschen durch die Gesellschaft. Diejenigen, welche die Politik und die Moral getrennt behandeln wollen, werden nie etwas von beiden verstehen.«

Für eine überzeugende Erklärung der außerordentlichen Wirkung Rousseaus verspricht die Berücksichtigung dieser Dialektik von Polisdemokratie und politischer Realität in Europa mehr zu leisten als die einseitige Betonung seines »Konservatismus« und »historischen Pessimismus«. Die Wirkung seines Werkes gerade in Frankreich wird zum Mirakel, wenn die Koexistenz des Ethikers und des politischen Philosophen nicht zum methodischen Dreh- und Angelpunkt gemacht wird.

IV

Unter den 1972 veröffentlichten Manuskripten befindet sich der kalligraphische Entwurf eines Titelblattes für die *Abhandlung über die Wissenschaften und die Künste*, auf dem als Motto das Wort »Freiheit« erscheint. Für den Druck hat Rousseau es vorgezogen, an die Stelle des provozierenden Fahnenworts einen stolzen Ovid-Vers zu setzen. Sein politisches Denken indes war von Anfang an eine Philosophie der Freiheit.

Ohne das Allerweltswort Freiheit lassen sich freilich auch die Lehren Montesquieus und Voltaires oder die der Enzyklopädisten und der Physiokraten nicht zusammenfassend kennzeichnen. Rousseaus Originalität als politischer Denker besteht darin, dauerhaft den Tatbestand ins Bewußtsein gehoben zu haben, daß ökonomische Abhängigkeit der übergroßen Mehrzahl der Menschen keine politische Freiheit erlaubt. Aus diesem Grunde war Rousseau nicht nur Kritiker der absolutistischen Herrschaft, sondern gleichzeitig ein entschiedener Gegner der Doktrin des wirtschaftlichen Liberalismus, die den Starken das Recht gibt, die Schwachen zu unterdrücken.

Verhängnisvoll nennt er, der 1752 einige Monate als Kassierer des Generalsteuerpächters Francueil, des Stiefsohns von Madame Dupin, gearbeitet hat, in der *Vorrede zu »Narcisse«* Verhältnisse, »wo die schon aufgehäuften Reichtümer die Mittel, noch größere zu erwerben, fördern und wo es für den, der nichts hat, unmöglich ist, etwas zu erwerben; wo der gute Mensch kein Mittel hat, aus dem Elend herauszukommen, wo die Schurken am meistens geehrt werden und wo man notwendig der Tugend entsagen muß, um ein ehrenhafter Mann zu werden«. Unter dem Stichwort »Luxus« war das gleiche Thema schon in der *Abhandlung über die Wissenschaften* angeschlagen: »Und was wird aus der Tugend, wenn man sich um jeden Preis bereichern muß? Die Politiker der Alten redeten immerfort von Sitten und Tugend, unsere reden nur noch von Handel und Geld.«

William Petty ist es, der von Marx hochgeschätzte »Begründer der modernen politischen Ökonomie«, den Rousseau hier im Visier hat, wenn er voll Abscheu ausruft: »Sie schätzen die Menschen ab wie Viehherden. Nach ihrer Meinung hat ein Mensch für den Staat nur den Wert seiner Mahlzeit. So wäre ein Sybarit soviel wert gewesen wie dreißig Lakedaimonier. Man möge also erraten, welche der beiden Republiken, Sparta oder Sybaris, von einer Handvoll Bauern unterworfen wurde und vor welcher Asien erzitterte.« Indem Rousseau vom Staatsganzen her denkt und primär die militärische Tüchtigkeit vor Augen hat, bleibt ihm die profunde ökonomische Erkenntnis der Arbeitswerttheorie verschlossen, daß nämlich der Wert auf die Arbeit, die Wertgröße auf die Arbeitszeit zurückgeführt werden kann. Nicht für den Staat, wohl aber für den Unternehmer macht es einen Sinn, den Wert der Arbeit, die er verkaufen kann, durch den Wert der für die Arbeitenden unbedingt notwendigen »Mahlzeiten« zu bestimmen.

Das Problem der Freiheit wird in der *Abhandlung über den Ursprung und die Grundlagen der Ungleichheit unter den Menschen*, einem Gipfelpunkt in Rousseaus Schaffen, 1755 erneut aufgenommen und Freiheit als ein Attribut des Naturzustandes bestimmt, das durch Gesellschaftsbildung verlorenging.

Rousseau steht in der Tradition des Naturrechts, wenn er die Kenntnis des natürlichen Menschen als unverzichtbaren Ausgangspunkt für das Verstehen und Beurteilen des vergesellschafteten Menschen ansieht. Er unterscheidet sich von Grotius, Pufendorf und Hobbes durch die These, der isoliert lebende, in sich ruhende Mensch des Naturzustandes habe frei von allen erst durch die Gesellschaftsbildung geweckten Bedürfnissen und Vorstellungen, Ängsten und Nöten gelebt.

Er wußte und kritisierte, daß alle Philosophen bei der Suche nach dem Menschen vor der Geschichte nur »Vorstellungen, die sie innerhalb der Gesellschaft gewonnen hatten, auf den Naturzustand« zurückprojizierten. Seinem eigenen Gegenbild zum herrschenden Absolutismus, das im unabhängigen Individuum das Ursprüngliche und in der Gesellschaft das Sekundäre sieht, ist der gleiche Vorwurf nicht erspart geblieben. In der *Einleitung zur Kritik der politischen Ökonomie* hat Marx 1857 Rousseaus »von Natur independente Subjekte« zusammen mit den vereinzelten Jägern und Fischern, »womit Smith und Ricardo beginnen«, »zu den phantasielosen Einbildungen der 18.-Jahrhundert-Robinsonaden« gezählt und als »Vorwegnahme« der Gesellschaft der freien Konkurrenz gedeutet. Das Ideal des freien Individuums, von Rousseau »nicht als ein historisches Resultat« der Entwicklung seit dem 16. Jahrhundert, »sondern als Ausgangspunkt der Geschichte« begriffen, wird auf dem Wege der Ideologiekritik als Illusion der Aufklärung enthüllt.

Der französische Ethnologe Lévi-Strauss hat demgegenüber in unserem Jahrhundert die *Abhandlung über die Ungleichheit* den »ersten Traktat der allgemeinen Ethnologie« genannt und Rousseau als ihren Begründer gewürdigt. Das Leben des ungeselligen Urmenschen, das Rousseau im ersten Teil der Abhandlung darstellt, steht den Tieren näher als den zivilisierten Nachfahren. Eingebettet in den Atem der Natur, ohne Sprache, ohne Vernunft, bewegen den »bon sauvage« nur zwei Triebe: der Trieb der Selbsterhaltung und die Fähigkeit zum Mitleid, das für die Erhaltung der Gattung nötig ist. Dieses Vermögen, sich in die Lage des anderen zu versetzen, vertritt nach Ansicht Rousseaus im Naturzustand die Stelle der Gesetze und der Tugend. In den Tränen, die die Darstellung des Leidens eines Unschuldigen dem modernen Theaterbesucher entlockt, meint er Rudimente dieses »ursprünglichen Gefühls der Menschheit« zu erkennen.

Aus der Sicht des Literaturhistorikers gesehen, soll hier der Einfühlung, einer ästhetischen Haltung, die geschichtlich erst mit dem bürgerlichen Drama des 18. Jahrhunderts möglich wurde, als anthropologischer Konstante Rang und Würde verliehen werden. Lévi-Strauss erkennt dagegen in Rousseaus Prinzip der Identifikation einen Doppelvorgang: die Einfühlung in den anderen und die Verweigerung der Einfühlung in das eigene Ich. Der Sinn dieser Deutung erschließt sich, sobald das Prinzip auf das Verhältnis der menschlichen Rassen und Kulturgemeinschaften untereinander bezogen wird: gegen den »überfallenden und erobernden Humanismus« der Europäer habe Rousseau die dem Menschen angeborene Abneigung, den andern leiden zu sehen, als Gattungsgefühl in Anspruch nehmen wollen.

Nur der menschlichen Gattung verliehen ist Rousseau zufolge die Freiheit des Willens *(liberté)* und die Fähigkeit, sich zu vervollkommnen *(perfectibilité)*. Beide bleiben im Stadium des Naturzustandes noch latent. Erst veränderte äußere Bedingungen wie Naturkatastrophen, die dem Menschen Erfindungsgeist und gemeinschaftliches Handeln abfordern, treiben diese Potenzen hervor und führen die Gattung in ein neues Entwicklungsstadium, in dem sprachliche Kommunikation und geistige Empfindungen notwendig und ausgebildet werden.

Rousseaus Anthropologie macht keine Konzessionen an die christliche Tradition, und darin ist sie aufklärerisch. Indem sie im Menschen indessen von Anfang an ein spirituelles Wesen erkennt, wendet sie sich gegen die Auffassungen der französischen »philosophes«, für die die Anthropogenese oder »Naturgeschichte des Menschen« gerade das Kernproblem bildete. Die Annäherung des isolierten Naturmenschen an das Tierleben, mit der Rousseau materialistischen Positionen nahezukommen scheint, ist völlig zurückgenommen, wenn die menschliche Gattung durch »die Eigenschaft, frei handeln zu können«, unter allen anderen Lebewesen sich auszeichnet. Das Problem der Willensfreiheit, das Rousseau 1750 zunächst zurückgestellt hatte, wird jetzt von ihm aufgegriffen, um die Evolution des natürlichen Menschen zum sozialen erklären zu können: »Die Natur befiehlt jedem Wesen, und das Tier gehorcht. Der Mensch erfährt dieselbe Prägung, aber er weiß sich frei zu Einwilligung oder Widerstand, und vor allem im Bewußtsein dieser Freiheit beweist sich die Geistigkeit seiner Seele.«

Der zweite Teil der Abhandlung enthält den berühmten Abriß der Entwicklungsstufen der menschlichen Geschichte, ausgehend vom »Zeitalter der Hütten« und dem glücklichen Hirtenzeitalter, über die Einführung der Arbeitsteilung durch Ackerbau und Metallverarbeitung hin zur Spaltung in Bodenbesitzer und Besitzlose, deren Kampf untereinander durch die Errichtung einer durch Gesetze regulierten Ordnung, den Staat, zugunsten der Reichen stillgelegt wurde. In Keimform ist hier der marxistische Gedanke enthalten, daß der Staat ein Instrument der Klassenherrschaft ist. Der ganze Zyklus brachte der Menschheit wesentliche Fortschritte wie die Kenntnis des Feuers und den Übergang von roher zu gekochter Nahrung, aber gleichzeitig auch wachsende Ungleichheit: zunächst durch die Einführung der Gesetze und des Eigentumsrechts, danach durch die Einsetzung der Obrigkeit, schließlich durch die Umwandlung legitimer Macht in Willkürherrschaft. Die erste Stufe sanktionierte den Unterschied zwischen arm und reich, »die zweite den von Macht und Schwäche, die dritte schließlich den von Herrn und Knecht, der den äußersten Grad an Ungleichheit und das Ende darstellt, zu dem schließlich alle Formen führen«. Diese Epoche des Despotismus und der äußersten Verderbnis wird Rousseau zufolge andauern, »bis neue Revolutionen die Regierung vollständig auflösen oder sie einer legitimen Institution wieder annähern«.

Eröffnet wird dieser zweite Teil der Abhandlung durch den vielzitierten Satz: »Der erste, der ein Stück Land einzäunte, auf den Gedanken verfiel, zu sagen: *Das gehört mir,* und Leute fand, die schlicht genug waren, ihm zu glauben, war der eigentliche Gründer der Gesellschaft. Wie viele Verbrechen, Kriege, Morde, wieviel Grauen und Leid hätte nicht derjenige der Menschheit erspart, der, indem er die Pfähle herausriß oder den Graben zuschüttete, seinesgleichen zugerufen hätte: Hütet euch, auf diesen Betrüger zu hören! Ihr seid verloren, wenn ihr vergeßt, daß die Früchte allen gehören und die Erde keinem!«

Weniger bekannt, doch kaum weniger sprachgewaltig und inhaltsschwer ist die Antwort, in der Georg Forster, der Begleiter des Weltumseglers Cook, den »läppischen Naturmenschen« Rousseaus als »ein widersinniges Unding, welches in keine mögliche Welt paßt«, verworfen hat: »Immerhin mögen Romandichter, die sich ihrer Ideale nicht entschlagen können, und gewohnt sind, vom Naturmenschen, vom goldenen Zeitalter, von ursprünglicher Vortrefflichkeit und Einfalt, und einem angeborenen Gefühl, daß allen alles gehöre, überirdisch träumen, immerhin mögen sie, sage ich, diese Bilder ihrer süßelnden Phantasie auch in ihre Darstellung der wirklichen Welt übertragen: der Reisende durchirrt alle vier Weltteile, und findet nirgends das liebenswürdige Völkchen, welches man ihm in jedem Walde und in jeder Wildniß versprach ... Man zeige uns den Wilden, der, ohne blödsinnig zu sein, vom Mein und Dein gar keine Begriffe hat. *Sein* ist die Hütte, die er errichtet, der Pelz, den er genäht, der Kahn, den er ausgehöhlt, der Bogen, den er geschnitzt, die Schleuder, die er geflochten, das Netz, das er gestrickt ... *Sein* ist der Baum über seinem Haupte, der ihm Früchte trägt, das Wild, das er tödtet, der Fisch, den er fängt. *Sein* ist endlich der Wald wo er jagd, das Ufer wo er fischt, das Weib, das er umarmt. Niemand versucht es ungeahndet, ihn im Besitz dieses Eigenthums zu beeinträchtigen.«

Forster enthüllt die Legende vom »edlen Wilden« als egalitäres Wunschdenken, indem er »die Rechte des Eigenthums« als bereits dem Wilden heilig nachweist. Nicht die ideologiekritische Frage, ob in diesen Sätzen der bürgerliche Besitzbegriff zum Ausdruck kommt, sondern die Frage, ob diese Angaben dem Leben auf der Stufe der Wildheit entsprechen, ist der entscheidende Gesichtspunkt. Wenn moderne Wissenschaft im »tierischen Territorialismus« Vorformen des menschlichen Landbesitzes sieht, sollten auch hier die Phänomene selbst und nicht dieser oder jener »ideologische Hintergrund« (Werner Kraus) die allein ausschlaggebende Instanz für unser Urteil sein.

Anzumerken bleibt zu dem Dialog zwischen Forster, dem Ethnologen, und Rousseau, dem Geschichtsphilosophen, daß dieser selbst seine Ausführungen »nicht für historische Wahrheiten, sondern einzig für hypothetische und bedingte Überlegungen« angesehen haben wollte, vergleichbar denen der Physiker über die Entstehung der Welt, um »das Wesen der Dinge zu erhellen«. Mit seiner gegen den Fortschrittsoptimismus der Aufklärer gerichteten Betonung des Widerspruchs zwischen technologisch-ökonomischem Fortschritt und wachsender sozialer Ungleichheit hat Rousseau »das Wesen der Dinge« durchaus gesehen, auch oder gerade wenn man die Probleme der heutigen Welt vor Augen hat, in der »die Menschheit, ohne es zu wissen, die Verantwortung für die Fortdauer des organischen Lebens auf der Erde schon übernommen hat«.

Carl Friedrich von Weizsäcker, der Physiker und Philosoph, geht nicht mehr vom Naturzustand Rousseaus aus. Von einer »Resignation vor einer unabänderlichen Natur des Menschen« will aber auch er nichts wissen. Die »Herkunft der heutigen Weltprobleme« vermutet er (in: *Die Zeit drängt*, 3. Aufl., München 1986) »im Werdegang der Hochkultur« und beschreibt, nachdem er Ergebnisse der Evolutionstheorie skizziert hat, die Entwicklung so:

»Jahrhunderttausendelang hat die frühe Menschheit in Kleingruppen diesen Gesetzmäßigkeiten allen bisherigen Lebens angepaßt gelebt; sie konnte nicht anders. Seit erst rund zehntausend Jahren haben Ackerbau, Städtegründungen, Flußtalkulturen, Großreiche eine neue hohe und labile Kultur geschaffen, in deren Stabilisierungskrisen wir noch heute stehen. Leistung und Labilität dieser Kultur hängen wesentlich daran, daß sie eine Kultur ›großer‹ Gesellschaften ist.

Als kleine Gesellschaft mögen wir eine Gruppe bezeichnen, in der die gegenseitigen Beziehungen ihrer Glieder noch allein durch persönliche Bekanntschaft geregelt werden können, als große Gesellschaft eine solche, in der das nicht mehr möglich ist. Horden oder Rudel höherer Säugetiere entsprechen dem Typ der kleinen Gesellschaft; ihr Zusammenleben ist weitgehend durch die Rangordnung ihrer Glieder geregelt. Nomadische oder bäuerliche Großfamilien von Menschen sind noch keine Gesellschaften. Städte und Reiche aber bildeten seit jenen frühen Jahrtausenden große Gesellschaften. In ihnen objektivierte man Kooperation und Rangordnung der Menschen durch Arbeitsteilung, durch Tausch- und Geldwirtschaft, durch Recht, das die Wirtschaft ermöglichte, durch Herrschaft, die das Recht garantierte, durch Macht, die die Herrschaft stabilisierte, durch Wissen, das die Macht ermöglichte, und schließlich durch Krieg, der die Folge der gegenseitig bedrohlichen Machtakkumulation war.«

Bei von Weizsäcker ist nicht der isoliert lebende Naturmensch, sondern die »Kleingruppe« als Ausgangspunkt genommen, die

Tonart ist anders, und einige Begriffe sind hinzugekommen. In der Lokalisierung gegenwärtiger Menschheitsprobleme in einer bestimmten frühen Stufe der Gesellschaftsbildung aber herrscht zwischen dem Denker des 18. Jahrhunderts und dem unserer Zeit eine beeindruckende Übereinstimmung.

V

Im November 1755 erschien im Band 5 der *Enzyklopädie* Rousseaus Artikel *Über politische Ökonomie*, dem seit dem 18. Jahrhundert im Titel der Zusatz *Discours* angeheftet blieb, obwohl diese Genrebezeichnung irreführend ist. An einigen Stellen, so in der Auffassung von einer ursprünglichen Gesellschaftlichkeit oder »Geselligkeit« des Menschen, enthält der Artikel Passagen, die einem der *Abhandlung über die Ungleichheit* vorausgehenden Stadium anzugehören scheinen. Im ganzen steht er jedoch dem *Contrat social* entschieden näher als den Akademiepreisschriften. Nicht nur fundamentale Thesen seines politischen Denkens, wie die Unterscheidung der Souveränität von der Regierung und der Begriff des Gemeinwillens, sind bereits in diesem Artikel entwickelt. Er enthält auch Partien, die Rousseau wörtlich in die erste Fassung des *Gesellschaftsvertrages*, das sogenannte Genfer Manuskript, übernahm. Eine davon führt das Freiheitsproblem mit der These weiter: »Dem Gesetz allein verdanken die Menschen die Gerechtigkeit und die Freiheit.«

Gegenstand des Artikels ist eine Theorie der Regierung bzw. der Staatsverwaltung, Rousseaus eigentliches Anliegen aber, die Staatsverwaltung als Dienerin der höchsten politischen Autorität nachzuweisen. Allein dieser Autorität, »Souveränität« genannt, gehört die gesetzgebende Gewalt. Aufgabe der Regierung ist es dagegen, den Staat den Gesetzen gemäß zu verwalten.

Noch wird hier von Rousseau nicht gesagt, obwohl er es schon weiß, daß die gesetzgebende Gewalt dem Volke gehört und nur ihm gehören kann. Erst der *Gesellschaftsvertrag* wird 1762 den für die Geschichte staatsrechtlichen Denkens epochemachenden Begriff »Volkssouveränität« einführen. Robert Derathé, Herausgeber des Artikels und der beiden Fassungen des *Contrat social* in der unserer Übersetzung zugrunde liegenden Pléiade-Edition, vermutet sicher zu Recht, daß Rousseau »mit Absicht in diesem Artikel für die *Enzyklopädie* nicht sein ganzes Denken« preisgab. Während der *Contrat social* 1762 in Holland erschien, hatte die *Enzyklopädie* mit der französischen Zensur zu rechnen. Auf die für den Druck dann trotz Rousseaus Selbstzensur noch immer notwendigen Veränderungen wurde bereits hingewiesen.

Neben wichtigen Gedanken über die öffentliche Erziehung zum Patriotismus, ohne den die besten Gesetze nicht wirken könnten, enthält der Artikel Rousseaus ökonomische Konzeption. Über die Hälfte des Textes ist der Analyse der Beschaffung der öffentlichen Haushaltsmittel gewidmet. Erneut plädiert Rousseau gegen zu starke Ungleichheit des Besitzes und gegen eine »ungleichmäßige Verteilung der Menschen über das Land«, argumentiert er gegen eine weitere Expansion des Handels auf Kosten der Landwirtschaft, der Luxusindustrie auf Kosten der nützlichen Gewerbe. Durchgehend bestimmen nicht ökonomische Produktivität, sondern ethisch-politische Gesichtspunkte sein Urteil. Dem negativen Staatsbegriff der klassischen bürgerlichen Ökonomie entspricht bei Rousseau ein negativer Ökonomiebegriff. Der autarke Kleineigentümer ist das ihm vorschwebende Ideal, weil auf diesem ökonomischen Niveau die sozialen Unterschiede und Ungleichheiten noch wenig ausgebildet sind. »Das revolutionäre Konzept der Volkssouveränität«, so formulierte treffend Brigitte Burmeister in einem Aufsatz, »ist ... bei Rousseau gekoppelt mit dem konservativen Konzept einer ›gebremsten‹ Ökonomie.«

Diese sozialen Voraussetzungen blieben auch für Rousseaus politisches Hauptwerk *Vom Gesellschaftsvertrag oder Prinzipien des Staatsrechts*, in der ersten Fassung 1758–1760, in der endgültigen 1761 entstanden, unverändert. Schon aus diesem Grunde ist die bekannte Bemerkung von Engels im *Anti-Dühring*, der Rousseausche Gesellschaftsvertrag habe »seine Verwirklichung gefunden in der Schreckenszeit«, ungerechtfertigt und unhaltbar. Weder war die Vernunft, die den »Vernunftstaat« Rousseaus inspirierte, »nichts anderes ... als der idealisierte Verstand des eben damals zum Bourgeois sich fortentwickelnden Mittelbürgers«, noch waren die Jakobiner in der Französischen

Revolution die einzige Partei – wie die ältere Forschung glaubte –, die sich für ihre Politik auf Rousseausche Prinzipien berief. Rousseau war, wie vor allem Untersuchungen Roger Barnys ergeben haben, in den Grundsatzdebatten der Konstituante zugegen, als es darum ging, den Regierungsapparat der Legislative unterzuordnen. Unter Berufung auf Rousseaus »volonté générale« wurde 1791 indessen auch das Gesetz Le Chapelier über das Streik- und Koalitionsverbot der Arbeitenden beschlossen. Auf Rousseaus Begriff des »Gemeinwillens« beriefen sich die Girondisten, als sie die diktatorischen Neigungen der Pariser Sektion kritisierten. Robespierre dagegen legitimierte gerade die revolutionäre Aktion der Massen als authentische Manifestation des Volkswillens.

Die widersprüchliche Funktion des Rousseauismus in der Geschichte der Französischen Revolution ergibt sich aus der Verflechtung von revolutionären und konservativen Elementen in seiner Theorie. Seine weltgeschichtliche Stunde hatte der *Contrat social*, als es in den Anfängen der Revolution darum ging, die Alleinherrschaft des Königs zu brechen. Für den Kampf der Parteien untereinander in den Jahren der Revolution aber konnte das Rousseausche Demokratie-Ideal keine Orientierung geben, weil der *Gesellschaftsvertrag* nur Individuen und eine Gesamtgesellschaft vorsah, die Existenz von partikularen Gruppen oder Klassen dagegen als unrechtmäßig strikt verbot. Das zentrale Problem, für das der »Gesellschaftsvertrag« eine Lösung bringen will, lautet: »Es ist eine Form der Assoziation zu finden, die mit der ganzen gemeinsamen Kraft die Person und die Habe jedes Assoziierten verteidigt und schützt und durch die jeder, mit allen vereinigt, dennoch nur sich selbst gehorcht und so frei bleibt wie zuvor.«

Hatte die *Abhandlung über die Ungleichheit* die Ursachen der Deformierung des Menschen in der Gesellschaft gezeigt und den »Vertrag« zwischen Reich und Arm als Parodie eines wirklichen Vertrages enthüllt, wollte Rousseau jetzt zeigen, wie eine gerechte gesellschaftliche Ordnung aussehen müsse, ausgehend von den »Menschen, wie sie sind«, aber von »Gesetzen, wie sie sein können«.

Im Unterschied zu älteren Vertragslehren, in denen die Staatsgewalt aus »göttlicher Einsetzung« (Filmer) oder aus einem Vertrag zwischen Herrscher und Untertan (Hobbes) abgeleitet wurde, ist für Rousseau nur der Vertrag legitim, den die Individuen untereinander, in freier Entscheidung und zum Vorteil der gesamten Gemeinschaft abschließen. Durch den Vorgang der totalen Übereignung der individuellen Rechte an die Gemeinschaft erhält das Individuum eine neue Existenz, wird »jedes Individuum, das durch sich selbst ein vollkommenes und einsames Ganzes ist«, zu einem Teil der selbstgewollten größeren Assoziation, die im »Gemeinwillen« ihren verbindlichen Ausdruck findet. In dem auf diesen Sozialvertrag begründeten Staatswesen herrscht nicht der Widerstreit zwischen partikularen und allgemeinen Interessen. Aus den untereinander konkurrierenden Menschen sind durch den Vertrag »Staatsbürger« geworden, die unter der Herrschaft von Gesetzen leben, in denen sie ihren eigenen Willen erkennen können. Denn jeder Staatsbürger ist Teil des Souveräns und damit Mitautor der Gesetze, die die »volonté générale« hervorbringt.

Wie radikal mit diesem Entwurf das Herrschaftssystem des Absolutismus in Frage gestellt war, bedarf kaum der Erläuterung. »Der Mensch wird frei geboren, und überall liegt er in Ketten ... Solange ein Volk gezwungen wird, zu gehorchen, und es gehorcht, tut es gut daran. Sobald es das Joch abschütteln kann und es tatsächlich abschüttelt, tut es noch besser daran.« Das Thema der Freiheit wird auch hier gleich im ersten Kapitel kraftvoll angeschlagen und das Recht zum Widerstand gegen jede Gewaltherrschaft unmißverständlich formuliert.

Die Überzeugung oder genauer: die Beteuerungen Rousseaus, sein Modell einer konsequenten Demokratie sei für große Staaten unanwendbar, mag das relativ geringe Echo auf sein Buch in Frankreich vor der Revolution erklären. Seine strikte Ablehnung eines jeden Repräsentativsystems wurde in der Französischen Revolution sofort verworfen, und historisch mit Recht. Damit war das im Zweiten Buch des *Contrat social* entwickelte Prinzip außer Kraft gesetzt, nur die Macht, nicht der Wille sei delegierbar, die Souveränität eines Volkes, die »nichts als die Ausübung des Gemeinwillens« sei, bleibe immer »unveräußerlich«.

Jedoch erst durch die gegen Rousseau vollzogene Übertragung

des Prinzips der Volkssouveränität auf moderne Großstaaten konnte der *Gesellschaftsvertrag* zum Archetypus totalitären Denkens avancieren. Die Dialektik der Geschichte hat den *Contrat social* zum Kronzeugen der Französischen Revolution gemacht. Wesentliche Voraussetzungen für das Funktionieren der Rousseauschen Staatstheorie, die in mancherlei Hinsicht eine Theorie des antiken Stadtstaates ist, waren in Frankreich indes nicht gegeben. Vor allem die Begriffe der »Souveränität« und des »Gemeinwillens« waren durch die Übertragung ihres konkreten Inhalts beraubt und mußten von den veränderten Bedingungen her neu bestimmt werden. Diese Arbeit war eine von der Geschichte gestellte Aufgabe, und es ist Scholastik, wenn Rousseau-Apologeten sie bei seinen ernst zu nehmenden Kritikern im 19. Jahrhundert als »Deformationen« Rousseauscher Prinzipien denunzieren.

So machte Benjamin Constant, der bedeutendste Ideologe des politischen Frühliberalismus auf dem Kontinent, 1815 gegen das Prinzip der Volkssouveränität geltend: »Die Souveränität existiert nur auf eine begrenzte und relative Weise ... Rousseau hat diese Wahrheit verkannt, und sein Irrtum hat aus seinem Gesellschaftsvertrag, der so oft zugunsten der Freiheit aufgerufen wird, den furchtbarsten Geburtshelfer aller Arten von Despotismus gemacht.« Folgerichtig hat Constant auch Rousseaus Unterscheidung zwischen Regierung und Volkssouveränität als eine »chimärische Abstraktion« zurückgewiesen und die Methode, wie eine Regierung ihre Macht auch gegen den Willen des Volkes behaupten kann, eindrucksvoll beschrieben: »Es bereitet den Mächtigen keine Schwierigkeit, das Volk als Untertan zu unterdrücken, um es zu zwingen, als Souverän den Willen zu äußern, den sie ihm diktieren. Man braucht dazu nur die Glieder der Assoziation einzeln mit Schrecken zu erfüllen und anschließend der Assoziation als großen Haufen eine scheinheilige Huldigung darzubringen ... Da die Souveränität eine abstrakte Sache ist und die reale Sache die Ausübung der Souveränität, d.h., da die Regierung notwendig einem Wesen anderer Natur als dem Souverän übergeben wird und die Mächtigen nicht abstrakte Wesen sind, ist es notwendig, Vorkehrungen gegen die souveräne Macht zu treffen.«

Diese Kritik, der sehr reale Erfahrungen mit der Napoleonischen Herrschaft zugrunde liegen, darf nicht in Vergessenheit geraten lassen, daß Rousseau das XVIII. Kapitel des Dritten Buches des *Contrat social* überschrieben hat: »Mittel, Usurpationen der Regierung vorzubeugen«. In »regelmäßig wiederkehrenden Versammlungen« des Souveräns, die »keiner formellen Einberufung bedürfen« sollten, sah er eine Möglichkeit, der geschichtlichen Erfahrung zu begegnen, daß »alle Regierungen der Welt, nachdem sie die Macht erlangt haben, früher oder später die souveräne Autorität (usurpieren)«.

Wie tief Rousseau ins Grundsätzliche vorstößt, wie sehr sein Werk für demokratisches Denken ein unverzichtbares Erbe bildet, solange Macht zu organisieren den Völkern eine niemals abgeschlossene Aufgabe bedeutet, zeigt das Eröffnungszeremoniell, auf das alle Versammlungen des Souveräns von Rousseau verpflichtet werden. Stets müssen sie »durch zwei Anträge eröffnet werden, die man niemals streichen darf und über die getrennt abgestimmt werden muß: Erstens: *Ist der Souverän damit einverstanden, die gegenwärtige Regierungsform beizubehalten?* Zweitens: *Ist das Volk damit einverstanden, die Verwaltung denen weiter zu überlassen, die mit ihr gegenwärtig betraut sind?*« Im Gegensatz zu den Lehren des Naturrechts gibt es für Rousseau »kein Grundgesetz, das nicht widerrufen werden könnte, nicht einmal der Gesellschaftsvertrag«. Was zählt, ist der gegenwärtige Wille des Volkes, niemals Willensbekundungen aus der Vergangenheit.

In diesen Grundsätzen über die Volkssouveränität sah der Generalprokurator der Republik Genf, Jean-Robert Tronchin, in einem Bericht für den Kleinen Rat eine theoretische Rechtfertigung permanenter Anarchie, die den Regierenden alle Autorität entziehe und im klaren Widerspruch zu den Genfer Verfassungsprinzipien stehe. Zusammen mit dem wenige Wochen danach erschienenen *Emile* wurde der *Contrat social* in Genf wie in Frankreich verboten.

Die Kritik an der in Genf im 18. Jahrhundert praktizierten Regierungsweise wurde aber vor allem von den um ihre Rechte kämpfenden Genfer Bürgern verstanden. Sie sahen im *Contrat social* das »Arsenal der Freiheit« und in Rousseau in den folgenden Jahren bis zur Verfassungskrise 1766/68 ihren geistigen Repräsentanten. Als zur Rechtfertigung der gegen Rousseau beschlossenen Maßnahmen 1763 Tronchins *Briefe vom Lande* erschienen, entschloß sich Rousseau zur Erwiderung, die 1764 als *Briefe vom Berge* in Paris veröffentlicht wurden.

Die Bedeutung dieser großen Verteidigungsschrift liegt nicht auf dem Feld der politischen Theorie, sondern auf dem der politischen Geschichte. Zum ersten Male schreibt Rousseau – auf Betreiben und mit Unterstützung einer politischen Gruppierung, seiner Genfer Mitbürger – direkt und unverhüllt gegen die Usurpationen einer Regierung. Es war die fällige Auseinandersetzung mit seiner Vaterstadt, nachdem sein Genfmythos an der Wirklichkeit zerbrochen war und er sein Bürgerrecht 1763 zurückgegeben hatte. Als dieser Schritt des »citoyen de Genève«, vollzogen in einem Brief Rousseaus vom 12. Mai 1763 an den Ersten Syndikus der Republik, bekannt geworden war, hatten die Proteste und Eingaben der Genfer Demokraten gegen das Verfahren des Kleinen Rates eingesetzt. Zum ersten Male konnte Rousseau jetzt, nachdem er auf das Gebiet des damals zu Preußen gehörigen Fürstentums Neuchâtel geflüchtet war und sich der Unterstützung durch Friedrich II. sicher wußte, mit solcher Intensität und Wucht schreiben, daß das unvermeidliche Verbot der *Briefe vom Berge* in Genf zur Verfassungskrise führte und schließlich die politische Intervention Frankreichs notwendig wurde. Die Schlußsätze des Siebenten Briefes mögen einen Eindruck davon vermitteln, welches Talent Rousseau zum Volkstribunen besaß, obwohl er sich stets geweigert – und dadurch viele enttäuscht – hat, die Rolle eines Parteiführers zu übernehmen: »Wenn man die Rechte aller im Rat versammelten Staatsbürger und einfachen Bürger betrachtet, so ist nichts glänzender. Allein man betrachte außerdem dieselben Bürger als Einzelpersonen: was sind sie, was wird aus ihnen? Sklaven einer willkürlichen Macht, sind sie schutzlos der Gnade von fünfundzwanzig Despoten ausgeliefert: die Athener hatten doch wenigstens dreißig. Doch was sage ich fünfundzwanzig? Neun sind für ein bürgerliches Gerichtsurteil, dreizehn für ein Kriminalurteil ausreichend. Sieben oder acht davon, die einig sind, sind für euch, was die Decemviri waren, und diese wurden sogar noch von dem Volk gewählt, während ihr keinen einzigen dieser Richter gewählt habt, und dies nennt man frei sein!«

Im Mittelpunkt der ersten fünf Briefe steht die Apologie der im *Glaubensbekenntnis des savoyischen Vikars* (aus dem *Emile*) entwickelten deistischen Prinzipien. Der Sechste Brief faßt die Hauptthesen des *Gesellschaftsvertrages* zusammen, während die Schlußbriefe den Widerspruch zwischen Verfassung und Verfassungswirklichkeit in der politischen Geschichte Genfs nachweisen. Rousseau hatte dabei die Schwierigkeit zu meistern, die Grundprinzipien seiner politischen Theorie zu behaupten und gleichzeitig die Sache der Genfer Demokraten zu vertreten, so daß sich einige Abweichungen gegenüber dem *Contrat social* finden. Rousseaugegner werden sich den »Widerspruch« nicht entgehen lassen, daß in den *Briefen* mit dem souveränen Volk nicht die Gesamtheit der Genfer Bevölkerung, sondern in Übereinstimmung mit der konkreten politischen Situation nur die »citoyens« und die »bourgeois« gemeint sind.

Das fast gleichzeitige Erscheinen und ihr gemeinsames Schicksal in Genf hatten den *Contrat social* und den *Emile* in eine wirkungsgeschichtliche Symbiose gebracht. Nach einigem Zögern hat ihr Verfasser diese Verbindung respektiert und die ursprünglich für getrennte Veröffentlichungen vorgesehenen zwei Verteidigungsschriften als ein Werk publiziert.

Die *Briefe vom Berge* gehören, innerhalb des Rousseauschen Gesamtschaffens betrachtet, zum Typus der Sequenzschriften. Sie beziehen sich, verteidigend und erläuternd, auf besonders umstrittene Kapitel des *Emile* und des *Contrat social* – so wie die Antworten Rousseaus auf die Kritiker seiner beiden Akademieabhandlungen diesen als Kommentar des Autors zugehören. Und wie die Preisschrift von 1750 über die Wissenschaften und die Künste zusammen mit den Gegenschriften und Rousseaus polemischen Repliken, von Abbé Raynal als denkwürdige Debatte zusammengestellt, 1753 bei Mevius in Gotha in zwei Bänden unter dem Titel *Recueil de toutes les pièces qui ont été publiées à l'occasion du Discours de M. J. J. Rousseau* erschienen ist, so bilden auch die beiden Hauptschriften des Jahres 1762 zusammen mit den *Lettres de la campagne* und den *Lettres de la montagne* ein geistig zusammengehöriges Textkorpus, wenn auch ihre buchbinderische Synthese bis heute wohl nicht realisiert worden ist. Daß auch das 1972 erschienene Buch Launays *J. J. Rousseau, écrivain politique (1712–1762)* diesen Zusammenhang zerreißt und die Untersuchung in herkömmlicher Weise mit dem Jahr 1762 abbrechen läßt, entbehrt jeder sachlichen Grundlage. Denn als politischer, will sagen: in die Kämpfe der Zeit unmittelbar eingreifender Schriftsteller hat Rousseau gerade nach 1762 eine neue Qualität der Auseinandersetzung erreicht. Die Beratungen des Kleinen Rates von Genf über die *Briefe vom Berge*, von Ralph Leigh, dem Herausgeber der neuen ausgezeichneten Edition der Rousseauschen Korrespondenz, in Auszügen mitgeteilt, belegen hinreichend, wie ernst die *Lettres* auf der Seite des politischen Gegners genommen worden sind.

VI

Den wirklichen Abschluß der Laufbahn des politischen Schriftstellers bilden zwei Verfassungsentwürfe, mit denen Rousseau in die Fußstapfen der berühmtesten Gesetzgeber der Antike trat. Wenn der *Entwurf einer Verfassung für Korsika* (1765) und die *Betrachtungen über die Regierung von Polen und ihre beabsichtigte Reformierung* (1771) aus verschiedenen Ursachen auch nicht Verfassungswirklichkeit geworden sind, für die Physiognomie des Schriftstellers Rousseau bilden sie einen unverzichtbaren Zug.

Denn nicht um Entwürfe idealer politischer Gesellschaften für ein Nirgendwo handelt es sich, wie sie seit dem 16. Jahrhundert in der Gattung der Utopie in vielen Sprachen ans Licht traten, sondern um politische Fundamente für ganz bestimmte, real existierende Gesellschaften. Im Unterschied zu den Utopien ist diese Art Literatur, die im allgemeinen zur Domäne der Staatsrechtler gehört, selten aus der Feder von Schriftstellern zu finden. In der deutschen Aufklärung wird man vergeblich nach ihr suchen. In der französischen Aufklärung ist neben Rousseau auch Mably, der Verfasser der *Entretiens de Phocion*, kurz vor der ersten Teilung Polens von den Konföderierten von Bar und später von John Adams, dem Botschafter der Vereinigten Staaten in Frankreich, mit entsprechenden Bitten konsultiert worden. Was die Autoren von Verfassungsentwürfen oder Verfassungsgutachten demnach auszeichnet, ist das Vertrauen bedrängter Völker. Dieses Vertrauen müssen sie sich erworben haben, bevor es zu einem konkreten Auftrag kommt.

Als Auftragswerke sind auch die beiden Verfassungsarbeiten Rousseaus geschrieben worden, wenngleich für Völker in völlig verschiedenen Situationen. Während die Korsen seit 1729 um ihre Befreiung von der Herrschaft Genuas kämpften und als eine Nation in statu nascendi gelten konnten, war Polen ein alter Staat, dessen drohenden Untergang die Konföderierten von Bar durch innere Reformen und Kampf gegen die russischen Okkupanten abwenden wollten. In beiden Fällen hat Rousseau die Rolle des Gesetzgebers nach anfänglichem Zögern angenommen und zunächst gründliche Vorstudien getrieben, um die Voraussetzungen möglichst genau kennenzulernen. In einem Brief vom 15. Oktober 1764 an Matteo Buttafoco, von dem er ersucht worden war, seine Gedanken über eine Verfassung des freien Korsika niederzulegen, entwickelte Rousseau einen genauen Zeitplan: sechs Monate für das Studium Korsikas und mindestens weitere sechs Monate, um diese Studien zu verarbeiten, im Frühjahr 1766 dann ein vorläufiger Entwurf und erst drei Jahre später die endgültige Verfassung. Doch während Rousseau noch bei der Arbeit war, besetzte Frankreich 1768 die Insel und gab der Republik Genua eine finanzielle Abfindung.

Rousseaus *Entwurf* für Korsika ist die erste konkrete Anwendung der im *Gesellschaftsvertrag* entwickelten politischen Theorie. Nach dem Vorbild der alten Schweizer Kantone wird eine ländliche Demokratie vorgesehen, die sich an die bereits in Korsika bestehende Verfassung anlehnt. In ökonomischer Hinsicht läuft der Entwurf auf einen »geschlossenen Handelsstaat« à la Fichte hinaus, mit möglichst weitgehender wirtschaftlicher Autarkie gegenüber der Außenwelt und stark begrenztem Eigentum im Innern.

Gleichermaßen von den Prinzipien des *Gesellschaftsvertrages* inspiriert sind die *Betrachtungen* für die agonisierende polnische Adelsrepublik — was neben zahlreichen Zitaten auch weiterführende Gedanken wie die zur »Deputation« der gesetzgebenden Gewalt im siebenten Kapitel belegen. Nicht anders als Mably beurteilt Rousseau die Lage des polnischen Staates als hoffnungslos.

Im Gegensatz zu den französischen Aufklärern, die mit dem deutschstämmigen Melchior Grimm in der »polnischen Freiheit« nur »feudale Anarchie« sehen, setzt Rousseau auf das demokratische Element, durch das sich die polnische Adelsrepublik innerhalb des in Europa herrschenden Absolutismus abhob. So schwierig es für ihn war, zwischen direkter Demokratie und der durch Polens Größe unvermeidlichen Repräsentativform, zwischen bestehender Adelsherrschaft und einer wirklichen »Herrschaft des Volkes« zu vermitteln, enthalten seine »allgemeinen Gedanken«, neben mancherlei Abwegigem, mit der Orientierung auf die Erziehung zum Patriotismus doch so manchen für die weiteren Geschicke Polens außerordentlich fruchtbaren Gedanken.

Der Konservatismus Rousseaus bekundet sich in den *Betrachtungen* ökonomisch in der Verdammung von Industrie und Handel, politisch im Lob der Dezentralisierung und in der Billigung zahlreicher Institutionen, deren Existenz die Anarchie des politischen Lebens nur begünstigen konnte. Auf das unmittelbare Schicksal des polnischen Staates hat die Schrift, die vor der Veröffentlichung 1782 nur begrenzten Kreisen zugänglich war, keinen Einfluß gehabt. Erst nach 1789, als die erste polnische Übersetzung erschien, wurden die *Betrachtungen* wichtig: für die Autoren der Verfassung vom 3. Mai 1791 und deren Verteidiger. Nach der dritten Teilung Polens 1795 erkannten die intelligentesten unter den polnischen Patrioten in Rousseaus Werk einen Grund zur Hoffnung, »indem sie mit ihrem Autor wiederholten, daß die Nation weiterlebe, auch nach dem Verlust der Unabhängigkeit«. (B. Lesnodorski, *La Pensée politique de Rousseau en Pologne*, 1978.)

In der Tat hatte Rousseau gelernt, zwischen Staat und Nation zu unterscheiden. Daher konnte er mit dem Programm einer Nationalerziehung den Polen einen Weg zu ihrer nationalen Wiedergeburt zeigen, so düster die Gegenwart aussehen mochte: »Ich sehe im gegenwärtigen Zustand der Dinge nur ein Mittel, Polen die ihm fehlende Festigkeit zu verleihen: dies wäre, der ganzen Nation gewissermaßen den Geist der Konföderierten einzuflößen, die Republik derart in den Herzen der Polen einzupflanzen, daß sie allen Bemühungen ihrer Unterdrücker zum Trotz Bestand hat. Dies erscheint mir als die einzige Zuflucht, wo Gewalt sie nicht erreichen oder vernichten kann.«

Als Haupterfordernis für eine Wendung zum Besseren betrachtet Rousseau die Ausweitung nationaler Erziehung im Raum der Gesellschaft. Gegenüber der drückenden militärischen Überlegenheit der Nachbarstaaten Rußland, Preußen und Österreich lautet der entscheidende Satz: »Ihr könnt es nicht verhindern, daß sie euch verschlingen, sorgt dafür, daß ihr ihnen schwer im Magen liegt.« Generationen von Polen war damit ein Losungswort gegeben, das, rational und bildhaft zugleich, immer wieder zitiert worden ist.

Im Vergleich zu den ehernen Prinzipien des *Gesellschaftsvertrages* hat die Zaghaftigkeit der realen Anwendungen vor allem der *Betrachtungen* immer wieder Verwunderung hervorgerufen. Methodisch fruchtbarer dürfte eine Betrachtungsweise sein, die das Herabsteigen vom Allgemeinen zum Konkreten, das Verbinden der reinen Lehre mit besonderen Voraussetzungen und Gegebenheiten nicht als Substanzverlust, sondern als Bedingung geschichtlicher Wirksamkeit von politischen Ideen ansieht. In diesem Sinne kennzeichnen die Verfassungsentwürfe für Polen und Korsika reale Dimensionen des *Contrat social* und den Reichtum des politischen Denkers Rousseau.

VII

Als Rousseau 1764 den Gedanken einer Werkausgabe erwog, sollte den ersten Band die *Abhandlung über die Ungleichheit* eröffnen; mit der *Abhandlung über die Wissenschaften* war er weniger zufrieden. Es folgten der Enzyklopädieartikel und der *Gesellschaftsvertrag*, woran sich die beiden Auszüge aus den Schriften *Plan eines ewigen Friedens* und *Polysynodie* des berühmten Abbé Saint-Pierre sowie Rousseaus *Gutachten* zu ihnen anschlossen. Diese privilegierte Stellung hinter dem *Contrat social* blieb den genannten Texten seither erhalten, obwohl sie ihm chronologisch vorausgingen und zwischen 1754 und 1758 entstanden – auf Wunsch Madame Dupins übrigens, als deren Sekretär Rousseau den achtzigjährigen Abbé kennen- und schätzengelernt hatte.

Die Bedeutung der *Schriften über den Abbé Saint-Pierre* liegt darin, daß sie zeitlich den Auftakt zum politischen Hauptwerk bilden, inhaltlich dagegen – wenigstens in einigen Punkten – dessen geplante Fortsetzung skizzieren: »Völkerrecht«, »Handel«, »Kriegsrecht und Eroberungen«, »Koalitionen«, »Unterhandlungen«, »Verträge« usw. heißen im Schlußkapitel des *Contrat social* Stichworte eines Buches über zwischenstaatliche Beziehungen, das Rousseau nicht geschrieben hat. Diese Texte sind teilweise fragmentarisch geblieben – die Arbeit war mühselig, und Madame Dupin teilte nicht unbedingt Rousseaus Ansichten –, und doch sind vor allem das *Gutachten über den Plan eines ewigen Friedens* und die Notizen über den »Kriegszustand« Arbeiten ersten Ranges, in denen wesentliche Erkenntnisse niedergelegt sind.

In Übereinstimmung mit seiner Geschichtsphilosophie hat Rousseau den Krieg als ein dem Wesen nach gesellschaftliches Phänomen bestimmt: »Es gibt durchaus keinen allgemeinen Krieg des Menschen mit dem Menschen.« Das ist gegen Hobbes, den »barbarischen Philosophen«, gerichtet, steht aber auch mit der Definition in Widerspruch, die der preußische General Clausewitz später in seinem Buch *Vom Kriege* geben sollte: »Der Krieg ist nichts als ein erweiterter Zweikampf.« Noch gewichtiger ist Rousseaus zweites Axiom: »Es gibt keinen Krieg zwischen Menschen, es gibt nur Krieg zwischen Staaten.« Aus diesen Überlegungen, die auch in das IV. Kapitel des Ersten Buches des *Contrat social* Eingang fanden, hat Rousseau die zukunftsträchtigsten Folgerungen gezogen, und man kann nur bedauern, daß er seine Auseinandersetzung mit der »allgemeinen Gesellschaft des Menschengeschlechts« bzw. der »Gesellschaft der Nationen«, wie der von Rousseau tief beeindruckte Kant formulierte, über einzelne Ansätze nicht hinausgeführt hat.

Von seinen konservativen ökonomischen Prinzipien her konnte Rousseau für die eminente kulturelle Bedeutung der wachsenden Internationalisierung aller Prozesse nur ein begrenztes Verständnis haben. Seine Mahnung, die Völker der Welt nicht an europäischen Maßstäben zu messen, behält indes unveränderte Gültigkeit. Rousseaus Hochschätzung der kleinen autarken Staaten steht mit »dem unbestreitbaren Grundsatze, daß weniger Krieg sein wird, wenn es weniger Staaten gibt« (Friedrich Gentz, 1800), sicher in Widerspruch. Der Verfasser des *Contrat social* war indes kein dogmatischer Denker und notierte in den *Politischen Fragmenten* den dialektischen Gedanken, trotz der grundsätzlichen Verderbtheit des Gesellschaftszustandes gegenüber dem Naturzustand sei die Folgerung »weit gefehlt, daß es für uns weder Glück noch Tugend mehr gäbe, daß der Himmel uns hilflos dem Verfall der Gattung ausgeliefert hätte; bemühen wir uns, aus dem Übel selbst das Gegenmittel zu gewinnen, das ihm beikommen soll; beheben wir durch neue Assoziationen den Grundfehler der allgemeinen Assoziation«.

Angesichts der Dimensionen unseres Planeten und der Vielzahl der bestehenden Staaten ist von den politischen Denkern des 18. Jahrhunderts die Idee eines einheitlichen Weltstaates nicht nur als utopisch, sondern auch als verhängnisvoll beurteilt worden. In einer berühmten Analyse von Montesquieus *Geist der Gesetze* hat d'Alembert den Kontrast zwischen dem entkräfteten und siechen Körper dieses über die Erdoberfläche hingestreckten Weltstaates und einer Staatenwelt von kräftigen und lebendigen Körpern, aus deren Wechselbeziehungen und Verbindungen überall Bewegung und Leben hervorgehe, eindrucksvoll festgehalten. Mit der Existenz von Staaten aber blieben die Probleme der Gewalt und des Krieges verknüpft.

Kann der Krieg im Nuklearzeitalter nicht mehr als Fortsetzung der Politik mit anderen Mitteln gelten, muß die Rolle der Gewalt in den internationalen Beziehungen zurückgehen. Die Französische Revolution, die vor zweihundert Jahren die moderne internationale Politik als eine vom Schwert bestimmte eröffnete, rückt dadurch in historische Distanz. Jenes System dagegen, das man bis 1789 im alten Europa das Gleichgewicht unter den Staaten nannte, wird auf erweiterter Grundlage und alle Kontinente umfassend für die Erhaltung des Weltfriedens wieder von Bedeutung.

Die Perfektibilität des Menschen, von der auch Rousseau als anthropologischer Tatsache ausging, ist an eine Grenze gelangt oder nähert sich ihr doch. Unter solchen Umständen sollte ein intensiver Dialog mit ihm, dem »zweiten, sehr enthusiastischen Lobredner des ewigen Friedens« (Friedrich Gentz) gerade unserer Zeit von Nutzen sein.

VIII

Unser Versuch, einen Überblick über Rousseaus politische Schriften zu geben, darf einen wesentlichen Aspekt ihrer Originalität nicht verschweigen. Es handelt sich um Texte eines der größten Autoren der französischen Sprache, der als Prosaschriftsteller mit der *Abhandlung über die Ungleichheit* die ihm eigene Diktion gefunden hat. Jean-Louis Lecercle, der wohl beste Rousseaukenner im heutigen Frankreich, hat in seinem Buch *Rousseau et l'art du roman* (1969) die Verfahren und Reflexionen des Künstlers eindringlich analysiert und vor wenigen Jahren die Überzeugung geäußert, die Rousseausche Prosa sei die schönste der französischen Literatur überhaupt. Wie dem auch sei, für die große Wirkung der Rousseauschen Schriften bis heute hat ihre ästhetische Form eine nicht zu überschätzende Bedeutung. Gerade der deutsche Leser, dem die abstrakte Sprache der großen Philosophen des deutschen Idealismus im Gedächtnis haftet, wird für den affektiven Schwung, die zu den Sinnen sprechende Musikalität und hohe poetische Anschaulichkeit der Sprache des Genfer Philosophen besonders aufgeschlossen sein.

Zur vorliegenden Ausgabe, in der mit einer Ausnahme — der umfänglichen *Briefe vom Berge* — alle Texte neu übersetzt wurden, zum Abschluß noch einige terminologische Bemerkungen.

Wie die meisten Autoren seiner Zeit hatte Rousseau Gesellschaft und Staat zunächst nicht auseinandergehalten. »Herrschaft« bzw. »Knechtschaft« waren ihm 1750 gleichbedeutend mit »Gesellschaft«. Demgegenüber sollte der *contrat social* Prinzipien einer gerechten politischen Ordnung aufzeigen und war keineswegs ein »Herrschaftsvertrag«.

Die inzwischen vollzogene Unterscheidung zwischen Staat und Gesellschaft kommt freilich in der modernen Übersetzung *Vom Gesellschaftsvertrag oder Prinzipien des Staatsrechts* deutlicher zum Ausdruck als im Originaltitel *Du contrat social ou Principes du droit politique.* Wie die Titelvarianten zeigen, hat Rousseau bei der terminologischen Entscheidung einige Mühe gehabt: statt des ursprünglichen *Du contrat social* bevorzugte er für den Haupttitel eine Zeitlang *De la société civile*; für den Untertitel favorisierte er nacheinander *Versuch über* 1) *die Verfassung des Staates*, 2) *die Bildung des politischen Körpers*, 3) *die Bildung des Staates*, 4) *die Form der Republik*, bevor er sich für die anspruchsvolle definitive Fassung entschied.

Daß er für sein politisches Hauptwerk den Titel *Von der bürgerlichen Gesellschaft* in Betracht gezogen hat, verweist nicht nur darauf, wie nahe sich die Wortbedeutungen »bürgerlich« und »gesellschaftlich« für das französische »civil« damals standen. Es erinnert vor allem an die unablässige Bewegung der Begriffe in der Geschichte und macht einige Bemerkungen notwendig, welche Haltung die vorliegende Übersetzung zu diesen Veränderungen einnimmt.

Da Rousseau bewußt eine Sprache der Demokratie schaffen wollte, hat er im *Gesellschaftsvertrag* mit Sorgfalt bereits geläufige zentrale Begriffe wie »Souverän«, »Regierung« und »Gesetz« neu definiert und erläutert. Während für die Zeitgenossen, wie Robert Derathé in der wichtigen Studie *Les Réfutations du »Contrat social« au XVIIIe siècle* (1950/52) zeigt, daraus erhebliche Verständigungsprobleme erwuchsen, bereiten diese Begriffe dem modernen Leser keine Schwierigkeiten. Anders steht es bei Lehnwörtern aus dem Lateinischen wie »nation«, »magistrat« oder »civil« und allen dazugehörigen Ableitungen. Abweichend vom zeitgenössischen Sprachgebrauch in Frankreich, hat Rousseau ihnen, das Genfer Modell vor Augen, ihren antiken Sinn beigelegt. Hier wird der moderne Leser ohne Zögern die moderne Bedeutung unterstellen – da der Wortkörper unverändert ist – und Rousseaus Aussagen damit unbewußt einen veränderten Sinn geben. »Bürgerliche« Gesellschaft ist heute weithin Synonym für kapitalistische Ordnung. Verblaßt ist dagegen die ältere Bedeutung, die Rousseau ausschließlich damit verknüpfte und die auch den Verfassern der *Deutschen Ideologie* 1846 noch geläufig war, wenn sie schrieben: »Die bürgerliche Gesellschaft als solche entwickelt sich erst mit der Bourgeoisie: die unmittelbar aus der Produktion und dem Verkehr sich entwickelnde gesellschaftliche Organisation, die zu allen Zeiten die Basis des Staates und der sonstigen idealistischen Superstruktur bildet, ist indes fortwährend mit demselben Namen bezeichnet worden.«

Im Unterschied zu allen bisherigen deutschen Rousseau-Übersetzungen wird in der vorliegenden Edition diesem Bedeutungswandel Rechnung getragen und »société civile« mit »Gesellschaft« wiedergegeben – wobei in einigen Texten der französische Terminus zum Vergleich hinzugefügt ist. Damit wird nicht nur Rousseau von einer völlig unangebrachten Zweideutigkeit befreit, sondern auch eine Möglichkeit genutzt, die Übersetzungen im Unterschied zu den Originalfassungen nun einmal eigen ist – die Texte den gewandelten Verhältnissen anzupassen und sie so lebendig zu erhalten.

Ähnlich, nur weniger einschneidend ist der Bedeutungswandel bei einigen anderen Begriffen, weshalb »nation« vorwiegend mit »Volk«, »révolution« meist mit »Umwälzung« übertragen wurde. Erst die Epochenschwelle der Französischen Revolution hat hier die modernen Bedeutungsinhalte geschaffen. In Fällen jedoch, wo Rousseau den modernen Wortsinn offensichtlich antizipiert, wurden die lateinischen Lehnwörter als Träger eines identischen Sinnes beibehalten. An eine einheitliche Festlegung je eines Wortsinnes für alle Schriften konnte um so weniger gedacht werden, als Rousseau selber sich völlig darüber klar war, daß es schon in einem umfangreicheren Einzelwerk »unmöglich« wäre, »denselben Wörtern stets denselben Sinn zu geben. Es ist keine Sprache so reich, daß sie so viele Wörter, so viel Wendungen und Redensarten bereitstellen kann, wie unsere Ideen Veränderungen annehmen können.«

Über diese Bedeutungsveränderungen hinausgehend aber ist festzuhalten: Wenn es richtig ist, daß »Werke der klassischen Literatur wenigstens einmal in jedem Jahrhundert neu übersetzt gehören« (Hans Hinterhäuser), dann war es eine längst fällige Aufgabe, die epochemachenden Schriften Rousseaus in die deutsche Sprache des 20. Jahrhunderts zu übertragen. Wieweit dies den einzelnen Übersetzern unserer Ausgabe gelungen ist, darüber wird der Leser entscheiden.

Martin Fontius

VON DER AKADEMIE ZU DIJON
IM JAHRE 1750 PREISGEKRÖNTE

ABHANDLUNG

ÜBER DIE VON DIESER AKADEMIE
AUFGEWORFENE FRAGE,
OB DIE WIEDERHERSTELLUNG
DER WISSENSCHAFTEN UND DER KÜNSTE
ZUR LÄUTERUNG DER SITTEN
BEIGETRAGEN HABE

Von einem Bürger Genfs

Barbarus hic ego sum quia non intelligor illis.

Ovid

VORWORT

Dies ist eine der großen und eine der schönsten Fragen, die jemals aufgeworfen worden sind. Es geht in dieser Abhandlung keineswegs um jene metaphysischen Spitzfindigkeiten, die alle Bereiche der Literatur erfaßt haben und von denen die Akademieprogramme nicht immer frei sind, sondern es geht um eine jener Wahrheiten, die das Glück des Menschengeschlechts betreffen.

Ich sehe voraus, daß man mir den Standpunkt schwerlich verzeihen wird, den einzunehmen ich gewagt habe. Da ich mich frontal allem widersetze, was die Menschen heute bewundern, kann ich nur allgemeinen Tadel erwarten; die Zustimmung durch einige Weise, mit der ich geehrt worden bin, heißt nicht, daß ich auch auf die des Publikums rechnen darf. Deshalb ist mein Entschluß gefaßt. Ich suche weder den Schöngeistern zu gefallen noch den Leuten, die in Mode sind. Zu allen Zeiten wird es Menschen geben, die sich von den Meinungen ihres Jahrhunderts, ihres Landes, ihrer Gesellschaft unterjochen lassen. Heute ist einer ein Freigeist und ein Philosoph, der aus demselben Grund zu Zeiten der Liga nur ein Fanatiker gewesen wäre. Für solche Leser darf man nicht schreiben, wenn man sein Jahrhundert überleben will.

Noch ein Wort zum Schluß. Da ich kaum mit der Ehre rechnete, die mir zuteil geworden ist, hatte ich diese Abhandlung, nachdem ich sie abgeschickt, so durchmustert und erweitert, daß ich im Begriff stand, daraus in gewisser Weise ein anderes Werk zu machen. Heute glaube ich mich jedoch verpflichtet, sie in dem Zustand zu belassen, in dem sie ausgezeichnet wurde. Ich habe nur wenige Anmerkungen hinzugefügt und zwei Zusätze weggelassen, die leicht zu erkennen sind und die von der Akademie vielleicht nicht gebilligt worden wären. Ich denke, daß die Redlichkeit, die Achtung und die Dankbarkeit mir diesen Hinweis abverlangen.

ABHANDLUNG

Decipimur specie recti

Hat die Wiederherstellung der Wissenschaften und der Künste dazu beigetragen, die Sitten zu läutern oder zu verderben? Das soll geprüft werden. Welchen Standpunkt soll ich in dieser Frage einnehmen? Den, meine Herren, der einem rechtschaffenen Manne geziemt, der nichts weiß und sich darum doch nicht geringschätzt.

Schwierig wird es sein, ich fühle es, dem Tribunal, vor dem ich erscheine, das angemessen zu präsentieren, was ich zu sagen habe. Wie kann man es wagen, die Wissenschaften vor einer der gelehrtesten Gesellschaften Europas zu tadeln, die Unwissenheit in einer berühmten Akademie zu loben und die Verachtung für das Studium mit dem Respekt für die wahren Gelehrten zu vereinen? Ich habe diese Widersprüche im Blick, und sie haben mich nicht abgeschreckt. Ich mißhandle nicht die Wissenschaft, habe ich mir gesagt. Ich verteidige die Tugend vor tugendhaften Männern. Redlichkeit ist rechtschaffenen Leuten noch immer teurer als Gelehrsamkeit den Gelehrten.

Was habe ich also zu befürchten? Das aufgeklärte Wissen der Versammlung, die mich anhört? Ja, ich gestehe es. Aber das betrifft die Beschaffenheit der Abhandlung, nicht das Gefühl des Redners. Gerechte Herrscher haben nie geschwankt, in zweifelhaften Diskussionen sich selbst zu verurteilen, und es ist die vorteilhafteste Position in einer gerechten Sache, sich gegen eine integre und aufgeklärte Partei zu verteidigen, die in eigener Sache urteilt.

Zu diesem Motiv, das mich ermutigt, kommt ein anderes, das mich bestimmt: Nachdem ich, wie es meinem natürlichen Verstande ziemt, die Partei der Wahrheit ergriffen habe, steht mir, welcher Erfolg mir auch beschieden sein mag, eine Belohnung zu, die ich nicht verfehlen kann: ich werde sie auf dem Grund meines Herzens finden.

ERSTER TEIL

Es ist ein großartiges und schönes Schauspiel, zu erleben, wie der Mensch mit seinen eigenen Kräften gleichermaßen aus dem Nichts heraustritt; wie er mit dem Licht seiner Vernunft das Dunkel zerteilt, in das ihn die Natur eingeschlossen hatte; wie er sich über sich selbst erhebt; wie er mit Hilfe seines Geistes bis in die himmlischen Gefilde vordringt; wie er mit Riesenschritten, der Sonne gleich, die weite Ausdehnung des Universums durchmißt; wie er, und das ist noch größer und noch schwieriger, in sich selbst einkehrt, um den Menschen zu studieren und seine Natur zu erkennen, seine Pflichten und seinen Zweck. Alle diese Wunder sind seit wenigen Generationen immer wieder geschehen.

Europa war in die Barbarei der frühen Zeiten zurückgefallen. Die Völker dieses heute so aufgeklärten Teils der Welt lebten vor einigen Jahrhunderten in einem Zustand schlimmster Unwissenheit. Ich weiß nicht, welcher wissenschaftliche Jargon, verächtlicher noch als Unwissenheit, sich des Namens Wissen bemächtigt hatte und seiner Wiederkehr ein beinahe unüberwindliches Hindernis entgegensetzte. Es bedurfte einer Revolution, um die Menschen zum Gemeinsinn zurückzubringen, und sie kam schließlich von einer Seite, von der man sie am wenigsten erwartet hätte. Der stumpfsinnige Muselman, ewige Geißel der Gelehrsamkeit, ließ sie unter uns wieder erstehen. Durch den Sturz des Konstantinischen Throns kamen die Trümmer des alten Griechenlands nach Italien. Frankreich bereicherte sich seinerseits an dieser kostbaren Beute. Bald folgten die Wissenschaften der Philosophie und Literatur, gesellte sich die Kunst zu denken zur Kunst des Schreibens. Eine scheinbar seltsame Rangordnung, aber doch wohl nur zu natürlich. Man begann den Hauptvorteil des Umgangs mit den Musen zu spüren, der die Menschen gesellschaftsfähiger macht, weil er ihnen das Verlangen eingibt, einander durch Werke zu gefallen, die ihrer gegenseitigen Zustimmung würdig sind.

Der Geist hat seine Bedürfnisse wie der Körper. Diese sind die Fundamente der Gesellschaft, jene anderen ihr Vergnügen. Während die Regierung und die Gesetze sich um die Sicherheit und den Wohlstand der in Gesellschaften lebenden Menschen sorgen, winden die Wissenschaften, die Literatur und die Künste, weniger despotisch und vielleicht mächtiger, Blumengirlanden um die Eisenketten, mit denen die Menschen beladen sind, ersticken in ihnen das Gefühl jener ursprünglichen Freiheit, für die sie geboren schienen, lassen sie ihre Sklaverei lieben und machen aus ihnen, was man zivilisierte Völker nennt. Das Bedürfnis errichtete die Throne, Wissenschaften und Künste haben sie befestigt. Mächte der Erde, liebt die Talente und schützt jene, die sie pflegen.[1] Zivilisierte Völker, pflegt sie. Glückliche Sklaven, ihnen habt ihr diesen zarten und feinen Geschmack zu verdanken, dessen ihr euch rühmt, diese Sanftheit des Charakters und diese Urbanität der Sitten, die unter euch den Umgang so anziehend und leicht machen. Mit einem Wort, ihr verdankt ihnen den Schein aller Tugenden, ohne eine einzige wirklich zu besitzen.

Athen und Rom haben sich einst in den so gepriesenen Tagen ihrer Pracht und ihres Glanzes durch diese Art von Zivilisiertheit ausgezeichnet, die um so liebenswerter ist, je weniger sie sich zu zeigen sucht. Durch sie werden ohne Zweifel auch unser Jahrhundert und unsere Nation den Sieg über alle Zeiten und über

[1] Die Fürsten sehen immer mit Vergnügen, wenn sich der Geschmack an den angenehmen Künsten und am Überflüssigen, wenn dadurch nicht das Geld aus dem Lande fließt, unter ihren Untertanen ausbreitet. Nicht nur nähren sie damit in ihnen jene Kleinmütigkeit der Seele, die für die Sklaverei so geeignet ist, sie wissen auch sehr gut, daß alle Bedürfnisse, die ein Volk sich gibt, immer auch Ketten sind, mit denen es sich belastet. Als Alexander die Ichthyophagen unter seiner Botmäßigkeit halten wollte, zwang er sie, auf den Fischfang zu verzichten und sich von den bei anderen Völkern üblichen Mitteln zu ernähren. Und die barfüßigen Wilden Amerikas, die nur von ihrer Jagd leben, konnten niemals beherrscht werden. In der Tat, unter welches Joch könnte man Menschen beugen, die keine Bedürfnisse haben?

alle Völker davontragen. Ein philosophischer Ton, frei von Pedanterie, natürliche und dabei doch einnehmende Manieren, die gleich weit entfernt sind von deutscher Grobheit wie von ultramontaner Pantomime: das sind die Früchte des Geschmacks, den wir durch gute Studien erworben und im Umgang mit der Welt vervollkommnet haben.

Wie angenehm wäre es, unter uns zu leben, wenn äußerliche Zurückhaltung immer das Spiegelbild der Veranlagungen des Herzens wäre, wenn Anstand Tugend wäre, unsere Grundsätze unsere Verhaltensregeln, wenn wahre Philosophie vom Titel des Philosophen nicht zu trennen wäre! Selten aber gehen so viele Eigenschaften zusammen, und die Tugend schreitet kaum in so großem Pomp einher. Ein kostbarer Aufzug kann einen wohlhabenden Menschen ankündigen, Eleganz einen von Geschmack. Den gesunden und robusten Menschen erkennt man an anderen Zeichen: unterm schlichten Gewand eines Landmannes und nicht unterm Goldgeschmeide eines Höflings wird man Kraft und Stärke des Körpers finden. Der Tugend, die die Kraft und Stärke der Seele ist, ist Pracht nicht weniger fremd. Der rechtschaffene Mensch ist ein Athlet, dem es gefällt, nackt und bloß zu kämpfen: er verachtet all jenen unwürdigen Zierat, der dem Gebrauch seiner Kräfte hinderlich wäre und der zumeist nur erfunden wurde, um irgendeine Mißbildung zu verbergen.

Bevor die Kunst unsere Verhaltensweisen formte und unsere Leidenschaften eine gekünstelte Sprache lehrte, waren unsere Sitten zwar grob, aber natürlich, und der Unterschied im Benehmen verriet auf den ersten Blick den Unterschied der Charaktere. Die menschliche Natur war im Grunde nicht besser, aber die Menschen fanden Sicherheit in der Leichtigkeit, mit der sie einander durchschauten. Dieser Vorteil, dessen Wert uns nicht mehr gegenwärtig ist, ersparte ihnen sehr viele Laster.

Heute, da subtilere Forschungen und ein feinerer Geschmack die Kunst zu gefallen auf Grundsätze reduziert haben, herrscht in unseren Sitten eine niedrige und trügerische Uniformität, und alle Geister scheinen nach ein und demselben Muster gebildet zu sein: unaufhörlich erfordert die Höflichkeit, gebietet der Anstand; unaufhörlich folgt man dem Gebräuchlichen, niemals dem eigenen Wesen. Man wagt nicht mehr zu scheinen, was man ist, und unter diesem ständigen Zwang machen die Menschen, die diese Gesellschaft genannte Herde bilden, in den gleichen Umständen alle das gleiche, wenn nicht mächtigere Beweggründe sie davon abbringen. Man wird also niemals genau wissen, mit wem man es zu tun hat. Um seinen Freund zu kennen, wird man auf außergewöhnliche Gelegenheiten warten müssen, das heißt auf einen Augenblick, in dem dafür keine Zeit mehr ist, denn eben für solche Gelegenheiten wäre es ja wesentlich gewesen, ihn zu kennen.

Wie viele Laster werden diese Ungewißheit nicht alle begleiten! Keine aufrichtigen Freundschaften mehr, keine wirkliche Achtung, kein begründetes Vertrauen. Verdächtigungen, Mißtrauen, Furcht, Kälte, Zurückhaltung, Haß, Verrat werden sich unaufhörlich hinter diesem gleichförmigen, perfiden Schleier der Artigkeit verbergen, hinter dieser so gepriesenen Urbanität, die wir der Aufklärung unseres Jahrhunderts verdanken. Man wird zwar den Namen des Herrn der Welt nicht mehr durch Flüche entehren, wohl aber durch Lästerungen schmähen, ohne daß unsere gewissenhaften Ohren dadurch beleidigt würden. Man wird nicht das eigene Verdienst loben, wohl aber das des anderen herabsetzen. Man wird nicht grob seinen Feind beschimpfen, aber ihn geschickt verleumden. Der Haß der Völker aufeinander wird erlöschen, aber mit ihm die Liebe zum Vaterland. An die Stelle der verachteten Unwissenheit wird man einen gefährlichen Pyrrhonismus setzen. Es wird verbotene Ausschweifungen, entehrende Laster geben, aber andere werden mit dem Namen von Tugenden ausgezeichnet werden; man wird sie entweder haben müssen oder so tun, als hätte man sie. Soll die Mäßigung der heutigen Weisen loben, wer will, ich jedenfalls sehe da nur raffinierte Maßlosigkeit, die meines Lobes ebensowenig würdig ist wie ihre gekünstelte Einfachheit.[1]

So sieht die Reinheit aus, die unsere Sitten angenommen ha-

[1] *»Ich mag mich«*, sagt Montaigne, *»gern in einen Streit und in eine Unterredung einlassen, aber nur mit wenigen Menschen und für mich. Denn ein Schauspiel der Großen zu sein und seinen Witz und seine Geschwätzigkeit um die Wette zu zeigen scheint mir eine Sache, die sich für einen ehrenhaften Mann gar nicht schickt.«* Das ist die Hauptbeschäftigung aller unserer Schöngeister, außer einem.

ben. So sind wir anständige Leute geworden. Und Philosophie und Literatur, Wissenschaften und Künste haben ihren Anteil an solch segensreichem Werk geltend zu machen. Ich werde nur eine Überlegung hinzufügen. Wollte sich ein Bewohner irgendeines fernen Landes eine Vorstellung von den europäischen Sitten am Stand der Wissenschaften unter uns machen, an der Vollkommenheit unserer Künste, der Wohlanständigkeit unserer Schauspiele, der Zivilisiertheit unserer Manieren, der Umgänglichkeit unserer Reden, an unseren unablässigen Bekundungen von Wohlwollen und dem stürmischen Wettstreit von Menschen jeden Alters und Standes, die von Tagesanbruch bis Sonnenuntergang eifrigst damit beschäftigt scheinen, sich gegenseitig zu verpflichten – dann würde dieser Fremde, sage ich, von unseren Sitten das genaue Gegenteil dessen mitbekommen, was sie in Wirklichkeit sind.

Wo keine Wirkung ist, braucht man auch nach keiner Ursache zu suchen. Hier aber ist die Wirkung gewiß, die Verdorbenheit real, und unsere Seelen haben sich in dem Maße korrumpiert, wie unsere Wissenschaften und unsere Künste sich der Vollkommenheit genähert haben. Soll man sagen, dies sei ein besonders unserem Zeitalter eigentümliches Unglück? Nein, meine Herren, die von unserer eitlen Neugierde verursachten Übel sind so alt wie die Welt. Das tägliche Steigen und Sinken der Wasser des Ozeans ist dem Lauf des Gestirns, das uns während der Nacht leuchtet, nicht stärker unterworfen als das Schicksal der Sitten und der Redlichkeit dem Fortschritt von Wissenschaften und Künsten. In dem Maße, wie ihr aufklärendes Licht an unserem Horizont aufging, hat man die Tugend schwinden sehen, und dasselbe Phänomen wurde zu allen Zeiten und allerorten beobachtet.

Nehmt Ägypten, diese erste Schule der Welt, sein so fruchtbares Klima unter einem ehernen Himmel, dieses berühmte Stück Erde, von dem einst Sesostris auszog, die Welt zu erobern. Es wurde die Mutter der Philosophie und der schönen Künste, aber bald darauf ein Raub des Kambyses, dann der Griechen, der Römer, der Araber und schließlich der Türken.

Nehmt Griechenland, einst von Heroen bevölkert, die Asien zweimal besiegten, das eine Mal vor Troja, das andere Mal auf eigenem Boden. Die junge Gelehrsamkeit hatte noch nicht die Verderbtheit in die Herzen seiner Bewohner gepflanzt; aber der Fortschritt der Künste, der Zerfall der Sitten und das Joch des Makedoniers folgten dicht aufeinander, und Griechenland, das immer gelehrte, immer wollüstige und immer versklavte Griechenland, erlebte seine Revolutionen nur noch als Wechsel der Herren. Alle Beredsamkeit des Demosthenes konnte einen Körper niemals wieder beleben, den der Luxus und die Künste entkräftet hatten.

Zur Zeit des Ennius und des Terenz begann Rom, von einem Hirten begründet und durch Bauern berühmt geworden, zu entarten. Doch nach einem Ovid, einem Catull, einem Martial und dieser Menge obszöner Autoren, deren Namen allein Scham erregen, wird Rom, einst der Tempel der Tugend, zum Schauplatz des Verbrechens, zur Schande der Nationen und ein Spiel der Barbaren. Die Hauptstadt der Welt fällt schließlich unter das Joch, das sie so vielen Völkern aufgezwungen, und der Tag ihres Falls ging jenem anderen voraus, an dem man einem ihrer Bürger den Titel eines *arbiter elegantiae* verlieh.

Was soll ich erst von jener Metropole des morgenländischen Imperiums sagen, die durch ihre Lage zur Hauptstadt der ganzen Welt bestimmt schien, von diesem Asyl der Wissenschaften und Künste, als jene aus dem übrigen Europa vielleicht eher aus Klugheit denn aus Barbarei vertrieben waren. Alles, was Ausschweifung und Verderbtheit an Schändlichstem, Verrat, Mord und Gift an Finsterstem und alle Verbrechen im Wettstreit miteinander an Gräßlichstem hervorbringen – daraus ist die Geschichte Konstantinopels gewebt, das ist der reine Quell, aus dem uns die Erkenntnisse entsprungen sind, deren unser Jahrhundert sich rühmt.

Doch warum in weit zurückliegenden Zeiten nach Beweisen für eine Wahrheit suchen, von welcher Zeugnisse unter unsern Augen fortbestehen. In Asien gibt es ein weites Gebiet, wo die Gelehrsamkeit geschätzt wird und zu den höchsten Würden des Staates führt. Würden die Wissenschaften die Sitten läutern, die Menschen lehren, ihr Blut für das Vaterland zu vergießen, würden sie den Mut befördern, dann müßten die Völker Chinas weise, frei und unbesiegbar sein. Da es hingegen kein Laster gibt, das sie nicht beherrschte, kein Verbrechen, das ihnen fremd wäre, da weder die Aufgeklärtheit der Minister noch die vermeintliche Weisheit der Gesetze, noch die Menge der Bewohner dieses ausgedehnten Reiches es vor dem Joch des unwissenden, grobschlächtigen Tataren bewahren konnten, wozu sind ihm dann alle seine Gelehrten nütze gewesen? Welchen Anteil hat es an den Ehren gehabt, mit denen jene überhäuft wurden? Den vielleicht, daß es von Sklaven und von Bösewichtern bevölkert wird?

Halten wir diesen Bildern das der Sitten jener kleinen Zahl von Völkern entgegen, die, bewahrt vor der Ansteckung eitlen Wissens, kraft ihrer Tugend ihr eigenes Glück gemacht haben und den übrigen Nationen ein Beispiel geben. Solcherart waren die ersten Perser, ein einzigartiges Volk, wo man die Tugend erlernte, wie man bei uns die Wissenschaft erlernt. Ein Volk, das Asien mit soviel Leichtigkeit unterwarf und dem als einzigem der Ruhm zuteil wurde, daß die Geschichte seiner Institutionen als philosophischer Roman gegolten hat. Solcherart waren die Skythen, von denen uns so herrliches Lob überliefert ist. Solcherart die Germanen; eine Feder, die es leid war, die Verbrechen und Ruchlosigkeiten eines gebildeten, wohlhabenden und wollüstigen Volkes aufzuzeichnen, erleichterte sich in der Schilderung ihrer Einfachheit, Unschuld und ihrer Tugenden. So war selbst Rom zu Zeiten seiner Armut und Unwissenheit. Und so hat sich schließlich bis auf unsere Tage jenes bäuerliche Volk erwiesen, das man so rühmt für seinen Mut, den kein Unheil zu brechen vermochte, und für seine Treue zu sich selbst, die fremdes Beispiel nicht verderben konnte.[1]

Nicht aus Dummheit haben diese Völker andere Übungen denen des Verstandes vorgezogen. Sie wußten wohl, daß in anderen Gegenden müßige Menschen ihr Leben damit zubrachten, über

[1] Von jenen glücklichen Nationen wage ich nicht zu sprechen, die die Laster nicht einmal vom Namen her kennen, die zu unterdrücken uns solche Mühe bereitet: von den Wilden Amerikas, deren einfache und natürliche Ordnung Montaigne ohne Zögern nicht allein den Gesetzen Platons vorzieht, sondern selbst allem, was sich die Philosophie jemals an Vollkommenem für die Regierung der Völker wird vorstellen können. Er zitiert eine Menge von Beispielen, beeindruckend für den, der sie zu bewundern versteht: Wie denn! sagt er, sie tragen keine Beinkleider!

das höchste Gut, über Tugend und Laster zu disputieren, und daß eingebildete Schwätzer, welche sich selbst am meisten lobten, die übrigen Völker mit dem verächtlichen Namen Barbaren belegten. Aber sie nahmen deren Sitten in Augenschein und lernten ihre Doktrin verachten.[1]

Wie könnte ich vergessen, daß man just im Herzen Griechenlands jene Stadt entstehen sah, die ebenso berühmt war für ihre glückliche Unwissenheit wie für die Weisheit ihrer Gesetze, eher Republik der Halbgötter als der Menschen, so sehr schienen ihre Tugenden denen der Menschheit überlegen. O Sparta! ewiger Schandfleck in den Augen einer eitlen Doktrin! Während sich die Laster im Verein mit den schönen Künsten in Athen einnisteten, während ein Tyrann dort mit soviel Umsicht die Werke des Dichterfürsten sammelte, vertriebst du aus deinen Mauern die Künste und die Künstler, die Wissenschaften und die Gelehrten.

Der Ausgang hat diesen Unterschied anschaulich gemacht. Athen wurde zur Heimstatt der Zivilisiertheit und des guten Geschmacks, zum Land der Redner und Philosophen. Die Eleganz seiner Bauwerke entsprach der seiner Sprache. Allerorts sah man Marmor und Leinwand von den Händen der fähigsten Meister bearbeitet. Aus Athen sind die erstaunlichsten Werke hervorgegangen, die allen verderbten Zeitaltern als Vorbild dienen sollten. Sparta bietet ein weniger glänzendes Bild. *Dort*, sagten die anderen Völker, *werden die Menschen tugendhaft geboren, und selbst die Luft scheint in dem Land die Tugend anzuregen.* Von seinen Bewohnern ist uns nur die Erinnerung an ihre heroischen Taten geblieben. Sind uns solche Denkmäler von geringerem Wert als die bemerkenswerten Marmorstatuen, die Athen uns hinterlassen hat?

[1] Man sage mir aufrichtig, welche Meinung selbst die Athener von der Beredsamkeit haben mußten, wenn sie sie so ausdrücklich von jenem unparteiischen Gericht fernhielten, gegen dessen Urteil selbst die Götter keinen Einspruch einlegten? Was hielten die Römer von der Medizin, wenn sie sie aus ihrer Republik verbannten? Und als die Spanier ein Rest von Menschlichkeit veranlaßte, ihren Rechtsgelehrten den Zutritt nach Amerika zu verwehren, welchen Begriff von Jurisprudenz mußten sie dann wohl haben? Muß man nicht annehmen, daß sie glaubten, durch diesen einzigen Akt alles Übel aufwiegen zu können, das sie den unglücklichen Indianern zugefügt hatten?

Gewiß, einige Weise haben dem allgemeinen Strom widerstanden und bei den Musen Schutz vor den Lastern gefunden. Man höre aber das Urteil, das der erstrangige und unglücklichste unter ihnen über die Gelehrten und Künstler seiner Zeit gefällt hat.

»Ich habe«, sagt er, »die Poeten geprüft und halte sie für Leute, die sich und andere mit ihrem Talent täuschen, die sich für weise halten, die man dafür hält und die doch nichts weniger als dies sind.«

»Von den Dichtern«, so fährt Sokrates fort, »habe ich mich den Künstlern zugewandt. Niemand wußte weniger von den Künsten als ich. Niemand war mehr überzeugt, daß die Künstler sehr schöne Geheimnisse besäßen. Doch ich fand heraus, daß es um sie nicht besser als um die Poeten steht und die einen wie die anderen in demselben Vorurteil befangen sind. Weil die geschicktesten unter ihnen sich auf ihrem Gebiet wahrlich auszeichnen, halten sie sich für die Weisesten unter den Menschen. Diese Anmaßung hat ihr Wissen in meinen Augen gänzlich getrübt. So habe ich mich denn an die Stelle des Orakels gesetzt und mich gefragt, was ich am liebsten sein möchte, das, was ich bin, oder das, was sie sind, ob ich lieber wissen möchte, was sie gelernt haben, oder wissen, daß ich nichts weiß. Und ich habe mir selbst und Gott geantwortet: Ich will bleiben, was ich bin. Wir wissen nicht, weder die Sophisten noch die Poeten, noch die Redner, noch die Künstler, noch ich, was das ist, das Wahre, das Gute und das Schöne. Aber es gibt einen Unterschied zwischen uns: obwohl diese Leute nichts wissen, glauben sie doch alle etwas zu wissen; während ich, wenn ich auch nichts weiß, darüber wenigstens keinen Zweifel habe. So daß alle Überlegenheit des Wissens, die das Orakel mir zugestanden hat, sich darauf reduziert, daß ich ganz davon überzeugt bin, daß ich nicht weiß, was ich nicht weiß.«

Da haben wir also, nach dem Urteil der Götter, den weisesten aller Menschen und den gelehrtesten aller Athener, nach dem Gefühl ganz Griechenlands, Sokrates, der die Unwissenheit rühmt! Glaubt man etwa, daß, wenn er unter uns auferstünde, unsere Gelehrten und Künstler ihn veranlaßten, seine Meinung zu ändern? Keineswegs, meine Herren, dieser gerechte Mann würde weiterhin unsere eitlen Wissenschaften verachten. Er würde nicht dazu beitragen, die Masse von Büchern zu vermehren, mit denen man uns von allen Seiten überschwemmt. Er hinterließe, wie er es auch getan, seinen Schülern und unseren Nachfahren als einzige Lehre sein Beispiel und die Erinnerung an seine Tugend. Die Menschen so zu unterrichten ist eine schöne Art.

Sokrates hatte in Athen begonnen, und der alte Cato in Rom fuhr fort, über die gekünstelten, spitzfindigen Griechen herzuziehen, die die Tugend verleiteten und den Mut ihrer Mitbürger aufweichten. Aber noch behielten die Wissenschaften, die Künste und die Dialektik die Oberhand: Rom füllte sich mit Rednern und Philosophen, man vernachlässigte die militärische Disziplin, verachtete die Landwirtschaft, hätschelte Sekten und vergaß das Vaterland. Auf die geheiligten Namen Freiheit, Uneigennützigkeit, Gesetzestreue folgten die Namen Epikur, Zenon, Arkesilaos. *Seit die Gelehrten unter uns erschienen sind*, sagten ihre eigenen Philosophen, *sind die rechtschaffenen Leute verschwunden.* Bis dahin hatten die Römer sich damit begnügt, die Tugend zu praktizieren. Alles war verloren, als sie anfingen, sie zu studieren.

Ach Fabricius! Was hätte Eure weitherzige Seele gedacht, hättet Ihr, zu Eurem Unglück ins Leben zurückgerufen, das pomphafte Antlitz dieses Roms gesehen, das Euer Arm gerettet und Euer ehrenhafter Name mehr als alle Eroberungen verherrlicht hat? ›Götter‹, hättet Ihr gesagt, ›was ist aus diesen Strohdächern geworden, was aus diesen bäuerlichen Heimstätten, in denen einst Mäßigung und Tugend wohnten? Welch unheilvoller Glanz ist auf die römische Schlichtheit gefolgt? Was ist das für eine fremde Sprache? Was sind das für verweichlichte Sitten? Was bedeuten diese Statuen, diese Bilder, diese Bauwerke? Wahnsinnige, was habt ihr getan? Ihr, die Herren der Völker, habt euch zu Sklaven der frivolen Menschen gemacht, die ihr besiegt habt? Redner sind es, die euch regieren? Habt ihr, um Architekten, Maler, Bildhauer und Gaukler zu bereichern, Griechenland und Asien mit eurem Blut getränkt? Die Beute Karthagos fällt einem Flötenspieler zu? Beeilt euch, Römer, diese Amphitheater niederzureißen, zerbrecht diesen Marmor, verbrennt diese Bilder, verjagt diese Sklaven, die euch unterjochen und mit ihren unheilvollen Künsten verderben. Mögen andere Hände sich mit eitlen Talenten brüsten. Das Rom einzig würdige Talent ist es, die Welt zu erobern und die Herrschaft der Tugend dort zu errichten. Als Kineas unseren Senat für eine Versammlung von Königen hielt, blendete ihn kein eitler Pomp, keine gesuchte Eleganz. Er hörte dort nicht diese frivole Beredsamkeit, die die Bildung und den Zauber oberflächlicher Männer ausmachen. Was also sah Kineas, das ihm so majestätisch dünkte? Ach, Bürger, er sah ein Schauspiel, das weder eure Reichtümer noch alle eure Künste jemals bieten werden, das schönste Schauspiel, das jemals von der Sonne beschienen wurde, die Versammlung von zweihundert tugendhaften Männern, die würdig waren, Rom zu führen und die Welt zu regieren.‹

Doch überspringen wir den Abstand von Orten und Zeiten, und sehen wir, was sich in unseren Gegenden und unter unseren Augen zugetragen hat. Oder lassen wir, besser noch, die häßlichen Bilder beiseite, die unsere Empfindsamkeit verletzen würden, und sparen wir uns die Mühe, die gleichen Dinge unter anderen Namen zu wiederholen. Nicht umsonst habe ich den Geist des Fabricius beschworen; und was habe ich diesen großen Mann sagen lassen, das ich nicht auch Ludwig XII. oder Heinrich IV. hätte in den Mund legen können? Bei uns, das ist wohl wahr, hätte Sokrates nicht den Schierlingsbecher getrunken, aber er hätte aus einem noch weit bittereren Kelch einen beleidigenden Spott und eine Verachtung trinken müssen, die hundertmal schlimmer wären als der Tod.

So waren Luxus, Zügellosigkeit und Versklavung zu allen Zeiten die Strafe für unsere stolzen Anstrengungen, um aus jener glückvollen Unwissenheit herauszukommen, in die uns die ewige Weisheit gestellt hatte. Der dichte Schleier, mit dem sie alle ihre Unternehmungen umgab, schien uns hinreichend zu warnen, daß sie uns nicht zu eitlen Forschungen bestimmt hatte. Allein, haben wir aus einer einzigen ihrer Lehren Nutzen zu ziehen verstanden oder sie ungestraft vernachlässigt? So begreift doch, Völker, daß die Natur euch vor der Wissenschaft hat bewahren wollen, einer Mutter gleich, die den Händen ihres Kindes eine gefährliche Waffe entreißt; daß alle euch von der Natur verborgenen Geheimnisse ebenso viele Übel sind, vor denen sie euch bewahrt, und daß die Mühe, die es euch macht, euch zu bilden, nicht die geringste ihrer Wohltaten ist. Die Menschen sind verderbt. Sie wären noch schlimmer, hätten sie das Unglück gehabt, als Gelehrte geboren zu werden.

Wie beschämend diese Überlegungen für die Menschheit sind! Wie demütigend für unseren Stolz! Was denn! Rechtschaffenheit wäre eine Tochter der Unwissenheit? Wissenschaft und Tugend wären miteinander unvereinbar? Welche Schlußfolgerungen zöge man nicht aus diesen Vorurteilen? Um aber diese scheinbaren Gegensätze aufzulösen, braucht man nur die Eitelkeit und Nichtigkeit jener stolzen Titel zu prüfen, die uns blenden und die wir so freigebig den menschlichen Kenntnissen beilegen. Betrachten wir also Wissenschaften und Künste in sich selbst. Sehen wir uns an, was aus ihrem Fortschritt hervorgehen muß, und zögern wir nicht mehr, alle Punkte zuzugeben, wo unsere Vernunftschlüsse mit den historischen Aussagen übereinstimmen werden.

ZWEITER TEIL

Nach einer alten Überlieferung, die aus Ägypten nach Griechenland kam, war ein der Muße der Menschen feindlich gesinnter Gott der Erfinder der Wissenschaften.[1] Welche Meinung müssen demnach die Ägypter selbst, bei denen sie doch geboren wurden, von den Wissenschaften gehabt haben? Sahen sie doch die Quellen von nahem, denen sie entsprangen. In der Tat, man mag die Annalen der Welt durchblättern oder die ungewissen Chroniken durch philosophische Forschungen ergänzen, man wird für die menschlichen Kenntnisse auch nicht einen Ursprung finden, der der Vorstellung entspräche, die man sich gern davon machen möchte. Die Astronomie leitet sich aus dem Aberglauben her; die Beredsamkeit aus dem Ehrgeiz, dem Haß, der Schmeichelei, der Lüge; die Geometrie aus dem Geiz; die Physik aus eitler Neugier. Sie alle, selbst die Moral, entstammen dem menschlichen Hochmut. Wissenschaften und Künste verdanken ihre Geburt also unseren Lastern: wir hätten weniger Zweifel an ihren Vorteilen, schuldeten sie sie unseren Tugenden.

Der Makel ihres Ursprungs zeigt in ihren Gegenständen nur allzu deutlich seine Spuren. Was täten wir mit den Künsten ohne den Luxus, der sie nährt? Begingen die Menschen keine Ungerechtigkeiten, wozu wäre die Jurisprudenz nütze? Was würde aus

[1] Man erkennt leicht, daß es sich hier um die allegorische Figur der Prometheus-Sage handelt. Offenbar haben die Griechen, die ihn an den Kaukasus nagelten, keineswegs freundlicher über ihn gedacht als die Ägypter über ihren Gott Teuth. »Der Satyr«, heißt es in einer alten Sage, »wollte das Feuer küssen und umarmen, als er es zum erstenmal sah. Aber Prometheus rief ihm zu: ›Satyr, du wirst deinen Bart beweinen, denn es brennt, wenn man es berührt.‹« Das ist das Thema des Frontispizes.

der Geschichtsschreibung, gäbe es weder Tyrannen noch Kriege, noch Verschwörer? Mit einem Wort, wer wollte schon sein Leben mit fruchtlosen Betrachtungen verbringen, wenn jeder nur die Pflichten des Menschen und die Bedürfnisse der Natur zur Richtschnur nähme und nur Zeit für das Vaterland, für die Unglücklichen und für seine Freunde hätte? Sind wir etwa dazu geschaffen, an den Rand des Brunnens gefesselt, zu verschmachten, in den die Wahrheit sich zurückgezogen hat? Diese Überlegung allein müßte jeden Menschen schon bei seinen ersten Schritten abschrecken, der ernsthaft danach trachtete, sich durch das Studium der Philosophie zu bilden.

Wieviel Gefahren, wieviel Irrwege gibt es in der Erforschung der Wissenschaften! Durch wie viele Irrtümer, tausendmal gefährlicher als der Wahrheit Nutzen, muß man hindurch, um zu ihr zu gelangen! Der Nachteil ist unübersehbar, denn das Falsche verfügt über unendlich viele Kombinationen, die Wahrheit aber hat nur eine einzige Weise zu sein. Wer schließlich sucht wirklich ernsthaft nach ihr? Und, selbst bei bestem Willen, an welchen Zeichen kann man sie mit Sicherheit erkennen? Wo ist in der Menge unterschiedlicher Gefühle unser *Kriterium*, um sie recht zu beurteilen?[1] Und was das schwierigste ist, sollten wir das Glück haben, sie am Ende zu finden, wer von uns wird einen guten Gebrauch von ihr machen?

Wenn die Wissenschaften schon in ihrer Zielstellung eitel sind, so sind sie noch weit gefährlicher durch die Wirkungen, die sie hervorrufen. Aus dem Müßiggang geboren, nähren sie ihn ihrerseits, und unersetzlicher Zeitverlust ist der erste Schaden, den sie der Gesellschaft mit Notwendigkeit zufügen. In der Politik wie in der Moral ist es von großem Übel, niemals das Gute zu tun, und jeder unnütze Staatsbürger kann als ein schädlicher Mensch angesehen werden. Antwortet mir also, ihr berühmten Philosophen, von denen wir erfahren, warum die Körper sich im leeren Raum anziehen; wie sich im Umlauf der Planeten die in

[1] Je weniger man weiß, desto mehr glaubt man zu wissen. Hatten die Peripathetiker irgendeinen Zweifel? Hat nicht Descartes das Universum aus Kuben und Wirbeln konstruiert? Und selbst der winzigste Naturforscher im heutigen Europa, erklärt er nicht kühn das tiefe Geheimnis der Elektrizität, an dem die wahren Philosophen vielleicht immer verzweifeln werden?

gleichen Zeiten durchlaufenen Räume zueinander verhalten; welche Kurven verbindende Punkte, Beugungs- und Wendepunkte haben; wie der Mensch alles in Gott schaut; wie Seele und Körper, zwei Uhren gleich, ohne Kommunikation einander entsprechen; welche Sterne bewohnbar sind; welche Insekten sich auf außergewöhnliche Weise fortpflanzen. Antwortet mir, sage ich, ihr, von denen wir so viele herrliche Erkenntnisse haben: hättet ihr uns niemals irgend etwas von diesen Dingen gelehrt, wären wir dann weniger zahlreich, weniger gut regiert, weniger schrecklich, weniger blühend, oder wären wir verdorbener? Besinnt euch also auf die Wichtigkeit eurer Produktionen. Und wenn die Arbeiten der aufgeklärtesten unserer Gelehrten und unserer besten Staatsbürger uns so wenig Nutzen einbringen, dann sagt uns doch, was wir von dem ganzen Haufen obskurer Schriftsteller und müßiger Gelehrter halten sollen, die das Vermögen des Staates ohne das geringste Ergebnis verschlingen.

Was sage ich müßiger? Wollte Gott, sie wären es wirklich! Dann wären die Sitten gesünder und die Gesellschaft friedfertiger. Aber diese eitlen und seichten Schwätzer gehen, mit ihren unheilvollen Paradoxien gerüstet, überall herum, untergraben den Glauben und zernichten die Tugend. Mitleidig lachen sie über die ehrwürdigen Worte Vaterland und Religion und wenden ihr Talent und ihre Philosophie daran, alles zu zerstören und herabzusetzen, was den Menschen heilig ist. Eigentlich hassen sie weder die Tugend noch unsere Glaubenssätze; sie sind nur die Feinde der öffentlichen Meinung. Und um sie zu den Altären zurückzubringen, brauchte man sie nur zu Atheisten zu erklären. O rasende Gier, sich hervorzutun, wozu bist du nicht alles imstande?

Mißbrauch der Zeit ist ein großes Übel. Noch schlimmere Übel folgen der Gelehrsamkeit und den Künsten. So der Luxus, der wie sie aus dem Müßiggang und der Eitelkeit der Menschen hervorgegangen ist. Selten kommt der Luxus ohne die Wissenschaften und die Künste daher, diese aber niemals ohne den Luxus. Ich weiß, unsere Philosophie, die stets reich an seltsamen Grundsätzen ist, behauptet entgegen der Erfahrung aller Jahrhunderte, der Luxus mache den Glanz der Staaten aus. Wird sie aber, nachdem sie die Notwendigkeit der Gesetze gegen die Verschwendung vergessen hat, noch zu leugnen wagen, daß gute Sitten für den Bestand der Reiche wesentlich sind und daß der Luxus ihnen diametral entgegengesetzt ist? Luxus wäre ein sicheres Zeichen von Reichtum, hülfe sogar, ihn zu mehren? Was soll man aus diesem unserer Gegenwart so würdigen Paradox schlußfolgern? Und was wird aus der Tugend, wenn man sich um jeden Preis bereichern muß? Die Politiker der Alten redeten immerfort von Sitten und Tugend, unsere reden nur noch von Handel und Geld. Einer wird euch sagen, daß ein Mensch in der und der Gegend soviel wert ist, wie man ihn in Algier verkaufen würde. Ein anderer wird mit solchem Kalkül Länder ausfindig machen, wo ein Mensch gar nichts wert ist, und solche, wo er weniger als nichts kostet. Sie schätzen die Menschen ab wie Viehherden. Nach ihrer Meinung hat ein Mensch für den Staat nur den Wert seiner Mahlzeit. So wäre ein Sybarit soviel wert gewesen wie dreißig Lakedaimonier. Man möge also erraten, welche der beiden Republiken, Sparta oder Sybaris, von einer Handvoll Bauern unterworfen wurde und vor welcher Asien erzitterte.

Die Monarchie des Kyros wurde mit dreißigtausend Mann von einem Fürsten erobert, der ärmer war als der letzte der Satrapen Persiens. Und die Skythen, das elendste aller Völker, haben den mächtigsten Herrschern der Welt widerstanden. Zwei berühmte Republiken stritten um die Weltherrschaft, die eine war sehr reich, die andere hatte nichts, und es war diese, die die andere zerstörte. Das Römische Reich seinerseits wurde, nachdem es alle Reichtümer der Welt verpraßt hatte, die Beute von Leuten, die nicht einmal wußten, was Reichtum ist. Die Franken eroberten Gallien, die Sachsen England, ohne andere Schätze als ihre Tapferkeit und ihre Armut. Eine Truppe armer Bergbewohner, deren ganze Gier sich auf ein paar Schaffelle beschränkte, bezwang den österreichischen Hochmut und zerschmetterte dann jenes wohlhabende und gefürchtete Haus Burgund, das die Potentaten Europas erzittern ließ. Und alle Macht und Weisheit des Nachfolgers von Karl V., von den Schätzen beider Indien getragen, zerschellten an einer Handvoll Heringsfischer. Vielleicht bequemen sich unsere Politiker einmal dazu, ihre Berechnungen beiseite zu lassen und über diese Beispiele nachzudenken, damit sie lernen, daß man für Geld alles haben kann außer Sitten und Staatsbürger.

Worum also geht es eigentlich in dieser Frage des Luxus? Darum, herauszufinden, was wichtiger für die Reiche ist, für kurze Zeit zu glänzen oder tugendhaft und von Dauer zu sein. Ich sage glänzen, doch von welchem Glanz? Denn der Geschmack am Prunk und der an der Ehrbarkeit gesellen sich kaum in den gleichen Seelen zueinander. Nein, es ist unmöglich, daß Geister, die sich durch eine Vielzahl nichtiger Sorgen erniedrigt haben, sich jemals zu etwas Großem aufschwingen. Und selbst wenn sie die Kraft dazu hätten, der Mut würde ihnen fehlen.

Jeder Künstler sucht den Beifall. Das Lob seiner Zeitgenossen ist der kostbarste Teil seiner Belohnung. Was also wird er tun, es zu gewinnen, wenn er das Unglück hat, in einem Volk und zu einer Zeit geboren zu sein, wo in Mode gekommene Gelehrte eine frivole Jugend in Stand gesetzt haben, den Ton anzugeben; wo die Menschen ihren Geschmack den Tyrannen ihrer Freiheit geopfert haben;[1] wo, da das eine Geschlecht nur zu billigen wagt, was dem Kleinmut des anderen angemessen ist, man die Meisterwerke der dramatischen Poesie fallenläßt und die Wunderwerke an Harmonie verachtet? Was er tun wird, meine Herren? Nun, er wird seinen Genius auf das Niveau des Jahrhunderts senken und es vorziehen, gemeinverständliche Werke zu verfassen, die man zu seinen Lebzeiten bewundert, statt Wunderwerke hervorzubringen, die man erst lange nach seinem Tod erkennen würde. Sagt uns doch, berühmter Arouet, wie viele männliche, kraftvolle Schönheiten ihr unserem falschen Feingefühl geopfert habt, wie-

[1] Ich bin weit davon entfernt, diesen starken Einfluß der Frauen für ein Übel an sich zu halten. Er ist ein Geschenk, das die Natur ihnen zum Wohl des Menschengeschlechts gemacht: besser verwaltet, könnte es ebensoviel Gutes bewirken, wie heute Übles daraus erwächst. Man macht sich nicht deutlich genug klar, welche Vorteile in der Gesellschaft durch eine bessere Erziehung dieser einen Hälfte des Menschengeschlechts entstünden, die die andere Hälfte regiert. Immer werden die Männer sein, was den Frauen gefällt. Wollt ihr also, daß sie groß und tugendhaft werden, dann lehrt die Frauen Seelengröße und Tugend. Die Überlegungen zu diesem Gegenstand, den Plato seinerzeit schon reflektierte, verdienten es, von einer Feder weiterentwickelt zu werden, die nach einem solchen Meister zu schreiben und eine so große Sache zu verteidigen würdig wäre.

viel Großes euch der in Nichtigkeiten so fruchtbare Geist der Galanterie gekostet hat.

So zieht also der Zerfall der Sitten, notwendige Folge des Luxus, die Verderbtheit des Geschmacks nach sich. Und wenn zufällig unter den durch Talent außergewöhnlichen Männern sich einer fände, der, standfest in der Seele, sich weigerte, sich dem Geist seines Jahrhunderts anzupassen und sich durch kindische Produktionen wegzuwerfen, dann gnade ihm Gott! Er wird in Armut und Vergessenheit sterben. Wäre, was ich hier vorbringe, doch eine Prophezeiung und keine Erfahrung, von der ich berichte! Carle, Pierre, der Augenblick ist gekommen, wo euer Pinsel, dazu bestimmt, die Würde unserer Tempel durch erhabene und heilige Bilder zu erhöhen, euch aus den Händen fallen oder aber sich dadurch prostituieren wird, daß er Kutschentüren mit schlüpfrigen Bildern schmückt. Und du, Rivale eines Praxiteles, eines Phidias, dessen Meißel die Alten dazu berufen hätten, ihnen Götterbilder zu schaffen, die ihren Götzendienst in unseren Augen entschuldigen könnten, du unnachahmlicher Pigalle, deine Hand wird sich dazu entschließen, den Wanst eines Magog zu modellieren, oder sie wird untätig bleiben müssen.

Man kann über die Sitten nicht nachdenken, ohne sich das Bild der Einfachheit in den ersten Zeiten in Erinnerung zu rufen. Da wendet man den Blick beständig nach einem schönen Ufer zurück, einzig von den Händen der Natur geschmückt, von dem man mit Bedauern sich entfernen fühlt. Als die unschuldigen und tugendsamen Menschen gern die Götter zu Zeugen ihrer Taten hatten, wohnten sie gemeinsam mit ihnen unter einem Dach. Doch als sie bald darauf bösartig geworden waren, wurden ihnen diese unbequemen Zuschauer lästig, und sie verwiesen sie in prächtige Tempel. Schließlich vertrieben sie sie auch daraus und richteten sich selbst dort ein, oder zumindest waren die Tempel der Götter nicht mehr von den Häusern der Bürger zu unterscheiden. Das war nun der Gipfel der Verderbtheit; niemals wurden die Laster weiter getrieben als da, wo man sie, sozusagen ausgehalten, am Eingang der Paläste der Großen auf Marmorsäulen stehen und in korinthische Kapitelle eingraviert sah.

Während die Bequemlichkeiten des Lebens sich mehren,

die Künste sich vervollkommnen und Luxus sich ausbreitet, schwächt sich wahrer Mut, schwinden die militärischen Tugenden, und auch das ist wiederum das Werk der Wissenschaften und all jener Künste, die in der Stille der Studierstube ausgeübt werden. Als die Goten Griechenland verwüsteten, wurden alle Bibliotheken nur dadurch vor dem Feuer bewahrt, daß einer von ihnen die Meinung ausstreute, man müsse den Feinden Räumlichkeiten belassen, die geeignet seien, sie vom militärischen Handwerk abzubringen und sie durch müßige und seßhafte Beschäftigungen zu unterhalten. Karl VIII. sah sich als Herrscher der Toskana und des Königreichs Neapel, ohne kaum jemals den Degen gezogen zu haben. Sein ganzer Hof schrieb diese unerhoffte Leichtigkeit der Eroberung dem Umstand zu, daß die Fürsten und der Adel Italiens mehr Vergnügen daran hatten, geistreich und gelehrt zu werden denn stark und kriegerisch. Tatsächlich, sagt der Mann von Verstand, der diese beiden Begebenheiten berichtet, lehren uns alle Beispiele, daß in einer kriegerischen Ordnung, wie in allen vergleichbaren, das Studium der Wissenschaften weit eher dazu angetan ist, die Tapferkeit zu schwächen und zu verweichlichen, als sie zu kräftigen und zu beleben.

Die Römer haben zugestanden, daß die militärische Tugend bei ihnen in dem Maße erlosch, wie sie anfingen, sich auf Gemälde, Stiche, goldgeschmiedete Vasen zu verstehen und die schönen Künste zu kultivieren. Und als wäre dieses berühmte Land dazu bestimmt, anderen Völkern stets wieder als Beispiel zu dienen, haben der Aufstieg der Medici und die Wiederherstellung der schönen Wissenschaften abermals und vielleicht für immer jenes kriegerische Ansehen versinken lassen, das Italien vor Jahrhunderten wiedererlangt zu haben schien.

Die alten Republiken Griechenlands mit ihrer Weisheit, die den Glanz der meisten ihrer Institutionen ausmachte, hatten ihren Bürgern alle diese ruhigen und seßhaften Gewerke untersagt, die den Körper schwächen und verderben und die Kraft der Seele bald verzehren. Und was glaubt man denn, wie Menschen dem Hunger, dem Durst, der Ermattung, den Gefahren und dem Tod ins Auge schauen können, die geringste Not zu Boden wirft und die geringste Mühe schreckt. Wie sollen denn Soldaten den

Mut aufbringen, außergewöhnliche Anstrengungen durchzustehen, die sie gar nicht gewohnt sind? Mit welchem Eifer werden sie Gewaltmärsche aushalten unter der Führung von Offizieren, die nicht einmal die Kraft haben, zu Pferde zu reisen? Man komme mir nicht mit dem so viel gerühmten Wert dieser modernen Krieger, die man mit ausgeklügelten Methoden diszipliniert hat. Man rühmt mir zwar ihre Tapferkeit am Tage einer Schlacht, aber nichts höre ich darüber, wie sie das Übermaß an Anstrengungen aushalten, wie sie mit der Härte der Jahreszeiten und den Unbilden der Witterung fertig werden. Ein wenig Sonne oder Schnee, der Mangel an einigen gewohnten Überflüssen reichen aus, um in wenigen Tagen die beste unserer Armeen aufzureiben und zu zerstören. Unerschrockene Krieger, stellt euch ein einziges Mal der Wahrheit, die ihr so selten zu hören bekommt. Ihr seid tapfer, das weiß ich; ihr hättet mit Hannibal bei Cannae und am Trasimenischen See gesiegt, mit euch hätte Cäsar den Rubicon überquert und sein Land niedergeworfen. Aber jener erste hätte mit euch nicht die Alpen überquert und der andere nicht eure Vorfahren bezwungen.

Kämpfe allein bedeuten nicht immer den Erfolg des Krieges, und für Generäle gibt es eine höhere Kunst als die, Schlachten zu gewinnen. Da kann einer sich unerschrocken ins Feuer stürzen und doch ein sehr schlechter Offizier sein. Etwas mehr Kraft und Ausdauer wären dem Soldaten vielleicht nützlicher als mancher Heldenmut, der ihn nicht vorm Tode schützt. Und was bedeutet es schon dem Staat, ob seine Truppen im Fieber und Frost oder durch das Schwert des Feindes umkommen.

Wenn die Pflege der Wissenschaften schon schädlich für die kriegerischen Eigenschaften ist, so ist sie es noch mehr für die moralischen Eigenschaften. Von Kind auf verbildet eine unsinnige Erziehung unseren Geist und verdirbt unsere Urteilskraft. Überall sehe ich riesige Einrichtungen, in denen man mit hohen Kosten die Jugend erzieht und ihr alles mögliche beibringt, ausgenommen ihre Pflichten. Eure Kinder werden die eigene Sprache nicht mehr kennen, aber dafür sprechen sie andere, die nirgends mehr in Gebrauch sind. Sie werden Verse machen können, die sie kaum selbst verstehen. Ohne den Irrtum von der Wahrheit unterscheiden zu können, werden sie die Kunst beherrschen, sie durch spitzfindige Argumente für andere ganz und gar unkenntlich zu machen. Was aber die Worte Großmut, Gerechtigkeit, Mäßigung, Menschlichkeit, Tapferkeit bedeuten, das werden sie nicht wissen. Der süße Name Vaterland wird niemals in ihren Ohren klingen. Und wenn sie von Gott reden hören, so werden sie mehr Angst denn Gottesfurcht empfinden.[1] Mir wäre es ebenso lieb, sagte ein Weiser, mein Schüler hätte seine Zeit beim Ballspiel zugebracht, so wäre doch wenigstens sein Körper geschmeidiger geworden. Ich weiß, daß man Kinder beschäftigen muß und daß Müßiggang aller Laster Anfang ist. Was sollen sie also lernen? Das ist gewiß eine schöne Frage! Lernen mögen sie, was sie als Menschen tun müssen,[2] nicht das, was sie vergessen sollen.

Statuen schmücken unsere Gärten, Gemälde unsere Galerien. Was, glaubt ihr, stellen diese Meisterwerke der Kunst dar, die man der öffentlichen Bewunderung darbietet? Die Verteidiger des Vaterlands? Oder jene noch größeren Männer, die es durch ihre Tugenden bereichert haben? Keineswegs. Es sind Bilder aller Verirrungen des Herzens und der Vernunft, die man sorgfältig der alten Mythologie entnommen hat und beizeiten der Neugier unserer Kinder präsentiert, zweifellos damit sie Beispiele schlechten Handelns vor Augen haben, noch ehe sie lesen können.

Woher kommen alle diese Mißbräuche, wenn nicht aus der un-

[1] *Pensées philosophiques.*

[2] So wurden, nach dem Zeugnis ihres größten Königs, die Spartaner erzogen. Es ist, sagt Montaigne, höchst beachtenswert, daß man in dem vortrefflichen, in seiner Perfektion allerdings unheimlichen Staatswesen des Lykurg, wo man doch um die Ausbildung der Kinder als wichtigste Aufgabe so sehr bemüht war, selbst am Sitz der Musen den Lehrsätzen so wenig Beachtung schenkte: als wollte man gleichsam dieser großherzigen Jugend, die jedes andere Joch verachtete, anstelle unserer Meister der Wissenschaft nur Meister der Tapferkeit, der Klugheit und Gerechtigkeit bieten.

Sehen wir nun, wie derselbe Autor von den alten Persern spricht. Platon zufolge, sagt er, wurde der älteste Sohn ihres Königshauses wie folgt erzogen. Nach der Geburt gab man ihn nicht in die Obhut von Frauen, sondern von Eunuchen, die wegen ihrer Tugend beim König höchstes Ansehen genossen. Sie sorgten dafür, daß sich sein Körper schön und gesund entwickelte, und lehrten ihn nach sieben Jahren reiten und jagen. Wenn er vierzehn geworden war, übergaben sie ihn vier Lehrern: dem weisesten, dem gerechtesten, dem maßvollsten und dem tapfer-

seligen Ungleichheit, die durch den Unterschied der Talente und die Entwertung der Tugenden unter den Menschen eingeführt worden ist? Da haben wir die deutlichste Wirkung aller unserer Studien und die gefährlichste ihrer Folgen. Man fragt nicht mehr danach, ob ein Mensch rechtschaffen ist, sondern ob er Talent hat; nicht danach, ob ein Buch nützlich, sondern ob es gut geschrieben ist. Belohnungen werden an einen Schöngeist verschwendet, und die Tugend bleibt ohne Ehren. Es gibt tausend Preise für schön gebaute Reden und Abhandlungen, aber keinen für edle Handlungen. Man sage mir aber, ob der Ruhm für die besten der Abhandlungen, die von dieser Akademie gekrönt werden, das Verdienst aufwiegt, den Preis dafür gestiftet zu haben?

Der Weise jagt dem Glück nicht hinterher, aber er ist für den Ruhm nicht unempfindlich. Sieht er ihn so schlecht verteilt, erlahmt seine Tugend und erlischt in Elend und Vergessen, die doch ein wenig Ansporn belebt hätte zum Vorteil für die Gesellschaft. Das wird auf lange Sicht das Ergebnis sein, wenn man die angenehmen Talente den nützlichen vorzieht. Alle Erfahrung seit der Wiederherstellung der Wissenschaften und Künste hat das zur Genüge bestätigt. Wir haben Naturforscher, Geometer, Chemiker, Astronomen, Poeten, Musiker, Maler, aber wir haben keine Staatsbürger mehr; oder wenn uns noch einige geblieben sind, verstreut in unseren verlassenen ländlichen Gegenden, so

sten der Nation. Der erste brachte ihm die Religion bei; der zweite, immer aufrichtig zu sein; der dritte, seine Begierden zu zähmen; der vierte, furchtlos zu sein. Alle, das füge ich hinzu, suchten ihn gut, keiner aber ihn gelehrt zu machen.

Bei Xenophon fragt Astyages den Kyros, was seine letzte Lektion gewesen sei. Seine Antwort war: In unserer Schule hatte ein großer Junge ein kleines Oberkleid, das er einem seiner Gefährten gab, der kleiner war, und er zog ihm das seine aus, welches größer war. Unser Lehrer machte mich zum Richter in diesem Streit, und ich urteilte, man solle es bei der Angelegenheit bewenden lassen, weil jedem der beiden die Lösung angemessen zu sein schien. Er aber hielt mir entgegen, daß ich falsch geurteilt habe: denn ich hätte nur auf den Vorteil geachtet; man müsse aber zuerst an die Gerechtigkeit denken, die verlangt, niemandem in dem, was ihm gehöre, Gewalt anzutun. Und er fügte hinzu, er sei dafür bestraft worden, so wie man uns in unseren Dörfern bestraft, wenn wir den ersten Aorist von τύπτω vergessen haben. Mein Schulmeister müßte mir eine schöne Rede *in genere demonstrativo* halten, bevor er mich überzeugte, daß seine Schule soviel taugt wie diese.

gehen sie dort mittellos und verachtet zugrunde. Das ist die Lage, in die man diejenigen gebracht hat, und das sind die Gefühle, die wir denjenigen entgegenbringen, die uns das Brot und unseren Kindern die Milch geben.

Bei alledem gestehe ich jedoch, daß das Übel nicht so groß ist, wie es hätte werden können. Die ewige Vorsehung, die an der Seite verschiedener schädlicher Pflanzen schlichte Heilkräuter hat wachsen lassen und in den Körper mehrerer bösartiger Tiere das Mittel gegen ihren Biß gelegt, sie hat auch die Herrscher, die ihre dienenden Minister sind, gelehrt, ihre Weisheit nachzuahmen. Ihrem Beispiel folgend, hat jener große Monarch, dessen Ruhm von Epoche zu Epoche in immer neuem Glanz erstrahlen wird, aus dem Schoße just der Wissenschaften und Künste, der Quelle tausendfacher Verirrungen, jene berühmten Gesellschaften hervorgehen lassen, die beauftragt sind, das gefährliche Gut der menschlichen Kenntnisse und zugleich das geheiligte Gut der Sitten zu verwalten und mit Umsicht für ihre Reinheit Sorge zu tragen, die sie auch von den Mitgliedern zu verlangen haben, die sie berufen.

Diese weisen Institutionen, die von seinem erlauchten Nachfolger befestigt und von allen Königen Europas nachgeahmt wurden, dienen wenigstens dazu, die Gelehrten im Zaume zu halten, die, da sie alle nach der Ehre streben, in die Akademie aufgenommen zu werden, auf sich selbst achten und bemüht sein werden, sich durch nützliche Werke und untadelige Sitten dieser Ehre würdig zu erweisen. Jene unter diesen Gesellschaften, die für die Preise, mit denen sie das literarische Verdienst belohnen, Gegenstände auswählen, die geeignet sind, die Tugendliebe in den Herzen der Staatsbürger wiederzubeleben, werden dadurch beweisen, daß diese Liebe unter ihnen herrscht. Sie werden den Völkern das so seltene und so süße Vergnügen verschaffen, mit anzusehen, wie gelehrte Gesellschaften sich mit Hingabe der Aufgabe widmen, dem Menschengeschlecht nicht nur angenehme Erkenntnisse, sondern auch heilsame Lehren zu vermitteln.

Man halte mir also nicht einen Einwand entgegen, der für mich nur ein weiterer Beweis ist. So viele Bemühungen zeigen nur, wie notwendig sie sind; man sucht nicht nach Abhilfe für

Übel, wo keine sind. Und warum sind die Gegenmittel noch immer unzureichend und gleichen ganz gewöhnlichen Mitteln? So viele zum Vorteil der Gelehrten geschaffene Einrichtungen sind nur um so mehr geeignet, über die Gegenstände der Wissenschaften zu täuschen und die Geister auf die Beschäftigung mit ihnen zu lenken. Nach den Vorkehrungen zu urteilen, scheint es, als habe man zu viele Bauern und befürchte einen Mangel an Philosophen. Ich will hier nicht einen Vergleich zwischen Landwirtschaft und Philosophie wagen; man würde ihn wohl kaum dulden. Ich werde nur fragen: was ist Philosophie? Was enthalten die Schriften der bekanntesten Philosophen? Welches sind die Lehren dieser Freunde der Weisheit? Wenn man sie so hört, könnte man sie da nicht für einen Haufen Scharlatane halten, von denen jeder in seiner Ecke auf einem öffentlichen Platz steht und schreit: Hierher! Ich allein täusche euch nicht! Der eine behauptet, es gebe keinen Körper und alles bestehe nur in der Vorstellung. Der andere, es gebe keine andere Substanz als die Materie und keinen anderen Gott als die Welt. Dieser führt ins Feld, es gebe weder Tugend noch Laster und das sittlich Gute wie das Böse seien Hirngespinste. Jener behauptet, die Menschen seien Wölfe, die einander ruhigen Gewissens verschlingen können. Ach ihr großen Philosophen! Warum behaltet ihr diese einträglichen Lehren nicht für eure Freunde und Kinder: bald würdet ihr von ihnen den gebührlichen Lohn empfangen, und wir müßten nicht befürchten, einen eurer Parteigänger unter uns zu finden.

Das also sind die großartigen Männer, denen die Achtung ihrer Zeitgenossen ihr Leben lang in reichlichem Maße zuteil geworden und denen nach ihrem Tod die Unsterblichkeit gewiß ist! Das sind die weisen Lehrsätze, die wir von ihnen erhalten haben und von Epoche zu Epoche an unsere Nachkommen weitergeben werden. Hat das Heidentum bei allen seinen Irrungen menschlicher Vernunft der Nachwelt auch nur irgend etwas hinterlassen, das sich mit den schamlosen Denkmälern vergleichen ließe, welche der Buchdruck unter der Herrschaft des Evangeliums vorbereitet hat? Die gottlosen Schriften eines Leukippos und eines Diagoras sind mit ihnen untergegangen. Man hatte die Kunst noch nicht erfunden, die Überspanntheiten des menschlichen Verstandes zu verewigen. Den typographischen Lettern[1] aber und dem Gebrauch, den wir von ihnen machen, verdanken wir es, daß die gefährlichen Träumereien eines Hobbes und eines Spinoza auf ewig bleiben werden. So macht euch denn auf, ihr berühmten Schriften, zu denen die Unwissenheit und bäuerliche Einfachheit unserer Väter nicht fähig gewesen wäre, begleitet bei unseren Nachkommen jene noch gefährlicheren Werke, die die Sittenverderbnis unseres Jahrhunderts atmen, und überbringt gemeinsam den kommenden Jahrhunderten eine getreuliche Geschichte des Fortschritts und der Vorteile unserer Wissenschaften und Künste. Wenn sie euch lesen, so werden sie nicht bestürzt sein über die Frage, die wir heute bewegen. Und wenn sie nicht noch wahnwitziger sind als wir, werden sie die Hände zum Himmel emporheben und in der Bitternis ihres Herzens sagen: »Allmächtiger Gott, der du den Verstand in deinen Händen hältst, erlöse uns von den Kenntnissen und den verderblichen Künsten unserer Väter, gib uns die Unwissenheit, die Unschuld und die Armut zurück, die einzigen Güter, die unser Glück ausmachen können und dir zur Ehre gereichen.«

Wenn aber der Fortschritt der Wissenschaften und Künste nicht zu unserer wirklichen Glückseligkeit beigetragen, wenn er unsere Sitten verdorben und wenn die Korruption der Sitten die Reinheit des Geschmacks angegriffen hat, was sollen wir dann von jener Menge einfacher Autoren denken, die die Hindernisse beseitigt haben, die den Zugang zum Tempel der Musen versperrten und die die Natur dort als Prüfstein für die Kräfte derer ausgebreitet hatte, die es nach Wissen verlangte? Was sollen wir von den Kompilatoren der Werke halten, die unbescheiden das Tor zu den Wissenschaften aufgebrochen und in ihr Heiligtum ein ihrer unwürdiges gemeines Volk eingelassen haben — wäh-

[1] Wenn man das entsetzliche Durcheinander betrachtet, das der Buchdruck in Europa schon verursacht hat, und wenn man die Zukunft an dem tagtäglichen Fortschritt des Übels mißt, dann läßt sich leicht voraussehen, daß die Herrscher nicht lange zögern werden, diese schreckliche Kunst mit ebender Mühe aus ihren Staaten zu verbannen, die sie aufgewandt haben, sie daselbst einzuführen. Der Sultan Achmet gab dem Drängen einiger sogenannter Leute von Geschmack nach und stimmte der Einrichtung einer Druckerei in Konstantinopel zu. Kaum aber war die Presse in Betrieb, war man gezwungen, sie zu zerstören und ihre einzelnen Teile in einen Brunnen zu werfen. Der Kalif Omar, sagt man, habe, befragt,

rend es doch zu wünschen wäre, daß alle diejenigen, die es in der Gelehrsamkeit nicht weit bringen können, von Anfang an davon abgehalten würden und sich den für die Gesellschaft nützlichen Künsten widmeten. Wer sein ganzes Leben lang ein schlechter Verseschmied, ein drittklassiger Geometer sein wird, wäre vielleicht ein vortrefflicher Tuchwirker geworden. Diejenigen brauchen keine Meister, die von der Natur dazu bestimmt waren, Schüler zu bilden. Ein Bacon von Verulam, ein Descartes und ein Newton, diese Lehrmeister des Menschengeschlechts haben selbst keine gehabt; und welche Führer hätten sie auch dorthin geleiten können, wohin ihr weitblickender Genius sie geführt hat? Gewöhnliche Lehrmeister hätten ihren Verstand nur eingeengt, indem sie ihn in das begrenzte Vermögen des eigenen eingeschlossen hätten. Die ersten Widerstände haben sie gelehrt, sich anzustrengen, und so haben sie sich darin geübt, die Grenzen des weiten Raums zu überschreiten, den sie dann durchmessen haben. Wenn man einigen Menschen erlauben soll, sich dem Studium der Wissenschaften und Künste zu widmen, dann nur solchen, die in sich die Kraft fühlen, selbständig auf ihren Spuren voranzuschreiten und sie fortzuführen. Dieser kleinen Zahl kommt es zu, dem Ruhm des menschlichen Geistes Denkmäler zu errichten. Will man aber, daß nichts ihrem Genie unerreichbar sei, so darf auch nichts ihre Hoffnungen übersteigen. Das ist die einzige Ermutigung, deren sie bedürfen. Unmerklich richtet sich die Seele an den Gegenständen aus, die sie beschäftigen, und große Gelegenheiten bringen große Menschen hervor. Der Fürst der Beredsamkeit war Konsul von Rom und der vielleicht größte unter den Philosophen Lordkanzler von England. Glaubt man, daß, wenn der eine lediglich einen Lehrstuhl an irgendeiner Universität innegehabt und der andere nur die bescheidene Pension

was man mit der Bibliothek von Alexandria machen solle, folgendes erwidert: Wenn die Bücher dieser Bibliothek Dinge enthalten, die dem Koran widersprechen, sind sie schlecht, und man muß sie verbrennen. Wenn sie nichts anderes als die Lehren des Koran enthalten, verbrennt sie auch, denn dann sind sie überflüssig. Unsere Gelehrten haben diese Überlegung als den Gipfel der Absurdität zitiert. Immerhin, denkt euch Gregor den Großen anstelle des Kalifen Omar und das Evangelium anstelle des Koran: die Bibliothek wäre gleichfalls verbrannt worden, und dies wäre vielleicht die schönste Handlung im Leben dieses illustren Papstes gewesen.

einer Akademie erhalten hätte, glaubt man, sage ich, daß man ihren Werken dann nicht ihren Stand anmerken würde? Die Könige sollten darum nicht abgeneigt sein, in ihre Räte diejenigen zuzulassen, die am meisten befähigt sind, sie gut zu beraten. Mögen sie auf das alte, vom Hochmut des Adels erfundene Vorurteil verzichten, daß die Kunst, Völker zu führen, schwieriger sei als die, sie aufzuklären. Als ob es leichter sei, die Menschen zu bewegen, aus freien Stücken Gutes zu tun, denn sie mit Gewalt dazu zu zwingen. Mögen die Gelehrten von Rang an ihren Höfen eine ehrenwerte Heimstatt finden. Mögen sie dort die einzige ihrer würdige Belohnung erhalten: durch ihr Ansehen zum Glück der Völker beizutragen, die sie in der Weisheit unterrichtet haben werden. Erst dann wird man sehen, was Tugend, Wissenschaft und Machtbefugnis vermögen, wenn sie von noblem Wettstreit inspiriert sind und gemeinsam für das Glück des Menschengeschlechts arbeiten. Solange aber die Macht allein auf der einen Seite steht und Wissen und Weisheit ebenso allein auf der anderen, werden die Gelehrten sich kaum bedeutende Dinge ausdenken und die Fürsten noch weniger schöne Dinge hervorbringen, und die Völker werden weiter niedrig, verdorben und unglücklich bleiben.

Wir gemeinen Menschen aber, denen der Himmel keine so großen Talente beschieden und die er nicht für solchen Ruhm ausersehen hat, wir wollen in unserer Dunkelheit bleiben. Wir wollen nicht nach einem Ansehen trachten, das uns entgleiten würde und das uns beim gegenwärtigen Stand der Dinge niemals ersetzen würde, was es uns gekostet hätte, wenn wir selbst alle Titel hätten, es zu erlangen. Wozu unser Glück von der Meinung anderer abhängig machen, wenn wir es doch in uns selber finden können? Überlassen wir es anderen, die Völker über ihre Pflichten zu belehren, und beschränken wir uns darauf, unsere eigene wohl zu tun. Mehr brauchen wir darüber nicht zu wissen.

O Tugend, erhabene Wissenschaft der schlichten Seelen, bedarf es so vieler Mühen und solcher Anstalten, dich zu erkennen? Sind deine Prinzipien nicht in alle Herzen eingeschrieben, und genügt es nicht, um deine Gesetze zu erlernen, daß man in sich selbst einkehrt und in der Stille der Leidenschaften auf die Stimme seines Gewissens hört? Das ist die wahre Philosophie.

Verstehen wir es, uns mit ihr zu begnügen. Und ohne den berühmten Männern, die sich in der Gelehrtenrepublik unsterblich machen, ihren Ruhm zu neiden, wollen wir versuchen, zwischen ihnen und uns jenen ruhmvollen Unterschied zu machen, den man einst zwischen zwei großen Völkern bemerkte: das eine wußte, wohl zu reden, das andere, wohl zu handeln.

BRIEF
AN HERRN ABBÉ RAYNAL

Ich schulde denen Dank, mein Herr, die Ihnen jene Bemerkungen zugehen ließen, die mir zu übermitteln Sie die Güte hatten. Ich werde versuchen, sie nutzbringend zu verwenden. Ich muß Ihnen allerdings gestehen, daß ich meine Kritiker ein wenig streng finde, was meine Logik betrifft, und ich habe den Verdacht, daß sie wohl nicht so peinlich genau gewesen wären, wenn ich ihre Meinung vertreten hätte. Mindestens scheint mir, wenn sie selbst etwas mehr von dieser rigorosen Genauigkeit hätten, die sie von mir fordern, brauchte ich alle Erklärungen nicht, die ich ihnen nun abverlangen werde.

Der Verfasser, so sagen sie, *scheint die Situation vorzuziehen, in der sich Europa vor der Erneuerung der Wissenschaften befand, einen Zustand, der durch das herrschende Scheinwissen oder das Kauderwelsch schlimmer noch war als der der Unwissenheit.* Der Autor dieser Bemerkung will mir unterstellen, ich meinte, Scheinwissen oder das Kauderwelsch der Scholastik seien der Wissenschaft vorzuziehen; und dabei habe ich selbst gesagt, sie seien schlimmer als die Unwissenheit. Aber was versteht er denn unter dem Wort *Situation*? Bezieht er es auf die Kenntnisse oder auf die Sitten, oder vermengt er diese Dinge, die ich mir doch solche Mühe gemacht auseinanderzuhalten? Da das im übrigen den Kern der Frage trifft, muß ich gestehen, daß es sehr ungeschickt von mir wäre, dazu nur scheinbar Partei ergriffen zu haben.

Sie fügen hinzu, *der Autor zieht der Höflichkeit die Roheit vor.*

Es stimmt, der Autor zieht der hochmütigen, falschen Höflichkeit unseres Jahrhunderts die Roheit vor, und er hat auch den

Grund dafür genannt. *Und er läßt alle Wissenschaftler und Künstler über die Klinge springen.* Nun gut, wenn man es denn so haben will: ich bin einverstanden, daß alle Unterscheidungen aufgehoben werden, die ich gemacht habe.

Sie sagen weiter, *er hätte den Punkt benennen müssen, von dem er ausgeht, um das Zeitalter des Niedergangs zu bestimmen.* Ich habe noch mehr getan. Ich habe meine Behauptung verallgemeinert: ich habe diese erste Stufe des Verfalls der Sitten in die Anfangszeit der Pflege der schönen Wissenschaften in allen Ländern der Welt gelegt und gefunden, daß der Fortschritt dieser beiden Dinge stets im Verhältnis zueinander verlief. Er hätte, *indem er zu jener frühen Epoche zurückging, Vergleiche zwischen den Sitten jener Zeit und unserer heutigen anstellen müssen.* Das hätte ich mit einiger Ausführlichkeit in einem Quartband getan. *Ohne dies sehen wir eigentlich nicht, bis wohin man zurückgehen müßte. Vielleicht gar bis zu den Zeiten der Apostel?* Ich persönlich sehe nicht, was unpassend daran wäre, wenn die Tatsache stimmte. Aber möge der Kritiker mir doch Gerechtigkeit widerfahren lassen: ich soll gesagt haben, die Epoche der tiefsten Unwissenheit sei das Zeitalter der Apostel gewesen?

Weiter sagen sie, im Hinblick auf den Luxus, *daß er in kleinen Staaten verboten werden muß, wenn man gute Politik macht, aber daß in einem Königreich wie Frankreich der Fall vollkommen anders liegt. Die Gründe dafür sind bekannt.* Habe ich hier nicht schon wieder Stoff, mich zu beklagen? Auf ebendiese Gründe habe ich zu antworten versucht. Ob nun gut oder schlecht, geantwortet habe ich. Man könnte einen Autor kaum mit größerer Verachtung strafen, als wenn man ihm nur mit den gleichen Argumenten kommt, die er schon widerlegt hat. Aber soll man sie auf die Schwierigkeit hinweisen, die sie zu lösen haben? Hier ist sie: *Was wird aus der Tugend, wenn man sich um jeden Preis bereichern muß?*[1] Genau das habe ich sie gefragt, und das frage ich sie noch immer.

Was die beiden folgenden Bemerkungen angeht, von denen die erste mit den Worten beginnt: *Hier nun schließlich, was wir dagegen einzuwenden haben*, und die andere mit diesen Worten: *Was der Sache am nächsten kommt*, so bitte ich den Leser in-

[1] *Abhandlung*, S. 70.

ständig, mir die Mühe zu ersparen, sie hier noch einmal wiederzugeben. Die Akademie hatte mich gefragt, ob die Wiederherstellung der Wissenschaften und der Künste zur Läuterung der Sitten beigetragen habe. Das war die Frage, die ich zu lösen hatte: hier aber lastet man mir an, daß ich keine andere gelöst hätte. Sicherlich ist diese Kritik zumindest sehr eigenartig. Und doch muß ich den Leser beinahe um Verzeihung bitten, daß ich sie vorausgesehen habe, denn ebendas könnte er glauben, wenn er die letzten fünf oder sechs Seiten meiner Abhandlung liest.

Wenn übrigens meine Kritiker auf praktischen Schlußfolgerungen beharren, so verspreche ich ihnen solche, sehr klar ausgedrückt, in meiner ersten Antwort.

Was die Nutzlosigkeit von Gesetzen über den Aufwand angeht, die den bereits etablierten Luxus ausrotten sollen, so heißt es, *der Autor weiß sehr wohl, was darüber zu sagen ist.* In der Tat. Ich weiß, wenn ein Mensch erst gestorben ist, braucht man keinen Arzt mehr zu rufen.

Wahrheiten, die den allgemeinen Geschmack so sehr vor den Kopf stoßen, kann man nicht allzu hell beleuchten, und *jeden Anlaß zum Streit soll man tunlichst vermeiden.* Dieser Ansicht bin ich nicht ganz; ich meine, man sollte Kindern ihr Spielzeug lassen.

Viele Leser werden an ihnen auch mehr Gefallen finden, wenn sie in ganz schlichtem Stil geschrieben sind und nicht in dem zeremoniellen Gewand daherkommen, das von akademischen Abhandlungen verlangt wird. Ich teile sehr den Geschmack der genannten Leser. Dies ist ein Punkt, bei dem ich mit meinen Kritikern einer Meinung sein kann, und ich tue es von heute an.

Ich weiß nicht, wer der Gegner ist, mit dem man mir im *Postscriptum* droht. Wer er auch immer sein mag: ehe ich ein Werk nicht gelesen habe, kann ich mich nicht entschließen, darauf zu antworten, noch mich geschlagen geben, bevor ich angegriffen wurde.

Überdies: ob ich nun auf die mir angekündigten Kritiken antworten oder mich begnügen werde, jenes erweiterte Werk zu publizieren, das man von mir verlangt, ich mache meine Kritiker darauf aufmerksam, daß sie die von ihnen erhofften Veränderungen darin möglicherweise gar nicht finden werden. Wenn es um meine Verteidigung geht, sehe ich voraus, daß ich allen Konsequenzen aus meinen Prinzipien bedenkenlos folgen werde.

Ich weiß im voraus, mit welch großen Worten man mich angreifen wird: Aufklärung, Wissen, Gesetze, Moral, Vernunft, Schicklichkeit, Achtung, Sanftmut, Freundlichkeit, Höflichkeit, Erziehung und so weiter. Auf all das werde ich nur mit zwei Wörtern antworten, die in meinen Ohren viel stärker klingen: Tugend, Wahrheit! werde ich ohne Unterlaß rufen; Wahrheit, Tugend! Wenn jemand nichts als Wörter darin vernimmt, so habe ich ihm nichts mehr zu sagen.

BEMERKUNGEN
VON JEAN-JACQUES ROUSSEAU AUS GENF
ZUR ANTWORT
AUF SEINE ABHANDLUNG

Ich schulde dem anonymen Autor, der kürzlich meine Abhandlung mit einer Antwort ehrte, eher Dank denn Erwiderung. Doch was ich der Dankbarkeit schulde, wird mich durchaus nicht vergessen lassen, was ich der Wahrhaftigkeit schulde, und ich werde auch nicht außer acht lassen, daß, sobald es sich um die Vernunft handelt, die Menschen ins Naturrecht zurückkehren und ihre ursprüngliche Gleichheit wieder annehmen.

Der Text, auf den ich zu antworten habe, enthält viele sehr wahre und sehr gut bewiesene Dinge, denen ich nichts entgegensetzen kann: denn wenn ich darin auch zum Doktor erklärt werde, würde es mich doch recht verdrießen, zählte man mich zu jenen, die auf alles eine Antwort wissen.

Meine Verteidigung ist darum nicht weniger leicht. Sie wird sich darauf beschränken, die Wahrheiten, die man mir entgegenhält, mit meiner Ansicht zu vergleichen; und wenn ich nachweise, daß sie sie durchaus nicht verletzen, dann, glaube ich, habe ich meine Ansicht recht gut vertreten.

Ich kann alle Behauptungen, die mein Gegner aufstellt, auf zwei Hauptpunkte zurückführen. Der eine enthält das Lob der Wissenschaften, der andere handelt von ihrem Mißbrauch. Ich werde sie getrennt voneinander untersuchen.

Der Ton der Antwort läßt vermuten, daß man glücklicher gewesen wäre, wenn ich mehr Übles über die Wissenschaften gesagt hätte, als ich wirklich über sie gesagt habe. Man unterstellt, daß das Lob auf die Wissenschaften, mit dem meine Abhandlung beginnt, mich viel gekostet haben muß. Der Wahrheit sei, so meint der Autor, hier ein Geständnis entrissen worden, das ich unverzüglich widerrufen hätte.

Wenn dieses Geständnis ein Lob ist, das mir durch die Wahrheit abgezwungen wurde, folgt daraus, daß ich soviel Gutes über die Wissenschaften denke, wie ich über sie sage. Das Gute, das der Autor selbst über sie sagt, steht also meinem Gefühl keineswegs entgegen. Das Geständnis, heißt es, sei mir mit Gewalt entrissen worden: um so besser für meine Sache, zeigt es doch, daß die Wahrheit in mir stärker ist als die Neigung. Woraus aber schließt man, das Lob sei erzwungen? Ist es vielleicht nicht gut geraten? Das allerdings hieße, der Aufrichtigkeit der Autoren in schrecklicher Weise den Prozeß zu machen, wenn man sie nach diesem neuen Prinzip beurteilen wollte. Oder ist es zu kurz geraten? Es wäre mir wohl ein leichtes gewesen, auf mehr Seiten weniger sagen zu können. Es ist, so sagt man, weil ich mich widerrufen habe. Ich weiß nicht, an welcher Stelle ich diesen Fehler begangen haben sollte, und alles, was ich darauf erwidern kann, ist, daß das nicht meine Absicht war.

Die Wissenschaft an sich ist sehr gut, daran besteht kein Zweifel. Wer das Gegenteil sagt, müßte seine Vernunft aufgegeben haben. Der Schöpfer aller Dinge ist die Quelle der Wahrheit; alles zu wissen ist eines seiner göttlichen Attribute. Wissen zu erwerben und seine Kenntnisse zu erweitern bedeutet also gleichsam, der höchsten Einsicht teilhaftig zu werden. In diesem Sinne lobte ich das Wissen, und in diesem Sinne lobt es mein Gegner. Er verbreitet sich dann noch über die verschiedenen Arten von Nutzen, die der Mensch aus Künsten und Wissenschaften ziehen kann, was ich auch gern ausführlich getan hätte, wenn dies mein Gegenstand gewesen wäre. Wir stimmen also in diesem Punkt vollkommen überein.

Wie aber kann es nun geschehen, daß die Wissenschaften mit ihrer so reinen Quelle und ihrem so löblichen Zweck so viele Ruchlosigkeiten, so viel Ketzerei, so viele Irrtümer, so viele absurde Denkgebäude, so viele Widerwärtigkeiten, so viele Albernheiten, so viele bittere Satiren, so viele erbärmliche Romane, so viele unziemliche Verse, so viele schlüpfrige Bücher hervorbringen? Und bei denen, die die Wissenschaften betreiben, so viel Hochmut, so viel Geiz, so viel Tücke, so viele Ränke, so viel Mißgunst, so viele Lügen, so viel Hinterlist, so viel Verleumdung, so viel feige, schändliche Schmeichelei? Ich sagte, weil die Wissenschaft, so schön, so erhaben sie ist, für den Menschen nicht geschaffen ist. Des Menschen Geist ist zu beschränkt, als daß er in ihr große Fortschritte machen könnte, und sein Herz von zu vielen Leidenschaften erfüllt, als daß er keinen schlechten Gebrauch von der Wissenschaft machte. Für ihn genügt es, seine Pflichten gut zu studieren, und alle dafür nötigen Kenntnisse hat ein jeder erhalten. Mein Gegner gesteht seinerseits, daß die Wissenschaften zum Schaden gereichen, wenn man sie mißbraucht, und daß manch einer das tatsächlich tut. In dieser Hinsicht sagen wir, glaube ich, nicht allzu Verschiedenes. Ich füge allerdings hinzu, daß die Wissenschaft viel mißbraucht, daß sie ständig mißbraucht wird, und es scheint mir nicht so, als würde in der Antwort das Gegenteil verfochten.

Ich kann also versichern, daß unsere Prinzipien und damit alle Behauptungen, die aus ihnen hergeleitet werden können, nichts Gegensätzliches haben, und das mußte ich beweisen. Wenn wir dann jedoch zu den Schlußfolgerungen kommen, stehen unsere beiden Schlüsse im Gegensatz zueinander. Der meine war: Da nun die Wissenschaften den Sitten mehr schaden als der Gesellschaft Gutes bringen, wäre zu wünschen gewesen, die Menschen hätten sie mit weniger Eifer betrieben. Mein Gegner schließt: Obwohl die Wissenschaften viel Schaden anrichten, darf man, wegen des Guten, das sie auch bewirken, nicht aufhören, sie zu betreiben. Ich verweise die Frage, welcher der beiden Schlußfolgerungen man den Vorzug geben soll, nicht an das Publikum, sondern an die kleine Zahl wahrhafter Philosophen.

Es bleiben mir nur noch bescheidene Einwände zu machen über einige Stellen dieser Antwort, wo es ein wenig an jener Genauigkeit zu fehlen scheint, die ich an anderen Stellen so gern bewundere; möglicherweise haben sie zu dem irrigen Schluß beigetragen, den der Verfasser zieht.

Die Arbeit beginnt mit einigen Persönlichkeiten, auf die ich nur soweit eingehen werde, wie sie mit der Frage zu tun haben. Der Autor ehrt mich in einigen Lobreden, was mir gewiß eine schöne Laufbahn eröffnet. Aber es ist ein Mißverhältnis in diesen

Dingen: achtungsvolles Schweigen über die Gegenstände unserer Bewunderung ist häufig angemessener als taktlose Lobpreisungen.[1]

Meine Abhandlung, so heißt es, löst Erstaunen[2] aus. Mir scheint, daß das einige Erhellung erfordert. Weiter ist man erstaunt, daß sie preisgekrönt wurde; dabei ist es nichts Außergewöhnliches, daß dürftige Schriften mit einem Preis gekrönt werden. In jedem anderen Sinne wäre dieses Erstaunen ebenso ehrenvoll für die Akademie von Dijon wie beleidigend für die Redlichkeit der Akademien im allgemeinen, und man kann sich leicht denken, welchen Nutzen ich daraus für meine Sache ziehen würde.

In wohlgeformten Sätzen klagt man mich des Widerspruchs zwischen meinem Verhalten und meiner Lehre an. Man wirft mir vor, die Studien, die ich verdamme, selbst gepflegt zu haben.[3] Da

[1] Solange es Höflinge und Literaten gibt, werden alle Fürsten, gute oder schlechte, auf niedrige Weise und ohne Unterschied gelobt werden. Die großen Männer unter den Fürsten bedürfen gemäßigterer, gewählterer Lobpreisung. Schmeichelei beleidigt ihre Tugend, und selbst das Lob noch kann ihrem Ruhme Abbruch tun. Zumindest weiß ich, daß Trajan in meinen Augen viel größer wäre, wenn Plinius niemals geschrieben hätte. Wäre Alexander tatsächlich der Mann gewesen, der zu sein er gern scheinen wollte, hätte er weder an sein Bildnis noch an seine Statue gedacht, und er hätte nur einem Lakedaimonier erlaubt, einen Panegyrikus auf ihn anzufertigen, auch wenn er dabei Gefahr gelaufen wäre, keinen zu bekommen. Die einzige eines Königs würdige Lobrede ist eine solche, die man nicht aus dem käuflichen Munde eines Orators, sondern durch die Stimme eines freien Volkes vernimmt.

[2] Über die Frage selbst könnte man erstaunt sein: eine große und die schönste Frage, die jemals aufgeworfen wurde und so bald nicht wieder gestellt werden wird. Für den Preis der Eloquenz des Jahres 1752 hat die Académie française gerade ein ganz ähnliches Thema gestellt. Es gilt, die These zu verfechten, *die Liebe zu den schönen Wissenschaften inspiriere die Liebe zur Tugend.* Die Akademie hielt es nicht für geraten, einen solchen Gegenstand als Frage zu belassen, und die weise Gesellschaft verdoppelte bei diesem Anlaß die Zeit, die sie bis dahin den Autoren selbst bei den schwierigsten Gegenständen zugestanden hatte.

[3] Ich kann mich nicht, wie viele andere, damit rechtfertigen, daß unsere Erziehung durchaus nicht von uns selbst abhängt und daß man uns nicht erst fragt, bevor man uns vergiftet: ich habe mich aus freien Stücken in das Studium gestürzt, und noch lieber habe ich es aufgegeben, als ich der Verwirrung gewahr wurde, die es in meiner Seele stiftete, ohne meinem Verstande zu nutzen. Ich will von einem trügerischen Geschäft nichts mehr wissen, bei dem man viel für die Weisheit zu tun glaubt und doch alles für die Eitelkeit tut.

Wissenschaft und Tugend unvereinbar miteinander seien, was ich, wie man behauptet, nachzuweisen mich bemühe, fragt man mich recht nachdrücklich, wie ich es wagen kann, mich der einen zu bedienen, um mich für die andere zu erklären.

Es zeigt viel Schläue, wenn man mich auf diese Weise selbst in die Frage verwickelt; die persönliche Anspielung muß notwendig Verwirrung in meine Antwort bringen – vielmehr in meine Antworten, denn leider habe ich mehr als eine zu verfassen. Versuchen wir immerhin zu erreichen, daß die Genauigkeit die Annehmlichkeit aufwiegt.

1. Daß die Pflege der Wissenschaften die Sitten einer Nation verdirbt, das habe ich zu verfechten gewagt und glaube ich bewiesen zu haben. Allein wie hätte ich sagen können, daß in jedem einzelnen Menschen Wissenschaft und Tugend miteinander unvereinbar seien, ich, der ich die Fürsten gemahnt habe, die wahren Gelehrten an ihren Hof zu rufen, ihnen ihr Vertrauen zu schenken, damit einmal sichtbar würde, was Wissenschaft und Tugend vereint für das Glück des Menschengeschlechts vermögen. Ich gebe zu, solche wahren Gelehrten sind selten; denn will man die Wissenschaft gut nutzen, müssen große Talente mit großen Tugenden vereint sein; das aber kann man allenfalls von einigen auserwählten Geistern erhoffen, von einem ganzen Volk darf man es nicht erwarten. Folglich kann man aus meinen Prinzipien nicht schließen, daß ein Mensch nicht gleichzeitig gelehrt und tugendhaft sein kann.

2. Noch weniger könnte man mich persönlich für diesen vorgeblichen Widerspruch belangen, selbst wenn er tatsächlich existierte. Ich verehre die Tugend, mein Herz bürgt mir dafür; und es sagt mir auch nur zu oft, wie weit es ist von dieser Liebe bis zu ihrer Ausübung, die den tugendhaften Menschen macht. Im übrigen bin ich bei weitem kein gelehrter Mann, und noch ferner liegt es mir, Gelehrsamkeit zur Schau zu tragen. Ich hätte gemeint, das arglose Geständnis, das ich zu Beginn meiner Abhandlung gemacht, würde mich vor diesem Anwurf schützen, ja ich befürchtete sogar, man könnte mich bezichtigen, über Dinge zu urteilen, die ich nicht kenne. Da sieht man, wie unmöglich es mir war, beide Vorwürfe zugleich zu vermeiden. Was weiß ich, ob man nicht gar so weit gehen würde, sie vereint gegen mich zu erheben,

wenn ich nicht eilends diesen einen Punkt verurteilte, sowenig verdient das auch sein möge?

3. Ich könnte zu diesem Gegenstand anführen, was die Kirchenväter von den weltlichen Wissenschaften sagten, die sie verachteten und deren sie sich gleichwohl bedienten, um die heidnischen Philosophen zu bekämpfen. Ich könnte auch den von ihnen angestellten Vergleich mit jenen Gefäßen zitieren, die die Israeliten den Ägyptern stahlen. Aber ich will mich damit begnügen, als letzte Antwort diese Frage zu stellen: Wenn jemand käme mit der Absicht, mich zu töten, und ich das Glück hätte, mich seiner Waffe zu bemächtigen, wäre es mir dann verboten, mich ihrer zu bedienen, um den Mörder zu verjagen, bevor ich sie von mir werfe?

Wenn also der Widerspruch, den man mir vorwirft, nicht existiert, muß man wohl auch nicht annehmen, daß ich mich nur mit einem leichtfertigen Paradoxon vergnügen wollte, und dies um so weniger, als der Ton, den ich wählte, mag er selbst schlecht sein, doch nicht der Ton ist, den man in Geistesspielen zu benutzen pflegt.

Es wird Zeit, daß ich aufhöre, von dem zu reden, was mich betrifft: man gewinnt nie etwas dabei, wenn man über sich selber spricht, und es ist eine Taktlosigkeit, die einem das Publikum schwer verzeiht, selbst wenn man dazu gezwungen wurde. Die Wahrheit ist so unabhängig sowohl von denen, die sie angreifen, als auch von jenen, die sie verteidigen, daß die Autoren, die über sie disputieren, sich gegenseitig vergessen sollten. Es würde viel Papier und Tinte gespart. Freilich ist diese Regel bei mir leicht zu praktizieren, bei meinem Gegner keinesfalls, und dieser Unterschied gereicht meiner Replik nicht zum Vorteil.

Der Autor merkt kritisch an, daß ich die Wissenschaften und die Künste wegen ihrer Auswirkungen auf die Sitten angreife, und zählt mir als Gegenargument die nützlichen Dinge auf, die man in allen Ständen aus ihnen gewinnt. Das ist ganz so, als ob man sich, um einen Angeklagten zu rechtfertigen, damit begnügte, nachzuweisen, daß er sehr gesund ist, überaus geschickt oder aber mit Reichtümern gesegnet. Vorausgesetzt, man gesteht mir zu, daß Künste und Wissenschaften uns zu unehrenhaften Menschen machen, will ich nicht leugnen, daß sie uns im übrigen recht angenehm sind. Auch das haben sie mit den meisten Lastern gemein.

Der Autor geht noch weiter und behauptet überdies, das Studium sei für uns erforderlich, wenn wir die Schönheiten des Universums bewundern wollen, ja allein schon das Schauspiel der Natur, das, so scheint es doch, vor aller Augen ausgebreitet liegt zur Unterweisung der Einfältigen, verlange vom Beobachter eine große Bildung, um überhaupt von ihm wahrgenommen zu werden. Ich gestehe, diese Behauptung überrascht mich: wäre es demnach allen Menschen aufgegeben, Philosophen zu sein, oder allein den Philosophen, an Gott zu glauben? Die Heilige Schrift ermahnt uns an tausend Stellen, die Größe und die Güte Gottes in den Wundern seiner Schöpfungen anzubeten. Ich glaube nicht, daß sie uns an irgendeiner Stelle vorgeschrieben hätte, die Physik zu studieren, noch daß der Schöpfer der Natur von mir, der ich nichts weiß, weniger geehrt wird als von einem, der die Zeder und den Ysop kennt, den Saugrüssel der Fliege und den Rüssel des Elefanten.

Man meint stets gesagt zu haben, was die Wissenschaften tun, wenn man gesagt hat, was sie tun sollten. Das scheint mir immerhin einen großen Unterschied zu machen. Das Studium des Universums sollte den Menschen zu seinem Schöpfer erheben, das weiß ich; aber es erhöht nur die menschliche Eitelkeit. Der Philosoph, der sich schmeichelt, in Gottes Geheimnisse einzudringen, wagt seine vorgebliche Weisheit mit der ewigen Weisheit zu vergleichen: er billigt, er rügt, er korrigiert, er schreibt der Natur Gesetze vor und der Gottheit Grenzen. Und während er, mit seinen eitlen Systemen beschäftigt, sich tausenderlei Mühe macht, die Weltmaschine einzurichten, sieht der Bauer, wie Regen und Sonne im Wechsel seine Felder fruchtbar machen, und er bewundert, lobt und segnet die Hand, aus der er diese Gnaden empfängt, ohne sich darum zu besorgen, auf welche Weise sie zu ihm gelangen. Er sucht seine Unwissenheit oder seine Laster nicht durch Unglauben zu rechtfertigen. Er tadelt die Werke Gottes nicht und mißt sich nicht mit seinem Herrn, um seine Selbstgefälligkeit leuchten zu lassen. Nie wird das gottlose Wort Alphons' X. in den Geist eines gemeinen Mannes Eingang finden: diese Lästerung blieb einem gelehrten Munde vorbehalten.

Die dem Menschen natürliche Wißbegier, so fährt man fort, *gibt ihm die Lust zu lernen* ein. Also sollte er seine Anstrengungen darauf richten, sie im Zaume zu halten wie alle seine natürlichen Neigungen. *Seine Bedürfnisse lassen ihn das Lernen als Notwendigkeit fühlen.* Kenntnisse sind in vielerlei Hinsicht nützlich. Doch auch die Wilden sind Menschen und fühlen diese Notwendigkeit nicht. *Seine Beschäftigungen erlegen es ihm als Pflicht auf.* Sie erlegen ihm viel häufiger die Pflicht auf, dem Studium zu entsagen, damit er seinen Obliegenheiten nachkommen kann.[1] *Seine Fortschritte lassen es ihn als Vergnügen empfinden.* Gerade deswegen müßte er sich davor hüten. *Seine ersten Entdeckungen erhöhen seine Wißbegierde.* Das passiert in der Tat Leuten von Talent. *Je mehr er weiß, um so mehr fühlt er, wieviel Kenntnisse er noch zu erwerben hat.* Das heißt, der Nutzen aus all der Zeit, die er verliert, besteht in der Anregung, noch mehr Zeit zu verlieren. Doch gibt es nur sehr wenige Menschen von Genie, bei denen sich in dem Maße, wie sie lernen, das Bewußtsein ihrer Unwissenheit ausbildet; nur für sie kann das Studium gut sein. Kaum haben dagegen kleine Geister etwas gelernt, glauben sie schon alles zu wissen, und sie sind so sehr davon überzeugt, daß es keine Dummheit gibt, die sie nicht sagen oder tun. *Je mehr Kenntnisse er erworben hat, um so leichter wird es ihm, Gutes zu tun.* Man sieht, der Autor hat, wenn er so spricht, weitaus mehr sein Herz befragt als die Menschen beobachtet.

Weiter bringt er vor, es sei gut, das Böse zu kennen, damit man es zu fliehen lernt, und er gibt zu verstehen, daß man sich nur dann seiner Tugend versichern kann, wenn man sie zuvor auf die Probe gestellt hat. Solche Maximen sind zumindest zweifelhaft, und es läßt sich sehr darüber streiten. Es ist nicht sicher, daß man, um Gutes tun zu lernen, wissen muß, auf wie viele Arten man Böses tun kann. Wir haben einen Führer in uns, der sich weit weniger irrt als alle Bücher, und er verläßt uns niemals in der Not. Um in Unschuld zu leben, würde es genügen, nur immer auf ihn zu hören. Und warum sollte man verpflichtet sein, seine

[1] Es ist ein schlechtes Zeichen für eine Gesellschaft, daß denen, die sie lenken, so viel Wissenschaft vonnöten ist. Wären die Menschen so, wie sie sein sollen, brauchten sie kaum zu studieren, um die Dinge zu lernen, die sie zu tun haben.

Kräfte zu erproben, um sich seiner Tugend zu vergewissern, wenn es doch seine Tugend üben heißt, die Gelegenheit zum Laster zu fliehen?

Der weise Mann ist immer auf der Hut und mißtraut stets seinen eigenen Kräften: er bewahrt all seinen Mut für den Notfall und setzt sich ihm nicht ohne Grund aus. Ein Aufschneider dagegen rühmt sich unablässig größerer Dinge, als er tun kann; und nachdem er alle Welt verspottet und beleidigt hat, läßt er sich bei der ersten Gelegenheit schlagen. Ich frage mich, welches dieser beiden Porträts wohl am meisten dem Philosophen gleicht, der mit seinen Leidenschaften kämpft.

Man wirft mir vor, ich suchte mir meine Beispiele für Tugend vorzugsweise bei den Alten. Es hat mir sehr den Anschein, als hätte ich noch mehr Beispiele gefunden, wenn ich noch weiter hätte zurückgehen können. Ich habe auch ein modernes Volk angeführt, und meine Schuld ist es nicht, wenn ich nur eins gefunden habe. Weiter wirft man mir in einer allgemeinen Maxime gehässige Vergleiche vor, aus denen, sagt man, weniger eifriges Streben und Billigkeit sprächen denn Mißgunst gegenüber meinen Landsleuten und Gereiztheit gegenüber meinen Zeitgenossen. Dennoch liebt vielleicht niemand sein Vaterland und seine Landsleute so sehr wie ich. Im übrigen habe ich nur eins darauf zu erwidern. Ich habe meine Gründe genannt, und diese sind es, die man abwägen muß. Meine Intentionen zu beurteilen mag demjenigen überlassen bleiben, dem es zukommt.

Ich darf hier keineswegs einen wichtigen Einwand mit Stillschweigen übergehen, der mir gegenüber schon von einem Philosophen[1] gemacht wurde. *Sollte man nicht eher,* so heißt es dort, *dem Klima, dem Temperament, mangelnder Gelegenheit, dem Mangel am Gegenstand, der Form der Regierung, Gebräuchen und Gesetzen, jeder anderen Ursache als den Wissenschaften jenen Unterschied zuschreiben, den man manchmal in den Sitten verschiedener Länder und verschiedener Zeiten bemerkt?*

Diese Frage umfaßt weitreichende Gesichtspunkte und verlangte Erklärungen, die über den Rahmen dieser Schrift hinausgingen. Außerdem müßte man dafür die sehr verborgenen, aber

[1] In der Vorrede zur *Enzyklopädie.*

sehr realen Beziehungen untersuchen, die zwischen der Form einer Regierung und dem Wesen, den Sitten und den Kenntnissen der Bürger bestehen. Das aber würde mich in heikle Diskussionen verwickeln, die mich allzu weit führen könnten. Es wäre mir zudem sehr schwierig, von Regierungsweise zu sprechen, ohne es meinem Gegner allzu leicht zu machen. Und alles wohl erwogen, sind das Untersuchungen, die eher in Genf und unter anderen Umständen gemacht werden sollten.

Ich komme nun zu einer Anklage, die weitaus schwerer wiegt als der vorhergehende Einwand. Ich werde sie wörtlich wiedergeben, denn es ist wichtig, daß sie den Augen des Lesers getreulich unterbreitet wird.

Je mehr der Christ die Echtheit seiner Schriften prüft, desto sicherer wird er in seiner Überzeugung. Je mehr er die Offenbarung studiert, desto fester wird er im Glauben. In den heiligen Schriften entdeckt er deren Ursprung und Größe. In den gelehrten Schriften der Kirchenväter verfolgt er von Jahrhundert zu Jahrhundert ihre Entwicklung. In Moralbüchern und heiligen Annalen findet er die Beispiele und wendet sie auf sich an.

Wie denn! So mächtige Stützen sollte die Unwissenheit der Religion und der Tugend entziehen? Und ihr, der Religion, so verkündet hochtönend ein Doktor aus Genf, verdankten wir die Zügellosigkeit der Sitten! Noch größer wäre unser Erstaunen, ein so seltsames Paradoxon zu vernehmen, wüßten wir nicht, daß die Seltsamkeit einer Lehrmeinung, so gefährlich sie sein mag, nur ein Grund mehr ist für den, der als Regel nur dem eigenen Verstande folgt.

Ich wage den Autor zu fragen: Wie konnte er die Grundsätze, die ich aufstellte, je auf solche Weise interpretieren? Wie konnte er mich anklagen, das Studium der Religion zu tadeln, mich, der ich doch vor allem das Studium unserer eitlen Wissenschaften tadelte, weil es uns vom Studium unserer Pflichten fernhält? Und was ist für den Christen das Studium seiner Pflichten anderes als das Studium eben der Religion?

Gewiß hätte ich all jene kindischen Spitzfindigkeiten der Scholastik ausdrücklich tadeln sollen, mit denen man unter dem Vorwand, die Grundsätze der Religion zu erhellen, ihren Geist zunichte macht und christliche Demut durch wissenschaftlichen Hochmut ersetzt. Ich hätte mich noch entschiedener gegen jene unbescheidene Geistlichkeit erheben sollen, die es als erste wagte, Hand an die Bundeslade zu legen, um mit ihrem geringen Wissen ein Gebäude zu stützen, das durch Gottes Hand gehalten wird. Ich hätte mich empören sollen gegen diese leichtfertigen Menschen, die mit ihren erbärmlichen Kritteleien die erhabene Schlichtheit des Evangeliums herabwürdigten und die Lehre Jesu Christi zu Syllogismen verkleinerten. Aber heute gilt es, mich zu verteidigen, nicht, anzugreifen.

Diesem Disput müßte, so sehe ich es, durch die Geschichte und durch Tatsachen ein Ende gesetzt werden. Wenn ich in wenigen Worten darzulegen verstünde, was Wissenschaften und Religion von Anbeginn gemeinsam haben, so wäre das vielleicht dienlich, die Frage in diesem Punkte zu entscheiden.

Das von Gott auserwählte Volk pflegte die Wissenschaften nie, und niemals wurde ihm ihr Studium angeraten; und doch hätte, wenn dieses Studium zu irgend etwas gut wäre, es seiner mehr bedurft als irgendein anderes Volk. Aber im Gegenteil, seine Führer gaben sich alle Mühe, es soweit wie möglich von den götzendienerischen, gelehrsamen Nationen in seiner Nachbarschaft fernzuhalten. Eine Vorsicht, die ihm in einer Hinsicht weniger nötig war als in einer anderen, denn dieses schwache, ungehobelte Volk ließ sich viel leichter durch den Trug der Baalspriester als durch die Sophismen der Philosophen verführen.

Nachdem er sich unter Ägyptern und Griechen hie und da gezeigt, hatte der Same der Wissenschaft noch unendliche Mühe, bevor er in den Köpfen der Hebräer keimte. Josephus und Philon, die überall sonst nur mittelmäßige Menschen gewesen wären, galten bei ihnen als wahre Wunder. Die Sadduzäer, bekannt für ihre Irreligiosität, waren die Philosophen Jerusalems, die Pharisäer, diese großen Heuchler,[1] seine Gelehrten. Obwohl letztere

[1] Zwischen beiden Parteien herrschte der gleiche Haß und die gleiche gegenseitige Verachtung, die zu allen Zeiten zwischen Gelehrten und Philosophen herrschte, das heißt zwischen jenen, die in ihrem Kopf ein Verzeichnis von der Wissenschaft anderer anlegen, und jenen, die sich einbilden, ihre eigene Wissenschaft zu haben. Laßt den Musiklehrer und den Tanzmeister aus dem *Bürger als Edelmann* gegeneinander antreten, und ihr habt den Liebhaber der Antike und den Schöngeist, den Alchimisten und den Literaten, den Rechtsgelehrten und den

ihre Wissenschaft fast ausschließlich auf das Studium des Gesetzes beschränkten, unternahmen sie es doch mit allem Gepränge und aller dogmatischen Selbstherrlichkeit; auch beachteten sie mit großer Sorgfalt alle religiösen Übungen. Aber das Evangelium belehrt uns über den Geist dieser Genauigkeit und was man von ihr zu halten hat. Außerdem war ihrer aller Wissen sehr gering, ihr Hochmut aber sehr groß; hierin unterscheiden sie sich nicht allzusehr von den Gelehrten unserer Tage.

Als die neuen Gebote aufgestellt wurden, wollte Jesus Christus seine Lehre und den Dienst an ihr nicht den Gelehrten anvertrauen. Er folgte in seiner Wahl jener Liebe zu den Geringen und Einfältigen, die er bei jedem Anlaß gezeigt hatte. Und in den Belehrungen, die er seinen Schülern gab, finden wir nicht ein Wort von Studium oder Wissenschaft, es sei denn, um seine Geringschätzung für beide auszudrücken.

Nach Jesu Christi Tode unternahmen es zwölf arme Fischer und Handwerksleute, der Welt die Lehre zu verkünden und sie zu bekehren. Ihre Methode war einfach. Sie predigten ohne Kunstfertigkeit, aber mit erfülltem Herzen; und von allen Wundern, mit denen Gott ihren Glauben belohnte, war das größte die Heiligkeit ihres Lebenswandels. Die Schüler folgten diesem Beispiel, und der Erfolg war unglaublich. Die heidnischen Priester waren beunruhigt und brachten den Fürsten zu Gehör, der Staat sei verloren, weil die Opfergaben nachließen. Verfolgungen setzten ein, aber die Verfolger beförderten nur noch das Ausbreiten der Religion, die sie zu ersticken suchten. Alle Christen eilten dem Martyrium zu, alle Völker liefen zur Taufe: die Geschichte dieser frühen Zeiten ist ein unaufhörliches Wunder.

Nun aber machten sich die Priester der Götzenbilder, denen die Verfolgung der Christen nicht genügte, daran, sie zu verleumden. Die Philosophen, die in einer Demut predigenden Religion nicht auf ihre Kosten kamen, verbanden sich mit den Priestern. Von allen Seiten regneten Hohn und Schimpf auf die neue Sekte. Man mußte zur Feder greifen, um sich zu verteidigen. Der heilige

Arzt, den Geometer und den Verskünstler, den Theologen und den Philosophen. Wenn man über alle diese Leute ein rechtes Urteil fällen will, reicht es, sich auf sie selbst zu berufen und zu hören, was jeder von ihnen sagt: nicht über sich selbst, sondern über den andern.

Justinus der Märtyrer[1] schrieb die erste Apologie seines Glaubens. Man griff nun seinerseits die Heiden an. Sie anzugreifen bedeutete, sie zu überwinden. Die ersten Erfolge gaben anderen Autoren Mut: unter dem Vorwand, die Schändlichkeit des Heidentums bloßzustellen, stürzte man sich in die Mythologie und

[1] Diese ersten Schriftsteller, die das Zeugnis ihrer Feder mit ihrem Blute besiegelten, würden heutzutage großen Anstoß erregen, denn sie vertraten die gleiche Meinung wie ich. Der heilige Justinus in seinem Gespräch mit Triphon streift die verschiedenen philosophischen Lehren, denen er einst angehangen, und macht sie so lächerlich, daß man ein Gespräch des Lukian zu lesen glaubt. Auch aus der Apologie des Tertullian geht hervor, wie sehr sich die ersten Christen beleidigt fühlten, wenn man sie für Philosophen hielt.

Die Offenlegung der verderblichen Maximen und der gottlosen Dogmen ihrer verschiedenen Lehren wäre in der Tat ein recht peinlicher Umstand für die Philosophen. Die Epikuräer leugneten jede Vorsehung, die Akademiker zweifelten an der Existenz Gottes und die Stoiker an der Unsterblichkeit der Seele. Nicht so hochgerühmte Lehren hatten keine bessere Denkungsweise. Hier eine Probe aus Theodoros, dem Führer der einen der beiden Richtungen der Kyrenaiker. Sie wird von Diogenes Laertios wiedergegeben: *Sustulit amicitiam quod ea neque insipientibus neque sapientibus adsit ... Probabile dicebat prudentem virum non seipsum pro patria periculis exponere, neque enim pro insipientium commodis amittendam esse prudentiam. Furto quoque et adulterio et sacrilegio cum tempestivum erit daturum operam sapientem. Nihil quippe horum turpe natura esse. Sed auferatur de hisce vulgaris opinio, quae e stultorum imperitorumque plebecula conflata est ... sapientem publice absque ullo pudore ac suspicione scortis congressurum.*

Ich weiß, es handelt sich hier um vereinzelte Meinungen. Aber gibt es unter allen Lehren auch nur eine, die nicht irgendeinem gefährlichen Irrtum verfallen wäre? Und was sollen wir zu der Scheidung in zwei Lehren sagen, die von allen Philosophen so begierig aufgegriffen wurde und vermöge deren sie im geheimen ganz anders dachten, als sie öffentlich lehrten? Pythagoras machte als erster von jener inneren Lehre Gebrauch. Er machte sie seinen Schülern erst nach langer Erprobung und unter Wahrung des größten Geheimnisses bekannt. Heimlich lehrte er sie den Atheismus, und öffentlich opferte er dem Jupiter. Die Philosophen befanden sich so wohl mit dieser Methode, daß sie sich in Griechenland rasch verbreitete, und danach auch in Rom, wie aus den Werken Ciceros zu ersehen ist, welcher sich mit seinen Freunden über die unsterblichen Götter mokierte, auf die er sich in seinen Reden auf der Tribüne gleichwohl mit viel Emphase berief. Diese innere Lehre wurde zwar nicht von Europa nach China getragen, aber sie entstand auch dort zugleich mit der Philosophie; ihr verdanken die Chinesen die vielen Atheisten oder Philosophen, die unter ihnen leben. Wenn ein kundiger, aufrechter Mann die Geschichte dieser fatalen Lehre schriebe, würde der alten und der modernen Philosophie ein schrecklicher Schlag versetzt. Allein die Philosophie wird stets der Vernunft, der Wahrheit, ja selbst der Zeit spotten, weil sie der menschlichen Hoffart entspringt, die stärker ist als alle diese Dinge.

die Gelehrsamkeit[1], man wollte sich gelehrt und geistreich zeigen, die Bücher erschienen in Menge, und die Sitten begannen zu verfallen.

Alsbald begnügte man sich nicht mehr mit der Schlichtheit des Evangeliums und dem Glauben der Apostel; es hieß immer mehr Geist zeigen, als die Vorgänger hatten. Man deutelte an allen Dogmen herum, jeder wollte seine Meinung behaupten, niemand wollte nachgeben. Der Ehrgeiz, Haupt der Lehre zu werden, wurde deutlich, und überall wucherten die Häresien.

Mit dem Disput verbanden sich bald Leidenschaft und Gewalt. Diese sanften Christen, die nur den Hals dem Messer hinzuhalten wußten, verfolgten einander mit Ingrimm und schlimmer als die Götzenanbeter. Alle stürzten sich in die gleichen Exzesse, die Partei der Wahrheit wurde nicht mit mehr Maß verteidigt als die Partei des Irrtums.

Der gleichen Quelle entsprang ein noch gefährlicheres Übel, die Einführung der antiken Philosophie in die christliche Lehre. Man studierte so eifrig die griechischen Philosophen, daß man in ihnen schließlich Beziehungen zum Christentum zu entdecken meinte. Man war so dreist, zu glauben, die Religion würde noch achtbarer, wenn sie mit der Autorität der Philosophie ausgestattet wäre. Es gab eine Zeit, da mußte man Platoniker sein, wollte man zu den Orthodoxen zählen; es hätte nicht viel gefehlt, und man hätte erst Platon, dann Aristoteles neben Jesus Christus auf den Altar gestellt.

Mehr als einmal erhob sich die Kirche gegen solchen Mißbrauch. Ihre hervorragendsten Verteidiger beklagten ihn oft in starken, nachdrücklichen Worten. Des öfteren auch unternahmen sie den Versuch, alle weltliche Wissenschaft aus der Kirche zu verbannen, da sie deren Reinheit befleckte. Einer der hervorragendsten Päpste verfocht in einem Übermaß an Eifer sogar die These, daß es schändlich wäre, Gottes Wort den Regeln der Grammatik zu unterwerfen.

[1] Man machte Clemens von Alexandria berechtigte Vorwürfe, denn seine Schriften sind, was einem Christen wenig ansteht, mit profaner Gelehrsamkeit behaftet. Es scheint jedoch entschuldbar zu sein, wenn man sich über eine Lehre Kenntnisse verschaffte, gegen die man sich zu verteidigen hatte. Wer aber könnte, ohne in Gelächter auszubrechen, die ganze Pein bemerken, die die Gelehrten unserer Tage auf sich nehmen, um die Trugbilder der Mythologie aufzuklären?

Aber ihre Rufe verhallten ungehört. Vom Strome mitgerissen, waren sie gezwungen, sich selbst dem Brauch zu fügen, den sie verurteilten, und die meisten von ihnen ereiferten sich fortan in recht gelehrter Weise gegen den Fortschritt der Wissenschaften.

Nach langdauernden Zeiten der Erregung kamen die Dinge schließlich besser ins Geschick. Um das 10. Jahrhundert hörte die Fackel der Wissenschaften auf, die Erde zu erleuchten. Die Geistlichkeit versank in eine tiefe Unwissenheit, die ich wohl nicht rechtfertigen will, da sie nicht weniger die Dinge betraf, die der Klerus wissen muß, als solche, die ihm nutzlos sind, die aber doch der Kirche ein wenig mehr Ruhe brachte, als sie bisher erlebt hatte.

Nach der Renaissance der schönen Wissenschaften brachen die Streitigkeiten bald wieder auf, und schrecklicher als je zuvor. Gelehrte Männer entfachten den Streit, gelehrte Männer hielten ihn am Brennen, und die Fähigsten waren stets die Starrköpfigsten. Vergeblich wurden Zusammenkünfte mit den Doktoren der verschiedenen Parteien veranstaltet: niemand brachte die Liebe zur Versöhnung oder gar die Liebe zur Wahrheit ein, alle hatten nur den einen Wunsch, auf Kosten des Gegners zu glänzen. Jeder wollte die Oberhand gewinnen, niemand wollte sich bilden. Der Stärkere gebot dem Schwächeren Schweigen. Der Disput endete stets mit Ausfälligkeiten, und die Frucht war immer Verfolgung. Gott allein weiß, wann all diese Übel ein Ende finden werden.

Heute stehen die Wissenschaften in Blüte, Literatur und Künste erstrahlen unter uns. Und was hat es der Religion genutzt? Fragen wir doch die vielen Philosophen danach, die sich rühmen, keine Religion zu haben. Unsere Bibliotheken quellen über von theologischen Büchern, und unter uns wimmelt es von Kasuisten. Früher hatten wir Heilige und keine Kasuisten. Die Wissenschaft breitet sich aus, und der Glaube versiegt. Jedermann will lehren, wie man Gutes tut, niemand will es lernen. Wir sind alle Doktoren geworden und haben aufgehört, Christen zu sein.

Nein, mit so viel Kunstfertigkeit und Prunk hat sich das Evangelium nicht auf der ganzen Welt verbreitet und in seiner wunderbaren Schönheit die Herzen durchdrungen. Dies göttliche Buch, das einzige für einen Christen notwendige und das nützlichste von allen selbst für den, der kein Christ wäre, muß nur durchdacht werden, damit es die Liebe zu seinem Schöpfer in die Seele senkt und den Willen, seine Gebote zu erfüllen. Niemals hat Tugend eine so sanfte Sprache gesprochen, niemals tiefe Weisheit mit solcher Festigkeit und Einfachheit sich ausgedrückt. Man läßt von der Lektüre nicht, ohne sich als ein besserer Mensch zu fühlen denn zuvor. O ihr, Diener des Gesetzes, das mir darin verkündet wird, macht euch weniger Mühe, mich so viele unnütze Dinge zu lehren. Laßt alle gelahrten Bücher liegen; sie überzeugen mich nicht, sie berühren mich nicht. Werft euch zu Füßen des Gottes der Barmherzigkeit nieder, den zu kennen und zu lieben ihr mich lehren wollt. Erbittet für euch jene tiefe Demut, die ihr mir predigen sollt. Breitet vor meinen Augen weder diese hochfahrende Wissenschaft noch dies unziemliche Gepränge aus, die euch entehren und mich aufbringen. Seid selbst berührt, wenn ihr wollt, daß ich es sei, und vor allem, zeigt mir in eurem Verhalten, wie ihr das Gesetz befolgt, über das ihr mich zu belehren meint. Mehr braucht ihr darüber nicht zu wissen noch mich zu lehren, und euer Amt ist erfüllt. In alledem ist weder von Literatur noch von Philosophie die Rede. Nur so kann man das Evangelium befolgen und es predigen, nur so haben seine ersten Verteidiger es zum Triumph über alle Nationen geführt. *Non Aristotelico more*, sagten die Kirchenväter, *sed Piscatorio.*

Ich merke, ich werde weitläufig, aber ich glaubte nicht umhinzukönnen, mich über einen derart wichtigen Punkt ein wenig zu verbreiten. Außerdem mögen ungeduldige Leser bedenken, daß Kritik eine recht bequeme Sache ist: für den Angriff genügt ein Wort, für die Verteidigung aber sind ganze Seiten nötig.

Ich komme nun zum zweiten Teil der Antwort, bei welchem ich versuchen werde, mich etwas kürzer zu fassen, obwohl ich kaum weniger kritische Einwände zu machen habe.

Nicht die Wissenschaften, so wird mir gesagt, *haben zu allen Zeiten Verweichlichung und Luxus hervorgebracht, es war der Reichtum.* Ich hatte auch nicht gesagt, daß die Wissenschaften den Luxus hervorgebracht haben, sondern daß beide gemeinsam entstanden sind und keines ohne das andere einhergeht. Hier nun, wie ich diese Genealogie sehen würde. Die erste Quelle des Bösen ist die Ungleichheit. Aus der Ungleichheit sind die Reichtümer entstanden; denn die Wörter arm und reich sind relativ, und überall, wo die Menschen gleich sind, wird es weder Reiche noch Arme geben. Aus dem Reichtum sind Luxus und Müßiggang entstanden, aus dem Luxus wieder die schönen Künste, aus dem Müßiggang die Wissenschaften. *Reichtum war zu keiner Zeit das Privileg der Gelehrten.* Eben darin ist das Übel noch größer, denn Gelehrte und Reiche verderben einander nur gegenseitig. Wenn die Gelehrten reicher oder die Reichen gebildeter wären, wären die einen nicht so feige Schmeichler, die anderen weniger der niedrigen Schmeichelei zugetan, und alle taugten mehr. Das läßt sich gut an der kleinen Schar jener sehen, die das Glück haben, zugleich gebildet und vermögend zu sein. *Auf einen Platon, der in Wohlstand lebt, auf einen Aristippos, der bei Hofe in Ansehen steht, wie viele Philosophen kommen da, die nichts haben außer Mantel und Bettelstab, als Hülle nur ihre eigene Tugend, und die unbekannt sind in ihrer Einsamkeit?* Ich bestreite nicht, daß es eine große Zahl sehr armer Philosophen gibt und sie bestimmt sehr bedrückt über ihre Armut sind. Ich bezweifle auch nicht, daß die meisten ihre Philosophie nicht allein ihrer Armut verdanken. Aber selbst wenn ich gern annehmen möchte, daß sie tugendhaft leben, so lernte das Volk doch nicht nach ihren Sitten, die seinen zu verbessern, da es sie ja nicht sieht. *Die Gelehrten haben weder Lust noch Zeit, große Güter anzuhäufen.* Ich will gern glauben, daß sie keine Zeit dafür haben. *Sie lieben das Studium.* Wer seinen Beruf nicht liebte, wäre ein Tor oder ein sehr erbärmlicher Mensch. *Sie leben in Bescheidenheit.* Man muß ihnen schon außerordentlich gewogen sein, um ihnen das als Verdienst anzurechnen. *Ein arbeitsames, gemäßigtes Leben, in der Stille der Zurückgezogenheit verbracht, mit Lektüre und Arbeit erfüllt, ist ganz gewiß kein Leben in Wollust und Sünde.* Zumindest nicht in den Augen der Menschen: alles hängt vom Inneren ab. Ein Mensch kann zu einem solchen Leben gezwungen sein und doch eine sehr verderbte Seele haben. Was bedeutet es im übrigen, wenn er selbst tugendhaft und maßvoll lebt, wenn die Arbeiten, mit denen er befaßt ist, bei seinen Mitbürgern den Müßiggang nähren und den Geist verderben? *Die Annehmlichkeiten des Lebens sind zwar häufig die Frucht der Künste, werden darum aber nicht vornehmlich den*

Künstlern zuteil. Diese scheinen mir indes kaum Leute zu sein, die sie sich versagen. Vor allem jene Künstler, die sich mit den gänzlich unnützen und darum sehr einträglichen Künsten befassen, sind eher imstande, sich alles zu verschaffen, was sie sich wünschen. *Sie arbeiten nur für die Reichen.* So, wie sich die Dinge entwickeln, wäre ich nicht erstaunt, sähe ich eines Tages die Reichen für die Künstler arbeiten. *Und die müßigen Reichen sind's, die die Früchte des Fleißes der Künstler nutzen und mißbrauchen.* Noch einmal: ich sehe nicht, daß unsere Künstler so einfache, so bescheidene Menschen sind. Der Luxus kann nicht in einem Bürgerstande herrschen, ohne daß er sich unter allerhand Abwandlungen nicht alsbald in alle anderen einschliche; und überall richtet er die gleiche Verwüstung an.

Der Luxus verdirbt jeden: den Reichen, der ihn genießt, wie den armen Kerl, der nach ihm giert. Man kann nicht sagen, daß es an sich etwas Schlechtes sei, Spitzenmanschetten und ein besticktes Gewand zu tragen und eine Emailledose zu besitzen. Aber es ist etwas sehr Schlechtes, aus diesem Tand eine große Sache zu machen, ein Volk für glücklich zu halten, das sich damit behängt, und, um solche Dinge erwerben zu können, Zeit und Mühen aufzuwenden, die jedermann doch edleren Gegenständen schuldet. Um zu wissen, welches Urteil ich über einen fällen soll, der sich mit solchen Sachen beschäftigt, brauche ich nicht erst zu erfahren, welches sein Gewerbe ist.

Ich habe das schöne Bild, das uns hier von den Gelehrten gezeichnet wird, übergangen, und ich glaube mir diese Gefälligkeit zum Verdienst anrechnen zu dürfen. Mein Gegner ist weniger nachsichtig. Nicht allein gesteht er mir nichts zu, was er mir auch verweigern könnte; nein, statt das Übel zu verurteilen, das ich in unserer eitlen, falschen Höflichkeit sehe, zieht er es vor, die Heuchelei zu entschuldigen. Er fragt mich, ob ich denn wolle, daß sich das Laster ohne Hülle zeige. Aber sicher will ich das. Vertrauen und Achtung würden unter den Guten wieder entstehen, wir würden es lernen, den Arglistigen zu mißtrauen, und die Gesellschaft wäre sicherer dadurch. Ich finde es besser, wenn mein Feind mich mit offenem Visier angreift, als wenn er verräterisch von hinten zuschlägt. Wie denn? Soll zum Verbrechen noch die Schande kommen? Ich weiß nicht. Aber ich möchte doch, daß nicht auch die Schurkerei noch hinzukäme. All jene Maximen, die man uns seit langem über die Schande herleiert, sind für die Lasterhaften eine sehr bequeme Sache: befolgte man sie streng, müßte man sich ungeahndet ausrauben, verraten, töten lassen, und niemand würde je gestraft, denn ein aufs Rad geflochtener Schurke ist eine Schande. Die Heuchelei soll eine Huldigung sein, die das Laster der Tugend entbietet? Ja, wie jener unter den Mördern Cäsars, der sich ihm zu Füßen warf, um ihn desto sicherer zu erstechen? Dieser Gedanke mag noch so brillant sein, er mag durch den berühmten Namen seines Autors autorisiert sein, richtig ist er dennoch nicht. Sagt man je von einem Spitzbuben, der die Livree eines Hauses anzieht, um sein Bubenstück um so bequemer auszuführen, er huldige dem Herrn des Hauses, den er bestiehlt? Nein, seine Schändlichkeit mit dem gefährlichen Mantel der Heuchelei zu bedecken heißt keinesfalls die Tugend ehren. Es heißt sie beleidigen, indem man ihre Zeichen schändet. Es heißt noch Feigheit und Schurkerei zu allen anderen Lastern fügen. Es heißt sich für immer jede Rückkehr zur Redlichkeit verschließen. Es gibt herausragende Charaktere, die bis ins Verbrechen hinein einen gewissen Stolz, eine gewisse Großmut in sich tragen, in denen man noch ein Fünkchen jenes himmlischen Feuers erkennen kann, das schöne Seelen bewegt. Aber die niedrige, kriecherische Seele des Heuchlers ähnelt einem Kadaver, in dem sich kein Feuer, keine Wärme, kein Lebensquell mehr findet. Ich berufe mich auf die Erfahrung. Man hat erlebt, wie große Verbrecher in sich gingen, geläutert ihren Lebensweg beendeten und starben, wie es ihnen vorherbestimmt war. Aber niemals sah man einen Heuchler einen guten Menschen werden. Nicht ohne Aussicht hätte man versuchen können, Cartouche zu bekehren, aber kein gescheiter Mann hätte sich jemals an die Bekehrung Cromwells gemacht.

Die in unseren Manieren herrschende Feinheit und Höflichkeit schrieb ich der Wiederherstellung der schönen Wissenschaften zu. Der Verfasser der Antwort macht mir das streitig, und das verwundert mich: denn da er so viel Wert auf die Höflichkeit und so viel Wert auf die Wissenschaften legt, sehe ich nicht, welchen Vorteil er davon hat, wenn er einem dieser Dinge die Ehre abspricht, das andere hervorgebracht zu haben. Doch prüfen wir seine Beweise. Sie reduzieren sich auf dies: *Man kann durchaus nicht feststellen, daß die Gelehrten höflicher sind als andere Menschen, im Gegenteil, sie sind es oft viel weniger. Unsere Höflichkeit ist also nicht das Werk der Wissenschaften.*

Ich wende zunächst ein, daß es sich hier weniger um die Wissenschaften als um die Literatur, die schönen Künste, um Werke des Geschmacks handelt. Und unsere Schöngeister, die sowenig gelehrt sein mögen, wie man will, aber so höflich, so weltgewandt, so brillant, so stutzerhaft sind, werden sich unter den mürrischen, pedantischen Zügen, mit denen der Verfasser der Antwort sie ausstatten will, nur schwerlich wiedererkennen. Doch sehen wir ihm diese Annahme nach. Gestehen wir ihm, wenn es sein muß, zu, daß die Gelehrten, die Dichter, die Schöngeister alle gleichermaßen lächerlich sind, daß die Herren der Académie des Belles-Lettres, die Herren der Académie des Sciences, die Herren der Académie française ungehobelte Leute sind, die weder den feinen Ton kennen noch wissen, was schicklich ist, und die von Standes wegen aus der guten Gesellschaft ausgeschlossen sind. Der Autor gewinnt nur wenig dabei, und er kann nicht mit größerem Recht leugnen, daß die unter uns übliche Höflichkeit und Kultur die Auswirkung des guten Geschmacks sind, der zunächst aus der Antike entlehnt wurde und sich dann unter den Völkern Europas verbreitete durch gefällige Bücher, die man hier allerorts publiziert.[1] Wie die besten Tanzmeister nicht immer die Leute sind, die sich am anmutigsten zu geben wissen, so kann man wohl sehr gute Lektionen in Höflichkeit erteilen, ohne daß man dabei selbst sehr höflich sein will oder kann. Jene gewichtigen

[1] Wenn man von so allgemeinen Themen wie Sitten und Lebensart eines Volkes spricht, dann sollte man darauf achten, seine Sicht nicht nur auf Einzelbeispiele zu beschränken. Auf diese Weise kommt man den Dingen niemals auf den Grund. Wenn ich wissen will, ob die Höflichkeit zu Recht der Pflege der Gelehrsamkeit zuzuschreiben ist, darf ich mich nicht fragen, ob der eine oder andere Gelehrte ein höflicher Mensch ist. Vielmehr müssen die Beziehungen untersucht werden, die zwischen Literatur und Lebensart bestehen können, und dann muß man sehen, bei welchen Völkern diese Dinge auf die Sitten der Nation Einfluß haben, Dinge, über die ich tagtäglich so erbärmliche Überlegungen anstellen höre. All das im kleinen und an einzelnen Individuen betrachten heißt nicht philosophieren; es heißt seine Zeit verlieren und seine Gedanken vergeuden, denn man mag Pierre oder Jacques bis ins kleinste kennen und doch nur sehr geringe Fortschritte in der Erkenntnis der Menschen gemacht haben.

Kommentatoren, von denen es heißt, sie kennten alles bei den Alten außer ihrer Anmut und ihrem Feinsinn, haben uns gleichwohl in ihren zwar verachteten, aber nützlichen Werken die Schönheiten zu empfinden gelehrt, die sie selbst nicht empfanden. Ganz so verhält es sich mit jenem angenehmen Umgang und jener Feinheit der Sitten, mit der man ihre Reinheit ersetzt. Man hat sie bei allen Völkern beobachtet, bei denen Philosophie und Literatur in Ehren standen: in Athen, in Rom, in China, überall hat die Gepflegtheit sowohl des Ausdrucks als auch der Lebensart wenn nicht die Gelehrten und die Künstler, so doch die Wissenschaften und die schönen Künste begleitet.

Darauf greift der Verfasser das Lob an, das ich der Unwissenheit zollte. Und indem er mir unterstellt, ich hätte mehr in der Art eines Redners denn eines Philosophen gesprochen, malt er seinerseits ein Bild der Unwissenheit, und man darf gewiß annehmen, daß er ihm keine schönen Farben gibt.

Ich leugne nicht, daß er recht hat, aber ich glaube auch nicht, daß ich unrecht habe. Um uns in Übereinstimmung zu bringen, ist eine sehr genaue und sehr wahrhaftige Unterscheidung vonnöten.

Es gibt eine grausame, rohe[1] Unwissenheit, die einem bösen Herzen und einem unwahrhaftigen Geist entspringt, eine verbrecherische Unwissenheit, die bis in die Pflichten der Menschlichkeit reicht, die die Laster vervielfacht, die Vernunft herabwürdigt, die Seele erniedrigt und die Menschen zu Tieren macht: diese Unwissenheit greift der Autor an, und er zeichnet ein schauderhaftes, sehr treffendes Bild von ihr. Und es gibt eine andere, vernünftige Art von Unwissenheit, welche darin besteht, seine Wißbegier auf das Ausmaß der Fähigkeiten zu beschränken, die man

[1] Es würde mich wundern, wenn nicht einer meiner Kritiker das Lob aufgriffe, das ich mehreren unwissenden und tugendhaften Völkern gespendet habe, und mir die Liste aller Räuberbanden entgegenhielte, die die Erde verpestet haben und für gewöhnlich keine sehr gebildeten Menschen waren. Ich empfehle meinen Kritikern von vornherein, sich nicht bei dieser Suche zu verzehren, es sei denn, sie hielten es für nötig, mir ihre Gelehrsamkeit vorzuführen. Hätte ich gesagt, es genüge, unwissend zu sein, um tugendhaft zu sein, so lohnte es die Mühe nicht, mir zu antworten. Und aus dem gleichen Grunde glaube ich jenen gegenüber einer Antwort enthoben zu sein, die nur ihre Zeit verlieren würden, wenn sie mir das Gegenteil vorhalten wollten.

verliehen bekommen hat. Eine bescheidene Unwissenheit, die einer lebendigen Liebe zur Tugend entspringt und nur Gleichgültigkeit gegenüber all den Dingen erweckt, die nicht würdig sind, des Menschen Herz zu erfüllen, und die nicht dazu beitragen, ihn besser zu machen. Eine sanfte, kostbare Unwissenheit, Reichtum einer reinen, mit sich zufriedenen Seele, die ihr ganzes Glück darin findet, sich in sich selbst zurückzuziehen, sich ihre Unschuld zu bezeugen, und die nicht falsches, eitles Glück in dem Urteil suchen muß, das andere über ihre Bildung fällen mögen. Dies war die Unwissenheit, die ich pries und die ich vom Himmel erbitte als Strafe für das Ärgernis, das ich den Gelehrten bereitet habe durch meine Verachtung für die menschlichen Wissenschaften.

Man vergleiche, so sagt der Autor, *jene Zeiten der Unwissenheit und Barbarei mit den glücklichen Jahrhunderten, in denen die Wissenschaften überall den Geist der Ordnung und Gerechtigkeit verbreiteten.* Diese glücklichen Jahrhunderte werden sich schwerlich finden lassen; leichter aber finden wir Zeiten, wo dank der Wissenschaften Ordnung und Gerechtigkeit nur mehr leere Worte sind, dazu gedacht, das Volk zu beeindrucken, und wo ihr äußerer Anschein sorgfältig gewahrt wird, damit man sie in Wirklichkeit ungestrafter noch zerstören kann. *Kriege sind heute weniger häufig, aber sie sind gerechter.* Wie kann, zu welcher Zeit auch immer, der Krieg für eine der Parteien gerechter sein, ohne daß er für die andere zugleich ungerechter würde? *Es gibt weniger Taten, die in Erstaunen setzen, dafür heldenmütigere.* Gewiß wird niemand meinem Gegner das Recht streitig machen, über Heldenmut zu urteilen. Meint er aber, daß, was für ihn nicht erstaunlich ist, auch uns nicht in Verwunderung setzte? *Die Siege sind nicht mehr so blutig, dafür ruhmvoller. Eroberungen gehen nicht mehr so schnell vor sich, sind jedoch gesicherter. Die Krieger sind nicht mehr so gewalttätig und werden doch mehr gefürchtet. Sie verstehen es, mit Maß zu siegen, und behandeln die Besiegten mit Menschlichkeit. Die Ehre ist ihr Führer, der Ruhm ihr Lohn.* Ich streite dem Verfasser nicht ab, daß wir große Männer in unserer Mitte haben; es wäre auch ein leichtes für ihn, dies zu beweisen. Das ändert aber nichts an der Tatsache, daß die Völker sehr verdorben sind. Im übrigen sind diese Dinge so ungenau, daß man sie fast über alle Zeiten sagen könnte; und es ist unmöglich, darauf zu antworten, weil man ganze Bibliotheken durchforschen und Folianten mit Beweisen für und wider füllen müßte.

Als Sokrates die Wissenschaften verhöhnte, konnte er, wie mir scheint, weder den Hochmut der Stoiker noch die Schlaffheit der Epikuräer, noch das absurde Kauderwelsch der Pyrrhoniker im Blick haben, denn keinen von diesen Leuten gab es schon zu seiner Zeit. Aber dieser kleine Anachronismus ist nicht unziemlich für meinen Gegner: er hatte in seinem Leben Besseres zu tun, als Daten nachzuprüfen, und er ist ebensowenig verpflichtet, seinen Diogenes Laertios auswendig zu kennen, wie ich nicht aus der Nähe gesehen haben muß, was sich in den Kämpfen abspielt.

Zugegeben also, daß Sokrates nur im Sinne hatte, die Laster der Philosophen seiner Zeit zu rügen. Aber ich weiß nicht, was ich daraus schließen soll, es sei denn, daß schon zu jenen Zeiten Laster unter den Philosophen weit verbreitet waren. Darauf entgegnet man mir, dies sei der Mißbrauch der Philosophie, und ich meine, ich habe nicht das Gegenteil gesagt. Wie! Sollen wir denn alles unterdrücken, was mißbraucht werden kann? Zweifellos ja, werde ich ohne Zögern antworten: alle unnützen Dinge, alle Dinge, deren fälschlicher Gebrauch mehr Schaden anrichtet, als ihr guter Gebrauch Nutzen bringt.

Verharren wir einen Augenblick bei dieser letzten Konsequenz und hüten wir uns, daraus zu folgern, daß man nun alle Bibliotheken verbrennen, Universitäten und Akademien zerstören muß. Damit würden wir Europa nur in die Barbarei zurückstoßen, und die Sitten hätten nichts dabei gewonnen.[1] Mit Schmerzen spreche ich jetzt eine große, schicksalhafte Wahrheit aus. Vom Wissen zur Unwissenheit ist es nur ein Schritt, und häufig wechseln die Völker vom einen zum andern. Niemals aber hat man erlebt, daß ein einmal verdorbenes Volk zur Tugend zurückfand. Vergeblich würdet ihr danach trachten, die Quellen des Bösen zu zerstören,

[1] *Die Laster blieben uns,* sagt der von mir schon einmal zitierte Philosoph, *und wir hätten die Unwissenheit dazu.* In den wenigen Zeilen, die besagter Autor über diesen großen Gegenstand schrieb, erkennen wir, daß er den Blick in diese Richtung wandte und daß er weit gesehen hat.

vergeblich würdet ihr der Eitelkeit, dem Müßiggang und dem Luxus den Nährboden entziehen, ja vergeblich sogar die Menschen zu jener ursprünglichen Gleichheit zurückführen, die Bewahrerin der Unschuld und Quelle aller Tugend ist: die einmal verdorbenen Herzen der Menschen werden immer verdorben sein, dagegen ist kein Kraut gewachsen, es sei denn eine große Revolution, welche aber fast ebenso zu fürchten ist wie das Übel, das sie heilen könnte, und so ist es verwerflich, sie herbeizuwünschen, und unmöglich, sie vorauszusehen.

Lassen wir also die Wissenschaften und die Künste die Grausamkeit der Menschen, die sie verdorben haben, gewissermaßen mildern. Trachten wir danach, sie weise abzulenken, versuchen wir, ihre Leidenschaften zu täuschen. Werfen wir diesen Tigern ein paar Fleischbrocken hin, damit sie nicht unsere Kinder verschlingen. Die Intelligenz des Bösewichts ist weniger zu fürchten als seine rohe Dummheit; sie macht ihn, durch die Kenntnis dessen, was ihn selbst erwartet, zumindest bedächtiger gegenüber dem Bösen, das er anrichten könnte.

Ich habe die Akademie und ihre illustren Gründer gepriesen, und ich werde ihr Lob gern wiederholen. Wenn das Übel unheilbar ist, setzt der Arzt Linderungsmittel ein und verordnet sie weniger nach den Bedürfnissen als nach dem Temperament des Kranken. Weise Gesetzgeber sollten seine Klugheit nachahmen, und da sie kranken Völkern nicht mehr die trefflichste Ordnung geben können, sollten sie ihnen, wie Solon, die beste geben, die sie vertragen.

Es gibt in Europa einen großen Fürsten und, weit mehr noch, einen tugendhaften Bürger, der in dem Lande, das er angenommen hat und das er glücklich macht, zum Besten der Gelehrsamkeit mehrere Institutionen gegründet hat. Damit hat er etwas getan, was seiner Weisheit und Tugend überaus würdig war. Bei politischen Einrichtungen entscheiden Zeit und Ort alles. Es liegt in ihrem eigenen Interesse, wenn die Fürsten stets die Wissenschaften und Künste fördern; ich habe den Grund genannt. Und beim gegenwärtigen Stand der Dinge müssen sie sie sogar im Interesse ihrer Völker fördern. Wenn heute irgendein Monarch so beschränkt wäre, anders darüber zu denken und zu handeln, dann blieben seine Untertanen arm und unwissend und wären darum nicht weniger lasterhaft. Mein Gegner hat es versäumt, aus einem für seine Sache so treffenden und so günstig scheinenden Beispiel Vorteil zu ziehen. Vielleicht ist er der einzige, der es nicht kennt oder nicht daran gedacht hat. So möge er denn dulden, daß man es ihm in Erinnerung bringe. Möge er großen Dingen das Lob nicht verweigern, das sie verdienen. Möge er sie ebenso bewundern wie wir und seine Angriffe gegen die Wahrheit mäßigen.

BRIEF
VON JEAN-JACQUES ROUSSEAU AUS GENF
AN HERRN GRIMM
ÜBER DIE WIDERLEGUNG SEINER ABHANDLUNG
DURCH HERRN GAUTIER, PROFESSOR
FÜR MATHEMATIK UND GESCHICHTE
UND MITGLIED DER ACADÉMIE ROYALE
DES BELLES-LETTRES ZU NANCY

Ich schicke Ihnen, mein Herr, den *Mercure* vom Oktober zurück, den Sie mir gütigerweise geliehen hatten. Ich habe darin mit viel Vergnügen die Widerlegung meiner Abhandlung gelesen, die zu schreiben Herr Gautier sich die Mühe machte. Aber ich glaube mich nicht verpflichtet, wie Sie der Meinung sind, darauf zu antworten. Hier nun meine Einwände.

1. Ich kann mir nicht die Überzeugung zu eigen machen, daß ich, um recht zu behalten, unbedingt das letzte Wort haben muß.

2. Je öfter ich die Widerlegung lese, desto mehr bin ich davon überzeugt, daß ich Herrn Gautier keine andere Erwiderung schulde als die Abhandlung selbst, auf die er geantwortet hat. Lesen Sie, ich bitte Sie, in dem einen und in dem anderen Text die Passagen über den Luxus, den Krieg, die Akademien, die Erziehung. Lesen Sie die Rede Ludwigs des Großen und die des Fabricius. Lesen Sie schließlich die Schlußfolgerungen von Herrn Gautier und meine eigene, und Sie werden verstehen, was ich sagen will.

3. Ich denke in allem so verschieden von Herrn Gautier, daß, sollte ich alle Stellen herausheben, wo wir nicht gleicher Meinung sind, ich gezwungen wäre, ihn selbst in den Dingen zu bekämpfen, die ich genauso gesagt hätte wie er; dann aber sähe es so aus, als stritte ich um des Streitens willen, was ich gern vermeiden möchte. Wenn er zum Beispiel von der Höflichkeit spricht, gibt er ganz klar zu verstehen, daß man, um ein rechtschaffener Mensch zu werden, zunächst ein Heuchler werden müsse und daß die Falschheit ein sicherer Weg zur Tugend sei. Weiter sagt

er, daß mit Höflichkeit verbrämte Laster nicht ansteckend seien, was sie hingegen wären, wenn sie sich unverhüllt zeigten; daß die Kunst, die Menschen zu durchschauen, die gleichen Fortschritte gemacht habe wie die Kunst, sich zu verstellen; daß man überzeugt sei, auf keinen Menschen zählen zu dürfen, es sei denn, man gefällt ihm oder kann ihm nützlich sein; daß man schließlich sehr wohl wisse, wie man die trügerischen Erweisungen der Höflichkeit zu bewerten hat. Das heißt zweifellos, wenn sich zwei Menschen Artigkeiten sagen und der eine im Grunde seines Herzens denkt: *Ich halte Euch für einen Dummkopf und mache mich über Euch lustig*, dann denkt der andere bei sich: *Ich weiß, daß Ihr unverschämt lügt, aber ich gebe es Euch zurück.* Hätte ich mich in bitterster Ironie ausdrücken wollen, so hätte ich fast das gleiche sagen können.

4. Man sieht auf jeder Seite der Widerlegung, daß der Autor das Werk, das er widerlegen will, entweder nicht versteht oder nicht verstehen will, was für ihn sicher sehr bequem ist, denn da er ständig auf seine eigenen Gedanken antwortet und niemals auf meine, hat er die herrlichste Gelegenheit der Welt, alles zu sagen, was ihm gefällt. Das macht meine Erwiderung einerseits schwieriger, aber zugleich auch unnötiger, denn man hat nie gehört, daß ein Maler, der in der Öffentlichkeit ein Bild ausstellt, verpflichtet wäre, die Augen seiner Betrachter zu untersuchen und allen denen eine Brille zur Verfügung zu stellen, die eine solche brauchen.

Es ist übrigens nicht ganz sicher, daß ich mich, auch wenn ich eine Erwiderung schriebe, verständlich machen könnte. Ich weiß zum Beispiel, würde ich zu Herrn Gautier sagen, daß unsere Soldaten keine Reaumurs und keine Fontenelles sind, und das ist schlimm für sie, schlimm für uns und vor allem für die Feinde. Ich weiß, daß sie nichts wissen, daß sie roh und grobschlächtig sind, und dennoch habe ich gesagt und sage es noch einmal, daß die Wissenschaften, die sie verachten, und die schönen Künste, von denen sie nichts wissen, sie verweichlicht haben. Es ist eine der großen Mißlichkeiten einer Kultur der Gelehrsamkeit, daß sie wohl wenige Menschen aufklärt, dafür jedoch eine ganze Nation fruchtlos verdirbt. Sie sehen, mein Herr, das wäre nur ein weiteres unerklärliches Paradoxon für Herrn Gautier – für diesen Herrn Gautier, der mich hochnäsig fragt, was denn die Truppen mit den Akademien zu tun haben; ob die Soldaten mutiger seien, wenn sie schlecht gekleidet und schlecht ernährt würden; was ich mit der Behauptung sagen wolle, daß, wenn man nur immer die Talente würdige, man die Tugenden vernachlässige, und noch weitere Fragen der Art, die alle zeigen, daß es unmöglich ist, sie im Sinne desjenigen, der sie stellt, verständlich zu beantworten. Ich glaube, Sie werden mit mir übereinstimmen, daß es die Mühe nicht lohnt, mich ein zweites Mal zu erklären, um doch nicht besser verstanden zu werden als beim ersten.

5. Wollte ich auf den ersten Teil der Widerlegung antworten, käme ich nie zu einem Ende. Herr Gautier hält es für angebracht, mir die Autoren vorzuschreiben, die ich zitieren kann, und jene, die ich verwerfen soll. Seine Wahl ist ganz natürlich. Er erklärt jene für inkompetent, die sich für mich erklären, und will, daß ich auf solche zurückgreife, die er für meine Gegner hält. Vergeblich würde ich ihm begreiflich machen, daß ein einziges Zeugnis zu meinen Gunsten entscheidend ist, wohingegen hundert Zeugnisse nichts gegen meine Ansicht beweisen, weil die Zeugen Partei in dem Prozeß sind. Vergeblich würde ich ihn bitten, Unterschiede zu machen bei den Beispielen, die er anführt. Vergeblich würde ich ihm vorstellen, daß ein Barbar oder ein Verbrecher zu sein zwei ganz verschiedene Dinge sind und daß die wirklich verdorbenen Völker nicht so sehr jene sind, die schlechte Gesetze haben, als jene, die Gesetze verachten. Seine Antwort ist leicht vorhersehbar: Wie soll man anstößigen Schriftstellern Vertrauen schenken, die Barbaren zu loben wagen, welche weder lesen noch schreiben können! Wie soll man jemals Schamhaftigkeit bei Leuten annehmen, die nackt herumlaufen, und Tugend bei denen, die rohes Fleisch essen? Also muß man streiten. Damit sind wir bei Herodot, Strabon, Pomponius Mela gegen Xenophon, Justinus, Quintus Curtius, Tacitus. Damit sind wir bei den kritischen Untersuchungen, den Altertumsforschungen, bei der Gelehrsamkeit. Aus Schriften werden Bände, die Bücher mehren sich, und die Frage gerät in Vergessenheit. Das ist das Schicksal aller gelehrten Dispute: Folianten füllen sich mit Erläuterungen, und am Ende weiß man nie mehr, woran man ist. Es lohnt sich nicht, überhaupt anzufangen.

Mit der Antwort auf den zweiten Teil wäre ich schnell fertig, aber ich würde niemanden etwas lehren. Um mich zu widerlegen, begnügt sich Herr Gautier damit, überall dort ja zu sagen, wo ich nein sagte, und nein überall dort, wo ich ja sagte. Ich brauchte folglich nichts anderes zu tun, als überall dort, wo ich nein sagte, noch einmal nein zu sagen, und noch einmal ja, wo ich ja sagte, und die Beweise weglassen, und ich hätte sehr genau geantwortet. Wenn ich Herrn Gautiers Methode folge, kann ich also auf beide Teile seiner Widerlegungen nicht antworten, ohne zuviel oder zuwenig zu sagen: weder das eine noch das andere aber möchte ich gerne tun.

6. Ich könnte eine andere Methode anwenden und getrennt voneinander die Beweisführungen Herrn Gautiers und den Stil der Widerlegung untersuchen.

Wenn ich seine Beweisführungen prüfte, könnte ich sehr leicht nachweisen, daß sie alle fehlgehen, daß der Autor das Wesen der Frage nicht begriffen und daß er mich nicht verstanden hat.

Zum Beispiel macht sich Herr Gautier die Mühe, mir zu sagen, daß es lasterhafte Völker gibt, die ungebildet sind. Ich hatte durchaus schon vermutet, daß die Kalmücken, die Beduinen, die Kaffern keine Wunder an Tugend oder Gelehrsamkeit sind. Und wenn Herr Gautier sich die gleiche Mühe gegeben hätte, mir ein gebildetes Volk zu zeigen, das nicht lasterhaft wäre, so hätte er mich noch weit mehr überrascht. Überall unterstellt er mir, ich hätte gesagt, die Wissenschaft sei die einzige Quelle der Verderbnis bei den Menschen. Wenn er das ernsthaft geglaubt hat, dann bewundere ich die Geduld, mit der er mir antwortet.

Er meint, daß der Umgang mit der Gesellschaft ausreiche für den Erwerb jener Höflichkeit, auf die ein ritterlicher Mann etwas hält, und er schließt daraus, daß es unbegründet sei, diese Ehre den Wissenschaften zuzuschreiben. Wem also dürfen wir sie sonst zuschreiben? Seit die Menschen in Gesellschaften zusammenleben, gibt es höfliche Völker und andere, die es nicht waren. Herr Gautier hat es versäumt, uns diesen Unterschied zu begründen.

Herr Gautier ist voller Bewunderung für die Reinheit unserer heutigen Sitten. Diese gute Meinung gereicht ganz sicher seinen eigenen Sitten zur Ehre, zeugt aber nicht von großer Erfahrung.

Nach dem Ton zu urteilen, in dem er spricht, könnte man meinen, daß er die Menschen studiert hat wie die Peripatetiker die Physik, nämlich ohne sein Arbeitszimmer zu verlassen. Ich aber habe meine Bücher zugeschlagen, habe den Menschen zugehört, wie sie sprachen, und sie dann beim Handeln beobachtet. Bei so verschiedenen Methoden ist es kein Wunder, daß wir in unseren Urteilen so wenig übereinstimmen. Ich sehe, daß man keine sittsamere Sprache sprechen kann als die unseres Jahrhunderts; und das beeindruckt Herrn Gautier. Aber ich sehe außerdem, daß die Sitten nicht verdorbener sein könnten, und das erregt meinen Unwillen. Glauben wir denn, daß wir anständige Leute geworden sind, nur weil wir mittlerweile unsere Laster mit schicklichen Namen bezeichnen und so gelernt haben, nicht mehr über sie zu erröten?

Weiter sagt er, selbst wenn man mit Tatsachen belegen könne, daß die Auflösung der Sitten stets mit den Wissenschaften verbunden war, würde dennoch nicht daraus folgen, daß das Schicksal der Redlichkeit vom Fortschreiten der Wissenschaft abhänge. Ich habe den ersten Teil meiner Abhandlung darauf verwandt, zu beweisen, daß beide Dinge immer gemeinsam verliefen; und den zweiten Teil habe ich für den Nachweis bestimmt, daß tatsächlich eines vom andern abhängt. Gegen wen also eifert hier Herr Gautier?

Er scheint mir vor allem über die Art und Weise aufgebracht, in der ich über die Erziehung an den Schulen gesprochen habe. Er erklärt mir, daß man die jungen Leute dort wer weiß wie viele schöne Dinge lehrt, mit denen sie sich herrlich amüsieren können, wenn sie dereinst erwachsen sind. Ich aber gestehe, daß ich darin keinen Bezug zu den Pflichten eines Bürgers sehe, in denen sie doch zuerst unterrichtet werden müßten. »Wir fragen gewöhnlich: kann er Griechisch und Latein? Schreibt er Verse oder Prosa? Ob er aber besser oder verständiger geworden ist, und das war die Hauptsache, bleibt hintangestellt. Ruft unserem Volk über einen Vorübergehenden zu: *O der gelehrte Mann!* und über einen anderen: *O der brave Mann!* Man brauchte Augen und Achtung nicht vom ersten abzuwenden. Man brauchte einen dritten Rufer: *O diese Schwachköpfe!*«

Ich habe gesagt, daß die Natur uns vor der Wissenschaft bewahren wollte, so wie eine Mutter ihrem Kinde eine gefährliche Waffe entreißt, und daß die Mühe, mit der wir uns Bildung erwerben, nicht die geringste ihrer Wohltaten ist. Herr Gautier möchte so gern, ich hätte gesagt: Völker, so wisset doch endlich, daß die Natur nicht will, daß ihr euch von den Früchten des Bodens ernährt; die Mühe, die die Natur mit seiner Bestellung verbunden hat, soll euch ein Zeichen sein, daß ihr ihn brachliegen laßt. Herr Gautier hat außer acht gelassen, daß man mit ein wenig Arbeit mit Sicherheit Brot backen kann, daß es aber selbst mit vielen Studien sehr zweifelhaft bleibt, ob es einem gelingt, einen vernünftigen Menschen heranzubilden. Er hat auch übersehen, daß dies just eine weitere Beobachtung zu meinen Gunsten ist. Denn warum sollte uns die Natur notwendige Arbeiten auferlegt haben, wenn nicht, um uns von müßiggängerischen Beschäftigungen abzuhalten? Doch an der Verachtung, die er für die Landwirtschaft zeigt, sehen wir, daß, wenn es nach ihm ginge, alle Bauern bald das Land verlassen würden, um in den Schulen zu disputieren, was nach Ansicht des Herrn Gautier und, wie ich glaube, vieler Professoren für das Glück des Staates von großer Bedeutung wäre.

Da, wo ich über eine Stelle bei Platon nachdenke, komme ich zu der Annahme, daß die alten Ägypter von den Wissenschaften vielleicht gar keine so hohe Meinung gehegt haben, wie man denken könnte. Der Verfasser der Widerlegung fragt mich nun, wie man diese Ansicht mit der Inschrift in Übereinstimmung bringt, die Osymandias über seiner Bibliothek anbrachte. Das mag zu Lebzeiten dieses Fürsten ein berechtigter Einwand gewesen sein. Heute, da er tot ist, frage ich meinerseits: Worin liegt die Notwendigkeit, die Meinung des Königs Osymandias mit der der ägyptischen Weisen in Übereinstimmung zu bringen? Hätte er die Stimmen gezählt und vor allem wohl erwogen, wer bürgt mir dafür, daß das Wort *Arznei* nicht durch das Wort *Gift* ersetzt worden wäre? Doch lassen wir diese hochtrabende Inschrift. Diese Arzneien sind vortrefflich, das gebe ich zu, und ich habe es schon viele Male wiederholt. Aber ist das ein Grund, sie unbedacht und ohne Rücksicht auf das Temperament des Kranken zu verordnen? Manche Nahrungsmittel sind an sich gut, rufen in einem kranken Magen aber nur Übelkeit und Verdauungsstörungen hervor. Was würde man von einem Arzt sagen, der den Nährwert kräftigen Fleisches priese und daraus folgerte, daß alle Kranken es essen müssen?

Ich habe gezeigt, daß Wissenschaften und Künste den Mut schwächen. Herr Gautier nennt dies eine sonderbare Art zu denken, und er sieht keinen Zusammenhang zwischen Mut und Tugend. Dabei ist das, wie mir scheint, gar nicht so schwer zu verstehen. Wer sich einmal daran gewöhnt hat, sein Leben seiner Pflicht vorzuziehen, wird ihr bald auch die Dinge vorziehen, die das Leben leicht und angenehm machen.

Ich habe gesagt, die Wissenschaft ist gut für einige große Geister, aber allzeit von Schaden für die Völker, die sie betreiben. Herr Gautier sagt, Sokrates und Cato, die die Wissenschaften tadelten, seien gleichwohl selbst sehr gebildete Männer gewesen. Und das nennt er nun, mich widerlegt zu haben.

Ich habe gesagt, Sokrates sei der gelehrteste Athener gewesen, und dadurch gewinnt sein Zeugnis für mich Autorität. Das hindert Herrn Gautier durchaus nicht daran, mir zu erklären, Sokrates sei ein gelehrter Mann gewesen.

Er tadelt mich, daß ich vorbrachte, Cato habe die griechischen Philosophen verachtet, und er beruft sich dabei auf Karneades, der sich ein Vergnügen daraus machte, ein und dieselben Sätze aufzustellen und zu widerlegen, was Cato gegen die Philosophie der Griechen aufbrachte. Herr Gautier sollte uns vielleicht auch sagen, in welchem Land dieser Karneades lebte und welches sein Gewerbe war.

Ohne Zweifel ist Karneades der einzige Philosoph oder der einzige Gelehrte, der sich rühmte, das Für und das Wider einer Sache zu vertreten; sonst würde alles, was Herr Gautier hier sagt, rein gar nichts bedeuten. In diesem Punkt berufe ich mich auf seine Gelehrsamkeit.

Die Widerlegung enthält zwar keine Fülle an guten Argumenten, ist dafür aber reich an schönen Tiraden. Die Solidität der Beweise, die er zu Beginn versprach, ersetzt der Autor überall durch kunstvolle Rede. Und just durch reichlichen oratorischen Pomp in einer Widerlegung wirft er mir vor, das nämliche in einer akademischen Abhandlung getan zu haben.

Worauf zielen denn, sagt Herr Gautier, *die eloquenten Dekla-*

mationen des Herrn Rousseau? Darauf, die eitlen Deklamationen an den Schulen nach Möglichkeit abzuschaffen. *Wer wäre nicht empört, wenn wir ihn behaupten hören, daß wir wohl den Anschein aller Tugenden haben, keine aber wirklich?* Ich gestehe, es ist ein wenig geschmeichelt, zu sagen, daß wir dem Anschein nach tugendhaft seien; Herr Gautier aber hätte mir dies mehr als jeder andere verzeihen sollen. *Und warum haben wir denn keine Tugend mehr? Weil wir die schöne Literatur, die Wissenschaften und die Künste pflegen.* Genau deswegen. *Man brauchte nur unhöflich, bäurisch, unwissend, Gote, Hunne oder Vandale zu sein, und man wäre des Lobes von Herrn Rousseau gewiß.* Warum nicht? Schließt irgendeiner unter diesen Namen die Tugend aus? *Kann man nicht endlich aufhören, die Menschen zu beschimpfen?* Können sie nicht endlich aufhören, böse zu sein? *Glaubt man immer noch, sie dadurch tugendhafter zu machen, daß man ihnen sagt, sie hätten keine Tugend?* Glaubt man, sie zu bessern, indem man ihnen einredet, sie seien schon recht gut? *Darf man den Sitten ihren Halt entziehen unter dem Vorwand, sie zu läutern?* Muß man, unter dem Vorwand, den Geist aufzuklären, die Seele verderben? *O süße Bande der Gesellschaft! Liebenswerte Tugenden, die ihr der Reiz der wahren Philosophen seid, durch eure eigene Anziehung regiert ihr die Herzen. Ihr verdankt eure Macht weder stoischer Härte noch barbarischem Geschrei, noch den Ratschlägen bäurischen Hochmuts.*

Ich bemerke zunächst etwas sehr Amüsantes. Von allen Lehren der alten Philosophen, die ich als der Tugend unnütz angegriffen habe, überläßt mir Herr Gautier einzig die Stoiker, ja es scheint, daß er sie mir gar zur Seite stellt. Er hat recht, und ich bin sehr stolz darauf.

Doch sehen wir einmal, ob ich den Sinn jenes Ausrufs in eigenen Worten genau wiedergeben kann: *O liebenswerte Tugenden, durch eure eigene Anziehung regiert ihr die Seelen. Ihr braucht den ganzen Aufwand an Unwissenheit und Schlichtheit nicht. Ihr wißt den Weg zum Herzen auf viel einfachere und natürlichere Weise zu finden. Es genügt, die Rhetorik, Logik, Physik, Metaphysik und Mathematik zu kennen, wenn man das Recht erwerben will, euch zu besitzen.*

Ein weiteres Beispiel für den Stil des Herrn Gautier:

Wie Sie wissen, sind Logik, Metaphysik, Moral, Physik und elementare Mathematik die Wissenschaften, die man junge Philosophen an den Universitäten lehrt. Sollte ich es gewußt haben, so habe ich es vergessen, wie wir alle, wenn wir vernünftig werden. *Und das sind nach Ihrer Meinung unfruchtbare Spekulationen!* Unfruchtbar nach allgemeiner Meinung, doch meiner Ansicht nach sehr fruchtbar an schlechten Dingen. *Die Universitäten schulden Ihnen großen Dank, sie darüber belehrt zu haben, daß sich die Wahrheit dieser Wissenschaften in einen tiefen Brunnen zurückgezogen hat.* Das glaube ich niemanden gelehrt zu haben. Diese Sentenz habe ich nicht erfunden, sie ist ebenso alt wie die Philosophie. Im übrigen weiß ich, daß die Universitäten mir keinerlei Dank schulden; und mir war sehr wohl bewußt, als ich zur Feder griff, daß ich nicht gleichzeitig den Menschen den Hof machen und der Wahrheit huldigen könnte. *Die großen Philosophen, die sie in so hohem Maße beherrschen, sind bestimmt sehr überrascht, wenn sie hören, daß sie nichts wissen.* Ich glaube, jene großen Philosophen, die alle diese erhabenen Wissenschaften in hohem Maße beherrschen, werden in der Tat sehr überrascht sein, wenn sie hören, daß sie nichts wissen. Aber ich selbst wäre noch weit mehr überrascht, wenn diese Menschen, die so viel wissen, gerade das jemals wüßten.

Ich stelle fest, daß Herr Gautier, der mich allenthalben mit größter Höflichkeit behandelt, keine Gelegenheit ausläßt, mir Feinde zu verschaffen. In dieser Hinsicht reichen seine Bemühungen von den Lehrern der hohen Schulen bis zur souveränen Macht. Herr Gautier tut gut daran, die feine Lebensart zu rechtfertigen; sie ist ihm nicht fremd, wie man sieht. Aber kommen wir zur Widerlegung zurück.

Diese ganze Art, zu schreiben und zu denken, die gar nicht paßt zu einem Mann von so viel Geist, wie Herr Gautier zu haben scheint, hat mich zu einer Mutmaßung veranlaßt, die Sie vielleicht für gewagt halten, ich aber für vernünftig. Er beschuldigt mich, ganz sicher ohne es im mindesten zu glauben, daß ich von der Meinung, die ich verfechte, gar nicht überzeugt sei. Ich nun verdächtige ihn, und mit mehr Grund, insgeheim meiner Meinung zu sein. Die Stellungen, die er bekleidet, die Umstände, unter denen er sich befindet, werden ihn wohl genötigt haben,

Partei gegen mich zu ergreifen. Die Regeln des Anstands in unserem Jahrhundert sind für viele Dinge gut. Er wird mich also, weil es der Anstand verlangte, widerlegt haben. Doch wird er in jeder Beziehung so vorsichtig gewesen sein und alle nur mögliche Kunst darauf verwandt haben, um es auf eine Weise zu tun, daß er niemanden überzeugte.

Unter diesem Blickwinkel beginnt er mit der sehr unglücklichen Erklärung, daß die Sache, die er verteidige, das Wohl der Versammlung angehe, vor der er spreche, und den Ruhm des großen Fürsten, unter dessen Gesetzen zu leben er das Glück habe. Genau als sagte er: Meine Herren, Sie können, wenn Sie Ihrem ehrenwerten Gönner nicht undankbar sein wollen, nicht umhin, mir recht zu geben, und außerdem handele ich heute vor Ihnen in Ihrer eigenen Sache. Aus welcher Sicht auch immer Sie folglich meine Beweise ansehen, kann ich mit Recht erwarten, daß Sie sich, was deren Solidität betrifft, nicht allzu heikel zeigen werden. Ich meine, ein Mensch, der so spricht, ist mehr darauf bedacht, den Leuten den Mund zu verschließen, als sie zu überzeugen.

Wenn Sie die Widerlegung aufmerksam lesen, werden Sie fast keine Zeile finden, die nicht schon einer Antwort zu harren oder sie anzudeuten scheint. Ein einziges Beispiel mag genügen, mich verständlich zu machen.

Die Siege, die die Athener über die Perser und gar über die Lakedaimonier errangen, machen deutlich, daß sich Künste und militärische Tugenden miteinander vereinen lassen. Ich frage mich, ob das nicht ein geschickter Schachzug ist, um in Erinnerung zu rufen, was ich über Xerxes' Niederlage gesagt habe, und mich an den Ausgang des Peloponnesischen Krieges zu gemahnen. *Ihre Regierung, die unter Perikles käuflich geworden war, bekommt ein neues Gesicht; die Liebe zum Vergnügen erstickt den Wagemut, die ehrenvollsten Ämter werden entwürdigt, die Straffreiheit vermehrt die Zahl der schlechten Bürger, die für den Krieg bestimmten Mittel werden ausgegeben, um Verweichlichung und Müßiggang zu nähren. Was haben alle diese Ursachen von Verderbnis mit den Wissenschaften zu tun?*

Was macht Herr Gautier hier anderes, als den ganzen zweiten Teil meiner Abhandlung ins Gedächtnis zu rufen, in dem ich gerade diese Beziehung dargestellt habe! Beachten Sie, mit welchem Geschick er uns die Wirkungen der Verderbnis als Ursachen angibt, um jeden vernünftigen Menschen zu bewegen, von selbst zur ursprünglichen Ursache dieser vermeintlichen Ursachen zurückzugehen. Beachten Sie außerdem, wie er, um den Leser selbst auf diesen Gedanken zu bringen, vorgibt, nicht zu wissen, was er unmöglich nicht wissen kann und was alle Historiker ohne Ausnahme sagen, daß nämlich der Verfall der Sitten und der Niedergang der Regierung Athens das Werk der Oratoren waren. Mich auf diese Weise angreifen heißt also ganz klar, mir die Antworten in den Mund legen, die ich geben soll.

Dies ist jedoch nur eine Vermutung, für die ich nicht bürgen will. Herr Gautier wäre vielleicht nicht damit einverstanden, daß ich sein Wissen auf Kosten seiner Aufrichtigkeit verteidigen wollte. Doch wenn er bei der Widerlegung meiner Abhandlung tatsächlich aufrichtig gesprochen hat, hat Herr Gautier, Professor für Geschichte, Professor für Mathematik, Mitglied der Akademie zu Nancy, dann nicht ein bißchen all der Titel gespottet, die er trägt?

Ich werde also Herrn Gautier nicht antworten, das steht fest. Ich könnte niemals eine ernste Antwort geben und Punkt für Punkt seiner Widerlegung folgen, Sie sehen selbst warum. Und sich der Ironie und des bitteren Spotts zu bedienen hieße, die Elogen schlecht zu erkennen, mit denen mich Herr Gautier beehrt. Ich befürchte ohnedies, daß er sich über den Ton dieses Briefes sehr beklagen wird. Zumindest aber wußte er, als er seine Widerlegung schrieb, daß er einen Mann angriff, der die Höflichkeit nicht genug schätzt, um von ihr zu lernen, wie man seine Meinung versteckt.

Schließlich bin ich bereit, Herrn Gautier alle Gerechtigkeit widerfahren zu lassen. Sein Werk scheint mir das eines Mannes von Geist zu sein, der viele Kenntnisse besitzt. Manch einer mag Philosophie darin finden. Ich finde darin viel Gelehrsamkeit.

Ich bin, mein Herr, von ganzem Herzen usw.

P.S. In der *Utrechter Zeitung* vom 22. Oktober finde ich soeben eine pompöse Darstellung des Werkes von Herrn Gautier, und diese Darstellung scheint eigens darauf angelegt, meinen Verdacht zu erhärten. Ein Autor, der in sein Werk Vertrauen setzt, überläßt anderen die Mühe, es zu preisen, und beschränkt sich darauf, einen guten Auszug zu machen. Und dieser hier aus der Widerlegung ist so geschickt zusammengestellt, daß, obwohl er nur auf Bagatellen eingeht, die ich lediglich als Überleitungen benutzt habe, nicht ein Gedanke darin enthalten ist, bei dem ein kluger Leser der gleichen Meinung sein könnte wie Herr Gautier.

Seiner Ansicht nach ist es nicht wahr, daß die Geschichte gerade an den Lastern der Menschen ihr größtes Interesse hat.

Ich könnte auf eine Beweisführung verzichten. Um Herrn Gautier auf seinem Felde zu schlagen, werde ich ihm Autoritäten zitieren.

Glücklich die Völker, von deren Königen in der Geschichte nur wenig die Rede ging.

Wenn die Menschen jemals weise werden sollten, wird ihre Geschichte kaum mehr unterhaltsam sein.

Mit Recht sagt Herr Gautier, daß eine Gesellschaft, bestünde sie selbst nur aus gerechten Menschen, nicht ohne Gesetze bestehen kann. Und daraus schließt er, es sei nicht wahr, daß die Rechtsprechung ohne die Ungerechtigkeiten der Menschen unnütz wäre. Sollte ein so gelehrter Autor Jurisprudenz und Gesetze verwechseln?

Ich könnte auch hier auf Beweisführung verzichten. Und um Herrn Gautier auf seinem Felde zu schlagen, werde ich ihm Fakten zitieren.

Die Lakedaimonier hatten weder Rechtsgelehrte noch Advokaten. Ihre Gesetze waren nicht einmal geschrieben: dennoch hatten sie Gesetze. Ich berufe mich auf die Gelehrsamkeit von Herrn Gautier und frage ihn, ob die Gesetze in Lakedaimonien schlechter befolgt wurden als in Ländern, in denen es von Juristen wimmelt.

Ich werde mich nicht bei allen Kleinigkeiten aufhalten, an denen sich Herr Gautier festhält und die er in der Zeitung ausbreitet. Aber ich will mit dieser einen Bemerkung schließen, die ich Ihrer Prüfung vorlege.

Geben wir Herrn Gautier in allem recht, nehmen wir aus meiner Abhandlung alles heraus, was er angreift, und meine Beweise werden fast nichts von ihrer Kraft verloren haben. Streichen wir aus der Schrift des Herrn Gautier alles, was die Frage in ihrem Kern nicht berührt; es wird nichts von ihr übrigbleiben.

Ich schließe daraus nach wie vor, daß man Herrn Gautier nicht antworten muß.

Paris, an diesem ersten November 1751

LETZTE ANTWORT
DES GENFERS JEAN-JACQUES ROUSSEAU

Ne, dum tacemus, non verecundiae
sed differentiae causa tacere videamur.
Cyprian. contra Demet.

Mit größter Abneigung unterhalte ich müßige Leser, die sich sehr wenig um die Wahrheit scheren, mit meinen Disputen. Aber die Art, in der man die Wahrheit angegriffen hat, zwingt mich, nochmals ihre Verteidigung zu ergreifen, damit mein Schweigen nicht von der Menge als Eingeständnis noch von den Philosophen als Verachtung ausgelegt wird.

Ich muß mich wiederholen, das weiß ich wohl, und das Publikum wird es mir nicht verzeihen. Doch die Klugen werden sagen: Dieser Mann braucht nicht ständig nach neuen Argumenten zu suchen, was die Stichhaltigkeit der seinen beweist.[1]

Weil meine Angreifer es nie versäumen, vom Gegenstand abzukommen und die wesentlichen Unterscheidungen zu übergehen, die ich getroffen habe, muß man sie stets wieder darauf zu-

[1] Es gibt unabweisliche Wahrheiten, die auf den ersten Blick als Absurditäten erscheinen und den meisten Menschen immer als solche gelten werden. Man sage einem einfachen Mann, daß uns die Sonne im Winter näher ist als im Sommer, daß sie schon untergegangen ist, während wir sie noch sehen – und er wird einen auslachen. Ebenso steht es mit der Ansicht, die ich vertrete. Die am wenigsten nachdenklichen Menschen waren immer am schnellsten bereit, gegen mich Partei zu ergreifen. Die echten Philosophen urteilen weniger überstürzt, und wenn mir die Ehre zuteil wurde, einige Anhänger gewonnen zu haben, dann unter diesen. Bevor ich mich zu meinem Gegenstand äußerte, habe ich lange und gründlich über ihn nachgedacht und versucht, ihn von allen seinen Seiten zu betrachten. Ich bezweifle, daß irgendeiner meiner Gegner von sich dasselbe sagen kann. Zumindest entdecke ich in ihren Schriften nicht jene lichten Wahrheiten, die durch ihre Evidenz nicht weniger beeindrucken als durch ihre Neuheit und die stets das Ergebnis und der Beweis hinreichenden Nachdenkens sind. Ich wage zu behaupten, daß man nie einen vernünftigen Einwand gegen mich erhoben hat, den ich nicht vorhergesehen und auf den ich nicht im voraus geantwortet hätte. Deshalb also bin ich gezwungen, immer dasselbe zu wiederholen.

rückführen. Hier also eine Zusammenfassung der Ansichten, die ich vertreten habe und vertreten werde, solange ich kein anderes Anliegen verfolge als die Wahrheit.

Die Wissenschaften sind das Meisterwerk des Geistes und der Vernunft. Die Nachahmungsgabe hat die schönen Künste hervorgebracht, die Übung hat sie vervollkommnet. Den mechanischen Künsten verdanken wir eine Vielzahl nützlicher Erfindungen, die zum Reiz und zu den Annehmlichkeiten des Lebens beigetragen haben. Das sind Wahrheiten, denen ich gewiß von Herzen gern zustimme. Doch betrachten wir nun all diese Kenntnisse und Fähigkeiten im Zusammenhang mit den Sitten.[1]

Wenn sich Wesen von himmlischem Geist der Wissenschaften annähmen, ginge daraus nur Gutes hervor; dasselbe behaupte ich von den großen Männern, die dazu bestimmt sind, die anderen zu führen. Der weise und tugendhafte Sokrates gereichte der Menschheit zur Ehre; jedoch die Fehler der gewöhnlichen Menschen verderben die erhabensten Kenntnisse und machen sie zu einem Verhängnis für die Völker. Die Bösen entwickeln daraus viele schädliche Dinge, und den Guten sind sie kaum von Vorteil. Wäre in Athen niemand außer Sokrates aufs Philosophieren verfallen, hätte nicht das Blut eines Gerechten nach Sühne am Vaterland der Wissenschaften und Künste geschrien.[2]

[1] *Die Kenntnisse machen die Menschen mild,* sagt jener berühmte Philosoph, dessen immer tiefsinniges und mitunter erhabenes Werk ganz von Menschenliebe durchdrungen ist. Nie hat man Stichhaltigeres zugunsten der Bildung vorgebracht, als er mit diesen wenigen Worten und, was selten ist, ohne Schwulst gesagt hat. Es stimmt, die Kenntnisse machen die Menschen mild, aber die Milde, liebenswerteste aller Tugenden, ist bisweilen auch eine Schwäche. Die Tugend ist nicht immer mild; sie weiß sich zur rechten Zeit mit Strenge gegen das Laster zu wappnen, sie lodert vor Empörung über das Verbrechen.

Und der Gerechte vermag dem Bösen nie zu verzeihen.

Es war eine sehr kluge Antwort, die ein lakedaimonischer König denen gab, die in seiner Gegenwart die außergewöhnliche Güte seines Kollegen Charillus rühmten. *Wie sollte er denn gut sein,* gab er zurück, *ohne furchtbar zu den Bösen zu sein?* Brutus war kein milder Mann, doch wer hätte die Stirn, zu behaupten, daß er nicht tugendhaft war? Im Gegenteil, es gibt feige und kleinmütige Seelen ohne Feuer noch Wärme, die mild nur aus Gleichgültigkeit gegenüber Gut und Böse sind. Dies ist die Milde, die der Geschmack an Bildung den Völkern einflößt.

[2] Es hat Sokrates das Leben gekostet, daß er genau dasselbe sagte wie ich. In dem Prozeß, der ihm gemacht wurde, vertrat einer seiner Ankläger die Sache der

Es ließe sich die Frage prüfen, ob der Besitz von Wissenschaften für die Menschen vorteilhaft wäre, vorausgesetzt, daß das, was sie so nennen, seinen Namen tatsächlich verdiente. Doch ist es verrückt, zu behaupten, daß die Trugbilder der Philosophie, die Irrtümer und Lügen der Philosophen jemals zu irgend etwas gut sein könnten. Werden wir stets auf Worte hereinfallen? Werden wir nie begreifen, daß Studien, Kenntnisse, Wissen und Philosophie nur eitle Götzenbilder sind, von menschlicher Hoffart errichtet und der pompösen Namen höchst unwürdig, die diese ihnen verleiht?

In dem Maße, wie sich der Geschmack an solchen Nichtigkeiten in einem Volk ausbreitet, verliert es den an echten Tugenden, denn es ist bequemer, sich durch Geschwätz hervorzutun als durch gute Sitten, sobald man davon entbunden ist, rechtschaffen zu sein, wenn man nur angenehm zu sein weiß.

Je verderbter im Inneren, desto mehr auf Äußerlichkeiten bedacht:[1] so bringt eine gepflegte Bildung unmerklich das geschliffene Benehmen hervor, und derselben Quelle entspringt auch der gute Geschmack. Da der öffentliche Beifall der höchste Preis literarischer Arbeit ist, werden die, die sich mit ihr befassen, natürlich auf Mittel sinnen zu gefallen, und ihre Überlegungen sind es, die auf die Dauer den Stil formen, den Geschmack verfeinern und überall Anmut und Höflichkeit verbreiten. Alle diese Dinge mögen, wenn man so will, die Tugend ergänzen, nie aber wird man behaupten können, sie seien die Tugend, und selten sind sie mit ihr verknüpft. Immer wird der Unterschied darin bestehen, daß, wer sich nützlich macht, für die anderen arbeitet, und wer

Künstler, ein anderer die der Redner, ein dritter die der Dichter und alle vorgeblich die der Götter. Die Dichter, Künstler, Fanatiker und Rhetoren siegten, Sokrates starb. Ich fürchte, daß ich meinem Jahrhundert zuviel Ehre erwiesen habe, als ich behauptete, heutzutage hätte Sokrates den Schierlingsbecher nicht geleert.

[1] Jedesmal, wenn ich der Aufführung einer Komödie von Molière beiwohne, bewundere ich das Feingefühl der Zuschauer. Ein etwas zu freies Wort, ein eher derber als obszöner Ausdruck, alles verletzt ihre keuschen Ohren. Ich bin ganz sicher, daß sich die Allerverdorbensten stets am meisten entrüsten. Könnte indes irgend jemand glauben, daß ein Vergleich zwischen den Sitten zur Zeit Molières und in unserem Jahrhundert zu dessen Gunsten ausfiele? Ist die Phantasie einmal beschmutzt, wird ihr alles zum Anlaß der Entrüstung; wenn man nichts Gutes mehr besitzt als den äußeren Anschein, ist man doppelt darauf bedacht, ihn zu wahren.

einzig danach trachtet, sich angenehm zu machen, bloß etwas für sich selbst tut. Der Schmeichler zum Beispiel scheut keine Mühe zu gefallen, und doch richtet er nur Übel an.

Eitelkeit und Müßiggang, aus denen unsere Kenntnisse hervorgegangen sind, haben auch den Luxus gezeugt. Das Gefallen am Luxus geht stets mit dem an der Bildung einher, und das Gefallen an der Bildung begleitet oftmals den Hang zum Luxus.[1] Alle diese Dinge leisten einander treue Gesellschaft, sind sie doch denselben menschlichen Fehlern entsprungen.

Sollte die Erfahrung mit solch nachgewiesenen Ansichten nicht übereinstimmen, müßte man nach den besonderen Gründen dieser Diskrepanz suchen. Doch ist die Grundidee meiner Darlegungen selbst eine Frucht langen Nachdenkens über die Erfahrung, und um zu erkennen, in welchem Maße diese meine Annahmen bestätigt, braucht man nur das Buch der Weltgeschichte aufzuschlagen.

Die ersten Menschen waren höchst unwissend. Wie aber könnte man behaupten, sie seien schlecht gewesen, wo damals doch die Quellen der Sittenverderbnis noch nicht erschlossen waren?

In der Finsternis der alten Zeiten und der Schlichtheit der alten Völker erblickt man, bei mehreren von ihnen, hohe Tugenden, vor allem Sittenstrenge, ein unfehlbares Zeichen ihrer Reinheit, Aufrichtigkeit, Gastfreundschaft, Gerechtigkeit und, was sehr wichtig ist, einen tiefen Abscheu vor der Ausschweifung,[2]

[1] Man hat mir gelegentlich den asiatischen Luxus entgegengehalten, nach derselben Logik, der zufolge man mir die Laster der ungebildeten Völker vorhält. Aber das Unglück, das meine Gegner verfolgt, will's, daß sie sich sogar in den Fakten irren, die nichts gegen mich beweisen. Ich weiß sehr wohl, daß die Völker des Orients nicht weniger unwissend sind als wir, aber das hindert nicht, daß sie genauso eitel sind und beinah ebenso viele Bücher produzieren wie wir. Die Türken, unter ihnen allen noch diejenigen, die die Literatur am wenigsten pflegen, zählten gegen Mitte des vorigen Jahrhunderts fünfhundertachtzig klassische Dichter zu den ihren.

[2] Ich habe nicht die geringste Absicht, mich bei den Frauen einzuschmeicheln. Ich bin einverstanden, daß sie mich mit dem von unseren galanten Philosophen so gefürchteten Beinamen eines Schulmeisters ehren. Ich bin grob, griesgrämig, ungehobelt aus Prinzip, und ich brauche keine Lobredner. So sage ich die Wahrheit, wie es mir gefällt.

Mann und Frau sind dazu bestimmt, einander zu lieben und sich zu vereini-

Nährboden aller übrigen Laster. Also sind Tugend und Unwissenheit nicht unvereinbar.

Gleichwohl ist die Tugend nicht immer die Gefährtin der Unwissenheit, denn mehrere sehr unwissende Völker waren sehr lasterhaft. Die Unwissenheit steht weder dem Guten noch dem Bösen im Wege, sie ist lediglich der natürliche Zustand des Menschen.[1]

Dasselbe läßt sich von der Wissenschaft nicht sagen. Alle gebildeten Völker sind verdorben, und dies schon spricht unbarmherzig gegen sie. Weil aber die Vergleiche von Volk zu Volk schwierig sind, weil man dabei eine Vielzahl von Dingen berücksichtigen muß und sie immer irgendwo ungenau bleiben, geht man sehr viel sicherer, wenn man die Geschichte ein und desselben

gen. Aber über diese rechtens vollzogene Vereinigung hinaus wird jeder Liebesverkehr zwischen ihnen zur üblen Quelle von Ordnungslosigkeit in Gesellschaft und Moral. Es ist gewiß so, daß die Frauen Ehre und Rechtschaffenheit unter uns wiederherstellen könnten, doch sie verschmähen es, aus den Händen der Tugend eine Herrschaft entgegenzunehmen, die sie einzig ihren Reizen verdanken wollen. So richten sie nur Unheil an, und oft empfangen sie selbst die Strafe für diese ihre Wahl. Man begreift schwerlich, wie innerhalb einer so reinen Religion die Keuschheit zu einer niederen und mönchischen Tugend werden konnte, geeignet, jeden Mann und, ich möchte sagen, beinah jede Frau lächerlich zu machen, die es wagten, sich ihr zu verschreiben, wohingegen die nämliche Tugend bei den Heiden allgemein geachtet, als Eigenschaft der großen Männer angesehen und an den berühmtesten Helden bewundert wurde. Ich kann drei von ihnen nennen, mit denen es niemand sonst aufzunehmen vermöchte und die alle, ohne Beihilfe der Religion, denkwürdige Beispiele von Enthaltsamkeit geliefert haben: Kyros, Alexander und der junge Scipio. Unter all den Schätzen, die in der Raritätensammlung des Königs aufbewahrt sind, möchte ich nur den Silberschild sehen, der Scipio von den Völkern Spaniens überreicht wurde und in den sie den Triumph seiner Tugend hatten eingravieren lassen. So gebührte es den Römern, andere Völker zu unterwerfen: durch die Verehrung, die man ihren Sitten schuldete, nicht weniger als durch die Kraft ihrer Waffen; so auch wurde der Stamm der Falisker unterjocht und Pyrrhus, nach seinem Sieg, aus Italien vertrieben.

Ich entsinne mich, irgendwo gelesen zu haben, daß der Dichter Dryden einem jungen englischen Edelmann eine recht gute Antwort gab, als dieser ihm vorhielt, in einer seiner Tragödien gefalle sich Cleomenes darin, im traulichen Beieinander mit seiner Geliebten nur zu plaudern, statt etwas seiner Liebe Angemessenes zu unternehmen. Wenn ich bei einer Schönen bin, sagte der junge Lord, weiß ich meine Zeit besser zu nutzen. Das glaube ich, erwiderte Dryden, aber damit bekennen Sie mir, kein Held zu sein.

[1] Ich kann nicht umhin zu lachen, wenn ich erlebe, daß wer weiß wie viele höchst gelehrte Männer, die mich mit ihrer Kritik beehren, mir stets die Laster

Volkes verfolgt, dabei den Fortschritt seiner Kenntnisse mit der Umwälzung seiner Sitten vergleicht. Eine solche Untersuchung nun führt zu dem Ergebnis, daß die gute Zeit, die Epoche der Tugend eines jeden Volkes, die seiner Unwissenheit war und daß es in dem Maße, wie es wissend, kunstfertig und philosophisch wurde, seine Sittlichkeit und Rechtschaffenheit verlor und in dieser Hinsicht auf die Stufe der unwissenden und lasterhaften Völker zurückfiel, die der Menschheit Schande bereiten. Wenn man sich auf die Suche nach Unterschieden versteifen will, so würde ich einen sehen, nämlich den: daß alle barbarischen Völker, selbst die, die ohne Tugend sind, stets jedoch die Tugend ehren, wohingegen kraft des Fortschrittes die wissenden und philosophischen Völker schließlich dahin gelangen, sie ins Lächerliche zu ziehen und zu verachten. Ist eine Nation an diesem Punkt angekommen, dann kann man sagen, daß ihre Verdorbenheit den Gipfel erreicht hat und auf Abhilfe nicht mehr zu hoffen ist.

Dies ist in großen Zügen, was ich vorgebracht und bewiesen zu haben glaube. Werfen wir nun einen Blick auf die Lehrmeinung, die man mir entgegenhält.

»Die Menschen sind von Natur aus schlecht; so waren sie schon vor der Entstehung der Gesellschaft, und überall dort, wo das Wissen sein Licht nicht hingetragen hat, sind die Völker, einzig den *Kräften des Instinkts* ausgeliefert, wie Löwen und Bären zu einem rein animalischen Leben gezwungen, in Barbarei und Elend steckengeblieben.

In den alten Zeiten waren es allein die Griechen, die dachten und sich *durch den Geist* zu dem *emporbildeten*, was ein Volk empfehlenswert macht. Philosophen formten seine Sitten und gaben ihm die Gesetze.

Sparta hingegen war gegebenermaßen und aus eigenem Entschluß arm und ungebildet; seine Gesetze wiesen schwerwiegende Mängel auf, seine Bürger neigten stark dazu, sich irre-

einer Menge unwissender Völker entgegenhalten, als ob das irgend etwas mit der Sache zu tun hätte. Denn sollte daraus, daß die Wissenschaft unweigerlich das Laster hervorbringt, folgen, daß die Unwissenheit notwendigerweise zur Tugend führt? Solche Argumentation mag für die Rhetorik taugen oder für die Kinder, durch die man mich in meinem Land hat widerlegen lassen; die Philosophen aber müssen auf andere Weise schlußfolgern.

führen zu lassen. Seine Größe war nicht sicher gegründet, rasch verlor es seine Ordnung, seine Gesetze und Sitten.

Auch Athen und Rom verfielen. Das eine mußte dem Aufstieg Makedoniens weichen, das andere ging an seiner eigenen Größe zugrunde, da die Gesetze einer kleinen Stadt nicht geeignet waren, die Welt zu regieren. Wenn also zuweilen der Ruhm der großen Reiche nicht so lange dauert wie der ihrer Kultur, dann heißt dies, daß er auf seinem Höhepunkt war, als Literatur und Philosophie in Blüte standen, und daß es das Los menschlicher Einrichtungen ist, nicht lange in demselben Zustand zu verharren. Auch wenn man einräumt, daß der Verfall der Gesetze und Sitten auf jene großen Geschehnisse Einfluß nahm, muß man deshalb keineswegs zugestehen, daß die Wissenschaften und Künste ihren Anteil daran hatten, denn es läßt sich im Gegenteil beobachten, daß ihr Aufschwung und Verfall stets im Verhältnis zu Glück und Niedergang der Reiche steht.

Diese Wahrheit wird durch die jüngste Erfahrung bestätigt, die zeigt, wie in einer ausgedehnten und mächtigen Monarchie das Gedeihen des Staates, die Pflege der Wissenschaften und Künste, die kriegerische Tüchtigkeit alle zugleich am Glanz und an der Größe des Reiches mitwirken.

Unsere Sitten sind die besten, die man haben kann; zahlreiche Laster sind bei uns geächtet, und die uns verbleiben, gehören nun einmal zum Menschsein, die Wissenschaften haben nichts damit zu tun.

Auch der Luxus hat nichts mit ihnen gemein; daher darf man nicht ihnen die Mißstände zuschreiben, die er verursachen kann. Im übrigen ist Luxus in großen Staaten notwendig; dort nützt er mehr, als er schadet; er ist gut dazu, müßige Bürger zu beschäftigen und den Armen Brot zu bringen.

Die Höflichkeit muß man eher zu den Tugenden als den Lastern zählen, hindert sie doch die Menschen, sich so zu zeigen, wie sie sind — eine Vorsichtsmaßnahme, die höchst angebracht ist, um die Menschen einander erträglich zu machen.

Die Wissenschaften haben selten das Ziel erreicht, das sie sich stellten, aber wenigstens legen sie es darauf an. Man kommt nur langsam und schrittweise in der Erkenntnis der Wahrheit voran, was nicht hindert, daß man einige Fortschritte dabei macht.

Und wenn es schließlich stimmte, daß Wissenschaften und Künste den Mut verweichlichen, wären die unendlichen Güter, die sie uns verschaffen, nicht immer noch jener barbarischen und wilden Tugend vorzuziehen, die die Menschheit erzittern läßt?« Ich übergehe die unnütze und pompöse Aufzählung all dieser Vorteile, und um mit dem letzten Punkt und einem Geständnis zu beginnen, das vielem leerem Geschwätz vorzubeugen vermag, erkläre ich ein für allemal, daß, wenn irgend etwas die Zerstörung der Sitten aufwiegen könnte, ich bereit wäre, den Wissenschaften zuzugestehen, daß sie mehr Gutes bringen als Unheil anrichten. Kommen wir nun zu dem übrigen.

Ich könnte, ohne viel zu riskieren, all das Gesagte als erwiesen voraussetzen, da unter so vielen und derart forsch vorgebrachten Behauptungen nur ganz wenige sind, die den Grund der Frage berühren, und noch weniger, aus denen sich irgendein tauglicher Schluß gegen meine Ansicht ziehen ließe, wobei selbst diese wenigen größtenteils nur neue Argumente zu meinen Gunsten liefern würden, falls meine Sache ihrer bedürfte.

Denn wären 1. die Menschen tatsächlich von Natur aus schlecht, könnte es, wenn man so will, geschehen, daß die Wissenschaften in ihren Händen irgend etwas Gutes zustande brächten, doch ist ganz sicher, daß sie dann sehr viel mehr Unheil anrichten würden: Rasenden darf man keine Waffen in die Hand geben.

2. Wenn die Wissenschaften selten ihr Ziel erreichen, dann wird auf diesem Wege stets sehr viel mehr Zeit vergeudet als sinnvoll genutzt. Und wäre es wahr, daß wir die besten Methoden gefunden haben, blieben die meisten unserer Anstrengungen doch so lachhaft wie das Unternehmen eines Mannes, der, in der Gewißheit, genau der Senkrechten zu folgen, einen Schacht bis zum Mittelpunkt der Erde treiben wollte.

3. Man soll uns nicht soviel Furcht vor dem rein animalischen Dasein einjagen noch es für den schlimmsten Zustand halten, in den wir geraten können, denn es wäre immer noch besser, einem Lamm zu gleichen als einem bösen Engel.

4. Die Griechen verdankten ihre Sitten und Gesetze Philosophen und Legislatoren, das gebe ich zu. Ich habe schon hundertmal gesagt, es ist gut, daß es Philosophen gibt, vorausge-

setzt, daß das Volk nicht darauf verfällt, zu ihnen gehören zu wollen.

5. Weil man nicht zu behaupten wagt, Sparta hätte keine guten Gesetze besessen, wirft man den spartanischen Gesetzen schwerwiegende Mängel vor. Dergestalt versucht man, meinen Vorwurf, die gebildeten Völker seien immer verdorben worden, zu entkräften, indem man den ungebildeten Völkern vorwirft, nicht zur Vollkommenheit gelangt zu sein.

6. Der Fortschritt von Literatur und Philosophie stand stets im Verhältnis zur Größe der Reiche. Mag sein. Ich sehe, daß man mir beständig von Glück und Größe redet. Ich aber habe von Sittlichkeit und Tugend gesprochen.

7. Unsere Sitten sind die besten, die so schlechte Menschen, wie wir es sind, haben können. Das kann sein. Wir haben etliche Laster geächtet, das bestreite ich nicht. Ich beschuldige die Menschen dieses Jahrhunderts nicht sämtlicher Laster; sie haben nur die der feigen Seelen, sie sind lediglich Betrüger und Spitzbuben. Was die Laster angeht, die Mut und Festigkeit voraussetzen, so halte ich sie deren für unfähig.

8. Der Luxus kann nötig sein, um den Armen Brot zu bringen, aber gäbe es keinen Luxus, gäbe es auch keine Armen.[1] Er beschäftigt die müßigen Bürger. Und weshalb gibt es müßige Bürger? Als die Landwirtschaft in Ansehen stand, gab es weder Elend noch Müßiggang, und es gab sehr viel weniger Laster.

9. Ich sehe, daß man dieses Luxusproblem sehr wichtig nimmt und dennoch so tut, als wollte man es von dem der Wissenschaften und Künste trennen. Ich gebe also zu, weil man es unbedingt haben will, daß der Luxus den Staaten als Stütze dient, wie die

[1] Der Luxus nährt hundert Arme in unseren Städten und richtet hunderttausend auf dem Land zugrunde. Das Geld, das aus den Händen der Reichen in die der Kunsthandwerker fließt, damit sie deren Überfluß mehren, ist für den Unterhalt des Bauern verloren, und dieser hat nichts anzuziehen, just weil andere Tressen haben müssen. Allein die Verschwendung von Mitteln, die der menschlichen Ernährung dienen, genügt, um der Menschheit den Luxus verhaßt zu machen. Meine Gegner mögen sich glücklich schätzen, daß das schändliche Zartgefühl unserer Sprache mich hindert, hier in Einzelheiten zu gehen, die sie vor Scham über die Sache erröten ließen, deren Verteidigung sie wagen. Wir brauchen Fleischsaft in unseren Küchen, deshalb fehlt es so vielen Kranken an Brühe. Wir brauchen Liköre auf unseren Tafeln, deshalb trinkt der Bauer nur Wasser. Wir brauchen Puder für unsere Perücken, deshalb haben so viele Arme kein Brot.

Karyatiden den Palast stützen helfen, den sie schmücken, oder vielmehr wie jene Balken, mit denen man morsche Gebäude abstützt und die sie oftmals vollends zum Einsturz bringen. Menschen, die ihr klug und vorsichtig seid, verlaßt ein Haus, das man abstützt.

Dies mag zeigen, wie leicht es mir fiele, die meisten Dinge, mit denen man mich zu widerlegen glaubt, zu meinen Gunsten zu wenden, aber offen gestanden halte ich sie nicht für begründet genug, um es zu wagen, mir meinen Vorteil zugute zu halten.

Man führt ins Feld, daß die ersten Menschen schlecht waren, woraus folgte, daß der Mensch es von Natur aus sei.[1] Das ist eine schwerwiegende Behauptung; es scheint mir, daß sie der Mühe eines Beweises verlohnt hätte. Die Annalen der Völker, die man zum Beweis heranzuziehen sich erkühnt, sprechen viel mehr für die gegenteilige Annahme, und es bedürfte schon einer Menge von Zeugnissen, um mich zum Glauben an eine Absurdität zu bewegen. Bevor die schrecklichen Worte *mein* und *dein* erfunden wurden; bevor es diese Sorte von grausamen und brutalen Menschen gab, die man Herren nennt, und jene andere von Gaunern und Lügnern, die man Sklaven nennt; bevor es Menschen gab, verworfen genug, um sich zu erdreisten, im Überfluß zu leben, während andere verhungern; bevor eine wechselseitige Abhängigkeit sie alle zwang, zu Schurken, Neidern und Verrätern zu werden, worin sollten da die Laster und Verbrechen bestanden haben, die man den Menschen mit so viel Nachdruck vorwirft — das möge man mir einmal erklären. Mir wird beteuert, daß man schon lange nicht mehr an die Chimäre des Goldenen Zeitalters

[1] Diese Anmerkung ist für die Philosophen, den anderen rate ich, sie zu überspringen.

Wenn der Mensch von Natur aus schlecht ist, werden die Wissenschaften ihn nur noch schlechter machen, das ist klar. So wäre ihre Sache allein schon durch diese Vorannahme verloren. Man muß jedoch beachten, daß, obgleich der Mensch von Natur aus gut ist, wie ich glaube und das Glück habe, es zu fühlen, daraus nicht folgt, daß die Wissenschaften heilsam für ihn sind; denn jede Situation, die ein Volk in den Stand setzt, diese zu entwickeln, kündigt notwendigerweise den Beginn eines Verderbens an, dessen Lauf sie alsbald beschleunigen. So richtet die Fehlerhaftigkeit gesellschaftlicher Verfassung das ganze Übel an, das aus einem Naturfehler hätte hervorgehen können, und die üblen Vorurteile treten an die Stelle schlechter Anlagen.

glaube. Warum setzt man nicht hinzu, daß man auch längst nicht mehr an das Hirngespinst der Tugend glaubt?

Ich habe gesagt, daß die ersten Griechen tugendhaft waren, bevor das Wissen sie verdarb, und ich will mich an diesem Punkt nicht widerrufen, obgleich ich bei näherem Hinsehen durchaus meine Zweifel habe an der Festigkeit der Tugenden eines so geschwätzigen Volkes, auch an der Berechtigung des Eigenlobes, das es sich gern in reichlichem Maß spendete und für das ich nirgends sonst eine Bestätigung gefunden habe. Was hält man mir entgegen? Daß die ersten Griechen, deren Tugendhaftigkeit ich gelobt habe, aufgeklärt und gebildet waren, weil Philosophen ihre Sitten formten und ihnen Gesetze gaben. Was aber sollte mich hindern, in derselben Weise über alle anderen Völker zu urteilen? Haben die Perser nicht ihre Magier gehabt, die Assyrer ihre Chaldäer, die Inder ihre Brahmanen, die Kelten ihre Druiden? Glänzte nicht Ochus bei den Phöniziern, Atlas bei den Libyern, Zarathustra bei den Persern, Zalmoxis bei den Thrakern? Und hat man nicht öfters behauptet, die Philosophie sei unter den Barbaren entstanden? Waren, so gesehen, all diese Völker also gelehrt? *Neben Miltiades und Themistokles gab es*, sagt man mir, *auch Aristides und Sokrates.* Daneben, meinethalben, doch was kümmert mich das? Indes lebten Miltiades, Aristides und Themistokles, die Helden waren, zu einer Zeit, Sokrates und Platon, die Philosophen waren, zu einer anderen; und als man begann, öffentliche Philosophieschulen einzurichten, hatte das erniedrigte und entartete Griechenland bereits auf seine Tugend verzichtet und seine Freiheit verkauft.

Das glänzende Asien erlebte, wie seine zahllosen Krieger an einer Handvoll Männer scheiterten, die die Philosophie zum Ruhme führte. Es stimmt: die Weisheit der Seele führt zum wahren Ruhm, aber diese Weisheit lernt man nicht aus Büchern. *Das ist die unfehlbare Wirkung der Geisteskenntnisse.* Ich bitte den Leser, diese Schlußfolgerung zu beachten. *Sitten und die Gesetze sind die alleinige Quelle wahren Heldentums.* Die Wissenschaften haben hiermit also nichts zu tun. *Mit einem Wort, die Griechen verdankten den Wissenschaften alles und die übrige Welt alles den Griechen.* Also verdankten weder Griechenland noch die Welt irgend etwas den Gesetzen oder den Sitten. Ich bitte meine Gegner um Vergebung, aber ich kann ihnen solche Sophismen nicht durchgehen lassen.

Untersuchen wir noch für einen Augenblick diesen Vorrang, den man den Griechen vor allen anderen Völkern geben will und aus dem man, wie es scheint, einen Hauptpunkt gemacht hat. *Ich werde, wenn man es verlangt, Völker bewundern, die ihr Leben mit Krieg oder in den Wäldern zubringen, die auf der Erde schlafen und Gemüse essen.* Diese Bewunderung ist eines echten Philosophen in der Tat durchaus würdig: nur dem blinden und dummen Volk kommt es zu, Leute zu bewundern, die ihr Leben damit verbringen, nicht etwa ihre Freiheit zu verteidigen, sondern sich gegenseitig zu bestehlen und zu verraten, ihrer Verweichlichung oder ihrem Ehrgeiz zuliebe, und die es wagen, ihr Nichtstun mit dem Schweiß, dem Blut und den Mühen einer Million Unglücklicher zu nähren. *Doch wird man unter solch ungehobelten Menschen das Glück suchen wollen?* Man würde es dort mit sehr viel mehr Grund suchen als bei den anderen die Tugend. *Welchen Anblick böte uns eine Menschheit, die nur aus Bauern, Soldaten, Jägern und Hirten bestünde?* Einen unendlich schöneren Anblick als eine Menschheit, die sich aus Köchen, Dichtern, Buchdruckern, Goldschmieden, Malern und Musikern zusammensetzt. Allein das Wort *Soldat* muß man aus dem ersten Bild streichen. Der Krieg ist mitunter eine Pflicht, aber nicht dazu bestimmt, ein Beruf zu sein. Jeder Mann muß Soldat sein, um seine Freiheit zu verteidigen; keiner darf es sein, um die eines anderen zu rauben, und im Dienste des Vaterlands zu sterben ist eine zu edle Sache, als daß man sie Söldnern anvertrauen dürfte. *Muß man also, um den Namen Mensch zu verdienen, wie die Löwen und Bären leben?* Wenn ich das Glück habe, auch nur einen unparteiischen und wahrheitsliebenden Leser zu finden, so bitte ich ihn, einen Blick auf die gegenwärtige Gesellschaft zu werfen und festzustellen, wer diejenigen sind, die miteinander wie Löwen und Bären, wie Tiger und Krokodile leben. *Wird man die instinktiven Fähigkeiten, sich zu ernähren, sich fortzupflanzen und sich zu verteidigen, zur Tugend erheben wollen?* Das sind Tugenden, zweifellos, wenn sie von der Vernunft geleitet und schonend eingesetzt werden; es sind vor allem Tugenden, wenn sie dazu dienen, unseresgleichen beizustehen. *Ich sehe darin nur animali-*

sche Eigenschaften, die sich mit der Würde unseres Wesens kaum vertragen. Der Körper ist gestählt, doch die knechtische Seele vermag nur, sich dahinzuschleppen und zu verkümmern. Wenn ich die pompösen Untersuchungen all unserer Akademien überfliege, habe ich Lust zu sagen: »Ich erblicke dort nichts als geistreiche Spitzfindigkeiten, die sich mit der Würde unseres Wesens kaum vertragen. Der Geist ist gestählt, doch die knechtische Seele vermag nur, sich dahinzuschleppen und zu verkümmern.« *Entfernt die Künste von dieser Welt*, sagt man uns an anderer Stelle, *was bliebe dann? Die Leibesübungen und die Leidenschaften.* Man achte bitte darauf, wie Vernunft und Tugend ständig ausgelassen werden! *Die Künste haben die Freuden der Seele ins Dasein gerufen, die einzigen, die unser würdig sind.* Sie haben also die Freude, Gutes zu tun, die unser noch viel würdiger ist, durch anderes ersetzt. Folgt man dem Geist von alledem, wird man, wie in den Darlegungen der meisten meiner Gegner, einen so ausgeprägten Enthusiasmus für die Wunder des Verstandes entdecken, daß jene andere Fähigkeit, die unendlich erhabener und besser geeignet ist, die Seele emporzubilden und zu adeln, dort stets für nichts gilt. Dies ist die unfehlbare Wirkung literarischer Bildung. Ich bin sicher, daß es gegenwärtig nicht einen Gelehrten gibt, der Ciceros Redekunst nicht ungleich höher achtete als seinen patriotischen Eifer und der nicht hundertmal lieber die Reden gegen Catilina verfaßt als sein Vaterland gerettet hätte.

Die Verlegenheit meiner Gegner zeigt sich jedesmal, wenn von Sparta gesprochen werden muß. Was gäben sie nicht darum, daß dieses leidige Sparta nie existiert hätte! Und sie, die behaupten, daß große Taten nur dazu da sind, gerühmt zu werden, wünschten sie nicht um jeden Preis, die der Spartaner wären nie gerühmt worden? Es ist schon schrecklich, daß innerhalb jenes berühmten Griechenlands, welches seine Tugend nur der Philosophie verdankte, gerade der Staat, in dem die Tugend am reinsten war und am längsten währte, keine Philosophen hatte. Die Sitten Spartas sind immer ganz Griechenland als Beispiel vorgehalten worden. Ganz Griechenland war verdorben, doch in Sparta gab es noch Tugend; ganz Griechenland war versklavt, einzig Sparta war noch frei: das ist ein Jammer. Aber schließlich verlor das stolze Sparta seine Sitten und seine Freiheit, wie das gebildete Athen die seinen verloren hatte. Sparta endete. Was kann ich dem entgegnen?

Nur zwei Bemerkungen noch zu Sparta, dann komme ich zu anderem. Hier die erste. *Nachdem es mehrmals nahe daran war zu siegen, wurde Athen allerdings besiegt, und es überrascht, daß dies nicht schon eher geschah, denn Attika war ja ein ringsum offenes Land, das sich nur durch überlegenen Erfolg verteidigen konnte.* Athen hätte aus den verschiedensten Gründen siegen müssen. Es war größer und hatte sehr viel mehr Einwohner als Sparta; es hatte reiche Einkünfte, mehrere Völker waren ihm tributpflichtig. Sparta besaß nichts von alledem. Athen hatte vor allem durch seine Lage einen Vorteil, der Sparta fehlte und der es ihm ermöglichte, mehrmals den Peloponnes auszuplündern, ja der allein schon ihm die Herrschaft über Griechenland sichern mußte: das war ein großer, bequemer Hafen, und das war eine hervorragende Flotte, die es dem Weitblick jenes bäurischen Themistokles verdankte, der nicht Flöte spielen konnte. Was einen also überraschen könnte, ist, daß Athen bei all diesen Vorteilen dennoch schließlich unterlag. Doch obgleich der Peloponnesische Krieg, der Griechenland zugrunde richtete, weder der einen noch der anderen Republik zur Ehre gereichte und vor allem auf seiten der Spartaner eine Verletzung der Grundregeln ihres weisen Gesetzgebers war, muß man sich nicht darüber wundern, daß auf die Dauer wahrer Mut über die Ressourcen siegte und daß Sparta durch sein Ansehen sich etliche erschloß, die ihm den Sieg erleichterten. Im Grunde schäme ich mich, daß ich diese Dinge weiß und gezwungen bin, sie auszusprechen.

Die zweite Bemerkung wird nicht weniger beachtenswert sein. Hier ist sie, und ich glaube, daß ich sie dem Leser im Wortlaut unterbreiten muß.

Vorausgesetzt, es hätten alle Staaten, aus denen Griechenland bestand, dieselben Gesetze befolgt wie Sparta, was wäre uns dann von jener so berühmten Gegend geblieben? Kaum daß uns ihr Name bekannt wäre. Sie hätte es verschmäht, Geschichtsschreiber heranzubilden, die ihren Ruhm der Nachwelt überliefern sollten. Das Schauspiel ihrer unbeugsamen Tugend wäre für uns verloren gewesen, folglich ließe es uns gleichgültig, ob diese existiert hätte oder nicht. Die zahlreichen philosophischen Systeme, die alle Möglichkeiten gedanklicher Kombination ausgeschöpft haben und die, wenn sie nicht die Grenzen unseres Geistes beträchtlich erweiterten, so doch zumindest zeigten, wo sie liegen; die Meisterwerke der Eloquenz und Poesie, die uns alle Wege des Herzens kennen lehrten; die nützlichen Künste oder die angenehmen, die das Leben erhalten oder verschönern; schließlich die unschätzbare Überlieferung der Gedanken und Taten jener großen Männer, die ihresgleichen zur Ehre und zum Glück gereichen: all diese kostbaren Geistesschätze wären für uns auf immer verloren. Die Jahrhunderte hätten sich aneinandergereiht, die Generationen wären aufeinandergefolgt wie bei den Tieren, ohne jeden Nutzen für die Nachwelt, und sie hätten nur eine undeutliche Spur ihres Daseins hinterlassen. Die Welt wäre alt geworden und der Mensch ewig Kind geblieben.

Nehmen wir unsererseits an, daß ein Spartaner, von der Stärke dieser Argumente durchdrungen, sie seinen Landsleuten darlegen wollte, und versuchen wir, uns die Rede vorzustellen, die er auf dem öffentlichen Platz Spartas hätte halten können:

»Bürger, öffnet die Augen und erkennt eure Verblendung! Mit Schmerz sehe ich, daß ihr nur darauf aus seid, Tugend zu erlangen, euren Mut zu üben und eure Freiheit zu bewahren. Ihr vernachlässigt indes die wichtigere Aufgabe, die Müßiggänger künftiger Geschlechter zu unterhalten. Sagt, wozu ist die Tugend gut, wenn nicht, Aufsehen in der Welt zu erregen? Was nützt es euch, rechtschaffen zu sein, wenn niemand von euch sprechen wird? Was wird es die kommenden Jahrhunderte scheren, daß ihr euch an den Thermopylen dem Tod geweiht habt, zum Wohle der Athener, wenn ihr, anders als diese, weder philosophische Systeme noch Verse, noch Komödien, noch Statuen hinterlaßt?[1]

[1] Perikles besaß große Talente, eine hohe Rednergabe, Vortrefflichkeit und Geschmack. Er schmückte Athen mit wunderbaren Skulpturen, prächtigen Gebäuden und den Meisterwerken aller Künste. Gott weiß, wie er von der Menge der Schriftsteller gepriesen wurde. Doch müßte man auch wissen, ob er ein guter Beamter war, denn bei der Führung von Staaten geht es nicht darum, Bildwerke zu errichten, sondern Menschen gut zu regieren. Ich werde mich nicht damit abgeben, die Geheimgründe des Peloponnesischen Krieges darzulegen, der die Re-

Gebt also schleunigst Gesetze auf, die zu nichts anderem taugen, als euch glücklich zu machen. Trachtet nur danach, einst, wenn ihr nicht mehr seid, von euch reden zu machen, und vergeßt nie, daß es, wenn man die großen Männer nicht rühmte, unnütz wäre, zu ihnen zu zählen.«

Ich denke, ungefähr das hätte jener Mann sagen können, hätten die Ephoren ihn ausreden lassen.

Doch nicht allein an der zitierten Stelle setzt man uns davon in Kenntnis, daß die Tugend nur dazu gut ist, von sich reden zu machen. Auch andernorts rühmt man uns das Denken der Philosophen, weil es unsterblich und der Bewunderung aller Zeiten geweiht ist, *wohingegen die anderen ihre Gedanken mit dem Tag, den Umständen, dem Augenblick, da sie entstanden, auch wieder verschwinden sehen. Bei drei Viertel aller Menschen löscht der nächste Tag den vorangegangenen aus, ohne daß die geringste Spur von ihm bliebe.* Ach, es bleibt zumindest eine in der Stimme eines ruhigen Gewissens, bei den Unglücklichen, denen man geholfen, in den guten Taten, die man vollbracht, und im Gedächtnis des wohltätigen Gottes, dem man ohne Aufhebens gedient hat. Tot oder lebendig, sagte der weise Sokrates, den Rechtschaffenen vergessen die Götter nie. Man wird mir vielleicht entgegnen, daß es nicht diese Art von Gedanken ist, über die man hat sprechen wollen, und ich sage, alle anderen sind der Mühe nicht wert, daß man von ihnen spreche.

Es läßt sich leicht denken, daß, wer so wenig von Sparta hält, auch den alten Römern kaum mehr an Wertschätzung entgegenbringt. *Man ist sich im Glauben einig, daß sie große Männer waren, obgleich sie nur kleine Dinge vollbrachten.* Was dies betrifft, so gebe ich zu, daß man seit langem nur noch Großes vollbringt. Der Mäßigung und dem Mut der alten Römer wirft man vor,

publik zugrunde richtete; ich werde nicht danach forschen, ob der Ratschlag des Alkibiades gut oder schlecht war, ob Perikles zu Recht oder Unrecht der Veruntreuung beschuldigt wurde. Ich frage nur danach, ob die Athener unter seiner Regierung besser oder schlechter geworden sind. Man nenne mir einen einzigen unter den Staatsbürgern, den Sklaven, selbst unter seinen eigenen Kindern, aus dem seine Obhut einen rechtschaffenen Menschen gemacht hat. Denn dies scheint mir doch die oberste Aufgabe des Beamten und Herrschers zu sein. Das direkteste und sicherste Mittel, die Menschen glücklich zu machen, ist nicht, ihre Städte zu schmücken, und nicht einmal, sie zu bereichern, sondern sie gut zu machen.

keine echten Tugenden, sondern erzwungene Haltungen[1] gewesen zu sein. Gleichwohl gibt man wenige Seiten weiter zu, daß Fabricius das Gold des Pyrrhus verachtete, und man kann nicht übersehen, daß die römische Geschichte jenen Beamten und verehrungswürdigen Kriegern, die so großen Wert auf ihre Armut legten,[2] eine Fülle von Gelegenheiten geboten hätte, sich auf leichte Art zu bereichern. Und, was den Mut angeht, weiß man denn nicht, daß Feigheit kein Gebot kennt und ein Feigling immer ausreißen wird, selbst wenn er sicher sein kann, auf der Flucht getötet zu werden? *Wenn man die großen Staaten an die kleinen Tugenden kleiner Republiken gemahnt, heißt das*, so sagt man, *einen starken und widerstandsfähigen Mann dazu bringen zu wollen, daß er wieder lallt wie ein Säugling.* Dieser Satz nun dürfte bei Hofe nicht neu sein. Er wäre eines Tiberius oder einer Katharina von Medici durchaus würdig gewesen, und ich bin sicher, daß der eine wie die andere dergleichen öfters gesagt hat.

[1] Ich sehe, zu meiner Zeit sind die meisten Geister sehr erfinderisch, wenn es darum geht, den Ruhm der schönen und hochherzigen Taten von einst zu schwärzen, sie auf irgendeine Weise herabzusetzen, ihnen nichtige Gelegenheiten und Gründe anzudichten. Kunststück! Man nenne mir die edelste und reinste Handlung, und ich werde ihr sicherlich fünfzig üble Absichten unterstellen können. Unser inneres Trachten muß Gott weiß welche unterschiedlichen Auslegungen erdulden, wenn's nur den anderen beliebt. Doch gehen die einfallsreichen Verleumder weniger durchtrieben als vielmehr schwerfällig und grob zu Werke. Ebensoviel Mühe, wie sie sich geben, und so viel Freiheit, wie sie sich nehmen, um jene großen Namen in den Schmutz zu ziehen, will ich gern aufwenden, um sie wieder aufzurichten und ihr Ansehen zu erhöhen. Jene seltenen und mit Billigung der Weisen zu Vorbildern der Menschheit erkorenen Gestalten würde ich unverhohlen wieder aufzuwerten suchen und, sosehr nur meine Erfindungsgabe es vermöchte, geeignete Deutungen und günstige Umstände dafür nutzen. Und man darf glauben, daß unsere Phantasie ihre tatsächlichen Verdienste bei weitem nicht einholt. Es ist das Amt des Rechtschaffenen, die Tugend so schön zu malen, wie es nur irgend geht. Und es schickt sich wohl, daß wir um so geheiligter Formen willen uns von Leidenschaft mitreißen lassen. Nicht Rousseau hat all dies gesagt, sondern Montaigne.

[2] Als Curius die Geschenke der Samniten zurückwies, sagte er, daß er lieber über die, die Gold besitzen, gebieten als selbst welches haben wolle. Curius hatte recht. Die den Reichtum lieben, sind zum Dienen bestimmt, zum Befehlen aber diejenigen, die ihn verachten. Es ist nicht die Macht des Goldes, die die Armen den Reichen unterwirft, sondern ihr Wunsch, ihrerseits reich zu werden; ohne dies wären zwangsläufig sie die Herren.

Moral läßt sich schwerlich mit der Elle messen. Gleichwohl kann man nicht behaupten, daß die Ausdehnung eines Staates keinerlei Einfluß auf die Sitten seiner Bürger hätte. Es gibt da sicher ein Abhängigkeitsverhältnis, das, will mir scheinen, ein umgekehrt proportionales sein könnte.[1] Dies ist eine wichtige Frage, über die man nachdenken muß. Ich glaube, daß sie noch als ungeklärt zu betrachten ist, ungeachtet der eher herablassenden als philosophischen Art, in der sie hier kurzerhand entschieden wird.

Dies war, so fährt man fort, *Catos Wahn: mit der in seiner Familie erblichen Übellaunigkeit und vorgefaßten Meinung deklamierte er sein Leben lang und kämpfte und starb, ohne irgend etwas Nützliches für sein Vaterland getan zu haben.* Ich weiß nicht, ob er nichts für sein Vaterland tat, aber ich weiß, daß er sehr viel für die Menschheit getan hat, indem er ihr den Anblick und das Beispiel einer Tugend bot, wie es sie reiner nie gab. Er hat diejenigen, die aufrichtig die wahre Ehre lieben, gelehrt, den Lastern ihres Jahrhunderts zu widerstehen und den furchtbaren Grundsatz derer zu verabscheuen, die mit der Mode gehen, nämlich daß man sich so verhalten müsse wie die anderen; ein Grundsatz, mit dem sie zweifellos weit kämen, wenn sie das Pech hätten, in irgendeine Mörderbande zu geraten. Unsere Nachkommen werden eines Tages erfahren, daß man in diesem Jahrhundert der Weisen und Philosophen den tugendhaftesten Menschen lächerlich gemacht und als Narren betrachtet hat, weil er seine große Seele nicht mit den Untaten seiner Zeitgenossen besudeln wollte, weil er es ablehnte, mit Cäsar und anderen Schurken seiner Zeit zum Verbrecher zu werden.

Man hat soeben gesehen, wie unsere Philosophen von Cato sprechen. Man mag nun sehen, wie die früheren über ihn urteilten. *Ecce spectaculum dignum ad quod respiciat, intentus operi suo, Deus. Ecce par Deo dignum, vir fortis cum mala fortuna compositus. Non video, inquam, quid habeat in terris Jupiter pulchrius, si convertere animum velit, quam ut spectet Catonem,*

[1] Die Arroganz meiner Gegner ließe mich am Ende noch taktlos werden, wenn ich weiter mit ihnen stritte. Sie glauben mich zu beeindrucken mit ihrer Verachtung für die kleinen Staaten. Fürchten sie denn nicht, daß ich ihnen einmal die Frage stelle, ob es gut sei, daß es große gibt?

iam partibus non semel fractis, nihilominus inter ruinas publicas erectum.

Und dies nun sagt man uns an anderer Stelle über die alten Römer. *Ich bewundere Gestalten wie Brutus, Decius, Lucrezia, Virginius, Mucius Scaevola.* Das will schon etwas heißen in unserem Jahrhundert. *Aber noch mehr bewundern werde ich einen mächtigen und gut regierten Staat.* Einen mächtigen Staat, obendrein noch gut regiert! Ja, den bewundere ich auch, in der Tat. *Wo die Bürger nicht zu solch grausamen Tugenden verurteilt sind.* Ich verstehe. Es ist bequemer, in Verhältnissen zu leben, die es jedem erlassen, rechtschaffen zu sein. Wenn aber die Bürger des Staates, den man bewundert, durch irgendein Unglück gezwungen würden, entweder ganz auf Tugend zu verzichten oder ebenjene grausamen Tugenden an den Tag zu legen, und wenn sie die Kraft besäßen, ihre Pflicht zu tun, wäre das ein Grund, sie weniger zu bewundern?

Nehmen wir das Beispiel, das unser Jahrhundert am meisten empört, und prüfen wir das Verhalten von Brutus als souveränem Staatsdiener, der seine Kinder sterben ließ, weil sie gegen den Staat konspiriert hatten, in einem kritischen Augenblick, wo so gut wie nichts genügt hätte, ihn umzustürzen. Hätte er sie begnadigt, dann wären, das steht fest, alle übrigen Mitverschworenen durch seinen Kollegen unweigerlich gerettet worden, und die Republik wäre verloren gewesen. Was soll's, wird man mir entgegnen. Da das also so gleichgültig ist, nehmen wir an, sie hätte weiterbestanden. Brutus hätte irgendeinen Übeltäter zum Tode verurteilt, und der Verurteilte hätte ihm folgendes gesagt: »Konsul, warum läßt du mich sterben? Habe ich Schlimmeres getan, als mein Vaterland zu verraten? Und bin nicht auch ich dein Kind?« Ich möchte, daß man sich die Mühe nimmt, mir zu sagen, was Brutus hätte antworten können.

Brutus hätte, wird man mir weiter entgegenhalten, eher als Konsul abdanken müssen, als seine Kinder sterben zu lassen. Und ich erwidere, daß jeder Beamte, der in einer derart gefährlichen Situation die Sorge um das Vaterland aufgibt und sein Amt niederlegt, ein Verräter ist, der den Tod verdient.

Es gibt da keinen Mittelweg. Entweder mußte Brutus zum schändlichen Verräter werden, oder die Köpfe von Titus und

Tiberius mußten auf seinen Befehl unter dem Beil der Liktoren fallen. Damit behaupte ich nicht, daß viele Menschen sich so entschieden hätten wie er.

Obgleich man nicht offen für die Spätzeit Roms eintritt, läßt man doch zur Genüge durchblicken, daß man sie den Anfängen vorzieht. Und man hat ebensolche Mühe, in deren schlichtem Zustand große Männer zu entdecken, wie es mir schwerfällt, im Pomp der späteren Zeit auf rechtschaffene Menschen zu treffen. Man stellt Titus dem Fabricius entgegen, dabei vergißt man aber den Umstand, daß zu Pyrrhus' Zeiten jeder Römer ein Fabricius war, während es unter der Herrschaft von Titus keinen ehrenwerten Menschen gab außer ihm.[1] Ich werde, wenn man will, die Heldentaten der ersten Römer und die Verbrechen der letzten vergessen. Was ich aber nicht vergessen kann, ist, daß die Tugend von den einen geehrt und von den anderen mißachtet wurde und daß es, als man den Siegern der Zirkusspiele Kränze aufsetzte, keinen mehr gab für den, der einem Bürger das Leben rettete. Man glaube übrigens nicht, daß dies nur auf Rom zuträfe. Es gab eine Zeit, in der die Republik von Athen reich genug war, um immense Summen für ihre Schauspiele auszugeben und die Autoren, die Schauspieler und selbst die Zuschauer sehr großzügig zu entlohnen. Es war dieselbe Zeit, in der sich kein Geld fand, den Staat gegen die Eroberungszüge Philipps von Makedonien zu schützen.

Schließlich gelangt man zu den neueren Völkern, und ich werde mich hüten, den Überlegungen nachzugehen, die man diesbezüglich anzustellen für angebracht hält. Ich will nur anmerken, daß es ein wenig rühmlicher Vorteil ist, den man sich verschafft, wenn man die Beweisgründe seines Gegners nicht widerlegt, sondern diesen hindert, sie vorzubringen.

Ich werde ebensowenig all den Überlegungen folgen, die man anstellt im Hinblick auf den Luxus, die Höflichkeit, die bewun-

[1] Wäre Titus nicht Kaiser gewesen, hätten wir nie etwas von ihm gehört, denn er hätte weiterhin so gelebt wie die anderen. Ein guter Mensch wurde er erst, als ihm, der aufhörte, dem Beispiel seiner Zeit zu folgen, vergönnt war, ihr ein besseres zu geben. *Privatus atque etiam sub patre principe, ne odio quidem, nedum vituperatione publica caruit. At illi ea fama pro bono cessit, conversaque est in maximas laudes.*

dernswerte Erziehung unserer Kinder[1], die geeignetsten Methoden, unsere Kenntnisse zu erweitern, die Nützlichkeit der Wissenschaften und die Annehmlichkeit der schönen Künste sowie auf andere Dinge, von denen mich mehrere nichts angehen, einige sich von selbst widerlegen und die übrigen bereits widerlegt sind. Ich will mich damit begnügen, ein paar zufällig herausgegriffene Stellen zu zitieren, die meines Erachtens der Erhellung bedürfen. Ich muß mich dabei auf einzelne Sätze beschränken, weil es mir unmöglich ist, Gedankengängen zu folgen, deren Faden ich nicht erfaßt habe.

Man behauptet, daß die unwissenden Völker, die *einen Begriff von Ehre und Tugend hatten, vereinzelte Ausnahmen waren, aus denen sich kein Vorurteil gegen die Wissenschaften ableiten läßt.* Sehr gut. Aber all die gebildeten Nationen, mit ihren schönen Vorstellungen von Ehre und Tugend, haben dabei stets verlernt, sie zu lieben und zu praktizieren. Dies gilt ohne Ausnahme; kommen wir zum Beweis. *Um uns davon zu überzeugen, wollen wir einen Blick auf den unermeßlichen afrikanischen Kontinent werfen, in den einzudringen noch kein Sterblicher kühn genug oder so glücklich war, es ungestraft versucht zu haben.* Aus dem also, was wir auf dem afrikanischen Kontinent durchdringen konnten, aus der Unkenntnis dessen, was dort geschieht, läßt man uns folgern, daß seine Völker mit Lastern überhäuft sind: als ob wir Mittel und Wege gefunden hätten, die unseren dorthin zu tragen, muß man schlußfolgern. Wenn ich Führer irgendeines Volkes in Nigritien wäre, erklärte ich, daß ich an der Landesgrenze einen Galgen errichten ließe, um dort ohne Pardon den ersten Europäer zu hängen, der einzudringen wagte, und den er-

[1] Man muß sich nicht fragen, ob die Väter und die Lehrer darauf achten werden, meine gefährlichen Schriften von den Augen ihrer Kinder und Schüler fernzuhalten. Fürwahr, welch schreckliche Unordnung, welche Anstößigkeit, wenn diese so wohlerzogenen Kinder dahin kämen, so viele hübsche Dinge zu verachten und allen Ernstes die Tugend dem Wissen vorzuziehen? Dies erinnert mich an die Antwort eines spartanischen Erziehers, den man im Scherz fragte, was er seinen Schüler lehren würde. *Ich werde ihn lehren,* sagte er, *die ehrenwerten Dinge zu lieben.* Begegnete ich einem solchen Mann unter uns, würde ich ihm ins Ohr flüstern: Hüten Sie sich bloß, das zu sagen, denn auf diese Weise werden Sie niemals Schüler bekommen; sagen Sie, daß Sie ihnen beibringen werden, angenehm zu schwätzen, und ich verspreche Ihnen ein gutes Einkommen.

sten Einwohner, der versuchen würde, sein Land zu verlassen.[1] *Auch Amerika liefert uns Schauspiele, die nicht weniger beschämend für die Menschheit sind.* Vor allem, seit die Europäer dort sind. *Man wird auf hundert barbarische oder wilde Völker im Stande der Unwissenheit nur ein einziges tugendhaftes antreffen.* Mag sein; man wird wenigstens eines treffen, wohingegen ein Volk, das die Wissenschaften pflegt und dabei tugendhaft ist, nie gesehen wurde. *Die pfleglos sich selbst überlassene Erde bleibt nicht müßig, sie bringt Gifte hervor, sie nährt Ungeheuer.* Genau das tut sie an den Orten, wo der Geschmack an leichtsinnigen Künsten dazu geführt hat, daß man die Lust am Ackerbau verlor. *Unsere Seele*, könnte man ebenso sagen, *bleibt nicht müßig, wenn die Tugend sie verläßt. Sie bringt Fiktionen hervor, Romane, Satiren und Verse, sie nährt die Laster.*

Wenn Barbaren Eroberungen machten, waren sie immer höchst ungerecht. Und was waren wir, bitte schön, bei jener Eroberung Amerikas, die man so sehr bewundert? Aber wie könnten Leute, die Kanonen, Seefahrtskarten und Kompasse besitzen, Ungerechtigkeiten begehen? Wird man mir erwidern, daß die Eroberung vom Wert der Eroberer zeugt? Sie zeugt einzig von deren List und Schläue; sie zeigt, daß ein behender und einfallsreicher Mensch seiner Geschicklichkeit die Erfolge verdanken kann, die ein Anständiger nur von seinem moralischen Wert zu erwarten hat. Urteilen wir unparteiisch. Wen halten wir für mutiger: den abscheulichen Cortez, der Mexiko mit Hilfe von Pulver, Perfidie und Verrat unterjochte, oder den unglücklichen Guatimozin, der von ehrenwerten Europäern, die seine Schätze an sich bringen wollten, auf glühende Kohlen gelegt wurde und der einen seiner Diener, dem dieselbe Behandlung Schmerzensschreie entriß, mit den stolzen Worten rügte: Und ich, bin ich etwa auf Rosen gebettet?

Zu behaupten, daß die Wissenschaften dem Müßiggang entsprungen sind, heißt offensichtlich die Begriffe verwechseln. Sie

[1] Man wird mich vielleicht fragen, welches Übel denn ein Bürger seinem Staat zufügt, wenn er ihn verläßt, um niemals zurückzukehren? Er schadet den anderen durch sein schlechtes Beispiel und sich selbst durch die Laster, die er aufsucht. Jedenfalls obliegt es dem Gesetz, Vorsorge zu treffen, und es ist immer noch besser, daß er gehängt statt moralisch verdorben wird.

entstehen aus der Muße, aber sie schützen vor Müßiggang. Ich verstehe diese Unterscheidung von Müßiggang und Muße nicht, aber ich weiß sehr wohl, daß kein rechtschaffener Mann sich je rühmen kann, Muße zu besitzen, solange es für ihn Gutes zu tun gibt, einem Vaterlande zu dienen und Unglücklichen beizustehen. Man möge mir nur eine einzige ehrenwerte Bedeutung zeigen, die das Wort Muße in der Darlegung meiner Grundsätze annehmen könnte.

Ist der Bürger, den seine Bedürfnisse an den Pflug spannen, etwa mehr beschäftigt als der Geometer oder der Anatom? Nicht mehr als das Kind, das ein Kartenschloß baut, doch auf nützlichere Weise. *Muß denn, weil das Brot notwendig ist, jeder sich daranmachen, den Boden zu bestellen?* Warum nicht? Mögen sie sogar grasen, wenn's sein muß. Mir ist es immer noch lieber, auf den Feldern die Menschen Kraut rupfen zu sehen, als daß sie einander in den Städten verschlingen. Es ist wahr, daß sie so, wie ich sie mir wünsche, den Tieren sehr ähnlich wären und daß sie so, wie sie sind, starke Ähnlichkeit mit Menschen haben.

Im Stande der Unwissenheit herrschen Furcht und Bedürfnis. Da wird unserer Schwäche alles zur Gefahr. Über unseren Häuptern droht der Tod, er verbirgt sich im Gras zu unseren Füßen. Wenn man alles fürchtet und alles braucht, gibt es dann eine vernünftigere Einstellung als die, alles erkennen zu wollen? Man muß nur die ständige Sorge der Ärzte und Anatomen um ihr Leben und ihre Gesundheit betrachten, um zu erfahren, ob Kenntnisse dazu dienen, uns über unsere Gefährdung zu beruhigen. Weil sie uns stets mehr Gefahren enthüllen als Mittel zum Schutze davor, ist es nicht verwunderlich, daß sie unsere Ängste nur steigern und uns kleinmütig machen. Die Tiere leben mit alledem in tiefer Sicherheit und befinden sich nicht schlechter dabei. Eine Färse muß nicht Botanik studieren, um zu lernen, ihr Futter auszuwählen, und der Wolf verschlingt seine Beute, ohne an Magenverstimmung zu denken. Wird man, um hierauf einzugehen, es wagen, für den Instinkt und gegen die Vernunft Partei zu ergreifen? Genau das verlange ich.

Anscheinend gibt es, sagt man uns, *zu viele Bauern und fürchtet man, daß es an Philosophen mangelt. Ich meinerseits will die*

Frage stellen, ob man befürchtet, daß in den einträglichen Berufen Arbeitskräfte fehlen? Das hieße die Macht der Habgier verkennen. Von Kindesbeinen an drängt alles uns in nutzbringende Verhältnisse. Und wieviel Vorurteile muß man überwinden, welchen Mut braucht es, damit jemand wagt, nichts als ein Descartes, ein Newton oder Locke zu sein?

Leibniz und Newton starben überhäuft mit Gütern und Ehren, und sie hätten noch mehr davon verdient. Würden wir behaupten, daß sie sich nur aus Anspruchslosigkeit nicht zum Pflügen emporschwangen? Ich kenne die Macht der Habgier gut genug, um zu wissen, daß uns alles zu den einträglichen Berufen drängt, ebendeshalb sage ich, daß uns alles von den nützlichen Berufen fernhält. Männer wie Hébert, Lafrenaye, Dulac und Martin verdienen an einem Tage mehr Geld als sämtliche Landwirte einer Provinz in einem ganzen Monat. Etwas erscheint mir an der Passage, mit der ich mich soeben beschäftige, recht merkwürdig: man nehme die beiden ersten Zeilen fort und versuche, wenn man sie dann liest, zu erraten, ob sie aus meinen Schriften oder denen meiner Gegner stammt.

Die guten Bücher sind das einzige, wodurch sich schwache Geister, das heißt drei Viertel aller Menschen, vor der Ansteckungskraft des Beispiels zu schützen vermögen. Erstens werden die Gelehrten niemals so viele gute Bücher machen, wie sie schlechte Beispiele liefern. Zweitens wird es stets mehr schlechte als gute Bücher geben. Und drittens sind die besten Führer, die anständige Menschen besitzen können, Vernunft und Gewissen: *Paucis est opus litteris ad mentem bonam.* Denen, die einen trüben Geist und ein verhärtetes Gewissen haben, wird das Lesen nie irgend etwas Gutes bringen. Schließlich sind für jedermann nur die Bücher der Religion notwendig, die einzigen, die ich niemals verdammt habe.

Man macht sich anheischig, uns die Erziehung der Perser vermissen zu lassen. Man beachte, daß es Platon war, der dies tat. Ich hatte geglaubt, mich zum Hüter der Autorität dieses Philosophen zu machen, aber ich sehe, daß nichts mich vor der Feindseligkeit meiner Gegner bewahren kann. *Tros Rutulusve fuat*; lieber durchbohren sie sich gegenseitig, als mir das geringste Stück zu überlassen, und dabei fügen sie einander mehr Schaden zu als mir.[1] *Jene Erziehung*, sagt man, *beruhte auf barbarischen Grundsätzen, denn jede Tugend übte man einzeln, bei einem besonderen Lehrer, obgleich Tugend doch unteilbar ist, und man wollte sie einflößen, statt sie zu lehren; ihre Praxis sollte geliebt, nicht aber theoretisch begründet werden.* Was könnte ich nicht alles erwidern, aber man darf dem Leser nicht den Schimpf antun, ihm alles auseinanderzusetzen. Ich will mich mit diesen beiden Bemerkungen begnügen: Erstens fängt derjenige, der ein Kind erziehen will, nicht damit an, ihm zu sagen, daß man tugendhaft sein muß, denn er würde so nicht verstanden, sondern er bringt ihm zunächst bei, wahrhaftig zu sein, dann sich zu mäßigen, dann mutig zu sein usw. Schließlich lehrt er es, daß die Gesamtheit all dieser Dinge Tugend heißt. Zweitens sind wir es, die sich mit theoretischen Begründungen zufriedengeben, während die Perser in der Praxis unterwiesen. Man vergleiche dazu, was ich auf Seite 52 [*der Originalausgabe*] meiner Abhandlung sage.

Alle Vorwürfe gegen die Philosophie sind Angriffe auf den menschlichen Geist. Das gebe ich zu. *Oder vielmehr auf den Schöpfer der Welt, der uns so gemacht hat, wie wir sind.* Wenn er uns zu Philosophen gemacht hat, warum mühen wir uns derart, es zu werden? *Die Philosophen waren Menschen, sie irrten, muß einen das erstaunen?* Erst wenn sie sich nicht mehr irren, wird man erstaunt sein müssen. *Bedauern wir sie, lernen wir aus ihren Fehlern und berichtigen wir uns.* Jawohl, berichtigen wir uns und hören wir auf zu philosophieren ... *Tausend Wege führen zum Irrtum, ein einziger nur zur Wahrheit?* Genau das sagte ich. *Muß es überraschen, daß man sich in diesem so oft getäuscht und ihn so spät erst entdeckt hat?* Ach, wir haben ihn also endlich gefunden!

Man hält uns ein Urteil des Sokrates entgegen, das sich nicht auf die Gelehrten, sondern die Sophisten, nicht auf die Wissenschaften, sondern ihren möglichen Mißbrauch bezog. Was kann

[1] Mir geht ein neuer Verteidigungsplan durch den Kopf, und ich verbürge mich nicht dafür, daß ich nicht doch eines Tages die Schwäche haben werde, ihn auszuführen. Diese Verteidigung soll nur aus Argumenten bestehen, die ich den Philosophen entleihe, woraus sich ergeben wird, sofern man ihre Gründe schlecht findet, daß sie allesamt Schwätzer waren, wie ich behaupte, oder daß ich gewonnenes Spiel habe, sofern man sie billigt.

derjenige mehr verlangen, der die Meinung vertritt, daß all unsere Wissenschaften bloß Mißbrauch und all unsere Gelehrten in Wahrheit nur Sophisten sind? *Sokrates war das Haupt einer Sekte, die den Zweifel lehrte.* Ich würde meine Verehrung für Sokrates um vieles verringern, wenn ich glaubte, er hätte den törichten Ehrgeiz besessen, ein Sektenführer sein zu wollen. *Und er tadelte zu Recht den Hochmut derer, die behaupteten, alles zu wissen.* Will sagen, den Hochmut aller Gelehrten. *Die wahre Wissenschaft ist von solcher Anmaßung weit entfernt.* Richtig, jene schon, ich spreche aber von der unsrigen. *Sokrates zeugt hier gegen sich selbst.* Dies zu verstehen erscheint mir schwierig. *Der Wissendste unter den Griechen schämte sich seines Unwissens nicht.* Der Wissendste unter den Griechen wußte nichts, wie er selber bekannte; daraus schließe man auf die anderen. *Die Wissenschaften haben ihren Ursprung also nicht in unseren Lastern.* Unsere Wissenschaften also haben ihren Ursprung in unseren Lastern. *Demnach sind sie nicht alle aus dem menschlichen Hochmut hervorgegangen.* Meine Ansicht hierzu habe ich bereits gesagt. *Leeres Gerede, das nur voreingenommenen Geistern etwas vorzuspiegeln vermag.* Darauf kann ich nichts antworten.

Ist von den Grenzen des Luxus die Rede, dann wird behauptet, daß man in dieser Frage nicht von der Vergangenheit auf die Gegenwart schließen dürfe. *Als die Menschen nackt umherliefen, galt der erste, der Holzpantinen trug, als Lüstling. Von Jahrhundert zu Jahrhundert hat man nicht aufgehört, wegen der Sittenverderbnis Alarm zu schlagen, ohne zu begreifen, was man damit sagen wollte.*

Es stimmt, bisher wurde der Luxus, wiewohl er oftmals herrschte, doch zu allen Zeiten wenigstens als verhängnisvolle Quelle einer Unzahl von Übeln angesehen. Es blieb Herrn Melon vorbehalten, als erster das Gift einer Lehre verbreitet zu haben, deren Neuheit ihm mehr Parteigänger verschaffte als die Solidität seiner Argumente. Ich fürchte mich nicht, in meinem Jahrhundert als einziger die abscheulichen Maximen zu bekämpfen, die nur darauf abzielen, die Tugend zu erniedrigen und zu zerstören, Reiche und Elende, was immer bedeutet: böse Menschen hervorzubringen.

Man glaubt, mich in arge Verlegenheit zu bringen, indem man

mich fragt, bis zu welchem Punkt der Luxus eingeschränkt werden muß. Meine Meinung ist, daß es ihn überhaupt nicht geben darf. Alles, was über das von Natur aus Notwendige hinausgeht, führt zum Übel. Die Natur verleiht uns nur allzu viele Bedürfnisse, und es ist zumindest höchst unvorsichtig, sie ohne Not zu vervielfältigen und dergestalt seine Seele in größere Abhängigkeit zu bringen. Nicht von ungefähr hat Sokrates, als er die Auslage eines Ladens betrachtete, sich beglückwünscht, mit alledem nichts anfangen zu können. Man darf eins zu hundert wetten, daß der erste, der Holzschuhe trug, sträflich handelte, es sei denn, er hatte irgendein Fußleiden. Was uns betrifft, so sind wir allzusehr gezwungen, Schuhe zu besitzen, damit man uns den Besitz von Tugend nicht abspricht.

Ich habe schon anderswo gesagt, daß ich nicht vorschlage, die bestehende Gesellschaft umzustürzen, die Bibliotheken und alle Bücher zu verbrennen, die Kollegs und Akademien zu zerstören; und hier muß ich hinzufügen, daß ich nicht vorschlage, die Menschen dazu zu bringen, sich mit dem schlicht Notwendigen zu begnügen. Ich weiß wohl, daß man nicht den illusorischen Plan fassen kann, aus ihnen anständige Menschen zu machen, doch ich habe mich verpflichtet gefühlt, unverstellt die Wahrheit zu sagen, nach der man mich gefragt hat. Ich habe das Übel erkannt und versucht, seine Ursachen zu finden. Andere, die kühner oder wahnwitziger sind, mögen nach den Heilmitteln suchen.

Ich bin es nun müde und lege die Feder nieder, um sie in diesem viel zu langen Streit nicht wieder zu ergreifen. Ich nehme zur Kenntnis, daß eine große Zahl von Autoren[1] sich darin geübt

[1] Selbst in kritischen Blättchen, die zur Unterhaltung der jungen Leute gedacht sind, erwies man mir die Ehre, sich meiner zu entsinnen. Ich habe sie nicht gelesen und werde es ganz bestimmt nicht tun, aber nichts hindert mich, sie in der Weise zu berücksichtigen, die sie verdienen, und ich bezweifle nicht, daß all das Geschriebene dort höchst ergötzlich ist.

Man versichert mir, daß Herr Gautier mir die Ehre einer Replik erwies, obgleich ich ihm gar nicht geantwortet und sogar meine Gründe dafür dargelegt habe. Offensichtlich findet Herr Gautier diese Gründe nicht gut, da er sich ja die Mühe macht, sie zurückzuweisen. Ich sehe wohl, daß man Herrn Gautier nachgeben muß, und ich bekenne gern, daß ich unrecht tat, ihm nicht zu antworten. So wären wir uns denn einig. Ich bedaure nur, daß ich meinen Fehler nicht gutmachen kann, denn leider ist keine Zeit mehr, auch würde niemand wissen, wovon ich eigentlich spreche.

hat, mich zu widerlegen. Es tut mir leid, daß ich nicht allen antworten kann, aber ich glaube, anhand derjenigen, die ich auswählte, bewiesen zu haben, daß es nicht Furcht ist, die mich hinsichtlich der anderen zurückhält.

Ich habe versucht, ein Monument zu errichten, das seine Stärke und Haltbarkeit nicht der Kunst verdankt; allein die Wahrheit, der ich es geweiht habe, ist berechtigt, es unumstößlich zu machen. Und wenn ich nochmals Schläge gegen dieses Gebäude abwehre, dann mehr, um mir selbst die Ehre anzutun, es zu verteidigen, als um ihm eine Hilfe zu bringen, deren es nicht bedarf.

Es sei mir erlaubt, abschließend zu beteuern, daß allein die Liebe zur Menschheit und zur Tugend mich das Schweigen brechen ließ und daß die Bitterkeit meiner Schmähreden gegen die Laster, deren Zeuge ich bin, nur aus dem Schmerz erwächst, den sie mir einflößen, und aus dem brennenden Wunsch, die Menschen glücklicher zu sehen und vor allem würdiger, es zu sein.

BRIEF DES GENFERS JEAN-JACQUES ROUSSEAU ÜBER EINE ERNEUTE WIDERLEGUNG SEINER ABHANDLUNG DURCH EIN MITGLIED DER AKADEMIE ZU DIJON [NAMENS LECAT, CHIRURG IN ROUEN]

Soeben bin ich, mein Herr, einer Broschüre ansichtig geworden, die den Titel trägt: *Abhandlung, die den Preis der Akademie zu Dijon im Jahre 1750 gewann, gefolgt von der Widerlegung dieser Abhandlung durch ein Mitglied der Akademie zu Dijon, das ihr seine Stimme verweigerte*, und mir kam beim Durchblättern dieser Schrift der Gedanke, daß, statt sich zur Herausgabe meiner Abhandlung herbeizulassen, das Akademiemitglied, das ihr seine Stimme verweigerte, besser jene Arbeit hätte veröffentlichen sollen, der es seine Zustimmung gab; das wäre eine sehr gute Art gewesen, die meinige zu widerlegen.

Hier ist also einer meiner Richter, der es nicht verschmäht, einer meiner Gegner zu werden, und der es ganz verkehrt findet, daß seine Kollegen mich mit dem Preis ehrten. Ich bekenne, daß auch ich selbst sehr erstaunt darüber war. Es war mein Bestreben, ihn zu verdienen, aber ich tat nichts, ihn zu erlangen. Obgleich ich übrigens weiß, daß Akademiemitglieder die Ansichten der Autoren, die sie auszeichnen, nicht übernehmen und daß der Preis nicht dem zuerkannt wird, von dem man glaubt, er habe die bessere Sache verteidigt, sondern demjenigen, der am besten gesprochen hat, und selbst in der Annahme, daß dies auf mich zutreffe, war ich weit entfernt, von einer Akademie jene Unparteilichkeit zu erwarten, die sich die Gelehrten durchaus nicht immer angelegen sein lassen, wenn es um ihre Interessen geht.

Wenn ich auch von der Gerechtigkeit meiner Richter überrascht war, so hat mich, offen gestanden, die Taktlosigkeit meiner Gegner nicht weniger verblüfft. Wie wagen sie es, in aller Öffentlichkeit ihre Verstimmung über die mir zuteil gewordene Ehre kundzutun? Bemerken sie denn nicht, welch irreparablen Schaden sie damit ihrer Sache zufügen? Sie mögen sich nicht schmeicheln, irgend jemanden über den Gegenstand ihres Ärgers hinters Licht zu führen: nicht, weil meine Abhandlung schlecht geschrieben ist, verdrießt sie deren Auszeichnung — denn alle Tage werden ebenso schlechte preisgekrönt, ohne daß sie ein Wort darüber verlieren —, sondern aus einem anderen Grund, der enger mit ihrem Beruf zu tun hat und der unschwer zu erkennen ist. Ich wußte wohl, daß die Wissenschaften die Sitten verderben, die Menschen ungerecht und eifersüchtig machen, sie alles ihrem Interesse und ihrem eitlen Ruhm opfern lassen, doch meinte ich wahrzunehmen, daß dies mit ein wenig mehr Zurückhaltung und Geschick vonstatten geht. Ich sah, wie die Literaten unaufhörlich von Gerechtigkeit, Mäßigung und Tugend sprachen und im unantastbaren Schutz dieser schönen Worte ungestraft ihren Leidenschaften und Lastern frönten; doch ich hätte nie geglaubt, daß sie die Stirn besäßen, öffentlich die Unparteilichkeit ihrer Kollegen zu rügen. Überall sonst gehört es zur Ehre der Richter, nach Recht und Billigkeit, auch gegen eigenes Interesse, zu urteilen; nur den Wissenschaften fällt es zu, denjenigen, die sie pflegen, Unbestechlichkeit als Verbrechen anzukreiden: wahrlich ein schönes Vorrecht, das sie da genießen.

Ich wage zu behaupten, daß die Akademie zu Dijon, indem sie viel zu meiner Ehre getan hat, auch viel für die ihre tat. Eines künftigen Tages werden meine Widersacher aus diesem Urteil Nutzen ziehen zum Beweis, daß die Pflege von Literatur und Philosophie durchaus mit Gerechtigkeit und Uneigennützigkeit einhergehen kann. Dann werden die Anhänger der Wahrheit ihnen entgegnen: Dies ist ein besonderer Fall, der gegen uns zu sprechen scheint, aber erinnert euch an die Empörung, die dieses Urteil seinerzeit unter der Menge der Literaten hervorrief, erinnert euch an die Art, in der sie sich beschwerten, und zieht daraus den passenden Schluß hinsichtlich ihrer Grundregeln.

Nicht minder unklug ist es nach meinem Dafürhalten, sich darüber zu beklagen, daß die Akademie eine solche Preisfrage überhaupt gestellt hat. Ich lasse den wenig wahrscheinlichen Fall außer acht, daß in der allgemeinen Begeisterung, die heutzutage herrscht, jemand den Mut besäße, freiwillig auf den Preis zu verzichten, indem er sich für eine ablehnende Haltung entschiede, doch ich begreife nicht, wie Philosophen es schlecht finden können, daß man ihnen Möglichkeiten zur Diskussion eröffnet. Eine schöne Wahrheitsliebe ist das, die sich vor der Prüfung des Für und Wider fürchtet! Auf philosophischem Gebiet ist die sicherste Art, eine Ansicht suspekt zu machen, der Ausschluß der gegenteiligen Meinung: wer immer sich so verhält, wirkt als unaufrichtiger Mensch, der dem Wert seiner Sache mißtraut. Ganz Frankreich wartet auf das Werk, das dieses Jahr den Preis der Académie française davontragen wird; zweifellos wird es meine Abhandlung in den Schatten stellen, was nicht allzu schwer sein dürfte, und zudem gäbe es keinen Zweifel daran, daß es sich um ein Meisterwerk handelt. Was wird das jedoch am Problem ändern? Gar nichts, denn jeder wird, nachdem er es gelesen hat, sagen: *Diese Abhandlung ist sehr gut; wenn aber der Autor so frei gewesen wäre, die gegenteilige Meinung zu vertreten, hätte er vielleicht eine noch bessere geschrieben.*

Ich habe die neuerliche Widerlegung überflogen, denn eine solche ist es ja wieder, und ich weiß nicht, welchem fatalen Geschick zufolge die Schriften meiner Gegner, die diesen so entschiedenen Titel tragen, stets diejenigen sind, in denen ich am wenigsten widerlegt werde. Ich habe diese Widerlegung also überflogen, ohne im geringsten meinen Entschluß zu bedauern, niemandem mehr zu antworten. Ich begnüge mich damit, einen einzigen Passus zu zitieren, nach dem der Leser beurteilen kann, ob ich recht habe oder nicht. Hier ist er:

Ich will einräumen, daß man ein ehrenwerter Mensch sein kann, ohne Talent zu haben. Aber wird man in die Gesellschaft eingefügt, nur um ehrenwert zu sein? Und was ist ein ehrenwerter Mensch ohne Wissen und ohne Begabung? Eine unnütze Bürde, selbst der Erde zur Last, etc. Ich werde ganz gewiß nicht einem Autor antworten, der es fertigbringt, derlei zu schreiben, und ich meine, er kann mir dafür danken.

Es ist gleichfalls unmöglich, außer man wollte genauso diffus sein wie der Verfasser, auf die umfangreiche Sammlung lateinischer Zitate einzugehen, auf die zahlreichen Verse von La Fontaine, Boileau, Molière, Regnard, Gresset, auf die Geschichte von Nimrod und die der picardischen Bauern, denn was könnte man einem Philosophen sagen, der uns versichert, die Unwissenden nicht ausstehen zu können, weil sein Pächter in der Picardie, der kein Doktor ist, ihm zwar pünktlich zahlt, aber nicht genügend Geld aus seinem Boden schlägt? Der Verfasser ist dermaßen mit seinen Ländereien beschäftigt, daß er mir sogar von den meinen spricht. Ich und Grundbesitz! Der Grund und Boden von Jean-Jacques Rousseau! Wahrlich, ich rate ihm, mich auf geschicktere Art zu verleumden.[1]

Hätte ich auf irgendeinen Teil der Widerlegung zu antworten, dann auf die Fülle von Persönlichem, das diese Kritik enthält. Weil das aber nichts zur Sache tut, werde ich von meinem ständig befolgten Grundsatz nicht abgehen und mich strikt auf den Gegenstand beschränken, ohne Persönliches damit zu vermengen. Der wahre Respekt, den man dem Publikum schuldet, besteht nicht darin, ihm traurige Wahrheiten zu ersparen, aus denen es Nutzen ziehen kann, sondern es mit diesem kleinlichen Autorengezänk[2] zu verschonen, das die polemischen Schriften füllt und nur dazu taugt, einer beschämenden Feindseligkeit Genüge zu tun. Man behauptet, ich hätte einen Ausspruch Ciceros aus Clénard[3] entnommen, meinetwegen; mir wären sprachliche Fehler unterlaufen, nun gut; ich pflegte Literatur und Musik, obgleich ich schlecht von ihnen denke, das gebe ich zu, wenn man

[1] Wenn der Verfasser mir die Ehre erweist, diesen Brief zu widerlegen, wird er mir zweifellos in einer schönen und gelehrten Begründung, gestützt auf höchst ernst zu nehmende Autoritäten, beweisen, daß es keineswegs ein Verbrechen ist, Land zu besitzen. Es kann tatsächlich sein, daß es für andere keins ist, aber für mich wäre es eins.

[2] Die Abhandlung [zu einer Preisfrage der Akademie] von Lyon bietet ein schönes Muster dafür, daß man, ohne persönlich oder beleidigend zu werden, angreifen und kämpfen kann, so wie es Philosophen geziemt. Ich schmeichle mir, daß man auch in meiner Antwort, die gerade im Druck ist, ein Beispiel für die Art finden wird, in der jemand, was er für wahr hält, mit aller Kraft, deren er fähig ist, doch ohne Bissigkeit gegen die Angreifer verteidigen kann.

[3] Wenn ich sagte, daß eine derart sonderbare Zitierweise bestimmt von einem stammt, dem die Griechische Methode Clénards vertrauter ist als Ciceros Gerichtsreden und der sich folglich recht grundlos als Verteidiger der guten Literatur gebärdet, wenn ich hinzufügte, daß es Berufe gibt, wie zum Beispiel den des Chirurgen, in denen so viele Ausdrücke aus dem Griechischen gebraucht werden, daß deren Angehörige schon deshalb einige elementare Kenntnisse in jener Sprache besitzen müssen, würde ich in den Ton meines Gegners verfallen und so antworten, wie er es an meiner Stelle hätte tun können. Ich für mein Teil kann erwidern,

will: muß ich doch in reiferem Alter die Strafe für die Vergnügungen meiner Jugend tragen; aber was geht schließlich all dies das Publikum und die Sache der Wissenschaften an? Mag Rousseau ein schlechtes Französisch sprechen, die Grammatik wird darum der Tugend nicht dienlicher sein. Mag das Verhalten von Jean-Jacques unschön sein, das der Gelehrten wird darum nicht besser. Dies ist meine ganze Antwort und, so glaube ich, genau die, die ich der neuen Widerlegung erteilen muß.

Ich will diesen Brief und das, was ich über einen so ausgiebig diskutierten Gegenstand zu sagen habe, mit einem Rat an meine Gegner beschließen, den sie sicherlich ausschlagen werden, obgleich er für die Partei, die sie verteidigen wollen, nützlicher wäre, als sie meinen: nämlich weniger ihrem Kampfeseifer zu folgen, als vielmehr sorgfältig ihre Kräfte zu prüfen und *quid valeant humeri.* Sie werden zweifellos erwidern, daß ich selber diesen Rat hätte beherzigen sollen, und das mag stimmen. Es gibt aber zumindest diesen Unterschied, daß ich auf meiner Seite allein war, während die ihrige die der Menge ist, so daß die zuletzt Gekommenen der Mühe enthoben zu sein scheinen, für ihre Ansicht zu werben oder sich verpflichtet zu fühlen, es besser zu machen als die anderen.

Weil ich fürchte, daß dieser Rat frech oder anmaßend klingen kann, füge ich hier eine Kostprobe der Argumentation meiner

daß ich, als ich das Wort *investigation* riskierte, der Sprache einen Dienst erweisen wollte, indem ich versuchte, einen milden, wohlklingenden und in seiner Bedeutung bereits bekannten Ausdruck einzuführen, für den es im Französischen kein Synonym gibt. Damit sind, glaube ich, alle geforderten Bedingungen erfüllt, die zu einer begrüßenswerten sprachlichen Freiheit ermächtigen:

Ego cur, acquirere pauca,
Si possum, invideor; cum lingua Catonis et Enni
Sermonem Patrium ditaverit?

Vor allem wollte ich meinen Gedanken genau wiedergeben. Ich weiß freilich, daß die oberste Regel unserer Schriftsteller ist, korrekt zu schreiben und, wie sie es nennen, französisch zu reden; dies, weil sie ehrgeizige Absichten hegen, weil sie wollen, daß man ihnen Korrektheit und Eleganz bescheinigt. Meine oberste Regel hingegen ist, mich verständlich zu machen, wobei mich nicht im geringsten kümmert, was man von meinem Stil hält. Und wann immer ich mich mit Hilfe von Regelverstößen stärker und klarer ausdrücken kann, werde ich nicht zögern, dies zu tun. Wenn ich nur von den Philosophen richtig verstanden werde, lasse ich die Sprachreiniger gerne den Worten nachlaufen.

Gegner bei, nach der man die Stichhaltigkeit und Stärke ihrer kritischen Einwände wird beurteilen können. *Die Völker Europas*, so sagte ich, *lebten vor einigen Jahrhunderten in einem Zustand, schlimmer als Unwissenheit. Irgendein gelehrtes Kauderwelsch, noch viel verächtlicher als diese, hatte sich den Namen Wissen angemaßt und stellte dessen Wiederkehr ein beinah unüberwindliches Hindernis in den Weg: eine Revolution war nötig, um die Menschen zum gesunden Verstand zurückzuführen.* Die Völker hatten den gesunden Menschenverstand eingebüßt, nicht weil sie unwissend, sondern weil sie so dumm waren, zu glauben, sie wüßten etwas, in Gestalt der großen Worte des Aristoteles oder der dreisten Lehre von Ramón Lull. Eine Revolution war nötig, um sie zu lehren, daß sie nichts wußten, und wir bedürften dringend einer weiteren, die uns dieselbe Wahrheit lehrte. Hier nun das diesbezügliche Argument meiner Gegner: *Diese Revolution ist der Literatur und Philosophie zu verdanken; sie haben, wie der Verfasser eingesteht, den gesunden Menschenverstand zurückgebracht, doch haben sie auch, ihm zufolge, die Sitten verdorben. Also muß ein Volk auf den gesunden Menschenverstand verzichten, um gute Sitten zu besitzen.* Drei Schriftsteller nacheinander haben diese treffliche Überlegung wiederholt. Ich frage sie nun, was ihnen lieber wäre: daß ich ihren Verstand beschuldigte, den völlig klaren Sinn dieser Passage nicht erfaßt zu haben, oder ihre Unaufrichtigkeit, so getan zu haben, als verstünden sie nicht? Sie sind Literaten, also ist sicher, wofür sie sich entscheiden werden. Was aber soll man zu den amüsanten Deutungen der Abbildung auf meinem Titelblatt sagen, in denen sich der Verfasser dieser jüngsten Widerlegung gefällt? Mir wäre es als Beleidigung der Leser erschienen, sie wie Kinder zu behandeln, indem ich ihnen eine so eindeutige Allegorie interpretierte und ihnen erklärte, daß die Fackel des Prometheus die der Wissenschaften ist, dazu bestimmt, die großen Geister zu erleuchten, und daß der Satyr, der, zum erstenmal des Feuers ansichtig, darauf zuläuft und es umarmen will, die gewöhnlichen Menschen darstellt, die, vom Glanz der Bildung geblendet, sich unpassenderweise ihrem Erwerb hingeben, und daß Prometheus, der sie mit seinem Ruf vor der Gefahr warnt, der Bürger aus Genf ist. Besagte Allegorie ist richtig und gut, ich halte sie sogar für vortrefflich. Was soll man von einem Autor denken, der über sie gegrübelt hat und dem es nicht gelang, sie zu verstehen? Man darf annehmen, daß dieser Mann kein großer Doktor gewesen wäre bei seinen Freunden, den Ägyptern.

Ich nehme mir also die Freiheit, meinen Gegnern, und besonders dem letztgenannten, den weisen Rat eines Philosophen, den er in einer anderen Angelegenheit erteilte, ans Herz zu legen: Wisset, daß nichts eurer Sache mehr schaden kann als eine schlecht geführte Polemik und daß, wenn ihr nichts Taugliches gesagt habt, man euren Standpunkt herabwürdigen wird, indem man euch die Ehre antut, zu glauben, daß nichts Besseres hätte gesagt werden können.

Ich bin, etc.

VORREDE
ZU
»NARCISSE«

Ich habe dieses Theaterstück im Alter von achtzehn Jahren geschrieben, und ich habe mich gehütet, es zu zeigen, solange ich noch auf mein Ansehen als Schriftsteller bedacht war. Schließlich habe ich den Mut gehabt, es zu veröffentlichen, doch niemals werde ich den Mut haben, darüber etwas zu sagen. Es geht hier also nicht um mein Stück, sondern um mich selbst.

Trotz meines Widerwillens dagegen muß ich über mich sprechen, ich muß das Unrecht zugeben, welches man mir zuschreibt, oder ich muß mich rechtfertigen. Daß die Waffen nicht gleich sein werden, sehe ich wohl, denn man wird mich mit Spott angreifen, und ich werde mich nur mit Gründen verteidigen. Doch gesetzt, daß ich meine Gegner überführe, es kümmert mich wenig, sie zu überzeugen. Indem ich mich bemüht habe, meine eigene Achtung zu verdienen, habe ich gelernt, auf die der anderen, die in ihrer Mehrzahl gut ohne die meine auskommen, zu verzichten. Allein auch wenn es mir kaum wichtig ist, daß man gut oder schlecht von mir denkt, so liegt mir doch daran, daß niemand das Recht hat, schlecht von mir zu denken, und es ist für die Wahrheit, die ich vertreten habe, wichtig, daß ihr Verteidiger keinesfalls zu Recht angeklagt werden kann, ihr seine Unterstützung nur aus Laune und Eitelkeit gegeben zu haben, ohne sie zu lieben und ohne sie zu kennen.

Die Partei, die ich in der Frage, welche ich vor einigen Jahren untersuchte, ergriffen habe, hat mir eine Menge Gegner[1] einge-

[1] Man versichert mir, daß viele es schlimm finden, daß ich meine Gegner meine Gegner nenne, und dies erscheint mir ganz glaubhaft in einem Jahrhundert, wo man nichts bei seinem Namen zu nennen wagt. Ich höre auch, daß jeder

bracht, die vielleicht dem Interesse der Gelehrten mehr Aufmerksamkeit gewidmet haben als der Ehre der Gelehrsamkeit. Ich hatte es vorausgesehen und es mir schon gedacht, daß ihr Verhalten bei dieser Gelegenheit mehr zu meinen Gunsten beweisen würde als alle meine Abhandlungen. In der Tat haben sie weder ihre Überraschung noch ihr Bedauern verhehlt, daß eine Akademie sich so zur Unzeit unbestechlich gezeigt hatte. Sie haben es ihr gegenüber weder an zudringlichen Schmähungen noch gar an Unrichtigkeiten[1] fehlen lassen, um das Gewicht des Urteils der Akademie zu schwächen. Auch ich bin in ihren Deklamationen nicht vergessen worden. Mehrere haben es unternommen, mich

meiner Gegner, wenn ich andere Einwürfe als die seinen beantworte, sich beklagt, daß ich meine Zeit damit verlöre, gegen Chimären zu kämpfen; das beweist mir etwas, was ich schon ahnte, daß sie nämlich ihre Zeit nicht damit vergeuden, einander zu lesen und zuzuhören. Was mich betrifft, so habe ich geglaubt, diese Mühe auf mich nehmen zu müssen, und ich habe die zahlreichen Schriften, welche sie gegen mich veröffentlicht haben, gelesen, von der ersten Antwort, die mir ehrend zuteil wurde, bis zu vier deutschen Reden, deren eine etwa in dieser Weise beginnt: *Meine Brüder, wenn Sokrates zu uns zurückkehren würde und den blühenden Zustand sähe, in welchem sich die Wissenschaften in Europa, was sage ich in Europa: in Deutschland, was sage ich in Deutschland: in Sachsen, was sage ich in Sachsen: in Leipzig, was sage ich in Leipzig: an dieser Universität befinden, so würde Sokrates, von Staunen ergriffen und von Respekt durchdrungen, sich bescheiden unter unsere Schüler setzen, ergeben unsere Lektionen empfangen und bald mit uns jene Unwissenheit verlieren, die er so sehr zu Recht beklagt hat.* Ich habe all dieses gelesen und habe nur wenige Antworten gegeben, vielleicht immer noch zu viele, allein ich bin froh, daß diese Herren sie gefällig genug gefunden haben, um auf jede Bevorzugung eifersüchtig zu sein. Was die Leute angeht, denen das Wort *Gegner* anstößig ist, so willige ich herzlich gerne ein, es ihnen zuliebe aufzugeben, vorausgesetzt daß sie mir ein anderes Wort zeigen, womit ich nicht nur all jene bezeichnen kann, die gegen meine Meinung gestritten haben, sei es durch Schriften oder sei es, klüger und bequemer für sie, in den Zirkeln der Frauen und Schöngeister, wo sie sicher sein konnten, daß ich nicht zu meiner Verteidigung einschreiten würde, sondern auch jene, die heute so tun, als hätte ich keine Gegner, zunächst aber fanden, daß die Erwiderungen meiner Gegner einer Antwort bedurften, und mich, als ich dann geantwortet hatte, tadelten, es getan zu haben, denn ihnen zufolge hatte man mich gar nicht angegriffen. Einstweilen werden sie erlauben, daß ich fortfahre, meine Gegner meine Gegner zu nennen, denn ungeachtet der Höflichkeit meines Jahrhunderts bin ich grob wie die Makedonier zu Philipps Zeiten.

[1] Im *Mercure* vom August 1752 kann man den Widerruf der Akademie zu Dijon lesen, irgendeine Schrift betreffend, die von ihrem Verfasser fälschlich einem der Mitglieder dieser Akademie zugeschrieben wurde.

lautstark zu widerlegen: die Weisen haben sehen können, mit welcher Beweiskraft, und das Publikum, mit welchem Erfolg sie es getan haben. Andere, die geschickter waren und die Gefahr erkannten, gegen bewiesene Wahrheiten direkt zu kämpfen, haben schlau auf meine Person die Aufmerksamkeit umgelenkt, die man allein meinen Gründen widmen mußte, und die Prüfung der Anklagen, welche sie gegen mich erhoben haben, hat die gewichtigeren Anklagen vergessen lassen, die ich selbst gegen sie gerichtet hatte. Ihnen also muß einmal geantwortet werden.

Sie behaupten, daß ich nicht ein Wort von den Wahrheiten denke, die ich aufgestellt habe, und daß ich, wenn ich einen Satz beweise, weiterhin doch das Gegenteil glaube. Das heißt, daß ich so aberwitzige Dinge bewiesen habe, daß man behaupten kann, ich hätte sie nur zum Spaß vertreten. Eine schöne Ehre erweisen sie da der Wissenschaft, die allen anderen zur Grundlage dient, und man muß glauben, daß die Kunst, zu schließen, der Entdekkung der Wahrheit sehr dienlich ist, wenn man sieht, wie sie mit Erfolg angewandt wird, um Tollheiten zu beweisen!

Sie behaupten, daß ich nicht ein Wort von den Wahrheiten denke, die ich aufgestellt habe, und dies ist zweifellos von ihrer Seite eine neue und bequeme Weise, auf unbeantwortbare Argumente zu antworten, sogar die Beweise des Euklid zu widerlegen und überhaupt alles, was es im Universum an Bewiesenem gibt. Mir jedenfalls scheint, daß die, die mich so vermessen anklagen, gegen mein Denken zu sprechen, selber nicht groß Bedenken tragen, gegen das ihre zu sprechen, denn sicherlich haben sie weder in meinen Schriften noch in meinem Verhalten etwas gefunden, was ihnen diesen Gedanken eingeben mußte, wie ich bald beweisen werde; und es ist ihnen nicht erlaubt, zu verkennen, daß man, seit ein Mensch ernsthaft spricht, denken muß, daß er glaubt, was er sagt, außer wenn seine Handlungen oder seine Reden ihn widerlegen, und selbst dann genügt dies nicht immer, um sich zu versichern, daß er nichts davon glaubt.

Sie können also schreien, soviel sie wollen, daß ich, indem ich mich gegen die Wissenschaften erklärte, gegen meine Überzeugung gesprochen hätte. Auf eine so kühne Behauptung, die gleichermaßen unbewiesen wie unwahrscheinlich ist, kann ich nur eine einzige Antwort geben; sie ist kurz und nachdrücklich, und ich bitte, sie sich zu merken.

Sie behaupten auch, daß mein Verhalten in Widerspruch stünde zu meinen Grundsätzen, und man kann sicher sein, daß sie diesen zweiten Vorwurf vorbringen, um den ersten abzusichern, denn es gibt viele Leute, die Beweise für das zu finden wissen, was nicht ist. Sie werden also sagen, daß es einem, wenn man Musik und Verse macht, schlecht anstehe, die schönen Künste herunterzumachen, und daß es in der Literatur, die ich zu verachten vorgebe, tausend lobenswertere Beschäftigungen gebe, als Theaterstücke zu schreiben. Auch diese Anklage muß beantwortet werden.

Erstens, auch wenn man ihr in aller ihrer Schärfe stattgeben würde, so würde sie, sage ich, beweisen, daß ich mich schlecht aufführe, nicht aber, daß ich nicht im guten Glauben spreche. Wenn es erlaubt wäre, aus den Handlungen der Menschen den Beweis ihrer Überzeugungen zu ziehen, dann müßte man sagen, daß die Liebe zur Gerechtigkeit aus allen Herzen verbannt ist und daß es keinen einzigen Christen auf Erden gibt. Man zeige mir Menschen, die immer folgerichtig nach ihren Grundsätzen handeln, und ich verdamme die meinen. Es ist das Los der Menschheit, daß die Vernunft uns das Ziel zeigt und die Leidenschaften uns davon entfernen. Wenn es wahr wäre, daß ich nicht nach meinen Grundsätzen handelte, so hätte man doch keinen Grund, mich allein deswegen anzuklagen, daß ich gegen meine Überzeugung spreche, noch auch gegen meine heuchlerischen Grundsätze Anklage zu erheben.

Wenn ich aber in diesem Punkte Unrecht eingestehen wollte, so würde es genügen, wenn ich die Zeiten vergliche, um die Dinge zu versöhnen. Ich habe nicht immer das Glück gehabt, so zu denken, wie ich es tue. Lange war ich verführt durch die Vorurteile meines Jahrhunderts, und ich hielt die Studien für die einzige Beschäftigung, die eines Weisen würdig wäre, ich betrachtete die Wissenschaften nur mit Achtung und die Gelehrten mit Bewunderung.[1] Ich begriff nicht, daß man in die Irre gehen konnte,

[1] Jedesmal, wenn ich an meine alte Einfalt denke, kann ich nicht umhin zu lachen. Ich las kein Buch der Moral und der Philosophie, ohne zu glauben, daß ich darin die Seele und die Grundsätze des Verfassers sähe. Ich betrachtete alle diese

wenn man immer Weisheit zeigte, und daß man Übel tun konnte, wenn man immer von ihr sprach. Erst nachdem ich die Dinge von nahem gesehen hatte, habe ich sie nach ihrem wirklichen Wert einschätzen gelernt, und obwohl ich bei meinen Untersuchungen immer gefunden habe, daß *satis loquentiae, sapientiae parum*, hat es viel Nachdenken, viele Beobachtungen und viel Zeit gebraucht, um in mir die Täuschung durch jenen eitlen wissenschaftlichen Prunk zu zerstören. Es ist nicht erstaunlich, daß ich während dieser Zeit der Vorurteile und der Irrtümer, als ich die Schriftstellerei so sehr schätzte, manchmal danach gestrebt habe, sie selbst auszuüben. So also kamen die Verse und die meisten anderen Schriften zustande, die meiner Feder entstammen, unter anderem auch diese kleine Komödie. Es wäre freilich hart, wenn man mich heute wegen der Vergnügungen meiner Jugend tadeln würde, und mindestens wäre man im Unrecht, wenn man mich anklagen wollte, daß ich damit Grundsätzen widersprochen hätte, die damals noch gar nicht die meinen waren. Schon lange verbinde ich mit diesen Dingen keinerlei Anspruch mehr, und wenn ich sie unter diesen Umständen, nachdem ich so klug gewesen bin, sie so lange zu bewahren, dem Publikum übergebe, so sage ich damit eigentlich, daß ich Lob und Tadel, die sie vielleicht verdienen, gleichermaßen fürchte, denn ich denke nicht mehr wie der Verfasser, dessen Werk sie sind. Es sind illegitime Kinder, die man immer noch mit Vergnügen herzt, errötend darüber, daß man ihr Vater ist, denen man sein letztes Lebewohl gesagt hat und die man ausschickt, ihr Glück zu suchen, ohne sich viel zu beunruhigen, was aus ihnen wohl werden mag.

Doch dies heißt zuviel räsonieren nach wesenlosen Voraussetzungen. Wenn man mich ohne Grund beschuldigt, die Literatur zu pflegen, die ich verachte, so verteidige ich mich ohne Not, denn wenn dies wahr wäre, so wäre daran nichts inkonsequent. Das bleibt mir zu beweisen.

Ich werde dabei, so wie es bei mir Brauch ist, die einfache und

gewichtigen Schriftsteller als gemäßigte, weise, tugendhafte und tadellose Menschen. Ich machte mir himmlische Vorstellungen von dem Umgang mit ihnen, und ich hätte mich dem Hause von einem von ihnen nur wie einem Heiligtum genähert. Dann habe ich sie gesehen: dieses kindische Vorurteil hat sich aufgelöst, und dies ist der einzige Irrtum, von dem sie mich geheilt haben.

leichte Methode befolgen, die der Wahrheit eignet. Ich werde nochmals die Frage formulieren, und ich werde nochmals meine Überzeugung darlegen, und ich erwarte, daß man anhand dieser Darlegung mir zeigen wird, worin meine Handlungen meinen Reden widersprechen. Meine Gegner ihrerseits werden um eine Antwort nicht verlegen sein, denn sie besitzen die wunderbare Kunst, für und wider alle Arten von Themen zu sprechen. Sie werden, nach ihrem Brauch, beginnen, indem sie frei nach ihrer Phantasie eine andere Frage zum Gegenstand machen, sie werden sie mich auflösen lassen, ganz wie es ihnen genehm ist, und um mich bequemer angreifen zu können, werden sie mich nicht nach meiner Weise, sondern nach ihrer Weise schließen lassen. Sie werden den Blick des Lesers geschickt von dem wesentlichen Gegenstand ablenken, um ihn rechts und links festzuhalten. Sie werden ein Phantom bekämpfen und werden behaupten, sie hätten mich besiegt, aber ich werde getan haben, was ich tun muß, und ich beginne nun.

»Die Wissenschaft ist zu nichts gut und hat immer nur Böses bewirkt, denn sie ist von ihrer Natur her schlecht. Sie ist so wenig trennbar vom Laster wie die Unwissenheit von der Tugend. Alle gebildeten Völker sind immer verderbt gewesen, und alle unwissenden Völker waren tugendhaft, mit einem Wort, Laster gibt es nur bei den Gelehrten, und tugendhaft ist nur der Mann, welcher nichts weiß. Es gibt also für uns ein Mittel, um wieder ehrenhafte Leute zu werden: wir müssen uns eilen, die Wissenschaft und die Gelehrten zu ächten, unsere Bibliotheken verbrennen, unsere Akademien, unsere Kollegien, unsere Universitäten schließen und ganz in die Barbarei der ersten Zeiten zurücktauchen.«

Dies ist es, was meine Gegner sehr gut widerlegt haben, allein ich habe von all dem auch nie ein Wort gesagt oder gedacht, und man könnte sich nichts ausdenken, was meinem System mehr entgegen ist als diese widersinnige Lehre, welche sie die Güte haben, mir zuzuschreiben. Hier nun aber, was ich gesagt habe und was man nicht widerlegt hat.

Es ging darum, zu wissen, ob die Wiederherstellung der Wissenschaften und der Künste dazu beigetragen habe, unsere Sitten zu läutern.

Indem man zeigte, wie ich es getan habe, daß unsere Sitten

sich keineswegs geläutert haben[1], war die Frage so gut wie aufgelöst.

Es war in ihr jedoch eine andere, allgemeinere und wichtigere Frage enthalten über den Einfluß, den die Pflege der Wissenschaften bei jeder Gelegenheit auf die Sitten der Völker haben muß. Diese Frage, von welcher die erste bloß eine Folge ist, hatte ich mir vorgesetzt, sorgfältig zu prüfen. Ich begann mit den Tatsachen und zeigte, daß die Sitten bei allen Völkern der Welt in dem Maße ausgeartet sind, als der Geschmack an den Studien und an den schönen Wissenschaften sich bei ihnen ausbreitete.

Das war nicht genug, denn ohne verneinen zu können, daß diese Dinge immer miteinander einhergegangen sind, konnte man verneinen, daß eines das andere nach sich gezogen habe. Ich befleißigte mich also, zu zeigen, daß diese Verbindung notwendig ist. Ich machte deutlich, daß die Quelle unserer Irrtümer in diesem Punkte daraus entspringt, daß wir unsere eitlen und täuschenden Erkenntnisse mit dem höchsten Verstande verwechseln, der mit einem Blick die Wahrheit aller Dinge sieht. Die Wissenschaft in ihrer abstrakten Form verdient alle unsere Bewunderung. Die verrückte Wissenschaft der Menschen verdient nur Gelächter und Verachtung.

Der Geschmack an der Gelehrsamkeit kündigt bei einem Volke immer nur den Beginn der Verderbtheit an, welche er schnellstens beschleunigt. Denn dieser Geschmack kann bei einer ganzen Nation nur aus zwei üblen Quellen entspringen, welche ihrerseits die Studien erhalten und vermehren, nämlich

[1] Wenn ich gesagt habe, daß unsere Sitten verdorben wurden, so habe ich damit nicht sagen wollen, daß die unserer Ahnen gut waren, sondern bloß, daß die unseren noch schlechter sind. Es gibt bei den Menschen Tausende Quellen der Verderbtheit, und obgleich die Wissenschaften vielleicht die reichste und rascheste sind, so sind sie doch noch lange nicht die einzige. Der Zerfall des Römischen Reiches und der Einbruch eines Haufens von Barbaren haben eine Mischung aller Völker hervorgebracht, welche notwendig die Sitten und Gebräuche eines jeden von ihnen zerstören mußte. Die Kreuzzüge, der Handel, die Entdeckung beider Indien, die Seefahrt, die weiten Reisen und noch andere Ursachen, die ich nicht nennen will, haben die Unordnung aufrechterhalten und vermehrt. Alles, was den Austausch zwischen den verschiedenen Nationen erleichtert, trägt nicht zu den einen die Tugenden der anderen, sondern ihre Verbrechen, und verändert

aus dem Müßiggang und dem Verlangen, sich zu unterscheiden. In einem wohlverfaßten Staat hat jeder Bürger seine Pflichten zu erfüllen, und seine wichtigen Aufgaben sind ihm zu kostbar, um ihm die Muße zu leichtfertigen Spekulationen zu lassen. In einem wohlverfaßten Staat sind die Bürger so sehr einander gleich, daß keiner den anderen als der gelehrteste und nicht einmal als der geschickteste, wohl aber als der beste vorgezogen werden kann, und selbst die letztgenannte Unterscheidung ist oft gefährlich, denn sie erzeugt Betrüger und Heuchler.

Der Geschmack an der Gelehrsamkeit, welcher aus dem Verlangen entsteht, sich zu unterscheiden, erzeugt notwendig Übel, die unendlich gefährlicher sind, als jedes ihrer Güter nützlich ist, denn schließlich machen sich die, die sich diesem Geschmack ergeben, sehr wenig Gewissen aus den Mitteln, mit welchen sie Erfolg haben können. Die ersten Philosophen schufen sich ein großes Ansehen, indem sie die Menschen lehrten, ihre Pflichten und die Prinzipien ihrer Tugend auszuüben. Aber bald waren diese Lehren allgemein geworden, und man mußte sich unterscheiden, indem man entgegengesetzte Wege einschlug. Hier liegt der Ursprung der widersinnigen Systeme eines Leukippos, eines Diogenes, eines Pyrrhon, eines Protagoras, eines Lukrez. Die Hobbes, Mandeville und tausend andere haben sich in eben dieser Weise unter uns hervortun wollen, und ihre gefährliche Lehre hat so sehr Frucht getragen, daß man, obgleich es bei uns noch wahre Philosophen gibt, die danach trachten, in unseren Herzen die Gesetze der Menschlichkeit und der Tugend wieder in Erinnerung zu rufen, entsetzt ist zu sehen, bis zu welchem Punkt unser

bei allen die Sitten, welche ihrem Klima und der Beschaffenheit ihrer Regierung angemessen sind. Die Wissenschaften haben also nicht alles Böse getan, sondern nur ihren Teil dazu beigetragen, und zwar vor allem das, was ihnen eigentümlich ist, nämlich unseren Lastern eine angenehme Färbung und ein gewisses ehrenhaftes Aussehen zu geben, was uns hindert, Schrecken davor zu empfinden. Als man zum erstenmal die Komödie *Le Méchant* spielte, hat man, wie ich mich erinnere, nicht finden können, daß die Hauptrolle dem Titel entsprach. Cléon erschien nur als ein ganz gewöhnlicher Mann, er war, wie man sagte, wie jedermann. Dieser abscheuliche Schurke, dessen so gut dargestellter Charakter all jene, die das Unglück haben, ihm zu gleichen, vor sich selbst hätte erzittern lassen müssen, erschien als ein völlig mißglückter Charakter, und seine Bosheiten gingen als Artigkeiten durch, weil jeder, der sich ganz als ehrenhafter Mann fühlte, sich darin Zug für Zug erkannte.

vernünftelndes Jahrhundert in seinen Grundsätzen die Verachtung der Pflichten des Menschen und des Bürgers getrieben hat.

Der Geschmack an der Gelehrsamkeit, an der Philosophie und den schönen Künsten vernichtet die Liebe zu unseren ersten Pflichten und zum wahren Ruhm. Wenn sich die Talente einmal der Ehrerbietung, welche man der Tugend schuldet, bemächtigt haben, dann will jeder ein liebenswürdiger Mann sein, aber niemand bemüht sich, ein guter Mensch zu sein. Daraus entsteht noch jene andere Inkonsequenz, daß man den Menschen nur die Eigenschaften lohnt, die nicht von ihnen selbst abhängen, denn unsere Talente werden mit uns geboren, nur unsere Tugenden gehören ganz uns.

Die erste und nahezu einzige Sorge, welche man unserer Erziehung widmet, ist Frucht und Keim dieser lächerlichen Vorurteile. So quält man unsere arme Jugend, um sie die schönen Wissenschaften zu lehren, und wir kennen alle Regeln der Grammatik, ehe wir von den Pflichten des Menschen sprechen hörten. Wir wissen alles, was sich bis heute zugetragen hat, ehe man uns ein Wort darüber sagt, was wir tun sollen, und wenn man nur unser Geschwätz übt, so sorgt sich niemand darum, ob wir zu handeln oder zu denken verstehen. Mit einem Wort, man soll gelehrt nur in den Dingen sein, die uns zu nichts dienen können, und unsere Kinder werden genauso wie die Athleten der öffentlichen Spiele bei den Alten aufgezogen, die sich, da ihre kräftigen Glieder nur einer nutzlosen und überflüssigen Übung geweiht waren, hüteten, sie jemals zu irgendeiner nutzbringenden Arbeit zu verwenden.

Der Geschmack an der Gelehrsamkeit, an der Philosophie und an den schönen Künsten schwächt den Körper und die Seele. Die Arbeit im Kabinett macht die Menschen zartfühlend, schwächt ihr Temperament, und nur schwer bewahrt die Seele ihre Kraft, wenn der Körper die seine verloren hat. Das Studium verschleißt die Maschine, erschöpft die Geister, zerstört die Kraft, schwächt den Mut, und dies allein zeigt hinreichend, daß es nicht für uns gemacht ist. Man wird dadurch träge und verzagt, unfähig, gleichermaßen dem Schmerz wie den Leidenschaften zu widerstehen. Jedermann weiß, wie wenig sich die Bewohner der Städte dazu eignen, die Mühen des Krieges zu ertragen, und nicht unbekannt ist der Ruf der Gelehrten in Sachen der Tapferkeit.[1] Nichts freilich ist mit mehr Recht verdächtig als die Ehre eines Feiglings.

Soviel Nachdenken über die Schwäche unserer Natur dient oft nur dazu, uns von großzügigen Unternehmungen abzulenken. Durch das Meditieren über das Elend der Menschheit läßt unsere Einbildungskraft uns sein Gewicht spüren, und zu viel Voraussicht nimmt uns den Mut, indem sie uns der Sicherheit beraubt. Ganz vergeblich wollen wir uns vor unvorhergesehenen Zufällen schützen: »Wenn die Wissenschaft sich bemüht, uns mit neuen Mitteln gegen die natürlichen Leiden zu bewaffnen, so hat sie eher deren Größe und Gewicht in unsere Phantasie eingegraben, als daß ihre Gründe und eitlen Spitzfindigkeiten uns dagegen schützten.«

Der Geschmack an der Philosophie lockert alle Bande der Achtung und des Wohlwollens, die die Menschen an die Gesellschaft binden, und dies ist vielleicht das gefährlichste der Übel, die sie hervorbringt. Der Zauber des Studierens verdirbt bald den Geschmack an jeder anderen Neigung, und dadurch, daß der Philosoph über die Menschheit nachdenkt, dadurch, daß er die Menschen beobachtet, lehrt er, sie nach ihrem wahren Wert zu schätzen, und es ist schwer, Zuneigung für das zu empfinden, was man verachtet. Bald vereinigt er in seiner Person alle Anteilnahme, welche die tugendhaften Menschen für ihresgleichen haben; seine Verachtung für die anderen kommt seinem Hochmut zugute, und seine Eigenliebe wächst in demselben Maße wie seine Gleichgültigkeit für das übrige Universum. Die Familie und das Vaterland werden für ihn sinnleere Worte; er ist nicht Vater, nicht Bürger, nicht Mensch, er ist Philosoph.

Zu eben der Zeit, in welcher die Pflege der Wissenschaften das Herz des Philosophen in gewisser Weise aus dem Getümmel zurückzieht, wird das des Literaten in einem anderen Sinne, aber

[1] Hier ist ein Beispiel aus der neueren Zeit für die, die mich tadeln, daß ich nur solche aus alten Zeiten anführe. Die Republik Genua hat, als sie die Korsen leichter zu unterwerfen suchte, kein sichereres Mittel gefunden, als eine Akademie bei ihnen zu errichten. Es würde mir nicht schwerfallen, diese Anmerkung zu verlängern, aber dies würde dem Verstand der einzigen Leser, an welchen mir gelegen ist, unrecht tun.

gleichermaßen zum Schaden für die Tugend, darein verwickelt. Jeder Mensch, der mit angenehmen Talenten seine Zeit verbringt, will gefallen, bewundert werden, und er will mehr bewundert werden als ein anderer. Der öffentliche Beifall gehört ihm allein; ich würde sagen, daß er alles tut, um ihn zu erhalten, wenn er nicht noch mehr täte, um seine Konkurrenten um diesen Beifall zu bringen. Daraus entstehen einerseits die Feinheiten des Geschmacks und der Lebensart, gemeine und niedrige Schmeichelei, verführerische, hinterlistige und kindische Sorgfalt, welche mit der Zeit die Seele herabsetzen und das Herz verderben, und andererseits entstehen daraus die Eifersüchteleien, Rivalitäten und Feindschaften so angesehener Künstler, üble Verleumdung, Betrug, Verrat, alle Feigheit und alle Widerwärtigkeit, die das Laster überhaupt nur haben mag. Während der Philosoph die Menschen verachtet, wird der Künstler bald von den Menschen verachtet, und beide wirken schließlich zusammen, die Menschen verächtlich erscheinen zu lassen.

Das ist noch nicht alles, und von allen Wahrheiten, die ich den Weisen zu erwägen gegeben habe, ist die folgende die erstaunlichste und grausamste. Alle unsere Schriftsteller betrachten als das Meisterwerk der Politik unseres Jahrhunderts die Wissenschaften, die Künste, den Handel, die Gesetze und die anderen Bande, welche unter den Menschen den Knoten der Gesellschaft[1] durch das persönliche Interesse knüpfen, sie alle in eine wechselseitige Abhängigkeit voneinander bringen, ihnen gegenseitige Bedürfnisse und gemeinsame Interessen geben und jeden von ihnen verpflichten, zum Glück der anderen beizutragen, um das seine machen zu können. Diese Ideen sind ohne Zweifel schön und bieten sich in günstigem Lichte dar, doch wenn man sie aufmerksam und unparteiisch prüft, muß man viel von den Vorzügen abstreichen, die sie zuerst zu haben scheinen.

Es ist doch ein sehr bewunderungswürdiges Ding, daß man die

[1] Ich beklage, daß die Philosophie jene Bande der Gesellschaft, welche durch Achtung und gegenseitiges Wohlwollen gebildet werden, lockert, und ich beklage, daß die Wissenschaften, die Künste und alle übrigen Gegenstände des Handels die Bande der Gesellschaft durch das persönliche Interesse wieder fester knüpfen. Denn man kann in der Tat keines dieser Bande fester knüpfen, ohne daß das andere sich in demselben Maße lockert. Hierin liegt also keinerlei Widerspruch.

Menschen dahin gebracht hat, daß es ihnen unmöglich ist, miteinander zu leben, ohne sich gegenseitig zu beschuldigen, beiseite zu drängen, zu täuschen, zu verraten und zu vernichten! Fortan muß man darauf achten, daß wir uns nicht so sehen, wie wir sind, denn auf zwei Menschen, deren Interessen übereinstimmen, kommen vielleicht zehntausend, die ihnen entgegenstehen, und um Erfolg zu haben, gibt es kein anderes Mittel, als alle diese Leute zu täuschen oder zugrunde zu richten. Dies ist die unheilvolle Quelle der Gewalttätigkeiten, der Verräterei, der Hinterhältigkeiten und all der Schrecken, die in einem Zustand der Dinge notwendig sind, wo jeder vorgibt, an dem Glück und dem Ansehen der anderen zu arbeiten, und nur sein Glück auf ihre Kosten über sie zu erheben strebt.

Was haben wir damit gewonnen? Viel Geschwätz der Reichen und der Vernünftler, das heißt der Feinde der Tugend und des gesunden Menschenverstandes. Dafür haben wir die Unschuld und die Sitten verloren. Die Menge krümmt sich im Elend, und alle sind die Sklaven des Lasters. Die nicht begangenen Verbrechen sind schon im Grunde des Herzens da, und zu ihrer Ausführung fehlt nur die Zusicherung der Straffreiheit.

Seltsame und verhängnisvolle Verhältnisse, wo die schon aufgehäuften Reichtümer die Mittel, noch größere zu erwerben, fördern und wo es für den, der nichts hat, unmöglich ist, etwas zu erwerben; wo der gute Mensch kein Mittel hat, aus dem Elend herauszukommen, wo die Schurken am meisten geehrt werden und wo man notwendig der Tugend entsagen muß, um ein ehrenhafter Mann zu werden! Ich weiß, daß die Deklamatoren dies alles schon hundertmal gesagt haben, aber sie haben es mit Phrasen gesagt, und ich sage es mit Gründen; sie haben das Übel wahrgenommen, und ich entdecke seine Ursachen und mache vor allem etwas sehr Tröstliches und Nützliches sichtbar, indem ich zeige, daß alle diese Laster nicht so sehr zum Menschen, sondern zum schlecht regierten Menschen[1] gehören.

[1] Ich bemerke, daß gegenwärtig in der Welt viele kleine Grundsätze herrschen, welche die einfachen Menschen durch den falschen philosophischen Schein, den sie sich geben, verführen und sich darüber hinaus sehr bequem dazu eignen, alle Streitigkeiten mit einem gewichtigen und entschiedenen Ton zu beenden, ohne die Frage prüfen zu wollen. Hier ist ein solcher Grundsatz: »Die Menschen haben

Dies sind die Wahrheiten, die ich entwickelt und in den verschiedenen Schriften, welche ich zu diesem Thema veröffentlicht habe, zu beweisen versucht habe. Hier nun die Schlußfolgerungen, die ich daraus gezogen habe.

Die Wissenschaft ist nicht für den Menschen im allgemeinen gemacht. Er verirrt sich ohne Unterlaß bei seinen Forschungen, und wenn er einmal zum Ziel kommt, so geschieht dies fast nie ohne Nachteile. Er ist geboren zum Handeln und Denken, nicht aber zum Nachdenken. Das Nachdenken dient nur dazu, ihn unglücklicher zu machen, ohne daß es ihn besser oder weiser machte: es läßt ihn die vergangenen Güter beklagen und hindert ihn, das gegenwärtige zu genießen, es stellt ihm die Zukunft glücklich dar, um ihn durch seine Einbildungskraft zu verführen und durch seine Wünsche zu quälen, und es stellt ihm die Zukunft unglücklich dar, um sie ihn vorweg spüren zu lassen. Die Studien verderben seine Sitten, schwächen seine Gesundheit, zerstören sein Temperament und trüben oft seinen Verstand, und wenn er durch sie auch etwas lernte, so wäre das immer noch eine sehr geringe Entschädigung.

Ich gestehe, daß es einige erhabene Genies gibt, die den Schleier, in welchen die Wahrheit gehüllt ist, zu durchdringen verstehen, einige ausgezeichnete Seelen, die der blöden Eitelkeit, der niedrigen Eifersucht und allen übrigen Leidenschaften, welche der Geschmack an den schönen Wissenschaften erzeugt, zu

überall dieselben Leidenschaften, überall werden sie von der Eigenliebe und dem Interesse geleitet, also sind sie überall gleich.« Wenn die Mathematiker eine Voraussetzung gemacht haben, welche sie von Schluß zu Schluß zu einer widersinnigen Folgerung führt, dann gehen sie ihren Weg zurück und beweisen so die Falschheit der Voraussetzung. Wenn man dieselbe Methode auf den fraglichen Grundsatz anwenden würde, so würde man leicht seine Widersinnigkeit beweisen können: aber schließen wir anders. Ein Wilder ist ein Mensch, und ein Europäer ist ein Mensch. Der Halbphilosoph schließt gleich, daß der eine nicht mehr wert ist als der andere, aber der Philosoph sagt: die Regierung, die Gesetze, die Gebräuche, das Interesse, all dieses bringt in Europa die einzelnen zu der Notwendigkeit, sich wechselseitig und ohne Unterlaß zu täuschen, alles macht ihnen das Laster zur Pflicht, und sie müssen böse sein, um weise sein zu können, denn es gibt keine größere Verrücktheit, als das Glück der Schurken auf Kosten des eigenen Glücks zu machen. Bei den Wilden spricht das Eigeninteresse ebenso stark wie bei uns, aber es sagt nicht dieselben Dinge: die Liebe zur Gesellschaft und die Sorge für ihre gemeinsame Verteidigung sind das einzige Band, welches sie

widerstehen vermögen. Die wenigen, die das Glück haben, diese Eigenschaften in sich zu vereinigen, sind das Licht und die Ehre des Menschengeschlechts, und nur ihnen steht es zu, sich für das Wohl aller mit Studien abzumühen, und selbst diese Ausnahme bestätigt die Regel. Denn wären alle Menschen Sokrates, so wäre die Wissenschaft für sie nicht schädlich, aber sie hätten auch kein Bedürfnis nach ihr.

Jedes Volk, welches Sitten hat und folglich seine Gesetze achtet und die alten Gebräuche nicht verfeinern möchte, muß sich sorgfältig vor den Wissenschaften hüten und vor allem vor den Gelehrten, deren eingängige und dogmatische Grundsätze sie bald lehren werden, ihre Gebräuche und ihre Gesetze zu verachten, und dies kann eine Nation nicht tun, ohne sich zu verderben. Die geringste Änderung in den Gebräuchen, und wäre sie sogar in gewisser Hinsicht vorteilhaft, schlägt immer zum Nachteil der Sitten aus. Denn die Gebräuche sind die Moral des Volkes, und sobald es aufhört sie zu achten, hat es keinen anderen Maßstab mehr als seine Leidenschaften und keine Zügel als die Gesetze, die manchmal die Bösen zurückhalten, niemals aber sie gut machen können. Im übrigen findet die Philosophie, wenn sie einmal ein Volk gelehrt hat, seine Gebräuche zu verachten, sehr schnell das Geheimnis heraus, wie seine Gesetze zu umgehen sind. Ich sage also, daß es mit den Sitten eines Volkes so geht wie mit der

eint. Das Wort *Eigentum*, welches unsere ehrenhaften Männer so viele Verbrechen kostet, hat bei ihnen so gut wie keinen Sinn, es gibt bei ihnen keinerlei Interessenstreit, der sie spaltet, nichts zwingt sie dazu, sich gegenseitig zu täuschen, die öffentliche Achtung ist das einzige Gut, wonach jeder von ihnen strebt und das sie alle verdienen. Es ist durchaus möglich, daß ein Wilder eine üble Handlung begeht, allein es ist nicht möglich, daß er die Gewohnheit, Übles zu tun, annimmt, denn dies wäre ihm zu nichts nütze. Ich glaube, man kann eine genaue Schätzung der Sitten der Menschen nach der Vielzahl der Geschäfte machen, die sie miteinander haben: je mehr sie miteinander handeln, je mehr sie ihre Talente und ihren Kunstfleiß bewundern, um so mehr begaunern sie sich mit Anstand und Geschicklichkeit, und um so mehr verdienen sie Verachtung. Ich sage es mit Bedauern: der gute Mensch ist der, der niemanden zu täuschen braucht, und der Wilde ist dieser Mensch.

Illum non populi fasces, non purpura Regum
Flexit, et infidos agitans discordia fratres;
Non res Romanae, perituraque regna. Neque ille
Aut doluit miserans inopem, aut invidit habenti.

Ehre eines Mannes, die ein Schatz ist, der bewahrt werden muß, die man jedoch nicht zurückgewinnen kann, wenn man sie einmal verloren hat.[1]

Wenn aber ein Volk einmal bis zu einem bestimmten Grade verderbt ist, ob nun die Wissenschaften dazu beigetragen haben oder nicht, muß man sie dann verbannen oder sie bewahren, um das Volk besser zu machen oder um es zu hindern, schlechter zu werden? Dies ist eine andere Frage, welche ich eindeutig verneinend beantwortet habe. Denn erstens, da ein lasterhaftes Volk niemals zur Tugend zurückkehrt, handelt es sich nicht darum, diejenigen gut zu machen, die es nicht mehr sind, sondern diejenigen so zu erhalten, die das Glück haben, noch gut zu sein. Zweitens dienen dieselben Ursachen, welche die Völker verdorben haben, manchmal dazu, eine größere Verderbnis zu verhindern, so wie der, der sich das Temperament durch einen unzeitigen Gebrauch der Medizin verdorben hat, gezwungen ist, auf die Ärzte zurückzugreifen, um sich am Leben zu erhalten, und so sind die Künste und die Wissenschaften, nachdem sie die Laster zur Blüte gebracht haben, notwendig, um zu verhindern, daß sie zu Verbrechen werden. Sie bedecken sie zumindest mit einem Glanz, der es nicht erlaubt, daß sich das Gift ganz frei verbreitet. Sie zerstören die Tugend, aber sie lassen von ihr das öffentliche Götzenbild[2], was immer etwas Schönes ist. An seiner Stelle füh-

[1] Ich finde in der Geschichte ein einziges, aber schlagendes Beispiel, welches diesem Grundsatz zu widersprechen scheint. Es ist das Beispiel der Gründung Roms durch eine Bande von Räubern, deren Nachfahren in wenigen Generationen das tugendhafteste Volk geworden sind, das es jemals gab. Es fiele mir nicht schwer, diese Tatsache zu erklären, wenn hier dafür der Ort wäre, allein ich werde mich damit begnügen, anzumerken, daß die Gründer Roms nicht so sehr Männer gewesen sind, deren Sitten verderbt waren, als vielmehr Menschen, deren Sitten sich noch nicht gebildet hatten. Sie verachteten nicht die Tugend, sondern sie kannten sie noch gar nicht, denn die Worte *Tugenden* und *Laster* sind Allgemeinbegriffe, welche nur aus dem Umgang der Menschen miteinander entstehen. Außerdem würde man aus diesem Einwurf einen schlechten Vorteil zugunsten der Wissenschaften ziehen, denn von den beiden Königen Roms, die der Republik eine Gestalt gegeben und ihre Bräuche und Sitten eingerichtet haben, beschäftigte sich der eine nur mit der Kriegführung und der andere nur mit heiligen Riten, den beiden Dingen, die von der Philosophie am weitesten entfernt sind.

[2] Dieses Götzenbild ist eine gewisse Sanftheit der Sitten, welche manchmal an die Stelle ihrer Reinheit tritt, ein gewisser Schein der Ordnung, der eine fürchterli-

ren sie die feine Lebensart und den Anstand ein, und an die Stelle der Angst davor, böse zu scheinen, setzen sie die Angst, lächerlich zu wirken.

Mein Rat ist also, und ich habe ihn schon mehr als einmal gegeben, die Akademien, die Schulen, die Universitäten, die Bibliotheken und das Schauspiel sowie alle anderen Vergnügungen, welche von der Bosheit der Menschen eine gewisse Ablenkung geben können, bestehen zu lassen und sie sogar sorgfältig aufrechtzuerhalten, um die Menschen daran zu hindern, ihren Müßiggang an gefährlichere Dinge zu wenden. Denn in einem Lande, in dem es keine ehrenhaften Leute und keine guten Sitten mehr gäbe, wäre es dennoch besser, mit Schurken zusammenzuleben als mit Räubern.

Ich frage nun, wo ist der Widerspruch, daß ich bei mir selbst den Geschmack bilde, dessen Fortschritte ich mißbillige? Es geht nicht mehr darum, Völker dahin zu bringen, gut zu handeln, es gilt nur, sie davon abzuhalten, Übles zu tun, man muß sie mit Nichtigkeiten beschäftigen, um sie von bösen Handlungen abzulenken, man muß sie unterhalten, statt ihnen zu predigen. Wenn meine Schriften die kleine Zahl der Guten erbaut haben, so habe ich ihnen all das Gute getan, welches von mir abhing, und vielleicht dient man ihnen auch dadurch in nützlicher Weise, daß man den anderen Gegenstände der Zerstreuung bietet, welche sie hindern, an jene Guten zu denken. Ich würde mich glücklich schätzen, wenn ich alle Tage ein Stück zu geben hätte und damit für zwei Stunden die üblen Pläne auch nur eines einzigen Zuschauers aufhalten und die Ehre der Tochter oder der Frau seines Freundes, das Geheimnis seines Vertrauten oder das Vermögen seines Gläubigers retten könnte. Sobald es keine Sitten mehr gibt, braucht man nur noch an das gesittete Betragen zu denken, und man weiß hinreichend, daß die Musik und das Schauspiel dabei die wichtigste Rolle spielen.

che Verwirrung verhindert, eine gewisse Bewunderung schöner Dinge, welche verhindert, daß die guten Dinge ganz in Vergessenheit geraten. Es ist das Laster, welches hier die Maske der Tugend aufsetzt, nicht wie die Heuchelei, um zu täuschen und zu verraten, sondern um sich unter diesem liebenswerten und heiligen Bilde von dem Schrecken frei zu machen, den es sich einflößt, wenn es sich unbedeckt sieht.

Wenn meine Rechtfertigung noch einige Schwierigkeiten übrigläßt, so weder, wie ich kühn behaupten möchte, gegenüber dem Publikum noch gegenüber meinen Gegnern, sondern allein gegenüber mir selbst, denn nur indem ich mich selbst beobachte, kann ich beurteilen, ob ich mich zu der genannten kleinen Zahl rechnen darf und ob meine Seele die Bürde literarischer Übungen tragen kann. Mehr als einmal habe ich ihre Gefahren gespürt, mehr als einmal habe ich sie aufgegeben in der Absicht, sie nie wieder aufzunehmen, und indem ich ihrem verführerischen Zauber entsagte, habe ich dem Frieden meines Herzens die einzigen Vergnügungen geopfert, die ihm noch schmeicheln konnten. Wenn ich sie in der Mattigkeit, die mich heimsucht, wenn ich sie am Ende einer mühseligen und schmerzlichen Laufbahn noch einmal für einige Augenblicke aufzunehmen gewagt habe, um mein Elend zu verschönen, so glaube ich zumindest weder genug Interesse noch auch genug Anspruch hineingelegt zu haben, als daß ich in dieser Hinsicht den gerechten Vorwurf verdiente, welchen ich den Literaten gemacht habe.

Ich brauchte eine Probe, um die Erkenntnis meiner selbst vollenden zu können, und ich habe sie, ohne zu zögern, gemacht. Nachdem ich die Verfassung meiner Seele bei literarischen Erfolgen erkannt hatte, blieb mir übrig, sie unter umgekehrten Verhältnissen zu prüfen. Ich weiß jetzt, was ich davon zu denken habe, auch wenn ich mit dem schlechtesten Publikum rechne. Mein Stück hatte das Schicksal, das es verdiente und das ich vorausgesehen hatte, doch bei aller Langeweile, die es mir bereitete, habe ich die Vorstellung viel zufriedener mit mir selbst verlassen, und dies mit viel mehr Berechtigung, als wenn es Erfolg gehabt hätte.

Ich rate also denen, die so begierig darauf sind, mir Vorwürfe zu machen, daß sie meine Grundsätze doch besser untersuchen und mein Verhalten besser beobachten möchten, ehe sie mich des Widerspruchs oder der Inkonsequenz beschuldigen. Wenn sie jemals bemerken, daß ich um den Beifall des Publikums zu werben beginne oder Eitelkeit zeige, weil ich hübsche Lieder geschrieben habe, oder erröte, weil ich schlechte Stücke verfaßt habe, oder wenn ich versuche, der Ehre meiner Mitbewerber zu schaden, oder wenn ich von den großen Männern meines Jahrhunderts schlecht zu sprechen scheine, um mich auf ihre Stufe zu heben, indem ich sie zu mir herabziehe, oder wenn ich in Akademien einen Platz erstrebe oder Frauen, welche den Ton angeben, den Hof mache oder die Dummheit der Großen beweihräuchere oder wenn ich nicht mehr von der Arbeit meiner Hände leben möchte und den Beruf, den ich mir ausgewählt habe, dem Schimpf aussetze und mich aufs Glück zubewege, mit einem Wort, wenn sie bemerken, daß der Wunsch nach Ansehen mich die Liebe zur Tugend vergessen läßt, dann bitte ich sie, mich darauf, sogar öffentlich, aufmerksam zu machen, und ich verspreche ihnen, daß ich augenblicklich meine Schriften und Bücher ins Feuer werfen und alle Irrtümer bekennen will, die sie mir vorhalten mögen.

Einstweilen werde ich Bücher schreiben und Verse und Musik machen, wenn ich dafür Talent, Zeit, Kraft und Willen habe. Ich werde fortfahren, ganz offen alles Schlechte, das ich über die Literatur und die, die sie ausüben[1], denke, zu sagen, und ich werde mich deswegen nicht geringer schätzen.

Es ist wahr, daß man eines Tages wird sagen können: Dieser erklärte Feind der Wissenschaften und der Künste schrieb und veröffentlichte dennoch Theaterstücke, und dies wird eine sehr bittere Satire nicht meiner, sondern meines Jahrhunderts sein.

[1] Ich wundere mich, wie die meisten Literaten sich in dieser Angelegenheit irreführen ließen. Als sie gesehen haben, daß die Wissenschaften und die Künste angegriffen wurden, haben sie geglaubt, man wolle ihnen persönlich etwas anhaben, obgleich sie, ohne sich selbst zu widersprechen, alle ebenso wie ich denken konnten, daß es, obwohl diese Dinge der Gesellschaft viel Schaden zugefügt hatten, sehr wesentlich sei, sich ihrer wie einer Arznei gegen das Übel zu bedienen, welches sie verursacht haben, oder wie jener giftigen Tiere, die man über ihrem Biß zermalmen muß. Mit einem Wort, es gibt keinen Literaten, der nicht, wenn er in seinem Verhalten die Probe im Sinne des vorhergehenden Abschnittes besteht, zu seinen Gunsten sagen könnte, was ich bereits mir zugute gehalten habe. Diese Art zu schließen scheint mir ihnen um so angemessener zu sein, als sie sich, unter uns gesagt, sehr wenig aus den Wissenschaften machen, vorausgesetzt, daß sie den Gelehrten weiterhin Ehren einbringen. Es ist wie bei den Priestern des Heidentums, die nur so lange an der Religion festhielten, als sie ihnen Ansehen brachte.

VORWORT ZU EINEM ZWEITEN BRIEF AN BORDES

Durch erneute Angriffe gezwungen, das Schweigen zu brechen, das ich mir in diesem langen Streit auferlegt hatte, greife ich ohne Bedenken wieder zur Feder, die ich ruhen ließ. Wenn ich dank der Weisen neues Licht in die wichtigen Grundsätze bringen kann, die ich aufgestellt habe, kümmert es mich wenig, daß es das Publikum langweilt, dieselbe Frage so ausgiebig erörtert zu sehen. Selbst wenn die Schuld daran nicht bei meinen Angreifern läge, wäre ich nicht gesonnen, meinem Ruf zuliebe den Wahrheitseifer zu opfern, der mich beseelt, und ich sehe auch diesmal nicht, warum ich fürchten sollte, Leser zu langweilen, denen zu mißfallen ich so wenig fürchte.

Ich glaube, große Dinge entdeckt zu haben, und ich äußerte sie mit recht gefährlichem Freimut, ohne daß dies ein besonderes Verdienst wäre, hat doch meine Unabhängigkeit meinen ganzen Mut bewirkt und langes Nachsinnen mir die Genialität ersetzt. Ein Einsamer, dem es gefällt, mit sich selbst zu leben, findet natürlicherweise Geschmack am Nachdenken, und ein Mann, der lebhaft am Glück der anderen interessiert ist, ohne sie für sein eigenes zu brauchen, ist davon befreit, ihre falsche Empfindsamkeit zu schonen bei dem, was er ihnen an Nützlichem zu sagen hat. Je seltener eine solche Situation ist und je länger ich das Glück habe, mich in ihr zu befinden, desto stärker fühle ich mich verpflichtet, sie zugunsten der Wahrheit zu nutzen und diese bedenkenlos auszusprechen, wann immer sie mir für Unschuld und Glück der Menschen wichtig zu sein scheint. Wenn ich einen Fehler beging, indem ich mich im falschen Augenblick zum Schweigen verpflichtete, darf ich keinen noch größeren begehen, indem ich mich darauf versteife, entgegen meiner Pflicht Wort zu halten, und gerade um meinen Grundsätzen treu zu bleiben, will ich mich von meinen Irrtümern trennen, sobald ich ihrer gewahr werde.

Ich nehme also den Faden meiner Gedanken wieder auf und schreibe weiterhin so, wie ich es stets getan habe, als einzelner, der von niemandem etwas begehrt noch befürchtet, der zu den anderen um ihret- und nicht um seiner selbst willen spricht, als Mensch, der seine Brüder zu sehr liebt, als daß er ihre Laster nicht hassen würde, und der möchte, daß sie einmal lernten, sich so schlecht zu sehen, wie sie sind, um wenigstens zu wünschen, so gut zu werden, wie sie sein könnten.

Ich weiß sehr wohl, daß die Mühe, die ich auf mich nehme, nutzlos ist, und ich empfinde bei Vermahnungen nicht das trügerische Vergnügen, auf eine Umwandlung der Menschen zu hoffen. Ich weiß, daß sie mich, weil ich sie liebe, und meine Leitsätze, weil sie ihnen nützlich sind, verlachen werden. Ich weiß, daß sie nicht weniger begierig auf Ruhm und Geld sein werden, nachdem ich sie davon überzeugt habe, daß diese beiden Leidenschaften die Quelle all ihrer Übel sind und daß die eine sie schlecht, die andere sie unglücklich macht. Ich bin ganz sicher, daß sie meine Verachtung für die Gegenstände ihrer Bewunderung und ihrer Anstrengungen für überspannt halten werden. Aber ich will lieber ihren Spott einstecken als ihre Fehler teilen, und was immer dabei ihre Aufgabe sein mag, die meine ist es, ihnen die Wahrheit zu sagen oder das, was ich dafür halte. Sie diese lieben zu lassen, muß eine mächtigere Stimme zuwege bringen.

Ich habe friedlich die Schmähungen einer Menge von Autoren ertragen, denen ich kein anderes Unrecht tat, als sie zu ermahnen, rechtschaffen zu werden. Sie haben sich nach Herzenslust auf meine Kosten ergötzt, sie haben mich so lächerlich gemacht, wie sie wollten, sie haben öffentlich gegen meine Schriften und selbst gegen meine Person gewettert, ohne daß ich je versucht hätte, ihre Beleidigungen anders als durch mein Verhalten zurückzuweisen. Hätte ich sie verdient, hätte ich mich nur rächen können, indem ich sie ihnen heimzuzahlen trachtete, und weit davon entfernt, an solch abscheulichem Krieg Gefallen zu finden, wäre mein Herz, je mehr Wahrheiten ich ihnen hätte sagen können, um so betrübter gewesen. Verdiene ich ihre Beschimpfungen nicht, dann haben sie sie gegen sich selbst gerichtet. Vielleicht erzielt ihre Feindseligkeit beim Publikum nur mit Mühe die Wirkung, die sie sich davon versprachen und um die ich mir kaum Gedanken mache. Eine auf die Spitze getriebene Heftigkeit ist oft ungeschickt und erweckt Mißtrauen. Vielleicht wird man mich, ihren eigenen Schriften zufolge, für besser halten, als ich tatsächlich bin, wenn man erkennt, daß sie mir bei aller Verleumdungssucht kein ärgeres Vergehen vorwerfen konnten, als geduldet zu haben, daß ein berühmter Maler mich porträtiert hat.

Doch ich bin bei weitem nicht derselben Gelassenheit fähig gegenüber denen, die zwar meine Person schonen, aber mit einigem Geschick die Wahrheiten angreifen, die ich begründet habe. Diese traurige und große Theorie, hervorgegangen aus gewissenhafter Untersuchung des Wesens, der Eigenschaften und der Bestimmung des Menschen, ist mir teuer, obgleich sie mich niederdrückt, denn ich fühle, wie wichtig es für uns ist, daß der Hochmut uns nicht den Blick dafür verstellt, was unsere wahre Größe ausmachen muß, und wie sehr zu fürchten steht, daß wir mit all unserem Streben, uns über unsere Natur zu erheben, unter sie zurückfallen. Doch in jedem Zustand ist es für die Menschen nützlich, wenn schon nicht die Wahrheit zu erkennen, so doch wenigstens nicht in Irrtümern steckenzubleiben; und einer ihrer größten ist, weniger den Irrtum als die Unwissenheit zu fürchten und, falls sie zu solcher Entscheidung gezwungen sind, lieber lasterhaft und miserabel als arm und ungehobelt zu sein.

Meine Ansicht ist, wie ich erwartet habe, von einer Menge von Schriftstellern leidenschaftlich bekämpft worden. Ich habe bisher allen geantwortet, bei denen es mir der Mühe wert schien, und ich bin entschlossen, auch künftig so zu verfahren, nicht meinem Ansehen zuliebe, ist es doch nicht J.-J. Rousseau, den ich verteidigen will. Er hat sich gewiß oft getäuscht, und wann immer ihm dies fürderhin zu widerfahren scheint, werde ich mich ohne Bedenken noch Mühe, ja sogar wenn er recht hat, von ihm lossagen, vorausgesetzt, daß es dabei nur um ihn selbst geht. Solange man sich also darauf beschränkt, mir vorzuhalten, daß ich schlechte Arbeiten veröffentlicht habe oder schlecht zu argumentieren verstehe oder sprachliche Fehler mache oder mich in der Geschichte irre oder schlecht schreibe oder von übler Laune bin, werde ich mich über all diese Vorwürfe kaum ärgern, nicht erstaunt sein und niemals darauf antworten. Was aber die Theorie betrifft, die ich vertrete, so werde ich sie mit aller Kraft verteidigen, solange ich davon überzeugt bin, daß mein Standpunkt der der Wahrheit und Tugend ist und daß die meisten Menschen, weil sie ihn fälschlicherweise verlassen haben, den Irrtümern verfallen sind, die sie blenden, und dem Elend, das sie bedrückt.

Weil ich so viele Interessen bekämpfen, so viele Vorurteile besiegen und so viele harte Wahrheiten verkünden muß, habe ich es, gerade im Interesse meiner Leser, für nötig gehalten, ihre ängstlichen Seelen zu schonen und sie nur allmählich erfahren zu lassen, was ich ihnen zu sagen habe. Wenn allein schon die Abhandlung von Dijon so viel Gerede ausgelöst und Empörung verursacht hat, was wäre dann erst geschehen, wenn ich von vornherein den vollen Umfang einer wahren, aber betrüblichen Theorie entwickelt hätte, deren bloße logische Folge das in meiner Abhandlung erörterte Problem ist. Man hätte mich, einen entschiedenen Gegner böser Rücksichtslosigkeit, doch wenigstens für einen öffentlichen Ruhestörer gehalten, und selbst wenn die Eiferer der Gegenpartei sich nicht freundlicherweise bemüht hätten, mich zum hohen Ruhme der Philosophie zu vernichten, wäre immerhin sicher gewesen, daß es ihnen einem unbekannten Mann gegenüber gelungen wäre, das Werk und seinen Verfasser lächerlich zu machen, und daß dieses in der Praxis vielfach bewährte Mittel, meine Theorie zu verspotten, sie der lästigen Sorge enthoben hätte, meine Beweise zu überprüfen.

Ich mußte also zunächst diese Vorsichtsmaßnahmen treffen und habe, damit alles vernommen werden kann, nicht alles sofort sagen wollen. Erst allmählich, und immer nur für wenige Leser, habe ich meine Gedanken entwickelt. Nicht mich habe ich dabei geschont, sondern die Wahrheit, um sie desto sicherer zu verbreiten und nützlich zu machen. Oftmals habe ich mich abgemüht, um in einem Satz, einer Zeile, einem wie zufällig hingeworfenen Wort das Ergebnis einer langen Folge von Überlegungen unterzubringen. Den meisten Lesern müssen meine Darlegungen häufig sprunghaft und fast gänzlich zusammenhanglos erschienen sein, weil sie den Stamm nicht zu erkennen vermochten, dessen Verästelungen ich ihnen zeigte. Aber denen, die verstehen können, genügte das, und zu den anderen habe ich nie sprechen wollen.

Dieses Vorgehen brachte es mit sich, daß ich mich oft mit meinen Gegnern auseinandersetzen mußte, sei es, um Einwände zu entkräften oder Gedanken, die dessen bedurften, ausführlicher und klarer darzulegen, sei es, um alle Teile meiner Theorie bis zum Ende zu entwickeln, in dem Maße, wie die Urteile der Weisen mir öffentliche Aufmerksamkeit sicherten. Ich glaubte freilich, in meinen vorangegangenen Erwiderungen all diese Dinge berücksichtigt zu haben, wenigstens für die Leser, die ich im Blick hatte. Weil ich jedoch an der zweiten Entgegnung des Mitgliedes der Lyoneser Akademie erkenne, daß er mich noch keineswegs verstanden hat, will ich lieber mich der Ungeschicklichkeit als ihn des bösen Willens bezichtigen. Ich werde also versuchen, mich besser auszudrücken, und, da es an der Zeit ist, offen zu sprechen, endlich meinen Widerwillen besiegen und einmal für das Volk schreiben.

Die Arbeit, die ich zu untersuchen beabsichtige, ist voll von hübschen Sophismen, die noch mehr Glanz als Scharfsinn zeigen und, weil sie durch eine bestimmte Stilfärbung und die Winkelzüge einer wendigen Logik bestechen, doppelt gefährlich für die breite Menge sind. Ich werde in meiner Untersuchung zu den entgegengesetzten Mitteln greifen. Schritt für Schritt, so genau ich nur kann, werde ich den Argumenten des Verfassers folgen und dabei nichts als die Schlichtheit und den Eifer eines Freundes der Wahrheit und der Menschheit bekunden, der seine ganze Ehre daransetzt, der einen zu huldigen, und sein ganzes Glück darin findet, der anderen zu nützen.

ABHANDLUNG

ÜBER DEN URSPRUNG UND DIE GRUNDLAGEN DER UNGLEICHHEIT UNTER DEN MENSCHEN

Von Jean-Jacques Rousseau,
Bürger von Genf

Non in depravatis, sed in his
quae bene secundum naturam se habent,
considerandum est quid sit naturale.

Aristoteles, *Politik*, I. 2.

DER REPUBLIK ZU GENF

Hochlöbliche, sehr geehrte und erhabene Herren!

Überzeugt davon, daß es nur dem rechtschaffenen Bürger zukommt, dem Vaterland Ehren zu erweisen, die seiner würdig sind, bin ich seit dreißig Jahren bestrebt, es zu verdienen, Euch eine öffentliche Huldigung zu entbieten. Weil nun eine glückliche Gelegenheit zu Teilen das ersetzt, was meine Anstrengungen nicht zu vollbringen vermochten, glaube ich, in diesem Fall mehr dem Eifer folgen zu dürfen, der mich beseelt, als einem Recht, das mich ermächtigen sollte. Wie könnte ich, der ich das Glück habe, unter Euch geboren zu sein, über die Gleichheit nachsinnen, welche die Natur unter den Menschen eingesetzt hat, und über die Ungleichheit, die diese gestiftet haben, ohne dabei an die tiefe Weisheit zu denken, dank deren alle beide, glücklich in Eurem Staate verbunden, auf eine Weise, die dem Naturgesetz am nächsten und der Gesellschaft am förderlichsten ist, zum Erhalt der öffentlichen Ordnung und zum Glück der einzelnen beitragen? Als ich nach den besten Grundsätzen suchte, die der gesunde Menschenverstand bei der Einsetzung einer Regierung vorschreiben kann, war ich derart beeindruckt, sie alle in der Eurigen verwirklicht zu sehen, daß ich, selbst wenn ich nicht in Euren Mauern geboren wäre, es für unerläßlich gehalten hätte, nachstehendes Bild der menschlichen Gesellschaft demjenigen unter allen Völkern darzubieten, das mir ihre größten Vorzüge zu besitzen und ihre Mißbräuche am besten vermieden zu haben scheint.

Hätte ich den Ort meiner Geburt wählen müssen, wäre meine Wahl auf eine Gesellschaft gefallen, deren Größe durch das Ausmaß menschlicher Fähigkeiten, das heißt durch die Möglichkeit, gut regiert zu werden, begrenzt ist und in der, da ein jeder seinem Amte selbst genügt, keiner gezwungen wäre, anderen Aufgaben zu übertragen, die seine eigenen sind: ein Gemeinwesen, in dem alle einander kennen, daher weder die finsteren Machenschaften des Lasters noch die Bescheidenheit der Tugend sich den Blicken und dem Urteil der Öffentlichkeit entziehen könnten und in dem die angenehme Gewohnheit, einander zu sehen und zu kennen, aus der Vaterlandsliebe eher eine Liebe zu den Staatsbürgern denn zum Boden machte.

Ich wäre gern in einem Land geboren, wo Herrscher und Volk nur ein und dasselbe Interesse haben können, so daß alle Bewegungen des Staatsapparates stets auf das gemeinsame Wohl gerichtet blieben, was nur geschehen kann, wenn Volk und Herrscher dieselbe Person sind, ich hätte folglich unter einem demokratischen, weise gemäßigten Regime zur Welt kommen mögen.

Ich hätte frei leben und in Freiheit sterben wollen, das heißt den Gesetzen dergestalt untertan sein, daß weder ich noch ein anderer ihr ehrwürdiges Joch abschütteln könnte, ein so mildes und wohltätiges Joch, welches die stolzesten Nacken um so williger tragen, als sie dazu gemacht sind, kein anderes je zu ertragen.

Ich wünschte mir also einen Staat, in dem niemand von sich sagen könnte, er stünde über dem Gesetz, und keiner von außen etwas auferlegen könnte, das anzuerkennen der Staat verpflichtet wäre. Denn wie auch immer eine Regierung verfaßt ist, wenn es in ihr einen einzigen Menschen gibt, der nicht dem Gesetz untersteht, sind alle übrigen notwendigerweise diesem einen ausgeliefert. (1) Denn wenn es ein nationales und zugleich ein anderes, ausländisches Oberhaupt gibt, ist es unmöglich, daß allen beiden, welche Machtaufteilung sie auch immer vornähmen, gut gehorcht und der Staat gut regiert wird.

Keinesfalls hätte ich in einer frisch gegründeten Republik leben wollen, so gute Gesetze sie auch haben könnte, denn ich würde fürchten, daß die Regierung vielleicht anders beschaffen ist, als es gerade zu diesem Zeitpunkt nötig wäre, und daß daher der Staat, indem er den neuen Bürgern oder indem diese der neuen Regierung nicht passen, von seiner Gründung an Erschütterungen und Zerstörungen ausgesetzt ist. Denn mit der Freiheit verhält es sich wie mit jenen kräftigen und saftigen Speisen oder schweren Weinen, die geeignet sind, robust veranlagte und an diese Kost gewöhnte Menschen zu nähren und zu stärken, die Schwachen und Anfälligen hingegen, die nicht für sie geschaffen sind, nur belasten, zugrunde richten und betäuben. Einmal an Herren gewöhnt, sind die Völker nicht mehr imstand, auf sie zu verzichten. Versuchen sie, ihr Joch abzuschütteln, rücken sie der Freiheit desto ferner. Indem sie diese mit wilder Zügellosigkeit, die gerade ihr Gegenteil ist, verwechseln, liefern ihre Revolutionen sie fast immer Verführern aus, die ihre Ketten nur noch fester schmieden. Selbst das römische Volk, dieses Vorbild aller freien Völker, war außerstand, sich selbst zu regieren, nachdem es der Unterdrückung durch die Tarquinier entronnen war. Erniedrigt durch Sklaverei und entwürdigende Arbeiten, die diese ihm auferlegt hatten, war es zunächst nur ein stumpfer Pöbel, den man schonen und mit größter Besonnenheit regieren mußte, damit die geschwächten oder vielmehr unter der Tyrannei abgestumpften Seelen, indem sie sich nach und nach daran gewöhnten, die heilsame Luft der Freiheit zu atmen, stufenweise jene Sittenstrenge und jenen stolzen Mut erwarben, die schließlich aus ihnen das geachtetste aller Völker machten. Ich hätte mir also eine glückliche und ruhige Republik zum Vaterland gesucht, deren Alter sich gewissermaßen im Dunkel der Zeiten verlöre, die nur solche Angriffe erlebt hätte, die in ihren Bewohnern Mut und Vaterlandsliebe hervorzurufen und zu festigen vermochten und in der die Bürger, seit langer Zeit an eine vernünftige Unabhängigkeit gewöhnt, nicht nur frei wären, sondern auch würdig, es zu sein.

Ich hätte mir gern ein Vaterland gewählt, das durch eine glückliche Machtlosigkeit von grausamer Eroberungsliebe ferngehalten und durch eine noch glücklichere Lage vor der Furcht bewahrt bliebe, selbst zur Eroberung eines anderen Staates zu werden: eine freie Stadt, zwischen mehreren Völkern gelegen, von denen keines ein Interesse hätte, sie zu überfallen, und jedes die anderen an solchem Überfall zu hindern trachtete; kurz, eine Republik, die in keiner Weise den Ehrgeiz ihrer Nachbarn wachriefe und die mit gutem Grund auf deren Hilfe zählen könnte, wenn es nötig wäre. Woraus folgt, daß diese Republik in so glücklicher Lage von niemandem etwas zu fürchten hätte als von sich selbst; und wenn ihre Bürger sich im Umgang mit Waffen übten, dann mehr, um unter sich jene kämpferische Leidenschaft und jenen stolzen Mut aufrechtzuerhalten, die der Freiheit so wohl anstehen und den Geschmack an ihr nähren, als weil sie gezwungen wären, für ihre Selbstverteidigung zu sorgen.

Ich hätte ein Land gesucht, in dem das Recht der Gesetzgebung allen Bürgern gemeinsam wäre; denn wer wüßte besser als sie, unter welchen Bedingungen sie zusammen in derselben Gesellschaft leben wollen? Aber ich hätte keine Volksentscheide nach der Art der Römer gebilligt, bei denen die Staatsoberhäupter und die am meisten am Erhalt des Staates Interessierten von den Beratungen, die oftmals über sein Wohl entschieden, ausgeschlossen und die Obrigkeiten, einer absurden Inkonsequenz zufolge, eines Rechtes beraubt waren, das die einfachen Bürger genossen.

Vielmehr hätte ich gewünscht, um eigennützige, schlecht durchdachte Pläne und gefährliche Neuerungen wie die, welche schließlich die Athener ins Verderben stürzten, zu verhindern, daß es nicht jedem zustünde, nach Belieben neue Gesetze vorzuschlagen, sondern dieses Recht allein die Magistrate besäßen und es mit solcher Umsicht gebrauchten, das Volk seinerseits mit seiner Zustimmung zu den Gesetzen so zurückhaltend wäre und deren öffentliche Bekanntmachung einen solchen Aufwand an Feierlichkeit erforderlich machte, daß man, bevor die Verfassung erschüttert werden könnte, genügend Zeit hätte, sich davon zu überzeugen, daß es vor allem das hohe Alter der Gesetze ist, welches sie heiligt und verehrungswürdig macht. Sehr bald wird das Volk diejenigen mißachten, die alle Tage wechseln, und wenn es zur Gewohnheit wird, die alten Bräuche zu vernachlässigen, unter dem Vorwand, sie zu verbessern, führt man häufig große Übel herbei, um geringere zu beheben.

Ich hätte vor allem, weil sie notwendigerweise schlecht regiert ist, eine Republik gemieden, in der das Volk im Glauben, seine Beamten entbehren oder ihnen nur eine unsichere Machtbefugnis überlassen zu können, unklugerweise die Verwaltung der zivilen Angelegenheiten und die Durchführung seiner eigenen Gesetze behalten hätte. Dieserart muß die primitive Verfassung der ersten, unmittelbar aus dem Naturzustand herausgetretenen Gesellschaften gewesen sein, und es war auch einer der Mängel, die die Republik Athen zugrunde richteten.

Gewählt aber hätte ich jene [Republik], in der die Individuen sich damit begnügten, Gesetze zu sanktionieren und gemeinschaftlich, nachdem die Führung Bericht erstattet hat, über die wichtigsten öffentlichen Angelegenheiten zu entscheiden; in der sie geachtete Gerichte einsetzten und sorgfältig deren einzelne Abteilungen voneinander unterschieden; in der man Jahr für Jahr die fähigsten und rechtschaffensten Bürger wählte, damit sie die Justiz verwalten und den Staat regieren; eine Republik also, in der die Tugend der Beamten von der Klugheit des Volkes Zeugnis ablegte und beide einander zur Ehre gereichten. Dergestalt, daß, selbst wenn unheilvolle Mißverständnisse einmal die öffentliche Eintracht stören sollten, auch diese Zeiten der Verblendung und der Irrtümer noch durch Bekundungen von Besonnenheit, gegenseitiger Achtung und allgemeinem Respekt vor den Gesetzen geprägt wären, als Vorzeichen und Gewähr für eine aufrichtige und dauerhafte Wiederversöhnung.

Dies sind, hochlöbliche, sehr geehrte und erhabene Herren, die Vorzüge, an denen mir im Vaterlande meiner Wahl gelegen wäre. Und wenn die Vorsehung zu alledem noch eine reizvolle Lage, ein gemäßigtes Klima, einen fruchtbaren Boden und das lieblichste Aussehen, das es unter diesem Himmel gibt, hinzugefügt hätte, wünschte ich, um mein Glück zu krönen, all diese Wohltaten doch nur im Schoße jenes glücklichen Vaterlandes zu genießen, friedlich in sanfter Gemeinschaft mit meinen Mitbürgern zu leben, ihnen gegenüber und nach ihrem eigenen Vorbild Menschlichkeit, Freundschaft und alle Tugenden an den Tag zu legen und das ehrenhafte Andenken eines rechtschaffenen Mannes, eines anständigen und tugendhaften Patrioten zu hinterlassen.

Wenn ich jedoch, weniger glücklich oder zu spät zur Einsicht gelangt, mich damit hätte begnügen müssen, in anderen Landstrichen eine kraftlose und schale Laufbahn zu beenden, vergebens die Ruhe und den Frieden bedauernd, um die eine törichte Jugend mich brachte, so hätte ich wenigstens in meiner Seele genau die Gefühle genährt, die in meinem Lande zu erleben mir verwehrt geblieben, und durchdrungen von zärtlicher und selbstloser Zuneigung für meine fernen Mitbürger, hätte ich aus tiefstem Herzen ungefähr folgende Rede an sie gerichtet:

Meine lieben Mitbürger oder vielmehr meine Brüder, denn die Bande des Blutes ebenso wie die Gesetze vereinen uns nahezu alle miteinander, es ist so süß für mich, nicht an euch denken zu können, ohne daß ich zugleich an all die Vorzüge denke, die ihr genießt und deren Wert wohl keiner von euch stärker empfindet als ich, der ich sie verloren habe. Je mehr ich über eure Situation im öffentlichen und privaten Leben nachdenke, desto weniger kann ich mir vorstellen, daß die Natur der menschlichen Angelegenheiten eine bessere hervorbringen könnte. Unter allen anderen Regierungen beschränkt man sich, wenn es darum geht, das größtmögliche Wohl des Staates zu sichern, stets nur auf gedankliche Pläne und höchstens auf bloße Möglichkeiten. Ihr aber, deren Glück schon gemacht ist, müßt es nur noch genießen, und um vollkommen glücklich zu werden, braucht ihr nichts weiter, als euch damit zu begnügen, daß ihr es seid. Eure Souveränität, einst mit Waffengewalt erworben oder zurückerobert und zwei Jahrhunderte lang durch Verdienst und Klugheit bewahrt, ist endlich allgemein und vollständig anerkannt. Rühmliche Verträge legen eure Grenzen fest, sichern eure Rechte und stärken eure Ruhe. Eure Verfassung ist ausgezeichnet, diktiert von höchster Vernunft und geschützt durch freundliche und achtunggebietende Machtinstanzen; ihr lebt in Sicherheit, ihr habt weder Kriege noch Eroberer zu fürchten; und keine anderen Herren habt ihr als die klugen Gesetze, die ihr gemacht habt und die untadelige Beamte, von euch gewählt, verwalten. Ihr seid weder reich genug, um zu verweichlichen und in eitlen Wonnen den Sinn für das wahre Glück und die echten Tugenden zu verlieren, noch seid ihr so arm, daß ihr mehr auf fremde Unterstützung als auf euren eigenen Fleiß angewiesen wäret. Und diese kostbare Freiheit, die in den großen Nationen nur mit Hilfe unmäßiger Steuern aufrechterhalten wird, könnt ihr beinah kostenlos bewahren.

Möge zum Wohl ihrer Bürger und als Beispiel für die Völker

eine so weise und glücklich eingerichtete Republik auf immer dauern! Dies bleibt das einzige, was man euch wünschen kann, und die einzige Sorge, die ihr zu tragen habt. Allein an euch ist es fortan, nicht, euer Glück zu errichten, diese Mühe haben eure Vorfahren euch abgenommen, sondern ihm durch klugen Gebrauch Dauer zu verleihen. Von eurer beständigen Einigkeit, eurem Gehorsam gegenüber den Gesetzen und der Achtung vor ihren Hütern hängt eure Erhaltung ab. Wenn es unter euch den geringsten Keim von Unzufriedenheit oder Mißtrauen gibt, eilt, ihn zu vernichten, er ist die Hefe des Verderbens, aus der früher oder später euer Unglück oder der Untergang eures Staates hervorgehen können. Ich beschwöre euch alle, geht in euch, um die heimliche Stimme eures Gewissens zu befragen. Kennt jemand unter euch eine Instanz in der Welt, die redlicher, aufgeklärter, respektabler ist als eure Obrigkeit? Geben euch nicht alle ihre Mitglieder das Beispiel der Mäßigung, der Einfachheit der Sitten, der Achtung vor den Gesetzen, der aufrichtigsten Versöhnlichkeit? Bringt also so weisen Oberhäuptern uneingeschränkt jenes heilsame Vertrauen entgegen, das die Vernunft der Tugend schuldig ist; denkt daran, daß ihr sie gewählt habt, daß sie eure Wahl rechtfertigen und daß die Ehrungen, die denen zukommen, die ihr in ihre Würden eingesetzt habt, notwendigerweise auf euch selbst zurückfallen. Niemand von euch ist vernunftlos genug, um nicht zu wissen, daß dort, wo die Kraft der Gesetze und die Autorität derer, die sie verteidigen, aussetzt, es für keinen mehr Sicherheit noch Freiheit geben kann. Geht es denn für euch um etwas anderes, als bereitwillig und mit berechtigtem Vertrauen das zu tun, wozu euch ohnehin ein echtes Interesse, Pflicht und Vernunft anhalten? Möge euch niemals eine schuldhafte und verhängnisvolle Gleichgültigkeit gegenüber dem Erhalt eurer Verfassung dazu bringen, im Notfall die klugen Ansichten der Weitblickendsten und Engagiertesten unter euch zu mißachten. Mögen vielmehr Rechtlichkeit, Besonnenheit und ehrerbietige Festigkeit auch weiterhin all eure Schritte lenken und an euch der ganzen Welt das Beispiel eines Volkes vorweisen, das stolz und bescheiden ist und ebenso eifersüchtig über seine Ehre wie über seine Freiheit wacht. Vor allem hütet euch, dies soll mein letzter Rat sein, jemals unheilvolle Erklärungen und boshafte Reden anzuhören, deren geheime Beweggründe oft viel gefährlicher sind als die Taten, von denen sie handeln. Ein ganzes Haus erwacht und hält sich in Alarmbereitschaft bei den ersten Lauten eines guten und getreuen Wachhundes, der nur dann bellt, wenn Diebe kommen. Man haßt jedoch den Lärm jener lästigen Tiere, die unaufhörlich die öffentliche Ordnung stören und deren fortwährende und unpassende Warnungen selbst dann nicht mehr gehört werden, wenn sie angebracht sind.

Ihr aber, hochlöbliche und sehr geehrte Herren, Ihr würdigen und achtbaren Beamten eines freien Volkes, gestattet mir, Euch im besonderen meine Huldigung und Ehrerbietung zu bezeigen. Wenn es in der Welt einen Rang gibt, der die, die ihn einnehmen, auszuzeichnen vermag, dann ist es gewiß der, den die Talente und die Tugend verleihen, der, dessen Ihr Euch würdig erwiesen habt und in den Eure Mitbürger Euch erhoben haben. Deren eigenes Verdienst verleiht dem Euren weiteren Glanz, und Euch, die Ihr zum Regieren von Männern bestellt seid, die selbst fähig wären zu regieren, Euch finde ich den anderen Obrigkeiten so hoch überlegen, wie ein freies Volk und insbesondere jenes, das zu leiten Ihr die Ehre habt, auf Grund seiner Einsicht und seiner Vernunft über dem Pöbel der übrigen Staaten steht.

Es sei mir vergönnt, ein Beispiel anzuführen, das sich bestens einprägen dürfte und das meinem Herzen stets gegenwärtig sein wird. Mit innigster Rührung gedenke ich des rechtschaffenen Bürgers, der mir das Leben schenkte und mich als Kind oft in der Achtung unterwies, die Euch gebührt. Ich sehe ihn noch vor mir, einen Mann, der von seiner Hände Arbeit lebte und seine Seele mit den erhabensten Wahrheiten speiste. Ich sehe die Werke von Tacitus, Plutarch und Grotius zwischen seinem Handwerkszeug vor ihm liegen. An seiner Seite sehe ich einen geliebten Sohn, der allzu fruchtlos die zärtlichen Unterweisungen des besten aller Väter empfing. Aber wenn mich auch die Verirrungen einer leichtfertigen Jugend eine Zeitlang so weise Lehren vergessen ließen, habe ich doch das Glück, schließlich zu erfahren, daß, wie sehr man zum Laster neigen mag, eine Erziehung, an der das Herz beteiligt war, schwerlich für immer verloren sein kann.

So beschaffen sind, hochlöbliche und sehr geehrte Herren, die Staatsbürger und selbst die einfachen Einwohner, die in dem Staate geboren sind, den Ihr regiert; so sind jene gebildeten und gescheiten Männer, von denen man unter dem Namen Arbeiter oder Volk in anderen Nationen so niedrige und falsche Vorstellungen hat. Mein Vater, ich bekenne es mit Freude, stach nicht unter seinen Mitbürgern hervor, er war nur, was sie alle sind, und so wie er war, wäre seine Gesellschaft in jedem Land von den achtbarsten Menschen gesucht und, sogar mit Gewinn, gepflegt worden. Es steht mir nicht zu und ist, dem Himmel sei Dank, nicht nötig, Euch von der Aufmerksamkeit zu sprechen, die Leute seines Schlages von Euch erwarten dürfen, Männer, die auf Grund ihrer Erziehung und der durch Natur und Geburt verliehenen Rechte Euresgleichen sind, Euch unterstellt aber aus freiem Willen, durch die Bevorzugung, die sie Euren Verdiensten schuldeten und zukommen ließen und für die Ihr ihnen Eurerseits eine Art Anerkennung schuldig seid. Ich erfahre zu meiner tiefen Befriedigung, mit welcher Milde und Nachsicht Ihr im Umgang mit ihnen das den Gesetzesdienern anstehende hoheitsvolle Auftreten dämpft und mit wieviel Achtung und Aufmerksamkeit Ihr entgeltet, was sie Euch an Gehorsam und Respekt entgegenbringen. Dies ist ein gerechtes und kluges Verhalten, dazu geeignet, die Erinnerung an die unglücklichen Ereignisse immer mehr abzuschwächen, die man vergessen muß, um sie nie wieder zu erleben: ein Verhalten auch, das um so gescheiter ist, als dieses rechtschaffene und großmütige Volk aus seiner Pflicht ein Vergnügen macht und es natürlich liebt, Euch zu ehren, wobei diejenigen, die am heftigsten ihre Rechte behaupten, am meisten geneigt sind, die Euren zu respektieren.

Es ist nicht erstaunlich, daß die Oberhäupter einer Gesellschaft deren Glück und Glanz lieben, aber es verwundert die Menschen bis zur Beunruhigung, wenn diejenigen, die sich als Diener oder vielmehr als Lehrer in einem heiligeren und erhabeneren Reich betrachten, ihrer irdischen Heimat irgendwelche Zuneigung bekunden. Wie angenehm ist es mir, zu unseren Gunsten hier eine der seltenen Ausnahmen machen zu können und in die Reihe unserer besten Bürger die eifrigen, durch die Gesetze ermächtigten Wahrer der heiligen Lehre zu stellen, die verehrungswürdigen Seelenhirten, deren lebhafte und sanfte Eloquenz die Lehren des Evangeliums um so besser in die Herzen trägt, als sie diese stets selbst als erste praktizieren! Jedermann weiß, wie erfolgreich die hohe Kunst der Kanzelrede in Genf gepflegt wird; jedoch, allzusehr daran gewöhnt, daß Worte und Taten auseinanderklaffen, wissen nur wenige, in welch hohem Grade der Geist des Christentums, die Sittenfrömmigkeit, die Strenge zu sich selbst und die Milde gegenüber den anderen unter unseren Gottesdienern herrschen. Vielleicht ist es die Eigenheit allein der Stadt Genf, das erbauliche Beispiel einer derart vollkommenen Einheit zwischen einer Gemeinschaft von Theologen und von Literaten vorzuweisen. Es sind zum großen Teil deren anerkannte Klugheit und Mäßigung, ihr leidenschaftliches Interesse am Wohlergehen des Staates, auf die ich meine Hoffnung gründe, er werde ewig in Frieden bleiben; und mit einer Mischung aus Vergnügen, Erstaunen und Respekt bemerke ich, wie entsetzt jene Männer über die abscheulichen Grundsätze der barbarischen Frommen sind, von denen die Geschichte mehr als ein Beispiel liefert und die, angeblich um die Rechte Gottes, das heißt ihre eigenen Interessen zu behaupten, um so weniger mit Menschenblut geizten, als sie sich schmeichelten, daß man das ihre immer schonen würde.

Könnte ich jene kostbare Hälfte der Republik vergessen, die das Glück der anderen ausmacht und deren Milde und Klugheit dort Frieden und gute Sitten aufrechterhalten? Liebenswerte und tugendhafte Bürgerinnen, das Los eures Geschlechtes wird immer sein, das unsere zu lenken. O Glück, wenn eure keusche Macht, allein im Bund der Ehe ausgeübt, nur spürbar wird zum Ruhme des Staates und zum öffentlichen Wohl. Auf diese Weise befahlen die Frauen in Sparta, und so verdient ihr, in Genf zu gebieten. Welch Unmensch, der es vermöchte, der Stimme der Ehre und Vernunft aus dem Munde einer zärtlichen Gattin zu widerstehen; und wer sollte nicht eitlen Luxus verachten, wenn er euren einfachen und bescheidenen Schmuck sieht, der durch den Glanz, den ihr ihm verleiht, für die Schönheit am vorteilhaftesten zu sein scheint. An euch ist es, durch eure liebenswerte und unschuldige Herrschaft und euren einschmeichelnden Geist stets im

Staate die Liebe zu den Gesetzen und die Eintracht unter den Bürgern zu erhalten, durch glückliche Heiraten zerstrittene Familien wieder zu einen und vor allem, durch die sanfte Überzeugungskraft eurer Lehren und die unaufdringliche Anmut eurer Gespräche die Absonderlichkeiten zu korrigieren, die unsere jungen Leute sich in fremden Ländern angewöhnen, von wo sie – statt so vieler nützlicher Dinge, die sie lernen könnten – mitsamt einem kindischen Tonfall und einem unter verdorbenen Frauen angenommenen lächerlichen Gebaren nichts weiter mitbringen als die Bewunderung für ich weiß nicht welche vermeintlichen Größen, die eine wertlose Entschädigung für die Knechtschaft sind und doch niemals imstande, die erhabene Freiheit aufzuwiegen. Bleibt also immer, was ihr seid: keusche Hüterinnen der Sitten und der sanften Bande des Friedens, und fahrt fort, bei jeder Gelegenheit die Rechte der Natur und des Herzens zugunsten von Pflicht und Tugend zur Geltung zu bringen.

Ich schmeichle mir, durch die Ereignisse nicht widerlegt zu sein, wenn ich an solche Bürgen die Hoffnung auf das gemeinsame Glück der Bürger und den Ruhm der Republik knüpfe. Ich gebe zu, daß sie bei all diesen Vorzügen nicht in jenem Glanz erstrahlen wird, von dem sich die meisten Augen blenden lassen und an dem einen albernen und verhängnisvollen Geschmack zu finden der Todfeind von Glück und Freiheit ist. Soll eine liederliche Jugend anderswo billiges Vergnügen und langwährende Reue suchen. Sollen die sogenannten Leute von Geschmack an anderen Orten die Größe der Paläste, die Schönheit der Kutschen, die wundervolle Ausstattung, den Pomp der Schauspiele und sämtliche Raffinessen der Verweichlichung und des Luxus bewundern. In Genf wird man nur Menschen antreffen, jedoch ist ein solches Erlebnis der Mühe wert, und die nach ihm verlangen, wiegen die Bewunderer alles übrigen sehr wohl auf.

Geruht, hochlöbliche, sehr geehrte und erhabene Herren, in einhelligem Wohlwollen die ehrerbietige Bekundung meines Interesses an Eurem gemeinsamen Wohlergehen anzunehmen. Wäre ich so unglückselig, mich in diesem lebhaften Erguß meines Herzens eines unziemlichen Überschwanges schuldig gemacht zu haben, erflehe ich von Euch, ihn der zärtlichen Zuneigung eines wahren Patrioten zugute zu halten, desgleichen dem brennenden und berechtigten Eifer eines Mannes, der für sich kein höheres Glück erstrebt als das, Euch alle glücklich zu sehen.

Ich bin mit tiefster Ehrerbietung, hochlöbliche, sehr geehrte und erhabene Herren,

Euer sehr ergebener allergehorsamster
Diener und Mitbürger
Jean-Jacques Rousseau

Chambéry, den 12. Juni 1754

VORWORT

Die nutzbringendste und die am wenigsten fortgeschrittene aller menschlichen Kenntnisse scheint mir die Kenntnis vom Menschen (2) zu sein, und ich wage zu sagen, daß allein die Inschrift am Tempel von Delphi ein wichtigeres und schwierigeres Gebot enthielt als all die dicken Bücher der Moralisten. Daher betrachte ich auch den Gegenstand dieser Abhandlung als eines der interessantesten Probleme, das die Philosophie stellen kann, und zu unserem Unglück als eines der verzwicktesten, die die Philosophen zu lösen vermögen. Denn wie kann man die Quelle der Ungleichheit unter den Menschen erkennen, wenn man nicht zuvor die Menschen selbst kennt? Und wie wird es dem Menschen gelingen, sich so zu sehen, wie die Natur ihn geformt hat, angesichts all der Veränderungen, die seine ursprüngliche Beschaffenheit durch den Lauf der Zeiten und der Dinge erfahren mußte, und wie soll er sein Eigentliches unterscheiden von dem, was die Umstände und deren Entwicklung seinem ursprünglichen Zustand hinzugefügt oder an ihm verändert haben? Ähnlich der Statue des Glaukos, die von Wetter, Meer und Stürmen dermaßen entstellt wurde, daß sie eher einem wilden Tier als einem Gott glich, hat die menschliche Seele, im Schoß der Gesellschaft verformt aus tausend unablässig sich erneuernden Gründen, durch den Erwerb einer Vielzahl von Kenntnissen und Irrtümern, durch die Veränderungen der physischen Konstitution und den fortwährenden Anprall der Leidenschaften, sozusagen ihr Aussehen fast bis zur Unkenntlichkeit verändert. In dieser Seele findet man, statt eines Wesens, das stets nach sicheren und unwandelbaren Grundsätzen handelt, statt jener himmlischen und erhabenen

Einfachheit, die ihr Schöpfer ihr eingegeben hatte, nur mehr den abstoßenden Gegensatz zwischen Leidenschaft, die vernünftig zu urteilen wähnt, und wahnwitzigem Verstand.

Aber noch grausamer ist, daß wir, da alle Fortschritte die menschliche Gattung ohn Unterlaß von ihrem ursprünglichen Zustand entfernen, je mehr Kenntnisse wir anhäufen, uns zunehmend der Mittel berauben, die wichtigste von allen zu erlangen, so daß wir gewissermaßen durch unseren Eifer, den Menschen zu studieren, unfähig geworden sind, ihn zu erkennen.

Es ist leicht einzusehen, daß man in ebendiesen allmählichen Veränderungen der menschlichen Beschaffenheit letztlich den Ursprung für die Unterschiede zwischen den Menschen suchen muß, die nach übereinstimmender Ansicht von Natur aus ebenso gleich untereinander waren wie die Lebewesen jedweder Art, bevor verschiedene natürliche Gründe in einigen von ihnen zu der uns bekannten Mannigfaltigkeit führten. In der Tat ist es nicht vorstellbar, daß diese ersten Veränderungen, wodurch auch immer sie geschahen, alle Individuen einer Art gleichzeitig und in gleicher Weise erfaßt hätten, vielmehr sind, während einige sich vervollkommneten oder verfielen, indem sie verschiedene gute oder schlechte Eigenschaften erwarben, die nicht in ihrer Natur lagen, die anderen noch längere Zeit bei ihrem ursprünglichen Zustand geblieben. So sah unter den Menschen die erste Quelle der Ungleichheit aus, die in allgemeinen Zügen nachzuweisen leichter ist, als ihre wirklichen Gründe im einzelnen genau anzugeben.

Mögen meine Leser daher nicht annehmen, daß ich die Stirn besäße und mich rühmte, durchschaut zu haben, was zu sehen mir so schwierig erscheint. Ich habe einige Überlegungen begonnen, ich habe einige Vermutungen vorgebracht, weniger in der Hoffnung, das Problem zu lösen, als mit der Absicht, es zu erhellen und so zu stellen, wie es wirklich steht. Andere können mühelos auf demselben Wege weitergehen, ohne daß es irgend jemand leichtfallen wird, bis ans Ende zu gelangen. Denn es ist kein einfaches Unternehmen, zu entwirren, was am gegenwärtigen Wesen des Menschen ursprünglich, was künstlich ist, und über einen Zustand gut Bescheid zu wissen, der nicht mehr existiert, der vielleicht überhaupt nicht existiert hat und wahrscheinlich nie existieren wird, von dem wir uns dennoch zutreffende Begriffe machen müssen, um unseren gegenwärtigen Zustand richtig zu beurteilen. Weit mehr an philosophischem Geist, als man annehmen möchte, müßte derjenige besitzen, der die Vorsichtsmaßregeln genau zu bestimmen versuchte, die zu treffen sind, will man über diesen Gegenstand solide Beobachtungen anstellen; und eines zeitgenössischen Aristoteles oder Plinius nicht unwürdig erschiene mir eine gute Lösung des folgenden Problems: *Welche Versuche wären nötig, um zur Kenntnis des Naturmenschen zu gelangen, und mit welchen Mitteln kann man diese Versuche innerhalb der Gesellschaft anstellen?* Weit davon entfernt, die Lösung dieses Problems in Angriff zu nehmen, glaube ich doch, genügend über den Gegenstand nachgedacht zu haben, um von vornherein die Antwort zu wagen, daß auch die größten Philosophen nicht gut genug wären, diese Forschungen zu leiten, und die mächtigsten Herrscher nicht zu schade, sie durchzuführen. Mit solcher Zusammenarbeit zu rechnen ist jedoch kaum vernünftig, vor allem in Anbetracht der Beharrlichkeit oder vielmehr der anhaltenden Klarsicht und Bereitschaft, die auf beiden Seiten nötig wären, um zum Erfolg zu gelangen.

Diese Untersuchungen, die so schwer zu machen sind und an die bisher so wenige gedacht haben, sind indes das einzige uns verbleibende Mittel, eine Menge von Schwierigkeiten zu beheben, die uns hindern, die tatsächlichen Grundlagen der menschlichen Gesellschaft zu erkennen. Diese Unkenntnis vom Wesen des Menschen ist es, die so viel Ungewißheit und Unklarheit in die eigentliche Bestimmung des Naturrechts bringt: denn die Rechtsidee und mehr noch die Idee des Naturrechts, sagt Burlamaqui, sind offenkundig Vorstellungen, die etwas mit der menschlichen Natur zu tun haben. Aus ebendieser Natur, ihrer Herausbildung und Beschaffenheit, so fährt er fort, müsse man also die Prinzipien der Rechtswissenschaft ableiten.

Nicht ohne Verwunderung und Empörung bemerkt man das geringe Maß an Übereinstimmung, das unter den Autoren herrscht, die diesen wichtigen Stoff behandelt haben. Unter den größten Schriftstellern findet man kaum zwei, die in diesem Punkt derselben Meinung sind. Ganz zu schweigen von den antiken Philosophen, die es sich anscheinend zur Aufgabe gemacht haben, sich wechselseitig über die allergrundlegendsten Prinzipien zu widersprechen, wobei die römischen Rechtsgelehrten den Menschen und alle anderen Lebewesen unterschiedslos demselben Naturgesetz unterstellen, weil sie darunter eher das Gesetz verstehen, das die Natur sich selbst auferlegt, als jenes, das sie vorschreibt; oder vielmehr scheinen sie auf Grund des besonderen Gesetzesbegriffes, von dem sie ausgehen, in diesem Fall das Gesetz nur als Ausdruck der allgemeinen Beziehungen aufzufassen, die die Natur zwischen allen lebendigen Wesen zu deren gemeinsamer Erhaltung eingerichtet hat. Da die neueren Philosophen unter Gesetz eine Regel verstehen, die allein einem moralischen, das heißt einem in seinen Beziehungen zu den anderen betrachteten, intelligenten und freien Lebewesen vorgegeben ist, lassen sie folglich nur für das einzige vernunftbegabte Wesen, den Menschen also, die Zuständigkeit des Naturgesetzes gelten. Indem aber jeder von ihnen dieses Gesetz auf seine Weise definiert, leiten sie es alle von derart metaphysischen Prinzipien ab, daß selbst unter uns nur wenige imstande sind, diese Prinzipien zu begreifen, geschweige denn, sie von sich aus zu finden. Dergestalt stimmen alle Definitionen jener gelehrten Männer, die übrigens untereinander in ständigem Widerstreit liegen, einzig darin überein, daß es unmöglich sei, das Naturgesetz zu verstehen, folglich ihm zu gehorchen, ohne ein sehr bedeutender Denker und ein tiefgründiger Metaphysiker zu sein. Was genaugenommen heißt, daß die Menschen bei der Errichtung der Gesellschaft Kenntnisse hätten anwenden müssen, die sich doch nur mühsam, und bei äußerst wenigen Leuten, im Schoße der Gesellschaft herausbilden.

Da es so wenig Kenntnis von der Natur und eine so geringe Übereinstimmung über die Bedeutung des Wortes *Gesetz* gibt, dürfte es recht schwierig sein, sich auf eine treffende Definition des Naturgesetzes zu einigen. Daher besitzen alle, die man in den Büchern findet, außer dem Mangel, nicht gleichartig zu sein, auch noch den, daß sie aus einer Reihe von Kenntnissen, die die Menschen von Natur aus nicht haben, und aus einigen Vorzügen abgeleitet sind, von denen sich die Menschen erst einen Begriff machen können, wenn sie den Naturzustand schon verlassen haben. Man sucht zunächst nach Regeln, über deren Einhaltung die

Menschen zum allgemeinen Nutzen tunlichst übereinkommen sollten, um dieser Sammlung anschließend den Namen Naturgesetz zu verleihen, ohne daß es hierfür ein anderes Argument gäbe als das Wohl, das, wie man annimmt, aus der Allgemeingültigkeit dieser Regeln erwachsen würde. Dies ist zweifellos eine hochbequeme Art, Definitionen zu verfassen und die Natur der Dinge durch nahezu willkürliche Übereinkünfte zu erklären. Doch solange wir den Naturmenschen nicht kennen, werden wir vergebens das Gesetz zu bestimmen suchen, das er empfangen hat oder das seiner Beschaffenheit am besten entspricht. Das einzige, was wir hinsichtlich dieses Gesetzes klar erfassen können: Um Gesetz zu sein, muß nicht nur der Wille desjenigen, den es verpflichtet, sich ihm bewußt unterwerfen können, es muß zudem, um natürlich zu sein, sich unmittelbar durch die Stimme der Natur kundtun.

Wenn ich nun all die wissenschaftlichen Bücher, die uns lediglich lehren, die Menschen so zu sehen, wie sie durch eigenes Zutun geworden sind, beiseite lasse und über die ersten und einfachsten Regungen der menschlichen Seele nachdenke, glaube ich, zwei der Vernunft vorausgehende Prinzipien wahrzunehmen, deren eines das brennende Interesse an unserem Wohlergehen und unserer Selbsterhaltung ist, während das andere uns eine natürliche Abneigung einflößt, ein fühlendes Wesen und vornehmlich unseresgleichen zugrunde gehen oder leiden zu sehen. Aus dem Zusammenwirken und der Verbindung dieser beiden Prinzipien, zu der unser Geist in der Lage ist, ohne daß man hier noch den Trieb zur Geselligkeit ins Spiel bringen müßte, scheinen mir alle Regeln des Naturrechts hervorzugehen, Regeln, die der Verstand hernach auf anderer Grundlage wiederherstellen muß, wenn er im Laufe seiner Entwicklung so weit gekommen ist, die Natur zu ersticken.

Geht man auf diese Weise vor, gibt es keinerlei Veranlassung, den Menschen zum Philosophen zu machen, bevor man ihn zum Menschen gemacht hat. Seine Verpflichtungen dem anderen gegenüber werden ihm ja nicht einzig durch die späten Lehren der Vernunft vorgeschrieben, und solange er nicht dem inneren Drang zum Mitleid widersteht, wird er niemals einem anderen Menschen noch irgendeinem fühlenden Wesen Böses tun, außer in dem berechtigten Falle, wo es um seine eigene Erhaltung geht und er verpflichtet ist, zunächst an sich selbst zu denken. Auf diesem Wege lassen sich auch die alten Dispute um die Teilhabe der Tiere am Naturgesetz beenden. Denn es ist klar, daß sie, denen es an Verstand und Freiheit mangelt, jenes Gesetz nicht anerkennen können. Da sie aber durch die Empfindungsfähigkeit, mit der sie ausgestattet sind, in gewisser Hinsicht unserer Natur verhaftet sind, wird man befinden, daß auch sie am Naturrecht teilhaben müssen und daß der Mensch ihnen gegenüber bestimmten Verpflichtungen unterliegt. In der Tat scheint sich meine Verpflichtung, meinesgleichen nichts Böses zu tun, weniger daraus zu ergeben, daß es sich um ein vernunftbegabtes als daß es sich um ein empfindungsfähiges Wesen handelt. Da diese Eigenschaft Mensch und Tier gemeinsam ist, muß sie wenigstens dem einen das Recht verleihen, vom anderen nicht unnötigerweise übel behandelt zu werden.

Ebendiese Erforschung des natürlichen Menschen, seiner wahren Bedürfnisse und der Grundprinzipien seiner Pflichten, ist das einzig taugliche Mittel, jene Menge schwieriger Probleme zu lösen, die sich stellen, wenn es um den Ursprung der moralischen Ungleichheit, die wahren Grundlagen des Staatskörpers, die wechselseitigen Rechte seiner Mitglieder und um tausend andere ähnliche Fragen geht, die ebenso wichtig wie ungeklärt sind.

Betrachten wir die menschliche Gesellschaft ruhig und unvoreingenommen, scheint sie zunächst nur die Gewalt der Mächtigen und die Unterdrückung der Schwachen zu zeigen. Unser Geist empört sich über die Härte der einen und ist geneigt, die Blindheit der anderen zu beklagen; und weil nichts unter den Menschen weniger stabil ist als jene äußeren Beziehungen, die häufiger ein Werk des Zufalls als der Weisheit sind und die man Schwäche oder Macht, Reichtum oder Armut nennt, scheinen auf den ersten Blick die menschlichen Einrichtungen auf Treibsand gegründet. Erst wenn man sie näher betrachtet und das ganze Gebäude aus seiner Umhüllung aus Staub und Sand löst, wird man des unerschütterlichen Fundamentes gewahr, auf dem es errichtet ist, und lernt man, seine Grundlagen zu respektieren. Jedoch ohne ein ernsthaftes Studium des Menschen, seiner natürlichen Eigenschaften und ihrer allmählichen Entwicklung wird es einem nie gelingen, derlei Unterscheidungen zu treffen und an dem gegenwärtigen Zustand der Dinge das, was göttlicher Wille getan hat, von dem zu unterscheiden, was menschliches Können getan zu haben vorgibt. Die Untersuchungen von Politik und Moral, zu denen die wichtige Frage, die ich durchdenke, Anlaß bietet, sind daher in jeder Weise nützlich, und eine hypothetische Geschichte der Regierungsformen ist für den Menschen eine in jeder Hinsicht lehrreiche Lektion. Indem wir in Betracht ziehen, was wir, uns selbst überlassen, geworden wären, müssen wir lernen, den zu preisen, dessen wohltätige Hand, indem sie unsere Einrichtungen korrigierte und ihnen eine unerschütterliche Grundlage gab, den Mißständen, die sonst aus ihnen hätten hervorgehen müssen, vorgebeugt hat und unser Glück aus jenen Mitteln erwachsen ließ, die dazu bestimmt schienen, uns ins Elend zu stürzen.

Quem te Deus esse
Jussit, et humana qua parte locatus es in re,
Disce.

HINWEIS
ZU DEN ANMERKUNGEN

Ich habe diesem Werk einige Anmerkungen hinzugefügt, da ich aus bequemer Gewohnheit unzusammenhängend arbeite. Diese Anmerkungen entfernen sich mitunter so weit vom Inhalt, daß man sie nicht gut mit dem Text zusammen lesen kann. Ich habe sie also ans Ende der Abhandlung gestellt, in der ich nach besten Kräften versucht habe, ohne Umschweife meinem Weg zu folgen. Wer unerschrocken genug ist, wieder von vorn anzufangen, kann sich damit vergnügen, ein zweites Mal auf den Busch zu klopfen, und versuchen, die Anmerkungen zu überfliegen. Es wird kein großer Schade sein, wenn die anderen sie überhaupt nicht lesen.

ABHANDLUNG ÜBER DEN URSPRUNG UND DIE GRUNDLAGEN DER UNGLEICHHEIT UNTER DEN MENSCHEN

Vom Menschen habe ich zu sprechen, und die Frage, die ich untersuche, zeigt mir, daß ich zu Menschen sprechen werde, denn derlei Fragen werden nicht gestellt, wenn man es fürchtet, der Wahrheit die Ehre zu geben. Ich werde also zuversichtlich die Sache der Menschheit vor jenen Weisen verteidigen, die mich dazu einladen, und ich werde nicht unzufrieden mit mir sein, wenn ich mich meines Gegenstandes und meiner Richter würdig erweise.

Ich denke, daß es zwei Arten von Ungleichheit in der menschlichen Gattung gibt: die eine nenne ich natürlich oder physisch, denn sie ist naturgegeben und besteht im Unterschied der Lebensalter, der Gesundheit, der Körperkräfte, der Eigenschaften des Geistes oder der Seele. Die andere kann man moralische oder politische Ungleichheit nennen, hängt sie doch von einer Art Übereinkunft ab und wird errichtet oder wenigstens gerechtfertigt mit Zustimmung der Menschen. Diese Ungleichheit besteht in den verschiedenen Vorrechten, die einige zum Nachteil der anderen genießen, indem sie zum Beispiel reicher, angesehener, mächtiger sind als diese oder sogar deren Gehorsam verlangen.

Es erübrigt sich, nach der Quelle der natürlichen Ungleichheit zu fragen, denn die Antwort wäre mit der einfachen Definition des Wortes gegeben. Noch weniger kann man danach forschen, ob nicht irgendeine wesentliche Verbindung zwischen den beiden Arten von Ungleichheit besteht, denn das hieße fragen, ob diejenigen, die befehlen, nicht notwendigerweise mehr taugen als die, die gehorchen, und ob die Kraft des Körpers und des Geistes, ob

Weisheit und Tugend immer in denselben Menschen walten, entsprechend den Graden ihrer Macht oder ihres Reichtums: eine Frage, die vielleicht Sklaven bewegen kann, die mit ihren Herren einverstanden sind, nicht aber vernünftigen und freien Menschen geziemt, die die Wahrheit suchen.

Worum also geht es genau gesagt in dieser Abhandlung? Den Augenblick im Fortgang der Dinge zu bestimmen, in dem, als das Recht die Gewalt ablöste, die Natur dem Gesetz unterworfen wurde, und zu erklären, durch welche Verkettung wunderbarer Umstände der Starke sich dazu hat entschließen können, dem Schwachen zu dienen, und das Volk wiederum dazu, eine eingebildete Ruhe um den Preis einer wirklichen Glückseligkeit zu erkaufen.

Die Philosophen, die die Grundlagen der Gesellschaft untersuchten, haben alle die Notwendigkeit gespürt, bis zum Naturzustand zurückzugehen, doch keiner von ihnen ist dort angekommen. Die einen haben nicht geschwankt, dem Menschen in jenem Zustand einen Begriff von Recht und Unrecht zu unterstellen, ohne sich um den Nachweis zu kümmern, daß er einen solchen Begriff haben mußte, noch gar, daß er ihm von Nutzen gewesen wäre. Andere redeten vom natürlichen Recht eines jeden, das ihm Gehörende zu bewahren, ohne aber zu erklären, was sie unter »gehören« verstanden. Wiederum andere verliehen vorneweg dem Starken die Autorität über den Schwachen und ließen alsbald die Regierung entstehen, ohne daran zu denken, wieviel Zeit vergehen mußte, bis Worte wie Autorität und Regierung einen Sinn erlangen konnten. Alle schließlich haben, unablässig von Bedürfnis, Begierde, Unterdrückung, Wünschen und Stolz sprechend, Vorstellungen, die sie innerhalb der Gesellschaft gewonnen hatten, auf den Naturzustand übertragen. Sie sprachen vom Wilden und zeichneten den Zivilisierten. Es ist den meisten unter uns nicht einmal in den Sinn gekommen, an der Existenz des Naturzustandes zu zweifeln, wo doch aus der Heiligen Schrift klar hervorgeht, daß der erste Mensch, der unmittelbar von Gott Verstand und Gebote erhielt, sich keineswegs in jenem Zustand befand; folglich muß, schenkt man den Büchern Mose den Glauben, den jeder christliche Philosoph ihnen schuldig ist, geleugnet werden, daß die Menschen sich jemals, und sei es vor der Sintflut, im reinen Naturzustand befunden haben, wofern sie nicht durch irgendein außergewöhnliches Ereignis in ihn zurückgefallen wären, was eine paradoxe, schwerlich zu verteidigende und gänzlich unbeweisbare Annahme ist.

Beginnen wir also damit, alle Fakten beiseite zu lassen, denn sie berühren die Frage nicht. Man darf die Untersuchungen, die zu diesem Gegenstand möglich sind, nicht für historische Wahrheiten nehmen, sondern einzig für hypothetische und bedingte Überlegungen, eher dazu geeignet, das Wesen der Dinge zu erhellen, als deren wirklichen Ursprung nachzuweisen, und vergleichbar denen, die unsere Physiker tagtäglich über die Entstehung der Welt anstellen. Zwar gebietet uns die Religion zu glauben, daß die Menschen ungleich sind, weil Gott, der sie aus dem Naturzustand herauslöste, es so gewollt hat; aber sie untersagt uns nicht, aus der Natur des Menschen und der ihn umgebenden Lebewesen Vermutungen darüber abzuleiten, was das Menschengeschlecht hätte werden können, wäre es nur sich selbst überlassen geblieben. Ebendas erwartet man von mir, und ich nehme mir vor, es in dieser Abhandlung zu prüfen. Da mein Thema den Menschen im allgemeinen betrifft, werde ich eine Sprache zu sprechen versuchen, die allen Nationen gerecht wird, oder vielmehr, Zeit und Ort vergessend, um nur an die Männer zu denken, an die ich mich wende, werde ich mich in die Schulen Athens zurückversetzen und die Lehren meiner Meister wiederholen, wobei ich die Platon und Xenokrates zu Richtern und das Menschengeschlecht zum Auditorium habe.

O Mensch, aus welcher Gegend du auch stammst, welche Anschauungen immer du hegst, höre mir zu: Dies ist deine Geschichte, so wie ich glaube, sie gelesen zu haben – nicht in den Büchern deiner Artgenossen, die Lügner sind, sondern in der Natur, die niemals lügt. Alles, was von ihr ist, wird wahr sein, falsch allein das, was ich, ohne es zu wollen, von mir aus dazugetan habe. Die Zeiten, von denen ich sprechen werde, liegen weit zurück: wie anders bist du geworden! Es ist sozusagen der Lebenslauf deiner Gattung, den ich dir beschreiben werde, anhand der Eigenschaften, die du empfangen hast, die deine Erziehung und deine Gewohnheiten wohl verderben, nicht aber zerstören konnten. Es gibt, das fühle ich, ein Alter, bei dem der einzelne

Mensch stehenbleiben möchte. Du wirst das Alter suchen, von dem du wünschst, daß deine Gattung in ihm verharrt wäre. Unbefriedigt von deinem jetzigen Zustand, aus Gründen, die deiner unglücklichen Nachkommenschaft noch größere Unzufriedenheit verheißen, möchtest du vielleicht zurückgehen können. Und dieses Gefühl muß zum Lobpreis deiner Urahnen, zur Kritik an deinen Zeitgenossen und zum Entsetzen vor denen werden, deren Unglück es ist, nach dir zu leben.

ERSTER TEIL

Wie wichtig es auch sein mag, den Naturzustand des Menschen, um ihn richtig zu beurteilen, von seinem Ursprung an zu betrachten und ihn gleichsam im Embryonalstadium der Gattung zu untersuchen, werde ich seine Organisation doch nicht durch ihre allmähliche Entwicklung hindurch verfolgen. Ich werde mich nicht damit aufhalten, im Tierreich zu erforschen, was der Mensch anfangs möglicherweise war, um schließlich das zu werden, was er jetzt ist. Ich werde nicht untersuchen, ob seine länglichen Nägel, wie Aristoteles annimmt, zuerst gekrümmte Krallen waren, ob er einen Haarpelz hatte wie ein Bär und ob, da er auf allen vieren ging (3), den Blick zur Erde gerichtet und auf eine Sicht von wenigen Metern beschränkt, sein Blickkreis nicht zugleich die Beschaffenheit und die Grenzen seiner Gedanken bestimmte. Ich könnte hierüber nur vage, ans Phantastische grenzende Mutmaßungen anstellen. Die vergleichende Anatomie hat noch zu geringe Fortschritte gemacht, die Beobachtungen der Naturforscher sind noch zu ungewiß, als daß man derlei Grundlagen zum Ausgangspunkt einer soliden Überlegung machen könnte. Ohne Zuflucht zu dem übernatürlichen Wissen zu nehmen, das wir hierüber haben, und ohne die Veränderungen zu berücksichtigen, die die innere und die äußere Beschaffenheit des Menschen erfuhren, indem er seine Gliedmaßen einem neuen Gebrauch anpaßte und zu neuen Nahrungsmitteln überging, werde ich daher den Menschen als so geartet voraussetzen, wie ich ihn heute sehe: als ein Wesen, das auf zwei Füßen geht, sich seiner Hände bedient, wie wir es mit den unsrigen tun, seinen Blick auf die ganze Natur richtet und mit den Augen den weiten Himmelsraum durchmißt.

Indem ich dieses so beschaffene Wesen aller übernatürlichen Gaben, die es empfangen haben mag, und aller unnatürlichen Eigenschaften, die es nur im Lauf einer langen Entwicklung erwerben konnte, entkleide, indem ich es, mit einem Wort, so betrachte, wie es aus den Händen der Natur hervorgegangen sein muß, erblicke ich ein Lebewesen, weniger stark, weniger beweglich als andere, aber insgesamt am vorteilhaftesten von allen organisiert: ich sehe, wie es unter einer Eiche seinen Hunger, am erstbesten Bach seinen Durst stillt, sein Bett am Fuß desselben Baumes findet, der ihm Nahrung gespendet hat, und wie damit alle seine Bedürfnisse befriedigt sind.

Die Erde, ihrer natürlichen Fruchtbarkeit überlassen (4), von riesigen Wäldern bedeckt, die keine Axt verstümmelt hat, bietet auf Schritt und Tritt den Lebewesen jeglicher Art Nahrung und Unterschlupf. Unter die Tiere verstreut, beobachten die Menschen deren Geschicklichkeit und ahmen sie nach, erreichen so die Stufe tierischer Instinkte, mit jenem Vorzug, daß jede Art nur den ihr eigenen, der Mensch, welcher vielleicht keinen ihm eigentümlichen besitzt, sie sich alle aneignet und sich ebenso von der Mehrzahl der verschiedenen Nahrungsmittel ernährt (5), in die die anderen Tiere sich teilen, weswegen er leichter als irgendeines von ihnen seine Nahrung findet.

Von klein auf an die Unbilden der Witterung und die Strenge der Jahreszeiten gewöhnt, im Ertragen von Anstrengungen geübt, dazu gezwungen, nackt und unbewaffnet Leben und Beute gegen die wilden Tiere zu verteidigen oder ihnen durch Davonlaufen zu entkommen, erwerben die Menschen eine robuste, nahezu unverwüstliche Wesensart. Die Kinder, die die ausgezeichnete Konstitution ihrer Eltern mit auf die Welt bringen und sie durch dieselben Tätigkeiten festigen, in deren Folge sie entstanden ist, erlangen so die volle Leistungsfähigkeit, zu der die menschliche Gattung imstande ist. Die Natur verfährt dabei mit ihnen genauso wie das Gesetz Spartas mit den Kindern seiner Bürger. Sie kräftigt die Starken und läßt alle übrigen zugrunde gehen, worin sie sich von unseren Gesellschaften unterscheidet, in denen der Staat die Kinder, dadurch daß er sie ihren Eltern zur Last werden läßt, unterschiedslos vor der Geburt tötet.

Da der Körper des Wilden das einzige Werkzeug ist, das er

kennt, gebraucht er ihn zu Dingen, die wir, aus Mangel an Übung, zu vollbringen außerstande sind. Unser handwerkliches Können beraubt uns der Kraft und der Beweglichkeit, die der Wilde zwangsläufig erlangen mußte. Hätte er eine Axt besessen, hätte er dann mit bloßer Faust so starke Äste gebrochen? Hätte seine Hand mit solcher Wucht einen Stein geworfen, wenn er eine Schleuder besessen hätte? Wäre er, hätte er eine Leiter gehabt, mit solcher Leichtigkeit auf einen Baum geklettert? Wäre er so flink im Laufen gewesen, wenn er ein Pferd besessen hätte? Läßt man dem Zivilisierten Zeit, alle seine Hilfsmittel um sich zu versammeln, wird er zweifellos den Wilden leicht übertreffen. Will man aber einen noch ungleicheren Wettkampf sehen, stelle man sie beide nackt und ohne Waffen einander gegenüber, und man wird alsbald erkennen, welchen Vorteil es hat, unablässig über all seine Kräfte zu verfügen, stets auf jedwedes Ereignis gefaßt zu sein und sich sozusagen immer vollständig bei sich zu tragen. (6)

Hobbes behauptet, daß der Mensch von Natur aus furchtlos ist, ganz auf Angriff und Kampf eingestellt. Ein berühmter Philosoph hingegen denkt, und dasselbe versichern auch Cumberland und Pufendorf, daß niemand so furchtsam gewesen sei wie der Mensch im Naturzustand, ein ständig angstzitterndes Wesen, bereit, beim geringsten Geräusch, das es vernimmt, der geringsten Bewegung, die es bemerkt, die Flucht zu ergreifen. Das mag stimmen im Hinblick auf alles Unbekannte. Ich bezweifle nicht, daß der Naturmensch beim Anblick jedes neuen Schauspiels in Entsetzen gerät, immer dann, wenn er nicht abzuschätzen vermag, welches leibliche Wohl oder Übel er davon zu erwarten hat, und wenn er seine Kräfte nicht mit der Gefahr vergleichen kann, die ihm droht. Solche Situationen kommen im Naturzustand selten vor, wo alles in großer Gleichförmigkeit abläuft und das Antlitz der Erde nicht jenen plötzlichen und fortwährenden Veränderungen unterliegt, die von den Leidenschaften und der Unbeständigkeit aller Völker zusammen verursacht werden. Der Wilde jedoch, der unter die Tiere verstreut lebt und beizeiten Gelegenheit hat, sich mit ihnen zu messen, beginnt bald, Vergleiche anzustellen, und weil er spürt, daß er sie an Geschicklichkeit eher übertrifft als sie ihn durch ihre Kraft, lernt er, sich nicht mehr zu fürchten. Laßt einen Bären oder einen Wolf gegen einen so starken, gewandten und mutigen Wilden kämpfen, wie sie alle es sind, laßt diesen Steine oder einen kräftigen Knüppel zur Waffe haben, und ihr werdet sehen, daß das Risiko zumindest wechselseitig ist und daß nach mehreren solcher Erfahrungen die wilden Tiere, die sich untereinander nur ungern angreifen, sich kaum freiwillig auf den Menschen stürzen werden, da sie gemerkt haben, daß er ebenso furchtbar ist wie sie selber. Was nun die Tiere betrifft, die tatsächlich mehr Kraft haben, als der Mensch an Geschicklichkeit besitzt, so ist er ihnen gegenüber in derselben Lage wie andere, schwächere Arten, die nichtsdestoweniger weiterexistieren, wobei der Mensch noch den Vorteil hat, daß er, der sich nicht schlechter als sie aufs Laufen versteht und auf den Bäumen einen nahezu sicheren Schutz findet, nichts weiter tun muß, als ein Aufeinandertreffen zu suchen oder zu meiden, denn er hat die Wahl zwischen Flucht und Kampf. Fügen wir hinzu, daß kein Tier von Natur aus den Menschen zu bekämpfen scheint, außer im Fall der Selbstverteidigung oder des schlimmsten Hungers, noch daß irgendeines ihm gegenüber jene heftige Feindschaft bekundet, die anzuzeigen scheint, daß die Natur eine Art dazu bestimmt hat, einer anderen als Futter zu dienen.[1]

Andere, viel furchtbarere Feinde, denen gegenüber der Mensch nicht dieselben Mittel zur Verteidigung besitzt, sind die natürlichen Gebrechen, Kindheit, Alter und Krankheiten aller Art; traurige Zeichen unserer Schwäche, von denen die beiden ersten allen Lebewesen gemeinsam, die letzteren hauptsächlich den in der Gesellschaft lebenden Menschen eigen sind. Was die Kindheit betrifft, stelle ich sogar fest, daß die Mutter, die ihr Kind überall mit sich herumträgt, es viel leichter hat, für dessen Nahrung zu sorgen, als die Weibchen mancher Tierarten, die gezwungen sind, unablässig und unter großen Mühen hin und her zu eilen, sei es um Nahrung zu suchen oder um ihre Jungen zu säu-

[1] Dies sind zweifellos die Gründe, aus denen Neger und Wilde sich so wenig um die Raubtiere scheren, auf die sie in den Wäldern treffen können. Die Kariben Venezuelas leben, unter anderem, auch in dieser Hinsicht in tiefster Sicherheit und ohne den geringsten Nachteil. Obgleich sie fast nackt sind, bemerkt Francisco Correal, wagen sie sich kühn in die Wälder vor, bewaffnet nur mit Pfeil und Bogen; doch nie hat man erzählen hören, daß wilde Tiere irgendeinen von ihnen verschlungen hätten. (Ed. 1782)

gen und zu füttern. Zwar schwebt das Kind in der Gefahr, mit zugrunde zu gehen, wenn seine Mutter stirbt, aber dies gilt auch für hundert andere Arten, deren Junge lange nicht in der Lage sind, sich selbst zu ernähren; und wenn wir eine längere Kindheit haben, ist, weil auch unser Leben länger währt, an diesem Punkt noch alles einigermaßen gleich, (7) wiewohl es hinsichtlich der Dauer des ersten Lebensalters und der Anzahl der Jungen (8) unterschiedliche Regeln gibt, die nicht zu meinem Thema gehören. Bei den Greisen, die sich wenig bewegen und wenig schwitzen, nimmt das Bedürfnis nach Nahrung zugleich mit der Fähigkeit ab, sie zu beschaffen. Und da das Leben der Wilden Gicht und Rheumatismus von ihnen fernhält und das Alter ohnehin dasjenige Übel ist, das menschliche Hilfe am wenigsten lindern kann, erlöschen die Greise schließlich, ohne daß man ihr Dahinscheiden bemerkt und fast ohne daß sie es selbst wahrnehmen.

Was die Krankheiten angeht, so will ich nicht die eitlen und falschen Schmähreden wiederholen, die die meisten Gesunden gegen die Medizin führen, sondern nur die Frage stellen, ob es irgendeine handfeste Beobachtung gibt, aus der man schließen kann, daß in den Ländern, wo diese Kunst am meisten vernachlässigt wird, das durchschnittliche Lebensalter des Menschen niedriger ist als in denen, wo sie mit größter Sorgfalt gepflegt wird. Und wie könnte das sein, wo wir uns doch mehr Schaden zufügen, als die Medizin jemals Heilmittel zu liefern vermöchte! Die Ungleichheit der Lebensweisen, maßloser Müßiggang bei den einen, ein Übermaß an Arbeit bei den anderen, die Leichtigkeit, mit der wir unsere Gelüste, unsere Sinnlichkeit reizen und befriedigen, die allzu erlesenen Gerichte der Reichen, die ihnen erhitzende Säfte einflößen und sie dauernd mit Verstopfung plagen, die schlechte, meist sogar fehlende Nahrung der Armen, deren Mangel sie dazu bringt, sich gierig den Magen vollzuschlagen, sowie eine Gelegenheit sich bietet, durchwachte Nächte und Ausschweifungen aller Art, die Maßlosigkeit der Leidenschaften, die Erschöpfungen und die Ermattung des Geistes, der Kummer, die zahllosen Beschwernisse, die man in jedem gesellschaftlichen Stand zu ertragen hat und die unablässig an den Seelen nagen: dies alles sind die unheilvollen Bürgen dafür, daß die meisten Leiden unser eigenes Werk sind und daß wir sie nahezu alle vermieden hätten, wären wir bei der einfachen, gleichförmigen und einsamen Lebensart geblieben, die uns von der Natur verordnet war. Wenn sie uns dazu bestimmt hat, gesund zu sein, wage ich fast zu behaupten, daß der Zustand des Nachdenkens der Natur zuwiderläuft und daß der sinnierende Mensch ein entartetes Tier ist. Wenn man an die gute Konstitution der Wilden denkt, wenigstens derjenigen, die wir mit unseren starken Branntweinen nicht zugrunde gerichtet haben, wenn man weiß, daß sie beinah keine anderen Krankheiten kennen als Verwundungen und Altersschwäche, neigt man stark zu der Annahme, daß sich die Geschichte der menschlichen Krankheiten aufstellen ließe, indem man einfach derjenigen der Gesellschaften folgte. Dies ist wenigstens die Ansicht Platons, der anhand einiger Mittel, die Podaleirios und Machaon bei der Belagerung Trojas anwandten oder billigten, zum Urteil gelangte, daß verschiedene Krankheiten, die diese Mittel auslösen sollten, den Menschen damals noch völlig unbekannt waren.[1]

Weil es im Naturzustand so wenig Gründe für Krankheiten gibt, braucht der Mensch dort keine Arzneien, noch weniger Ärzte. Die menschliche Gattung ist in dieser Hinsicht in keiner schlechteren Lage als alle anderen, und man kann ja von den Jägern leicht erfahren, ob sie auf der Pirsch häufig kranke Tiere antreffen. Sie finden öfters welche mit beträchtlichen, sehr gut vernarbten Wunden, auch mit gebrochenen Knochen oder gar Gliedmaßen, die kein anderer Chirurg als die Zeit, keine andere Behandlung als das gewohnte Leben wiederhergestellt haben und die um so besser genesen sind, als sie weder mit Operationen gequält noch mit Arzneien vergiftet oder durch Fasten entkräftet wurden. Schließlich, so nutzbringend eine gut gehandhabte Heilkunde für uns sein kann, ist allemal gewiß, daß der Wilde, der, krank und sich selbst überlassen, allein auf die Natur hoffen kann, dafür auch nichts zu fürchten braucht außer seinem Leiden, weshalb seine Lage der unseren oftmals vorzuziehen ist.

Hüten wir uns also davor, den Wilden mit dem Menschen zu verwechseln, den wir vor Augen haben. Die Natur behandelt alle Lebewesen, die ihrer Pflege anheimfallen, mit einer Vorliebe, die

[1] Und Celsus berichtet, daß die Diät, die heute so notwendig ist, erst von Hippokrates erfunden wurde. (Ed. 1782)

zu beweisen scheint, wie eifersüchtig sie auf dieses Recht bedacht ist. Pferd, Katze, Stier, selbst der Esel sind in der Wildnis meist von höherem Wuchs und besitzen alle eine robustere Konstitution, mehr Lebenskraft, Stärke und Mut als in unseren Häusern. Die Hälfte dieser Vorzüge verlieren sie, wenn sie Haustiere werden, und man könnte sagen, daß all unsere Bemühungen, diese Tiere gut zu behandeln und zu füttern, nur dazu führen, daß sie verkümmern. Genau dasselbe gilt für den Menschen: indem er gesellig wird und versklavt, wird er schwach, furchtsam, untertänig, und seine verweichlichte Lebensart saugt ihm vollends Kraft und Mut aus den Adern. Fügen wir hinzu, daß der Unterschied zwischen dem Wilden und dem domestizierten Menschen noch größer sein muß als der zwischen Tier und Haustier, denn weil die Natur Mensch und Tier gleich behandelt hat, sind all die Bequemlichkeiten, die der Mensch in größerem Umfange sich gönnt als den Tieren, die er zähmt, ebensoviel besondere Gründe für seine stärker ausgeprägte Degeneration.

Es ist also für diese ersten Menschen kein so großes Unglück und erst recht nicht ihrer Erhaltung hinderlich, daß sie nackt, ohne Wohnung und all der unnützen Dinge beraubt sind, die wir für derart notwendig halten. Wenn sie keine Behaarung haben, so haben sie die in den heißen Ländern nicht nötig, und in den kalten lernen sie rasch, sich das Fell der Tiere anzueignen, die sie erlegen. Wenn sie nur zwei Beine haben, um zu laufen, so haben sie zwei Arme zu ihrer Verteidigung und zum Herbeischaffen der Nahrung. Ihre Kinder lernen das Gehen vielleicht spät und mühselig, aber die Mütter tragen sie mit Leichtigkeit, ein Vorteil, der den anderen Gattungen abgeht, bei denen das Muttertier, wenn es verfolgt wird, sich gezwungen sieht, seine Jungen im Stich zu lassen oder seinen Schritt dem ihren anzupassen.[1] Kurz, sofern man nicht jenes eigentümliche und zufällige Zusammenwirken von Umständen annimmt, über die ich später noch sprechen

[1] Es kann da einige Ausnahmen geben. Zum Beispiel jenes Tier aus einem Landstrich Nikaraguas, das einem Fuchs ähnelt, dessen Füße wie menschliche Hände aussehen und das, Correal zufolge, unter seinem Bauch einen Beutel trägt, in den die Mutter ihre Kleinen steckt, wenn sie fliehen muß. Es handelt sich zweifellos um dasselbe Tier, das in Mexiko Tlaquatzin heißt und dessen Weibchen Laet einen ähnlichen Beutel zu demselben Gebrauch zuschreibt. (Ed. 1782)

werde und die sehr wohl niemals hätten eintreffen können, ist es in jeder Hinsicht klar, daß der erste, der sich Kleider oder eine Wohnung herstellte, sich damit wenig nützliche Dinge bescherte, weil sie ihm bis dahin entbehrlich gewesen und weil nicht einzusehen ist, weshalb er als erwachsener Mann eine Lebensweise nicht mehr hätte ertragen können, die er seit seiner Kindheit ertrug.

Allein, müßig und immer in Nähe der Gefahr, muß der Wilde gern schlafen und einen leichten Schlaf haben, wie die Tiere, die wenig denken und sozusagen während der ganzen Zeit, in der sie nicht denken, schlafen. Da die Selbsterhaltung fast seine einzige Sorge darstellt, müssen seine am stärksten ausgebildeten Eigenschaften jene sein, die sich in erster Linie auf Angriff und Verteidigung richten, sei es, um Beute zu erlegen, sei es, um sich davor zu schützen, die eines anderen Wesens zu werden. Hingegen müssen bei ihm die Sinne, die sich nur durch Verweichlichung und Genüsse vervollkommnen, in einem rohen Zustand bleiben, der jegliches feine Empfinden ausschließt. Da seine Sinne sich in dieser Hinsicht unterscheiden, muß er einen äußerst primitiven Tastsinn und Geschmack besitzen, doch Sehvermögen, Gehör und Geruchssinn von größter Schärfe. Dies ist bei den meisten Tieren und nach dem, was Reisende berichten, auch bei den meisten wilden Völkern der Fall. Deshalb braucht man sich nicht zu wundern, daß die Hottentotten vom Kap der Guten Hoffnung mit bloßem Auge Schiffe auf hoher See entdecken, aus gleicher Entfernung wie die Holländer mit ihren Fernrohren, noch muß man darüber erstaunen, daß die Wilden Amerikas die Fährte der Spanier witterten, wie Hunde es nicht besser hätten tun können, noch auch darüber, daß alle Barbarenvölker ihre Nacktheit mühelos ertragen, ihren Geschmack mit Pfeffer schärfen und die europäischen Schnäpse wie Wasser trinken.

Ich habe bislang nur den physischen Menschen behandelt. Versuchen wir nun, ihn aus metaphysischer oder moralischer Sicht zu betrachten.

In jedem Tier sehe ich lediglich einen kunstvollen Mechanismus, dem die Natur Sinne verliehen hat, damit er sich selbst aufziehe und bis zu einem bestimmten Punkt vor allem schütze, was ihn stören oder zerstören kann. Genau dasselbe beobachte ich an der menschlichen Maschine, mit dem Unterschied freilich, daß in den Handlungen des Tieres allein die Natur am Werke ist, wogegen der Mensch als frei Handelnder auf sein Tun selber Einfluß hat. Das eine wählt oder verwirft aus Instinkt, der andere in freiem Entschluß, weswegen das Tier sich nicht von der ihm vorgeschriebenen Regel entfernen kann, selbst wenn es einen Vorteil davon hätte, und der Mensch sich oft zu seinem Schaden davon entfernt. So würde eine Taube vor einer mit köstlichem Fleisch gefüllten Schüssel, eine Katze vor einem Berg von Früchten oder Körnern Hungers sterben, obgleich sich die eine wie die andere sehr wohl an der verschmähten Nahrung sättigen könnten, wenn sie nur darauf gekommen wären, sie zu probieren. So geben sich die haltlosen Menschen Ausschweifungen hin, die ihnen Fieber und Tod bringen, weil der Geist die Sinne verdirbt und der Wille noch spricht, wenn die Natur schon verstummt ist.

Jedes Lebewesen hat Vorstellungen, weil es Sinne hat, es verknüpft sogar seine Vorstellungen bis zu einem bestimmten Grad, und darin unterscheidet sich der Mensch nur unwesentlich vom Tier. Einige Philosophen haben sogar behauptet, daß der Unterschied von Mensch zu Mensch größer sei als der zwischen Mensch und Tier. Es ist also nicht so sehr der Verstand, der die besondere Stellung des Menschen unter den Lebewesen bedingt, als vielmehr seine Eigenschaft, frei handeln zu können. Die Natur befiehlt jedem Wesen, und das Tier gehorcht. Der Mensch erfährt dieselbe Prägung, aber er weiß sich frei zu Einwilligung oder Widerstand, und vor allem im Bewußtsein dieser Freiheit beweist sich die Geistigkeit seiner Seele. Zwar vermag die Physik in gewisser Weise den Mechanismus sinnlicher Wahrnehmung und das Zustandekommen von Vorstellungen zu erklären, aber bei der Willenskraft oder vielmehr Entscheidungsfähigkeit und dem Empfinden dieser Fähigkeit hat man es mit rein geistigen Akten zu tun, die von den Gesetzen der Mechanik in nichts zu erklären sind.

Wenn nun die Schwierigkeiten, die all diese Fragen umgeben, einigen Anlaß bieten, die getroffene Unterscheidung von Mensch und Tier zu bestreiten, gibt es doch zwischen ihnen einen weiteren spezifischen Unterschied, über den kein Zweifel möglich ist, nämlich die Fähigkeit zur Vervollkommnung. Eine Fähigkeit, die, unterstützt von den Umständen, nach und nach alle anderen zur Entwicklung bringt und unserer Gattung ebenso wie dem Individuum innewohnt, wohingegen ein Tier nach Ablauf weniger Monate das ist, was es sein Leben lang sein wird, und seine Art am Ende von tausend Jahren immer noch dieselbe ist wie zu deren Anfang. Warum widerfährt es allein dem Menschen, schwachsinnig zu werden? Kehrt er nicht damit in seinen ursprünglichen Zustand zurück? Und muß nicht der Mensch, der durch Alter oder anderes Unglück alles verloren hat, was seine *Vervollkommnungsfähigkeit* ihn erwerben ließ – während das Tier nichts dazubekommt, aber auch nichts zu verlieren hat und immer bei seinem Instinkt bleibt –, sogar weiter zurückfallen als auf die Stufe des Tieres? Es wäre traurig für uns, müßten wir eingestehen, daß diese unterscheidende und nahezu grenzenlose Fähigkeit die Quelle allen menschlichen Unglücks und daß sie es ist, die den Menschen mit der Zeit aus jenem ursprünglichen Zustand löst, in dem er ruhige und unschuldige Tage verbringen würde, daß sie es ist, die im Lauf des Jahrhunderts seine Kenntnisse und Irrtümer, seine Laster und Tugenden sich entfalten und ihn auf die Dauer zum Tyrannen seiner selbst und der Natur werden läßt. (9) Es wäre schrecklich, müßten wir denjenigen als Wohltäter loben, der den Menschen am Ufer des Orinoko den Gebrauch jener Hölzer einredete, die sie seither an den Schläfen ihrer Kinder anbringen und die diesen zumindest einen Teil ihrer Einfalt und ihrer ursprünglichen Glückseligkeit sichern.

Der Wilde, den die Natur allein seinen Instinkten überlassen oder ihn vielmehr für das, was ihm hier fehlt, durch Eigenschaften entschädigt hat, die geeignet sind, anfangs an die Stelle von Instinkten zu treten, um ihn später weit über diese Stufe hinauszuführen, dieser Wilde wird sich zunächst ganz animalisch verhalten. (10) Wahrnehmen und wittern wird sein ursprünglicher Zustand sein, der ihm mit allen Tieren gemeinsam ist. Wollen und nicht wollen, wünschen und fürchten werden die ersten und fast die einzigen Regungen seiner Seele sein, so lange, bis neue Umstände hier zu neuen Entwicklungen führen.

Was auch die Moralisten darüber sagen, der menschliche Verstand verdankt den Leidenschaften viel, wie diese, nach übereinstimmender Ansicht, auch ihm viel verdanken. Gerade durch diese Aktivität vervollkommnet sich unser Verstand. Wir streben nur nach Erkenntnis, weil wir genießen wollen, und es ist nicht einzusehen, warum jemand, der weder Wünsche noch Ängste hat, sich die Mühe machen sollte nachzudenken. Die Leidenschaften ihrerseits wurzeln in unseren Bedürfnissen und entfalten sich dank unserer Erkenntnisse, denn man kann nur Dinge wünschen oder fürchten, wenn man eine Vorstellung von ihnen hat oder indem man dem bloßen natürlichen Impuls folgt. Der Wilde, dem jegliches Wissen fehlt, empfindet nur Leidenschaften letzterer Art. Seine Wünsche gehen nicht über seine natürlichen Bedürfnisse hinaus. (11) Das einzige Wohl, das er auf der Welt kennt, sind Nahrung, ein Weib und Ruhe. Die einzigen Übel, die er fürchtet, sind Schmerz und Hunger. Ich sage Schmerz, nicht Tod, denn niemals wird ein Tier wissen, was Sterben ist: die Kenntnis des Todes und seiner Schrecken ist eine der ersten Erwerbungen, die der Mensch macht, indem er sich von seinem tierischen Dasein entfernt.

Es wäre mir ein leichtes, diese Annahme, wenn nötig, durch Tatsachen zu stützen und nachzuweisen, daß sich bei allen Völkern der Welt die Fortschritte des Geistes genau nach den Bedürfnissen bemessen, die sie von der Natur empfingen oder denen sie durch äußere Umstände ebenso unterlagen wie den Leidenschaften, welche sie folgerichtig dazu führten, diese Bedürfnisse zu befriedigen. Ich könnte zeigen, wie in Ägypten mit den Überschwemmungen des Nils Handwerk und Künste entstanden sind und sich ausdehnten; ich könnte deren Aufschwung bei den Griechen verfolgen, wo sie aus dem sandigen Boden und dem Gestein Attikas hervorsprossen, sich bis in den Himmel erhoben und doch an den fruchtbaren Ufern des Eurotas nicht Wurzeln fassen konnten. Ich würde anmerken, daß gemeinhin die Völker des Nordens arbeitsamer sind als die des Südens, weil sie weniger auf diese Eigenschaft verzichten können, als wollte die Natur dergestalt einen Ausgleich herstellen, indem sie dem Geist die Fruchtbarkeit verleiht, die sie der Erde verweigert.

Doch wer sähe nicht, auch ohne Rückgriff auf die unsicheren Zeugnisse der Geschichte, daß alles dazu angetan scheint, den Wilden von der Versuchung und den Mitteln fernzuhalten, seinen Zustand zu verlassen? Seine Einbildungskraft malt sich nichts aus, sein Herz verlangt nichts von ihm. Seine bescheidenen Bedürfnisse sind im Handumdrehen befriedigt, und er ist so fern von jener Stufe der Erkenntnis, die nötig ist, damit der Wunsch nach immer weiterem Wissen entsteht, daß er weder Voraussicht noch Neugier besitzen kann. Das Schauspiel der Natur ist ihm derart vertraut geworden, daß es ihn gleichgültig läßt. Immer derselbe Ablauf, immer dieselben Wechsel; ihm fehlt es an Geist, um über die größten Wunder zu staunen, und nicht bei ihm darf man die Philosophie suchen, deren der Mensch bedarf, um einmal auf das achten zu können, was er alle Tage sieht. Seine Seele, die nichts in Aufregung versetzt, gibt sich einzig dem Gefühl der unmittelbaren Existenz hin, ohne irgendeine Zukunftsvorstellung, so kurzfristig sie auch sein mag, und seine Pläne, die ebenso beschränkt sind wie seine Ansichten, reichen gerade eben bis zum Tagesende. So geartet ist noch heutzutage das Maß an Voraussicht, das der Karibe besitzt: er verkauft am Morgen sein Lager aus Baumwolle und jammert abends, um es zurückzukaufen, und dies, weil er nicht vorausgesehen hat, daß er es in der nächsten Nacht brauchen würde.

Je mehr man hierüber nachdenkt, desto größer wird vor unseren Blicken der Abstand zwischen den bloßen Empfindungen und den ersten, einfachen Erkenntnissen. Es ist unmöglich, zu begreifen, wie ein Mensch aus eigener Kraft, ohne Hilfe der Kommunikation und ohne den Stachel der Notwendigkeit, eine so große Kluft hätte überwinden können. Wie viele Jahrhunderte mögen vergangen sein, bevor die Menschen imstande waren, ein anderes Feuer zu sehen als das am Himmel? Wieviel unterschiedliche Zufälle waren nötig, damit sie den einfachsten Umgang mit diesem Element erlernten? Wie viele Male ließen sie es erlöschen, ehe sie die Kunst beherrschten, es wieder zu entfachen? Und wie oft mag jedes dieser Geheimnisse mit dem gestorben sein, der es entdeckt hatte? Was erst soll man vom Akkerbau sagen, einer Kunst, die mit anderen zusammenhängt und so viel Arbeit und Vorausschau verlangt, daß sie offensichtlich erst innerhalb einer Gesellschaft, und sei es an deren Anfang, ausgeübt werden kann, wobei sie weniger dazu dient, der Erde Nahrungsmittel abzugewinnen, die sie ohnehin liefern würde, als vielmehr, sie zu zwingen, vorzugsweise jene zu produzieren, die am meisten nach unserem Geschmack sind. Aber nehmen wir an, daß die Menschen sich so stark vermehrt hätten, daß die natürlichen Erzeugnisse nicht mehr zu ihrer Ernährung ausreichten – was, die, nebenbei gesagt, beweisen würde, wie vorteilhaft jene Lebensweise für die Menschheit gewesen ist –; nehmen wir an, daß die Ackerbaugeräte, ohne das Dazutun von Schmieden und Werkstätten, den Wilden direkt vom Himmel in die Hände gefallen wären; daß diese Menschen den tödlichen Haß, den sie alle gegen eine regelmäßige Arbeit hegen, besiegt und gelernt hätten, ihre Bedürfnisse weit im voraus zu erkennen; daß sie erraten hätten, wie man den Boden bestellt, Korn sät und Bäume pflanzt; daß sie die Kunst, Getreide zu mahlen und Trauben zum Gären zu bringen, entdeckt hätten – alles Dinge, die die Götter sie hätten lehren müssen, da man sich nicht vorstellen kann, wie sie sie von sich aus erlernt haben sollten: Wer wäre nach alledem so verrückt gewesen, sich mit der Bestellung eines Ackers zu plagen, der von dem erstbesten, dem eine solche Ernte gefiele, gleich, ob Mensch oder Tier, leer geplündert werden konnte? Wie auch sollte sich jemand dazu entschließen, sein Leben mit mühseliger Arbeit zuzubringen, deren Früchte nicht zu ernten er um so gewisser sein kann, je nötiger er ihrer bedarf? Mit einem Wort, wie kann diese Lage die Menschen dazu bringen, die Erde zu bebauen, solange sie nicht unter ihnen aufgeteilt, das heißt, solange der Naturzustand nicht zerstört ist?

Wenn wir uns einen Wilden vorstellen wollten, der in der Kunst des Denkens ebenso geschickt ist, wie ihn uns unsere Philosophen darstellen; wenn wir, ihrem Beispiele folgend, ihn selbst zu einem Philosophen machten, der ohne fremde Hilfe die erhabensten Wahrheiten entdeckt und sich in sehr abstrakten Gedankengängen Maximen von Vernunft und Gerechtigkeit bildet, die aus der Liebe zur Ordnung schlechthin oder aus dem erkannten Willen des Schöpfers abgeleitet sind, mit einem Wort, wenn wir seinem Geist so viel an Intelligenz und nötiger Bildung unterstellten, wie er in Wirklichkeit an Schwerfälligkeit und Stumpfsinn aufweist, welchen Nutzen zöge denn die Gattung aus dieser ganzen Metaphysik, die nicht verbreitet werden kann und mit dem Individuum untergeht, das sie ersann? Zu welchem Fortschritt wäre das Menschengeschlecht, in Wäldern verstreut, inmitten der Tiere lebend, denn fähig? Bis zu welchem Grad könnten Menschen sich vervollkommnen und gegenseitig belehren, die weder eine feste Wohnstatt noch irgendein Bedürfnis nacheinander haben und die sich daher, ohne einander zu kennen oder miteinander zu sprechen, kaum zweimal im Leben begegnen?

Man bedenke nur, wie viele Vorstellungen wir dem Gebrauch der Sprache verdanken, wie sehr die Grammatik die Geistestätigkeit schult und erleichtert; und man denke an die unvorstellbaren Mühen, die unendliche Zeit, die die allererste Erfindung der Sprachen kosten mußte. Fügt man diese Überlegungen mit den vorangegangenen zusammen, wird man beurteilen können, daß Tausende von Jahrhunderten nötig waren, damit sich im menschlichen Geist allmählich jene Tätigkeiten herausbildeten, deren er fähig ist.

Es sei mir gestattet, für einen Augenblick das verwirrende Problem des Ursprungs der Sprachen zu betrachten. Ich könnte mich damit begnügen, hier die Untersuchungen zu zitieren oder wiederzugeben, die der Abbé von Condillac auf diesem Gebiet angestellt hat und die allesamt meine Auffassung vollkommen bestätigen, ja mir vielleicht eine erste Vorstellung davon vermittelt haben. Jedoch die Art, in der dieser Philosoph die schwierigen Fragen löst, die er sich über den Ursprung der vereinbarten Zeichen gestellt hat, zeigt, daß er voraussetzte, was ich in Frage stelle, nämlich eine Art Gesellschaft, die unter den Spracherfindern bereits bestanden hätte. Daher glaube ich, indem ich auf seine Überlegungen verweise, die meinen anfügen zu müssen, um dieselben Probleme im Lichte meines Themas darzulegen. Die erste Schwierigkeit, die auftaucht, ist, sich vorzustellen, wie es dazu kam, daß Sprachen nötig wurden, denn da die Menschen keinen Austausch untereinander und nicht einmal das Bedürfnis danach hatten, begreift man nicht, wie diese Erfindung, wo sie doch nicht unerläßlich war, nötig und möglich wurde. Ich könnte wie viele andere zwar sagen, die Sprachen seien im häuslichen Verkehr zwischen Vätern, Müttern und Kindern entstanden, aber das hieße, abgesehen davon, daß die Einwände hiermit nicht entkräftet wären, den Fehler derjenigen begehen, die, wenn sie über den Naturzustand räsonieren, in der Gesellschaft gewonnene Vorstellungen auf ihn übertragen und daher ständig Familien in einer gemeinsamen Wohnung versammelt sehen, wo mannigfaltige gemeinsame Interessen sie vereinen und ihre Mitglieder eine ebenso innige wie dauerhafte Verbindung miteinander pflegen, wie wir sie kennen. In jenem ursprünglichen Zustand hingegen, in dem es weder Häuser noch Hütten, noch irgendwelches Privateigentum gab, ließ jeder sich auf gut Glück nieder und oftmals nur für eine einzige Nacht. Männer und Frauen vereinigten sich zufällig, je nach Begegnung, Gelegenheit und Wunsch, ohne daß die Sprache zur Übersetzung dessen, was sie einander zu sagen hatten, besonders nötig gewesen wäre. Und mit derselben Leichtigkeit trennten sie sich wieder. (12) Die Mutter stillte zunächst aus eigenem Bedürfnis und später, als die Gewöhnung ihr die Kinder lieb gemacht hatte, auch um derentwillen. Sobald sie kräftig genug waren, selber Nahrung zu suchen, zögerten sie nicht, die Mutter zu verlassen. Und da es fast kein anderes Mittel gab, einander wiederzufinden, als sich nicht aus den Augen zu verlieren, kam es bald dahin, daß sie sich wechselseitig nicht einmal mehr wiedererkannten. Man möge zudem bedenken, daß gerade das Kind, welches ja all seine Bedürfnisse erklären muß und folglich der Mutter mehr zu sagen hat als sie ihm, die Hauptlast der Spracherfindung trägt und daß die Sprache, die es gebraucht, zum großen Teil sein eigenes Werk sein muß. Das führt dazu, daß es ebenso viele Sprachen gibt wie Individuen, die sie sprechen; wozu auch das unstete Leben beiträgt, das keinem Idiom die Zeit läßt, sich zu festigen. Wenn man sagt, daß die Mutter dem Kind die Worte vorspricht, die es gebrauchen soll, um sie um dies oder jenes zu bitten, dann trifft das zwar die Art, in der bereits ausgebildete Sprachen gelehrt werden, zeigt uns aber nicht, wie sie entstehen.

Nehmen wir an, dieses erste schwierige Problem sei gelöst, überspringen wir für einen Augenblick den gewaltigen Zeitraum, der zwischen dem reinen Naturzustand und dem Bedürfnis nach Sprachen gelegen haben muß, und fragen wir, indem wir sie als notwendig voraussetzen (13), nun danach, wie es dazu kam, daß sie sich zu etablieren begannen. Neuerliche Schwierigkeit, größer noch als die zuvor genannte. Denn wenn die Menschen die Sprache brauchten, um denken zu lernen, mußten sie erst recht denken können, um die Kunst des Sprechens zu finden. Selbst wenn man begriffe, wie stimmliche Laute zu vereinbarten Zeichen für die Übersetzung unserer Gedanken wurden, bliebe immer noch zu erfahren, wie ebendiese Zeichen interpretiert werden konnten, die sich ja auf Gedanken, also auf nicht wahrnehmbare Gegenstände bezogen, auf die man weder mit Gesten noch durch Ausrufe hinweisen konnte. So ist es also kaum möglich, annehmbare Vermutungen anzustellen über den Ursprung der Kunst, Gedanken mitzuteilen und damit einen geistigen Austausch zu begründen: einer erhabenen Kunst, die schon weit von ihren Anfängen entfernt ist, die der Philosoph aber immer noch in einem so großen Abstand zu ihrer Vollkommenheit sieht, daß niemand sich erkühnt, zu behaupten, sie würde jemals dorthin gelangen, selbst wenn die Umwälzungen, die die Zeit notwendigerweise mit sich bringt, ihr zuliebe außer Kraft träten, die Vorurteile aus den Akademien verschwänden oder vor ihren Toren verstummten, so daß jene sich jahrhundertelang ununterbrochen mit diesem dornigen Gegenstand beschäftigen könnten.

Die erste, die allgemeinste und kraftvollste, die einzige Sprache, die der Mensch brauchte, bevor es nötig wurde, eine versammelte Schar zu überzeugen, war der Schrei der Natur. Weil er nur in dringlichen Situationen durch eine Art Instinkt ausgelöst wurde, um in großer Gefahr Hilfe oder Linderung für heftige Leiden zu erflehen, war er im gewöhnlichen Leben, wo gemäßigtere Gefühle herrschen, kaum vonnöten. Als die Vorstellungen der Menschen weiter und vielfältiger zu werden begannen und zwischen ihnen ein engerer Austausch entstand, suchten sie nach einer größeren Anzahl von Zeichen und einer ausgebauteren Sprache. Sie verliehen der Stimme vielfältigere Abwandlungen und verbanden sie mit Gesten, die ihrem Wesen nach ausdrucksvoller sind und deren Bedeutung weniger an eine vorhergehende Festlegung gebunden ist. Sie bezeichneten also sichtbare und bewegliche Objekte mit Gesten und solche, die das Ohr wahrnimmt, mit nachahmenden Lauten. Da aber die Geste kaum mehr als die gegenwärtigen und leicht beschreibbaren Gegenstände oder die sichtbaren Handlungen zu bezeichnen vermag und da sie nicht immer zu gebrauchen ist, denn schon die Dunkelheit oder ein Körper, der dazwischentritt, machen sie unwirksam, da sie ferner die Aufmerksamkeit eher erfordert als erregt, verfiel man schließlich darauf, sie durch Artikulationen der Stimme zu ersetzen, die als fest eingesetzte Zeichen, ohne dieselbe gestische Beziehung zu ganz bestimmten Vorstellungen, zur Repräsentation aller viel geeigneter sind. Diese Ersetzung, die nur mit allgemeiner Zustimmung erfolgen konnte und für Menschen, deren primitive Organe noch ungeübt waren, ziemlich schwer zu bewerkstelligen war, ist noch schwieriger in sich selbst zu begreifen, da diese allgemeine Übereinkunft ja motiviert werden mußte und man offensichtlich bereits der Worte bedurfte, um den Wortgebrauch festzulegen.

Man muß annehmen, daß die ersten Worte, die die Menschen gebrauchten, in ihrem Verstand eine sehr viel weitere Bedeutung besaßen als diejenigen, die man in den ausgebildeten Sprachen verwendet, und daß die Menschen, die die Unterteilung der Rede in ihre konstitutiven Bestandteile nicht kannten, anfangs jedem Wort die Bedeutung eines ganzen Satzes verliehen. Als sie begannen, Subjekt und Prädikat, Verb und Nomen zu unterscheiden, und dies war keine geringe Leistung, waren die Substantive zunächst ausschließlich Eigennamen, der Infinitiv[1] die einzige Zeitform der Verben, und was die Adjektive betrifft, so konnte sich ein Begriff von ihnen nur sehr schwer herausbilden, weil jedes Adjektiv ein abstraktes Wort ist und Abstraktionen mühselige und wenig natürliche Operationen sind.

Jeder Gegenstand erhielt zunächst einen besonderen Namen, ohne Rücksicht auf Arten und Gattungen, die zu unterscheiden die Sprachstifter nicht imstande waren, und alle Individuen stellten sich ihrem Geiste als einzelne dar, so wie sie im Bilde der Natur vorkommen. Wenn die eine Eiche A genannt wurde, hieß eine andere B[2], so daß der Wortschatz desto umfangreicher, je beschränkter die Kenntnisse waren. Die Wirrnis dieser ganzen Nomenklatur ließ sich nicht leicht beheben, denn um die Dinge unter gemeinsame Gattungsbezeichnungen zu ordnen, mußte man ihre Eigenarten und Unterschiede kennen, waren Beobach-

[1] Das Präsens des Infinitivs. (Ed. 1782)

[2] Denn der erste Eindruck von zwei Dingen ist, daß sie nicht dasselbe Ding sind, und oft bedarf es einer langen Zeit, um zu beobachten, was sie gemeinsam haben. (Ed. 1782)

tungen und Begriffsbestimmungen, also Naturkunde und Metaphysik nötig, weitaus mehr, als die Menschen jener Zeit haben konnten.

Übrigens können Allgemeinbegriffe nur mit Hilfe von Worten in unseren Geist eingehen, und der Verstand erfaßt sie nur durch Sätze. Dies ist einer der Gründe, weshalb die Tiere solche Begriffe nicht bilden und niemals die hiervon abhängende Fähigkeit zur Vervollkommnung erlangen können. Wenn ein Affe, ohne zu zögern, von einer Nuß zur nächsten geht, denkt man dann, er habe einen allgemeinen Begriff von dieser Art Frucht und vergleiche sein Grundmuster mit den beiden Einzelexemplaren? Bestimmt nicht, aber der Anblick einer dieser Nüsse ruft in sein Gedächtnis die Empfindungen zurück, die er beim Genuß der anderen gehabt hat, und sein auf bestimmte Weise veränderter Blick kündigt dem Geschmack die Veränderung an, die er bald erfahren wird. Jeder abstrakte Begriff ist rein intellektueller Art; sobald sich die Vorstellungskraft auch nur im geringsten einmischt, wird der Begriff ein besonderer. Versucht, euch das Bild eines Baumes im allgemeinen zu entwerfen – ihr werdet nicht damit zu Rande kommen; unwillkürlich seht ihr ihn klein oder groß, kahl oder belaubt, hell oder dunkel, und wenn ihr es fertigbrächtet, in ihm nur das zu sehen, was es an jedem Baum gibt, würde dieses Bild keinem Baum mehr ähnlich sein. In derselben Weise werden die abstrakten Dinge angeschaut oder aber nur im Reden erfaßt. Allein die Definition des Dreiecks vermittelt euch seinen wahren Begriff. Sobald ihr euch ein Dreieck bildlich vorstellt, wird es ein ganz bestimmtes sein, und ihr werdet nicht umhinkönnen, seine Linien zu markieren oder seine Fläche farbig zu sehen. Man muß also Sätze bilden, man muß sprechen, um allgemeine Begriffe zu haben, denn wenn die Vorstellungskraft aussetzt, kommt der Verstand nur noch mit Hilfe der Rede voran. Wenn also die Spracherfinder nur die Vorstellungen benennen konnten, die sie bereits hatten, folgt daraus, daß die ersten Substantive stets nur Eigennamen sein konnten.

Als jedoch unsere neuen Grammatiker auf mir unbegreiflichem Wege ihre Vorstellungen auszuweiten und ihre Wörter zu verallgemeinern begannen, mußte die Unwissenheit ihrer Erfinder dieser Methode sehr enge Grenzen setzen. Hatten sie zuerst, da sie weder Gattungen noch Arten kannten, die Einzelnamen allzusehr vermehrt, richteten sie später zu wenige Arten und Gattungen ein, weil sie die Lebewesen noch nicht auf all ihre Unterschiede hin betrachtet hatten. Um die Unterteilungen weit genug zu treiben, hätte es mehr an Erfahrung und Wissen bedurft, als sie besitzen konnten, mehr auch an Forschungen und Zeit, als sie aufzuwenden bereit waren. Doch wenn selbst heute täglich neue Arten entdeckt werden, die bislang all unseren Beobachtungen entgangen waren, kann man sich denken, wie viele erst den Menschen verborgen bleiben mußten, die die Dinge bloß nach ihrem ersten Eindruck beurteilten! Was die elementaren Klassen und die allgemeinsten Begriffe betrifft, erübrigt es sich, anzumerken, daß sie ihnen vorerst entgehen mußten. Wie denn hätten sie zum Beispiel auf die Worte Materie, Geist, Substanz, Modus, Gestalt, Bewegung kommen oder sie begreifen sollen, wo selbst unsere Philosophen, die sie seit langem gebrauchen, rechte Mühe haben, sie zu verstehen, und wo sich zudem in der Natur kein Modell für die rein metaphysischen Ideen, die mit diesen Worten verbunden sind, finden ließ?

Ich halte nach diesen ersten Schritten inne und bitte meine Richter inständig, hier ihre Lektüre zu unterbrechen, um mit einem Blick auf die Erfindung auch nur der konkreten Substantive, das heißt der am leichtesten zu findenden Bestandteile der Sprache, den Weg zu ermessen, den diese zurücklegen mußte, bis sie alle menschlichen Gedanken auszudrücken vermochte, eine feste Form annahm, öffentlich gesprochen werden und Einfluß auf die Gesellschaft ausüben konnte. Ich bitte meine Richter, sich die Zeit und die Kenntnisse vorzustellen, die nötig waren, um die Zahlen (14), die abstrakten Worte, die Aoriste und alle Zeitformen des Verbs, die Partikeln, die Syntax zu finden, Sätze und Argumente miteinander zu verknüpfen und die gesamte Logik der gesprochenen Rede auszubilden. Ich für meinen Teil bin erschrocken über die zunehmenden Schwierigkeiten und überzeugt von der nahezu erwiesenen Unmöglichkeit, daß die Sprachen durch bloßes menschliches Zutun entstehen und sich festigen konnten. Ich überlasse jedem, der es versuchen will, die Erörterung der schwierigen Frage, was denn notwendiger war: die schon bestehende Gesellschaft für die Einführung der Sprachen oder die bereits erfundenen Sprachen für die Gründung der Gesellschaft.

Wie immer es sich mit diesen Ursprüngen verhält, man erkennt wenigstens an der geringen Sorgfalt, die die Natur darauf verwandt hat, die Menschen durch wechselseitige Bedürfnisse einander anzunähern oder ihnen den Gebrauch der Sprache zu erleichtern, wie wenig sie ihre Gesellschaftlichkeit vorbereitet und wie gering sie sich an alledem beteiligt hat, was die Menschen unternahmen, um deren Bande zu knüpfen. In der Tat kann man sich unmöglich vorstellen, warum in jenem primitiven Zustand ein Mensch den anderen mehr gebraucht hätte als ein Affe oder ein Wolf seinesgleichen, noch, dieses Bedürfnis einmal vorausgesetzt, welches Motiv den anderen dazu hätte bewegen können, ihm zu entsprechen, noch gar, wie sich beide in diesem Fall über die Bedingungen hätten einigen können. Ich weiß, man wiederholt uns unablässig, es hätte nichts so Elendes gegeben wie den Menschen im Naturzustand; und wenn es stimmt, wie ich glaube nachgewiesen zu haben, daß er erst nach vielen Jahrhunderten den Wunsch und die Gelegenheit haben konnte, diesen Zustand zu verlassen, müßte man die Natur dafür anklagen, nicht aber ihr Geschöpf. Jedoch, wenn ich den Ausdruck *elend* recht verstehe, ist er ein Wort, das keinen anderen Sinn hat oder nichts anderes bezeichnet als eine schmerzhafte Entbehrung, Leiden des Körpers oder der Seele. Ich möchte indes, daß man mir erklärte, welcherart das Elend eines freien Wesens sein soll, dessen Herz friedlich und dessen Körper gesund ist. Ich frage, welches von beiden, das zivilisierte oder das natürliche Leben, mehr dazu angetan ist, denen, die es genießen, unerträglich zu werden? Wir sehen um uns fast ausschließlich Menschen, die über ihr Leben klagen, mehrere sogar, die sich darum bringen, soweit es in ihren Kräften steht, und göttliches Gebot und menschliches Gesetz gemeinsam reichen kaum aus, diesem Mißstand Einhalt zu gebieten. Ich frage, ob man jemals davon gehört hat, daß ein Wilder in Freiheit auch nur daran gedacht hätte, sich über das Leben zu beklagen oder sich den Tod zu geben? Möge man also mit weniger Hochmut beurteilen, auf wessen Seite das wahre Elend ist. Nichts freilich könnte elender sein als ein Wilder, der, von Wissen geblendet und von Leidenschaften zerquält, über einen Zustand grübelt, der sich von dem seinen unterscheidet. Einer sehr weisen Vorsehung ist zu danken, daß die im Menschen angelegten Eigenschaften sich nur im Maße ihrer Anwendungsmöglichkeiten entfalten konnten, so daß sie für ihn weder überflüssig waren oder ihm vorzeitig zur Last fielen noch zu spät kamen und somit unnütz wurden. An seinem bloßen Instinkt besaß er alles, was er brauchte, um im Naturzustand zu leben, und ein gebildeter Verstand gibt ihm nur das, was er braucht, um in der Gesellschaft zu leben.

Da die Menschen im Naturzustand weder irgendeine Art moralischer Beziehungen noch bewußte Verpflichtungen besaßen, ist es zunächst einmal offensichtlich, daß sie weder gut noch böse sein konnten, nicht Laster noch Tugenden hatten, es sei denn, man nimmt diese Worte in einem physischen Sinn und nennt die Eigenschaften eines Individuums, die seiner Selbsterhaltung schaden können, Laster und diejenigen, die ihr zu dienen vermögen, Tugenden. In diesem Fall wäre der am tugendhaftesten zu nennen, der den bloßen Antrieben der Natur am wenigsten widersteht. Aber wenn wir von der gewöhnlichen Wortbedeutung nicht abweichen, ist es angebracht, das Urteil, das wir über eine solche Situation fällen könnten, aufzuschieben und unseren Vorurteilen zu mißtrauen, solange wir nicht, die Waage in der Hand, geprüft haben, ob es unter den zivilisierten Menschen mehr Tugenden als Laster gibt, ob ihre Tugenden nutzbringender als ihre Laster verhängnisvoll sind, ob der Fortschritt ihrer Erkenntnisse eine ausreichende Entschädigung ist für das Böse, das sie sich gegenseitig in dem Maße zufügen, wie sie sich über das Gute belehren, das sie einander tun sollten, oder ob sie nicht letzten Endes in einer glücklicheren Lage wären, wenn sie von niemandem Böses zu fürchten noch Gutes zu erwarten hätten, anstatt sich einer allseitigen Abhängigkeit zu unterwerfen und verpflichtet zu sein, alles von denen zu empfangen, die sich ihrerseits nicht verpflichtet fühlen, irgend etwas zu geben.

Vor allem, schließen wir nicht mit Hobbes, daß der Mensch von Natur aus böse ist, weil er keinerlei Vorstellung von Güte hat, lasterhaft, weil er die Tugend nicht kennt, daß er seinesgleichen stets die Dienste verweigert, die er ihnen nicht schuldig zu sein glaubt, oder daß er kraft des Anspruches, den er zu Recht auf die Dinge erhebt, die er braucht, sich törichterweise für den Herrn der ganzen Welt hält. Hobbes hat den Fehler aller modernen Definitionen des Naturrechts sehr wohl gesehen, aber die Schlußfolgerungen, die er aus seiner eigenen ableitet, zeigen, daß seine Auffassung nicht weniger falsch ist. Beim Nachdenken über die Grundsätze, die er aufstellte, hätte dieser Autor sagen müssen, daß der Naturzustand, in dem ja die Sorge um unsere Selbsterhaltung derjenigen der anderen nicht im geringsten schadet, dem Frieden folglich am dienlichsten und dem Menschengeschlecht am angemessensten war. Er aber sagt genau das Gegenteil, weil er in die Sorge um die Selbsterhaltung unpassenderweise das Bedürfnis einbezogen hat, eine Menge von Leidenschaften zu befriedigen, die das Werk der Gesellschaft sind und die Einführung von Gesetzen erst nötig gemacht haben. Der Böse, sagt er, ist ein kräftiges Kind. Es bleibt in Erfahrung zu bringen, ob der Wilde solch ein kräftiges Kind ist. Wenn man ihm dies zubilligt, was folgte daraus? Daß dieser Mensch, wenn er kräftig ist, doch ebenso von den anderen abhängt, wie wenn er schwach wäre, und daß es daher keine Art von Ausschreitung gibt, zu der er sich nicht hinreißen ließe. Er würde seine Mutter schlagen, wenn sie ihm nicht rechtzeitig die Brust gibt, einen seiner kleineren Brüder würde er erwürgen, wenn er sich durch ihn belästigt fühlt, einen anderen ins Bein beißen, wenn der ihn gestoßen oder geärgert hat. Jedoch, kräftig und abhängig zu sein sind zwei Voraussetzungen, die im Naturzustand unvereinbar sind. Solange der Mensch abhängig ist, ist er schwach, und er emanzipiert sich, noch bevor er kräftig wird. Hobbes hat nicht erkannt, daß derselbe Grund, der die Wilden hindert, ihren Verstand zu gebrauchen, wie unsere Rechtstheoretiker behaupten, sie auch daran hindert, ihre Fähigkeiten zu mißbrauchen, wie er es selbst behauptet. Dergestalt könnte man sagen, daß die Wilden ebendeshalb nicht böse sind, weil sie nicht wissen, was gut sein bedeutet. Denn weder das Fortschreiten der Erkenntnisse noch die Fessel des Gesetzes, sondern Seelenruhe und Unkenntnis des Lasters sind es, die sie hindern, Böses zu tun: *tanto plus in illis proficit vitiorum ignoratio, quam in his cognitio virtutis.* Es gibt übrigens einen weiteren Grundsatz, den Hobbes völlig außer acht gelassen hat und der dem Menschen mitgegeben ist, um in bestimmten Situationen die Heftigkeit seiner Selbstsucht oder, bevor diese sich herausgebildet hat, (15) seinen Wunsch nach Selbsterhaltung zu dämpfen: Sein leidenschaftliches Streben nach Wohlergehen wird gemäßigt durch die eingeborene Abneigung, seinesgleichen leiden zu sehen. Ich glaube, nicht den geringsten Widerspruch fürchten zu müssen, wenn ich dem Menschen als einzige natürliche Tugend diejenige zubillige, die der radikalste Verleumder menschlicher Tugend gezwungen war anzuerkennen: ich meine das Mitleid, eine Neigung, die so schwachen und zahlreichen Übeln ausgesetzten Wesen, wie wir es sind, wohl ansteht; eine Tugend, die um so allgemeiner und dem Menschen nützlicher ist, als sie seinem Reflexionsvermögen vorausgeht und so natürlich ist, daß selbst bei Tieren mitunter Anzeichen davon zu bemerken sind, ganz zu schweigen von der Zärtlichkeit der Mütter für ihre Kleinen und von den Gefahren, denen sie trotzen, um diese zu schützen. Täglich kann man beobachten, wie Pferde sich scheuen, auf einen lebendigen Körper zu treten. Ein Tier wird unruhig, wenn es am Kadaver eines Artgenossen vorbeikommt; bei einigen Tieren gibt es sogar eine Art Begräbnis; und das traurige Brüllen des Schlachtviehs bekundet, wie sehr der Eindruck vom schrecklichen Schauspiel in der Metzgerei es getroffen hat. Mit Genugtuung bemerkt man, daß der Verfasser der *Bienenfabel*, gezwungen, den Menschen als mitleidiges und empfindsames Wesen anzuerkennen, bei dem Beispiel, das er dazu anführt, seinen kalten, ausgefeilten Stil fallenläßt, um uns das pathetische Bild eines eingesperrten Mannes vorzuführen, der mit ansehen muß, wie draußen ein wildes Tier ein Kind von der Brust seiner Mutter reißt, mit seinem mörderischen Biß die zarten Gliedmaßen bricht und mit seinen Krallen die zuckenden Eingeweide des Kindes zerfleischt. Welch furchtbare Erregung ergreift jenen Zeugen eines Geschehens, das ihn persönlich überhaupt nicht betrifft! Welche Ängste durchleidet er bei dem Anblick, unfähig, der ohnmächtigen Mutter, dem sterbenden Kind zu Hilfe zu eilen!

So ist die reine, jeder Überlegung vorausgehende Regung der Natur; so ist die Kraft des natürlichen Mitleids, das selbst die verderbtesten Sitten nur schwer zerstören können; sieht man doch Tag für Tag, wie von unseren Theaterstücken selbst der gerührt wird und eines Unglücklichen Mißgeschick beweint, der, wäre er an der Stelle des Tyrannen, die Qualen seines Feindes noch steigern würde.[1] Mandeville hat genau gespürt, daß die Menschen mit all ihrer Moral stets nur Ungeheuer gewesen wären, hätte nicht die Natur ihnen das Mitleid als Stütze der Vernunft mitgegeben: er hat aber nicht gesehen, daß einzig aus dieser Eigenschaft alle sozialen Tugenden herrühren, die er den Menschen streitig machen will. Denn sind Großzügigkeit, Milde, Menschlichkeit tatsächlich etwas anderes als Mitleid, das sich auf die Schwachen, die Schuldigen, das Menschengeschlecht als Ganzes richtet? Sogar Wohlwollen und Freundschaft sind, genau besehen, Früchte eines beständigen, einem einzelnen gewidmeten Mitleids, denn bedeutet zu wünschen, daß einer nicht leide, etwas anderes, als zu wünschen, er möge glücklich sein? Wenn es stimmt, daß Mitleid nur ein Gefühl ist, mit dem wir uns an die Stelle des Leidenden versetzen, ein Gefühl, das beim Wilden unklar und stark, beim Zivilisierten ausgebildet, jedoch schwach ist, was änderte diese Auffassung an der Wahrheit des von mir Gesagten, außer daß sie ihr größere Kraft verliehe? Tatsächlich wird das Mitleid desto stärker sein, je tiefer sich das zuschauende mit dem leidenden Lebewesen identifiziert: nun ist offensichtlich, daß diese Identifikation im Naturzustand viel intensiver gewesen sein muß, als sie im Zustand der Überlegtheit ist. Es ist der Verstand, der die Selbstsucht hervorbringt, und die Reflexion ist es, die sie verstärkt, den Menschen nur mit sich selbst beschäftigt und ihn von allem abtrennt, was ihn stört oder bekümmert. Die Philosophie ist es, die den Menschen vereinzelt, sie läßt ihn beim Anblick eines Leidenden insgeheim sagen: Verende, wenn du willst, ich bin in Sicherheit. Nur noch Gefahren für die Gesellschaft im ganzen vermögen den ruhigen Schlaf des Philosophen zu stören und ihn aus dem Bett zu reißen. Unter seinem Fenster

[1] Gleich dem blutrünstigen Sulla, der so empfindlich war bei Leiden, die er nicht verursacht hatte, oder jenem Alexander von Pherai, der es nicht wagte, der Aufführung einer Tragödie beizuwohnen, aus Furcht, man könnte ihn mit Andromache und Priamos wehklagen sehen, während er die Schreie so vieler Bürger, die man täglich auf seinen Befehl ermordete, teilnahmslos anhörte.

Mollissima corda
Humano generi dare se Natura fatetur,
Quae lacrimas dedit. (Ed. 1782)

kann man ungestraft einen Mitmenschen erwürgen, er braucht sich nur die Ohren zuzuhalten und sich ein paar Argumente zurechtzulegen, um die Natur, die sich in ihm empört, daran zu hindern, ihn an die Stelle desjenigen zu versetzen, der ermordet wird. Der Wilde besitzt dieses bewundernswerte Talent nicht, und da es ihm an Weisheit und Vernunft gebricht, sieht man, wie er sich unbesonnen der ersten Regung der Menschlichkeit überläßt. Bei Aufruhr oder Streitereien auf der Straße läuft der Pöbel zusammen, während der Besonnene sich entfernt. Das Lumpengesindel und die Marktweiber sind es, die die Streitenden trennen und anständige Leute daran hindern, sich gegenseitig umzubringen.

Es ist demnach ganz sicher, daß Mitleid ein natürliches Gefühl ist, das in jedem einzelnen die Wirkung der Eigenliebe mäßigt und damit zur wechselseitigen Erhaltung der gesamten Art beiträgt. Mitleid ist es, das uns dazu bringt, ohne Überlegung denen, die wir leiden sehen, zu Hilfe zu eilen. Das Mitleid tritt im Naturzustand an die Stelle von Gesetz, Sitte und Tugend, doch mit dem Vorteil, daß niemand versucht ist, seine sanfte Stimme zu überhören. Diese eben wird den kräftigen Wilden davon abhalten, einem schwachen Kind oder einem hinfälligen Greis die mühselig erworbene Nahrung zu entwenden, wenn er damit rechnen kann, woanders etwas für sich selbst zu finden. Das Mitleid ist es, welches anstelle jener erhabenen Losung wohldurchdachter Gerechtigkeit: *Was du nicht willst, das man dir tu, das füg auch keinem andern zu*, allen Menschen diesen anderen Grundsatz natürlicher Güte eingibt, der sehr viel weniger vollkommen, vielleicht aber nützlicher als der eben genannte ist: *Sorge für dein Wohl und schade dem anderen dabei sowenig wie möglich.* Eher in diesem natürlichen Empfinden als in feinsinnigen Argumenten muß man die Ursache für die Abneigung, Böses zu tun, suchen, die jeder Mensch auch unabhängig von Erziehungsgrundsätzen empfinden würde. Obschon es Sokrates und Geistern seines Formates eigen sein mag, durch Vernunft zur Tugend zu gelangen, bestünde das Menschengeschlecht doch längst nicht mehr, wäre seine Erhaltung nur von den Überlegungen derer, die zu ihm gehören, abhängig gewesen.

Mit so wenig regen Leidenschaften und einem so heilsamen

Zaum waren die eher ungebärdigen als bösartigen Menschen, die sich mehr vor dem Übel, das ihnen zustoßen konnte, zu schützen als anderen Böses zu tun trachteten, keinen besonders gefährlichen Streitigkeiten ausgesetzt. Da sie keinerlei Umgang miteinander hatten, kannten sie weder Eitelkeit noch Ansehen, weder Wertschätzung noch Verachtung, hatten sie nicht den geringsten Begriff von dein und mein, ebensowenig eine wirkliche Vorstellung von Gerechtigkeit, betrachteten sie Gewalttaten, die sie ertragen konnten, als ein leicht zu verwindendes Übel und nicht als Missetat, die geahndet werden muß, dachten sie nicht im Traum an Rache, es sei denn unwillkürlich und auf der Stelle, so wie ein Hund den Stein beißt, den man nach ihm wirft. So hätten ihre Streitigkeiten selten blutige Folgen gehabt, wenn sie keinem gewichtigeren Gegenstand als der Nahrung gegolten hätten; aber ich sehe einen, der gefährlicher ist und von dem ich nun zu sprechen habe.

Unter den Leidenschaften, die des Menschen Herz bewegen, gibt es eine brennende und ungestüme, die ein Geschlecht dem anderen notwendig macht, eine schreckliche Leidenschaft, die allen Gefahren trotzt, alle Hindernisse hinwegfegt und deren Wüten geeignet scheint, das Menschengeschlecht zu vernichten, das zu erhalten sie doch bestimmt ist. Was wird aus den Menschen, die dieser wahnwitzigen und gewalttätigen Raserei ohne Scham und ohne Hemmung zum Opfer fallen und einander jeden Tag um den Preis ihres Blutes ihre Liebschaften streitig machen?

Zunächst muß man einräumen, daß, je gewaltsamer die Leidenschaften, desto nötiger die Gesetze sind, um sie in Schranken zu halten. Doch abgesehen davon, daß die Wirren und Verbrechen, die sie täglich unter uns verursachen, die Unzulänglichkeit der Gesetze in dieser Hinsicht deutlich genug zeigen, wäre es zudem angebracht, zu untersuchen, ob diese Mißstände nicht mit den Gesetzen selbst erst entstanden sind. Denn wenn diese imstande wären, sie zu unterdrücken, wäre wohl das mindeste, was man von ihnen verlangen dürfte, einem Übel Einhalt zu gebieten, das ohne sie nicht existieren würde.

Beginnen wir damit, im Gefühl der Liebe das Körperliche vom Seelischen zu unterscheiden. Körperlich ist die allen gemeinsame Begierde, die ein Geschlecht zur Vereinigung mit dem anderen treibt. Die Seele hingegen lenkt dieses Begehren und richtet es auf ein einziges Objekt oder verleiht ihm wenigstens im Hinblick auf das bevorzugte Objekt ein höheres Maß an Kraft. Nun erkennt man freilich leicht, daß die seelische Seite der Liebe ein künstliches Gefühl ist, hervorgegangen aus gesellschaftlichem Brauch. Die Frauen haben es mit viel Geschick zelebriert, sorgsam darauf bedacht, ihre Herrschaft zu errichten und das Geschlecht, das gehorchen sollte, befehlen zu lassen. Da sich dies Gefühl auf bestimmte Vorstellungen von Verdienst oder Schönheit gründet, die der Wilde zu besitzen außerstande ist, und auf Vergleiche, die er nicht anzustellen vermag, muß es bei ihm so gut wie nicht vorhanden sein. Denn ebensowenig wie sein Verstand abstrakte Begriffe von Regelmäßigkeit und Proportionen bilden konnte, ist sein Herz fähig, Gefühle der Bewunderung und der Liebe zu empfinden, die unmerklich der Anwendung dieser Begriffe entwachsen. Der Wilde folgt allein dem Temperament, das er von der Natur empfangen, nicht aber einem Geschmack[1], den er nicht ausbilden konnte, und jede Frau ist ihm gut genug.

Wenn sich die Menschen allein auf das Körperliche der Liebe beschränken und zu ihrem Glück die Vorlieben nicht kennen, die dieses Gefühl anreizen und zunehmend Schwierigkeiten aus ihm entstehen lassen, müssen sie weniger häufig und weniger heftig die Glut des Temperamentes spüren, folglich seltener und weniger grausam miteinander in Streit geraten. Die Einbildungskraft, die unter uns so verheerend wirkt, spricht nicht zum Herzen des Wilden; ein jeder erwartet dort friedlich den natürlichen Trieb, gibt sich ihm unwählerisch, mit mehr Vergnügen als Inbrunst hin, und sowie das Bedürfnis befriedigt ist, erlischt jegliches Begehren.

Es ist eine unbestreitbare Tatsache, daß selbst die Liebe, wie alle anderen Leidenschaften auch, erst in der Gesellschaft jenes brennende Ungestüm erreicht hat, das sie den Menschen so oft zum Verhängnis werden läßt. Die Vorstellung, die Wilden würden, um ihre brutalen Gelüste zu stillen, einander ständig an die Kehle gehen, ist um so lächerlicher, als sie der Erfahrung direkt zuwiderläuft. Die Kariben, die sich unter allen lebenden Völkern bisher am wenigsten vom Naturzustand entfernt haben, sind in

[1] Einer Abneigung. (Ed. 1782)

ihrer Liebe gerade am friedlichsten, erliegen am wenigsten der Eifersucht, und das, obgleich sie unter einem Klima leben, dessen Gluthitze solchen Leidenschaften anscheinend stets eine größere Lebhaftigkeit verleiht.

Hinsichtlich der Schlüsse, die man aus den Kämpfen der Männchen bei mehreren Tierarten ableiten könnte, Kämpfen, die zu jeder Zeit unsere Hühnerhöfe mit Blut beflecken und im Frühjahr unsere Wälder mit Brunstgeschrei erfüllen, muß man zunächst alle Arten ausnehmen, bei denen die Natur offenkundig ein anderes Kräfteverhältnis zwischen den Geschlechtern eingerichtet hat als unter uns. Daher lassen die Kämpfe der Hähne keinen Schluß in bezug auf die Menschen zu. Bei den Arten, wo das Verhältnis ausgewogener ist, können solche Kämpfe nur die Knappheit der Weibchen, gemessen an der Zahl der Männchen, zur Ursache haben oder die Zeiträume, in denen das Weibchen beständig die Annäherung des Männchens abwehrt, was auf dasselbe hinausläuft. Wenn nämlich jedes Weibchen das Männchen nur zwei Monate im Jahr duldet, ist es so gesehen dasselbe, wie wenn die Anzahl der Weibchen um fünf Sechstel geringer wäre. Nun ist aber keiner der beiden Fälle auf die Menschheit übertragbar, bei der die Zahl der Frauen im allgemeinen die der Männer übertrifft und man nirgends, selbst bei den Wilden nicht, beobachtet hat, daß die Frauen, wie in den anderen Arten, Zeiten der Brunst und solche der sexuellen Abweisung haben. Zudem gibt es dort, wo die gesamte Tierart zur selben Zeit brünstig wird, einen schrecklichen Augenblick von allgemeiner Liebesglut, von Tumult, Durcheinander und Kampf, der bei der menschlichen Gattung nicht vorkommt, in der die Liebe niemals periodisch ist. Man kann also aus den Kämpfen bestimmter Tiere um den Besitz der Weibchen nicht folgern, daß es bei den Menschen im Naturzustand ebenso zugeht. Aber selbst wenn sich dieser Schluß ziehen ließe, müßte man wenigstens bedenken, daß solche Zwistigkeiten, da sie andere Arten keineswegs vernichten, auch der unseren kein größeres Verhängnis bringen und offensichtlich weniger Schaden anrichten könnten, als es im Gesellschaftszustand und besonders in den Ländern der Fall ist, wo, weil Sitte noch etwas gilt, die Eifersucht der Liebenden und die Rache der Ehemänner täglich Duelle, Morde und Schlimmeres noch verursachen; wo das Gebot ewiger Treue nur zum Ehebruch führt und wo gerade die Gesetze der Keuschheit und der Ehre unweigerlich die Ausschweifungen verbreiten und die Abtreibungen mehren.

Folgern wir also, daß der Mensch, der durch die Wälder streifte ohne Arbeit, ohne Sprache, ohne Wohnung, ohne Krieg, ohne Bindungen, ohne das geringste Verlangen nach seinesgleichen wie auch ohne jeden Wunsch, den anderen zu schaden, vielleicht sogar ohne einen von ihnen als Einzelwesen je wiederzuerkennen, daß dieser Wilde, der wenigen Leidenschaften unterworfen war und sich selbst genügte, nur die seinem Zustand angemessenen Gefühle und Gedanken besaß, nur seine wirklichen Bedürfnisse wahrnahm, nur das betrachtete, was zu sehen ihm von Interesse erschien, und daß seine Intelligenz ebensowenig Fortschritte machte wie seine Eitelkeit. Wenn er zufällig irgend etwas entdeckte, konnte er es um so weniger mitteilen, als er nicht einmal seine eigenen Kinder kannte. Die Kunst ging mit ihrem Erfinder dahin. Es gab weder Erziehung noch Fortschritt, die Generationen folgten nutzlos aufeinander, und da jede stets von demselben Punkt ausging, verflossen Jahrhunderte in der ungeschmälerten Primitivität der ersten Anfänge, die Gattung war schon alt und der Mensch immer noch ein Kind.

Wenn ich mich so lange über die Bedingungen jenes ursprünglichen Zustandes verbreitet habe, dann deshalb, weil ich es für nötig hielt, um alte Irrtümer und festsitzende Vorurteile zu zerstören, bis an die Wurzel zu gehen und am Bilde des wahren Naturzustandes zu zeigen, daß hier die Ungleichheit, selbst die natürliche, nicht entfernt soviel Realität und Einfluß besitzt, wie unsere Autoren unterstellen.

In der Tat ist leicht zu erkennen, daß unter den Eigenschaften, die die Menschen voneinander unterscheiden, einige für natürlich gelten, die doch nur das Werk der Gewohnheit und der verschiedenen Lebensweisen sind, die die Menschen in der Gesellschaft annehmen. So rühren eine robuste oder zarte Wesensart und die davon abhängige Stärke oder Schwäche oft mehr von der harten oder weichlichen Erziehung her, die man erfahren hat, als von der ursprünglichen physischen Konstitution. Dasselbe gilt für die Geisteskräfte, wobei die Erziehung nicht allein einen Unterschied schafft zwischen kultivierten Geistern und solchen, die es nicht sind, sondern auch unter den erstgenannten die Bildungsunterschiede vergrößert. Wenn ein Riese und ein Zwerg auf derselben Straße gehen, wird jeder Schritt, den sie tun, dem Riesen einen größeren Vorsprung bringen. Wenn man die außerordentliche Vielfalt von Erziehungs- und Lebensweisen, die innerhalb der gesellschaftlichen Stände herrscht, mit der Einfachheit und Gleichförmigkeit des tierischen Lebens in der Wildnis vergleicht, wo alle sich von den gleichen Nahrungsmitteln ernähren, auf dieselbe Weise leben und exakt dieselben Dinge tun, begreift man, wieviel geringer die Unterschiede von Mensch zu Mensch im Naturzustand sein müssen, als sie es in der Gesellschaft sind, und wie sehr die natürliche Ungleichheit unter den Menschen durch die institutionelle Ungleichheit vergrößert wird.

Selbst wenn die Natur bei der Verteilung ihrer Gaben so viele Vorlieben bezeigt hätte, wie behauptet wird, welchen Vorteil könnten die am meisten Begünstigten, zum Nachteil der anderen, hiervon haben – in einem Zustand, der so gut wie keine Beziehungen unter ihnen zuläßt? Wozu dient Schönheit dort, wo es keine Liebe gibt? Was bedeutet Geist für Menschen, die nicht reden, und Schläue für die, die keine Geschäfte machen? Ich höre ständig davon reden, daß die Starken die Schwachen unterdrükken werden, aber man erkläre mir einmal, was hier mit Unterdrückung gemeint ist. Die einen werden gewaltsam herrschen, die anderen stöhnend all ihren Launen unterworfen sein: genau das beobachte ich bei uns, doch ich sehe nicht, worin es auf die Wilden zuträfe, denen man nur mühselig klarmachen könnte, was Knechtschaft, was Herrschaft bedeutet. Ein Mensch kann sich sehr wohl der Früchte bemächtigen, die ein anderer geerntet, des Wildes, das er erlegt hat, der Höhle, die ihm als Unterschlupf dient, aber wie brächte er es je fertig, den anderen zum Gehorsam zu zwingen, und welche Bande der Abhängigkeit könnte es zwischen Menschen geben, die nichts besitzen? Wenn man mich von einem Baum verjagt, steht es mir frei, zu einem anderen zu gehen. Wenn man mich an dem einen Ort belästigt, was sollte mich hindern, an einen anderen zu ziehen? Würde sich ein Mann finden, der mir an Kraft so weit überlegen und noch dazu schlecht, faul und grausam genug wäre, mich zu zwingen, für seinen Unterhalt zu sorgen, während er gar nichts tut? Er müßte sich schon dazu entschließen, mich keinen Augenblick mehr aus den Augen zu lassen, mich äußerst sorgsam festzubinden für die Zeit, in der er schläft, aus Furcht, daß ich entkommen oder ihn töten könnte. Das heißt, er wäre gehalten, sich freiwillig einer Mühe zu unterziehen, die sehr viel größer ist als die, der er ausweichen und die er mir selbst aufladen will. Was geschieht, nach alledem, wenn seine Wachsamkeit einen Augenblick nachläßt, ein unvermutetes Geräusch ihn ablenkt? Ich stehle mich flugs in den Wald, meine Fesseln sind gesprengt, er sieht mich sein Lebtag nicht wieder.

Ohne mich unnütz über weitere Einzelheiten zu verbreiten, meine ich, daß jeder erkennen muß, daß die Bande der Knechtschaft nur aus der wechselseitigen Abhängigkeit der Menschen und der Bedürfnisse, die sie zusammenhalten, gemacht sind; folglich ist es unmöglich, einen Menschen zu unterjochen, ohne ihn vorher in die Lage gebracht zu haben, auf einen anderen nicht verzichten zu können. Diese Situation kommt im Naturzustand nicht vor, der einen jeden frei sein läßt und das Recht des Stärkeren wirkungslos macht.

Nachdem ich bewiesen habe, daß im Naturzustand die Ungleichheit kaum ins Gewicht fällt und fast ohne Einfluß ist, bleibt mir nun, ihren Ursprung und ihre Fortschritte in der allmählichen Entwicklung des menschlichen Geistes darzulegen. Nachdem ich gezeigt habe, daß die *Perfektibilität*, die sozialen Tugenden und andere Eigenschaften, die der Naturmensch potentiell besaß, sich nie von allein entfalten konnten, daß es dafür des zufälligen Zusammenwirkens mehrerer äußerer Umstände bedurfte, die auch niemals hätten eintreten können und ohne die er ewig in seinem ursprünglichen Zustand verharrt wäre, bleibt mir nun, den Zusammenhang verschiedener Zufälle zu betrachten, die dahin führen konnten, daß der menschliche Verstand sich vervollkommnete, während die Menschheit dabei verdarb, daß ein Wesen schlecht, indem es gesellig wurde, und die von einem so entfernten Anfang her den Menschen und die Welt schließlich an den Punkt gebracht haben, an dem wir sie heute sehen.

Ich gestehe, daß die Ereignisse, die ich zu beschreiben habe, auf verschiedene Weise eintreten konnten und meine Wahl sich daher nur auf Vermutungen stützt. Aber abgesehen davon, daß Vermutungen zu Gründen werden, wenn sie von der Natur der Sache her am wahrscheinlichsten und zudem die einzigen verfügbaren Mittel sind, die Wahrheit zu entdecken, werden doch die Schlußfolgerungen, die ich aus meinen Annahmen ableiten möchte, keineswegs bloße Vermutungen sein. Denn von den Prinzipien aus, die ich soeben aufgestellt habe, wird man keine Theorie bilden können, die nicht zu denselben Ergebnissen kommen müßte oder aus der sich nicht dieselben Konsequenzen ziehen ließen.

Dies befreit mich davon, noch Überlegungen anzustellen über die Art, in der die Größe eines verflossenen Zeitraumes die so wenig wahrscheinlichen Ereignisse plausibel macht; über die erstaunliche Macht sehr kleiner Ursachen, sofern sie unablässig wirken; über die Unmöglichkeit, bestimmte Hypothesen zu entkräften, wenn man außerstande ist, seinen Argumenten die Gewißheit von Tatsachen zu verleihen; darüber auch, daß für zwei Tatsachen, die real gegeben sind und durch eine Reihe unbekannter oder als unbekannt geltender Zwischenglieder miteinander verknüpft werden müssen, allein die geschichtliche Überlieferung, sofern es sie gibt, die verbindenden Fakten liefern kann und daß es, sofern sie fehlt, der Philosophie obliegt, ähnliche Verbindungsglieder herzustellen; darüber schließlich, daß reale Ereignisse sich infolge ihrer Ähnlichkeit auf eine viel geringere Anzahl von Klassen beschränken, als man sich vorstellt. Es genügt mir, diese Gegenstände meinen Richtern zu erwägen zu geben. Es genügt mir, es so getan zu haben, daß die einfachen Leser sie gar nicht zu erwägen brauchen.

ZWEITER TEIL

Der erste, der ein Stück Land einzäunte, auf den Gedanken verfiel, zu sagen: *Das gehört mir*, und Leute fand, die schlicht genug waren, ihm zu glauben, war der eigentliche Gründer der Gesellschaft. Wie viele Verbrechen, Kriege, Morde, wieviel Grauen und Leid hätte nicht derjenige der Menschheit erspart, der, indem er die Pfähle herausriß oder den Graben zuschüttete, seinesgleichen zugerufen hätte: Hütet euch, auf diesen Betrüger zu hören! Ihr seid verloren, wenn ihr vergeßt, daß die Früchte allen gehören und die Erde keinem! Aber vieles spricht dafür, daß die Dinge da schon den Punkt erreicht hatten, an dem sie nicht mehr bleiben konnten, wie sie waren. Denn der Begriff des Eigentums, der mit einer Reihe früherer Vorstellungen zusammenhängt, die nur nach und nach entstehen konnten, ist nicht plötzlich im menschlichen Geist erschienen. Viele Fortschritte mußten gemacht, viel Geschick und Wissen erworben, von Generation zu Generation weitergereicht und vermehrt werden, bis man am Endpunkt des Naturzustands angelangt war. Nehmen wir also das vorn Gesagte wieder auf und versuchen wir, jene langsame Abfolge von Ereignissen und Erkenntnissen unter einem einzigen Gesichtspunkt und in ihrer wahrscheinlichsten Anordnung zusammenzufassen.

Das erste Gefühl des Menschen war das, zu existieren, seine erste Sorge die, sich zu erhalten. Die Erzeugnisse der Erde lieferten ihm alles, was er zu seinem Unterhalt brauchte, der Instinkt trieb ihn dazu, sich ihrer zu bedienen. Der Hunger und andere Bedürfnisse ließen ihn abwechselnd verschiedene Formen des Daseins erfahren, darunter eine, die ihn zur Arterhaltung aufforderte. Dieser blinde Hang, dem jegliches Herzensgefühl abging, führte nur zu einem rein animalischen Akt. Wenn das Bedürfnis befriedigt war, kannten die beiden Geschlechter einander nicht mehr, und sogar das Kind bedeutete der Mutter nichts mehr, sobald es ohne sie auskommen konnte.

Unter solchen Bedingungen lebte ursprünglich der Mensch, als ein Wesen, das zunächst auf bloße Empfindungen beschränkt blieb und kaum die Gaben nutzte, die die Natur ihm darbot, geschweige denn daran dachte, sie ihr abzuringen. Doch bald tauchten Schwierigkeiten auf, und der Mensch mußte lernen, sie zu überwinden. Die Höhe der Bäume, die ihn hinderte, an die Früchte zu gelangen, der Kampf mit den Tieren, die nach derselben Nahrung trachteten, die Gefährlichkeit derjenigen, die sein eigenes Leben bedrohten, all dies zwang ihn, seinen Körper zu üben, sich geschickt zu bewegen, schnell zu laufen, kraftvoll zu kämpfen. Natürliche Waffen wie Äste und Steine hatte er bald zur Hand. Er lernte, mit natürlichen Hindernissen fertig zu werden, notfalls gegen Tiere zu kämpfen, sich sogar mit anderen Menschen um die Nahrung zu streiten oder sich für das zu entschädigen, was er einem Stärkeren hatte abtreten müssen.

In dem Maße, wie die Gattung wuchs, mehrten sich mit den Menschen die Mühen. Die Unterschiede des Bodens, des Klimas, der Jahreszeiten mußten zu unterschiedlichen Lebensweisen führen. Unfruchtbare Jahre, lange und strenge Winter, brennende, alles verzehrende Sommer verlangten von ihm neue Fertigkeiten. An den Ufern des Meeres und der Flüsse erfanden die Menschen Angel und Köder, wurden sie zu Fischern und Fischverzehrern. In den Wäldern stellten sie sich Pfeil und Bogen her, wurden sie zu Jägern und Kriegern. In den kalten Ländern bekleideten sie sich mit den Häuten der Tiere, die sie erlegt hatten. Gewitter, Vulkanausbrüche oder irgendein glücklicher Zufall ließen sie das Feuer entdecken, ein neues Mittel gegen die Härte des Winters: sie lernten, dieses Element zu hüten, es selbst zu entfachen und schließlich, mit seiner Hilfe Fleisch zuzubereiten, das sie früher roh verschlungen hatten.

Die wiederholte Beschäftigung mit Wesen, die untereinander und von ihm selbst verschieden waren, mußte den Menschen naturgemäß zur Wahrnehmung bestimmter Bezüge veranlassen. Solche Relationen, die wir mit Worten wie groß, klein, stark, schwach, schnell, langsam, ängstlich, mutig und anderen ähnlichen Begriffen ausdrücken, wenn wir je nach Bedarf und beinah ohne nachzudenken, Vergleiche anstellen, brachten ihn schließlich zu einer Art Überlegung oder vielmehr mechanischen Umsicht, die ihm die nötigsten Vorkehrungen zu seiner Sicherheit anzeigte.

Die neuen Kenntnisse, die im Lauf dieser Entwicklung entstanden, verstärkten seine Überlegenheit gegenüber den anderen Lebewesen, indem sie sie ihm bewußtmachten. Er übte sich darin, Fallen aufzustellen, die Tiere auf tausenderlei Art zu überlisten, und obgleich ihn einige im Kampf an Kraft, andere im Laufen an Schnelligkeit übertrafen, wurde er mit der Zeit zum Herrn über die, die ihm nützen, und zur Geißel derer, die ihm schaden konnten. So geschah es, daß der erste Blick, mit dem er sich selbst musterte, ihm die erste Regung von Stolz eintrug, so daß er, der noch kaum Rangstufen unterscheiden konnte und sich nur auf Grund seiner Gattung als den Ersten betrachtete, sich von weitem schon darauf vorbereitete, auch als einzelner nach dieser Stellung zu streben.

Obwohl die Menschen nicht das füreinander waren, was sie heute sind, und der Mensch im Naturzustand mit seinesgleichen kaum mehr verkehrte als mit anderen Lebewesen, sparte er sie in seinen Beobachtungen doch nicht aus. Die Übereinstimmungen, die er mit der Zeit zwischen ihnen, zwischen seinem Weib und sich selbst bemerkte, führten ihn zu Schlüssen über die, die er nicht wahrnahm. Da er sah, daß alle sich so verhielten, wie auch er es unter den gleichen Umständen getan hätte, folgerte er, daß ihre Art, zu denken und zu fühlen, der seinen vollständig entsprach. Diese wichtige, in seinem Geist fest verankerte Wahrheit veranlaßte ihn, über eine Ahnung, die ebenso sicher wie dialektisches Denken und schneller als dieses funktionierte, im Umgang mit seinesgleichen Verhaltensregeln zu befolgen, die seinem Vorteil und seiner Sicherheit am dienlichsten waren.

Die Erfahrung hatte ihn gelehrt, daß die Liebe zum Wohlergehen der einzige Beweggrund menschlichen Handelns ist. So war er imstande, die seltenen Gelegenheiten zu erkennen, bei denen er, eines gemeinsamen Interesses wegen, mit dem Beistand der anderen rechnen durfte, und die noch selteneren, bei denen konkurrierende Interessen ihn den anderen gegenüber mißtrauisch machen mußten. Im ersten Fall schloß er sich mit ihnen zum Trupp zusammen oder höchstens zu einer lockeren Vereinigung, die für niemand bindend war und nicht länger anhielt als das vorübergehende Bedürfnis, das zu ihrer Bildung geführt hatte. Im zweiten Fall suchte er seinen Vorteil zu erlangen, sei's im offenen Kampf, wenn er sich stark genug dazu fühlte, sei es mit Geschick und List, wenn er der Schwächere zu sein glaubte.

Auf diese Weise also konnten die Menschen unmerklich einen gewissen groben Begriff von ihren wechselseitigen Verpflichtungen und dem Vorteil, sie einzuhalten, bekommen, aber nur in dem Maße, wie es das gegenwärtige und fühlbare Interesse erforderlich machte. Denn Voraussicht kannten sie nicht, und weit davon entfernt, sich mit einer entlegenen Zukunft zu beschäftigen, dachten sie nicht einmal an den kommenden Tag. Ging es darum, einen Hirsch zu jagen, spürte jeder, daß er dabei gewissenhaft auf seinem Posten bleiben mußte; tauchte jedoch ein Hase in irgend jemandes Reichweite auf, dann war sicher, daß er diesen bedenkenlos verfolgte und, hatte er seine Beute erwischt, sich höchst wenig darum scherte, daß die Gefährten seinetwegen die ihre verpaßten.

Man begreift leicht, daß ein solcher Umgang keine ausgefeiltere Sprache als die der Krähen oder Affen erheischte, die sich auf ungefähr dieselbe Weise zusammentun. Unartikulierte Schreie, reichliche Gesten und einige nachahmende Geräusche mußten lange Zeit die universelle Sprache gebildet haben. Hinzu kamen in jeder Gegend bestimmte artikulierte Laute, vereinbarte Zeichen also, deren Einführung, wie ich schon sagte, nicht so leicht zu erklären ist. Man besaß besondere, jedoch primitive und unvollkommene Sprachen, etwa so, wie sie heute noch bei einigen wilden Völkern anzutreffen sind. Ich durcheile in Blitzesschnelle unzählige Jahrhunderte, wozu mich die Knappheit der Zeit, die Fülle der Dinge, die ich zu sagen habe, und die beinah unmerklichen Bewegungen der ersten Anfänge nötigen, denn je langsamer die Ereignisse aufeinanderfolgten, desto geschwinder lassen sie sich nun beschreiben.

Jene ersten Fortschritte befähigten die Menschen schließlich zu rascheren. Je heller der Verstand, desto größer wurde das Geschick. Bald hörte man auf, sich unter dem erstbesten Baum schlafen zu legen oder sich in Höhlen zurückzuziehen. Man erfand verschiedenartige Äxte aus harten, scharfkantigen Steinen, deren man sich bediente, um Holz zu spalten, die Erde umzugraben und Hütten aus Reisig zu bauen. Bald verfiel man darauf, sie mit Tonerde oder Schlamm zu bestreichen. Das war die Epoche einer ersten Revolution, die zur Niederlassung und Unterscheidung von Familien und zu einer Art Eigentum führte, aus dem vielleicht schon zahlreiche Streitigkeiten und Kämpfe erwuchsen. Jedoch, da die Stärksten wahrscheinlich die ersten waren, die sich Wohnstätten schufen, zu deren Verteidigung sie sich imstande fühlten, ist anzunehmen, daß die Schwächeren es leichter und sicherer fanden, es ihnen gleichzutun, als zu versuchen, sie daraus zu vertreiben. Und was die betraf, die bereits Hütten besaßen, dürfte keiner von ihnen sonderlich danach getrachtet haben, sich die des Nachbarn anzueignen, weniger, weil sie ihm nicht gehörte, als vielmehr, weil er sie nicht brauchte und sich ihrer nicht hätte bemächtigen können, ohne sich auf einen harten Kampf mit der Familie, die darin hauste, einzulassen.

Die ersten Regungen des Herzens kamen durch diese neue Situation zustande, die Mann und Frau, Eltern und Kinder in einer gemeinsamen Wohnung versammelte; aus der Gewöhnung an das Zusammenleben gingen die zärtlichsten Gefühle hervor, die die Menschen kennen, Gattenliebe und Elternliebe. Jede Familie wurde zu einer kleinen und um so einträchtigeren Gemeinschaft, als wechselseitige Zuneigung und Freiheit ihre einzigen Bindungen waren. Damals auch begann sich die Lebensweise der beiden Geschlechter zu unterscheiden, die bislang gleich gewesen war. Die Frauen wurden häuslicher, sie gewöhnten sich daran, Heim und Kinder zu hüten, während die Männer den gemeinsamen Unterhalt herbeischafften. Durch ein etwas bequemeres Leben verloren beide Geschlechter allmählich einiges von ihrer Wildheit und Kraft, und wenn auch jedes für sich allein nun weniger gut mit den wilden Tieren kämpfen konnte, so war es dafür leichter, sich zusammenzutun, um ihnen gemeinsam zu widerstehen.

In dieser neuen Lage, bei einem einfachen, abgeschiedenen Leben und sehr begrenzten Bedürfnissen, zu deren Befriedigung die neuerfundenen Werkzeuge beitrugen, nutzten die Menschen die Muße, die sie in reichlichem Maß genossen, um sich verschiedene Annehmlichkeiten zu verschaffen, die ihre Vorfahren nicht gekannt hatten. Das war das erste Joch, das sie sich auferlegten, ohne es zu wissen, und die erste Leidensquelle, die sie ihren Nachkommen schufen; denn außer daß sie nun fortfuhren, Körper und Geist zu verweichlichen, verloren diese Annehmlichkeiten, weil man sich an sie gewöhnte, fast all ihren Reiz und verwandelten sich in echte Bedürfnisse, auf die zu verzichten viel grausamer als sie zu befriedigen angenehm war, weswegen man unglücklich über ihren Verlust war, ohne ihres Besitzes wegen glücklich gewesen zu sein.

Man ahnt jetzt schon eher, wie der Gebrauch der Sprache sich innerhalb der einzelnen Familien unmerklich gefestigt und vervollkommnet hat, und man kann ferner mutmaßen, auf welche Weise verschiedene Einzelgründe zur Verbreitung der Sprache und zur Beschleunigung ihrer Fortschritte führten, indem sie sie immer notwendiger machten. Durch starke Überschwemmungen oder Erdbeben wurden bewohnte Landstriche von Wasser und Klüften umschlossen. Gewaltige Erdbewegungen rissen Teile von den Kontinenten los und trennten sie als Inseln ab. Man begreift, daß zwischen Menschen, die solchermaßen einander angenähert und gezwungen wurden, zusammen zu leben, sich eher eine gemeinsame Sprache herausbilden mußte als zwischen denen, die frei durch die Wälder des Festlands streiften. So ist es sehr wohl möglich, daß bei ihren ersten Seefahrtsversuchen die Inselbewohner den Gebrauch der Sprache zu uns brachten, und es ist zumindest sehr wahrscheinlich, daß Gesellschaft und Sprache auf den Inseln entstanden sind und sich dort entwickelt haben, bevor man sie auf den Kontinenten kannte.

Nun beginnt sich alles zu ändern. Die Menschen, die bis dahin durch die Wälder zogen, rücken, nachdem sie festere Wohnsitze erworben haben, allmählich enger zusammen, vereinigen sich zu verschiedenen Gruppen und bilden schließlich in jeder Gegend ein eigenes Volk, geeint nicht durch Verordnungen und Gesetze, sondern durch Sitten und Charaktere, bedingt durch gleiche Lebens- und Ernährungsgewohnheiten und die gemeinsame Beeinflussung durch das Klima. Eine beständige Nachbarschaft kann nicht verfehlen, schließlich Verbindungen zwischen den verschiedenen Familien zu stiften. Junge Menschen unterschiedlichen Geschlechts wohnen in benachbarten Hütten, der gelegentliche Verkehr, den die Natur verlangt, führt alsbald einen anderen, nicht weniger angenehmen herbei, der durch häufigen Umgang an Dauer gewinnt. Man gewöhnt sich daran, mannigfaltige Dinge anzuschauen und Vergleiche anzustellen. Unmerklich erlangt man Vorstellungen von Verdienst und Schönheit, die zu gefühlsmäßigen Bevorzugungen führen. Eben weil man einander sieht, kann man nicht mehr darauf verzichten, sich wiederzusehen. Ein zärtliches und sanftes Gefühl beschleicht das Herz und wird beim geringsten Hindernis zu schäumender Wut. Mit der Liebe erwacht die Eifersucht, triumphiert die Zwietracht, und der süßesten aller Leidenschaften wird Menschenblut zum Opfer gebracht.

In dem Maße, wie Gedanken und Gefühle sich entwickeln, Geist und Herz sich üben, wird das Menschengeschlecht nach und nach zahm, dehnen sich die Verbindungen aus und werden die Bande enger. Man gewöhnte sich daran, vor einer Hütte oder unter einem großen Baum zusammenzukommen, Gesang und Tanz, diese echten Kinder der Liebe und des Müßiggangs, wurden zum Vergnügen oder vielmehr zur Beschäftigung untätiger Gruppen von Männern und Frauen. Ein jeder begann, auf die anderen zu achten, und wünschte dabei, selber beachtet zu werden. Das öffentliche Ansehen bekam einen Wert. Wer am besten sang oder tanzte, am schönsten, stärksten, geschicktesten oder wortgewandtesten war, wurde am meisten geachtet. Dies war der erste Schritt zur Ungleichheit und damit auch zum Laster, denn aus diesen ersten Bevorzugungen entstanden Eitelkeit und Verachtung auf der einen, Scham und Neid auf der anderen Seite, und die durch diese neue Hefe verursachte Gärung erzeugte schließlich Mischungen, die dem Glück und der Unschuld zum Verhängnis wurden.

Sowie die Menschen begonnen hatten, einander einzuschätzen, und die Idee des Ansehens in ihrem Geist entstanden war, beanspruchte jeder ein Recht auf Achtung, und keiner mehr konnte es ungestraft daran fehlen lassen. Hieraus gingen, sogar unter den Wilden, die ersten Anstandspflichten hervor und wurde jedes willentlich zugefügte Unrecht zur Schmach, denn in dem Übel, das aus einer Beleidigung erwuchs, erblickte der Angegriffene zugleich die Mißachtung seiner Person, die ihm oft unerträglicher war als das Übel selbst. Deshalb bestrafte jeder die ihm bezeigte Mißachtung auf eine Art, die dem Aufheben entsprach, das er von sich selbst machte. Schrecklich wurden die Rachen, die Menschen blutdürstig und grausam. Dies ist genau die Stufe, auf der die meisten uns bekannten wilden Völker angelangt sind. Und weil man die Begriffe nicht genügend auseinandergehalten und nicht beachtet hat, wie weit diese Völker bereits vom ersten Naturzustand entfernt sind, hat mancher eilig geschlossen, daß der Mensch von Natur aus grausam und gesellschaftliche Aufsicht nötig sei, um ihn zu mäßigen. Dabei ist niemand so friedlich wie der Mensch in seinem ursprünglichen Zustand, wo er, durch die Natur gleich weit von der Stumpfheit des Viehs wie der unheilvollen Klugheit des Zivilisierten entfernt, von seinem Instinkt und seinem Verstand her darauf beschränkt ist, sich vor drohendem Übel zu schützen, und sein natürliches Mitleid ihn davon abhält, einem anderen ohne Grund Böses zu tun, sogar dann nicht, wenn ihm selbst geschadet worden ist. Denn dem Axiom des weisen Locke zufolge *kann es kein Unrecht geben, wo es kein Eigentum gibt.*

Aber man muß beachten, daß die beginnende Gesellschaft und die bereits bestehenden Beziehungen den Menschen Eigenschaften abverlangten, die sich von ihrer ursprünglichen Veranlagung unterschieden. Indem die menschlichen Handlungen allmählich von Moral beeinflußt wurden und, bevor es Gesetze gab, jeder von sich aus die empfangenen Kränkungen richtete und rächte, eignete sich die dem reinen Naturzustand angemessene Güte nicht mehr für die entstehende Gesellschaft. Die Strafen mußten in dem Maße strenger werden, wie die Gelegenheiten zum Unrechttun häufiger wurden, und anstelle der Gesetzeszügel mußte der Schrecken der Rache wirken. Obgleich also die Menschen an Robustheit verloren und das natürliche Mitleid schon eine gewisse Abschwächung erfahren hatte, muß in der Entwicklungsgeschichte menschlicher Fähigkeiten jene Epoche, die die goldene Mitte zwischen der Trägheit des ursprünglichen Zustandes und der unbändigen Aktivität unserer Selbstsucht hielt, das glücklichste und dauerhafteste Zeitalter gewesen sein. Je mehr man darüber nachdenkt, desto deutlicher wird einem, daß jener Zustand am wenigsten störbar und für den Menschen am besten gewesen ist (16) und daß er ihn nur infolge irgendeines unglückseligen Zufalls, der zum Wohle aller besser niemals eingetreten wäre, hat verlassen können. Das Beispiel der Wilden, die man beinah alle auf dieser Entwicklungsstufe angetroffen hat, scheint zu bestätigen, daß die Menschheit dafür gemacht war, ewig darin zu verharren, daß dieser Zustand die wahrhafte Jugend der Welt ist und alle späteren Fortschritte scheinbar zur Vervollkommnung des einzelnen, tatsächlich aber zum Verfall der Gattung geführt haben.

Solange sich die Menschen mit ihren anspruchslosen Hütten zufriedengaben, solange sie sich damit begnügten, sich mit Hilfe von Dornen oder Fischgräten Kleider aus Tierhaut zu nähen, sich mit Federn und Muscheln zu schmücken, den Körper bunt zu bemalen, Bögen und Pfeile zu vervollkommnen oder zu verzieren, mit scharfen Steinen einige Fischerkähne oder primitive Musikinstrumente zu zimmern; kurz, solange sie sich nur mit Dingen abgaben, die einer allein herstellen konnte, und nur Fertigkeiten pflegten, die nicht das Zusammenwirken mehrerer Hände erforderten, lebten sie so frei, gesund, gut und glücklich, wie sie ihrer Natur nach sein konnten, und fuhren fort, miteinander die Freuden eines ungebundenen Umgangs zu genießen. Doch von dem Augenblick an, da ein Mensch die Hilfe eines anderen brauchte und man gewahr wurde, daß es einem einzelnen Nutzen brachte, Vorräte für zwei zu besitzen, schwand die Gleichheit dahin, wurde das Eigentum eingeführt und die Arbeit notwendig. Da wandelten sich die weiten Wälder in blühende Felder, die man mit menschlichem Schweiß düngen mußte und auf denen man mit den Ernten bald Sklaverei und Elend keimen und wachsen sah.

Die Metallbearbeitung und der Ackerbau waren die beiden Künste, deren Erfindung jene große Umwälzung zustande brachte. Für den Dichter sind es Gold und Silber, für den Denker aber Eisen und Getreide, die den Menschen zivilisiert und die menschliche Gattung verdorben haben. So waren denn beide den Wilden Amerikas unbekannt, die deshalb auch Wilde geblieben sind. Die anderen Völker scheinen selbst dann noch Barbaren geblieben zu sein, solange sie nur eine der beiden Künste ausübten, und vielleicht ist einer der Hauptgründe, weshalb Europa wenn nicht früher, so doch zumindest beständiger und besser als die anderen Erdteile zivilisiert wurde, die Tatsache, daß es zugleich am reichsten an Eisen und am fruchtbarsten an Getreide ist.

Es ist sehr schwierig, zu mutmaßen, auf welche Weise die Menschen zur Kenntnis und zum Gebrauch des Eisens gekommen sind, denn es ist unglaubhaft, daß sie von sich aus darauf verfallen wären, das Material aus den Minen zutage zu fördern und zum Schmelzen aufzubereiten, bevor sie gewußt hätten, was dabei herauskommt. Andererseits kann man diese Entdeckung erst recht nicht irgendeiner zufälligen Feuersbrunst zuschreiben, weil ja die Erzlager nur in rauhen Gegenden, wo es weder Bäume noch Pflanzen gibt, entstanden sind, so daß man sagen möchte, die Natur habe Vorkehrungen getroffen, um uns dieses verhängnisvolle Geheimnis zu verbergen. Es bleibt also nur der außergewöhnliche Umstand, daß irgendein Vulkan, der geschmolzene metallische Substanzen herausschleuderte, die Beobachter auf den Gedanken brachte, diesen Naturvorgang nachzuahmen. Freilich muß man ihnen eine gute Portion Mut und Weitblick zutrauen, eine derart mühevolle Arbeit in Angriff zu nehmen und von weitem schon die Vorteile zu erblicken, die sich daraus ergeben würden, was selbst geübteren Köpfen als den ihren kaum leichtfallen dürfte.

Was den Ackerbau betrifft, so war dessen Prinzip schon lange, bevor seine Anwendung sich einbürgerte, bekannt, denn es ist schlecht möglich, daß Menschen, die unablässig damit beschäftigt waren, ihre Nahrung von Bäumen und aus Pflanzen zu gewinnen, nicht ziemlich bald schon eine Vorstellung hatten, auf welchem Wege die Natur die Vegetation wachsen und sich mehren läßt. Jedoch entwickelten sie ihr Geschick in dieser Hinsicht erst sehr spät, sei es, weil die Bäume, die ihnen neben Jagd und Fischfang die Nahrung lieferten, ihrer Pflege nicht bedurften, sei es, weil sie die Verwendung von Getreide oder die Geräte zu seinem Anbau nicht kannten, sei es aus einem Mangel an Vorsorge für künftigen Bedarf oder, schließlich, weil ihnen die Mittel fehlten, die anderen daran zu hindern, sich den Ertrag ihrer Arbeit anzueignen. Man kann annehmen, daß sie, als sie geschickter wurden, mit

Hilfe scharfer Steine und spitzer Stöcke einige Gemüse oder Wurzeln rings um ihre Hütten anzubauen begannen, lange bevor sie es verstanden, mit Getreide umzugehen, oder die Gerätschaften besaßen, die zu seinem Anbau im großen erforderlich sind. Abgesehen davon ist, will man sich dieser Beschäftigung widmen und den Boden bestellen, der Entschluß nötig, zunächst etwas zu verlieren, um hernach desto mehr zu gewinnen. Solche Umsicht lag dem Geist der Wilden fern, denen es, wie ich schon sagte, recht schwerfiel, morgens an ihre Bedürfnisse am Abend zu denken.

Die Erfindung der übrigen Künste war also nötig, um die Menschheit zu zwingen, sich der des Ackerbaus zuzuwenden. Von dem Augenblick an, als man Menschen brauchte, die Eisen schmolzen und schmiedeten, brauchte man andere, die sie ernährten. Je größer die Anzahl der Arbeiter wurde, desto weniger Hände gab es, die die gemeinsame Nahrung herbeischafften, ohne daß darum die Menge der Esser abgenommen hätte. Und so wie die einen Lebensmittel zum Austausch gegen ihr Eisen brauchten, kamen die anderen schließlich hinter das Geheimnis, wie man Eisen verwendet, um mehr Lebensmittel zu erzeugen. Auf diese Weise entstanden Feldbau und Landwirtschaft auf der einen, die Kunst, Metalle zu bearbeiten und ihre Anwendung zu vervielfältigen, auf der anderen Seite.

Aus der Bearbeitung des Bodens folgte zwangsläufig dessen Aufteilung und aus dem einmal anerkannten Eigentum die ersten Rechtsregeln. Denn will man jedem das Seine geben, muß jeder etwas haben können. Weil zudem die Menschen begannen, ihre Blicke in die Zukunft zu richten, und sich alle im Besitz irgendwelcher verlierbarer Güter sahen, gab es keinen einzigen, der sich nicht vor der Vergeltung des Unrechts, das er einem anderen hätte zufügen können, fürchten mußte. Dieser Hergang erscheint um so natürlicher, als man sich nicht vorstellen kann, daß das Eigentum aus etwas anderem als der Arbeit hervorgegangen ist, denn was, außer seiner Hände Arbeit, könnte der Mensch einsetzen, um sich Dinge anzueignen, die er nicht erschaffen hat. Allein die Arbeit gibt dem Ackerbauern ein Recht am Produkt des Bodens, den er bestellt hat, und folglich auch an diesem selbst, wenigstens bis zur Ernte, und so von Jahr zu Jahr. Dies führt zu einem fortgesetzten Besitz, der sich leicht in Eigentum wandelt. Als die Alten Demeter den Beinamen Die Gesetzgebende verliehen und ein ihr zu Ehren begangenes Fest Thesmophorien nannten, gaben sie, wie Grotius sagt, damit zu verstehen, daß die Aufteilung des Bodens eine neue Rechtsform, das heißt das Eigentumsrecht hervorgebracht hat, welches sich vom Recht, das aus dem Naturgesetz folgt, unterscheidet.

Die Dinge hätten in diesem Zustand verharren können, wenn die Fähigkeiten gleich gewesen wären und wenn, zum Beispiel, die Verwendung des Eisens und der Verbrauch an Lebensmitteln einander genau die Waage gehalten hätten; indes wurde das durch nichts aufrechterhaltene Gleichgewicht bald zerstört. Der Stärkere leistete mehr bei der Arbeit, der Geschicktere zog aus der seinen größeren Nutzen, der Gewitztere fand Mittel, sich die Arbeit abzukürzen, der Bauer brauchte mehr Eisen oder der Schmied mehr Getreide, und obwohl sie gleich viel arbeiteten, gewann der eine viel dabei, während der andere kaum das Nötigste zum Leben hatte. Dergestalt führt die Aufteilung und Verbindung der Tätigkeiten unmerklich zur Vertiefung der natürlichen Ungleichheit, werden die Unterschiede zwischen den Menschen, verstärkt durch die unterschiedlichen Bedingungen ihres Daseins, spürbarer, dauerhafter in ihren Auswirkungen und beginnen sie im selben Maße auch auf das Schicksal der einzelnen Einfluß zu nehmen.

Nachdem die Dinge bis zu diesem Punkt gediehen waren, kann man sich das übrige leicht ausmalen. Ich will mich nicht dabei aufhalten, die allmähliche Erfindung der anderen Künste zu beschreiben, den Fortschritt der Sprachen, die Erprobung und Anwendung der Fähigkeiten, die Ungleichheit des Vermögens, den Gebrauch oder Mißbrauch der Reichtümer noch all die darauffolgenden Einzelheiten, die sich jeder leicht hinzudenken kann. Ich will mich lediglich damit begnügen, einen Blick auf die in diesen neuen Stand der Dinge versetzte Menschheit zu werfen.

Nun also sind all unsere Fähigkeiten entwickelt, Gedächtnis und Vorstellungskraft ins Spiel gekommen, die Selbstsucht ist geweckt, die Vernunft regt sich, und der Geist hat beinah den Endpunkt der ihm möglichen Entfaltung erreicht. Alle natürlichen Eigenschaften sind nunmehr in Kraft getreten, Rang und Los jedes einzelnen festgelegt, nicht allein nach dem Umfang des Besitzes und dem Vermögen, zu nützen oder zu schaden, sondern auch nach Geist, Schönheit, Kraft oder Geschicklichkeit, nach Verdienst oder Talent, und weil diese Eigenschaften die einzigen waren, die einem Ansehen bringen konnten, wurde es bald nötig, sie zu haben oder vorzutäuschen. Dem eignen Vorteil zuliebe mußte man sich anders geben, als man wirklich war. Sein und Schein wurden zwei völlig verschiedene Dinge, und aus diesem Auseinanderfall gingen der Eindruck heischende Prunk, die listige Täuschung und alle Laster hervor, die ihr Gefolge bilden. Auf der anderen Seite wird der Mensch, der zuvor ein freies und unabhängiges Wesen war, nunmehr einer Vielzahl von Bedürfnissen, sozusagen der gesamten Natur und vornehmlich seinesgleichen unterworfen, ihr Sklave gewissermaßen, selbst wenn er zu ihrem Herrn wird. Ist er reich, braucht er die Dienste anderer, als Armer bedarf er ihrer Hilfe, und auch ein mäßiger Besitz versetzt ihn nicht in die Lage, auf andere zu verzichten. Er muß also ständig versuchen, sie an seinem Schicksal zu interessieren, und sie tatsächlich oder scheinbar ihren Gewinn darin finden lassen, für den seinen zu arbeiten: Dies macht ihn hinterhältig und verschlagen den einen, gebieterisch und hart den anderen gegenüber und zwingt ihn dazu, alle, die er braucht, zu täuschen, sofern er ihnen keine Furcht einflößen kann oder keinen Vorteil dabei findet, ihnen durch eigene Dienste nützlich zu sein. Schließlich flößen verzehrender Ehrgeiz und die Sucht, das jeweilige Vermögen zu mehren, weniger aus echtem Bedürfnis als aus dem Wunsch nach Überlegenheit, allen Menschen den finsteren Drang ein, sich gegenseitig zu schaden, und erfüllen sie mit geheimer Mißgunst, die um so gefährlicher ist, als sie, um ihren Schlag sicherer zu landen, oftmals die Maske des Wohlwollens anlegt. Mit einem Wort, Konkurrenz und Rivalität auf der einen, Widerstreit der Interessen auf der anderen Seite und überall der verdeckte Wunsch, seinen Vorteil auf Kosten anderer zu erlangen – all diese Übel sind das erste Ergebnis des Eigentums und die untrennbare Folge der sich bildenden Ungleichheit.

Bevor man die Symbole des Reichtums erfand, konnte dieser kaum in anderem als Feldern und Vieh bestehen, den einzig wirklichen Gütern, die die Menschen besitzen können. Als jedoch die Erbteile an Zahl und Umfang derart zugenommen hatten, daß sie sich über den gesamten Boden erstreckten und alle aneinandergrenzten, konnten sich die einen nur noch auf Kosten der anderen vergrößern, und diejenigen, die Schwäche oder Trägheit gehindert hatte, ihrerseits Land zu erwerben, die mithin arm geworden waren, ohne etwas verloren zu haben, da sie allein, während alles ringsum in Veränderung begriffen, sich nicht geändert hatten, diese Überzähligen mußten nun ihren Unterhalt aus den Händen der Reichen empfangen oder rauben. Hieraus begannen, je nach Wesensart der einen und der anderen, Herrschaft und Knechtschaft oder Gewalt und Raub hervorzugehen. Die Reichen ihrerseits hatten kaum das Vergnügen des Herrschens kennengelernt, als sie schon alle anderen verachteten und, sich ihrer alten Sklaven bedienend, um neue zu unterwerfen, nur noch darauf sannen, ihre Nachbarn zu unterjochen und zu versklaven, jenen hungrigen Wölfen gleich, die, sobald sie einmal Menschenfleisch gekostet haben, jede andere Nahrung verschmähen und nur noch Menschen verschlingen wollen.

So geschah es, daß dem Bruch der Gleichheit die entsetzlichsten Unruhen folgten, da ja die Mächtigsten wie die Elendsten aus ihrer Stärke oder ihrer Bedürftigkeit eine Art Recht auf fremdes Gut ableiteten, das für sie gleichbedeutend mit dem Recht auf Eigentum war. So geschah es, daß die Usurpationen der Reichen und die Räuberei der Armen, die zügellosen Leidenschaften aller das natürliche Mitleid und die noch schwache Stimme der Gerechtigkeit erstickten, die Menschen habgierig, ehrsüchtig und böse machten. Zwischen dem Recht des Stärkeren und dem Recht des ersten Besitzers entbrannte ein ständiger Streit, der nur in Kämpfen und Morden enden konnte. (17) Die entstehende Gesellschaft wich dem furchtbarsten Kriegszustand. Das Menschengeschlecht, erniedrigt und verzweifelt, weder in der Lage, auf seinen alten Weg zurückzukehren noch auf seine unglückseligen Errungenschaften zu verzichten, brachte sich selbst an den Rand des Untergangs, indem es durch den Mißbrauch von Eigenschaften, die zu seiner Ehre gereichen, nur noch an seiner Schande mitwirkte.

Attonitus novitate mali, divesque miserque
Effugere optat opes, et quae modo voverat, odit.

Es kann nicht sein, daß die Menschen nicht schließlich über eine derart schlimme Lage und die Übel, mit denen sie überhäuft waren, nachgedacht hätten. Vor allem die Reichen mußten bald spüren, wie nachteilig für sie ein ewiger Krieg war, dessen Kosten sie allein trugen, in dem zwar alle ihr Leben, aber nur einzelne ihre Besitztümer aufs Spiel setzten. Zudem, welchen Anstrich auch immer sie ihren Usurpationen gaben, fühlten sie doch recht gut, daß diese sich nur auf ein unsicheres und trügerisches Recht stützten und, weil sie durch nichts als Gewalt gewonnen waren, ihnen auch wieder gewaltsam genommen werden konnten, ohne daß sie sich darüber hätten beklagen dürfen. Selbst diejenigen, die allein ihre Geschicklichkeit reich gemacht hatte, vermochten kaum, ihr Eigentum auf bessere Rechtstitel zu gründen. Es nützte ihnen nicht viel, zu sagen: »Ich bin es, der diese Mauer gebaut hat, ich habe dieses Stück Land durch meine Arbeit erworben.« »Wer hat euch das Gelände abgesteckt?« könnte man ihnen entgegnen, »und mit welchem Recht erhebt ihr den Anspruch, auf unsere Kosten für eine Arbeit belohnt zu werden, die wir euch keineswegs aufgetragen haben? Wißt ihr denn nicht, daß unzählige eurer Brüder zugrunde gehen oder Mangel leiden an dem, wovon ihr zuviel habt, und daß es der ausdrücklichen und einhelligen Zustimmung der Menschheit bedürfte, damit ihr euch von den gemeinsamen Existenzmitteln mehr aneignen könntet, als ihr zu eurem Unterhalt braucht?« Weder im Besitz gültiger Gründe zu seiner Rechtfertigung noch ausreichender Kräfte zu seiner Verteidigung, mit Leichtigkeit einen einzelnen vernichtend, doch selbst von Räuberbanden vernichtet, allein gegen alle und wegen des gegenseitigen Neides außerstande, sich mit seinesgleichen zu verbünden gegen die durch gemeinsame Hoffnung auf Beute geeinten Feinde, faßte der Reiche, von der Notwendigkeit gedrängt, schließlich den überlegtesten Plan, der je einem Menschen in den Sinn gekommen ist. Er beschloß, die Kräfte ebenderer, die ihn angriffen, zu seinen Gunsten zu nutzen und aus seinen Gegnern seine Verteidiger zu machen, ihnen andere Grundsätze einzuflößen und neue Institutionen zu geben, die für ihn ebenso günstig wären, wie das Naturrecht seinen Interessen zuwiderlief.

Nachdem der Reiche zu diesem Zweck seinen Nachbarn den Schrecken einer Situation auseinandergesetzt hatte, in der alle gegeneinander kämpften, die Besitztümer ihnen genauso zur Last wurden wie die Bedürfnisse und niemand, weder in Armut noch in Reichtum, Sicherheit finden konnte, erdachte er mühelos Scheingründe, um die anderen zu seinem Ziel zu führen. »Schließen wir uns zusammen«, sagte er ihnen, »um die Schwachen vor Unterdrückung zu schützen, die Ehrgeizigen in Schranken zu halten und einem jeden den Besitz der Dinge, die ihm gehören, zu sichern. Führen wir gerechte und friedliche Regelungen ein, die von allen befolgt werden müssen und keinen bevorzugen, die in gewisser Weise die Launen des Glücks korrigieren, indem sie den Mächtigen wie den Schwachen wechselseitigen Verpflichtungen unterwerfen. Mit einem Wort, laßt uns unsere Kräfte, statt sie gegeneinander zu richten, in einer obersten Macht zusammenfügen, die uns nach weisen Gesetzen regiert, alle Mitglieder der Gemeinschaft schützt und verteidigt, gemeinsame Feinde abwehrt und uns in ewiger Eintracht erhält.«

Es bedurfte nicht einmal einer Rede dieser Art, um ungeschlachte, leicht verführbare Menschen mitzureißen, die übrigens allzu viele Streitigkeiten untereinander klären mußten, um auf Schiedsleute verzichten zu können, und allzuviel Habgier und Ehrgeiz besaßen, um auf längere Sicht ohne Herren auszukommen. Alle stürzten sich in die Gefangenschaft, im Glauben, ihre Freiheit zu sichern, denn sie hatten auch genügend Verstand, um die Vorteile einer politischen Einrichtung zu erfassen, mangelte es ihnen doch an Erfahrung, um deren Gefahren abzusehen, und die am fähigsten waren, die Mißbräuche vorauszuahnen, waren ebendie, die Nutzen aus ihnen zu ziehen gedachten. Selbst die Weisen sahen ein, daß man sich entschließen mußte, einen Teil der Freiheit zu opfern, um den anderen zu erhalten, so wie ein Verwundeter sich einen Arm abnehmen läßt, um den übrigen Körper zu retten.

Auf diese Weise entstanden die Gesellschaft und die Gesetze, oder so mußten sie entstanden sein, die dem Schwachen neue Einschränkungen und dem Reichen neue Möglichkeiten brachten (18), die natürliche Freiheit unwiederbringlich zerstörten, auf immer das Gesetz des Eigentums und der Ungleichheit festlegten, aus einer geschickten Usurpation ein unwiderrufliches Recht machten und zum Vorteil einiger Ehrsüchtiger fortan die gesamte

Menschheit der Arbeit, der Knechtschaft und dem Elend unterwarfen. Es ist leicht zu erkennen, daß die Errichtung einer einzigen Gesellschaft die aller übrigen unerläßlich machte und daß man, um vereinten Kräften die Stirn zu bieten, sich seinerseits zusammenschließen mußte. Die Gesellschaften, die sich rasch vermehrten und ausdehnten, überzogen bald die gesamte Erde, und es war nicht mehr möglich, auf der Welt ein Fleckchen zu finden, an dem man sich vom Joch befreien und sein Haupt dem oft schlecht geführten Schwert der Justiz entziehen konnte, das jeder Mensch unablässig über sich schweben fühlte. Weil so das Zivilrecht zur allgemeinen Verhaltensregel der Staatsbürger geworden war, besaß das Naturrecht nur noch zwischen den einzelnen Gesellschaften Geltung, wobei es, durch einige stillschweigende Übereinkünfte abgeschwächt, unter der Bezeichnung Völkerrecht den Handel ermöglichen und an die Stelle des natürlichen Mitleids treten sollte, das zwischen den Gesellschaften die Kraft, die es im Umgang von Mensch zu Mensch besaß, nahezu vollständig eingebüßt hat und nur noch in einigen wenigen großen Weltbürgern zu Hause ist, die die eingebildeten Trennlinien zwischen den Völkern überwinden und, dem Beispiel des erhabenen Wesens folgend, das sie erschuf, die gesamte Menschheit in ihr Wohlwollen einschließen.

Weil die politischen Körperschaften dergestalt untereinander im Naturzustand verblieben, wurden sie bald der Nachteile gewahr, die die Individuen gezwungen hatten, ihn zu verlassen, wobei dieser Zustand für die Staatsgebilde noch verhängnisvoller wurde, als er zuvor für die einzelnen gewesen war. Aus ihm gingen die Kriege zwischen den Völkern, die Schlachten, Gemetzel und Vergeltungsmaßnahmen hervor, die die Natur erschauern lassen und die Vernunft entsetzen, auch all die schrecklichen Vorurteile, welche die Ehre, Menschenblut zu vergießen, in den Rang einer Tugend erheben. Die redlichsten Menschen lernten, es zu ihren Pflichten zu zählen, ihresgleichen umzubringen. Man sah schließlich die Menschen einander zu Tausenden abschlachten, ohne daß sie wußten wofür. An einem einzigen Gefechtstag wurden mehr Morde, bei der Einnahme einer einzigen Stadt mehr Greueltaten begangen als im Naturzustand während ganzer Jahrhunderte auf der gesamten Erdoberfläche. Dies sind, flüchtig betrachtet, die ersten Auswirkungen der Teilung des Menschengeschlechts in verschiedene Gesellschaften. Kommen wir nun auf deren Entstehung zurück.

Ich weiß, manche haben die Staaten auf andere Ursprünge, wie zum Beispiel die Eroberungen des Mächtigsten oder den Zusammenschluß der Schwachen, zurückgeführt. Die Wahl zwischen diesen Ursachen ist für meine Beweisführung gleichgültig, dennoch erscheint mir die, die ich dargelegt habe, aus folgenden Gründen am wahrscheinlichsten. Erstens kann das Eroberungsrecht, da es selbst kein Recht ist, auch kein weiteres begründen; der Eroberer und die unterworfenen Völker bleiben ständig miteinander im Kriegszustand, außer wenn die wieder vollständig frei gewordene Nation ihren Bezwinger von sich aus zum Oberhaupt wählt. Bis dahin kann es, welche Kapitulationsverträge man auch geschlossen haben mag, eben weil sie sich nur auf Gewalt gründen und folglich schon dadurch null und nichtig sind, nach dieser Hypothese weder eine wirkliche Gesellschaft noch einen Staat, noch ein anderes Gesetz als das des Stärkeren geben. Zweitens sind die Worte *stark* und *schwach* doppeldeutig. Ihr Sinn wird in dem Zeitraum zwischen der Einbürgerung des Eigentumsrechtes oder des Rechts des ersten Besitzers und der Gründung von Staatswesen besser durch die Ausdrücke *arm* und *reich* wiedergegeben, denn bevor es Gesetze gab, hatte ein Mensch in der Tat keine andere Möglichkeit, seinesgleichen zu unterwerfen, als deren Hab und Gut anzutasten oder sie in gewissem Umfang an dem seinen teilhaben zu lassen. Weil, drittens, die Armen nichts zu verlieren hatten als ihre Freiheit, wäre es von ihnen äußerst töricht gewesen, sich freiwillig des einzigen Gutes zu begeben, das ihnen geblieben war, ohne irgend etwas dafür zu gewinnen. Weil hingegen die Reichen sozusagen an allen Stellen ihrer Besitztümer empfindlich waren, fiel es sehr viel leichter, sie zu schädigen, und mußten sie demzufolge größere Vorkehrungen zu ihrem Schutz treffen. Kurz, es ist vernünftig, anzunehmen, daß eine Sache eher von denen erfunden wurde, denen sie Nutzen bringt, als von denen, die sie schädigt.

Die Regierungsgewalt besaß in ihrer Entstehungszeit keineswegs eine beständige und regelmäßige Form. Aus Mangel an Philosophie und Erfahrung nahm man nur die momentanen Mißstände wahr und sann auf Abhilfe der anderen immer erst dann, wenn sie sich zeigten. Trotz aller Bemühungen der weisesten Gesetzgeber blieb der Staat stets unvollkommen, war er doch beinah ein Werk des Zufalls, und vermochte die Zeit, die Mängel aufdeckte und Gegenmittel nahelegte, doch niemals die Fehler einer von Anbeginn schlechten Verfassung zu beheben. Man besserte unablässig daran herum, statt, wie es nötig gewesen wäre, zunächst den Platz freizuräumen und alles alte Material zu beseitigen, um dann, wie Lykurg in Sparta, ein solides neues Gebäude zu errichten. Die Gesellschaft bestand anfänglich nur in einigen allgemeinen Übereinkünften, die einzuhalten alle Individuen sich verpflichteten und zu deren Garant die Gemeinschaft sich gegenüber dem einzelnen machte. Die Erfahrung mußte zeigen, wie schwach eine derartige Verfassung war und wie leicht es den Übeltätern fiel, der Überführung oder Strafe für die Verfehlungen zu entgehen, deren alleiniger Zeuge und Richter die Öffentlichkeit sein sollte. Das Gesetz mußte auf tausenderlei Art umgangen werden, Mängel und Mißstände mußten sich ständig mehren, damit man endlich daran dachte, das gefährliche Gut öffentlicher Machtbefugnis einigen einzelnen anzuvertrauen und Beamten die Aufgabe zu übertragen, die Einhaltung der Beschlüsse des Volkes zu überwachen. Denn daß man Oberhäupter gewählt hätte, bevor der gesellschaftliche Zusammenschluß stattgefunden, und daß es Gesetzesdiener bereits vor den Gesetzen gegeben hätte, ist eine Annahme, mit der man sich nicht ernsthaft auseinandersetzen muß.

Nicht viel vernünftiger wäre es, zu glauben, daß sich die Völker von vornherein einem absoluten Herrscher in die Arme geworfen hätten, bedingungslos und unwiderruflich, und daß das erste Mittel, welches stolze und unabhängige Menschen ersannen, um für die gemeinsame Sicherheit zu sorgen, darin bestand, sich in die Sklaverei zu stürzen. Warum, in der Tat, hätten sie sich eine Obrigkeit gegeben, wenn nicht, damit diese sie gegen Übergriffe verteidigte und ihren Besitz, ihre Freiheit, ihr Leben schützte, die sozusagen die Grundelemente ihres Daseins waren. Und wäre es nicht, da in den zwischenmenschlichen Beziehungen nichts Schlimmeres geschehen kann, als daß einer dem anderen auf Gedeih und Verderb ausgeliefert ist, gegen jede

Vernunft gewesen, sich in den Händen eines Herrschers sogleich der Dinge zu entledigen, zu deren Bewahrung allein man seiner Hilfe bedurfte? Welchen Gegenwert hatte er für die Abtretung eines so schönen Rechtes zu bieten? Und hätte er gewagt, ein solches Ansinnen zu stellen, unter dem Vorwand, die anderen zu verteidigen, wäre ihm nicht alsbald die Antwort des Gleichnisses zuteil geworden: Was könnte der Feind uns Schlimmeres antun? Es ist mithin unbestreitbar und die Grundmaxime allen Staatsrechtes, daß sich die Völker Oberhäupter gaben, damit sie ihre Freiheit verteidigten, nicht aber sie unterdrückten. *Wenn wir einen Fürsten haben*, sagte Plinius zu Trajan, *dann, damit er uns davor bewahre, einen Herrn zu haben.*

Die Äußerungen der Politiker über die Freiheitsliebe sind ebenso sophistisch wie die der Philosophen über den Naturzustand. Von den Dingen aus, die sie sehen, urteilen sie über ganz andere, die sie nicht gesehen haben. Sie sprechen dem Menschen einen natürlichen Hang zur Knechtschaft zu, auf Grund der Geduld, mit der diejenigen, die sie vor Augen haben, die ihre ertragen, und sie bedenken nicht, daß es sich mit der Freiheit verhält wie mit der Unschuld oder der Tugend: sobald man sie nicht mehr besitzt, verliert man den Geschmack daran. Ich kenne die Wonnen deines Landes, sagte Brasidas zu einem Satrapen, der das Leben in Sparta mit dem in Persepolis verglich, du aber kannst die Freuden des meinen nicht kennen.

Gleich einem ungezähmten Roß, dem sich die Mähne sträubt und das auf den Boden stampft, sich wild aufbäumt, wenn man mit dem Zaumzeug in seine Nähe kommt, während das abgerichtete Pferd geduldig Gerte und Sporen erträgt, beugt der Barbar seinen Nacken nicht unter das Joch, das der zivilisierte Mensch, ohne zu murren, trägt, zieht er die stürmischste Freiheit einer ruhevollen Unterwerfung vor. Man darf also nicht angesichts der Erniedrigung unterworfener Völker für oder wider eine natürliche Neigung des Menschen zur Knechtschaft urteilen, sondern man muß davon ausgehen, welche Wunder alle freien Völker vollbracht haben, um sich vor Unterdrückung zu bewahren. Ich weiß, daß erstere unaufhörlich die Ruhe und den Frieden rühmen, die sie in ihrem Gefängnis genießen, und daß sie *miserrimam servitutem pacem appellant*, aber wenn ich sehe, wie die anderen Vergnügungen, Ruhe, Wohlstand, Macht, ja selbst das Leben opfern, um dieses eine Gut zu bewahren, das von denen, die es verloren haben, so geringgeschätzt wird; wenn ich sehe, wie Tiere, die frei geboren wurden und die Gefangenschaft verabscheuen, sich den Schädel am Gitter ihres Käfigs zerschmettern; wenn ich sehe, wie ganze Scharen nackter Wilder die Lüste Europas verachten, wie sie Hunger, Feuer, Schwert und Tod die Stirn bieten, nur um ihre Unabhängigkeit zu bewahren, dann spüre ich, daß es nicht die Sache von Sklaven ist, über Freiheit zu räsonieren.

Was nun die väterliche Gewalt betrifft, aus der mehrere die absolutistische Regierung und die Gesellschaft überhaupt hergeleitet haben, so genügt hier, ohne daß man auf die Gegenbeweise von Locke und Sidney zurückgreifen müßte, die Bemerkung, daß nichts in der Welt der Grausamkeit des Despotismus fernersteht als die Milde jener Autorität, die mehr auf den Vorteil des Gehorchenden als auf den Nutzen des Befehlenden achtet, und daß nach dem Gesetz der Natur der Vater nur so lange über das Kind gebietet, wie dieses seine Hilfe braucht, daß aber nach dieser Zeit beide gleichgestellt sind. Dann ist der Sohn, vom Vater vollkommen unabhängig, diesem nur Achtung schuldig, nicht aber Gehorsam, denn Dankbarkeit ist zwar eine Pflicht, die man erfüllen, jedoch kein Recht, das man fordern kann. Anstatt zu sagen, daß die Gesellschaft von der väterlichen Gewalt herstammt, hätte man vielmehr sagen müssen, daß diese von dort ihre wesentliche Stärke bezieht, denn ein Individuum wurde als Vater mehrerer anderer erst anerkannt, seitdem sie in seiner Obhut blieben. Die Besitztümer des Vaters, über die er wahrhaftig gebietet, bilden das Band, das die Kinder in Abhängigkeit von ihm hält, denn er braucht sie an seinem Erbe nur in dem Maße zu beteiligen, wie sie es sich durch ständige Befolgung seines Willens verdient haben. Die Untertanen indes, weit entfernt, von ihrem Herrscher eine ähnliche Gunst erwarten zu dürfen, müssen, da sie mit allem, was sie besitzen, sein Eigentum sind oder wenigstens von ihm dafür gehalten werden, sich damit abfinden, als Gunst zu empfangen, was er ihnen von ihrem eigenen Gut überläßt. Er übt Gerechtigkeit, wenn er sie ausplündert, und Gnade, wenn er sie am Leben läßt.

Führe man auf diese Weise fort, die Tatsachen auf ihren Rechtsgrund hin zu prüfen, fände man, daß in der These von der freiwilligen Errichtung tyrannischer Herrschaft ebensowenig Stichhaltigkeit wie Wahrheit steckt. Es fiele schwer, die Gültigkeit eines Vertrages nachzuweisen, der nur einen der Partner verpflichtet und in dem alle Vorteile auf einer Seite sind, die andere aber leer ausgeht, eines Vertrages, der dem nur zum Schaden gereicht, der sich an ihn hält. Ein solch abscheuliches System liegt heutzutage den klugen und guten Monarchen, vor allem den Königen von Frankreich, recht fern, wie man an verschiedenen Stellen ihrer Erlasse und namentlich an der folgenden Passage einer berühmten Schrift erkennen kann, die 1667 im Namen und auf Geheiß Ludwigs XIV. veröffentlicht wurde: *Man sage also nicht, daß der Souverän den Gesetzen seines Staates nicht unterstehe, denn das Gegenteil dieser Aussage ist eine Wahrheit des Völkerrechts, die zwar die Schmeichelei mitunter verdreht hat, die aber die guten Fürsten stets als Schutzgöttin ihrer Staaten verteidigt haben. Um so berechtigter ist es, mit dem weisen Platon zu sagen, die vollkommene Glückseligkeit eines Königreiches liege darin, daß die Untertanen ihrem Fürsten gehorchen, der Fürst dem Gesetz gehorcht, das Gesetz gerecht und immer am öffentlichen Wohl ausgerichtet ist.* Ich will mich nicht mit der Untersuchung aufhalten, ob nicht der Mensch, da doch die Freiheit seine vornehmste Eigenschaft ist, seine Natur herabwürdigt, sich auf die Stufe der ihren Instinkten blind gehorchenden Tiere begibt und sogar den Urheber seines Daseins beleidigt, wenn er uneingeschränkt auf die kostbarste seiner Gaben verzichtet und, um einem grausamen oder wahnsinnigen Herrscher zu gefallen, sich bereit findet, alle Verbrechen zu begehen, die der erhabene Schöpfer uns verboten hat. Ich will auch nicht danach fragen, ob es diesen mehr erzürnen muß, mit anzusehen, wie sein schönstes Werk zerstört oder wie es entwürdigt wird.[1] Ich frage nur, mit welchem Recht diejenigen, die nicht davor zurückgeschreckt

[1] Ich übergehe hier, wenn man es mir gestattet, eine Autorität wie Barbeyrac, der, Locke folgend, eindeutig erklärt hat, niemand könne seine Freiheit so weit verkaufen, daß er sich der Willkür einer Macht unterwirft, die ihn behandelt, wie es ihr beliebt. *Denn,* fügt er hinzu, *das hieße das eigene Leben verkaufen, über das man nicht Herr ist.* (Ed. 1782)

sind, sich bis zu einem solchen Grad zu erniedrigen, ihre Nachkommenschaft derselben Schmach unterwerfen und für sie auf Güter verzichten konnten, die diese mitnichten ihrer Freigebigkeit verdankt und ohne die sogar das Leben all denen, die seiner würdig sind, eine Last wird.

Pufendorf sagt, daß man genauso, wie man durch Abmachungen und Verträge seinen Besitz einem anderen übereignet, sich zu irgendwessen Gunsten seiner Freiheit entäußern kann. Dies ist, wie mir scheint, eine sehr schlechte Überlegung. Denn erstens wird der Besitz, den ich abtrete, zu einer mir vollständig fremden Sache, so daß mich selbst ihr Mißbrauch gleichgültig läßt. Aber es ist mir wichtig, daß man meine Freiheit nicht mißbraucht, und ich kann mich nicht, ohne Schuld zu tragen an dem Bösen, das zu tun man mich zwingen wird, zum Werkzeug von Verbrechen machen lassen. Außerdem, da das Eigentumsrecht nur auf Übereinkunft und menschlicher Satzung beruht, kann zwar jeder Mensch über seinen Besitz verfügen, wie es ihm beliebt, aber Gleiches gilt nicht für die wesentlichen Geschenke der Natur, für Leben und Freiheit, die zu genießen einem jeden erlaubt ist, wobei es jedoch zumindest zweifelhaft bleibt, ob er ein Recht hat, sich dieser Gaben zu entledigen. Gibt man die eine her, erniedrigt man sein Wesen, beraubt man sich der anderen, vernichtet man es, soweit es einem gehört. Weil uns kein vergängliches Gut für diese beiden Gaben entschädigen kann, hieße es Natur und Vernunft gleichermaßen beleidigen, wollte man, um welchen Preis auch immer, auf sie verzichten. Selbst wenn man seine Freiheit weggeben könnte wie seinen Besitz, bestünde doch ein beträchtlicher Unterschied im Hinblick auf die Kinder, die in den Genuß der väterlichen Besitztümer nur gelangen, indem der Vater ihnen sein Recht daran abtritt, wohingegen die Freiheit eine Gabe ist, die sie in ihrer Eigenschaft als Menschen von der Natur erhalten haben. Die Eltern besitzen keinerlei Recht, sie ihnen zu rauben; daher mußte man, wie bei der Einführung der Sklaverei, der Natur Gewalt antun, mußte man sie verändern, um diese Einrichtung fortdauern zu lassen. Und die Rechtsgelehrten, die in vollem Ernst erklärt haben, das Kind eines Sklaven werde als Sklave geboren, haben mit anderen Worten entschieden, daß ein Mensch nicht als Mensch geboren wird.

Es erscheint mir also nicht nur gewiß, daß am Anfang der Regierungsformen keineswegs die Willkürherrschaft gestanden hat – die nur deren äußerste Verfallserscheinung ist und sie letztendlich auf das bloße Recht des Stärkeren reduziert, dessen Gegenmittel sie ursprünglich waren –, sondern auch, daß den Regierungen, hätten sie wirklich so begonnen, eine von Natur aus illegitime Macht weder als Grundlage für die Rechte der Gesellschaft noch folglich für die institutionelle Ungleichheit hätte dienen können.

Ohne jetzt in Untersuchungen über das Wesen des Grundvertrages einer jeden Regierung einzutreten – eine Arbeit, die noch zu tun bleibt –, beschränke ich mich darauf, der allgemeinen Ansicht folgend, die Errichtung des Staates als echten Vertrag zwischen dem Volk und der Obrigkeit, die es sich wählt, zu betrachten; als einen Vertrag, durch den sich beide Seiten zur Einhaltung der Gesetze verpflichten, die darin festgelegt sind und das einigende Band zwischen ihnen bilden. Da das Volk, was die gesellschaftlichen Beziehungen betrifft, alle Willensbekundungen zu einer einzigen vereint hat, werden sämtliche Gegenstände, über die dieser Wille sich ausspricht, zu ebenso vielen Grundgesetzen, an die ausnahmslos alle Mitglieder des Staates gebunden sind und von denen eines die Wahl und die Befugnisse der Beamten regelt, die damit betraut sind, die Ausführung der übrigen Gesetze zu überwachen. Diese Macht erstreckt sich auf alles, was zum Erhalt der Verfassung beiträgt, nicht aber auf deren Veränderung und ist mit Ehrungen verbunden, die den Gesetzen und Gesetzesdienern Achtung verschaffen, auch mit persönlichen Vorrechten, die letztere für die mühevolle Arbeit entschädigen, die eine gute Verwaltung kostet. Die Obrigkeit ihrerseits verpflichtet sich, die ihr anvertraute Macht nur im Sinne der Auftraggeber zu gebrauchen, einem jeden den friedlichen Genuß seiner Besitztümer zu erhalten und in jedem Fall das öffentliche Wohl dem eigenen Interesse vorzuziehen.

Bevor die Erfahrung zeigen konnte oder die Kenntnis des menschlichen Herzens vorhersehen ließ, daß Mißbräuche unvermeidlich waren, mußte diese Verfassung um so besser erscheinen, als diejenigen, die beauftragt waren, über ihre Bewahrung zu wachen, selbst das größte Interesse daran hatten. Denn da die

Obrigkeit und ihre Rechte nur durch die Grundgesetze gestützt wurden, hätte deren Zerstörung dazu geführt, daß die Beamten sogleich ihre gesetzlichen Befugnisse verloren, das Volk nicht mehr gehalten war, ihnen zu gehorchen, und, da ja nicht die Obrigkeit, sondern das Gesetz das Wesen des Staates ausmachte, nun jeder von Rechts wegen in seine natürliche Freiheit zurückkehren konnte.

Dies ließe sich, sofern man nur ein bißchen aufmerksam darüber nachdenkt, durch weitere Gründe erhärten, und aus dem Wesen des Vertrages würde ersichtlich, daß er nicht unwiderruflich gewesen sein kann; denn wenn es keine höhere Macht gab, die die Vertragstreue der Partner garantieren noch sie zwingen konnte, ihre wechselseitigen Verpflichtungen zu erfüllen, mußten sie die alleinigen Richter in eigener Sache sein, mußte jeder von ihnen das Recht haben, jederzeit vom Vertrag zurückzutreten, sobald er nur fand, daß die Gegenseite die Bedingungen verletzte oder diese den eigenen Interessen nicht mehr entsprachen. Auf dieses Prinzip läßt sich, so scheint es, das Recht auf Rücktritt vom Vertrag gründen. Betrachtet man, wie wir es tun, allein die irdischen Einrichtungen, müßte, wenn schon die Obrigkeit das Recht besitzt, auf ihre Befugnisse zu verzichten, wo sie doch die gesamte Macht in Händen hält und sich alle Vorteile aus dem Vertrag aneignet, aus sehr viel triftigerem Grund das Volk, welches für alle Fehler der Oberen zahlt, das Recht haben, seine Abhängigkeit aufzukündigen. Allein, die schrecklichen Streitigkeiten, die endlosen Wirren, die dieses gefährliche Vermögen notwendigerweise nach sich zöge, zeigen besser als alles andere, wie sehr die irdischen Regierungen einer festeren Grundlage als der bloßen Vernunft bedurften, wie sehr es der öffentlichen Ruhe not tat, daß der göttliche Wille eingriff, um der Macht des Souveräns einen heiligen und unverletzlichen Charakter zu verleihen und somit den Untertanen ihr verhängnisvolles Verfügungsrecht zu nehmen. Hätte die Religion den Menschen keine andere Wohltat erwiesen als nur diese, wäre es Grund genug, daß alle sie liebten und annähmen, auch mit ihren Mißständen, erspart sie doch sehr viel mehr an Blut, als der Fanatismus fließen läßt. Doch folgen wir dem Faden unserer Hypothese.

Die verschiedenen Regierungsformen haben ihren Ursprung in

den mehr oder minder großen Unterschieden, die zum Zeitpunkt ihrer Einführung zwischen den Individuen bestanden. Gab es einen Mann, der alle an Macht, Tugend, Reichtum oder Ansehen überragte, wurde er allein zum Oberhaupt gewählt, wurde der Staat eine Monarchie. Waren mehrere einander ungefähr Gleiche den anderen überlegen, wurden sie gemeinsam gewählt, bekam man eine Aristokratie. Diejenigen, deren Vermögen und Talente nicht so stark voneinander abwichen und die sich am wenigsten vom Naturzustand entfernt hatten, übten gemeinsam die oberste Verwaltung aus und bildeten eine Demokratie. Die Zeit bewies, welche dieser Formen für die Menschen am vorteilhaftesten war. Die einen blieben einzig den Gesetzen unterworfen, die anderen gehorchten bald Herren. Die Bürger wollten ihre Freiheit bewahren, die Untertanen trachteten nur danach, sie ihren Nachbarn zu rauben, weil sie nicht dulden konnten, daß andere ein Gut genossen, das sie selbst nicht mehr besaßen. Mit einem Wort, auf der einen Seite gab es Reichtümer und Eroberungen, auf der anderen Glück und Tugend.

Unter diesen verschiedenen Regierungsformen wurden alle hohen Ämter zunächst durch Wahl besetzt, und wenn nicht der Reichtum den Sieg davontrug, wurden die Verdienste bevorzugt, die einen natürlichen Einfluß sichern, oder das Alter, das Erfahrung in den Geschäften und Besonnenheit bei den Beratungen beschert. Die Alten bei den Hebräern, die Geronten Spartas, der römische Senat, ja noch die Etymologie unseres Wortes *Seigneur* zeigen, wie sehr man einstmals das Alter achtete. Je häufiger die Wahl auf Männer in vorgeschrittenen Jahren fiel, desto öfter mußte sie stattfinden, und desto spürbarer wurden ihre Nachteile. Intrigen schlichen sich ein, es bildeten sich Gruppen, die verschiedenen Lager verhärteten sich, Bürgerkriege entbrannten, schließlich wurde das Blut der Bürger dem angeblichen Staatswohl geopfert und stand man kurz davor, in die Anarchie früherer Zeiten zurückzufallen. Die ehrgeizige Oberschicht nutzte diese Situation, um die Ämter in den eigenen Familien weiterzugeben, und das Volk, bereits an Abhängigkeit, Ruhe und ein bequemes Leben gewöhnt, außerstande schon, seine Ketten zu sprengen, willigte in die Verschärfung seiner Knechtschaft ein, um seine Ruhe zu festigen. Auf diese Weise gewöhnten sich die

Oberen, deren Ämter erblich geworden waren, daran, ihre Magistratur als Familienbesitz, sich selbst als Eigentümer des Staates zu betrachten, dessen Diener sie doch zunächst nur gewesen, und sie begannen, ihre Mitbürger als ihre Sklaven zu bezeichnen, sie wie Viehherden zu den Dingen zu zählen, die ihnen gehörten, sich selbst aber Göttergleiche und Könige der Könige zu nennen.

Wenn wir verfolgen, wie in diesen verschiedenen Umwälzungen die Ungleichheit voranschritt, werden wir finden, daß die Einführung der Gesetze und des Eigentumsrechtes ihre erste Stufe, die Einsetzung der Obrigkeit die zweite war, die dritte und letzte schließlich die Umwandlung legitimer Macht in Willkürherrschaft. Dabei hat die erste Etappe den Stand von arm und reich besiegelt, die zweite den von Macht und Schwäche, die dritte schließlich den von Herrn und Knecht, der den äußersten Grad an Ungleichheit und das Ende darstellt, zu dem schließlich all ihre Formen führen, bis neue Revolutionen die Regierung vollständig auflösen oder sie einer legitimen Institution wieder annähern.

Um die Notwendigkeit dieser Entwicklung zu verstehen, muß man weniger die Gründe in Betracht ziehen, die zur Errichtung des Staates führten, als die Form, die er bei seiner Verwirklichung annimmt, und die Nachteile, die er mit sich bringt. Sind doch die Mängel, die gesellschaftliche Institutionen notwendig machen, dieselben, die unvermeidlich zu deren Mißbrauch führen. Mit der einzigen Ausnahme Spartas, wo das Gesetz vornehmlich über die Erziehung der Kinder wachte und Lykurg Sitten einführte, die es ihm beinah ersparten, auch noch Gesetze hinzuzufügen, halten Gesetze, die im allgemeinen weniger stark sind als Leidenschaften, die Menschen im Zaum, ohne sie jedoch zu verändern. Es wäre ein leichtes, zu beweisen, daß eine Regierung, die sich, ohne zu verfallen oder ihr Wesen zu verändern, immer genau dem Zweck ihres Bestehens entsprechend verhielte, unnötigerweise errichtet worden ist und daß ein Land, in dem niemand die Gesetze umgeht oder die Ämter mißbraucht, weder Beamte noch Gesetze nötig hätte.

Die politischen Unterschiede führen zwangsläufig zu sozialen Unterschieden. Die wachsende Ungleichheit zwischen Volk und Obrigkeit macht sich bald auch zwischen den einzelnen bemerkbar und tritt dort in tausenderlei Abwandlungen auf, je nach den Leidenschaften, den Begabungen und zufälligen Umständen. Die Oberen können nicht widerrechtlich Macht an sich reißen, ohne sich Kreaturen zu schaffen, denen sie einen gewissen Teil davon überlassen müssen. Im übrigen lassen sich Staatsbürger nur in dem Maße unterdrücken, wie sie, von blindem Ehrgeiz erfaßt, den Blick mehr nach unten als nach oben gerichtet, an der Herrschaft mehr Gefallen finden als an der Unabhängigkeit und damit einverstanden sind, Ketten zu tragen, nur um sie ihrerseits anderen anzulegen. Es ist sehr schwer, den zum Gehorsam zu bringen, der nicht befehlen will, und selbst dem geschicktesten Politiker würde es nicht gelingen, Menschen zu unterwerfen, die nichts als frei sein wollen. Mühelos jedoch breitet sich die Ungleichheit unter ehrgeizigen und feigen Seelen aus, die immer bereit sind, ihr Glück zu wagen, und beinah unterschiedslos, je nachdem, ob es ihnen zum Vorteil ausschlägt oder nicht, herrschen oder dienen können. So geschah es, daß eine Zeit kommen mußte, in der das Volk dermaßen verblendet war, daß seine Führer nur dem geringsten der Männer zu sagen brauchten: Sei groß, du und dein ganzes Geschlecht, damit er plötzlich aller Welt groß erschien. Er kam sich auch selbst so vor, und seine Nachkommen stiegen noch höher auf, in dem Maße, wie der Zeitabstand zu ihm wuchs, denn je ferner und ungewisser die Ursache, desto stärker die Wirkung; je mehr Taugenichtse eine Familie zu den Ihren zählen konnte, desto vornehmer wurde sie.

Wäre hier der Ort, auf Einzelheiten einzugehen, könnte ich leicht erklären, weshalb[1] die Ungleichheit an Ansehen und Autorität unter den Individuen unvermeidlich wird, (19) sobald sie in ein und derselben Gesellschaft versammelt sind, sich untereinander vergleichen und die Unterschiede in Betracht ziehen müssen, auf die sie im ständigen Umgang miteinander stoßen. Diese Unterschiede sind vielgestaltig, aber weil im allgemeinen Reichtum, Adel oder gesellschaftlicher Rang, Macht und persönliches Verdienst die hauptsächlichen Auszeichnungen sind, an denen man in der Gesellschaft gemessen wird, könnte ich beweisen, daß die Übereinstimmung oder der Widerstreit dieser verschiedenartigen Kräfte das sicherste Anzeichen für die gute oder schlechte Be-

[1] Selbst ohne Zutun der Regierung. (Ed. 1782)

schaffenheit eines Staates ist. Ich würde zeigen, daß unter den vier Arten von Ungleichheit, deren Quelle die persönlichen Eigenschaften sind, der Reichtum die letzte ist, auf die sich die anderen am Ende reduzieren, weil er dem Wohlergehen am unmittelbarsten nützt, sich am leichtesten weitergeben läßt und man sich seiner deshalb bequem bedient, um alles übrige zu kaufen. Anhand dieser Beobachtung kann man ziemlich genau ermessen, wie weit sich ein Volk von seinem ursprünglichen Gesellschaftszustand entfernt und welchen Weg es bis zum höchsten Grad der Verderbnis zurückgelegt hat. Ferner würde ich darauf hinweisen, wie sehr dieses allgemeine Verlangen nach Ansehen, Ehren und Auszeichnungen, das uns alle verzehrt, Talente und Kräfte ausbildet und miteinander sich messen läßt, wie es die Leidenschaften entfacht und vervielfältigt und wie sehr es alle Menschen zu Konkurrenten, Widersachern oder vielmehr Feinden macht, Tag für Tag Rückschläge, Erfolge und Katastrophen aller Art verursacht, indem es so viele Bewerber in dasselbe Rennen schickt. Ich würde zeigen, daß wir diesem glühenden Eifer, von uns reden zu machen, diesem rasenden Wunsch, uns hervorzutun, der uns nahezu ständig von uns selbst entfernt, das Beste und das Schlimmste verdanken, was es unter den Menschen gibt, unsere Tugenden und unsere Laster, unser Wissen und unsere Irrtümer, unsere Eroberer und unsere Philosophen, das heißt eine Menge schlechter Dinge auf eine kleine Anzahl von guten. Schließlich würde ich, wenn man eine Handvoll Mächtiger und Reicher auf dem Gipfel von Größe und Wohlstand, die Menge hingegen sich in Finsternis und Elend dahinschleppen sieht, nachweisen, daß dies deshalb so ist, weil erstere die Dinge, die sie genießen, nur in dem Maße schätzen, wie andere sie entbehren müssen, und daß sie, ohne ihre Lebensweise zu ändern, aufhörten, glücklich zu sein, sobald das Volk nicht mehr elend wäre.

Jedoch, diese Einzelheiten lieferten allein schon Stoff für ein umfangreiches Werk, in dem man die Vor- und Nachteile jeder Regierungsform, gemessen an den Rechten im Naturzustand, abwägen würde und die verschiedenen Gesichter enthüllte, die die Ungleichheit bis zum heutigen Tag angenommen hat und unter denen sie sich in kommenden Jahrhunderten wird zeigen können, entsprechend dem Wesen der jeweiligen Regierung und den

Umwälzungen, die sie notwendigerweise mit der Zeit erfährt. Man würde sehen, wie die Menge infolge gerade der Vorkehrungen, die sie gegen Bedrohung von außen getroffen hatte, im Innern unterdrückt wird. Man würde sehen, wie die Unterdrückung ständig zunimmt, ohne daß die Unterdrückten je wissen können, wann sie den Endpunkt erreicht und welche legitimen Mittel ihr noch bleiben, sie aufzuhalten. Man würde sehen, wie die Bürgerrechte und die nationalen Freiheiten nach und nach erlöschen und die Beschwerden der Schwachen als aufrührerisches Murren behandelt werden. Man würde sehen, wie die Ehre, die gemeinsame Sache zu verteidigen, von den Politikern auf einen Teil des Volkes beschränkt wird, der dafür Sold erhält, woraus die Notwendigkeit von Steuern erwächst und weswegen der entmutigte Landwirt selbst in Friedenszeiten seinen Acker im Stich lassen muß, um den Pflug mit dem Schwert zu vertauschen. Man würde sehen, wie die verhängnisvollen und absonderlichen Regeln des Ehrbegriffes entstehen und die Verteidiger des Vaterlandes früher oder später zu dessen Feinden werden, wie sie die Waffen auf ihre eigenen Mitbürger richten, so daß eine Zeit käme, in der man sie zum Unterdrücker ihres Landes würde sagen hören:

Pectore si fratris gladium iuguloque parentis
Condere me iubeas, gravidaque in viscera partu
Coniugis, invita peragam tamen omnia dextra.

Aus der auf die Spitze getriebenen Ungleichheit der Lebensbedingungen und Vermögen, aus der Vielfalt an Leidenschaften und Talenten, aus den unnützen und den schädlichen Künsten, aus den leichtfertigen Wissenschaften sähe man eine Unzahl von Vorurteilen erwachsen, die der Vernunft, dem Glück und der Tugend gleichermaßen entgegenstehen. Man würde sehen, wie die Führenden alles fördern, was versammelte Menschen, indem es sie entzweit, zu schwächen vermag, auch alles, was der Gesellschaft den Anschein von Eintracht verleihen kann, tatsächlich aber den Keim der Zwietracht sät, alles, was den verschiedenen Ständen auf Grund ihrer gegensätzlichen Rechte und Interessen Mißtrauen und Haß gegeneinander einzuflößen und folglich die Macht zu stärken geeignet ist, die sie alle niederhält.

Aus dem Schoß dieser Unordnung und dieser Revolutionen würde allmählich der Despotismus sein gräßliches Haupt hervorrecken, alles verzehrend, was er im Staat, wo auch immer, an Gutem und Gesundem erblickt, bis es ihm schließlich gelänge, Gesetz und Volk mit Füßen zu treten und sich auf den Trümmern der Republik niederzulassen. Die Zeiten, die dieser letzten Veränderung vorangehen, wären Zeiten der Wirrnis und Not, doch zum Schluß würde das Ungeheuer alles verschlingen, und die Völker hätten weder Oberhäupter noch Gesetze mehr, sondern einzig Tyrannen. Von diesem Augenblick an würden auch Sitten und Tugend keine Rolle mehr spielen, denn überall, wo der Despotismus herrscht, *cui ex honesto nulla est spes*, duldet er keinen Herren neben sich. Sobald er sich vernehmen läßt, gilt es weder Anstand noch Pflichten zu folgen, ist blindester Gehorsam die einzige Tugend, die den Sklaven noch bleibt.

Hier ist die letzte Stufe der Ungleichheit, der äußerste Punkt erreicht, an dem der Kreis sich schließt und unseren Anfang berührt: hier werden alle Individuen wieder gleich, weil sie alle nichts sind, und da die Untertanen kein anderes Gesetz mehr haben als den Willen des Herrn und dieser keine andere Richtschnur hat als seine Leidenschaften, werden die Begriffe vom Guten und die Grundsätze der Gerechtigkeit erneut hinfällig. Hier läuft alles auf das alleinige Recht des Stärkeren hinaus, auf einen erneuten Naturzustand, der sich von dem, mit dem wir begonnen haben, darin unterscheidet, daß der eine die reine Form des Naturzustandes, dieser andere aber aus einem Übermaß an Verderbnis hervorgegangen ist. Der Unterschied zwischen den beiden Zuständen ist übrigens so gering und der Regierungsvertrag durch den Despotismus so weitgehend aufgelöst, daß der Despot nur so lange Herrscher bleibt, wie er der Stärkere ist, und daß, wenn es gelingt, ihn davonzujagen, er sich über diesen Gewaltakt nicht zu beschweren braucht. Der Aufstand, der damit endet, daß ein Sultan erdrosselt oder entthront wird, ist eine ebenso rechtliche Handlung, wie es diejenigen waren, kraft deren er tags zuvor über Leib und Gut seiner Untertanen verfügte. Allein die Stärke hielt ihn an der Macht, Stärke allein kann ihn stürzen. So geschieht alles gemäß der natürlichen Ordnung, und was sich auch immer in jenen kurzen und häufigen Umstürzen ereignet, niemand kann sich über die Ungerechtigkeit eines anderen beklagen, sondern nur über seine eigene Torheit oder sein Unglück.

Jeder aufmerksame Leser, der die vergessenen und verlassenen Wege entdeckt und zurückverfolgt, die die Menschen aus dem Naturzustand in den Gesellschaftszustand geführt haben müssen, und der anhand der Zwischenglieder, die ich hervorgehoben habe, diejenigen rekonstruiert, die ich aus Zeitmangel weglassen mußte oder die mein Vorstellungsvermögen mir nicht eingegeben hat, dieser Leser also wird unweigerlich von dem ungeheuren Zeitraum beeindruckt sein, der die beiden Zustände trennt. In der Langsamkeit, mit der die Dinge aufeinanderfolgten, wird er die Lösung für ungezählte Probleme der Moral und Politik erblicken, welche die Philosophen nicht zu lösen vermögen. In dem Umstand, daß die Menschheit eines bestimmten Zeitalters nicht die eines anderen ist, wird er den Grund erahnen, weshalb Diogenes den Menschen nicht finden konnte, suchte er doch unter seinen Zeitgenossen den Menschen aus einer Zeit, die vorüber war. Cato ging mit Rom und der Freiheit unter, wird er sagen, weil er nicht mehr in sein Jahrhundert paßte; der größte der Menschen rief nur noch die Verwunderung einer Welt hervor, über die er fünf Jahrhunderte zuvor regiert hätte. Kurz, er wird begreiflich machen, auf welche Weise die Seele und die Leidenschaften des Menschen, indem sie unmerklich verfallen, sozusagen ihre Natur ändern. Er wird erklären, weshalb unsere Bedürfnisse und Vergnügungen auf die Dauer ihren Gegenstand wechseln, weshalb sich die Gesellschaft, indes der ursprüngliche Mensch schrittweise verschwindet, dem Blick des Weisen nur noch als Ansammlung künstlicher Menschen und unechter Leidenschaften darstellt, die das Werk all jener neuen Verhältnisse sind und keine wirkliche Grundlage in der Natur besitzen. Was uns das Nachdenken hierüber lehrt, wird von der Beobachtung vollauf bestätigt: Der Wilde und der zivilisierte Mensch unterscheiden sich derart vom Grund ihres Herzens und ihrer Neigungen her, daß, was das höchste Glück des einen ausmacht, den anderen in Verzweiflung stürzen würde. Jener atmet nur Ruhe und Freiheit, er will nichts als leben und untätig bleiben, selbst der Gleichmut der Stoiker reicht nicht an seine tiefe Gleichgültigkeit gegen jeden anderen Zweck heran. Der Bürger hingegen ist immerzu tätig, er schwitzt und kennt keine Ruhe, er quält sich unablässig, um noch arbeitsamere Beschäftigungen zu finden: er arbeitet bis zum Tode, er beschleunigt ihn sogar, nur um leben zu können, oder aber er entsagt dem Leben, weil er die Unsterblichkeit erlangen will. Er macht den Großen, die er haßt, und den Reichen, die er verachtet, den Hof und läßt nichts ungetan für die Ehre, ihnen dienen zu dürfen. Prahlerisch rühmt er sich seiner Niedrigkeit und ihrer Protektion. Stolz auf seine Knechtschaft, spricht er verächtlich von denen, die nicht die Ehre haben, sie mit ihm zu teilen. Welch Schauspiel ist für einen Kariben die mühselige und beneidete Arbeit eines europäischen Ministers! Wieviel grausame Tode zöge der träge Wilde nicht dem Schrekken eines derartigen Lebens vor, der oft noch nicht einmal durch das Vergnügen gemildert wird, Gutes zu tun. Damit er das Ziel so vieler Bemühungen erkennen könnte, müßten freilich die Worte *Macht* und *Ansehen* für ihn einen Sinn besitzen, müßte er lernen, daß es eine Art von Menschen gibt, für die die Blicke der übrigen Welt zählen und die weniger auf ihr eigenes Urteil als auf das der anderen geben, um glücklich und mit sich zufrieden zu sein. Dies ist in der Tat der wahre Grund für all die Unterschiede: der Wilde ruht in sich selbst, der gesellschaftliche Mensch, stets außerhalb seiner selbst, versteht nur in der Meinung anderer zu leben, einzig aus ihrem Urteil bezieht er sozusagen sein eigenes Lebensgefühl. Es gehört nicht zu meinem Thema, zu zeigen, welch große Gleichgültigkeit gegenüber Gut und Böse aus einer solchen Haltung herrührt, und das im Verein mit so schönen Moralreden; auch nicht, wie alles, da nur der Schein regiert, gekünstelt und vorgetäuscht ist: Ehre, Freundschaft, Tugend, oftmals sogar die Laster selbst, seit man schließlich das Geheimnis entdeckt hat, sich ihrer zu rühmen, und wie wir, die immer die anderen danach fragen, wer wir sind, nie aber wagen, uns selbst diese Frage zu stellen, inmitten von so viel Philosophie, Humanität, Höflichkeit und erhabenen Grundsätzen nur eine trügerische und hohle Fassade besitzen, eine Ehre ohne Tugend, Verstand ohne Weisheit und Vergnügen ohne Glück. Es genügt mir, bewiesen zu haben, daß nicht dies der ursprüngliche Zustand des Menschen war, daß allein der Geist der Gesellschaft und die Ungleichheit, die sie hervorbringt, solchermaßen all unsere natürlichen Neigungen verändern und verderben.

Ich habe versucht, den Ursprung und das Voranschreiten der Ungleichheit, die Gründung und den Mißbrauch der Staatsgebilde darzulegen, soweit sich diese Dinge allein mit Verstandeskraft aus der Natur des Menschen herleiten lassen, unabhängig von den geheiligten Lehrmeinungen, die der Macht des Staatsoberhauptes die Sanktion durch göttliches Recht verleihen. Aus meiner Darlegung folgt, daß die Ungleichheit, die im Naturzustand so gut wie nicht existiert, durch die Entwicklung unserer Fähigkeiten und den Fortschritt des menschlichen Geistes an Kraft und Umfang gewinnt, mit der Einführung des Eigentums und der Gesetze schließlich beständig und rechtmäßig wird. Des weiteren folgt, daß die moralische Ungleichheit, allein durch positives Recht ermächtigt, dem Naturrecht immer dann zuwiderläuft, wenn sie nicht mit physischer Ungleichheit einhergeht. Aus dieser Unterscheidung wird hinlänglich klar, was man von der Art Ungleichheit zu halten hat, die bei allen zivilisierten Völkern herrscht; denn offenkundig verstößt es gegen das Naturgesetz, wie immer man es definieren mag, daß ein Kind einem Greis befiehlt, ein Tor einen Weisen lenkt, eine Handvoll Menschen am Überfluß erstickt, während der hungernden Menge das Nötigste fehlt.

ANMERKUNGEN

1

[Seite 186] Herodot berichtet, daß nach der Ermordung des falschen Smerdis die sieben Befreier Persiens zusammenkamen, um über die Regierungsform zu beraten, die sie dem Staat geben wollten, wobei Otanes leidenschaftlich für die Republik eintrat. Seine Ansicht klang aus dem Munde eines Satrapen um so ungewöhnlicher, als er die Herrschaft über das Reich beanspruchen konnte und die Großen zudem eine Regierungsform, die sie zwingt, die Menschen zu achten, mehr fürchten als den Tod. Wie man sich leicht denken kann, wurde auf Otanes nicht gehört. Als er sah, daß man sich anschickte, einen Monarchen zu wählen, trat er, der weder gehorchen noch befehlen wollte, sein Recht auf die Krone freiwillig an seine Konkurrenten ab und erbat als einzige Entschädigung, daß er und seine Nachkommen frei und unabhängig sein sollten, was ihm gewährt wurde. Hätte Herodot uns nicht mitgeteilt, daß dieses Privileg mit einer Einschränkung verbunden war, müßten wir sie notwendigerweise unterstellen; denn anders wäre Otanes, der keinerlei Gesetz anerkannte und niemandem Rechenschaft schuldete, allmächtig gewesen und mächtiger im Staate als der König selbst. Es war indes wenig wahrscheinlich, daß ein Mann, der bei solcher Gelegenheit fähig gewesen war, sich mit besagtem Vorrecht zu begnügen, die Fähigkeit besaß, es zu mißbrauchen. In der Tat ist nicht bekannt, daß dieses Recht jemals, sei es durch den weisen Otanes selbst oder durch einen seiner Nachfahren, die geringste Störung im Königreich herbeigeführt hat.

2

[Seite 197] Von meinem ersten Schritt an stütze ich mich vertrauensvoll auf eine jener Autoritäten, die die Philosophen auf Grund des starken und überragenden Verstandes achten, den sie allein zu entdecken und zu ermessen vermögen.

»Welches Interesse wir auch daran haben, uns selbst zu erkennen, bin ich doch im Zweifel, ob wir nicht besser Bescheid wissen über all das, was nicht uns selbst betrifft. Von der Natur mit Organen ausgestattet, die einzig unserer Erhaltung dienen, gebrauchen wir diese nur, um äußere Eindrücke aufzunehmen, trachten wir nur danach, uns nach außen zu wenden und außerhalb von uns selbst zu existieren. Allzusehr damit beschäftigt, die Funktionen unserer Sinne zu mehren und die äußere Reichweite unseres Seins auszudehnen, machen wir nur selten Gebrauch von jenem inneren Sinn, der uns auf unsere wahren Dimensionen beschränkt und alles von uns abtrennt, was nicht dazugehört. Dieses Sinnes jedoch müssen wir uns bedienen, wenn wir uns erkennen wollen. Er ist der einzige, kraft dessen wir uns beurteilen können. Wie aber können wir diesem Sinn zu voller Wirksamkeit verhelfen? Wie unsere Seele, in der er seinen Sitz hat, von den Illusionen unseres Geistes befreien? Wir haben verlernt, unsere Seele zu gebrauchen, inmitten des Tumults unserer körperlichen Empfindungen ist sie ohne Übung geblieben, sie ist im Feuer unserer Leidenschaften verdorrt; das Herz, der Geist, die Sinne, alles hat gegen sie gearbeitet.« *Hist. Nat.*, Band 4, S. 151, *De la Nat. de l'homme.*

3

[Seite 209] Die Veränderungen, die die langwährende Gewohnheit, auf zwei Beinen zu gehen, an der Gestalt des Menschen bewirken konnte, die beobachtbaren Ähnlichkeiten zwischen seinen Armen und den Vorderfüßen der Vierbeiner sowie aus deren Gangart abgeleitete Schlußfolgerungen haben Zweifel daran aufkommen lassen, welche Art zu gehen uns am natürlichsten ist. Die Kinder gehen zunächst auf allen vieren und brauchen unser Beispiel, unsere Belehrungen, um eine aufrechte Haltung zu erlernen. Es gibt sogar wilde Völker, wie die Hottentotten, die, weil sie die Kinder sehr vernachlässigen und lange auf allen vieren gehen lassen, schließlich Mühe haben, sie zum Aufrechtgehen zu bringen. Dasselbe gilt für die Kinder der Kariben von den Antillen. Es gibt mehrere Beispiele von menschlichen Vierbeinern, unter anderem könnte ich jenes Kind nennen, das, 1344 im Hessischen aufgefunden, von Wölfen großgezogen worden war und später am Hof des Prinzen Heinrich sagte, daß es, wäre es nur nach ihm gegangen, lieber zu den Tieren zurückgekehrt wäre, als unter den Menschen zu leben. Es hatte sich derart daran gewöhnt, wie die Tiere zu laufen, daß man ihm Holzstücke anbinden mußte, die es zwangen, sich aufrecht und auf seinen beiden Füßen im Gleichgewicht zu halten. Ebenso war es mit dem Kind, das man 1694, unter Bären lebend, in den Wäldern Litauens fand. Es gab, wie Herr Condillac sagt, keine Spur von Verstand zu erkennen, lief auf Händen und Füßen, besaß keine Sprache und bildete Laute, die den menschlichen in nichts ähnlich waren. Der kleine Wilde aus der Gegend von Hannover, den man vor einigen Jahren an den englischen Hof brachte, hatte alle erdenkliche Mühe, sich an das Gehen auf zwei Beinen zu gewöhnen, und 1719 fand man in den Pyrenäen zwei weitere Wilde, die nach der Art der Vierbeiner durch das Gebirge liefen. Nun könnte man dagegenhalten, daß diese Gangart uns des Gebrauches der Hände beraubt, der uns so viele Vorteile bringt, indes zeigt das Beispiel der Affen, daß die Hand sehr gut auf zweierlei Art gebraucht werden kann. Unser Gang beweist also lediglich, daß der Mensch seine Gliedmaßen auf eine bequemere als die natürliche Art eingesetzt hat, nicht aber, daß die Natur ihn dazu bestimmt hat, anders zu gehen, als sie es ihn lehrt.

Es lassen sich jedoch, wie mir scheint, sehr viel bessere Gründe anführen, um die Behauptung zu stützen, daß der Mensch ein Zweibeiner ist. Denn zu zeigen, daß er ursprünglich anders beschaffen war, als wir ihn kennen, eine andere Haltung einnahm als die uns vertraute und dennoch schließlich zu dem wurde, der er jetzt ist, genügte erstens nicht, um daraus zu folgern, daß die Sache sich tatsächlich so abgespielt hat: denn hätte man die Möglichkeit jener Veränderungen aufgezeigt, müßte wenigstens noch ihre Wahrscheinlichkeit erwiesen sein, bevor man sie als gegeben annimmt. Wenn die Arme des Menschen anscheinend bei Bedarf als Beine dienen konnten, ist dies immer noch das einzige, was eine Theorie begünstigt, der zahlreiche andere Beobachtungen jedoch widersprechen. Hauptsächlich diese: Auf Grund seiner Kopfhaltung kann der Mensch, der auf allen vieren geht, im Unterschied zu allen anderen Tieren und seinen eigenen Möglichkeiten beim aufrechten Gang, nicht frei umherblicken, sondern hat die Augen direkt auf den Boden geheftet, was seiner Selbsterhaltung sehr abträglich ist. Der Schwanz, der dem Menschen fehlt und den er nicht braucht, da er auf zwei Beinen geht, ist allen Vierbeinern von Nutzen, und keiner von ihnen besitzt ihn nicht. Der Sitz der weiblichen Brust ist für Zweibeiner, die ihre Kinder im Arm halten, sehr gut geeignet, doch für Vierbeiner so ungünstig, daß er bei keinem in dieser Weise vorkommt. Da bei uns das Hinterteil im Verhältnis zu den Vorderbeinen äußerst hoch sitzt, so daß wir auf den Knien rutschen, wenn wir auf allen vieren gehen, ergäbe das Ganze ein schlecht proportioniertes und sich auf unbequeme Art fortbewegendes Tier. Wollte es den Fuß ebenso flach aufsetzen wie die Hand, fehlte ihm dazu ein Gelenk in den hinteren Extremitäten, jenes nämlich, das bei den anderen Tieren die sogenannte Röhre mit dem Schienbein verbindet; und ginge es nur auf den Fußspitzen, was es zweifellos hätte tun müssen, wäre die Fußwurzel, ungeachtet der Vielzahl von Knochen, aus denen sie besteht, zu grob, um die Funktion der Röhre zu ersetzen, und wäre ihre Verbindung mit dem Mittelfußknochen und dem Schienbein zu eng, um dem menschlichen Bein in jener Haltung dieselbe Beweglichkeit zu verleihen, die den Vierbeinern eigen ist. Das Beispiel der Kinder ist hier keineswegs schlüssig, da es sich auf ein Alter bezieht, in dem die natürlichen Kräfte noch nicht entwickelt und die Gliedmaßen noch nicht gefestigt sind, denn ebensogut könnte ich sagen, daß die Hunde nicht zum Laufen bestimmt sind, weil sie während der ersten Wochen nach ihrer Geburt nur kriechen. Auch die Einzelfälle beweisen wenig gegen das allgemeine menschliche Verhalten, das selbst bei Völkern anzutreffen ist, die, weil ihnen jede Verbindung zu den anderen fehlte, nichts hatten nachahmen können. Wird ein Kind, bevor es laufen kann, in einem Wald ausgesetzt und von irgendeinem Tier aufgezogen, ahmt es das Beispiel seiner Amme nach, indem es übt, wie sie zu gehen. Die Gewöhnung daran mag ihm zu einer Geschicklichkeit verhelfen, die es von Natur aus nicht besaß, und es wird, so wie die Einarmigen durch Übung dahin gelangen, mit ihren Füßen all das zu tun, was wir mit unseren Händen machen, schließlich in der Lage sein, die Hände als Füße zu gebrauchen.

4

[Seite 210] Sollte sich unter meinen Lesern ein so schlechter Naturforscher befinden, daß er mir wegen dieser Annahme von der natürlichen Fruchtbarkeit der Erde Schwierigkeiten machte, will ich ihm mit folgender Passage antworten:

»Weil die Pflanzen zu ihrer Ernährung wesentlich mehr Stoffe aus der Luft und dem Wasser als aus der Erde aufnehmen, geben sie, wenn sie verfaulen, der Erde mehr zurück, als sie ihr entnommen haben; im übrigen beeinflußt ein Wald die Niederschläge, indem er die Verdunstung aufhält. Daher würde in einem Wald, den man lange unberührt ließe, die Erdschicht, die der Vegetation dient, beträchtlich zunehmen. Weil jedoch die Tiere der Erde weniger zurückgeben, als sie aus ihr herausholen, und die Menschen gewaltige Mengen an Holz und Pflanzen zur Feuerung und zu anderen Zwecken verbrauchen, muß die Humusschicht eines besiedelten Landes zwangsläufig kontinuierlich abnehmen und schließlich so werden wie der Landstrich des steinigen Arabiens oder so viele andere Provinzen im Orient, der tatsächlich am längsten besiedelten Klimazone, wo man nur Salz und Sand findet. Bleibt doch das in Pflanzen und Tieren abgebundene Salz erhalten, während all ihre anderen Bestandteile sich verflüchtigen.« M. de Buffon, *Hist. Nat.*

Dem kann man den Tatsachenbeweis hinzufügen, daß beinah alle unbewohnten Inseln, die in den letzten Jahren entdeckt wurden, von einer Menge an Bäumen und Pflanzen aller Arten bewachsen sind. Außerdem berichtet uns die Geschichte von riesigen Wäldern, die überall auf der Erde abgeholzt werden mußten, in dem Maße, wie sich Bevölkerung oder Zivilisation ausdehnten. Wozu ich noch folgende drei Bemerkungen machen will: Erstens, wenn es eine Vegetationsart gibt, die den durch die Lebewesen verursachten Verlust an pflanzlicher Materie, den Buffon annimmt, auszugleichen vermag, so sind das vor allem die Wälder, die mit Baumkronen und Blättern mehr Wasser und Dämpfe ansammeln und sich aneignen als die anderen Pflanzen. Zweitens muß sich die Auslaugung des Bodens, das heißt der Verlust an für Pflanzen geeignetem Nahrungsstoff, in dem Maße beschleunigen, wie die Erde stärker bebaut wird und ihre immer geschäftigeren Bewohner in um so größerer Menge die Erzeugnisse des Bodens verbrauchen. Meine dritte und wichtigste Bemerkung ist, daß die Früchte der Bäume den Lebewesen reichlichere Nahrung spenden, als andere Pflanzen es tun können, eine Erfahrung, die ich selber gemacht habe, als ich die Erzeugnisse von zwei einander in Größe und Qualität gleichen Bodenflächen verglich, von denen die eine mit Kastanienbäumen bewachsen, die andere mit Weizen bestellt war.

5

[Seite 210] Bei den Vierbeinern leiten sich die allgemeinsten Merkmale der fleischfressenden Arten einmal von der Form der Zähne, zum anderen von der Beschaffenheit der Eingeweide her. Tiere, die nur von Pflanzen leben, wie Pferd, Rind, Schaf, Hase, haben stumpfe, Fleischfresser hingegen haben spitze Zähne, so die Katze, der Hund, der Wolf, der Fuchs. Und was die Därme betrifft, besitzen die Pflanzenfresser einige, wie zum Beispiel den Grimmdarm, die es bei den fleischfressenden Tieren nicht gibt. Es scheint also, daß der Mensch, der Zähne und Därme wie die Pflanzenfresser hat, natürlicherweise in diese Kategorie gehört, und nicht allein die anatomischen Beobachtungen bestätigen diese Annahme, auch die Zeugnisse der Antike sprechen stark dafür. »Dikaiarchos berichtet in seinen Büchern über die griechische Antike«, sagt der heilige Hieronymus, »daß unter der Herrschaft des Saturnus, als die Erde noch von selbst fruchtbar war, kein Mensch Fleisch gegessen hat, sondern alle von den Früchten und den Gemüsen lebten, die frei wuchsen.« (Lib. 2. Adv. Jovinian.)[1] Daraus mag man ersehen, daß ich vieles beiseite lasse, was ich zugunsten meiner Theorie vorbringen könnte. Da nämlich die

[1] Diese Auffassung kann sich zudem auf die Berichte mehrerer Reisender der Neuzeit stützen. Francisco Correal bezeugt unter anderem, daß die meisten Bewohner der Bahamas, die von den Spaniern nach Kuba, Santo Domingo und anderswohin verfrachtet wurden, daran starben, daß sie Fleisch gegessen hatten. (Ed. 1782)

Beute fast den einzigen Streitgegenstand zwischen den fleischfressenden Tieren bildet und die Pflanzenfresser in ständigem Frieden miteinander leben, ist klar, daß das Menschengeschlecht, wenn es zu letztgenannter Art gehörte, sehr viel leichter im Naturzustand hätte bleiben können, daß es sehr viel weniger Bedürfnis und Gelegenheit gehabt hätte, ihn zu verlassen.

6

[Seite 211] Alle Kenntnisse, die Nachdenken verlangen, alle, die nur durch die Verknüpfung von Vorstellungen erworben werden und sich erst allmählich vervollkommnen, scheinen für den Wilden gänzlich unerreichbar zu sein, weil ihm der Austausch mit seinesgleichen, das heißt, weil ihm das Instrument, das diesem Austausch dient, und die Bedürfnisse, die ihn notwendig machen, fehlen. Sein Wissen und Können beschränkt sich darauf, zu springen, zu laufen, zu kämpfen, einen Stein zu schleudern, auf einen Baum zu klettern. Wenn er aber nur diese Dinge kann, beherrscht er sie dafür weitaus besser als wir, die wir sie nicht ebenso nötig haben wie er. Und weil diese Fähigkeiten allein von körperlicher Übung abhängen, weil sie weder an die Verständigung mit anderen noch an eine fortschreitende Beherrschung durch die Generationen gebunden sind, konnte der erste Mensch darin ebenso geschickt sein wie sein spätester Nachkomme.

Die Berichte der Reisenden sind voller Beispiele von der Kraft und Stärke der Angehörigen barbarischer und wilder Völker, und nicht minder rühmen sie deren Geschicklichkeit und Leichtfüßigkeit. Da man nur hinzusehen braucht, um solche Dinge wahrzunehmen, hindert uns nichts daran, den Befunden der Augenzeugen Glauben zu schenken. Ich greife wahllos einige Beispiele aus den Büchern heraus, die ich gerade zur Hand habe.

»Die Hottentotten«, schreibt Kolben, »verstehen sich besser auf den Fischfang als die Europäer am Kap. Sie sind gleichermaßen geschickt mit Netz, Angel und Harpune, in den Meeresbuchten ebenso wie in den Flüssen. Nicht minder behende fangen sie Fische mit bloßer Hand. Ihre Gewandtheit im Schwimmen ist unvergleichlich. Dabei hat ihre Art zu schwimmen etwas Überraschendes, das ihnen ganz eigentümlich ist. Sie schwimmen mit aufrechtem Körper und strecken die Hände aus dem Wasser, so daß es aussieht, als gingen sie auf der Erde. Bei schwerstem Seegang und haushohen Wellen tanzen sie gleichsam auf dem Rükken der Wellen auf und nieder wie Korkstückchen.«

»Die Hottentotten«, schreibt derselbe Autor weiter, »sind erstaunlich gewandt bei der Jagd, und die Leichtigkeit, mit der sie laufen, übersteigt unsere Vorstellungen.« Er wundert sich, daß sie ihre Behendigkeit nicht häufiger mißbrauchen, was ihnen dennoch bisweilen widerfährt, wie man aus dem Beispiel ersehen kann, das er hierzu anführt. »Ein holländischer Matrose«, erzählt er, »beauftragte, als er am Kap an Land ging, einen Hottentotten, ihm mit einer ungefähr zwanzig Pfund schweren Tabakrolle in die Stadt zu folgen. Als sie beide in einiger Entfernung von den anderen waren, fragte der Hottentotte den Matrosen, ob er laufen könne. Laufen? antwortete der Holländer, ja gewiß, sehr gut. Das wollen wir sehen, erwiderte der Afrikaner, eilte mit dem Tabak davon und war fast im gleichen Augenblick verschwunden. Der Matrose, von dieser fabelhaften Geschwindigkeit verwirrt, dachte nicht daran, ihn zu verfolgen, und sah weder seinen Tabak noch dessen Träger jemals wieder.«

»Sie haben einen so scharfen Blick und eine so sichere Hand, daß die Europäer sie darin nicht erreichen. Auf hundert Schritt treffen sie mit einem Steinwurf eine Marke von der Größe eines Pfennigstücks, und was dabei am erstaunlichsten ist: anstatt daß sie, wie wir es tun, die Augen scharf aufs Ziel richten, stehen sie keinen Augenblick still und schneiden unaufhörlich Grimassen. Es scheint, als würde ihr Stein von unsichtbarer Hand getragen.«

Pater du Tertre berichtet von den Wilden auf den Antillen ungefähr dasselbe, was wir soeben über die Hottentotten vom Kap der Guten Hoffnung vernommen haben. Er rühmt besonders, mit welcher Sicherheit sie mit ihren Pfeilen die Vögel im Flug und die Fische im Wasser treffen, nach denen sie gleich darauf tauchen. Die Wilden Nordamerikas sind nicht weniger berühmt wegen ihrer Kraft und ihrer Geschicklichkeit. Über die der südamerikanischen Indios mag man anhand des folgenden Beispiels urteilen.

Ein Indio aus Buenos Aires, der 1746 in Cadiz zur Galeere verurteilt wurde, schlug dem Gouverneur vor, daß er sich seine Freiheit zurückverdienen wollte, indem er auf einem öffentlichen

Fest sein Leben für sie aufs Spiel setzen würde. Er versprach, ganz allein den wildesten Stier anzugreifen, ohne andere Waffen als einen Strick in der Hand. Er würde ihn zu Boden strecken, ihn fesseln, an welchem Körperteil man wolle, ihn satteln, zäumen, sich auf ihn schwingen und, so aufgesessen, zwei weitere Stiere bekämpfen. Die wildesten Stiere, die man aus dem Torillo herauslasse, würde er, einen nach dem andern, sämtlich töten in dem Augenblick, wo man es ihm befehle, und ohne jemandes Hilfe. Man ging auf seinen Vorschlag ein. Der Indio hielt Wort, und alles, was er versprochen hatte, gelang ihm. Darüber, wie er zu Werke ging, und über alle Einzelheiten des Kampfes kann man im ersten Band der *Observations sur l'Histoire Naturelle* von Gautier auf Seite 262 nachlesen, der diese Begebenheit entnommen ist.

7

[Seite 213] »Die Lebensdauer der Pferde«, schreibt Buffon, »richtet sich, ebenso wie bei allen anderen Tierarten, nach der Zeit ihres Wachstums. Der Mensch, der bis zu seinem vierzehnten Jahr wächst, kann sechs- oder siebenmal so lange leben, das heißt neunzig oder hundert Jahre alt werden. Das Pferd, das innerhalb von vier Jahren ausgewachsen ist, kann sechs- oder siebenmal so lange, das heißt fünfundzwanzig oder dreißig Jahre leben. Die Beispiele, die dieser Regel widersprechen, sind derart selten, daß man sie nicht einmal als Ausnahmen betrachten kann, aus denen Schlußfolgerungen zu ziehen wären. Da die Kaltblutpferde in kürzerer Zeit heranwachsen als die Warmblüter, leben sie folglich weniger lang und sind schon mit fünfzehn Jahren alt.«

8

[Seite 213] Mir scheint, daß es zwischen den fleischfressenden Tieren und den Pflanzenfressern einen weiteren, noch allgemeineren Unterschied gibt als den, den ich in Anmerkung 5 erwähnt habe, weil dieser hier sogar die Vögel mit einbezieht. Der Unterschied besteht in der Anzahl der Jungen. Bei den Tieren, die sich nur von Pflanzen ernähren, sind es pro Wurf nie mehr als zwei, während die Anzahl der Jungen bei den fleischfressenden Tieren für gewöhnlich größer ist. Es fällt leicht, den Willen der Natur in dieser Hinsicht an der Zahl der Zitzen zu erkennen. Die Weibchen der erstgenannten Kategorie, wie die Stute, die Kuh, die Ziege, die Hindin, das Schaf, haben nur zwei, die anderen hingegen stets sechs oder acht, so die Hündin, die Katze, die Wölfin, die Tigerin usw. Auch Huhn, Gans und Ente, die allesamt fleischfressende Vögel sind wie Adler, Sperber, Eule, legen eine große Anzahl Eier und brüten sie aus, was nie bei Tauben, Turteltauben und all den Vögeln vorkommt, die ausschließlich Körner fressen und höchstens zwei Eier auf einmal legen und ausbrüten. Der Grund, den man für diesen Unterschied angeben kann, ist der, daß die nur von Gräsern und Pflanzen lebenden Tiere, die beinahe den ganzen Tag über Futter suchen und viel Zeit für ihre Ernährung aufwenden müssen, nicht hinreichend in der Lage sind, mehrere Junge zu nähren, wohingegen die Fleischfresser, deren Mahlzeiten fast nur einen Augenblick dauern, leichter und häufiger zu ihren Jungen und von da zur Jagd zurückkehren und ihre Abwesenheit mit einer großen Menge Milch wettmachen können. Zu alledem ließen sich noch viele einzelne Beobachtungen und Überlegungen anstellen, aber hier ist nicht der Ort dafür, und es genügt mir, in diesem Abschnitt die allgemeinsten Züge des Systems der Natur aufgezeigt zu haben, eines Systems, das einen weiteren Grund dafür liefert, den Menschen aus der Klasse der Fleischfresser herauszunehmen und ihn unter die pflanzenfressenden Arten einzuordnen.

9

[Seite 218] Ein berühmter Autor, der eine Rechnung aufmachte über die guten und die schlechten Seiten des Lebens und beide Mengen miteinander verglich, hat herausgefunden, daß letztere die ersten bei weitem übertreffen und daß alles in allem das Leben für den Menschen ein ziemlich übles Geschenk ist. Ich bin von seiner Schlußfolgerung keineswegs überrascht, hat er doch all seine Argumente aus dem Zustand des zivilisierten Menschen abgeleitet. Wäre er bis zum Naturmenschen zurückgegangen, kann man annehmen, daß er zu ganz anderen Ergebnissen gelangt wäre und bemerkt hätte, daß der Mensch fast nur unter Übeln leidet, die er sich selbst bereitet hat, und die Natur somit keine Schuld trägt. Nicht ohne Mühen sind wir dahin gelangt, uns so unglücklich zu machen. Man betrachte nur einerseits die vielen Wissenschaften, die der Mensch vertieft, die vielen Künste, die er erfunden, die Kräfte, die er verausgabt hat, die zugeschütteten Schluchten, die abgetragenen Berge, die zertrümmerten Felsen, die schiffbar gemachten Flüsse, die urbar gemachten Ländereien, die ausgeschachteten Seen, die trockengelegten Sümpfe, die gewaltigen Bauwerke, die auf der Erde errichtet wurden, das von Schiffen und Seeleuten bevölkerte Meer; andrerseits forsche man mit ein wenig Nachdenklichkeit nach den wirklichen Vorteilen, die aus alledem zum Glück der Menschheit erwachsen sind, und man wird nur betroffen sein können von dem erstaunlichen Mißverhältnis zwischen den beiden Seiten und die Verblendung des Menschen beklagen, die ihn, seinem wahnwitzigen Stolz und wer weiß welcher eitlen Selbstbewunderung zuliebe, mit Inbrunst nach all dem Elend streben läßt, dessen er fähig ist und das von ihm fernzuhalten die wohltätige Natur Sorge getragen hatte.

Die Menschen sind schlecht, dessen bedarf es auf Grund einer traurigen und fortwährenden Erfahrung keines Beweises. Gleichwohl ist der Mensch von Natur aus gut, wie ich glaube nachgewiesen zu haben. Was also konnte ihn bis zu diesem Grad verderben, wenn nicht die Veränderungen seiner Anlage, die Fortschritte, die er gemacht, die Kenntnisse, die er erworben hat? Möge man, soviel man will, die menschliche Gesellschaft bewundern, es ist darum nicht weniger wahr, daß sie zwangsläufig die Menschen dazu bringt, einander in dem Maße zu hassen, wie sich ihre Interessen kreuzen, und sich gegenseitig scheinbare Dienste zu erweisen, tatsächlich aber alles nur erdenkliche Böse zuzufügen. Was soll man von einem Austausch halten, bei dem die private Vernunft dem einzelnen Verhaltensgrundsätze vorschreibt, die denen, welche die öffentliche Vernunft dem gesellschaftlichen Organismus predigt, direkt zuwiderlaufen, und bei dem ein jeder durch fremdes Unglück auf seine Kosten kommt? Es gibt wohl keinen wohlhabenden Menschen, dem nicht habgierige Erben und häufig die eigenen Kinder insgeheim den Tod wünschten, kein Schiff auf hoher See, dessen Untergang nicht für irgendeinen Kaufmann eine gute Nachricht bedeutete, kein Haus, das ein unredlicher Schuldner nicht brennen sehen möchte mitsamt den Papieren, die es enthält, kein Volk, das nicht über das

Unglück seiner Nachbarn erfreut wäre. Auf diese Weise finden wir unseren Vorteil im Schaden von unseresgleichen und führt des einen Verlust fast immer zum Wohlstand eines anderen. Noch schlimmer aber ist, daß eine Vielzahl von Individuen auf öffentliches Mißgeschick wartet und hofft. Die einen wünschen Krankheiten herbei, die anderen Todesfälle, wieder andere den Krieg oder eine Hungersnot. Ich habe gräßliche Menschen erlebt, die bei den Anzeichen eines guten Erntejahres vor Kummer weinten. Der große und verheerende Brand von London, der so vielen Unglücklichen Leben und Besitz kostete, brachte vielleicht mehr als zehntausend Menschen zu Vermögen. Ich weiß, daß Montaigne den Athener Demades tadelt, weil er einen Handwerker bestrafen ließ, der Särge sehr teuer verkaufte und somit am Tod seiner Mitbürger gut verdiente. Aber der Grund, den Montaigne anführt, nämlich, daß man dann alle Welt bestrafen müßte, bestätigt offenkundig meine Ansichten. Man sollte also unsere leichtfertigen Bezeigungen von Wohlwollen durchschauen und bis auf den Grund der Herzen blicken, man sollte darüber nachdenken, was das für Zustände sind, die die Menschen dazu zwingen, einander zu liebkosen und zugrunde zu richten, und unter denen sie als pflichtschuldige Gegner und eigennützige Schurken zur Welt kommen. Wenn man mir entgegenhält, die Gesellschaft sei so beschaffen, daß jeder Mensch gewinnt, wenn er den anderen Gutes tut, erwidere ich, daß dies vortrefflich wäre, würde er nicht noch mehr dabei gewinnen, wenn er den anderen schadet. Es gibt keinen rechtmäßigen Nutzen, der nicht von dem übertroffen würde, den man unrechtmäßig erlangt, und das dem Nächsten zugefügte Unrecht ist immer ertragreicher als die Dienste, die man ihm erweist. Deshalb geht es um nichts anderes mehr, als sich Straffreiheit zu sichern, und zu diesem Zweck entfalten die Starken all ihre Macht und die Schwachen all ihre List.

Der Wilde ist, wenn er gespeist hat, in Frieden mit der gesamten Natur und all seinen Artgenossen freundlich gesinnt. Und was geschieht, wenn ihm zuweilen die Nahrung streitig gemacht wird? Er wird sich nie auf Tätlichkeiten einlassen, ohne sich zuvor vergewissert zu haben, ob es schwieriger ist, zu siegen oder seine Nahrung anderswo zu suchen, und weil sich kein Ehrgeiz in den Kampf mischt, endet dieser nach einigen Faustschlägen. Der Sieger ißt, der Besiegte versucht sein Glück woanders, und alles ist bereinigt. Dem Menschen in der Gesellschaft aber geht es um ganz andere Dinge: Zuerst muß er für das Notwendige sorgen, dann für den Überfluß, darauf folgen die Vergnügungen, der unermeßliche Reichtum, dann die Untertanen und schließlich die Sklaven. Er hat keinen Augenblick Ruhe, und, was das seltsamste ist, je weniger natürlich und zwingend die Bedürfnisse sind, desto heftiger werden die Leidenschaften und, schlimmer noch, das Vermögen, sie zu befriedigen, so daß nach langem Wohlergehen mein Held, nachdem er eine Menge Reichtümer verpraßt und viele Menschen ins Unglück gestürzt hat, schließlich alles zugrunde richtet, um der alleinige Herrscher dieser Welt zu sein. Dies ist in Kürze das Sittenbild wenn nicht des menschlichen Lebens, so doch der geheimen Herzenswünsche jedes zivilisierten Menschen.

Vergleicht unvoreingenommen den Zustand des zivilisierten Menschen mit dem des Wilden und sucht zu erkennen, wenn ihr könnt, wie ersterer, über seine Schlechtigkeit, seine Gelüste und sein Elend hinaus, dem Schmerz und dem Tod immer neue Türen geöffnet hat. Wenn ihr die geistigen Anstrengungen betrachtet, die uns verzehren, die heftigen Leidenschaften, die uns erschöpfen und in Verzweiflung stürzen, die übermäßige Arbeit, die schwer auf den Armen lastet, den noch gefährlicheren Müßiggang, dem die Reichen sich hingeben, so daß die einen an ihrer Not, die anderen an ihrem Überfluß sterben; wenn ihr an die widernatürlichen Mischungen der Lebensmittel denkt, an ihre schädlichen Würzen, an die verdorbenen Eßwaren, die gefälschten Medikamente, an die Gaunereien derer, die sie verordnen, an das Gift der Gefäße, worin man sie zubereitet; wenn ihr eure Aufmerksamkeit auf die Epidemien richtet, die durch die schlechte Luft verursacht werden, in der Massen von Menschen zusammen leben, und auf diejenigen, die durch die Verweichlichung unserer Lebensweise zustande kommen, auf den Wechsel zwischen geschlossenen Räumen und freier Luft, auf den Gebrauch der Kleidung, die ohne große Vorsicht an- und ausgezogen wird, sowie auf all die Sorgen, die unsere übertriebene Sinnlichkeit zur notwendigen Gewohnheit gemacht hat, so daß dann deren Vernachlässigung oder Entbehrung uns Leben oder Gesundheit kostet; wenn ihr dazu noch die Feuersbrünste und die Erdbeben in Betracht zieht, die ganze Städte verschlingen oder umstürzen und deren Einwohner zu Tausenden vernichten; mit einem Wort, wenn ihr die Gefahren zusammenzählt, die all diese Quellen ständig für uns heraufbeschwören, dann werdet ihr merken, wie teuer uns die Natur die Mißachtung ihrer Lehren bezahlen läßt.

Ich will hier nicht wiederholen, was ich an anderer Stelle über den Krieg gesagt habe, aber ich möchte, daß Leute, die darüber Bescheid wissen, es einmal wünschten oder wagten, der Öffentlichkeit bis ins einzelne die Greuel zu schildern, die in den Armeen von den Proviantlieferanten und denen, die die Lazarette versorgen, verübt werden. Man würde sehen, daß ihre nicht allzu verborgenen Machenschaften, derentwegen die glänzendsten Armeen im Handumdrehen zusammenschmelzen, mehr Soldaten zugrunde richten, als das Schwert des Feindes niedermäht. Eine weitere, nicht minder erstaunliche Bilanz gilt der Anzahl derjenigen, die das Meer alljährlich verschlingt, sei es durch Hunger, Skorbut, Piraterie, Brand oder Untergang von Schiffen. Es ist klar, daß man der Einrichtung des Eigentums und folglich der Gesellschaft auch die Mordtaten anlasten muß, die Vergiftungen, die Raubüberfälle und selbst die Bestrafungen dieser Verbrechen, die notwendig sind, um größeren Übeln vorzubeugen, die jedoch, um eines Mordes willen, der einem oder mehreren Menschen das Leben gekostet hat, faktisch den Verlust an Menschenleben fortwährend verdoppeln. Wer zählt die schändlichen Mittel, mit denen die Geburt von Menschen verhindert und die Natur getäuscht wird? Sei es durch jene brutalen und verkommenen Neigungen, die ihr reizendstes Werk beleidigen, die weder die Wilden noch die Tiere jemals kannten und die nur in den zivilisierten Ländern einer verderbten Phantasie entsprungen sind; sei es durch die heimlichen Abtreibungen, die das würdige Ergebnis von Ausschweifung und falschem Ehrbegriff sind; sei es durch die Aussetzung oder Ermordung so vieler Kinder, Opfer des Elends ihrer Eltern oder des barbarischen Schamgefühls ihrer Mütter; sei es schließlich durch die Verstümmelung jener Unglücklichen, die zum Teil ihr Leben und zur Gänze ihre Nachkommenschaft eitlem Gesang oder, noch schlimmer, der grausamen Eifersucht mancher Männer opfern müssen. Eine Verstümmelung, die in diesem Fall die Natur zwiefach verletzt: sowohl durch die Behandlung derer, die sie erleiden, als auch durch den Gebrauch, zu dem sie bestimmt sind.[1]

Wie, wenn ich zu zeigen versuchte, daß die menschliche Gattung an ihrer Wurzel bedroht ist, bis ins Innerste des heiligsten aller Bande, bei dem man nur noch wagt, auf die Stimme der Natur zu hören, nachdem man das Vermögen überprüft hat, und bei dem, weil die Perversion der Gesellschaft zur Verwechslung von Tugend und Laster geführt hat, Enthaltsamkeit zur verbrecherischen Vorsicht und die Weigerung, seinesgleichen das Leben zu schenken, zum Akt der Menschlichkeit wird? Begnügen wir uns indessen damit, ohne den so viele Greuel verbergenden Schleier zu zerreißen, auf den Übelstand hinzuweisen, für dessen Abhilfe andere zu sorgen haben.

Zu alledem muß man noch die Vielzahl ungesunder Berufe hinzudenken, die das Leben verkürzen oder die Lebenslust zerstören, Tätigkeiten wie die Arbeit unter Tage, die verschiedenen Arten der Aufbereitung von Metallen und Mineralien, wie zum Beispiel Blei, Kupfer, Quecksilber, Kobalt, Arsen, Realgar, auch die gefahrvollen Handwerke, die täglich so vielen Arbeitern das Leben kosten, ob sie nun als Dachdecker, Zimmerleute, Maurer oder in den Steinbrüchen arbeiten. Man nehme, sage ich, all diese Dinge zusammen, und man wird in der Einführung und Vervollkommnung der Gesellschaft die Gründe für den Rückgang der menschlichen Gattung erblicken, der von mehr als einem Philosophen beobachtet worden ist.

Der Luxus, der sich nicht vermeiden läßt bei Menschen, die

[1] Aber gibt es nicht Tausende von häufigeren und schlimmeren Fällen, in denen die väterlichen Rechte offen die Menschlichkeit verletzen? Wie viele Talente wurden durch unklugen väterlichen Druck verschüttet, wie viele Neigungen erzwungen! Wie viele Menschen hätten sich, in dem ihnen angemessenen Stande lebend, hervorgetan, statt unglücklich und entehrt in einem Stand zu sterben, an dem sie keinerlei Geschmack fanden! Wie viele glückliche, aber ungleiche Ehen sind zerbrochen oder gestört, wie viele züchtige Ehefrauen entehrt worden durch jene ständische Ordnung, die stets der natürlichen zuwiderläuft! Wie viele bizarre Verbindungen gibt es, die um des Vorteils willen geschlossen, von Gefühl und Verstand jedoch nicht anerkannt wurden! Wie viele anständige und tugendhafte Eheleute gar peinigen einander, weil sie zusammengetan wurden, ohne zueinan-

begierig auf ihre eigene Bequemlichkeit und ihr Ansehen bei den anderen sind, vollendet bald das Unheil, das mit den Gesellschaften begonnen hat. Denn unter dem Vorwand, die Armen zu Brot zu bringen, läßt er alle übrigen verarmen und entvölkert über kurz oder lang den Staat.

Der Luxus ist ein Mittel, das sehr viel schlimmer ist als die Übel, die zu heilen er vorgibt, oder richtiger, er ist selbst das schlimmste Übel, ganz gleich, ob in einem kleinen oder großen Staat, denn um die Scharen von Dienstboten und Elenden, die er erzeugt hat, zu ernähren, belastet und ruiniert er Bauern und Bürger. Er gleicht jenen sengenden südlichen Winden, die Gras und Kraut mit gefräßigen Insekten übersäen, den Nutztieren die Nahrung rauben und Hunger und Tod in alle Orte tragen, an denen sie auftreten.

Aus der Gesellschaft und dem Luxus, den sie erzeugt, gehen die Künste und Handwerke hervor, der Handel, die Literatur und all diese Nutzlosigkeiten, die die Industrie gedeihen lassen, die Staaten reich machen und ruinieren. Der Grund für solchen Verfall ist sehr einfach. Es ist leicht zu erkennen, daß die Landwirtschaft ihrem Wesen nach unter allen Gewerben das am wenigsten einträgliche ist. Da ihre Produkte von allen Menschen am nötigsten gebraucht werden, muß ihr Preis den Möglichkeiten der Ärmsten angemessen sein. Aus demselben Grundsatz kann man die Regel ableiten, daß im allgemeinen die Einträglichkeit der Künste in umgekehrtem Verhältnis zu ihrem Nutzen steht und daß die notwendigsten schließlich die am stärksten vernachlässig-

der zu passen! Wie viele junge, unglückselige Opfer der Habgier ihrer Eltern versinken im Laster oder verbringen in Tränen ihre traurigen Tage, unter unauflöslichen Bindungen stöhnend, die ihr Herz ablehnt und die allein das Gold zustande gebracht hat! Glücklich sind zuweilen sogar die, die sich auf Grund ihres Mutes, ihrer Tugend vom Leben losreißen, bevor rücksichtslose Gewalt sie dazu zwingt, es im Verbrechen oder in Hoffnungslosigkeit zuzubringen. Verzeiht mir, auf immer beklagenswerte Eltern: ich mache euren Schmerz nur ungern noch bitterer; aber könnte er doch als ewiges abschreckendes Beispiel für jeden dienen, der es wagt, und sei es selbst im Namen der Natur, das heiligste ihrer Rechte zu verletzen.

Wenn ich nur von den schlechtgeknüpften Verbindungen gesprochen habe, die das Werk unserer Zivilisation sind, sollte man deshalb annehmen, daß diejenigen, bei denen Liebe und Sympathie den Ausschlag gaben, frei von Nachteilen wären? (Ed. 1782)

ten sein werden. Woraus man ersieht, was von den wahren Vorteilen der Industrie und der tatsächlichen Wirkung ihrer Fortschritte zu halten ist.

Dies sind die spürbaren Gründe für das Elend, in das der Überfluß schließlich die Nationen stürzt, die am meisten bewundert werden. In dem Maße, wie Industrie und Handwerk sich ausdehnen und aufblühen, wird der verachtete Bauer, belastet mit Steuern, die für den Unterhalt des Luxus nötig sind, und dazu gezwungen, sein Leben zwischen Arbeit und Hunger zu fristen, seine Felder aufgeben, um in der Stadt das Brot zu suchen, welches er ihr bringen müßte. Je mehr die Hauptstädte den Blicken des einfachen Volkes Bewunderung abnötigen, desto mehr müßte man klagen beim Anblick verlassener Ländereien, brachliegender Felder und Landstraßen, die überschwemmt sind von unglücklichen, zu Bettlern oder Dieben gewordenen Staatsbürgern, deren Schicksal es ist, ihr Elendsleben eines Tages auf dem Rad oder in der Gosse zu beenden. So geschieht es, daß der Staat, indem er sich einerseits bereichert, sich andrerseits schwächt und entvölkert und daß die mächtigsten Monarchien nach den vielen Anstrengungen, die sie wohlhabend und menschenleer gemacht, schließlich zur Beute der armen Nationen werden, die der verhängnisvollen Versuchung erliegen, sie zu überfallen und sich ihrerseits zu bereichern und zu schwächen, bis sie wiederum von anderen überfallen und zerstört werden.

Man lasse sich einmal herbei, uns zu erklären, was jene riesigen Barbarenschwärme hervorbringen konnte, die während so vieler Jahrhunderte Europa, Asien und Afrika überschwemmten. Waren es ihre Industrie und ihre Künste, war es die Weisheit ihrer Gesetze oder ihre ausgezeichnete Verwaltung, denen sie diesen erstaunlichen Bevölkerungsreichtum verdankten? Mögen unsere Gelehrten uns doch erklären, weshalb diese wilden und rohen Menschen ohne Bildung, ungezügelt und unerzogen, nicht ständig dabei waren, einander umzubringen, indem sie sich gegenseitig die Nahrung oder die Jagdbeute streitig machten. Man möge uns erklären, wie diese Elenden die Kühnheit besaßen, so fähigen Leuten wie uns, die eine so schöne militärische Disziplin, solch schöne Gesetzbücher und weise Gesetze besitzen, auch nur ins Gesicht zu blicken. Man erkläre uns schließlich, warum, seit die Gesellschaft sich in den Ländern des Nordens vervollkommnet hat und man sich solche Mühe gab, die Menschen ihre Pflichten gegeneinander und die Kunst eines angenehmen und friedlichen Zusammenlebens zu lehren, daraus nichts erwachsen ist, was jenen Menschenmengen von einst vergleichbar wäre. Ich befürchte allerdings, irgend jemand kommt auf den Einfall, mir zu erwidern, daß all diese großen Dinge, nämlich die Künste, die Wissenschaften und die Gesetze, eine sehr weise menschliche Erfindung sind, so etwas wie eine heilsame Pest, um der übermäßigen Vermehrung der Menschheit vorzubeugen, damit nicht diese Erde, die für uns bestimmt ist, schließlich zu klein für ihre Bewohner werde.

Was nun? Soll man die Gesellschaften zerstören, mein und dein abschaffen und in die Wälder zurückgehen, um mit den Bären zu leben? Dies wäre eine Schlußfolgerung nach der Art meiner Gegner, der ich ebensogern zuvorkomme, wie ich ihnen die Peinlichkeit überlasse, sie zu ziehen. O ihr, die ihr niemals die Stimme des Himmels vernommen habt und für eure Art keine andere Bestimmung kennt als die, in Frieden dieses kurze Leben zu beschließen, ihr, die ihr eure verhängnisvollen Erwerbungen, euren unruhigen Geist, euer verdorbenes Herz und eure zügellosen Wünsche in den Städten zurücklassen könnt, greift, denn auf euch kommt es an, eure alte und ursprüngliche Unschuld wieder auf, geht in die Wälder, um die Verbrechen eurer Zeitgenossen aus dem Blick und dem Gedächtnis zu verlieren, und fürchtet nicht, eure Art zu erniedrigen, indem ihr auf eure Bildung verzichtet, um auf ihre Laster verzichten zu können. Was aber meinesgleichen betrifft, Menschen, deren Leidenschaften für immer die ursprüngliche Einfachheit zerstört haben, die sich nicht mehr von Kräutern und Eicheln ernähren noch auf Gesetze und Anführer verzichten können; Menschen, die in ihrem frühesten Alter die Auszeichnung übernatürlicher Lehren erhielten und in deren Augen die Absicht, den menschlichen Handlungen eine Sittlichkeit zu verleihen, die sie nicht von alters her schon besaßen, ein Vorhaben rechtfertigt, das an sich gleichgültig und in jedem anderen Denkzusammenhang unerklärbar ist; kurz, Menschen, die davon überzeugt sind, daß die göttliche Stimme das ganze Menschengeschlecht zur Einsicht und zum Glück der erhabenen Geister berufen hat; all jene also werden danach trachten, durch die Übung in Tugenden, die selbst zu verwirklichen sie sich verpflichtet fühlen, wenn sie deren Erkenntnis lehren, den ewigen Lohn zu verdienen, den sie dabei erwarten dürfen. Sie werden die heiligen Bande der Gesellschaft, deren Mitglieder sie sind, achten, sie werden ihre Artgenossen lieben und ihnen von Kräften dienen, sie werden gewissenhaft die Gesetze befolgen und den Männern gehorchen, die deren Urheber und Hüter sind. Sie werden vor allem die guten und weisen Fürsten ehren, die es verstehen, den Mißbräuchen und Übeln, die uns in großer Zahl ständig bedrohen, zuvorzukommen, sie zu heilen oder zu lindern. Sie werden den Eifer der würdigen Oberhäupter schüren, indem sie ihnen unerschrocken und ohne Schmeichelei die Größe ihrer Aufgabe und die Strenge ihrer Pflicht vor Augen führen. Doch sie werden darum nicht weniger eine Verfassung verachten, die sich nur mit Hilfe so vieler achtenswerter Leute, die man sich häufiger wünscht, als man sie antrifft, aufrechterhalten läßt und aus der, aller Sorgfalt zum Trotz, stets mehr tatsächliches Unheil als scheinbarer Vorteil entsteht.

10

[Seite 218] Unter den Menschen, die wir persönlich oder durch die Geschichtsschreibung oder durch die Berichte der Reisenden kennen, gibt es solche, die schwarz, andere, die weiß, wiederum andere, die rot sind. Die einen tragen langes Haar, die anderen kurzes Kraushaar, die einen sind fast überall behaart, die anderen haben nicht einmal einen Bart. Es gab und gibt vielleicht immer noch Völkerschaften von riesenhaftem Wuchs, und man weiß, abgesehen von der Fabel über die Pygmäen, die möglicherweise nur eine Übertreibung ist, daß die Lappen und besonders die Eskimos weit unter der mittleren menschlichen Größe liegen. Man behauptet sogar, daß es ganze Völker gibt, die Schwänze haben wie die Vierbeiner. Und ohne den Berichten von Herodot und Ktesias blinden Glauben zu schenken, kann man aus ihnen wenigstens die sehr wahrscheinliche Auffassung ableiten, daß man in jenen alten Zeiten, in denen die Unterschiede zwischen den Lebensweisen der einzelnen Völker stärker ausgeprägt waren als heutzutage, auf viel auffälligere Abweichungen im Aussehen und im körperlichen Habitus gestoßen wäre, hätte man damals genaue Beobachtungen anstellen können. Diese Dinge, für die man unbestreitbare Beweise leicht erbringen kann, vermögen nur diejenigen zu überraschen, die gewohnt sind, bloß ihre eigene Umgebung zu betrachten, und die nicht wissen, wie stark sich die Unterschiede in Klima, Luft, Ernährung, Lebensweise, in den Gewohnheiten im allgemeinen auswirken und, vor allem, welche erstaunliche Kraft diese Einflüsse besitzen, sofern sie über viele Generationen hinweg ununterbrochen wirksam sind. Heute, da der Handel, die Reisen und Eroberungen die Völker näher zusammenbringen, so daß ihre Lebensformen sich durch den häufigen Austausch einander annähern, heute wird man gewahr, daß bestimmte nationale Eigenheiten zurückgegangen sind. So kann zum Beispiel jeder bemerken, daß die Franzosen von heute nicht mehr jene großen, weißhäutigen und blonden Gestalten sind, die die römischen Historiker einst beschrieben, obgleich die Zeit, die auf die Vermischung der Franken mit den ebenfalls weißhäutigen und blonden Normannen folgte, in der natürlichen Konstitution und im Teint der Bewohner das hätte wiederherstellen können, was die häufige Anwesenheit der Römer dem Einfluß des Klimas streitig gemacht hatte. Alle diese Beobachtungen von Spielarten, die innerhalb der menschlichen Gattung aus tausenderlei Gründen entstehen können und tatsächlich entstanden sind, bringen mich auf die Frage, ob nicht verschiedene menschenähnliche Lebewesen, die von den Reisenden ohne nähere Prüfung für Tiere gehalten wurden, sei es auf Grund einiger äußerer Merkmale oder bloß deshalb, weil diese Lebewesen nicht sprachen, in Wirklichkeit wilde Menschen sind, deren von alters her in den Wäldern verstreut lebende Rasse keine Gelegenheit gehabt hatte, ihre potentiellen Eigenschaften zu entwickeln, und keinerlei Vervollkommnung erreicht hatte, sich also noch im ursprünglichen Naturzustand befand. Hier ein Beispiel für das, was ich sagen will:

»Man trifft im Königreich Kongo«, schreibt der Übersetzer der *Histoire des Voyages*, »eine Vielzahl jener großen Tiere, die man in Ostindien *Orang-Utan* nennt und die sich gleichsam in der Mitte zwischen Mensch und Affe befinden. Battel erzählt, daß man in den Mayombawäldern, im Königreich Loango, zwei Arten von Ungeheuern begegnet, von denen die größeren *Pongos*, die anderen *Enjokos* heißen. Die ersteren sehen aus wie Menschen, aber sie sind viel dicker und von überaus hohem Wuchs. Sie haben ein menschliches Gesicht, doch sehr tiefliegende Augen. Ihre Hände, Wangen und Ohren sind unbehaart, sie haben lediglich sehr buschige Augenbrauen. Ihr übriger Körper ist ziemlich vollständig von braunem, doch nicht sehr dichtem Haar bedeckt. Der einzige Körperteil schließlich, der sie von den Menschen unterscheidet, ist das Bein, bei dem die Wade fehlt. Sie gehen aufrecht, wobei sie sich mit der Hand am Brusthaar festhalten. Ihren Unterschlupf haben sie in den Wäldern, sie schlafen auf Bäumen und machen sich dort eine Art Dach zurecht, das sie vor Regen schützt. Ihre Nahrung besteht aus Früchten und wildwachsenden Nüssen. Niemals essen sie Fleisch. Beim Durchqueren der Wälder pflegen die Neger dort nachts Feuer anzuzünden. Sie bemerken, daß am Morgen, wenn sie aufbrechen, die Pongos ihren Platz rings um das Feuer einnehmen und sich nicht eher zurückziehen, als bis es erloschen ist, denn trotz großer Geschicklichkeit haben sie nicht genügend Verstand, das Feuer zu unterhalten, indem sie Holz nachlegen. Manchmal ziehen sie in Gruppen umher und töten die Neger, die die Wälder durchqueren. Sie fallen sogar über Elefanten her, wenn diese in ihren Gebieten Nahrung suchen, und attackieren sie so heftig mit Faustschlägen oder Stockhieben, daß sie schreiend die Flucht ergreifen. Niemals fängt man einen Pongo lebend, denn sie sind so kräftig, daß keine zehn Männer sie festhalten können. Doch die Neger fangen häufig Junge ein, nachdem sie die Mutter getötet haben, an deren Körper sich das Kleine mit aller Kraft anklammert. Wenn eines dieser Lebewesen stirbt, bedecken die anderen seinen Körper mit einem Haufen von Zweigen und Laub. Purchass fügt hinzu, daß er in den Gesprächen, die er mit Battel geführt hat, von diesem selbst erfuhr, daß ein Pongo ihm einen kleinen Neger entführte, der einen ganzen Monat in der Gesellschaft dieser Lebewesen verbrachte. Sie tun den Menschen, die sie überraschen, nichts zuleide, zumindest solange diese sie nicht ansehen, wie der kleine Neger beobachtet hatte. Die zweite Art von Ungeheuern hat Battel nicht beschrieben.

Dapper bestätigt, daß das Königreich Kongo voll von jenen Lebewesen ist, die in Indien den Namen Orang-Utan, das heißt Waldbewohner, tragen und die die Afrikaner Quojas-Morros nennen. Diese Tiere, sagt er, sind dem Menschen so ähnlich, daß einige Reisende auf den Gedanken kamen, sie stammten von einer Frau und einem Affen ab, ein Hirngespinst, das selbst die Neger verwerfen. Eines dieser Lebewesen wurde vom Kongo nach Holland gebracht und dem Prinzen Friedrich Heinrich von Oranien vorgestellt. Es hatte die Größe eines dreijährigen Kindes und war nur mäßig dick, dafür breitschultrig und gut proportioniert, sehr beweglich und sehr lebhaft. Seine Beine waren muskulös und kräftig, die gesamte vordere Körperseite nackt, die hintere jedoch mit schwarzen Haaren bedeckt. Auf den ersten Blick glich sein Gesicht dem eines Menschen, doch es hatte eine platte und nach oben gebogene Nase. Seine Ohren glichen denen der menschlichen Gattung. Sein Busen, denn es handelte sich um ein Weibchen, war rund und voll, sein Nabel eingesunken, seine Schultern sehr gut gebaut, seine Hände in Finger und Daumen gegliedert, seine Waden und Fersen fett und fleischig. Häufig ging es aufrecht auf zwei Beinen, es war fähig, recht schwere Lasten zu heben und zu tragen. Wenn es trinken wollte, ergriff es mit einer Hand den Deckel des Gefäßes und hielt es von unten mit der anderen fest, darauf trocknete es sich anmutig die Lippen. Zum Schlafen legte es sich nieder, den Kopf auf einem Kissen, und deckte sich mit solchem Geschick zu, daß man es für einen im Bett liegenden Menschen hätte halten können. Die Neger erzählen Seltsames über diese Lebewesen. Sie versichern nicht nur, daß sie den Frauen und Mädchen Gewalt antun, sondern auch, daß sie es wagen, bewaffnete Männer anzugreifen. Mit einem Wort, es gibt viele Anzeichen dafür, daß es sich hierbei um den Satyr der Antike handelt. Merolla meint vielleicht nichts anderes als dieses Lebewesen, wenn er erzählt, daß die Neger auf ihren Jagden zuweilen wilde Männer und Frauen fangen.«

Von solchen menschenähnlichen Lebewesen ist auch im dritten Band derselben *Histoire des Voyages* die Rede, wo sie *Beggos* und *Mandrille* genannt werden. Aber um bei den vorangegangenen Berichten zu bleiben: so wie diese angeblichen Ungeheuer beschrieben sind, weisen sie frappierende Übereinstimmungen mit der menschlichen Gattung und geringere Unterschiede auf, als man von Mensch zu Mensch feststellen könnte. Aus den betreffenden Abschnitten sind die Gründe nicht ersichtlich, auf die sich die Verfasser stützen, um besagten Wesen die Bezeichnung wilde Menschen zu verweigern, aber es läßt sich leicht vermuten, daß dies wegen ihres Stumpfsinns geschah und weil sie nicht sprachen. Schwache Gründe für diejenigen, die wissen, daß, obschon das Sprachorgan dem Menschen von der Natur gegeben, die Sprache selbst indes für ihn nicht natürlich ist, und die darüber Bescheid wissen, bis zu welchem Grad die Vervollkommnungsfähigkeit den zivilisierten Menschen über seinen ursprünglichen Zustand erhoben hat. Die wenigen Zeilen der erwähnten Beschreibungen lassen uns schon ermessen, wie schlecht jene Lebewesen beobachtet worden sind und mit welchen Vorurteilen man sie betrachtet hat. Zum Beispiel werden sie als Ungeheuer eingeschätzt, und doch gibt man zu, daß sie sich fortpflanzen. An einer Stelle sagt Battel, daß die Pongos die durch die Wälder ziehenden Neger umbringen, an einer anderen merkt Purchass an, daß sie ihnen, selbst wenn sie überrumpelt werden, nichts zuleide tun, zumindest wenn die Neger sie tunlichst nicht ansehen. Die Pongos scharen sich um die von den Negern entzündeten Feuer, sobald diese sich zurückziehen, und ziehen sich ihrerseits zurück, wenn das Feuer erloschen ist. Soweit der Sachverhalt, hier nun der Kommentar des Beobachters: *»Denn trotz großer Geschicklichkeit haben sie nicht genügend Verstand, das Feuer zu unterhalten, indem sie Holz nachlegen.«* Ich möchte erahnen, woher Battel oder sein Kompilator Purchass wissen konnte, daß der Rückzug der Pongos eine Folge ihrer Dummheit und nicht ihres Willens ist. In einem Klima wie dem von Loango ist das Feuer für die Lebewesen nicht sehr wichtig, und wenn die Neger es entfachen, dann weniger gegen die Kälte als zur Abschreckung wilder Tiere. Es ist ganz einfach so, daß die Pongos, nachdem sie sich einige Zeit an den Flammen ergötzt oder sich gut aufgewärmt haben, es langweilig finden, immer an derselben Stelle zu bleiben, und sich ihrer Nahrung zuwenden, die zu beschaffen mehr Zeit erfordert, als wenn sie Fleisch äßen. Im übrigen weiß man, daß die meisten Lebewesen, der Mensch nicht ausgenommen, von Natur aus faul sind und jede Sorge ablehnen, die nicht absolut notwendig ist. Schließlich erscheint es höchst sonderbar, daß die Pongos, deren Geschicklichkeit und Kraft man rühmt, die Pongos, die es verstehen, ihre Toten zu beerdigen und Dächer aus Astwerk herzustellen, nicht wissen sollten, wie man Scheite ins Feuer wirft. Ich entsinne mich, daß ich einen Affen ebendie Handlung ausführen sah, zu der die Pongos angeblich unfähig sind. Allerdings machte ich, da mein Denken damals nicht in diese Richtung ging, denselben Fehler, den ich unseren Reisenden vorwerfe; ich verabsäumte zu prüfen, ob die Absicht des Affen tatsächlich war, das Feuer zu unterhalten, oder ob er einfach, wie ich vermute, die Handlung eines Menschen nachahmen wollte. Wie dem auch sei, es ist erwiesen, daß der Affe keine Abart des Menschen ist, nicht allein deshalb, weil er die Fähigkeit zu sprechen nicht besitzt, sondern vor allem, weil man sich dessen sicher ist, daß seine Art sich nicht vervollkommnen kann, was das besondere Merkmal der menschlichen Gattung ist. Entsprechende Untersuchungen scheinen bei den Pongos und dem Orang-Utan nicht mit genügender Sorgfalt gemacht worden zu sein, als daß man aus ihnen dieselben Schlußfolgerungen ziehen dürfte. Um herauszufinden, ob der Orang-Utan oder andere zur menschlichen Gattung gehören, gäbe es jedoch ein Mittel, mit dessen Hilfe selbst die gröbsten Beobachter sich Gewißheit, sogar durch praktischen Beweis, verschaffen könnten. Aber außer daß eine einzige Generation für diesen Versuch nicht ausreichen würde, muß er als undurchführbar gelten, weil man das, was nur eine Vermutung ist, als wahr erweisen müßte, bevor man die Überprüfung des einfachen Sachverhaltes unbefangen vornehmen könnte.

Die vorschnellen Urteile, die keineswegs das Produkt eines aufgeklärten Verstandes sind, unterliegen dem Hang zur Übertreibung. Unsere Reisenden machen ohne Umstände, unter den Bezeichnungen *Pongo, Mandrill, Orang-Utan*, dieselben Wesen zu Tieren, aus denen die Alten Gottheiten machten, die sie *Satyr, Faun, Silvanus* nannten. Vielleicht wird man nach genaueren Untersuchungen herausfinden,[1] daß sie Menschen sind. Bis dahin gibt es, scheint mir, ebenso gute Gründe, sich in dieser Sache auf Merolla zu beziehen, einen gebildeten Geistlichen, einen Augenzeugen, der bei aller Naivität nicht aufhörte, ein Mann von Geist

[1] daß sie weder Tiere noch Götter, sondern Menschen sind. (Ed. 1782)

zu sein, wie auf Kaufmann Battel, auf Dapper, Purchass und andere Kompilatoren.

Welches Urteil, denkt man, hätten ähnliche Beobachter über das 1694 aufgefundene Kind gefällt, von dem ich weiter vorn gesprochen habe und das keine Anzeichen von Vernunft erkennen ließ, auf Händen und Füßen lief, keinerlei Sprache besaß und Laute bildete, die in nichts den menschlichen ähnlich waren. Es brauchte lange, führt der Philosoph weiter aus, von dem ich diese Begebenheit habe, bis es einige Worte aussprechen konnte, und auch dies auf ganz unbeholfene Weise. Sobald das Kind sprechen konnte, befragte man es nach seinem ersten Lebensabschnitt, aber es erinnerte sich daran nicht besser, als wir uns an das erinnern, was uns in der Wiege widerfahren ist. Wäre dieses Kind zu seinem Unglück unseren Reisenden in die Hände gefallen, kann man sicher sein, daß sie, nachdem ihnen seine Stummheit und sein Stumpfsinn aufgefallen wären, beschlossen hätten, es zurück in die Wälder zu schicken oder in eine Menagerie zu sperren, worauf sie dann in schönen Vorträgen sehr gelehrt darüber gesprochen hätten, wie über ein höchst seltsames Tier, das einem Menschen recht ähnlich sieht.

Seit die Bewohner Europas vor drei oder vier Jahrhunderten begonnen haben, die anderen Erdteile zu überschwemmen und unablässig Sammlungen von Reiseberichten zu veröffentlichen, kennen wir, davon bin ich überzeugt, als Menschen allein die Europäer. Außerdem kommt an den lächerlichen Vorurteilen, die selbst unter den Gebildeten nicht ausgestorben sind, zum Vorschein, daß unter dem pompösen Titel Menschenstudium kaum jemand etwas anderes untersucht hat als die Menschen seines eigenen Landes. Die Individuen können hin und her reisen, wie sie wollen, die Philosophie, so scheint es, reist nicht. Deswegen eignet sich die Weisheit jedes einzelnen Volkes kaum für ein anderes. Der Grund hierfür ist offenkundig, zumindest was die fernen Gegenden betrifft. Es gibt nur vier Arten von Menschen, die so weite Reisen machen: Matrosen, Kaufleute, Soldaten und Missionare. Man darf also kaum erwarten, daß die drei ersten Kategorien gute Beobachter liefern, und was die vierte angeht, so sind deren Angehörige mit ihrer erhabenen Berufung beschäftigt, und selbst wenn sie nicht, wie alle anderen, Standesvorurteilen unterworfen wären, müßte man annehmen, daß sie sich nur ungern Forschungen hingeben, die als pure Neugier erscheinen und sie von den wichtigeren Arbeiten ablenken würden, denen sie sich widmen. Nebenbei gesagt braucht man, um nutzbringend das Evangelium zu predigen, nichts weiter als Inbrunst, das übrige gibt Gott. Aber um die Menschen zu studieren, braucht man Talente, die Gott niemandem zu geben sich anheischig macht und die auch nicht immer das Erbteil der Frommen sind. Man schlägt kein Reisebuch auf, in dem es an Beschreibungen von Charakteren und Sitten fehlte, aber mit großem Erstaunen stellt man fest, daß die Leute, die so viele Dinge beschrieben haben, nur sagen, was jeder schon wußte, und am anderen Ende der Welt nichts wahrzunehmen vermochten, was sie nicht auch daheim, ohne aus ihrer Straße herauszukommen, hätten bemerken können, weswegen die eigentlichen Wesenszüge der Völker, die jedem auffallen, der Augen hat zu sehen, denen der Reisenden fast immer entgehen. Daher kommt die hübsche, von der philosophierenden Zunft sattsam wiedergekäute Sentenz, die Menschen seien überall gleich, hätten stets dieselben Leidenschaften und dieselben Fehler, weshalb es ziemlich unnötig sei, sich um eine Charakterisierung der verschiedenen Völker zu bemühen. Was ein etwa ebenso gutes Argument ist, wie wenn man sagte, daß Peter von Jakob nicht zu unterscheiden sei, weil alle beide Nase, Mund und Augen haben.

Wird man denn niemals wieder jene glücklichen Zeiten auferstehen sehen, in denen sich die Völker nicht ums Philosophieren kümmerten, die Platon, Thales, Pythagoras hingegen, von brennendem Wissensdurst erfaßt, die größten Reisen unternahmen, einzig um sich zu unterrichten, und in die Ferne zogen, um das Joch nationaler Vorurteile abzuschütteln, die Menschen in ihren Gemeinsamkeiten und Unterschieden kennenzulernen und universales Wissen zu erwerben, das nicht ausschließlich für ein bestimmtes Jahrhundert oder Land, sondern für alle Zeiten und Orte gültig, sozusagen das Allgemeinwissen der Weisen ist.

Man bewundert die Großzügigkeit einiger Neugieriger, die gemeinsam mit Gelehrten und Malern kostspielige Reisen in den Orient veranstalten, um dort alte Gemäuer abzuzeichnen und Inschriften zu entziffern oder zu kopieren, aber mir fällt es schwer, zu begreifen, weshalb in einem Jahrhundert, das solchen Wert auf schöne Erkenntnisse legt, sich nicht zwei einander eng verbundene Männer finden, reich an Geld der eine, der andere reich an Geist, alle beide ruhmliebend und nach Unsterblichkeit strebend, von denen der eine zwanzigtausend Taler seines Vermögens, der andere zehn Jahre seines Lebens opfern würde für eine denkwürdige Reise um die Welt, nicht um ständig Steine und Pflanzen, sondern einmal auch Menschen und Sitten zu studieren, und die, nach so vielen Jahrhunderten, die damit zugebracht wurden, Häuser auszumessen und anzuschauen, endlich auf die Idee kämen, deren Bewohner kennenlernen zu wollen.

Die Gelehrten der Akademien, die die nördlichen Teile Europas und den Süden Afrikas durchstreiften, besuchten diese Gegenden eher mit der Absicht von Geometern als von Philosophen. Weil sie jedoch beides zugleich waren, kann man die Gebiete, die von Leuten wie La Condamine und Maupertuis gesehen und beschrieben worden sind, nicht als gänzlich unbekannt betrachten. Der Juwelier Chardin, der gereist ist wie Platon, hat alles über Persien gesagt. China scheint von den Jesuiten gut erforscht worden zu sein. Kaempfer vermittelt eine leidlich genaue Vorstellung von dem wenigen, was er in Japan gesehen hat. Von diesen Berichten abgesehen, wissen wir nichts über die ostasiatischen Völker, die ausschließlich von Europäern besucht wurden, die mehr daran interessiert waren, ihre Taschen als ihre Köpfe zu füllen. Das gesamte Afrika mit seinen zahlreichen Bewohnern, deren Wesensart ebenso seltsam ist wie ihre Hautfarbe, muß noch erforscht werden. Die Erde ist voll von Völkern, die wir nur dem Namen nach kennen – und wir unterstehen uns, über die Menschheit zu urteilen! Nehmen wir an, Männer wie Montesquieu, Buffon, Diderot, Duclos, d'Alembert, Condillac oder andere von ähnlichem Format würden reisen, um ihre Landsleute zu unterrichten und die Türkei, Ägypten, das Land der Berber, Marokko, Guinea, die Länder der Kaffern, das Innere Afrikas und seine Ostküste, Malabar, das indische Mongolistan, die Ufer des Ganges, die Königreiche Siam, Pegu und Ava, China, das Tatarenreich und vor allem Japan zu erkunden und zu beschreiben, wie sie es können, darauf in der anderen Welthälfte Mexiko, Peru, Chile, Magalhãesland und, nicht zu vergessen, das wahre oder vermeintliche Patagonien, Tucumán, wenn möglich Paraguay, Brasilien, schließlich die Karibischen Inseln, Florida und all die unerschlossenen Gegenden, in die zu reisen am wichtigsten wäre und die meiste Sorgfalt erforderte; nehmen wir an, diese neuen Herkulesse würden, von ihren denkwürdigen Fahrten zurückgekehrt, in Muße eine Realgeschichte der Sitten und der Politik all der Länder, die sie gesehen haben, verfassen, dann könnten wir erleben, wie unter ihrer Feder eine neue Welt erstünde, und wir lernten dabei die unsrige kennen. Ich sage, wenn solche Beobachter von einem bestimmten Lebewesen behaupteten, daß es ein Mensch, von einem anderen, daß es ein Tier sei, dann müßte man es ihnen glauben. Hingegen ist es höchst einfältig, sich hierbei auf oberflächliche Reisende zu berufen, über die man zuweilen dieselbe Frage stellen möchte, die im Hinblick auf andere Wesen zu beantworten sie sich unterfangen.

11

[Seite 219] Dies erscheint mir ganz offensichtlich, und ich begreife nicht, woraus unsere Philosophen all die Leidenschaften entstehen lassen, die sie dem Naturmenschen zuschreiben. Mit Ausnahme der physischen Notwendigkeiten, die eine Forderung der Natur selber sind, haben sich unsere anderen Bedürfnisse sämtlich durch Gewohnheit, denn vordem waren sie keine, oder infolge unserer Wünsche herausgebildet. Aber man wünscht nicht, was man nicht kennen kann. Weil also der Wilde nur Dinge begehrt, die er kennt, und nur solche kennt, die zu besitzen ihm möglich ist und die er leicht erlangen kann, dürfte nichts so ruhig sein wie seine Seele und nichts so beschränkt wie sein Geist.

12

[Seite 223] Ich finde in Lockes Abhandlung über die bürgerliche Regierung ein Argument, das mir zu spitzfindig erscheint, als daß ich es übergehen dürfte. »Weil der Zweck der Gemeinschaft zwischen Mann und Frau«, bemerkt dieser Philosoph, »nicht einfach darin besteht, zu zeugen, sondern die Art zu erhalten, muß die Gemeinschaft auch nach der Zeugung fortdauern, so lange zumindest, wie es für Nahrung und Schutz der Nachkommen nötig ist, das heißt, bis sie in der Lage sind, selbst für sich zu sorgen. Wir beobachten, daß diese Regel, die der Schöpfer in seiner unendlichen Weisheit dem Werk seiner Hände gab, von weniger hochstehenden Geschöpfen als dem Menschen ständig und genau befolgt wird. Bei den Säugetieren, die sich von Pflanzen ernähren, währt die Gemeinschaft zwischen Männchen und Weibchen nicht länger als der Akt der Paarung, da die Zitzen des Muttertieres ausreichen, die Jungen zu nähren, bis sie selbst auf die Weide gehen können. Das Männchen begnügt sich mit der Zeugung und kümmert sich hernach weder um das Weibchen noch um die Jungen, zu deren Unterhalt es nichts beitragen kann. Bei den Raubtieren jedoch dauert die Gemeinschaft länger, weil die Mutter nicht für die eigene Nahrung sorgen und gleichzeitig mit demselben Stück Beute die Jungen füttern kann. Weil die Ernährungsweise der Raubtiere mühsamer und gefahrvoller ist als die der Pflanzenfresser, ist die Hilfe des Männchens für den Erhalt der gemeinsamen Familie, wenn man den Ausdruck gebrauchen kann, vollkommen notwendig, denn diese kann nur dank der Fürsorge von Männchen und Weibchen existieren. Dasselbe beobachtet man bei allen Vögeln, ausgenommen einige domestizierte Arten, die an Orten leben, wo die beständige Fülle an Nahrung die Männchen der Aufgabe enthebt, die Jungen zu ernähren. Bei den übrigen Vögeln sieht man, daß Männchen und Weibchen Futter herbeischaffen, solange die Jungen im Nest es brauchen und bis sie fliegen und ihre Nahrung selbst beschaffen können.

Und darin besteht nach meiner Ansicht der hauptsächliche, wenn nicht der einzige Grund dafür, daß bei der menschlichen Gattung Mann und Weib zu einer längeren Gemeinschaft verpflichtet sind, als die anderen Geschöpfe sie unterhalten: die Frau ist zur Empfängnis fähig, für gewöhnlich erneut schwanger und gebiert ein weiteres Kind, lange bevor das vorangegangene auf die elterliche Hilfe zu verzichten imstande ist und allein für seinen Unterhalt aufkommen kann. Weil also ein Vater für die, die er gezeugt hat, sorgen muß, und dies während eines langen

Zeitraumes, ist er auch verpflichtet, weiterhin in ehelicher Gemeinschaft mit der Frau zu leben, von der er seine Kinder hat, und muß weitaus länger in dieser Gemeinschaft bleiben als die anderen Geschöpfe, bei denen die Jungen lange vor der neuen Brut selbständig sind, die Verbindung von Männchen und Weibchen sich daher von selbst auflöst und beide sich in voller Freiheit befinden bis zu der Jahreszeit, die gewöhnlich die Tiere dazu reizt, sich zu vereinigen, und sie nötigt, sich neue Partner zu suchen. Hier also kann man nicht genug die Weisheit des Schöpfers bewundern, der, als er dem Menschen die passenden Eigenschaften gab, um für die Zukunft ebenso Sorge zu tragen wie für die Gegenwart, seinem Willen Ausdruck verlieh, daß bei den Menschen die Gemeinschaft zwischen Mann und Frau sehr viel länger währe als bei den anderen Geschöpfen, auf daß beider Fleiß angeregt und ihre Interessen besser vereint werden, um Vorräte für die Kinder anzulegen und ihnen Besitz zu hinterlassen. Nichts könnte Kindern mehr schaden als eine unsichere und unverbindliche Vereinigung oder eine leichte und häufige Auflösung der ehelichen Gemeinschaft.«

Dieselbe Liebe zur Wahrheit, die mich dieses Argument Lockes getreulich hat zitieren lassen, treibt mich dazu, ihm einige Bemerkungen anzufügen, wenn nicht, um das Problem zu lösen, so doch wenigstens, um es zu erhellen.

1. Zunächst gebe ich zu bedenken, daß moralische Gründe im Hinblick auf Naturverhältnisse wenig Beweiskraft haben und eher dazu dienen, bestehende Tatsachen zu rechtfertigen, als deren reale Existenz nachzuweisen. Von dieser Art aber ist der Beweis, den Locke in der von mir zitierten Passage führt; denn obgleich es für die menschliche Gattung vorteilhaft sein mag, wenn die Verbindung von Mann und Frau dauerhaft ist, folgt daraus nicht, daß die Natur dies so eingerichtet hat, sonst müßte man sagen, daß sie auch die bürgerliche Gesellschaft, die Künste, den Handel und alles, was angeblich dem Menschen von Nutzen ist, eingerichtet hat.

2. Ich weiß nicht, wo Locke entdeckt hat, daß bei den Raubtieren die Gemeinschaft zwischen Männchen und Weibchen länger dauert als bei den Pflanzenfressern und daß das eine dem anderen hilft, die Jungen zu ernähren. Denn es ist nicht ersichtlich,

daß der Hund, der Kater, der Bär oder der Wolf ihre Weibchen länger kennen als der Widder, der Stier, der Hirsch oder all die übrigen Vierbeiner die ihren. Im Gegenteil, wäre die Hilfe des Männchens nötig, damit das Weibchen seine Jungen am Leben erhalten kann, müßte das vor allem bei den Arten der Fall sein, die nur von Pflanzen leben, weil hier das Muttertier sehr viel Zeit braucht, um zu grasen, und währenddessen gezwungen ist, seine Nachkommenschaft zu vernachlässigen, wohingegen die Beute einer Bärin oder Wölfin im Nu verschlungen ist und ihnen mehr Zeit bleibt, ihre Jungen zu säugen, ohne selbst hungrig zu sein. Diese Überlegung wird bestätigt, wenn man die jeweilige Anzahl von Zitzen und Jungen betrachtet, durch die sich die fleischfressenden Arten von den pflanzenfressenden unterscheiden, worüber ich in Anmerkung 8 gesprochen habe. Wenn diese Beobachtung richtig und allgemeingültig ist, liefert sie, angesichts der Tatsache, daß die Frau nur zwei Brüste hat und Mehrlingsgeburten selten sind, einen gewichtigen Grund mehr, daran zu zweifeln, daß die Menschen von Natur aus Fleischfresser sind. Um Lockes Schluß zu ziehen, müßte man daher seine Argumentation vollständig umkehren. Die von ihm getroffene Unterscheidung hat hinsichtlich der Vögel keine bessere Grundlage. Wer ließe sich einreden, daß die Gemeinschaft von Männchen und Weibchen bei den Geiern und Raben dauerhafter ist als bei den Turteltauben? Wir haben zwei Arten von Hausvögeln, nämlich Ente und Taube, deren Beispiel der Theorie von Locke direkt widerspricht. Der Täuberich, der nur von Körnern lebt, bleibt mit seiner Taube verbunden, und beide ziehen gemeinsam ihre Jungen auf. Der Erpel, dessen Gefräßigkeit ja bekannt ist, kümmert sich weder um sein Weibchen noch um seine Jungen und trägt nichts zu deren Nahrung bei. Auch bei den nicht weniger fleischfressenden Hühnern kann man nicht beobachten, daß sich der Hahn in irgendeiner Weise um die Brut bemüht. Wenn sich bei anderen Arten das Männchen mit dem Weibchen in die Sorge um die Fütterung der Jungen teilt, dann deshalb, weil die Vögel, die zunächst nicht fliegen und von ihrer Mutter nicht gesäugt werden können, sehr viel weniger in der Lage sind, auf den Beistand des Vaters zu verzichten, als die Vierbeiner, denen die Zitzen der Mutter, wenigstens eine Zeitlang, genügen.

3. Reichlich ungewiß ist das Hauptfaktum, auf dem die gesamte Überlegung Lockes aufbaut. Denn um zu wissen, ob im reinen Naturzustand die Frau, wie er behauptet, für gewöhnlich ein weiteres Mal schwanger ist und ein neues Kind zur Welt bringt, lange bevor das vorangehende selbst für sich sorgen kann, braucht man Erfahrungen, die Locke gewiß nicht hat machen können und die niemand zu machen imstande ist. Das ständige Zusammenleben von Mann und Frau ist eine so naheliegende Gelegenheit, sich einer erneuten Schwangerschaft auszusetzen, daß es schwierig ist, zu glauben, die zufälligen Begegnungen oder der bloße Antrieb des Instinktes hätten im reinen Naturzustand ebenso häufig Wirkungen gezeitigt wie in der ehelichen Gemeinschaft. Ein langsamerer Rhythmus würde vielleicht zu kräftigeren Kindern führen und könnte ausgeglichen werden durch die bis in ein höheres Alter verlängerte Empfängnisfähigkeit der Frauen, die sich in ihrer Jugend weniger verbraucht hätten. Was die Kinder betrifft, so gibt es manchen Grund zu der Annahme, daß ihre Kräfte und Organe bei uns später entwickelt sind als in dem ursprünglichen Zustand, von dem ich rede. Die angeborene Schwäche, die sie aus der Konstitution ihrer Eltern beziehen, die Sorgfalt, mit der all ihre Gliedmaßen eingewickelt und eingezwängt werden, die Verweichlichung, in der sie aufwachsen, vielleicht auch die Aufnahme einer anderen als der mütterlichen Milch, all dies behindert und verlangsamt bei ihnen die ersten Schritte der Natur. Auch die Beschäftigung mit tausend Dingen, zu denen man sie anhält und auf die man dauernd ihre Aufmerksamkeit lenkt, während man ihre körperlichen Fähigkeiten in keiner Weise ausbildet, kann dazu beitragen, ihr Wachstum zu hemmen. Wenn man daher, statt auf tausenderlei Art ihren Verstand zu überfordern und zu erschöpfen, ihren Körper sich in ständiger Bewegung üben ließe, wie die Natur es zu fordern scheint, kann man annehmen, daß sie viel eher laufen, handeln und selber für die Befriedigung ihrer Bedürfnisse sorgen könnten.

4. Locke beweist bestenfalls, daß der Mann ein Motiv haben könnte, mit der Frau zusammenzubleiben, wenn ein Kind da ist, aber er beweist keineswegs, daß diese Bindung vor der Niederkunft und während der Schwangerschaftsmonate bestehen muß.

Wenn aber in diesen neun Monaten eine Frau dem Mann gleichgültig ist oder ihm sogar fremd wird, warum sollte er sie dann nach der Niederkunft unterstützen? Warum sollte er ihr helfen, ein Kind aufzuziehen, von dem er nicht einmal weiß, daß es ihm gehört, und dessen Geburt er weder gewollt noch vorausgesehen hat? Locke setzt offenbar als gegeben voraus, was in Frage steht: handelt es sich doch nicht darum, zu erfahren, warum der Mann mit der Frau zusammenbleibt, nachdem sie ein Kind geboren hat, sondern warum er dies nach der Zeugung tun sollte. Sobald die Lust befriedigt ist, braucht der Mann die bestimmte Frau und die Frau den bestimmten Mann nicht mehr. Dieser sorgt sich nicht im geringsten um die Folgen seiner Handlung, ja hat vielleicht nicht die leiseste Vorstellung von ihnen. Der eine wie die andere gehen ihrer Wege, und es ist nicht wahrscheinlich, daß sie sich am Ende von neun Monaten noch daran erinnern, einander gekannt zu haben. Denn diese Art von Gedächtnis, kraft dessen ein Individuum ein anderes für den Zeugungsakt bevorzugt, erfordert, wie ich im Text nachweise, mehr Fortschritt oder Verderbtheit des menschlichen Verstandes, als man in jenem Zustand der Animalität voraussetzen kann, um den es hier geht. Eine andere Frau kann also neuerliche Begierden des Mannes ebenso bequem erfüllen wie die, die er schon kannte, und ein anderer Mann kann die Frau befriedigen, vorausgesetzt, daß sie im Zustand der Schwangerschaft dieselbe Lust verspürt, woran man zu Recht zweifeln kann. Wenn aber im Naturzustand die Frau nach der Empfängnis die Leidenschaft der Liebe nicht mehr spürt, erwächst ihrer Gemeinschaft mit dem Mann ein um so größeres Hindernis, als sie dann kein Bedürfnis mehr hat, weder nach dem Mann, der sie geschwängert hat, noch nach irgendeinem anderen. Es gibt also für den Mann keinen Grund, dieselbe Frau, und für die Frau keinen Grund, denselben Mann aufzusuchen. Die Argumentation von Locke wird hinfällig, und all seine Dialektik hat diesen Philosophen nicht vor dem Fehler bewahrt, den Hobbes und andere gemacht haben. Sie hatten einen Sachverhalt im Naturzustand zu erklären, das heißt, als die Menschen getrennt voneinander lebten und es keinen Grund gab, aus dem heraus ein Mensch an der Seite eines bestimmten anderen bleiben wollte oder, was noch schwerer wiegt, die Menschen überhaupt beieinander leben wollten, und sie haben nicht daran gedacht, sich über die Jahrhunderte der Gesellschaft, das heißt über jene Zeiten hinauszuversetzen, in denen die Menschen immer Gründe haben zusammenzubleiben und häufig ein bestimmter Mensch Grund hat, an der Seite eines bestimmten Mannes oder einer bestimmten Frau bleiben zu wollen.

13

[Seite 223] Ich werde mich hüten, mich auf die philosophischen Überlegungen einzulassen, die man über Vorteil und Nachteil der Einführung von Sprachen anstellen müßte. Denn ich bin keiner, dem man gestattet, allgemein verbreitete Irrtümer anzugreifen, und die gebildeten Leute besitzen viel zu großen Respekt vor ihren Vorurteilen, als daß sie geduldig meine sogenannten Paradoxien ertrügen. Lassen wir also diejenigen zu Wort kommen, denen man es nicht angekreidet hat, daß sie bisweilen wagten, die Partei der Vernunft gegen die Ansichten der Menge zu ergreifen. *»Nec quidquam felicitati humani generis decederet, si, pulsa tot linguarum peste et confusione, unam artem callerent mortales, et signis, motibus, gestibusque licitum foret quidvis explicare. Nunc vero ita comparatum est, ut animalium quae vulgo bruta creduntur, melior longe quam nostra hac in parte videatur conditio, ut pote quae promptius et forsan felicius, sensus et cogitationes suas sine interprete significent, quam ulli queant mortales, praesertim si peregrino utantur sermone.«* Is. Vossius de Poemat. Cant. et Viribus Rhythmi, S. 66.

14

[Seite 227] Indem Platon zeigt, wie notwendig selbst für das einfachste Können die Vorstellung arithmetischer Mengen und ihrer Beziehungen ist, macht er sich zu Recht über Autoren seiner Zeit lustig, die behaupteten, Palamedes habe während der Belagerung Trojas die Zahlen erfunden, als ob, sagt unser Philosoph, Agamemnon bis dahin verborgen geblieben wäre, wieviel Beine er hat. In der Tat sieht man, daß die Gesellschaft und die Künste unmöglich dahin hätten gelangen können, wo sie schon zur Zeit des Trojanischen Krieges waren, ohne daß die Menschen den Gebrauch von Zahlen und Rechenarten gekannt hätten. Daß notwendigerweise vor dem Erwerb anderer Kenntnisse die der Zahlen dagewesen sein mußte, macht jedoch deren Erfindung nicht leichter vorstellbar. Sind die Namen der Zahlen einmal bekannt, ist es dann leicht, ihre Bedeutung zu erklären und Vorstellungen zu wecken, die diese Namen repräsentieren, aber um sie zu erfinden, mußte man sich vorneweg mit philosophischen Gedankengängen sozusagen angefreundet und sich darin geübt haben, die Lebewesen allein in ihrer Essenz, losgelöst von jeder anderen Wahrnehmung anzuschauen, was eine sehr mühselige, metaphysische und wenig natürliche Abstraktion ist; doch ohne sie hätte man jene Vorstellungen niemals von der einen auf die andere Ebene übertragen können und wären die Zahlen nicht universal geworden. Ein Wilder konnte sein rechtes Bein getrennt von seinem linken oder beide unter der ungeschiedenen Vorstellung des Paares betrachten, ohne je auf den Gedanken zu kommen, daß er zwei Beine hatte; denn die abbildende Vorstellung, die uns einen Gegenstand malt, ist etwas anderes als der numerische Begriff, der ihn definiert. Noch weniger konnte der Wilde bis fünf zählen, und obwohl er beim Aneinanderlegen seiner Hände hätte bemerken können, daß die Finger einander genau entsprachen, lag ihm der Gedanke an ihre numerische Gleichheit sehr fern. Er konnte ebensowenig seine Finger zählen wie seine Haare. Und wenn jemand ihm begreiflich gemacht hätte, was Zahlen sind, um ihm dann zu sagen, daß er an den Füßen ebensoviel Zehen wie Finger an den Händen habe, wäre er wohl höchst erstaunt gewesen, beim Vergleich festzustellen, daß das stimmte.

15

[Seite 231] Man darf Selbstsucht und Eigenliebe nicht verwechseln, weil beide in Wesen und Wirkung sehr unterschiedlich sind. Die Eigenliebe ist ein natürliches Gefühl, das jedes Lebewesen zur Selbsterhaltung drängt und das beim Menschen, von der Vernunft geleitet und vom Mitleid beeinflußt, Humanität und Tugend hervorbringt. Die Selbstsucht ist nur ein bedingtes und künstliches, in der Gesellschaft entstandenes Gefühl, das den einzelnen dazu drängt, von sich selbst mehr Aufhebens zu machen als von jedwedem anderen, das den Menschen die Schlechtigkeiten eingibt, die sie sich wechselseitig antun, und die eigentliche Wurzel des Ehrbegriffes bildet.

Dies vorausgesetzt, sage ich, daß es in unserem ursprünglichen, dem wahren Naturzustand die Selbstsucht nicht gegeben hat. Weil dort nämlich jeder Mensch sich als den einzigen Beobachter seiner selbst ansieht, als das einzige Wesen auf der Welt, das sich für ihn interessiert, als einzigen Beurteiler seiner Verdienste, kann unmöglich ein Gefühl in seiner Seele gekeimt haben, das seine Quelle in Vergleichen hat, die über seinen Horizont hinausgehen. Aus demselben Grund kennt der Mensch im Naturzustand weder Haß noch Rachsucht, Gefühle, die nur aus der Ansicht, beleidigt worden zu sein, erwachsen können. Und weil nicht die Übel als solche, sondern die Verachtung oder die Absicht zu schaden eine Beleidigung darstellen, können Menschen, die sich weder zu schätzen noch miteinander zu vergleichen wissen, einander zwar alle mögliche Gewalt antun, wenn ihnen das irgendwelchen Nutzen bringt, aber sie werden sich nie dabei beleidigen. Kurz, ein Mensch, der seinesgleichen kaum anders betrachtet, als er andere Arten von Lebewesen betrachten würde, kann dem Schwächeren die Beute rauben oder die eigene an einen Stärkeren abtreten und diese Übergriffe als natürliche Ereignisse auffassen, ohne die geringste Regung von Frechheit oder Verdruß, ohne anderes Gefühl als Schmerz oder Freude über einen guten oder schlechten Erfolg.

16

[Seite 249] Es ist eine äußerst bemerkenswerte Angelegenheit, daß die Europäer, die sich seit so vielen Jahren abmühen, Wilden aus allen Teilen der Welt unsere Lebensweise beizubringen, bislang keinen einzigen dafür zu gewinnen vermochten, nicht einmal dem christlichen Glauben zuliebe, denn unsere Missionare machen mitunter Christen, nie aber zivilisierte Menschen aus ihnen. Nichts vermag die unbezwingliche Abneigung zu überwinden, die sie gegen unsere Sitten und ein Leben nach unserer Art hegen. Wären diese armen Wilden so unglücklich, wie man behauptet, durch welche unbegreifliche Urteilstrübung würden sie sich dann fortwährend weigern, unsere Zivilisation nachzuahmen und zu lernen, glücklich unter uns zu leben? Statt dessen liest man an tausend Stellen, daß Franzosen und andere Europäer freiwillig zu diesen Völkern geflüchtet sind und ihr ganzes Leben dort verbrachten, ohne mehr eine so seltsame Lebensweise aufgeben zu können. Man hört sogar verständige Missionare voller Rührung den Verlust der ruhigen und unschuldigen Tage beklagen, die sie bei jenen so verachteten Völkern zugebracht haben. Wenn man einwendet, daß die Wilden nicht genug Vernunft besitzen, um ihre Lage und die unsrige richtig zu beurteilen, erwidere ich, daß die Einschätzung von Glück weniger eine Sache des Verstandes als des Gefühls ist. Im übrigen kann sich dieser Einwand erst recht gegen uns kehren, denn der Abstand zwischen unseren Vorstellungen und dem Geisteszustand, in dem man sich befinden müßte, um den Geschmack zu begreifen, den die Wilden an ihrem Leben haben, ist größer als der zwischen ihrer Ideenwelt und den Vorstellungen, die ihnen die unsrige verständlich machen. In der Tat können sie nach einiger Beobachtung erkennen, daß all unsere Anstrengungen sich ausschließlich auf zwei Dinge richten, nämlich ein angenehmes Leben für uns selbst und Wertschätzung durch die anderen. Wie aber können wir uns das Vergnügen vorstellen, das ein Wilder daran findet, sein Leben allein, mitten in den Wäldern zuzubringen oder in eine armselige Flöte zu blasen, ohne daß er ihr je einen Ton entlockt noch sich darum schert, es zu lernen?

Man hat mehrmals Wilde nach Paris, nach London oder in andere Städte geführt, man hat geflissentlich unseren Luxus, unsere Reichtümer, unsere nützlichsten und seltsamsten Kunstfertigkeiten vor ihnen ausgebreitet, all das hat ihnen nie etwas anderes als stumpfe Bewunderung, ohne die leiseste Regung von Begehrlichkeit, abgenötigt. Ich erinnere mich unter anderem an die Geschichte von einem nordamerikanischen Indianerhäuptling, den man vor rund dreißig Jahren an den englischen Hof brachte. Dort führte man ihm tausenderlei Dinge vor, um ihm etwas zu schenken, das ihm gefiele, doch man fand nichts, woraus er sich etwas zu machen schien. Unsere Waffen fand er schwer und unbequem, unsere Schuhe taten seinen Füßen weh, unsere Kleidung störte ihn, alles verwarf er. Schließlich bemerkte man, daß er eine Wolldecke genommen hatte und es ihm anscheinend gefiel, sie sich um die Schultern zu hängen. Also wenigstens gebt Ihr, sagte man gleich zu ihm, die Nützlichkeit dieses Dinges zu? Ja, antwortete er, das erscheint mir fast ebenso gut wie eine Tierhaut. Und selbst das hätte er nicht gesagt, wenn er den einen wie den anderen Umhang bei Regen getragen hätte.

Vielleicht wird man mir entgegnen, daß allein die Gewohnheit, aus der jeder der eigenen Lebensweise anhängt, die Wilden daran hindere, die Vorzüge der unsrigen zu spüren; doch wenn die Sache so steht, muß es zumindest außergewöhnlich erscheinen, daß die Gewohnheit offenbar mehr Macht besitzt, den Wilden den Geschmack an ihrem Elend als den Europäern den Genuß an ihrer Glückseligkeit zu erhalten. Aber um auf den genannten Einwand eine Antwort zu geben, der sich nicht das geringste entgegenhalten läßt, will ich, ohne von den Eskimos und den Bewohnern Islands zu sprechen, die man in Dänemark anzusiedeln versucht hat und die alle aus Trauer und Verzweiflung zugrunde gegangen sind, sei es, daß sie an Entkräftung starben oder im Meer ertranken beim Versuch, in ihre Heimat zurückzuschwimmen, nur ein einziges Beispiel anführen, das zuverlässig bezeugt ist und das ich den Bewunderern europäischen Lebensstils zu durchdenken gebe.

»Alle Bemühungen der holländischen Missionare vom Kap der Guten Hoffnung haben nie einen einzigen Hottentotten zu bekehren vermocht. Van der Steel, Gouverneur am Kap, hatte einen Eingeborenen als Kind zu sich genommen und ließ ihn nach den Regeln christlichen Glaubens und in der Praxis europäischer Sitten aufziehen. Man kleidete ihn üppig, ließ ihn mehrere Sprachen lernen, und seine Fortschritte entsprachen durchaus der Mühe, die man sich mit seiner Erziehung gab. Da der Gouverneur große Hoffnung in seine Geistesgaben setzte, sandte er ihn nach Indien, zusammen mit einem Generalbevollmächtigten, der ihn erfolgreich in die Geschäfte der Handelsgesellschaft einführte. Nach dessen Tod kehrte der Hottentotte ans Kap zurück. Einige Tage nach seiner Rückkehr beschloß er während eines Besuches bei Verwandten, sich seines europäischen Putzes zu entledigen, um sich wieder mit einem Lammfell zu bekleiden. In dieser neuen Aufmachung kam er ins Fort zurück, beladen mit einem Bündel, das seine ehemaligen Kleider enthielt und das er dem Gouverneur mit folgender Rede übergab: *Habt die Güte, zu beachten, mein Herr, daß ich für immer auf diesen Putz verzichte. Ich entsage auch für mein ganzes Leben dem christlichen Glauben, denn es ist mein Entschluß, in der Religion, den Sitten und Gebräuchen meiner Ahnen zu leben und zu sterben. Der einzige Gefallen, um den ich Euch bitte, ist, daß Ihr mir die Halskette laßt und das Messer, das ich trage. Ich will sie aus Liebe zu Euch behalten.* Ohne die Antwort van der Steels abzuwarten, eilte er sogleich von dannen, und man sah ihn am Kap niemals wieder.« *Hist. des Voyages*, Band 5, S. 175.

17

[Seite 254] Man könnte mir entgegenhalten, daß in einer derartigen Unordnung die Menschen, statt einander hartnäckig umzubringen, sich zerstreut hätten, sofern dem keine Grenzen gesetzt waren. Aber erstens gibt es zumindest die Begrenzung dieser Welt, und wenn man an den außerordentlichen Bevölkerungsreichtum denkt, der aus dem Naturzustand resultiert, kann man sich vorstellen, daß es nicht lange gedauert hätte, bis die Menschen die gesamte Erde besiedelt hätten und somit gezwungen gewesen wären, mit ihresgleichen zusammen zu leben. Im übrigen hätten sie sich verstreut, wenn der Übelstand plötzlich eingetreten wäre, als Veränderung von einem Tag zum anderen, aber sie wurden bereits unter dem Joch geboren und waren gewohnt, es zu tragen, als sie seine Last zu fühlen begannen. So begnügten sie sich damit, auf eine Gelegenheit zu warten, es abzuwerfen. Sie waren schließlich schon an tausend Bequemlichkeiten gewöhnt, die sie zwangen zusammenzubleiben. Sich voneinander zu trennen war nicht mehr so einfach wie in den Anfangszeiten, in denen jeder nur sich selbst brauchte und seine Entschlüsse faßte, ohne die Zustimmung eines anderen abzuwarten.

18

[Seite 256] Marschall von V. erzählte, daß auf einem seiner Feldzüge die ganze Armee unter den maßlosen Gaunereien eines Lebensmittellieferanten zu leiden hatte und zu murren begann, so daß er diesen Mann heftig ausschalt und ihm drohte, er werde ihn hängen lassen. Diese Drohung gilt nicht für mich, erwiderte frech der Gauner, zum Glück kann ich Ihnen sagen, daß man einen Mann, der über hunderttausend Taler verfügt, nicht hängt. Ich weiß nicht, wie es geschah, fügte der Marschall naiv hinzu, aber der Mann wurde tatsächlich nicht gehängt, obwohl er es hundertmal verdient hätte.

19

[Seite 268] Die distributive Gerechtigkeit würde sich gegen die strenge Gleichheit des Naturzustandes selbst dann sträuben, wenn diese in der Gesellschaft zu verwirklichen wäre. Da alle Bürger eines Staates ihm die ihren Fähigkeiten und Kräften angemessenen Dienste schulden, müssen die Staatsbürger ihrerseits gemäß ihren Diensten geachtet und begünstigt werden. In diesem Sinn ist ein Passus von Isokrates zu verstehen, in dem er die ersten Athener lobt, weil sie wohl zu unterscheiden wußten, welche die vorteilhaftere von zwei Arten der Gleichheit ist, deren eine darin besteht, alle Staatsbürger unterschiedslos dieselben Vorteile genießen zu lassen, die andere darin, sie den jeweiligen Verdiensten entsprechend zu verteilen. Diese geschickten Politiker, fügt Isokrates hinzu, verbannten die ungerechte Gleichheit, die keinen Unterschied zwischen Schlechten und Guten macht, und hielten sich unverbrüchlich an die, die jeden nach seinem Verdienst belohnt und bestraft. Doch erstens hat niemals eine Gesellschaft existiert, welchen Grad an Verderbnis sie auch erreicht haben mochte, in der man keinerlei Unterschied zwischen schlechten und rechtschaffenen Leuten gemacht hätte, und auf dem Gebiet der Sitten, wo das Gesetz kein so genaues Maß festlegen kann, daß es der Obrigkeit als Richtschnur zu dienen vermöchte, ist es sehr klug, wenn das Gesetz den Beamten, um nicht Schicksal und Rang der Staatsbürger in ihr Belieben zu stellen, das Urteil über die Personen untersagt und nur das über die Handlungen zubilligt. Allein Sitten, die so rein sind wie die der alten Römer, können Zensoren ertragen: bei uns hätten ähnliche Tribunale bald alles durcheinandergebracht. Daher obliegt es der öffentlichen Meinung, zwischen Schlechten und Guten zu unterscheiden. Die Obrigkeit urteilt nur streng nach dem Gesetz, das Volk hingegen ist der eigentliche Richter über die Sitten, ein integrer und derart aufgeklärter Richter, daß man ihn bisweilen täuschen, nie aber korrumpieren kann. Die Rangordnung der Bürger darf also nicht nach ihrem persönlichen Verdienst, denn dies gäbe den Beamten die Mittel, eine nahezu willkürliche Anwendung der Gesetze vorzunehmen, sondern muß nach den tatsächlichen Diensten geregelt werden, die sie dem Staat erweisen und die eine genaue Einschätzung zulassen.

FRAGMENT EINES ENTWURFES ZUR ABHANDLUNG ÜBER DIE UNGLEICHHEIT

… Kraft neuer Gedankenverbindungen, kraft der Gewöhnung ans Beobachten und Überlegen *erreichte* der menschliche Verstand schließlich *jene* Stufe der Vollkommenheit, zu der er befähigt ist, und an seinen Grenzen angelangt, *trachtete er*, sie zu überschreiten. Kaum aus dem Tierreich herausgetreten, wollte der Mensch sich *alsbald* über die Engel erheben. Er hatte gerade erst die erhabenen Wahrheiten entdeckt, die die echten Grundlagen von Gerechtigkeit und Tugend sind und deren Kenntnis seine wirkliche Größe ausmacht, da schickte er sich an, in Geheimnisse einzudringen, die sein Erkenntnisvermögen übersteigen. Indem es ihm *zur Gewohnheit wurde*, über die Dinge zu urteilen, geriet er, von Irrtum zu Irrtum, in die beschämendsten Verirrungen. Ich will mich *nicht* damit aufhalten, zu zeigen, welche Wahnsinnstaten und Verbrechen *diese hoffärtige Neugier* herbeigeführt, wie viele Götzenbilder sie errichtet und welchen Fanatismus sie geweckt hat; *ich werde mich* mit dem Hinweis begnügen, daß sie eine neue Art von Ungleichheit hervorbrachte, die weder *von* Natur aus, nicht einmal durch Konventionen, sondern allein auf Grund von Hirngespinsten zustande gekommen und die unvernünftigste und zugleich gefährlichste von allen *ist*. Es trat eine Sorte seltsamer Menschen auf, die, indem sie sich zu Deutern der unverständlichen Dinge aufwarfen, alle anderen ihren Beschlüssen zu unterwerfen trachteten und mit Geschick ihre absurden und eigennützigen Maximen an die Stelle der redlichen Vernunft setzten, so daß sie die Völker unmerklich von den Pflichten der Menschlichkeit und den Regeln der Moral, *über die sie ja nicht nach Belieben verfügen konnten*, abbrachten und ihnen gewissenlose oder verbrecherische Handlungen aufzwangen, über die sie allein Freispruch oder Urteil verhängten.

Todfeinde der Gesetze und ihrer Hüter, waren sie ständig bereit, Übergriffe der *hohen* Obrigkeit zu rechtfertigen, *um selbst desto leichter* gesetzliche Befugnisse an sich zu reißen. *Immerfort von rein geistigen Rechten* redend, gingen sie so erfolgreich zu Werk, daß Vermögen, Leben und Freiheit der *Bürger* erst dann in Sicherheit waren, wenn diese sich ihnen auslieferten. Ihre Macht war um so furchtbarer, als sie *sich dreist* zu alleinigen Richtern in eigener Sache *aufwarfen* und, indem sie keine gemeinsamen Maßstäbe für sich und die übrigen Menschen duldeten, *alle menschlichen Rechte umstürzten und vernichteten*, ohne daß man ihnen je nachweisen konnte, daß sie ihre Befugnisse überschritten. Hätte nicht der Himmel selbst gesprochen und *Gottes* Stimme die Menschen nicht über die *wahre* Religion belehrt, der sie folgen sollten, hätte *sein Wort* nicht durch Offenbarung die *heiligen* Grenzen weltlicher und geistlicher Macht festgesetzt, wer weiß, wie weit schließlich, *urteilt man nur nach dem natürlichen Lauf der Dinge*, götzendienerische und ehrgeizige Priester, die *die Völker durch Aberglauben* und die Obrigkeiten durch Einschüchterung *beherrschten*, ihre Frevel *getrieben* und das Elend des Menschengeschlechts gesteigert hätten.

Man ahnt *zumindest*, wie sehr solche Menschen, *bis auf übernatürlichem Weg die wahre Religion eingesetzt wurde, die Oberen* in ihrem Tun ermunterten, denn um die *eigenen Absichten leichter durchzusetzen*, wollten sie den Staat verhaßt machen und die Völker darauf *vorbereiten*, ohne Murren mit anzusehen, wie sie selbst eines Tages die Macht an sich rissen, die dieser mißbraucht hatte.

Jene gefährlichen Menschen waren es, die als erste die Obrigkeit dazu antrieben, *ihre Rechte zu erweitern, um sie besser ausgebaut vorzufinden, wenn es an der Zeit wäre, sich selbst ihrer zu bemächtigen*. Sie waren es, die die Oberen zum Mißbrauch ihrer Rechte anstachelten, um sie dem Volk verhaßt zu machen, damit es leichter duldete, selbst *eines Tages* durch sie entrechtet zu werden. Sie waren es auch, die *bisweilen* das Volk zum Aufstand brachten, um ihre Macht zu erproben, *um* den Führenden Furcht einzuflößen und sie an die Hinnahme ihres Schiedsspruches zu gewöhnen. Von langer Hand bereiteten sie die Umwälzungen vor, durch welche sie eines Tages

glauben, ohne *zu begreifen*, urteilen, ohne zu wissen, in den Chimären der Einbildungskraft Heilmittel gegen Übel zu suchen, für die es keine gab, und Stärkung angesichts der Schwäche der eigenen Natur – aus all diesem entsprangen Magie, *Wahrsagerei, Gaukelkünste*, Astrologie und andere *übernatürliche* Phantastereien, die die Vernunft beschämen, die Einfältigen in Bewunderung versetzen und die Betrüger triumphieren lassen.

und zu willkürlichen Strafen und Belohnungen, *um*

ANTWORT
AN VOLTAIRE

Paris, 10. Sept. 1755

An mir ist es, mein Herr, Ihnen in jeder Hinsicht zu danken. Als ich Ihnen den Entwurf meiner traurigen Träumereien vorlegte, habe ich nicht geglaubt, Ihnen ein Geschenk zu machen, das Ihrer würdig wäre, sondern ich wollte mich einer Pflicht entledigen und Ihnen eine Huldigung zukommen lassen, die wir alle Ihnen als unserem Meister schulden. Mich berührt übrigens die Ehre, die Sie meinem Vaterland erweisen, ich teile die Dankbarkeit meiner Mitbürger und hoffe, daß sie nur noch größer wird, wenn diese sich erst die Unterrichtungen zunutze gemacht haben, die Sie ihnen geben können. Verschönern Sie den Zufluchtsort, den Sie gewählt haben, und klären Sie ein Volk auf, das Ihrer Lehren würdig ist. Sie, der Sie Tugend und Freiheit so wohl zu schildern wissen, lehren Sie uns, sie in unseren Mauern genauso zu schätzen wie in Ihren Schriften. Jeder, der zu Ihnen kommt, muß von Ihnen den Weg des Ruhmes erlernen.

Sie sehen, daß ich nicht danach strebe, unsere Einfalt wiederherzustellen, obgleich ich für mein Teil das wenige, das ich davon verloren habe, sehr bedaure. Was Sie betrifft, mein Herr, wäre die Rückkehr dahin ein Wunder, so groß und so schädlich zugleich, daß es nur Gott zustünde, es zu vollbringen, und dem Teufel allein, es zu wollen. Versuchen Sie also nicht, wieder auf allen vieren zu gehen; niemandem auf der Welt gelänge das weniger als Ihnen. Sie stellen uns zu gut auf unsere zwei Füße, als daß Sie aufhören sollten, sich auf den Ihrigen zu halten.

Ich gebe all das Mißgeschick zu, welches die berühmten Männer der Feder verfolgt; ich gebe sogar all die Übel zu, die der Menschheit anhaften, unabhängig, wie es scheint, von unserem eitlen Wissen. Die Menschen haben sich selbst so viele Quellen des Elends erschlossen, daß sie, auch wenn der Zufall eine von ihnen ausläßt, kaum weniger davon überschwemmt werden. Übrigens gibt es im Fortschritt der Dinge verborgene Zusammenhänge, die der gemeine Verstand nicht wahrnimmt, die aber dem Blick des Weisen nicht entgehen können, wenn er nur darüber nachdenkt. Es waren weder Terenz noch Cicero, Vergil, Seneca oder Tacitus, weder die Gelehrten noch die Dichter waren es, die das Unglück Roms und die Untaten der Römer hervorgebracht haben: jedoch ohne das schleichende und unauffällige Gift, das allmählich die gesündeste Regierung, von der die Geschichte zu berichten weiß, zersetzte, hätten weder Cicero noch Lukrez oder Sallust existiert und geschrieben. Das liebenswerte Zeitalter des Laelius und Terenz bereitete von fern die glänzende Epoche von Augustus und Horaz vor, schließlich die furchtbaren Zeiten von Seneca und Nero, Domitian und Martial. Der Geschmack an Literatur und Kunst entsteht bei einem Volk aus einem inneren Gebrechen, das er verschlimmert; und wenn es zutrifft, daß alle menschlichen Fortschritte der Gattung zum Verhängnis werden, so führen die Fortschritte des Geistes und der Erkenntnis, die unseren Hochmut steigern und unsere Verirrungen mehren, alsbald zur Beschleunigung unseres Unglücks. Aber es kommt eine Zeit, in der das Übel so groß ist, daß gerade die Dinge, die es verursachten, notwendig werden, um es an weiterem Wachstum zu hindern, gleich der Klinge, die man in der Wunde lassen muß, damit der Verletzte nicht stirbt, wenn man sie herauszieht. Was mich betrifft, so wäre ich, hätte ich meiner ersten Neigung nachgegeben und weder gelesen noch geschrieben, zweifellos damit glücklicher geworden. Würde aber die Literatur jetzt vernichtet, wäre ich des einzigen Vergnügens beraubt, das mir noch bleibt. In ihrem Schoß tröste ich mich über all mein Leid, und bei denen, die sie pflegen, koste ich alle Annehmlichkeiten der Freundschaft und lerne es, das Leben zu genießen, ohne den Tod zu fürchten. Der Literatur verdanke ich das wenige, das ich bin, ich verdanke ihr sogar die Ehre, von Ihnen gekannt zu werden. Aber fragen wir nach der Absicht in unseren Handlungen und nach der Wahrheit in unseren Schriften. Obgleich es Philosophen, Historiker und Gelehrte geben muß, damit sie die Welt aufklären und ihre blinden Bewohner leiten, kenne ich doch, wenn der weise Memnon wahr gesprochen hat, nichts Verrückteres als ein Volk von Weisen.

Geben Sie zu, mein Herr: Wenn es gut ist, daß große Geister die Menschen unterweisen, ist es nötig, daß der gemeine Mann ihre Unterweisungen entgegennimmt. Wenn jeder sich damit befaßt, Lehren zu erteilen, wer wird sie dann noch empfangen wollen? Die Lahmen, sagt Montaigne, sind für Leibesübungen und die lahmen Seelen für die Übungen des Geistes schlecht geeignet.

In diesem gelehrten Jahrhundert aber sieht man nur Lahme, die andere das Gehen lehren wollen. Das Volk empfängt die Werke der Weisen, um über sie zu urteilen, und nicht, um sich zu unterrichten. Niemals hat man so viele Dandins erlebt. In den Theatern wimmelt es von ihnen, die Cafés hallen wider von ihren Sentenzen, sie verkünden sie in den Zeitungen, die Quais sind mit ihren Schriften gepflastert, und ich höre, daß *L'Orphelin*[1], weil man ihm Beifall spendet, von irgendeinem Stümper getadelt wird, der sowenig imstande ist, die Mängel des Stückes zu sehen, wie seine Schönheiten auch nur zu ahnen.

Wenn wir nach dem Ursprung der Mißstände in der Gesellschaft forschen, werden wir finden, daß alle Leiden der Menschheit weit eher vom Irrtum herkommen als aus der Unwissenheit. Was wir nicht wissen, schadet uns sehr viel weniger als das, was wir zu wissen glauben. Denn was läßt uns sicherer von Irrtum zu Irrtum eilen als die Sucht, alles zu wissen? Hätte man nicht zu wissen behauptet, daß die Erde sich nicht dreht, hätte man Galilei nicht dafür bestraft, daß er sagte, sie drehe sich. Hätten allein die Philosophen den Namen Philosoph für sich beansprucht, wäre die Enzyklopädie von niemandem verfolgt worden. Strebten nicht hundert Wichte nach Ruhm, könnten Sie den Ihren in Ruhe genießen oder hätten Sie zumindest Rivalen, die Ihrer würdig sind.

Seien Sie also nicht überrascht, wenn Sie einige unvermeidliche Dornen an den Blumen spüren, mit denen die großen Talente umkränzt sind. Die Schmähreden Ihrer Feinde sind das Beifallsgeschrei der Satyrn, das den Triumphzügen folgt. Gerade das starke Interesse des Publikums an allem, was Sie schreiben, hat

[1] Tragödie von Voltaire, die man damals spielte.

zu den Diebstählen geführt, über die Sie sich beklagen, indes sind die Fälschungen nicht leicht zu bewerkstelligen, denn weder Eisen noch Blei gehen eine Verbindung mit Gold ein. Erlauben Sie mir, dem an Ihrer Ruhe und unserer Belehrung gelegen ist, Ihnen zu sagen: Verachten Sie den eitlen Lärm, mit dem man weniger versucht, Ihnen Böses zuzufügen, als vielmehr, Sie vom rechten Tun abzubringen. Je mehr man Sie kritisiert, desto größere Bewunderung werden Sie finden. Ein gutes Buch ist eine furchtbare Antwort auf gedruckte Verunglimpfungen. Wer würde wagen, Ihnen Schriften zu unterschieben, die Sie nicht verfaßt haben, solange Sie nur Unnachahmliches produzieren?

Von Ihrer Einladung bin ich sehr angetan, und wenn mein Zustand nach diesem Winter mir erlaubt, im Frühjahr meine Heimat aufzusuchen, werde ich dort gern Ihre Freundlichkeit in Anspruch nehmen. Ich würde allerdings lieber das Wasser aus Ihrem Brunnen als die Milch Ihrer Kühe trinken. Und was Ihren Obstgarten betrifft, so fürchte ich, dort keine anderen Pflanzen zu finden als Lotos, den das dumme Vieh nicht frißt, und Molys, der die Menschen daran hindert, zu selbigem zu werden.

Ich bin von ganzem Herzen und mit Hochachtung etc.

BRIEF
VON JEAN-JACQUES ROUSSEAU
AN HERRN PHILOPOLIS

Sie wollen, mein Herr, daß ich Ihnen antworte, da Sie mir Fragen stellen. Diese betreffen übrigens ein Werk, das meinen Mitbürgern gewidmet ist. Indem ich es verteidige, muß ich die Ehre rechtfertigen, die sie mir erwiesen, als sie es annahmen. Ich lasse beiseite, was in Ihrem Brief mich persönlich angeht, im Guten wie im Schlechten, weil das eine das andere ungefähr ausgleicht, weil es mich kaum interessiert, das Publikum noch weniger, und weil dies alles mit der Suche nach der Wahrheit nichts zu tun hat. Ich beginne also mit dem Einwand, den Sie vorbringen, denn er ist wesentlich für die Frage, die ich versucht habe zu beantworten.

Der Gesellschaftszustand, sagen Sie mir, gehe unmittelbar aus den Eigenschaften des Menschen, folglich aus seiner Natur hervor. Zu wollen, daß der Mensch sich nicht vergesellschaftet hätte, komme dem Wunsch gleich, er hätte nicht Mensch werden sollen, und es hieße Gottes Werk angreifen, wenn man sich gegen die menschliche Gesellschaft stelle. Erlauben Sie mir, mein Herr, daß ich Ihnen meinerseits ein Problem vorlege, bevor ich das Ihrige lösen werde. Ich würde Ihnen gern diesen Umweg ersparen, wüßte ich eine bessere Weise, ans Ziel zu gelangen.

Nehmen wir an, einige Gelehrte entdeckten eines Tages das Geheimnis, wie man das Altern beschleunigen kann, und die Kunst, wie man die Menschen dazu bewegt, von dieser seltenen Erfindung Gebrauch zu machen. Vielleicht ließe sich diese Überredung leichter bewerkstelligen, als es auf den ersten Blick scheint. Denn die Vernunft, dieses gewaltige Vehikel all unserer Torheiten, würde uns auch bei jener gewiß nicht im Stich lassen.

Die Philosophen vor allem und die verständigen Leute würden, um das Joch der Leidenschaften abzuwerfen und die kostbare Seelenruhe zu genießen, mit großen Schritten auf das Nestoralter zueilen und gern auf Wünsche verzichten, die sich befriedigen lassen, um sich vor jenen zu bewahren, die man unterdrücken muß. Es gäbe nur ein paar Unbesonnene, die, ob ihrer Schwäche gar errötend, törichterweise lieber jung und glücklich blieben, statt zu altern, um weise zu werden.

Nehmen wir an, daß dann ein sonderbarer, abseitiger, ein, sagen wir es rundheraus, paradoxer Geist darauf verfiele, den anderen die Absurdität ihrer Verhaltensregeln vorzuwerfen und ihnen zu beweisen, daß sie, die Ruhe suchend, in ihren Tod liefen, daß sie vor lauter Vernünftigkeit nur dummes Zeug schwätzten und daß sie, wenn sie schon eines Tages alt sein müßten, doch wenigstens versuchen sollten, es so spät wie möglich zu werden.

Es erübrigt sich die Frage, ob unsere Sophisten, aus Furcht vor der Diffamierung ihres Wundermittels, sich beeilen würden, diesem lästigen Schwätzer das Wort abzuschneiden. »Weise Greise«, würden sie zu ihren Anhängern sagen, »dankt dem Himmel für die Gnade, die er euch gewährt, und preist euch ohn Unterlaß glücklich, seinen Willen so gut befolgt zu haben. Zwar seid ihr steinalt, welk und griesgrämig, dies ist das unweigerliche Schicksal des Menschen, aber euer Verstand ist gesund; ihr seid an allen Gliedern lahm, doch euer Kopf ist desto freier; handeln könnt ihr nicht, aber ihr redet wie die Orakel, und wenn eure Schmerzen von Tag zu Tag schlimmer werden, wächst eure Weisheit doch mit ihnen. Beklagt die ungestüme Jugend, die durch ihre brutale Gesundheit der Güter beraubt ist, die eure Schwäche mit sich bringt. Glückliche Gebrechen, die um euch so viele fähige Apotheker scharen, ausgerüstet mit mehr Arzneien, als ihr Beschwerden habt, und so viele gelehrte Ärzte, die euren Pulsschlag in- und auswendig kennen und die Namen für all eure Rheumaschmerzen auf griechisch wissen, so viele eifrige Tröster und getreue Erben, die euch artig bis zur letzten Stunde begleiten. Was ginge euch an Hilfe verloren, wenn ihr es nicht verstanden hättet, euch die Übel zuzulegen, die das alles notwendig gemacht haben.«

Können wir uns nicht vorstellen, wie sie anschließend unseren unvorsichtigen Mahner anfahren und etwa so zu ihm sprechen würden:

»Schluß mit solch gottlosen Reden, dreister Schwätzer. Wagt Ihr es, dergestalt den Willen dessen zu tadeln, der die Menschheit erschaffen hat? Entspringt nicht der Zustand des Alters der Anlage des Menschen, ist es denn nicht natürlich, daß der Mensch altert? Was tut Ihr also anderes in Euren aufwieglerischen Reden, als ein Gesetz der Natur und folglich den Willen ihres Schöpfers anzugreifen? Da der Mensch altert, ist es Gottes Wille, daß er altert. Sind die Tatsachen etwas anderes als der Ausdruck seines Willens? Nehmt zur Kenntnis, daß es nicht der junge Mensch ist, den Gott hat schaffen wollen, und daß man, um geflissentlich seinen Geboten zu gehorchen, sich eilen muß, alt zu werden.«

All das einmal angenommen, frage ich Sie, mein Herr, ob der Mann mit den paradoxen Ansichten nun schweigen oder antworten und was er in diesem Fall sagen soll; ich werde dann versuchen, Ihren Einwand zu entkräften.

Da Sie mich mit meiner eigenen Theorie zu schlagen meinen, bitte ich Sie, nicht zu vergessen, daß meiner Ansicht nach die Gesellschaft für die Menschheit ebenso natürlich ist wie für den einzelnen die Altersschwäche und daß die Völker die Künste, Gesetze, Regierungen brauchen wie die Greise ihre Krücken. Der ganze Unterschied besteht darin, daß der Zustand des Alters allein aus der Natur des Menschen folgt und der Gesellschaftszustand aus dem Wesen der Menschheit, nicht, wie Sie sagen, unmittelbar, sondern nur, wie ich nachgewiesen habe, infolge bestimmter äußerer Umstände, die eintreten konnten oder auch nicht, zumindest aber früher oder später, und folglich den Fortschritt beschleunigen oder verlangsamen konnten. Mehrere dieser Umstände hängen sogar vom menschlichen Willen ab, deshalb mußte ich, um eine vollkommene Analogie herzustellen, beim Individuum das Vermögen voraussetzen, sein Altern zu beschleunigen, ebenso wie die Gattung das ihrige hinauszögern kann. Da also der Gesellschaftszustand eine letzte Stufe besitzt, die früher oder später zu erreichen die Menschen selbst in der Hand haben, ist es nicht unnütz, ihnen die Gefahr, allzu schnell darauf loszugehen, und das Elend eines Zustandes vor Augen zu führen, den sie für die Vollendung der Gattung halten.

Wenn ich die Übel aufzähle, von denen die Menschen geplagt werden und die, wie ich fest behaupte, ihr eigenes Werk sind, versichern Sie mir beide, Leibniz und Sie, daß alles gut und die Vorsehung mithin gerechtfertigt sei. Ich war weit entfernt zu glauben, daß die Vorsehung zu ihrer Rechtfertigung der Leibnizschen oder irgendeiner anderen Philosophie bedürfe. Meinen Sie selber allen Ernstes, daß ein wie immer geartetes philosophisches System untadeliger sein könnte als das Weltall und daß, um die Vorsehung zu entschuldigen, die Argumente eines Philosophen überzeugender wären als die Werke Gottes? Im übrigen, wenn man leugnet, daß das Böse existiert, leugnet man damit auf höchst bequeme Weise die Existenz des Urhebers des Bösen. Die Stoiker haben sich einst um einen geringeren Preis lächerlich gemacht.

Leibniz und Pope zufolge ist alles, was ist, gut. Gibt es Gesellschaften, dann, weil das allgemeine Wohl verlangt, daß es sie gebe; wenn es keine gibt, so will das allgemeine Wohl, daß es keine gebe, und wenn jemand die Menschen dazu überredet hätte, zum Leben in den Wäldern zurückzukehren, wäre es gut, daß sie wieder dort lebten. Man darf das Wesen der Dinge nicht mit einem Begriff von Gut und Schlecht verbinden, der allein aus ihren Beziehungen untereinander abgeleitet ist, denn die Dinge können in bezug auf das Ganze gut, doch für sich genommen schlecht sein. Was zum allgemeinen Wohl beiträgt, kann im einzelnen Fall ein Übel sein, dessen man sich entledigen darf, sobald es möglich ist. Denn wenn dieses Übel, solange man es ertragen hat, dem Ganzen nützlich war, wird das Gute, das man an seine Stelle zu setzen bestrebt ist, ihm nicht weniger nützen, wenn es nur erst stattfindet. Aus demselben Grund, aus dem alles gut ist, wie es ist, tut jemand, der den Zustand der Dinge zu verändern sucht, gut daran, daß er ihn zu ändern sucht. Und ob es gut oder schlecht ist, wenn ihm sein Vorhaben gelingt, kann man allein aus dem Ereignis und nicht aus dem Grund ersehen. Nichts verhindert dabei, daß das einzelne Übel ein wirkliches Übel ist für den, der es erleidet. Für das Ganze war es gut, daß wir zivilisiert wurden, da wir es nun einmal sind, aber für uns wäre es bestimmt besser gewesen, es nicht zu sein. Leibniz hätte aus seiner Theorie nichts zur Widerlegung dieser These ableiten können, und es ist klar, daß der wohlverstandene Optimismus nichts für und nichts gegen mich besagt.

Daher habe ich weder Leibniz noch Pope irgend etwas zu entgegnen, sondern allein Ihnen, der, ohne das allgemeine Übel, das die beiden leugnen, vom einzelnen Übel, das sie nicht leugnen, zu unterscheiden, die Behauptung aufstellt, es genüge, daß eine Sache existiert, damit man nicht mehr wünschen dürfe, sie möge anders sein. Indes, mein Herr, wenn alles gut ist, wie es ist, dann war auch alles gut, wie es war, bevor es Regierungen und Gesetze gab. Es war also zumindest überflüssig, sie einzuführen, und Jean-Jacques hätte dann mit Ihrer Theorie leichtes Spiel gegen Philopolis gehabt. Wenn in dem Sinne, wie Sie es verstehen, alles gut ist, wie es ist, wozu dann unsere Fehler korrigieren, unsere Leiden heilen, unsere Irrtümer richtigstellen? Was nützen unsere Kanzeln, Gerichte und Akademien? Warum einen Arzt holen, wenn Sie Fieber haben? Woher wissen Sie, ob nicht das Wohl des größeren Ganzen, welches Sie nicht kennen, verlangt, daß Sie in Fieberphantasien verfallen, und ob nicht die Gesundheit der Bewohner des Saturn oder Sirius unter der Wiederherstellung der Ihrigen leiden würde? Lassen Sie alles laufen, wie es will, damit alles immer gut gehe. Wenn alles zum besten bestellt ist, müssen Sie jegliche Handlung tadeln, denn eine jede führt notwendigerweise in dem Augenblick, wo sie geschieht, irgendeine Veränderung im gegebenen Zustand der Dinge herbei. Man kann also an nichts rühren, ohne Schlechtes zu tun, und der vollkommenste Quietismus wäre die einzige dem Menschen noch verbleibende Tugend. Schließlich, wenn alles gut ist, wie es ist, dann ist es gut, daß es Lappen, Eskimos, Algonkins, Chicacas, Kariben gibt, die ohne unsere Zivilisation auskommen, Hottentotten, die auf sie pfeifen, und einen Genfer, der ihnen beipflichtet. Leibniz selbst würde dies zugestehen.

Der Mensch, sagen Sie, ist so beschaffen, wie es der Platz verlangte, den er in der Welt einnehmen sollte. Aber die Menschen unterscheiden sich, je nach Zeit und Ort, so stark voneinander, daß eine derartige Logik zu höchst widersprüchlichen und wenig triftigen Ergebnissen bei den Schlüssen vom Einzelnen auf das

Allgemeine zwingen würde. Es bedarf nur eines geographischen Irrtums, um diese ganze angebliche Lehre umzustürzen, die das, was sein soll, aus dem ableitet, was man vor Augen hat. Mögen sich die Biber in Höhlen verkriechen, wird der Indianer sagen, ein Mensch muß im Freien schlafen, in einer Hängematte, die man zwischen die Bäume spannt. Nein, nein, wird der Tatar erwidern, der Mensch ist dazu geschaffen, in einem Fuhrwerk zu schlafen. Arme Leute, würden unsere Philopolisse mit mitleidsvoller Miene ausrufen, seht ihr denn nicht, daß der Mensch dazu gemacht ist, Städte zu bauen! Wenn es sich darum handelt, über die menschliche Natur nachzudenken, ist der wahre Philosoph weder Indianer noch Tatar, weder aus Genf noch aus Paris, sondern er ist Mensch.

Daß der Affe ein einfältiges Tier ist, glaube ich wohl und habe den Grund dafür genannt. Daß auch der Orang-Utan eines sei, dies nun haben Sie mir freundlicherweise beigebracht, und ich gestehe, daß angesichts der Tatsachen, die ich erwähnt habe, der Beweis hierfür mir schwierig erschien. Sie philosophieren zu gut, um sich über diese Sache so leichtfertig zu äußern wie unsere Reisenden, die bisweilen Gefahr laufen, ihresgleichen ohne viel Umstände unter die Tiere einzustufen. Daher würden Sie das Publikum gewiß zu Dank verpflichten und sogar die Naturforscher belehren, wenn Sie uns kundtäten, mit welchen Mitteln Sie diese Frage entschieden haben.

In meinem Widmungsbrief habe ich meine Vaterstadt dazu beglückwünscht, eine der besten Regierungen zu besitzen, die es geben kann. In meiner Abhandlung habe ich gefunden, daß es sehr wenige gute Regierungen geben konnte. Ich sehe nicht, wo der Widerspruch liegt, den Sie hier feststellen. Und woher wissen Sie, mein Herr, daß ich, wenn meine Gesundheit es mir erlaubte, lieber in den Wäldern leben würde als unter meinen Mitbürgern, denen ich, wie Sie wissen, zärtlich zugetan bin? Nicht nur habe ich dergleichen in meiner Abhandlung nicht gesagt, ja Sie müßten darin sogar starke Gründe gefunden haben, solch eine Lebensweise nicht zu wählen. Ich für mein Teil spüre allzusehr, wie wenig ich darauf verzichten kann, mit Menschen zu leben, die ebenso verdorben sind wie ich, und selbst ein Weiser, wenn es ihn gibt, würde heutzutage nicht mehr das Glück in der tiefsten

Einöde suchen. Wenn man kann, sollte man sich in seinem Vaterland niederlassen, um es zu lieben und ihm zu dienen. Glücklich, wer, wenn er schon diesen Vorzug entbehren muß, doch wenigstens im Schoße der Freundschaft die gemeinsame Heimat des Menschengeschlechts bewohnen kann, jenes unermeßliche Asyl, das allen Menschen offensteht, wo strenge Weisheit und übermütige Jugend sich gleich gern aufhalten, wo Menschlichkeit, Gastfreundschaft, Milde und alle Annehmlichkeiten ungezwungener Geselligkeit herrschen, wo auch der Arme noch Freunde findet, die Tugend Beispiele, die sie anspornen, der Verstand Führer, die ihn erleuchten. Dort, in diesem großen Theater des Glücks, des Lasters, zuweilen auch der Tugenden, kann man mit Gewinn das Schauspiel des Lebens betrachten. Das seine aber sollte ein jeder friedlich in seiner Heimat beenden.

Ich habe den Eindruck, mein Herr, daß Sie mich recht streng für eine Überlegung tadeln, die mir ganz richtig erscheint und die, ob richtig oder nicht, in meiner Abhandlung nicht die Bedeutung hat, die Sie ihr durch Hinzufügen eines einzigen Buchstabens zu geben belieben. *Wenn die Natur uns dazu bestimmt hat, heilig* [saints] *zu sein*, lassen Sie mich sagen, *wage ich fast zu behaupten, daß der Zustand des Nachdenkens der Natur zuwiderläuft und daß der sinnierende Mensch ein entartetes Tier ist.* Ich gestehe Ihnen, hätte ich dergestalt Gesundheit *[santé]* mit Heiligkeit *[sainteté]* verwechselt und wäre der Satz wahr, dann würde ich mich sehr geeignet fühlen, in der anderen Welt ein großer Heiliger zu werden oder mich wenigstens in dieser hier immer wohl zu befinden.

Ich komme zum Schluß, mein Herr, indem ich auf Ihre drei letzten Fragen antworte. Ich werde die Zeit nicht vergeuden, die Sie mir geben, darüber nachzudenken; die Mühe hatte ich mir vorneweg gemacht.

Würde ein Mensch oder jedwedes andere fühlende Wesen, das niemals den Schmerz kennengelernt hat, Mitleid empfinden oder erschüttert sein beim Anblick eines Kindes, das man umbringt? Ich sage nein.

Warum weidet sich der Pöbel, dem Herr Rousseau eine so große Portion Mitleid zugesteht, derart begierig am Schauspiel eines Unglücklichen, der, aufs Rad geflochten, verendet? Aus demselben Grund, aus dem Sie ins Theater gehen und dort weinen, wenn Sie zusehen, wie Séide seinen Vater umbringt oder Thyest das Blut seines Sohnes trinkt. Mitleid ist ein so köstliches Gefühl, daß es nicht verwunderlich ist, wenn man es zu erleben sucht. Im übrigen hegt jeder eine geheime Neugier, die Regungen der Natur beim Nahen jenes gefürchteten Augenblicks zu studieren, dem niemand entgehen kann. Hinzu kommt das Vergnügen, zwei Monate lang der Redner des Viertels zu sein und den Nachbarn pathetisch den schönen Tod des letzthin Geräderten zu schildern.

Gilt bei den Tieren die Zuneigung, die die Weibchen ihrem Nachwuchs bezeigen, den Jungen oder der Mutter selbst? Zuerst der Mutter, wegen ihres eigenen Bedürfnisses, dann, mit der Gewöhnung, den Jungen, hatte ich in der Abhandlung gesagt. *Gälte sie zufällig der Mutter, wäre das Wohl der Jungen nur desto besser gesichert.* Genau das würde ich annehmen. Doch muß man diese Regel eher einschränken als erweitern. Denn es ist nicht ersichtlich, daß die Henne die Küken, sobald sie ausgeschlüpft sind, in irgendeiner Weise braucht, und doch steht ihre Mutterliebe keiner anderen nach.

Dies sind meine Antworten, mein Herr. Im übrigen beachten Sie bitte, daß ich in dieser Angelegenheit, ebenso wie bei meiner ersten Abhandlung, immer noch das Ungeheuer bin, das behauptet, der Mensch sei von Natur aus gut, und daß meine Gegner immer noch die ehrenwerten Leute sind, die zur öffentlichen Erbauung sich um den Nachweis mühen, daß die Natur nichts als Schurken hervorgebracht habe.

Ich verbleibe, soweit man es für jemand, den man nicht kennt, sein kann, mein Herr, etc.

ANTWORT
AN EINEN NATURFORSCHER

Ich weiß nicht, was es mit dieser Ähnlichkeit auf sich hat, ebensowenig weiß ich, warum der Mensch, in Ermangelung von Früchten, nicht Gras oder Knospen rupfen und sich nicht seiner Hände oder Krallen bedienen sollte, um Wurzeln auszugraben, wie es häufig sogar mehrere von uns in öden Gegenden getan haben (wo sie sehr lange von Wurzeln gelebt haben). Außerdem führt man mir ständig die langen Winter ins Feld, ohne beachten zu wollen, daß es auf mehr als der halben Erde fast keinen Winter gibt, die Bäume nicht kahl werden und das ganze Jahr über Früchte da sind. Die Argumente, die man mir entgegenhält, sind immer aus Paris, London oder irgendeinem anderen Erdenwinkel abgeleitet, während ich die meinen aus der Welt selbst zu gewinnen trachte.

Die Schwierigkeiten, die die fleischfressenden Tiere haben, in den von Menschen urbar gemachten und bestellten Gegenden Beute zu finden, wären vielleicht nicht dieselben, läge der gesamte Boden brach. Es ist sicher, daß man eine Katze oder einen Wolf in eine Lage versetzen kann, in der sie die Nahrungssuche nicht mehr als zwanzig Minuten von vierundzwanzig Stunden kosten wird. Doch ein Pferd oder ein Ochse werden, unter welchen Bedingungen auch immer, mehrere Stunden brauchen, um zu grasen, weswegen im allgemeinen der Nachteil stets auf ihrer Seite ist. Der Beweis, daß alles gut geregelt ist, ergibt sich übrigens, welche Einzelbeobachtungen man immer anstellen mag, aus der allgemeinen und unbestreitbaren Tatsache, daß die Arten Bestand haben. Freilich begreife ich, daß wir uns häufig, und ich vor allem, in der Wahl und in der Anwendung der Regeln täuschen können.

ABHANDLUNG

ÜBER DIE POLITISCHE ÖKONOMIE

Ökonomie *(moralische und politische)*, dieses Wort kommt von *oikos (Haus)* und *nomos (Gesetz)* und bedeutete ursprünglich nur die weise und rechtmäßige Führung des Hauses zum Wohl der ganzen Familie. Der Sinn dieses Begriffs ist später ausgedehnt worden auf die Führung der großen Familie, die der Staat darstellt. Um diese beiden Bedeutungen zu unterscheiden, nennt man sie im einen Fall *allgemeine* oder *politische Ökonomie* und im anderen Fall *Haushaltungskunst* oder *private Ökonomie.* Nur von der ersten soll in diesem Artikel die Rede sein. Zur *Haushaltungskunst siehe* FAMILIENVATER.

Wenn es zwischen dem Staat und der Familie so viele Übereinstimmungen gäbe, wie mehrere Autoren behaupten, so folgte daraus doch nicht, daß die Verhaltensregeln, die der einen dieser beiden Gemeinschaften angemessen sind, auf die andere übertragbar wären. Beide unterscheiden sich allzusehr im Ausmaß, um auf dieselbe Weise verwaltet werden zu können. Es wird immer einen gewaltigen Unterschied geben zwischen der Führung eines Hauses, wo der Vater alles selbst überschauen kann, und der Führung eines Staates, wo das Oberhaupt kaum anders sieht als durch die Augen anderer. Damit die Dinge sich in dieser Hinsicht glichen, müßten die Talente, die Kraft und alle Fähigkeiten des Vaters sich auf eine Weise entfalten, die der Größe der Familie entspräche, und die Geisteskraft eines mächtigen Monarchen zu der eines einfachen Mannes sich verhalten wie die Ausdehnung seines Reiches zum Erbgut eines einzelnen.

Wie aber könnte die Führung eines Staates der einer Familie gleichen, deren Grundlage von jener so verschieden ist? Da der

Vater physisch stärker ist als seine Kinder, solange seine Hilfe ihnen unerläßlich ist, gilt die väterliche Gewalt aus gutem Grund als von der Natur eingerichtet. In der großen Familie, deren Mitglieder von Natur aus alle gleich sind, kann die politische Autorität, als rein willkürlich von ihrer Einrichtung her, nur auf Vereinbarungen begründet sein und die Obrigkeit den anderen nur kraft der Gesetze gebieten. Dem Vater werden seine Pflichten von natürlichen Gefühlen diktiert, und in einem Ton, der ihm kaum erlaubt, sich zu widersetzen. Die Staatsoberhäupter unterliegen keiner vergleichbaren Regel und sind dem Volk gegenüber allein durch die ihm gegebenen Versprechungen verpflichtet, und das Volk hat das Recht, deren Einlösung zu verlangen. Ein weiterer und noch wichtigerer Unterschied besteht darin, daß die Kinder nur das besitzen, was sie vom Vater erhalten, wodurch offensichtlich ist, daß alle Eigentumsrechte bei ihm liegen oder von ihm ausgehen; das Gegenteil trifft für die große Familie zu, wo die allgemeine Verwaltung nur eingerichtet wird, um das persönliche Eigentum zu sichern, das schon vor ihr bestand. Das wichtigste Ziel der Arbeiten des ganzen Hausstandes besteht darin, das Erbe des Vaters zu wahren und zu mehren, damit er es eines Tages unter seine Kinder aufteilen kann, ohne sie der Armut anheimzugeben; hingegen ist der Reichtum des Steueramtes nur ein oft sehr falsch verstandenes Mittel, den einzelnen Frieden und Wohlstand zu erhalten. Mit einem Wort, die kleine Familie ist dazu bestimmt, zu vergehen und sich eines Tages in mehrere ihr gleichende Familien aufzulösen, während die große eingerichtet ist, in ihrem Bestand zu überdauern. Die erste muß anwachsen, um sich zu vermehren, hingegen ist es nicht allein ausreichend, wenn die andere ihren Bestand wahrt, man kann sogar bequem nachweisen, daß jede Vergrößerung ihr eher schadet als nützt.

Aus mehreren Gründen, die sich aus der Natur der Sache herleiten, muß der Vater in der Familie bestimmen. Zum ersten darf die Autorität nicht gleichermaßen auf Vater und Mutter verteilt sein, die Befehlsgewalt muß vielmehr in einer Hand liegen, und bei Meinungsverschiedenheiten ist eine ausschlaggebende Stimme unerläßlich, die entscheidet. 2. Wie leicht man auch die der Frau eigentümlichen Unpäßlichkeiten zu nehmen geneigt ist, stellen diese doch immer Zeit der Untätigkeit dar, das ist ein ausreichender Grund, sie von diesem Vorrang auszuschließen: denn wo die Waage in völligem Gleichgewicht ist, reicht ein Strohhalm, sie zum Ausschlag zu bringen. Des weiteren muß der Ehemann das Verhalten seiner Frau beaufsichtigen, weil ihm viel daran liegt, sicherzugehen, daß die Kinder, die er anerkennen und ernähren soll, niemand anderem gehören als ihm. Die Frau, die dergleichen nicht zu befürchten hat, hat nicht das gleiche Recht gegenüber dem Ehemann. 3. Die Kinder müssen dem Vater gehorchen, zuerst aus Notdürftigkeit, dann aus Dankbarkeit; nachdem sie die erste Hälfte ihres Lebens seine Fürsorge genossen haben, müssen sie die zweite Hälfte seinen Bedürfnissen widmen. 4. Was die Hausangestellten anbelangt, so schulden auch sie ihm ihre Dienste im Austausch gegen den Unterhalt, den er ihnen gewährt; es sei denn, sie lösen den Dienstvertrag, sobald er ihnen nicht mehr zusagt. Ich spreche nicht von der Sklaverei, weil sie der Natur widerspricht und weil kein Gesetz sie rechtfertigen kann.

Nichts von alledem trifft auf die politische Gesellschaft zu. Das Staatsoberhaupt ist weit davon entfernt, ein natürliches Interesse am Glück der einzelnen zu haben, ja, nicht selten sucht er das seine in ihrem Elend. Ist das Regierungsamt erblich, so gebietet oft ein Kind über Männer; ist es wählbar, zeigen sich tausend Unzulänglichkeiten in den Wahlen, und man verliert im einen wie im andern Fall alle Vorteile der väterlichen Gewalt. Wenn ihr nur ein Oberhaupt habt, seid ihr der Willkür eines Herrn ausgeliefert, der keinerlei Grund hat, euch zu lieben; habt ihr mehrere, müßt ihr zugleich deren Tyrannei und deren Zwistigkeiten ertragen. Mit einem Wort, Rechtswidrigkeiten sind unvermeidbar und ihre Auswirkungen auf jede Gesellschaft verhängnisvoll, in der das öffentliche Interesse und die Gesetze keine natürliche Gewalt besitzen und darum unaufhörlich vom persönlichen Interesse und von den Leidenschaften des Oberhaupts und der Mitglieder angegriffen werden.

Obgleich die Funktionen des Familienvaters und des ersten Beamten auf das gleiche Ziel hinauslaufen sollen, geschieht das auf sehr verschiedenen Wegen; ihre Pflichten und ihre Rechte sind so verschieden, daß man sie nicht miteinander vermengen kann, ohne sich falsche Vorstellungen von den Grundgesetzen der Gesellschaft zu bilden, ohne Irrtümern zu erliegen, die für die menschliche Gattung unheilvoll sind. In der Tat, wenn die Stimme der Natur der beste Ratgeber ist, auf den ein guter Vater hören muß, um seine Pflichten wohl zu erfüllen, so ist sie für den Beamten nur ein falscher Führer, der ihn unablässig von den Seinen zu entfernen trachtet und ihn wie den Staat früher oder später ins Verderben stürzt, wenn er nicht von der erhabensten Tugend davor bewahrt wird. Der Familienvater muß einzig darauf achten, sich vor der Verderbnis zu schützen und zu verhindern, daß die natürlichen Neigungen bei ihm entarten; aber gerade diese verderben den Beamten. Um richtig zu handeln, braucht der erste nur sein Herz zu befragen; der andere wird zum Verräter in dem Augenblick, wo er auf das seine hört: selbst seine Vernunft muß ihm suspekt sein, und er darf keiner anderen Richtschnur folgen als der öffentlichen Vernunft, die das Gesetz ist. Daher hat die Natur eine Vielzahl guter Familienväter hervorgebracht; aber es ist zweifelhaft, ob die menschliche Weisheit seit Bestehen der Welt zehn Menschen hervorgebracht hat, die in der Lage gewesen wären, ihresgleichen zu regieren.

Aus all dem, was ich gerade dargelegt habe, folgt, daß man aus gutem Grund die *öffentliche Ökonomie* von der *privaten Ökonomie* unterschieden hat und daß dieselben Verhaltensregeln nicht auf beide zutreffen können, weil der Staat mit der Familie nichts weiter gemein hat als die Verpflichtung der Oberhäupter, beide glücklich zu machen. Ich meinte, diese wenigen Zeilen sollten ausreichen, um das widerwärtige System zu zerstören, das Sir Robert Filmer in einem Werk mit dem Titel *Patriarcha* zu errichten bestrebt war und dem zwei berühmte Männer zu viel Ehre erwiesen haben, indem sie Bücher schrieben, um es zu widerlegen. Im übrigen ist dieser Irrtum sehr alt, denn selbst Aristoteles hat es für angebracht gehalten, ihn aus Gründen zu bekämpfen, die man im ersten Buch seiner *Politik* finden kann.

Ich bitte meine Leser des weiteren, wohl zu unterscheiden zwischen der *öffentlichen Ökonomie*, von der ich zu sprechen habe und die ich *Regierung* nenne, und der höchsten Autorität, die ich *Souveränität* nenne; die Unterscheidung besteht darin, daß die eine das legislative Recht besitzt und in bestimmten Fällen dem ganzen Volk Pflichten auferlegt, während die andere nur die exekutive Gewalt besitzt und nur Privatpersonen Pflichten auferlegen kann. Siehe *POLITIK* und *SOUVERÄNITÄT.*

Man erlaube mir, für einen Augenblick einen gewöhnlichen und in vieler Hinsicht wenig exakten Vergleich zu benutzen, der aber geeignet ist, mich besser verständlich zu machen.

Der Staat *[corps politique]* kann, individuell gefaßt, als ein organisierter, lebender Körper betrachtet werden, der dem des Menschen ähnelt. Die souveräne Macht stellt den Kopf dar; die Gesetze und die Gebräuche sind das Hirn, der Ursprung der Nerven und der Sitz der Erkenntniskraft, des Willens und der Sinne; die Richter und Staatsbeamten sind seine Organe; der Handel, die Gewerbe und die Landwirtschaft sind der Mund und der Magen, die für den gemeinsamen Lebensunterhalt sorgen; die öffentlichen Finanzen sind das Blut, das eine weise *Ökonomie*, indem sie die Funktionen des Herzens wahrnimmt, durch den ganzen Körper sendet, um Nahrung und Lebenskraft zu verteilen; die Staatsbürger sind der Körper und die Glieder, die die Maschine in Bewegung setzen, am Leben erhalten und arbeiten lassen und die man an keiner Stelle verletzen könnte, ohne daß die schmerzhafte Empfindung sogleich zum Gehirn gelangte, wenn das Tier sich im Zustand der Gesundheit befindet.

Das Leben des einen wie des anderen ist das dem Ganzen gemeinsame *Ich*, das Empfinden füreinander und die innere Übereinstimmung aller Teile. Kommt diese Verbindung zum Erliegen, löst sich die Einheit der Form auf und bilden die angrenzenden Teile nur noch ein Nebeneinander, der Mensch ist tot oder der Staat aufgelöst.

Der Staat ist folglich auch ein moralisches Wesen, das einen Willen hat; und dieser Gemeinwille, der immer nach Bewahrung und nach Wohlbefinden des Ganzen und jedes Teils trachtet und der die Quelle der Gesetze ist, ist für alle Glieder des Staates im Hinblick auf sie wie auf ihn die Richtschnur für Recht und Unrecht; dies ist eine Wahrheit, die, nebenbei bemerkt, zeigt, mit wie wenig Verstand so viele Schriftsteller die den Kindern Lakedaimons auferlegte Findigkeit, sich ihr frugales Mahl zu verdienen, als Diebstahl behandelt haben, als ob all das, was das Gesetz befiehlt, nicht rechtmäßig sein konnte. *Vgl. unter dem Wort*

RECHT die Quelle dieses großen und einleuchtenden Prinzips, das in jenem Artikel abgewickelt wird.

Es gilt anzumerken, daß diese in bezug auf alle Staatsbürger zuverlässige Rechtsnorm bei Ausländern unangemessen sein kann; und der Grund dafür ist offensichtlich: Ist der Wille des Staates auch allgemein im Hinblick auf seine Staatsbürger, so ist er es nicht mehr im Hinblick auf andere Staaten und deren Angehörige, für sie wird er vielmehr ein besonderer und individueller Wille, der seine Rechtsnorm im Naturgesetz hat, was ebenfalls in das aufgestellte Prinzip eingeht: denn nun wird die Welt als eine große Stadt genommen, zu dem politischen Körper, dessen Naturgesetz stets der Gemeinwille ist und dessen verschiedene Staaten und Völker nur individuelle Glieder sind.

Aus ebendiesen, auf jede politische Gesellschaft und ihre Glieder angewandten Unterscheidungen leiten sich die allgemeinsten und sichersten Regeln ab, nach denen man eine gute oder eine schlechte Regierung und allgemein die Moralität aller menschlichen Handlungen beurteilen kann.

Jede politische Gesellschaft ist aus anderen kleineren Gesellschaften verschiedener Art zusammengesetzt, von denen jede ihre Interessen und Maximen hat; aber diese Gesellschaften, die jeder wahrnimmt, weil sie eine äußere und genehmigte Form haben, sind nicht die einzigen, die tatsächlich im Staat existieren; alle Privatpersonen, die ein gemeinsames Interesse verbindet, bilden ebenso viele dauerhafte oder vorübergehende andere, deren Macht, wenn auch weniger offenkundig, doch nicht weniger wirklich ist, und wenn deren verschiedenartige Beziehungen genau beobachtet werden, führt das zur wahrhaften Kenntnis der Sitten. All diese stillschweigend bestehenden oder förmlichen Vereinigungen modifizieren auf vielfältige Weise die Erscheinungsformen des öffentlichen Willens durch den Einfluß des ihrigen. Der Wille dieser partikularen Gesellschaften hat stets zwei Seiten; für die Mitglieder der Vereinigung ist es ein allgemeiner Wille, für die große Gesellschaft ein besonderer Wille, der beim ersten Hinsehen oft redlich erscheint und schlecht beim zweiten. Jemand kann frommer Priester, tapferer Soldat oder tüchtiger Arzt und schlechter Staatsbürger sein. Ein Beschluß kann vorteilhaft für die kleine Gemeinschaft sein und sehr schädlich für die große.

Da die partikularen Gesellschaften stets denjenigen untergeordnet sind, die sie enthalten, schuldet man diesen in der Tat vor den anderen Gehorsam, die Pflichten des Staatsbürgers gehen denen des Senators vor und die des Menschen denen des Staatsbürgers: Aber leider steht das persönliche Interesse immer im umgekehrten Verhältnis zur Pflicht und wächst in dem Maße, wie die Vereinigung enger und die Verpflichtung weniger heilig wird; dies ist ein unumstößlicher Beweis dafür, daß der allgemeinste Wille immer auch der gerechteste ist und daß die Stimme des Volkes in der Tat die Stimme Gottes ist.

Daraus folgt jedoch nicht, daß die öffentlichen Beschlüsse immer gerecht sind. Es kann sein, daß sie es nicht sind, wenn es sich um auswärtige Angelegenheiten handelt; den Grund dafür habe ich angegeben. So ist es nicht unmöglich, daß eine gut regierte Republik einen ungerechten Krieg führt. Es ist auch nicht unmöglich, daß der Rat einer Demokratie schlechte Dekrete erläßt und Unschuldige verurteilt: aber das geschieht nie, wenn das Volk nicht durch Privatinteressen verführt wird, die einige geschickte Männer mit ihrer Glaubwürdigkeit und Beredsamkeit an die Stelle seiner Interessen zu setzen wissen. Also ist der öffentliche Beschluß etwas anderes als der Gemeinwille. Man halte mir also nicht die Demokratie Athens entgegen, denn Athen war in der Tat keine Demokratie, sondern eine sehr tyrannische Aristokratie, die von Gelehrten und Rednern regiert wurde. Prüft mit Sorgfalt, was bei einer beliebigen Beschlußfassung geschieht, und ihr werdet sehen, daß der Gemeinwille immer für das Gemeinwohl ist; aber sehr oft ergibt sich eine verborgene Spaltung, ein stillschweigendes Bündnis, das die natürliche Neigung der Versammlung zugunsten privater Absichten zu verkehren sucht. Dann spaltet sich der soziale Körper faktisch in andere auf, deren Glieder einen Gemeinwillen annehmen, der gut und gerecht im Hinblick auf diese neuen Körperschaften ist, ungerecht und schlecht aber im Hinblick auf das Ganze, von dem jede einzelne sich absondert.

Man sieht, mit welcher Leichtigkeit man dank dieser Prinzipien die augenscheinlichen Widersprüche erklärt, die man im Verhalten so vieler Menschen bemerkt, die in gewisser Hinsicht von Gewissenhaftigkeit und Ehrgefühl erfüllt und andererseits

Betrüger und Spitzbuben sind, die die heiligsten Pflichten mit Füßen treten und gleichzeitig Verpflichtungen, die allzuoft ungesetzlich sind, bis in den Tod treu bleiben. Auf diese Weise bezeigen selbst die verderbtesten Menschen dem öffentlichen Glauben eine gewisse Ehrfurcht: auf diese Weise beten (wie wir im *Artikel RECHT* festgestellt haben) selbst die Räuber, die die Feinde der Tugend in der großen Gesellschaft sind, deren Götzenbild in ihren Höhlen an.

Als ich den Gemeinwillen zum obersten Prinzip der öffentlichen *Ökonomie* und zur Grundregel des Regierens erhob, hielt ich es nicht für nötig, ernsthaft zu prüfen, ob die Regierenden dem Volk gehören oder das Volk den Regierenden und ob man in den öffentlichen Angelegenheiten auf das Wohl des Staates oder das der Oberen bedacht sein soll. Seit langem ist diese Frage auf eine Weise von der Praxis beantwortet worden und auf eine andere von der Vernunft; und überhaupt wäre es eine große Torheit, zu hoffen, daß diejenigen, die faktisch die Herren sind, ein anderes Interesse über das ihrige stellen würden. Es wäre folglich angeraten, die öffentliche *Ökonomie* weiterhin zu unterteilen in eine dem Volkswillen gehorchende und in eine tyrannische *[populaire et tyrannique]*. Die erste ist diejenige jedes Staates, wo zwischen dem Volk und den Oberen Interessen- und Willenseinheit herrscht; die andere besteht notwendig überall dort, wo die Regierung und das Volk verschiedene Interessen und folglich entgegengesetzte Willen haben. Die Maximen der letzteren sind lang und breit in den Archiven der Geschichte und in den Satiren des Machiavelli beschrieben. Die anderen finden sich nur in den Schriften der Philosophen, die die Rechte der Menschheit zu fordern wagen.

I. Die erste und wichtigste Maxime der rechtmäßigen oder dem Volkswillen gehorchenden Regierung, das heißt derjenigen, die das Wohl des Volkes zum Ziel hat, lautet also, wie ich sagte, in allem den Gemeinwillen zu befolgen; aber um ihn zu befolgen, muß man ihn kennen und ihn vor allem, bei sich selbst beginnend, vom Partikularwillen wohl unterscheiden; da es sehr schwierig ist, diesen Unterschied zu treffen, obliegt es allein der erhabensten Tugend, die nötige Aufklärung zu geben. Da man frei sein muß, um zu wollen, besteht eine weitere, kaum geringere

Schwierigkeit darin, gleichermaßen die öffentliche Freiheit und die Autorität der Regierung zu sichern. Sucht nach den Gründen, die die Menschen, nachdem sie sich wegen ihrer wechselseitigen Bedürfnisse in der großen Gesellschaft vereinigt hatten, bewogen, sich in Gesellschaften von Staatsbürgern *[sociétés civiles]* noch enger zusammenzuschließen; ihr werdet keinen anderen finden als den, die Güter, das Leben und die Freiheit jedes Mitglieds durch den Schutz aller zu sichern: wie aber soll man Menschen zwingen, die Freiheit eines von ihnen zu verteidigen, ohne die der anderen zu beschneiden? Und wie soll man für die Bedürfnisse des Gemeinwesens sorgen, ohne das Privateigentum derer zu schmälern, die man zwingt, dazu beizutragen? Mit welchen Sophismen man dies alles auch beschönigen könnte, steht doch fest, daß ich nicht mehr frei bin, wenn man meinen Willen beugen kann, und daß ich nicht mehr Herr meines Besitzes bin, wenn irgend jemand daran Hand anlegen kann. Diese Schwierigkeit, die unüberwindbar scheinen mußte, ist mit der erstgenannten durch die erhabenste aller menschlichen Einrichtungen oder vielmehr durch eine himmlische Eingebung beseitigt worden, die den Menschen lehrte, hienieden die unwandelbaren Gebote der Gottheit nachzuahmen. Durch welche unfaßbare Kunst hat man das Mittel finden können, die Menschen zu unterwerfen, um sie frei zu machen? Die Güter, die Arme, ja selbst das Leben all seiner Glieder in den Dienst des Staates zu stellen, ohne sie zu zwingen und ohne sie zu befragen? Mit ihrer eigenen Zustimmung ihren Willen zu fesseln? Ihre Zustimmung gegen ihre Ablehnung auszuspielen und sie zu zwingen, sich selbst zu bestrafen, wenn sie tun, was sie nicht gewollt haben? Wie kann es geschehen, daß sie gehorchen, wo niemand befiehlt, daß sie dienen und keinen Herrn haben; wie anders, als daß sie tatsächlich viel freier sind als bei offener Unterjochung und niemand mehr von seiner Freiheit verliert als das, was der eines anderen schaden kann? Diese Wunder sind das Werk des Gesetzes. Dem Gesetz allein verdanken die Menschen die Gerechtigkeit und die Freiheit. Dieses heilbringende Organ des Willens aller stellt die natürliche Gleichheit zwischen den Menschen rechtlich wieder her. Diese himmlische Stimme diktiert jedem Staatsbürger die Gebote der öffentlichen Vernunft und lehrt ihn, nach den Maximen seiner eigenen Einsicht zu handeln und nicht in Widerspruch mit sich selbst zu geraten. Und nur sie allein dürfen die Oberen sprechen lassen, wenn sie befehlen; denn sobald ein Mensch danach trachtet, unabhängig von den Gesetzen einen anderen seinem Privatleben zu unterwerfen, verläßt er augenblicklich den Gesellschaftszustand und begibt sich demgegenüber in den reinen Naturzustand, wo der Gehorsam immer nur von der Notwendigkeit vorgeschrieben wird.

Das vordringlichste Interesse des Staatsoberhaupts wie auch seine unerläßlichste Pflicht ist es also, über die Einhaltung der Gesetze zu wachen, deren Diener er ist und auf denen seine ganze Autorität sich gründet. Wenn er die anderen dazu veranlassen muß, sie einzuhalten, muß er selbst, der all ihre Vorteile genießt, sie um so mehr einhalten. Denn sein Beispiel ist von solcher Kraft, daß er sich, selbst wenn das Volk es wohl erdulden würde, daß er sich vom Joch des Gesetzes befreite, davor hüten müßte, von einem so gefährlichen Vorrecht zu profitieren, das zu usurpieren andere sich alsbald ihrerseits anschicken würden, und oft zu seinem Nachteil. Da alle Verpflichtungen in der Gesellschaft ihrer Natur nach auf Gegenseitigkeit beruhen, ist es grundsätzlich nicht möglich, sich über das Gesetz zu stellen, ohne auf seine Vorteile zu verzichten, schließlich schuldet niemand dem etwas, der vorgibt, keinem etwas zu schulden. Aus demselben Grund wird in einer gutgeführten Regierung keinerlei Ausnahme zum Gesetz, unter welchem Vorwand auch immer, je zugelassen werden. Selbst die Staatsbürger, die sich um ihr Vaterland verdient gemacht haben, sollen mit Ehrerweisungen und niemals mit Privilegien belohnt werden: denn die Republik ist dem Untergang nahe, sobald jemand annehmen darf, daß es günstig sei, den Gesetzen nicht zu gehorchen. Und wenn der Adel oder das Militär oder irgendein anderer Stand des Staates jemals eine derartige Maxime annähme, wäre alles unrettbar verloren.

Die Macht der Gesetze hängt noch mehr von der ihnen eigenen Weisheit als von der Strenge ihrer Diener ab, und der öffentliche Wille bekommt sein ganzes Gewicht von der Vernunft, die ihn diktiert hat: deshalb betrachtet es Platon als eine sehr wichtige Maßregel, Gesetzestexten stets eine wohlbedachte Präambel voranzustellen, die deren Rechtmäßigkeit und Nützlichkeit zeigt.

In der Tat besteht das oberste Gesetz darin, die Gesetze zu achten: die Strenge der Strafen ist nur ein müßiges, von Kleingeistern erdachtes Mittel, den Respekt, den sie nicht erlangen können, durch Terror zu ersetzen. Man hat stets bemerkt, daß in den Ländern, deren Strafen am fürchterlichsten sind, solche Strafen auch am häufigsten verhängt werden; auf diese Weise deutet die Grausamkeit der Strafen auf kaum etwas anderes als die Vielzahl der Gesetzesverletzer hin, und indem man alles mit der gleichen Strenge bestraft, zwingt man die Schuldigen, Verbrechen zu verüben, um der Bestrafung ihrer Verstöße zu entgehen.

Aber obwohl die Regierung nicht der Herr über das Gesetz ist, heißt es doch schon viel, daß sie dessen Garant ist und tausend Mittel hat, damit es geliebt werde. Nur darin besteht das Talent zu herrschen. Wenn man die Macht in der Hand hat, ist es keine Kunst, jedermann erzittern zu lassen, und es gehört gar nicht viel dazu, die Herzen zu gewinnen; denn die Erfahrung hat das Volk seit langem gelehrt, seinen Oberen all das Übel, das sie ihm nicht antun, hoch anzurechnen und sie zu verehren, wenn es von ihnen nicht gehaßt wird. Ein Dummkopf, dem Gehorsam geschenkt wird, kann wie jeder andere Übeltaten bestrafen: der wahre Staatsmann weiß ihnen vorzubeugen; mehr als auf die Taten wirkt seine respektgebietende Herrschaft auf die Willen. Könnte er es erreichen, daß jedermann recht handelte, hätte er selbst nichts mehr zu tun, und die Krönung seines Wirkens wäre, selbst müßig bleiben zu können. Es ist zumindest gewiß, daß das größte Talent der Oberen darin besteht, ihre Macht zu verkleiden, um sie weniger verhaßt zu machen, und den Staat so friedlich zu führen, daß er scheinbar keiner Führer bedarf.

Ich schlußfolgere also: Da die erste Pflicht des Gesetzgebers darin besteht, die Gesetze mit dem Gemeinwillen in Übereinstimmung zu bringen, ist es die oberste Richtlinie der öffentlichen *Ökonomie*, daß die Verwaltung den Gesetzen gemäß zu sein hat. Damit der Staat nicht schlecht regiert wird, wäre es schon ausreichend, wenn der Gesetzgeber, wie es seine Pflicht ist, all dem Rechnung getragen hat, was die Örtlichkeiten, das Klima, der Boden, die Sitten, die Nachbarschaft und die besonderen Verhältnisse des Volkes, dem er eine Verfassung zu geben hat, verlangen. Dabei bleiben durchaus noch eine Unmenge von Einzelheiten übrig, die öffentliche Ordnung und *Ökonomie* betreffend, welche der Weisheit der Regierung überlassen sind: aber sie hat stets zwei unfehlbare Richtlinien, um sich unter diesen Bedingungen richtig zu verhalten; die eine ist der Geist des Gesetzes, der in Fällen, die das Gesetz nicht vorhersehen konnte, der Entscheidungsfindung dienen muß; die andere ist der Gemeinwille, die Quelle und die Ergänzung aller Gesetze; dieser muß, sollten die Gesetze fehlen, immer befragt werden. Wie kann man aber, so wird man mir entgegenhalten, den Gemeinwillen in den Fällen erkennen, wo er sich nicht geäußert hat? Wird man bei jedem unvorhergesehenen Ereignis die ganze Nation zusammenrufen müssen? Dies wird um so weniger nötig sein, als es nicht sicher ist, daß ihre Entscheidung auch der Ausdruck des Gemeinwillens ist; denn dieses Mittel ist bei einem großen Volk nicht anwendbar und selten erforderlich, wenn die Regierung wohlgesinnt ist: denn die Oberen wissen genau, daß der Gemeinwille stets für die dem öffentlichen Interesse günstigste, das heißt gerechteste Partei ist; so daß man nur gerecht sein muß, um sicherzugehen, den Gemeinwillen zu befolgen. Oftmals, wenn man ihn zu offenkundig verletzt, macht er sich trotz der fürchterlichen Behinderung durch die Staatsmacht bemerkbar. Ich suche so naheliegende Beispiele, wie es mir möglich ist, denen in solchen Fällen zu folgen ist. In China befolgt der Fürst ständig die Grundregel, seinen Beamten bei allen Streitigkeiten, die sich zwischen ihnen und dem Volk entzünden, unrecht zu geben. Ist das Brot in einer Provinz teuer, wird der Intendant ins Gefängnis geworfen. Erhebt sich in einer anderen ein Aufruhr, wird der Gouverneur abgesetzt, und jeder Mandarin haftet mit seinem Kopf für all das Übel, das in seinem Amtsbereich geschieht. Die Angelegenheit wird später nicht in einem ordentlichen Prozeß überprüft, hat doch eine lange Erfahrung dem Urteil dieserart vorgreifen lassen. Dabei gibt es selten irgendeine Ungerechtigkeit zu beheben, und der Kaiser, überzeugt, daß öffentlicher Tadel sich niemals ohne Grund äußert, unterscheidet allezeit zwischen aufwieglerischem Geschrei, das er bestraft, und berechtigten Beschwerden, denen er stattgibt.

Es ist schon viel, wenn man erreicht, daß Ordnung und Frieden in allen Teilen der Republik herrschen; es ist schon viel, wenn der Staat ruhig ist und das Gesetz respektiert wird: aber wenn man nicht mehr tut, wird all dem mehr Schein als Wirklichkeit innewohnen, und auf die Regierung wird schwerlich gehört werden, wenn sie sich auf den Gehorsam beschränkt. Wenn es gut ist, die Menschen so zu nehmen, wie sie sind, ist es noch viel besser, sie so zu formen, daß sie werden, wie man sie braucht; die unumschränkteste Autorität ist jene, die bis ins Innere des Menschen dringt und sich nicht minder auf den Willen als auf die Taten erstreckt. Es ist gewiß, daß die Völker auf die Dauer das sind, wozu die Regierung sie macht. Krieger, Staatsbürger, Menschen, wenn sie es will; Pöbel und Lumpenpack, wenn es ihr gefällt: und jeder Fürst, der seine Untertanen verachtet, entehrt sich selbst, weil er zeigt, daß er es nicht vermochte, sie achtenswert zu machen. Bildet also Menschen, wenn ihr Menschen befehligen wollt: wenn ihr wollt, daß man den Gesetzen gehorcht, sorgt dafür, daß man sie liebt und, um das Gebotene zu tun, der Gedanke hinreicht, daß man es tun muß. Gerade darin bestand die große Kunst der alten Regierungen in jenen fernen Zeiten, als Philosophen den Völkern Gesetze gaben und ihre Autorität nur dazu verwendeten, sie weise und glücklich zu machen. Daher so viele Gesetze wider den Luxus, so viele Regelungen der Sitten, so viele öffentliche Maximen, die mit der größten Sorgfalt angenommen oder verworfen wurden. Die Tyrannen selbst vergaßen diesen wichtigen Teil der Verwaltung nicht, und man sah sie mit ebenso großer Sorgfalt darauf bedacht, die Sitten ihrer Sklaven zu verderben, wie die Regierenden darauf bedacht waren, die ihrer Mitbürger zu bessern. Unsere modernen Regierungen indes, die alles getan zu haben glauben, wenn sie Geld eingetrieben haben, können sich nicht einmal vorstellen, daß es notwendig oder tunlich wäre, so weit zu gehen.

II. Zweite Grundregel der öffentlichen *Ökonomie*, die nicht weniger bedeutsam ist als die erste. Wollt ihr, daß der Gemeinwille befolgt werde, dann sorgt dafür, daß alle Partikularwillen in ihn eingehen; und da die Tugend nur diese Übereinstimmung zwischen Partikular- und Gemeinwillen ist, laßt, um dasselbe in einem Wort zu sagen, die Tugend herrschen.

Wenn die Politiker weniger durch ihre Ambitionen verblendet wären, würden sie sehen, wie unmöglich es ist, daß eine Einrichtung, welcher Art sie auch sei, dem Geist ihrer Gründung folgen kann, wenn sie nicht vom Gesetz der Pflicht gelenkt wird; sie würden fühlen, daß die größte Triebkraft der staatlichen Autorität im Herzen der Staatsbürger liegt und daß zur Erhaltung der Herrschaft nichts die Sitten ersetzen kann. Nicht nur können allein redliche Menschen die Gesetze verwalten, im Grunde können ihnen auch nur ehrliche Menschen gehorchen. Wer es vermag, Gewissensbissen zu widerstehen, wird auch bald körperlicher Züchtigung trotzen, einer Strafe, die weniger streng, weniger andauernd ist und der zu entgehen man zumindest die Hoffnung hat; und welche Vorsichtsmaßnahme man auch treffen mag, wer nur der Straflosigkeit gewiß sein will, wenn er Böses tut, dem wird es nicht an Mitteln fehlen, das Gesetz zu umgehen oder der Strafe auszuweichen. Da sich dann alle Partikularinteressen gegen das Gemeininteresse, das niemandes Interesse mehr ist, verbünden, besitzen die öffentlichen Laster mehr Kraft, die Gesetze auszuhöhlen, als die Gesetze ihrerseits Macht haben, die Laster zu unterdrücken; die Verderbtheit des Volkes und der Oberen erstreckt sich schließlich bis auf die Regierung, wie weise sie auch sein mag: der schlimmste aller Mißbräuche besteht darin, den Gesetzen scheinbar zu gehorchen, nur um sie in Wirklichkeit ohne Gefahr zu brechen. Die besten Gesetze werden bald die verderblichsten: hundertmal besser, es gäbe sie nicht; dies wäre ein Hilfsmittel, das man noch hätte, wenn kein anderes mehr bleibt. In einer solchen Lage verkündet man vergeblich Erlaß auf Erlaß, Verfügung auf Verfügung. All das dient nur dazu, weitere Mißbräuche einzuführen, ohne die ersten abzustellen. Je mehr Gesetze ihr erlaßt, desto verächtlicher macht ihr sie; und alle Wächter, die ihr einsetzt, sind nur neue Gesetzesverletzer, berufen, mit den alten zu teilen oder auf eigene Faust zu plündern. Der Lohn der Tugend wird alsbald zum Lohn der Raublust: die niederträchtigsten Menschen werden am höchsten angesehen; je höher sie stehen, desto verächtlicher sind sie; ihre Verruchtheit tritt in ihren Würden eklatant zutage, sie werden entehrt durch die ihnen verliehenen Ehren. Wenn sie die Zustimmung der Oberen oder die Gunst der Frauen erkaufen, geschieht das, um ihrerseits die Gerechtigkeit, die Pflicht und den Staat zu verkaufen; und das Volk, das nicht sieht, daß seine Laster die erste Ursache für seine Leiden sind, murrt und ruft stöhnend: »All meine Übel kommen nur von denen, die ich bezahle, mich vor diesen Übeln zu bewahren.«

Dann sind die Oberen gezwungen, die Stimme der Pflicht, die nicht mehr in den Herzen spricht, zu ersetzen durch den Schrei des Entsetzens oder den Köder eines Scheininteresses, womit sie ihre Kreaturen täuschen. Dann müssen sie auf all die kleinen und verächtlichen Listen zurückgreifen, die sie *Staatsmaximen* und *Kabinettsgeheimnisse* nennen. Alles, was der Regierung an Tatkraft bleibt, wird von ihren Mitgliedern dazu verwendet, sich gegenseitig zu Fall zu bringen und sich an die Stelle des anderen zu setzen, während die Geschäfte liegenbleiben oder nur in dem Maße erledigt werden, wie es das persönliche Interesse erfordert und wie es sie lenkt. Letztlich besteht das ganze Geschick dieser großen Politiker darin, die Augen derer, die sie brauchen, so zu blenden, daß jeder glaubt, für sein Interesse zu arbeiten, indem er für *das ihrige* wirkt; ich sage das ihrige, wenn anzunehmen ist, daß das wahre Interesse der Oberen sei, die Völker zu erniedrigen, um sie zu unterwerfen, und ihr eigenes Gut zugrunde zu richten, um sich des Besitzes der Völker zu versichern.

Aber wenn die Staatsbürger ihre Pflichten lieben und wenn die Inhaber der Staatsmacht sich aufrichtig befleißigen, diese Liebe durch ihr Beispiel und durch ihre Sorgwaltung zu nähren, verflüchtigen sich alle Schwierigkeiten; die Verwaltung wird so leicht, daß sie jener verruchten Kunst nicht mehr bedarf, deren ganzes Geheimnis die Undurchschaubarkeit ist. Diesen vielseitigen, so gefährlichen und so bewunderten Geistern, all jenen großen Ministern, deren Ruhm eins ist mit den Leidenschaften des Volkes, wird nicht mehr nachgetrauert; die öffentlichen Sitten ersetzen das Genie der Oberen; je mehr die Tugend herrscht, desto weniger sind Talente vonnöten. Selbst dem Ehrgeiz wird durch Pflichterfüllung besser gedient als durch Usurpation: Das Volk, überzeugt, daß seine Oberen nur auf sein Glück hinwirken, entledigt sie durch seine Ergebenheit der Sorge um die Festigung ihrer Macht; und die Geschichte zeigt uns an tausend Beispielen, daß die Autorität, die es denen überträgt, die es liebt und von denen es geliebt wird, hundertmal unumschränkter ist als alle Tyrannei der Usurpatoren. Das bedeutet nicht, daß die Regierung fürchten muß, ihre Macht zu gebrauchen, sondern daß sie sie nur auf rechtmäßige Weise gebrauchen soll. Man wird in der Geschichte tausend Beispiele von herrschsüchtigen oder kleinmütigen Oberhäuptern finden, die von der Trägheit oder dem Hochmut ins Verderben gestürzt worden sind, doch keines, dem es schlecht bekommen wäre, nur gerecht zu sein. Aber man darf Nachlässigkeit nicht mit Mäßigung verwechseln, Sanftmut nicht mit Schwäche. Man muß streng sein, um gerecht zu sein: Niedertracht erdulden, die zu bestrafen man das Recht und die Macht hat, heißt, selbst niederträchtig zu sein.

Es ist nicht genug, den Bürgern zu sagen, seid rechtschaffen; man muß sie lehren, es zu sein; und das Beispiel allein, das in dieser Hinsicht die erste Lektion erteilt, ist nicht das einzige Mittel, das angewendet werden muß: die Vaterlandsliebe ist das wirksamste; ist doch, wie ich bereits sagte, jeder Mensch tugendhaft, wenn sein Sonderwille in allem mit dem Gemeinwillen übereinstimmt, schließlich wollen wir gern, was die Menschen wollen, die wir lieben.

Es scheint, daß das Gefühl der Menschenliebe sich verflüchtigt und abschwächt, wenn es sich auf die ganze Erde erstreckt, und daß uns die Not des Tatarenreiches oder Japans weniger zu berühren vermag als die eines europäischen Volkes. Man muß das Interesse und das Mitleid auf irgendeine Weise begrenzen und bändigen, damit jenes Gefühl sich regt. Da aber diese Neigung in uns nur denen nützlich sein kann, mit denen wir zusammenleben müssen, ist es gut, daß die Menschenliebe sich auf die Mitbürger beschränkt und aus ihnen eine neue Kraft schöpft durch die Gewohnheit, sich zu sehen, und durch das gemeinsame Interesse, das sie verbindet. Es ist gewiß, daß die größten Wunder an Tugend von der Vaterlandsliebe hervorgebracht worden sind: dieses süße und lebhafte Gefühl, das die Kraft der Eigenliebe mit der ganzen Schönheit der Tugend vereint, verleiht der Menschenliebe eine Kraft, die aus ihr die heroischste aller Leidenschaften macht, ohne sie zu entstellen. So viele unsterbliche Taten, deren Glanz unsere schwachen Augen blendet, und so viele große Männer, deren antike Tugenden für Märchen gehalten werden, seitdem die Vaterlandsliebe dem Gespött preisgegeben ist, sind ihr Werk. Darüber sollten wir nicht erstaunt sein; die Verzückungen zartliebender Herzen erscheinen demjenigen, der sie nicht gefühlt hat, als Hirngespinst; und die Liebe zum Vaterland, die hundertmal tiefer und köstlicher ist als die zu einer Frau, läßt sich ebenso nur begreifen, wenn man sie empfindet: aber es ist leicht, in allen Herzen, die sie erwärmt, in allen Taten, die sie veranlaßt, diese lodernde und erhabene Glut zu entdecken, deren Glanz auch die reinste Tugend nicht kennt, wenn ihr diese Liebe fehlt. Wagen wir es, selbst Sokrates dem Cato gegenüberzustellen: der eine war mehr Philosoph und der andere mehr Staatsbürger. Athen war schon verloren, und Sokrates hatte kein andres Vaterland mehr als die ganze Welt: Cato trug seines noch immer in der Tiefe des Herzens, er lebte nur für es und konnte es nicht überleben. Die Tugend des Sokrates ist die des weisesten aller Menschen: aber zwischen Cäsar und Pompejus erscheint Cato als ein Gott unter den Sterblichen. Der eine belehrt einige Einzelpersonen, bekämpft die Sophisten und stirbt für die Wahrheit; der andere verteidigt den Staat, die Freiheit, die Gesetze gegen die Eroberer der Welt und verläßt schließlich die Erde, als er dort kein Vaterland mehr erblickt, dem er dienen könnte. Ein würdiger Schüler des Sokrates wäre der tugendhafteste seiner Zeitgenossen; ein würdiger Nacheiferer des Cato wäre deren größter. Die Tugend des ersten würde ihm sein Glück bereiten, der zweite würde sein Glück in dem aller suchen. Wir würden belehrt von dem einen und geführt von dem anderen, und dies allein würde über den Vorrang entscheiden: denn man hat niemals ein Volk von Weisen hervorgebracht, hingegen ist es nicht unmöglich, ein Volk glücklich zu machen.

Wollen wir, daß die Völker tugendhaft sind, müssen wir folgerichtig damit beginnen, ihnen die Liebe zum Vaterland einzugeben: aber wie werden sie es lieben, wenn das Vaterland für sie nicht mehr ist als für Fremde und wenn es ihnen nur gewährt, was es niemandem verweigern kann? Es wäre weit schlimmer, wenn sie nicht einmal staatsbürgerliche Sicherheit genießen würden, wenn ihre Güter, ihr Leben oder ihre Freiheit der Willkür mächtiger Männer anheimgestellt wären, ohne daß es ihnen möglich oder erlaubt wäre, mutig die Gesetze in Anspruch zu nehmen. Solcherart den Pflichten des Bürgerstandes unterworfen, ohne auch nur die Rechte des Naturzustandes zu genießen und ohne ihre Kräfte einsetzen zu können, um sich zu verteidigen, wären sie in der schlimmsten Lage, in der sich freie Menschen befinden können, und das Wort *Vaterland* könnte für sie nur einen abscheulichen oder lächerlichen Sinn haben. Man darf nicht glauben, man könne einen Arm verletzen oder abschlagen, ohne daß der Schmerz zum Kopf gelangte; und es ist ebenso unvorstellbar, daß der Gemeinwille erlauben könnte, irgendein Glied des Staates könne ein anderes verletzen oder vernichten, wie es unvorstellbar ist, daß ein Mensch, der seine Vernunft gebraucht, sich mit eigenen Fingern die Augen auskratzt. Die Sicherheit des einzelnen ist so sehr mit der öffentlichen Vereinigung verknüpft, daß diese Vereinbarung – ohne Rücksicht auf die menschliche Schwäche – durch das Recht aufgehoben würde, wenn im Staat auch nur ein einziger Bürger zugrunde ginge, dem man hätte helfen können; wenn man einen einzigen zu Unrecht im Gefängnis festhielte und wenn ein einziger Prozeß durch eine offensichtliche Ungerechtigkeit verlorenginge: denn wo die grundlegenden Vereinbarungen verletzt werden, ist nicht mehr zu erkennen, welches Recht noch welches Interesse das Volk in der gesellschaftlichen Vereinigung halten könnte, es sei denn die bloße Gewalt, welche die Auflösung des gesellschaftlichen Zustandes *[état civil]* bewirkt.

Besteht nicht die Verpflichtung des gesamten Volkes tatsächlich darin, mit ebensolcher Fürsorge für die Erhaltung des letzten seiner Mitglieder zu sorgen wie für die aller anderen? Und ist das Wohl eines Staatsbürgers weniger gemeinschaftliche Angelegenheit als das Wohl des ganzen Staates? Man mag uns sagen, es sei gut, wenn ein einziger für alle sein Leben hergibt; ich werde diesen Ausspruch aus dem Munde eines würdigen und tugendhaften Patrioten, der freiwillig und pflichtbewußt sein Leben zum Wohl seines Landes opfert, bewundern. Wenn man aber darunter versteht, daß es der Regierung erlaubt sei, einen Unschuldigen dem Wohl der Menge zu opfern, halte ich diese Maxime für eine der verabscheuungswürdigsten, welche die Tyrannei je erfunden hat, die falscheste, die man vorbringen, die gefährlichste, die man gelten lassen kann, und die den Grundgesetzen der Gesellschaft am unmittelbarsten entgegengesetzte. Weit davon entfernt, daß ein einzelner für alle sterben müsse, haben alle ihre Güter und ihr

Leben zur Verteidigung eines jeden von ihnen eingesetzt, damit die Schwäche des einzelnen stets durch die öffentliche Gewalt geschützt werde und jedes Mitglied vom ganzen Staat. Man nehme einmal an, ein Individuum nach dem anderen werde vom Volk getrennt, so dränge man die Anhänger dieser Maxime, genauer zu erklären, was sie unter dem *Staat* verstehen, und ihr werdet sehen, daß sie ihn letztlich auf eine kleine Zahl von Menschen beschränken, die nicht das Volk sind, sondern die Beamten des Volkes, die, nachdem sie sich durch einen besonderen Eid verpflichtet haben, selbst für dessen Wohl zu sterben, nun meinen beweisen zu können, daß es an ihm sei, für das ihre zu sterben.

Will man Beispiele finden für den Schutz, den der Staat seinen Mitgliedern schuldet, und für die Achtung, die er ihrer Person schuldet, darf man sie nur bei den berühmtesten und tapfersten Nationen der Erde suchen, denn nirgendwo anders als bei freien Völkern weiß man, was ein Mensch wert ist. Man weiß von Sparta, in welcher Bestürzung sich die ganze Republik befand, wenn es einen schuldigen Staatsbürger zu bestrafen galt. In Makedonien war das Leben eines Menschen eine so wichtige Angelegenheit, daß Alexander, dieser mächtige Monarch, bei all seiner Größe niemals gewagt hätte, kaltblütig einen straffälligen Makedonier zum Tode verurteilen zu lassen, ohne daß der Angeklagte vor seinen Mitbürgern erschienen wäre, um sich zu verteidigen, und von ihnen verurteilt worden wäre. Die Römer aber zeichneten sich vor allen Völkern der Erde durch die rücksichtsvolle Behandlung der einzelnen durch die Regierung aus sowie durch deren gestrenges Wachen darüber, daß die unverletzlichen Gesetze von allen Mitgliedern des Staates eingehalten wurden. Nichts war so heilig wie das Leben der einfachen Staatsbürger; es bedurfte nicht weniger als der Versammlung des ganzen Volkes, um einen von ihnen zu verurteilen: weder der Senat selbst noch die Konsuln hatten, trotz ihres hohen Ranges, das Recht dazu, und bei dem mächtigsten Volk der Welt verursachten das Vergehen und die Bestrafung eines Bürgers öffentliche Trauer. Überdies schien es zu hart, jemandes Blut, für welches Verbrechen auch immer, zu vergießen, so daß die Todesstrafe durch die *Lex Porcia* in Verbannung umgewandelt wurde für all jene, die nach dem Verlust eines so milden Vaterlandes weiterleben wollten. In Rom und in den Heeren atmete alles diese Liebe der Mitbürger zueinander und die Achtung vor dem Namen Römer, der einen jeden, der ihn zu tragen die Ehre hatte, in seiner Tapferkeit bestärkte und an Tugend gewinnen ließ. Die Kopfbedeckung eines aus der Sklaverei entlassenen Bürgers, der Bürgerkranz desjenigen, der einem anderen das Leben gerettet hatte, wurden im Pomp der Triumphzüge mit dem größten Wohlwollen betrachtet; und man bemerke, daß von den Kränzen, mit denen man im Krieg große Taten ehrte, allein der Bürger- und der Siegerkranz aus Laubwerk bestanden, alle anderen bestanden nur aus Gold. So wurde Rom tugendhaft und zum Beherrscher der Welt. Ehrgeizige Staatsführer! Ein Hirt gebietet seinen Hunden und seinen Herden und ist nur der letzte der Menschen. Wenn es schön ist, zu befehlen, dann nur, wenn jene, die uns gehorchen, uns verehren können: achtet also eure Mitbürger, und ihr werdet achtbar; achtet die Freiheit, und eure Macht wird täglich größer werden; überschreitet niemals eure Rechte, und bald werden sie grenzenlos sein.

Möge das Vaterland sich als gemeinsame Mutter der Staatsbürger erweisen, mögen die Vorteile, die sie in ihrem Lande genießen, es ihnen teuer machen, möge die Regierung ihnen ausreichend Teilnahme an der öffentlichen Verwaltung lassen, damit sie sich zu Hause fühlen, und mögen die Gesetze in ihren Augen nur die Garanten der gemeinsamen Freiheit sein. Diese Rechte, so schön sie sind, gehören allen Menschen; der böse Wille der Oberen aber macht ihre Wirkung leicht zunichte, ohne den Anschein zu erwecken, daß er sie direkt antaste. Das Gesetz, das mißbraucht wird, dient dem Mächtigen gleichzeitig als Angriffswaffe und als Schild gegen den Schwachen, und der Vorwand des öffentlichen Wohls ist stets die gefährlichste Geißel des Volkes. Das notwendigste und vielleicht schwierigste beim Regieren ist eine strenge Redlichkeit, um allen Gerechtigkeit widerfahren zu lassen und insbesondere den Armen vor der Tyrannei des Reichen zu schützen. Das größte Übel ist schon geschehen, wenn man Arme zu beschützen und Reiche zu zügeln hat. Allein auf den Mittelstand wirkt die ganze Kraft der Gesetze; sie sind gleichermaßen ohnmächtig gegen die Schätze des Reichen wie gegen das Elend des Armen; der erste umgeht sie, der zweite entgeht ihnen; der eine zerreißt den Vorhang, der andere schlüpft hindurch.

Es ist also eine der wichtigsten Angelegenheiten der Regierung, der extremen Ungleichheit des Besitzes vorzubeugen, nicht indem sie den Besitzern ihre Schätze wegnimmt, sondern indem sie allen die Mittel nimmt, Schätze aufzuhäufen, und ebensowenig, indem sie Spitäler für die Armen baut, sondern indem sie die Bürger davor schützt, arm zu werden. Eine ungleichmäßige Verteilung der Menschen über das Land, so daß sie sich an einem Ort zusammendrängen, während andere sich entvölkern; die Förderung der Künste des Vergnügens und des bloßen Gewerbefleißes auf Kosten der nützlichen und mühseligen Gewerbe; ein dem Handel geopferter Ackerbau; der durch schlechte Verwaltung der Staatsgroschen notwendig gewordene Steuerpächter; schließlich die bis zu solchem Exzeß getriebene Käuflichkeit, daß das Ansehen nach Pistolen berechnet wird und selbst Tugenden für Geld verkauft werden: das sind die einleuchtendsten Gründe für Überfluß und Elend, für die Erhebung des Partikularinteresses über das öffentliche Interesse, für den Haß der Bürger aufeinander, für ihre Gleichgültigkeit gegenüber der gemeinsamen Sache, für die Verderbtheit des Volkes und für die Schwächung aller Triebkräfte der Regierung. Solcherart sind folgerichtig die Übel, die schwer zu heilen sind, wenn sie sich bemerkbar machen; darum muß eine weise Verwaltung ihnen vorbeugen, um mit den guten Sitten die Achtung der Gesetze, die Vaterlandsliebe und die Geltung des Gemeinwillens zu erhalten.

Aber all diese Vorsichtsmaßnahmen sind unzureichend, wenn man nicht noch tiefer ansetzt. Ich beende diesen Teil der öffentlichen *Ökonomie* da, wo ich ihn hätte beginnen müssen. Das Vaterland kann ohne Freiheit nicht bestehen, die Freiheit nicht ohne Tugend, die Tugend nicht ohne Staatsbürger; ihr werdet alles haben, wenn ihr Staatsbürger heranbildet; ansonsten werdet ihr nur böswillige Sklaven haben, angefangen bei den Führern des Staates. Staatsbürger heranzubilden ist allerdings nicht das Werk eines Tages; damit sie es im Mannesalter sind, muß man sie im Kindesalter erziehen. Man mag mir vorhalten, daß jemand, der Menschen zu regieren hat, nicht jenseits ihrer Natur eine

Vollkommenheit suchen soll, zu der sie nicht fähig sind; daß er nicht darauf aussein darf, in ihnen die Leidenschaften zu zerstören, und daß die Ausführung eines solchen Vorhabens ebensowenig wünschenswert wie möglich wäre. All dem werde ich um so leichter zustimmen, als ein Mann, der keine Leidenschaften hat, bestimmt ein sehr schlechter Staatsbürger wäre: aber man muß auch eingestehen, daß man die Menschen, sofern man ihnen nicht beibringt, gar nichts zu lieben, durchaus lehren kann, einen Gegenstand vor einem anderen zu lieben, das wahrhaft Schöne mehr als das Ungestalte. Wenn man sie zum Beispiel schon früh darin übt, ihre Person niemals anders als in Beziehung zum Staatskörper zu betrachten und ihre eigene Existenz sozusagen nur als einen Teil des seinen zu erkennen, werden sie schließlich dahin gelangen, sich in gewisser Weise mit diesem größeren Ganzen zu identifizieren, sich als Glieder des Vaterlandes zu fühlen und es zu lieben mit diesem köstlichen Gefühl, das jeder vereinzelte Mensch nur für sich selbst hat, ihre Seele unaufhörlich zu diesem großen Zweck zu veredeln und so jene gefährliche Veranlagung, aus der all unsere Laster erwachsen, in eine erhabene Tugend umzuwandeln. Nicht nur die Philosophie beweist die Möglichkeit dieser neuen Wege, auch die Geschichte liefert tausend glanzvolle Beispiele dafür: Wenn diese Beispiele bei uns so selten sind, dann darum, weil niemand dahin wirkt, daß es Staatsbürger gebe, und weil man sich noch weniger in den Sinn kommen läßt, sich rechtzeitig um ihre Heranbildung zu bemühen. Es ist zu spät, unsere natürlichen Neigungen zu ändern, wenn sie ihren Lauf genommen haben und die Gewohnheit zur Selbstsucht hinzugetreten ist; es ist zu spät, uns von uns selbst abzubringen, wenn einmal das *menschliche Ich*, das sich in unserem Herzen gesammelt hat, dort jene schändliche Aktivität entfaltet, die jede Tugend aufzehrt und das Leben der kleinlichen Seelen ausmacht. Wie sollte die Vaterlandsliebe inmitten so vieler anderer sie erstickender Leidenschaften aufkeimen können? Und was bleibt für die Mitbürger übrig von einem Herzen, das schon zwischen der Habgier, einer Mätresse und der Eitelkeit aufgeteilt ist?

Vom ersten Augenblick des Lebens an muß man lernen, das Leben zu verdienen; und da man, einmal geboren, an den Rechten der Bürger teilhat, muß der Zeitpunkt unserer Geburt der Beginn der Ausübung unserer Pflichten sein. Wenn es Gesetze für das reife Alter gibt, muß es welche für die Kindheit geben, die lehren, anderen zu gehorchen; und da man nicht die Vernunft jedes Menschen zum einzigen Richter über seine Pflichten erhebt, darf man die Erziehung der Kinder um so weniger den Erkenntnissen und den Vorurteilen ihrer Väter überlassen, als sie für den Staat noch wichtiger ist als für die Väter; denn dem Lauf der Natur entsprechend, bleiben dem Vater oft die letzten Früchte dieser Erziehung durch seinen Tod versagt, aber das Vaterland spürt früher oder später deren Wirkung; der Staat bleibt, und die Familie löst sich auf. Wenn die Staatsgewalt sich an die Stelle der Väter setzt, dieses wichtige Amt auf sich nimmt und damit deren Rechte erwirbt, weil sie deren Pflichten erfüllt, dann haben die Väter um so weniger Anlaß, sich darüber zu beklagen, als sie in dieser Hinsicht eigentlich nur den Namen wechseln und gemeinsam unter dem Namen Staatsbürger dieselbe Autorität ihren Kindern gegenüber haben werden, die sie unter dem Namen *Vater* getrennt ausübten; auch wird ihnen nicht weniger Gehorsam entgegengebracht werden, wenn sie im Namen des Gesetzes sprechen, als vorher, da sie im Namen der Natur sprachen. Die öffentliche Erziehung nach Regeln, die die Regierung vorgeschrieben, und durch Amtspersonen, die der Souverän eingesetzt hat, ist also eine der grundlegenden Maximen der dem Volkswillen gehorchenden oder rechtmäßigen Regierung. Wenn die Kinder gemeinsam im Schoße der Gleichheit erzogen werden, wenn sie von den Gesetzen des Staates und den Maximen des Gemeinwillens durchdrungen sind, wenn sie gelernt haben, diese über alles zu achten, wenn sie von Beispielen und Gegenständen umgeben sind, die ihnen ohne Unterlaß von der zärtlichen Mutter sprechen, die sie nährt, von der Liebe, die sie für sie empfindet, von den unschätzbaren Gütern, die sie von ihr empfangen, und von der Gegenliebe, die sie ihr schulden, dann sollten wir nicht daran zweifeln, daß sie es auf diese Weise lernen, sich gegenseitig wie Brüder zu lieben, stets nur das zu wollen, was die Gesellschaft will, Taten von Menschen und Staatsbürgern zu vollbringen, statt sich dem fruchtlosen und eitlen Geschwätz von Sophisten hinzugeben, und eines Tages die Verteidiger und Väter des Vaterlandes zu werden, dessen Kinder sie so lange gewesen sind.

Ich werde nicht von den Amtspersonen sprechen, die dazu auserkoren sind, diese Erziehung, die mit Sicherheit die bedeutendste Aufgabe des Staates ist, zu leiten. Man begreift, wenn solche Beweise öffentlichen Vertrauens leichtfertig vergeben würden, wenn diese hehre Funktion für Männer, die alle anderen würdig erfüllt haben, nicht der Lohn ihres Lebenswerkes wäre, die ehrenvolle und angenehme Ruhe ihres Alters und der Gipfel aller Ehren, wäre das ganze Unternehmen nutzlos und ohne Erfolg; denn überall, wo die Lehre nicht durch die Autorität gestützt wird und das Gebot nicht durch das Beispiel, trägt die Erziehung keine Früchte, und die Tugend selbst verliert ihre Glaubwürdigkeit im Munde dessen, der sie nicht ausübt. Mögen berühmte und von der Last ihrer Lorbeeren gebeugte Krieger Tapferkeit predigen, mögen redliche, in den Purpurroben und in den Gerichten ergraute Amtspersonen Gerechtigkeit lehren; die einen wie die anderen werden sich so tugendhafte Nachfolger heranziehen und von Geschlecht zu Geschlecht den kommenden Generationen die Erfahrung und das Talent der Oberen übermitteln, die Tapferkeit und die Tugend der Staatsbürger und das allen gemeinsame Streben, für das Vaterland zu leben und zu sterben.

Ich kenne nur drei Völker, die einst die öffentliche Erziehung praktiziert haben; es sind dies die Kreter, die Lakedaimonier und die alten Perser: bei allen dreien hatte sie den größten Erfolg und vollbrachte Wunder bei den beiden letzten. Als die Welt sich in Nationen aufgeteilt hatte, die zu groß waren, um gut regiert werden zu können, war dieses Mittel nicht mehr anwendbar; und weitere Gründe, die der Leser leicht erkennen kann, haben darüber hinaus verhindert, daß es bei irgendeinem modernen Volk versucht worden wäre. Es ist sehr bemerkenswert, daß die Römer darauf verzichten konnten; aber Rom war fünf Jahrhunderte lang ein andauerndes Wunder, das noch einmal zu sehen die Welt nicht hoffen darf. Die Tugend der Römer, erzeugt vom Abscheu vor der Tyrannei und den Verbrechen der Tyrannen wie von der angeborenen Vaterlandsliebe, machte aus jedem ihrer Häuser eine Schule für Staatsbürger; und die grenzenlose Macht der Väter über ihre Kinder brachte so viel Strenge in die häusliche Ordnung, daß der mehr als die Richter gefürchtete Vater in seinem häuslichen Tribunal der Sittenrichter und der Rächer der Gesetze war.

Eine aufmerksame und wohlmeinende Regierung, die ständig darauf achtet, beim Volk die Liebe zum Vaterland und die guten Sitten zu bewahren oder es daran zu gemahnen, beugt so vorausschauend den Übeln vor, die früher oder später aus der Gleichgültigkeit der Bürger dem Schicksal der Republik gegenüber erwachsen, und hält dieses persönliche Interesse, das die einzelnen derart absondert, daß der Staat durch ihre Macht geschwächt wird und nichts von ihrem guten Willen zu erhoffen hat, in engen Grenzen. Überall, wo das Volk sein Land liebt, die Gesetze respektiert und einfach lebt, bleibt wenig zu tun, um es glücklich zu machen; und in der öffentlichen Verwaltung, an der das zufällige Glück weniger Anteil hat als am Los der einzelnen, liegt die Weisheit so nahe beim Glück, daß diese beiden Ziele verschmelzen.

III. Es ist nicht genug, Staatsbürger zu haben und sie zu schützen; man muß auch an ihren Lebensunterhalt denken; und für die gemeinschaftlichen Bedürfnisse zu sorgen, folgt offensichtlich aus dem Gemeinwillen und ist die dritte wesentliche Aufgabe der Regierung. Diese Aufgabe besteht nicht darin, wie man wohl einsehen muß, die Speicher der einzelnen zu füllen und sie von der Arbeit zu befreien, sondern ihnen den Überfluß in solcher Reichweite zu halten, daß die Arbeit für seinen Erwerb stets notwendig und niemals unnütz ist. Sie erstreckt sich auch auf alle Unternehmungen, die die Erhaltung der Staatsfinanzen und die Ausgaben der öffentlichen Verwaltung betreffen. Nachdem wir so von der allgemeinen *Ökonomie* in bezug auf die Regierung über Personen gesprochen haben, bleibt uns, sie in bezug auf die Verwaltung der Güter zu betrachten.

Dieser Teil bietet nicht weniger Schwierigkeiten, die zu beseitigen, und Widersprüche, die aufzuheben sind, als der vorangegangene. Gewiß ist das Eigentumsrecht das heiligste aller Rechte der Staatsbürger, ja in gewisser Hinsicht wichtiger als die Freiheit selbst; sei es, weil es enger mit der Erhaltung des Lebens verknüpft ist, sei es, weil Güter leichter zu usurpieren und schwieriger zu verteidigen sind als die Person, muß man das mehr achten, was leichter geraubt werden kann; sei es schließlich, weil das

Eigentum das eigentliche Fundament der Gesellschaft *[société civile]* ist und der beste Garant für die Verpflichtungen der Staatsbürger: denn wenn die Güter nicht für die Personen einstünden, wäre nichts so leicht, als seine Pflichten zu umgehen und der Gesetze zu spotten. Andererseits ist es nicht weniger gewiß, daß die Aufrechterhaltung des Staates und der Regierung Kosten und Aufwendungen erfordert; und da, wer dem Zweck zustimmt, die Mittel nicht verweigern kann, folgt daraus, daß die Mitglieder der Gesellschaft zu deren Unterhalt mit ihren Gütern beitragen müssen. Überdies ist es schwierig, einerseits das Eigentum der einzelnen zu garantieren, ohne es andererseits anzutasten; und es ist nicht möglich, daß alle Regelungen, die die Erbfolge, die Testamente, die Verträge betreffen, die Staatsbürger nicht in gewisser Hinsicht bei der Verfügung über ihr eigenes Gut und folglich in ihrem Eigentumsrecht beeinträchtigen.

Aber über das hinaus, was ich zuvor über das Einvernehmen gesagt habe, das zwischen der Autorität des Gesetzes und der Freiheit des Staatsbürgers herrscht, ist in bezug auf die Verfügung über die Güter eine wichtige Bemerkung zu machen, die viele Schwierigkeiten behebt. Es liegt, wie Pufendorf gezeigt hat, in der Natur des Eigentumsrechts, daß es sich nicht über die Lebenszeit des Eigentümers hinaus erstreckt und daß, sobald ein Mensch tot ist, ihm sein Besitz nicht mehr gehört. Ihm so die Bedingungen vorzuschreiben, unter denen er darüber verfügen kann, heißt im Grunde weniger, sein Recht äußerlich einzuschränken, als es tatsächlich zu erweitern.

Obwohl das Erlassen von Gesetzen, die die Verfügungsgewalt der einzelnen über ihre eigene Habe regeln, nur dem Souverän zukommt, besagt im allgemeinen der Geist dieser Gesetze, den die Regierung bei ihrer Anwendung zu befolgen hat, daß bei der Übertragung vom Vater auf den Sohn und vom Verwandten auf den Verwandten die Güter der Familie bei dieser verbleiben und sowenig wie möglich veräußert werden. Es gibt einen einleuchtenden Grund dafür, nämlich den Vorteil der Kinder, denen das Eigentumsrecht gar nichts nützen würde, wenn der Vater ihnen nichts hinterließe, obwohl sie oft durch ihre Arbeit zum Erwerb der Güter des Vaters beigetragen haben und darum selbstverständlich an seinem Recht beteiligt sind. Ein weiterer, fernerliegender, aber nicht weniger wichtiger Grund ist der, daß nichts den Sitten und der Republik schädlicher ist als die ständige Veränderung des Standes und des Vermögens der Bürger; solche Veränderungen sind Anzeichen und Ursache unzähliger Wirren, die alles umstürzen und vermengen; ihretwegen sehen sich Menschen, die für eine Sache erzogen wurden, für eine andere bestimmt; und weder die Aufsteigenden noch die Absinkenden können sich die ihrem neuen Stand angemessenen Maximen und Kenntnisse zu eigen machen und noch viel weniger die daraus erwachsenden Pflichten erfüllen. Ich wende mich nun dem Gegenstand der öffentlichen Finanzen zu.

Wenn das Volk sich selbst regierte und es nichts Vermittelndes zwischen der Verwaltung des Staates und den Bürgern gäbe, hätten sie nur gelegentlich, nach Maßgabe der öffentlichen Bedürfnisse und der Möglichkeiten der einzelnen, Steuern aufzubringen; und da niemand je die Erhebung und die Verwendung der Steuergelder aus den Augen verlöre, könnten sich weder Betrug noch Mißbrauch in deren Verwaltung einschleichen: der Staat wäre niemals mit Schulden belastet, das Volk nicht von Steuern niedergedrückt, zumindest würde die sichere Anlage es über die Härte der Steuer hinwegtrösten. Aber so kann es nicht zugehen; denn wie begrenzt ein Staat auch sein mag, die Gesellschaft *[société civile]* darin ist immer zu zahlreich, um von all ihren Mitgliedern regiert werden zu können. Es ist also unerläßlich, daß die Steuergelder durch die Hände der Oberen gehen, die alle neben dem Interesse des Staates ihr eigenes Sonderinteresse haben, auf das nicht zuletzt gehört wird. Das Volk seinerseits, das eher die Habsucht der Oberen und deren verschwenderischen Aufwand wahrnimmt als die öffentlichen Bedürfnisse, klagt darüber, sich des Notwendigsten beraubt zu sehen, um zum Überfluß anderer beizutragen; und wenn diese Machenschaften es erst einmal bis zu einem bestimmten Punkt verbittert haben, würde es auch der redlichsten Verwaltung nicht gelingen, das Vertrauen wiederherzustellen. Wenn also die Steuerzahlungen freiwillig sind, bringen sie nichts ein; wenn sie erzwungen werden, sind sie ungesetzlich; und in dieser grausamen Alternative, den Staat untergehen zu lassen oder das geheiligte Recht auf Eigentum, seinen

Grundpfeiler, anzutasten, besteht die Schwierigkeit einer gerechten und weisen *Ökonomie.*

Das erste, was der Gründer einer Republik nach der Einführung der Gesetze tun muß, ist, einen ausreichenden Fonds für den Unterhalt der Oberen *[magistrats]* und der anderen Beamten sowie für alle öffentlichen Ausgaben aufzutreiben. Dieser Fonds heißt *œrarium* oder *Fiskus*, wenn er aus Geld besteht, *öffentliche Domäne*, wenn er aus Ländereien besteht; und dieser letzte ist dem ersten aus leicht einsehbaren Gründen bei weitem vorzuziehen. Wer ausreichend über diese Materie nachgedacht hat, kann diesbezüglich kaum anderer Meinung sein als Bodin, der die öffentliche Domäne als das redlichste und sicherste Mittel ansieht, für die Bedürfnisse des Staates zu sorgen; und es ist darauf hinzuweisen, daß Romulus' erste Sorge bei der Aufteilung der Ländereien war, ein Drittel davon diesem Zweck zu bestimmen. Ich gebe zu, daß der Ertrag der schlecht verwalteten Domäne leicht zu einem Nichts schrumpfen kann; aber es liegt nicht im Wesen der Domäne, schlecht verwaltet zu werden.

Vor jeder Verwendung muß dieser Fonds von der Volks- oder Ständeversammlung, die dann über seine Nutzung bestimmen muß, festgesetzt oder beschlossen werden. Nach diesem Zeremoniell, das jene Fonds unveräußerlich macht, verändern sie sozusagen ihre Natur, und ihre Einnahmen werden so heilig, daß es nicht nur die verruchteste Art des Diebstahls, sondern ein Majestätsverbrechen ist, den geringsten Teil davon wider ihre Bestimmung abzuzweigen. Es gereicht Rom sehr zur Unehre, daß die Redlichkeit des Quästors Cato zu Bemerkungen Anlaß gab und daß ein Imperator, der das Talent eines Sängers mit einigen Münzen belohnte, gezwungen war, hinzuzufügen, das Geld stamme aus dem Besitz seiner Familie und nicht aus dem des Staates. Aber wenn es schon wenige Galbas gibt, wo sollen wir dann die Catos suchen? Und wenn einmal das Laster nicht mehr entehrend sein wird, welche Oberen werden dann noch Skrupel genug haben, die ihrem Belieben überlassenen öffentlichen Einkünfte nicht anzutasten und nicht schon bald, sich selbst betrügend, vorzugeben, ihre eitlen und skandalösen Verschwendungen fielen zusammen mit dem Ruhm des Staates und die Mittel, ihre Autorität auszudehnen, seien Mittel zur Stärkung seiner Macht? Vor allem in diesem heiklen Teil der Verwaltung ist die Tugend das einzig wirksame Mittel und die Redlichkeit des Beamten die einzige Schranke, die seine Gier zu zügeln vermag. Die Bücher und alle Abrechnungen der Verwalter dienen weniger dazu, ihre Veruntreuungen aufzudecken, als sie zu verschleiern; und die Vorsicht kann nie so schnell neue Gegenmaßnahmen ersinnen, wie die Spitzbuben diese umgehen. Laßt also Register und Papiere, und legt die Finanzen in treue Hände; das ist das einzige Mittel, sie treu zu verwalten.

Wenn einmal die öffentlichen Fonds geschaffen sind, sind die Regierenden von Rechts wegen ihre Verwalter; denn diese Verwaltung stellt einen stets, wenn auch nicht stets gleichermaßen, wesentlichen Teil der Regierung dar: sein Einfluß steigt in dem Maße, wie der der anderen Triebkräfte sinkt; und man kann sagen, daß eine Regierung die letzte Stufe des Niedergangs erreicht hat, wenn sie keinen anderen Lebensnerv mehr hat als das Geld. Da nun jede Regierung stets zur Nachlässigkeit neigt, zeigt allein dieser Grund, warum kein Staat überleben kann, wenn sich seine Einkünfte nicht ständig erhöhen.

Das erste Empfinden für die Notwendigkeit einer solchen Erhöhung ist auch das erste Anzeichen für die innere Zerrüttung des Staates. Der weise Verwalter versäumt es, wenn er Geld aufzutreiben trachtet, um das gegenwärtige Bedürfnis zu befriedigen, nicht, zugleich die tiefere Ursache dieses neuen Bedürfnisses zu erforschen: wie ein Seemann, der das Wasser in sein Schiff eindringen sieht und die Pumpen in Gang setzt, nicht vergißt, das Leck suchen und verstopfen zu lassen.

Aus dieser Regel leitet sich die wichtigste Maxime der Finanzverwaltung ab; sie besteht darin, mit sehr viel größerer Sorgfalt darauf hinzuarbeiten, den Bedürfnissen vorzubeugen, statt die Einkünfte zu erhöhen; mit welcher Eile man auch vorgehen mag, die Hilfe, die erst nach dem Übel und noch zögernder kommt, läßt den Staat immer in seiner Notlage: während man darüber nachsinnt, einem Mißstand zu begegnen, macht sich schon ein anderer bemerkbar, und die Gegenmittel selbst bringen neue Mißstände hervor; so verstrickt sich die Nation schließlich in Schulden, wird das Volk ausgepreßt, verliert die Regierung ihre ganze Tatkraft und tut nur noch wenig mit viel Geld. Ich glaube, daß aus dieser großen, fest verankerten Maxime die Wunderwerke der alten Regierungen entsprangen, die mit ihrer strengen Sparsamkeit mehr bewirkten als die unseren mit all ihren Schätzen; und vielleicht leitet sich gerade von dort die alltägliche Bedeutung des Wortes *Ökonomie* her, worunter eher das weise Haushalten mit dem, was man hat, verstanden wird als der Umgang mit Mitteln zum Erwerb dessen, was man nicht hat.

Wenn man, von der öffentlichen Domäne abgesehen, die dem Staat je nach dem Grad der Redlichkeit derer, die sie bewirtschaften, Gewinn abwirft, die ganze Macht der allgemeinen Verwaltung hinlänglich kennen würde, vor allem dann, wenn sie sich auf gesetzliche Mittel beschränkt, wäre man erstaunt über die finanziellen Mittel, die die Oberen zur Verfügung haben, um allen öffentlichen Bedürfnissen zu begegnen, ohne die Güter der einzelnen anzutasten. Da sie die Herren über den ganzen Handel im Staate sind, ist für sie nichts so leicht, als ihn auf eine Weise zu führen, daß er für alles aufkommt, und dies oft so, als ob sie sich scheinbar nicht dareinmischen würden. Die zu Ort und Zeit ins rechte Verhältnis gesetzte Verteilung der Nahrungsgüter, des Geldes und der Waren ist das wahre Geheimnis des Finanzwesens und die Quelle seiner Reichtümer, sofern Verwalter es verstehen, ihren Blick weit nach vorn zu richten und bei Gelegenheit einen offensichtlichen und naheliegenden Verlust hinzunehmen, um zu einem späteren Zeitpunkt tatsächlich beträchtliche Gewinne zu erzielen. Wenn man sieht, wie eine Regierung für die Ausfuhr von Getreide in Jahren des Überflusses und für die Einfuhr in Jahren der Not Zollgebühren zahlt, statt welche zu erheben, traut man seinen Augen kaum und würde es für romanhafte Erfindung halten, falls dergleichen in alten Zeiten geschehen wäre. Nehmen wir an, man schlüge, um der Hungersnot in schlechten Jahren vorzubeugen, vor, öffentliche Lagerhäuser zu errichten; in wie vielen Ländern würde die Unterhaltung einer so nützlichen Einrichtung nicht als Vorwand für neue Steuern dienen? In Genf bilden diese Speicher, von einer weisen Verwaltung errichtet und unterhalten, die öffentlichen Reserven in schlechten Jahren und die Haupteinnahme des Staates zu allen Zeiten; *alit et ditat*, so lautet die schöne und zutreffende Inschrift, die an der Fassade des Gebäudes zu lesen ist. Um hier das ökonomische System einer guten Regierung darzulegen, habe ich meine Blicke oft auf das jener Republik gelenkt: glücklich, so in meinem Vaterland das Beispiel für Weisheit und Glück zu finden, das ich gern in allen Ländern herrschen sähe.

Untersucht man, wie die Bedürfnisse eines Staates wachsen, so stellt man fest, daß das ungefähr genauso geschieht wie bei einzelnen, weniger durch eine tatsächliche Notwendigkeit als durch ein Anwachsen unnützer Wünsche, und daß man die Ausgaben oft nur erhöht, um einen Vorwand zu haben, die Einnahmen zu steigern; daher wäre es für den Staat manchmal von Gewinn, darauf zu verzichten, reich zu sein, ist doch dieser scheinbare Reichtum für ihn oft kostspieliger als selbst die Armut. Man kann freilich hoffen, die Völker in einer strafferen Abhängigkeit zu halten, wenn man ihnen mit der einen Hand gibt, was man ihnen mit der anderen genommen hat; dies war die Politik, die Joseph gegenüber den Ägyptern betrieb; dennoch ist dieser elende Sophismus um so verderblicher für den Staat, als das Geld nie in dieselben Hände zurückkehrt, aus denen es gekommen ist, und man mit solchen Grundsätzen nur Nichtstuer um das bereichert, worum man nützliche Menschen gebeutelt hat.

Die Sucht nach Eroberungen ist eine der spürbarsten und gefährlichsten Ursachen für jene Erhöhung. Diese Sucht wird oft von einem anderen Bestreben geschürt als von dem scheinbar durch sie angezeigten, sie ist nicht immer das, was sie zu sein vorgibt; ihr eigentliches Motiv ist nicht so sehr der offen bekundete Wunsch, die Nation zu vergrößern, als der versteckte Wunsch, im Innern, mit Hilfe der Truppenvergrößerung und dank der Ablenkung, die die Angelegenheiten des Krieges dem Geist der Staatsbürger bereiten, die Autorität der Oberen zu stärken.

Ganz gewiß ist zumindest, daß niemand so unterjocht und elend ist wie die Völker der Eroberer und daß ihre Erfolge ihre Misere noch vergrößern: wenn die Geschichte uns das nicht lehrte, würde die Vernunft genügen, uns zu beweisen, daß, je größer ein Staat ist, die Ausgaben desto höher und drückender werden; denn alle Provinzen müssen ihren Beitrag zu den Aufwendungen der allgemeinen Verwaltung leisten, und darüber hinaus muß jede für ihre eigene Verwaltung dieselben Ausgaben tätigen, als wäre sie unabhängig. Dazu kommt, daß alle Besitztümer an einem Ort gebildet und an einem anderen verzehrt werden, was alsbald das Gleichgewicht zwischen Erzeugtem und Verbrauchtem zerstört und viele Gegenden in Armut stürzt, um eine einzige Stadt zu bereichern.

Eine weitere Quelle für die Zunahme der öffentlichen Bedürfnisse, die mit der vorhergehenden zusammenhängt. Es kann eine Zeit kommen, wo die Staatsbürger sich nicht mehr an die gemeinsame Sache gebunden fühlen und aufhören könnten, die Verteidiger des Vaterlandes zu sein, und wo die Obrigkeit lieber Söldner statt freie Menschen befehligen würde, und wäre es auch nur, um gegebenenfalls die ersten zur besseren Unterwerfung der zweiten zu benutzen. Das war die Lage in Rom gegen Ende der Republik und unter den Kaisern; denn alle Siege der frühen Römer, ebenso wie die Alexanders, waren von tapferen Staatsbürgern errungen worden, die, wenn nötig, ihr Blut für das Vaterland zu opfern wußten, die es aber niemals verkauften. Marius war der erste, der im Krieg gegen Jugurtha die Legionen entehrte, indem er ihnen Freigelassene, Nomaden und andere Söldner zuführte. Zu Feinden der Völker geworden, die sie hatten glücklich machen wollen, stellten die Tyrannen reguläre Truppen auf, scheinbar um die Fremden abzuschrecken, doch letztlich nur, um die eigenen Landsleute zu unterdrücken. Um diese Truppen zu bilden, mußte man Bauern vom Lande abziehen, deren Fehlen die Qualität der Nahrungsmittel beeinträchtigte und sie noch verteuerte, weil zum Unterhalt der Truppen Steuern verhängt wurden. Diese erste Verletzung der Ordnung brachte die Völker zum Grollen: um sie niederzuhalten, mußte man die Truppen vermehren und folglich auch die Not; und je mehr die Verzweiflung wuchs, je mehr sah man sich gezwungen, sie noch weiter zu vergrößern, um ihren Auswirkungen vorzubeugen. Die Söldner andererseits, die man nach dem Preis einschätzen konnte, für den sie sich selbst verkauften, waren auf ihre Erniedrigung stolz, verachteten die Gesetze, von denen sie geschützt wurden, und ihre Brüder, deren Brot sie aßen, und wähnten es eine größere Ehre, die Leibwächter Cäsars zu sein statt die Verteidiger Roms; einem blinden Gehorsam ergeben, richteten sie von Standes wegen den Dolch gegen ihre Mitbürger, bereit, jeden auf das erste Zeichen hin zu ermorden. Es wäre nicht schwer, nachzuweisen, daß dies eine der Hauptursachen für den Untergang des Römischen Reiches war.

Die Einführung der Artillerie und des Festungsbaus hat die Herrscher Europas in unseren Tagen gezwungen, wieder auf die Inanspruchnahme regulärer Truppen zurückzugreifen, um ihre Stellungen zu halten; aber es besteht die berechtigte Befürchtung, daß die Wirkung deshalb gleichermaßen verheerend sein wird. Man wird gleichfalls die Landgebiete entvölkern müssen, um Armeen und Garnisonen aufzustellen; um diese zu unterhalten, wird man die Völker ebenso unterjochen müssen; und diese gefährlichen Einrichtungen nehmen in unseren Breiten seit einiger Zeit mit einer solchen Geschwindigkeit zu, daß man daraus nur die baldige Entvölkerung Europas und über kurz oder lang den Untergang der hier wohnenden Völker voraussagen kann.

Wie dem auch sei, man muß erkennen, daß solche Einrichtungen notwendigerweise das wahre ökonomische System, das die Haupteinkünfte des Staates aus der öffentlichen Domäne erzielt, sprengen und nur die ärgerliche Einnahmequelle der Subsidien und Steuern übriglassen, von denen mir noch zu sprechen bleibt.

Man muß sich hier wieder daran erinnern, daß die Grundlage des Gesellschaftsvertrages das Eigentum ist, und seine erste Bedingung lautet, daß einem jeden die friedliche Nutzung dessen, was ihm gehört, gewährt bleibt. Zwar verpflichtet sich jeder durch ebendiesen Vertrag zumindest stillschweigend, seinen Beitrag zu den öffentlichen Bedürfnissen zu leisten; da aber diese Verpflichtung dem Grundgesetz nicht schaden darf, sieht man – vorausgesetzt, daß die Steuerpflichtigen die Notwendigkeit des Bedürfnisses anerkennen –, daß dieser Beitrag, um rechtmäßig zu sein, freiwillig sein muß. Dabei hängt er nicht etwa von einem Einzelwillen ab – so als wäre es nötig, die Einwilligung eines jeden Staatsbürgers zu erlangen, und als hätte dieser nur so viel zu entrichten, wie ihm gut dünkte, was dem Geist der Vereinigung direkt entgegenstünde –, sondern vom Gemeinwillen, der mit Stimmenmehrheit einen proportionalen Steuersatz beschließt, welcher keine Willkür bei der Besteuerung zuläßt.

Diese Wahrheit, daß die Steuern nur durch die Einwilligung des Volkes oder seiner Repräsentanten rechtmäßig festgelegt werden können, ist allgemein von allen Philosophen und Rechtsgelehrten anerkannt worden, die sich in den Angelegenheiten des Staatsrechts einige Anerkennung erworben haben, selbst Bodin nicht ausgenommen. Wenn einige dem Anschein nach entgegengesetzte Maximen aufgestellt haben – wozu sie durch leicht durchschaubare besondere Gründe bewogen wurden –, fügen sie doch so viele Bedingungen und Einschränkungen bei, daß die Sache im Grunde auf das gleiche hinausläuft: denn ob das Volk ablehnen kann oder der Souverän nicht fordern darf, das ist rechtlich einerlei; und sobald es nur um die Gewalt geht, ist nichts nutzloser, als zu prüfen, was rechtmäßig ist oder was nicht.

Die Abgaben, die dem Volk auferlegt werden, sind zweierlei Art: Realsteuern, die auf Sachen erhoben werden, und Personensteuern, die pro Kopf bezahlt werden. Man gibt den einen wie den anderen die Bezeichnung *Steuern* oder *Subsidien*: Wenn das Volk die Summe festlegt, die es gewährt, heißt sie *Subsidium*; wenn es den ganzen Ertrag einer Abgabe gewährt, handelt es sich um eine *Steuer [impôt]*. Im Buch vom *Geist der Gesetze* steht, daß die Pro-Kopf-Besteuerung der Knechtschaft angemessener ist und die Realsteuer mehr der Freiheit entspricht. Das wäre unbestreitbar, wenn die Beiträge pro Kopf gleich wären; denn nichts wäre disproportionierter als eine solche Abgabe, und gerade in den exakt gewahrten Proportionen besteht der Geist der Freiheit. Die Kopfsteuer aber ist genau den Mitteln der einzelnen angemessen, wie es jene sein könnte, die in Frankreich den Namen *capitation* trägt und somit zugleich eine Real- wie eine Personensteuer ist; sie ist die gerechteste und folglich für freie Menschen die angemessenste. Diese Proportionen scheinen zunächst sehr leicht herstellbar, weil die Angaben über den Stand eines jeden in der Gesellschaft stets öffentlich sind; aber abgesehen davon, daß Habgier, Einfluß und Betrügerei selbst den Augenschein zu verfälschen wissen, werden in diesen Berechnungen selten alle Elemente berücksichtigt, die darin eingehen müssen. Zuerst muß man das Mengenverhältnis betrachten, wonach bei sonst gleichen Bedingungen derjenige, der zehnmal mehr besitzt als ein anderer, zehnmal mehr bezahlen muß. Zweitens das Nutzenverhältnis, das heißt die Unterscheidung zwischen dem Notwendigen und dem Überflüssigen. Wer nur das schlicht Notwendige hat, soll überhaupt nichts bezahlen; der Steuersatz desjenigen, der Überflüssiges besitzt, kann bei Bedarf bis zur vollen Höhe dessen gehen, was das für ihn Notwendige überschreitet. Dem wird er entgegenhalten, daß das, was für einen niedriggestellten Menschen überflüssig wäre, für ihn in Anbetracht seines Standes notwendig ist; aber das ist eine Lüge: denn ein Großer hat ebenso zwei Beine wie ein Kuhhirt und auch nur einen Bauch wie dieser. Außerdem ist dieses angeblich Notwendige für seinen Rang so wenig notwendig, daß er nur höher geachtet würde, wenn er für einen lobenswerten Zweck darauf verzichten könnte. Das Volk würde sich in Demut vor einem Minister verbeugen, der zu Fuß zum Rat ginge, weil er seine Kutschen wegen eines dringenden Erfordernisses des Staates verkauft hat. Schließlich schreibt das Gesetz niemandem Prunk vor, und Standeswürde ist niemals ein Argument gegen das Recht.

Ein drittes Verhältnis, das man nie berücksichtigt und dem man doch stets als erstem Rechnung tragen müßte, ist das der Vorteile, die jeder aus der gesellschaftlichen Vereinigung zieht, die die ungeheuren Besitztümer des Reichen nach Kräften schützt und dem Armen kaum die Kate läßt, die er mit eigenen Händen erbaut hat. Sind nicht alle Vorteile der Gesellschaft auf seiten der Mächtigen und Reichen? Werden nicht alle einträglichen Posten von ihnen allein besetzt? Sind nicht alle Vergünstigungen und alle Steuerbefreiungen ihnen vorbehalten? Steht die öffentliche Macht nicht ganz auf ihrer Seite? Ist ein Mann von hohem Ansehen, mag er auch seine Gläubiger bestehlen oder andere Gaunereien begehen, nicht allemal der Straflosigkeit sicher? Werden nicht die Stockschläge, die er verabreicht, die Gewalttaten, die er begeht, selbst die Totschläge und Morde, deren er sich schuldig macht, zu Kleinigkeiten heruntergespielt, von denen nach sechs Monaten keine Rede mehr ist? Wird hingegen ebendieser Mann bestohlen, setzt sich sogleich die gesamte Polizei in Bewegung, und wehe den Unschuldigen, die er verdächtigt! Zieht er durch einen gefährlichen Ort, schon ist eine Eskorte zur Stelle; bricht die Achse seines Wagens, eilt ihm alles zu Hilfe; macht man Lärm vor seiner Tür, sagt er nur ein Wort, und alles schweigt still; belästigt ihn die Menge, gibt er ein Zeichen, und der Weg wird frei gemacht; behindert ein Kärrner seine Durchfahrt, stehen seine Leute bereit, ihn zu erschlagen; und fünfzig ehrenwerte Fußgänger, die ihren Geschäften nachgehen, würden eher überfahren, als daß ein müßiger Schurke in seiner Equipage aufgehalten würde. All diese Aufmerksamkeiten kosten ihn keinen Pfennig; sie sind das Recht des Reichen und nicht der Preis für den Reichtum. Welch anderes Bild bietet der Arme! Je mehr die Menschheit ihm schuldet, desto mehr verweigert ihm die Gesellschaft: alle Türen sind ihm verschlossen, selbst wenn er das Recht hat, sie öffnen zu lassen; und wenn ihm manchmal Gerechtigkeit widerfährt, so muß er mehr Mühe dafür aufwenden als ein anderer, um eine Gnade zu erlangen. Wenn Frondienste zu verrichten sind, eine Bürgerwehr *[milice]* aufzustellen ist, dann gibt man ihm den Vorzug; er trägt immer neben seiner Bürde die, von der sein reicherer Nachbar sich durch seinen Einfluß befreien läßt; beim geringsten Unglück, das ihm zustößt, zieht sich jeder von ihm zurück: stürzt sein armseliger Karren um, dann hilft ihm nicht nur niemand, ja er kann noch froh sein, wenn er den Schmähungen der Raufbolde eines jungen Herzogs entgeht. Mit einem Wort, jede uneigennützige Hilfe entzieht sich ihm, wenn er sie braucht, eben weil er nichts hat, sie zu bezahlen; für verloren aber halte ich ihn, wenn ihn das Unglück ereilt, einen aufrichtigen Charakter, eine liebreizende Tochter und einen mächtigen Nachbarn zu haben.

Nicht weniger Beachtung ist der Tatsache zu schenken, daß die Verluste der Armen viel weniger auszugleichen sind als die des Reichen und daß die Schwierigkeit, etwas zu erwerben, mit der Not immer zunimmt. Von nichts kommt nichts; das gilt für die Geschäfte wie für die Physik: Geld ist die Saat des Geldes, und die erste Pistole ist manchmal schwerer zu verdienen als die zweite Million. Mehr noch: alles, was der Arme bezahlt, ist ihm für immer verloren, bleibt in den Händen des Reichen oder kehrt dorthin zurück; und da die Steuereinnahmen früher oder später allein zu den Männern fließen, die an der Regierung teilhaben oder ihr nahestehen, haben diese, selbst wenn sie ihren Anteil bezahlen, ein spürbares Interesse daran, die Steuern zu erhöhen.

Resümieren wir in wenigen Worten den Gesellschaftsvertrag der beiden Stände. *Ihr braucht mich, denn ich bin reich, und ihr seid arm; treffen wir also ein Abkommen: Ich werde gestatten, daß ihr die Ehre habt, mir zu dienen, vorausgesetzt, ihr gebt mir das wenige, das euch bleibt, für die Mühe, die ich aufwende, euch zu befehlen.*

Wenn man all dies sorgfältig miteinander verbindet, wird man feststellen, daß, um die Abgaben gerecht und wirklich proportional zu verteilen, die Steuern nicht ausschließlich auf die Güter der Steuerzahler erhoben werden dürfen, sondern unter Berücksichtigung der Differenz zwischen ihren Verhältnissen und dem Überfluß ihrer Güter. Das ist eine sehr wichtige und sehr schwierige Berechnung, die Tag für Tag von einer Vielzahl ehrbarer, rechenkundiger Beamter durchgeführt wird, an die sich jedoch die Platons und Montesquieus nicht gewagt hätten, ohne zu erzittern und den Himmel um Erleuchtung und Unbestechlichkeit zu bitten.

Ein anderer Nachteil der Personensteuer besteht darin, daß sie allzu spürbar ist und mit zu großer Härte erhoben wird, was nicht ausschließt, daß ihr große Beträge verlorengehen, weil man leichter seinen Kopf der Eintragung ins Steuerregister und den Verfolgungen entziehen kann als seine Besitztümer.

Von allen anderen Steuern hat sich der Grundzins oder die Realtaille *[taille réelle]* in den Ländern stets als am günstigsten erwiesen, in denen man der Menge des Ertrages und der Sicherheit der Steuererhebung mehr Aufmerksamkeit schenkt als der geringsten Belastung des Volkes. Man hat sogar zu behaupten gewagt, man müsse den Bauern belasten, um ihn aus seiner Trägheit zu reißen, und er würde nichts tun, wenn er nichts zu zahlen hätte. Aber die Erfahrung bei allen Völkern der Welt widerlegt diese lächerliche Maxime: in Holland, in England, wo der Bauer nur sehr wenig zahlt, und vor allem in China, wo er gar nichts zahlt, wird der Boden am besten bestellt. Im Gegenteil, überall dort, wo der Landmann proportional zum Ertrag seines Feldes besteuert wird, läßt er es brachliegen oder erwirtschaftet gerade so viel, wie er zum Leben braucht. Denn für den, der die Früchte seiner Mühe nicht erntet, bedeutet es einen Gewinn, nichts zu tun; und die Arbeit mit einer Geldbuße zu belegen ist ein höchst absonderliches Mittel, die Faulheit zu vertreiben.

Aus der Steuer für Grund und Boden oder für Getreide erwachsen, zumal wenn sie übermäßig hoch ist, zwei so schreckliche Mißlichkeiten, daß alle Völker, bei denen sie erhoben wird, auf lange Sicht aussterben und untergehen müssen.

Die erste erwächst aus dem Mangel an Geldzirkulation, denn Handel und Gewerbe ziehen das Geld vom Lande in die großen Städte: und da die Steuer das maßvolle Verhältnis, das noch zwischen den Bedürfnissen des Landwirtes und dem Preis für sein Getreide möglich war, zerstört, fließt das Geld ständig fort und kehrt nie zurück; je reicher die Stadt ist, desto elender das Land. Der Ertrag der Grundsteuern geht aus den Händen des Fürsten oder des Finanzmannes in die Hände der Gewerbetreibenden *[artistes]* und Händler über; und der Bauer, der davon immer nur den geringsten Teil erhält, wird schließlich ausgezehrt, weil er immer das gleiche entrichtet und immer weniger erhält. Wie sollte ein Mensch leben können, der nur Venen und keine Arterien hätte oder dessen Arterien das Blut nur bis kurz vor das Herz brächten? Chardin sagt, in Persien werden die königlichen Steuern auf die Nahrungsmittel auch in Nahrungsmitteln bezahlt; dieses Verfahren, das nach Herodots Zeugnis schon früher, bis unter Dareios, in diesem Land angewandt worden ist, kann dem Übel vorbeugen, von dem ich soeben gesprochen habe. Wenn aber in Persien die Steuerverwalter, die Vorsteher, die Beamten und die Magazinverwalter keine anderen Menschen sind als überall sonst, fällt es mir schwer, zu glauben, daß auch nur der geringste Teil all dieser Produkte bis zum König gelangt, daß das Getreide nicht in Speichern verdirbt und das Feuer nicht die meisten Magazine verschlingt.

Die zweite Mißlichkeit erwächst aus einem scheinbaren Vorteil, der die Übel nur noch schlimmer werden läßt, bevor man ihrer gewahr wird. Sie liegt darin, daß das Getreide ein Produkt ist, das in dem Land, wo es erzeugt wird, durch die Steuern nicht verteuert wird und dessen Menge, obwohl unbedingt Bedarf herrscht, abnimmt, ohne daß sein Preis steigt; dies führt dazu, daß viele Menschen Hungers sterben, obwohl das Getreide weiterhin billig ist und allein der Landwirt von der Steuer belastet bleibt, die er nicht auf den Verkaufspreis aufschlagen kann. Man beachte wohl, daß man über die Realtaille nicht urteilen darf wie über die Steuern, die auf alle anderen Waren erhoben werden und deren Preis erhöhen, die also weniger von den Kaufleuten als von den Käufern bezahlt werden. Denn diese Steuern, so hoch sie auch sein mögen, sind dennoch freiwillig und werden vom Kaufmann nur im Verhältnis zu den von ihm gekauften Waren bezahlt; und da er nur im Verhältnis zu seinem Umsatz kauft, zwingt er dem einzelnen sein Gesetz auf. Aber dem Landwirt, der – ob er verkauft oder nicht – gezwungen ist, zu festen Fristen für das von ihm bebaute Land zu zahlen, steht es nicht frei, zu warten, bis man für sein Produkt den gewünschten Preis zahlt. Denn wenn er es nicht verkaufen würde, um für seinen Unterhalt zu sorgen, wäre er gezwungen, es zu verkaufen, um die Grundsteuer zu bezahlen, so daß manchmal die Unmäßigkeit der Besteuerung die Lebensmittel spottbillig hält.

Man beachte des weiteren, daß die Einnahmequellen des Handels und der Gewerbe die Grundsteuer nur noch drückender werden lassen, statt sie durch den Geldüberfluß erträglicher zu machen. Ich werde nicht auf die allzu offensichtliche Tatsache eingehen, daß nämlich die größere oder geringere Menge Geldes in einem Staat diesem zwar mehr oder weniger Kredit im Ausland einbringen kann, jedoch in keiner Weise das tatsächliche Vermögen der Staatsbürger beeinflußt und ihnen weder größeren noch geringeren Wohlstand bringt. Aber ich werde noch diese zwei wichtigen Bemerkungen anschließen: Wenn, zum einen, der Staat überschüssige Nahrungsgüter hat und der Reichtum an Geld aus deren Absatz im Ausland stammt, dann spüren den Überschuß allein die Städte, in denen der Handel getrieben wird, und der Bauer wird dadurch nur relativ ärmer. Da, zum anderen, der Preis aller Dinge mit der Vermehrung des Geldes steigt, müssen auch die Steuern im selben Verhältnis steigen, so daß der Landwirt sich mehr belastet sieht, ohne größere Einkünfte zu haben.

Man muß sehen, daß der Grundzins in Wirklichkeit eine Steuer auf den Bodenertrag ist. Gleichwohl wird jeder zugeben, daß nichts so gefährlich ist wie eine Getreidesteuer, die vom Käufer bezahlt wird. Wie kann man aber übersehen, daß es hundertmal schlimmer ist, wenn diese Steuer vom Landwirt selbst bezahlt wird? Bedeutet das nicht, die Lebenskraft des Staates an ihrer Quelle zu untergraben? Bedeutet das nicht, so direkt wie nur möglich darauf hinzuarbeiten, das Land zu entvölkern und es folglich mit der Zeit zu ruinieren? Denn es gibt für eine Nation keinen schlimmeren Mangel als den an Menschen.

Nur der wahre Staatsmann weiß um die Pflicht, beim Steuerregime seine Blicke über das finanzielle Ziel hinaus zu erheben, drückende Lasten in nützliche Regelungen für die Staatsverwaltung umzuwandeln und dem Volk die Erkenntnis einzugeben, daß solche Einrichtungen mehr das Wohl der Nation im Auge haben als den Steuerertrag.

Einfuhrzölle für ausländische Waren, die die Bewohner begehren, ohne daß das Land ihrer bedarf, Ausfuhrzölle für Landesprodukte, von denen es keinen Überschuß hat und auf die die Ausländer nicht verzichten können, Zölle auf die Erzeugnisse der unnützen und allzu gewinnträchtigen Künste, auf die Einfuhr von Dingen für das bloße Wohlbehagen in die Städte und allgemein auf alle Luxusartikel werden diesen doppelten Zweck erfüllen. Durch solche Steuern, die die Armut lindern und den Reichtum belasten, muß man der kontinuierlich wachsenden Ungleichheit der Vermögen, der Verdingung einer Vielzahl von nutzlosen Handwerkern und Dienstboten durch die Reichen, der Vermehrung der Müßiggänger in den Städten und der Landflucht vorbeugen.

Es gilt, den Preis der Dinge und die auf sie erhobenen Steuern in ein solches Verhältnis zu setzen, daß die Habgier die einzelnen, um der großen Gewinne willen, nicht zum Steuerbetrug verleitet. Man muß des weiteren einem leicht zu betreibenden Schleichhandel dadurch vorbeugen, daß man Waren bevorzugt, die nicht so leicht zu verstecken sind. Schließlich ist es ratsam, daß die Steuer eher von dem bezahlt wird, der die besteuerte Sache benutzt, als von dem, der sie verkauft, würden letzteren doch die hohen Abgaben, mit denen er sich belastet sieht, stärker in Versuchung führen und ihn eher Mittel finden lassen, sie zu unterschlagen. So ist es ständiger Brauch in China, dem Land der Welt, wo die Steuern am höchsten sind und am gewissenhaftesten entrichtet werden: der Händler bezahlt nichts; allein der Käufer entrichtet die Gebühr, ohne daß daraus Murren oder Aufruhr entstünde; weil die zum Leben notwendigen Nahrungsmittel wie Reis und Weizen absolut steuerfrei sind, ist das Volk nicht geknebelt, und die Steuer trifft nur die Wohlhabenden. Im übrigen dürfen all diese Maßregeln nicht so sehr davon diktiert werden, daß die Regierung den Schleichhandel fürchtet, als daß sie darauf achtgeben soll, die einzelnen vor der Verlockung unrechtmäßiger Gewinne zu bewahren, denn diese machen zunächst schlechte Staatsbürger und am Ende Gauner aus ihnen.

Man erhebe hohe Steuern auf Dienerkleidung, auf Equipagen, Spiegel, Lüster und Mobiliar, auf Stoffe und Vergoldungen, auf die Höfe und Gärten der Wohnsitze, auf Schauspiele aller Art, auf überflüssige Berufe wie Ballettänzer, Sänger, Komödianten, mit einem Wort, auf all die Dinge, die dem Luxus, dem Vergnügen und dem Müßiggang dienen, alle Augen blenden und um so weniger verborgen werden können, als ihr einziger Zweck darin besteht, sich zu zeigen, so daß sie unnütz wären, wenn man sie nicht sehen könnte. Man braucht nicht zu befürchten, daß solche Erträge willkürlich erhoben würden, weil sie sich nur auf Dinge gründen, die nicht unbedingt notwendig sind: es heißt die Menschen schlecht kennen, wenn man glaubt, sie würden jemals auf den Luxus verzichten können, nachdem sie sich einmal von ihm haben verführen lassen; sie würden hundertmal lieber auf das Notwendige verzichten und eher vor Hunger sterben als vor Schande. Die höhere Ausgabe wird nur ein Grund mehr sein, sie zu tragen, wenn der Eitelkeit, sich vermögend zu zeigen, durch den Preis des Dinges und die Steuerkosten geschmeichelt wird. Solange es Reiche gibt, werden sie sich von den Armen unterscheiden wollen, und der Staat kann sich nirgends eine weniger drückende und sicherere Einnahme verschaffen als aus diesem Unterschied.

Aus demselben Grunde hätte das Gewerbe nicht unter einer ökonomischen Ordnung zu leiden, die die Finanzen bereichern, die Landwirtschaft durch Entlastung des Landmannes wiederbeleben und alle Vermögen unmerklich jenem Mittelstand annähern würde, der die wirkliche Stärke eines Staates ausmacht. Es wäre möglich, muß ich gestehen, daß die Steuern zum rascheren Vergehen einiger Moden beitrügen; aber dadurch würden immer nur andere an ihre Stelle treten, aus denen der Handwerker Gewinn zöge, ohne daß der Fiskus etwas zu verlieren hätte. Unterstellen wir, mit einem Wort, daß der Geist der Regierung ständig darauf gerichtet sei, alle Steuern auf den Überfluß an Reichtümern anzulegen, dann wird von zwei Dingen eins geschehen: Entweder werden die Reichen auf ihre überflüssigen Ausgaben verzichten, um nur noch nützliche zu tätigen, die dem Staat Gewinn bringen werden; in dem Fall hat das Steuerregime die Wirkung der besten Luxusgesetze erzielt; die Staatsausgaben werden sich zwangsläufig mit denen der einzelnen verringern; der Fiskus kann auf diese Weise nicht ärmer werden, weil er ja auch viel weniger auszugeben hat. Oder die Reichen verringern ihren Überfluß in keiner Weise, dann wird der Fiskus im Steueraufkommen die gesuchten Mittel haben, die tatsächlichen Bedürfnisse des Staates zu befriedigen. Im ersten Fall wird der Fiskus um all die Ausgaben reicher, die er nicht zu tätigen hat; im zweiten bereichert er sich ebenfalls an den unnützen Ausgaben der einzelnen.

Fügen wir all dem eine wichtige Unterscheidung auf dem Gebiet des Staatsrechts hinzu, der die Regierungen, eifrig darauf bedacht, alles selbst zu tun, große Aufmerksamkeit schenken sollten. Ich habe gesagt, daß die Personensteuern und die Steuern für unbedingt notwendige Dinge, da sie direkt das Eigentumsrecht und damit auch das eigentliche Fundament der politischen Gesellschaft angreifen, immer gefährliche Folgen zeitigen können, wenn sie nicht mit der ausdrücklichen Zustimmung des Volkes oder seiner Repräsentanten festgesetzt werden. Das gilt nicht gleichermaßen für die Abgaben auf Dinge, deren Gebrauch man sich versagen kann; denn da der einzelne nicht unbedingt zu zahlen gezwungen ist, kann sein Beitrag als freiwillig gelten, so daß die besondere Zustimmung eines jeden Steuerpflichtigen die allgemeine Zustimmung ersetzt und sie gewissermaßen sogar voraussetzt: denn warum sollte sich das Volk einer Besteuerung widersetzen, die nur denjenigen trifft, der sie gern zahlen will? Es scheint mir sicher, daß alles, was nicht von den Gesetzen verboten ist, nicht den Sitten widerspricht, und was von der Regierung verboten werden kann, das kann sie auch durch eine Steuerabgabe genehmigen. Wenn zum Beispiel die Regierung die Benutzung von Karossen verbieten kann, mag sie mit um so größerem Recht die Karossen mit einer Steuer belegen; das ist ein weises und nützliches Mittel, deren Gebrauch zu tadeln, ohne ihm Einhalt zu gebieten. Man kann also die Steuer als eine Art Geldbuße betrachten, deren Einnahme für den Mißbrauch, den sie bestraft, entschädigt.

Jemand könnte mir entgegenhalten, daß diejenigen, die Bodin *Schwindler [imposteurs]* nennt, das heißt Leute, die Abgaben erzwingen oder erfinden, sich, da sie zur Klasse der Reichen gehören, wohl hüten werden, andere auf ihre Kosten zu verschonen und sich selbst zu besteuern, um die Armen zu entlasten. Aber solche Gedanken muß man verwerfen. Wenn in jeder Nation die vom Souverän mit der Regierung der Völker betrauten Personen von Standes wegen deren Feinde wären, lohnte es nicht die Mühe, zu untersuchen, was sie tun müssen, um jene glücklich zu machen.

VOM GESELLSCHAFTSVERTRAG
ODER PRINZIPIEN DES STAATSRECHTS

Von Jean-Jacques Rousseau,
Bürger von Genf

– foederis aequas
Dicamus leges.
Aeneis, XI

VORBEMERKUNG

Diese kleine Abhandlung ist einem größeren Werk entnommen, das ich einst begonnen hatte, ohne meine Kräfte zu ermessen, und inzwischen längst aufgegeben habe. Von den verschiedenen Teilen, die aus dem schon Vollendeten zu gewinnen waren, ist dieser der beträchtlichste. Er schien mir am wenigsten unwürdig, der Öffentlichkeit vorgelegt zu werden. Für den Rest gilt dies bereits nicht mehr.

ERSTES BUCH

Ich will herausfinden, ob es in der gesellschaftlichen Ordnung eine rechtmäßige und sichere Regierungsweise geben kann, nimmt man die Menschen, wie sie sind, und die Gesetze, wie sie sein können. Ich werde mich dabei immer bemühen, das, was das Recht erlaubt, mit dem, was das Interesse fordert, so zu verbinden, daß Gerechtigkeit und Zweckmäßigkeit nicht getrennt werden.

Ich komme gleich zur Sache, ohne die Bedeutung meines Themas zu beweisen. Man wird mich fragen, ob ich Fürst oder Gesetzgeber bin, um über Politik schreiben zu dürfen. Ich antworte: nein – und ebendeshalb schreibe ich über Politik. Wäre ich Fürst oder Gesetzgeber, verlöre ich nicht meine Zeit damit, zu sagen, was zu tun ist; ich täte es oder schwiege.

Als Bürger eines freien Staates und Mitglied des Souveräns wurde ich geboren. Wie schwach auch der Einfluß meiner Stimme in den öffentlichen Angelegenheiten sein mag, mein Recht, über sie abzustimmen, verpflichtet mich, Kenntnisse über sie zu erlangen. Sooft ich über Regierungen nachdenke, bin ich glücklich, immer neue Gründe zu finden, die meines Landes zu lieben!

I. KAPITEL

Das Thema dieses ersten Buches

Der Mensch wird frei geboren, und überall liegt er in Ketten. Jener glaubt sich Herr der anderen und ist doch mehr Sklave als sie. Wie kam es zu dieser Veränderung? Ich weiß es nicht. Was kann sie legitim machen? Ich glaube, diese Frage lösen zu können.

Wenn ich nur die Gewalt und ihre Wirkung in Betracht zöge, würde ich sagen: Solange ein Volk gezwungen wird zu gehorchen und es gehorcht, tut es gut daran. Sobald es das Joch abschütteln kann und es tatsächlich abschüttelt, tut es noch besser daran; denn indem es seine Freiheit durch ebendas Recht wiedererlangt, das sie ihm raubte, ist es entweder berechtigt, sie zurückzunehmen, oder man war es nicht, sie ihm zu entreißen. Die gesellschaftliche Ordnung aber ist ein heiliges Recht, das allen anderen zugrunde liegt. Dennoch kommt dieses Recht nicht von der Natur; es beruht folglich auf Übereinkünften. Man muß also wissen, was das für Übereinkünfte sind. Bevor ich dazu komme, muß ich begründen, was ich gerade behauptet habe.

II. KAPITEL
Von den ersten Gesellschaften

Die älteste aller Gesellschaften und die einzige natürliche ist die Familie. Allerdings bleiben die Kinder an den Vater nur so lange gebunden, wie sie ihn zu ihrer Erhaltung brauchen. Sobald dieses Bedürfnis aufhört, löst sich das natürliche Band. Die Kinder vom Gehorsam gegenüber dem Vater und der Vater der Sorgepflicht gegenüber den Kindern entbunden, kehren alle gleichermaßen in die Selbständigkeit zurück. Bleiben sie weiterhin vereint, dann nicht mehr in natürlicher Weise, sondern aus freien Stücken. Dann besteht selbst die Familie nur durch Übereinkunft.

Diese gemeinsame Freiheit ist eine Folge der Natur des Menschen. Sein erstes Gesetz ist es, über seine Selbsterhaltung zu wachen, seine ersten Sorgen gelten ihm selbst. Sobald er das Alter der Vernunft erreicht hat, wird er sein eigener Herr, da er nun allein über die geeigneten Mittel, sich zu erhalten, entscheidet.

Die Familie ist also, wenn man will, das erste Modell der politischen Gesellschaften: das Oberhaupt ist das Abbild des Vaters, das Volk das Abbild der Kinder. Da alle gleich und frei geboren sind, veräußern sie ihre Freiheit nur zu ihrem Nutzen. Der ganze Unterschied besteht darin, daß in der Familie der Vater durch die

Liebe zu seinen Kindern für die Sorge entschädigt wird, die er ihnen widmet. Im Staate ersetzt die Lust des Befehlens die Liebe, die der Herrscher für seine Völker nicht empfindet.

Grotius leugnet, daß jede menschliche Macht zugunsten der Regierten errichtet werde: er nennt die Sklaverei als Beispiel. Seine beständige Art der Beweisführung besteht darin, stets das Recht durch das Faktum zu begründen.[1] Es gäbe eine konsequentere, jedoch keine den Tyrannen gelegenere Methode.

Es ist also nach Grotius zweifelhaft, ob die menschliche Gattung einem guten Hundert Menschen gehört oder ob diese etwa hundert Menschen zur menschlichen Gattung gehören: in seinem ganzen Buch scheint er erster Meinung zuzuneigen. Das ist auch Hobbes' Ansicht. So wird die menschliche Gattung in Viehherden aufgeteilt; jede hat ihren Führer, der sie hütet, um sie zu verschlingen.

Wie der Hirte von höherer Natur ist als seine Herde, sind die Hirten der Menschen, ihre Führer, von höherer Natur als ihre Völker. So dachte, wie Philon berichtet, Kaiser Caligula, und er folgerte ziemlich richtig aus dieser Analogie, entweder seien die Könige Götter oder die Völker Tiere.

Die Beweisführung dieses Caligula deckt sich mit der von Hobbes und Grotius. Aristoteles hatte bereits vor ihnen allen ebenfalls behauptet, die Menschen seien von Natur aus nicht gleich, sondern die einen für die Sklaverei, die anderen für die Herrschaft geboren.

Aristoteles hatte recht; aber er verwechselte Wirkung und Ursache. Jeder in der Sklaverei geborene Mensch wird für die Sklaverei geboren, nichts ist gewisser. Die Sklaven verlieren in ihren Ketten alles, selbst den Drang, sie abzuwerfen. Sie lieben ihre Knechtschaft, wie die Gefährten des Odysseus ihre tierische Verwandlung liebten.[2] Es gibt also Sklaven von Natur aus, weil es Sklaven wider die Natur gab. Gewalt schuf die ersten Sklaven, ihre Feigheit verewigte diesen Zustand.

[1] »Die gelehrten Untersuchungen über das öffentliche Recht sind oft nur die Geschichte alter Mißbräuche, und man müht sich ohne Gewinn, wenn man sie allzu eifrig studiert.« *Traité des intérêts de la France avec ses voisins, par M. le Marquis d'Argenson.* Gerade das hat Grotius getan.

[2] Siehe Plutarchs kleine Abhandlung *Daß die Tiere die Vernunft gebrauchen.*

Ich habe nichts von König Adam gesagt noch von Kaiser Noah, dem Vater dreier großer Monarchen, die sich die Welt teilten, den Kindern des Saturn gleich, die man in ihnen wiederzuerkennen glaubte. Ich hoffe, man wird mir diese Zurückhaltung danken; denn als direkter Nachkomme eines dieser Fürsten, und vielleicht des ältesten Zweiges, erweise ich mich womöglich bei Überprüfung der Ansprüche als rechtmäßiger König der menschlichen Gattung? Wie dem auch sei, man muß zugeben, daß Adam Souverän der Welt gewesen ist wie Robinson der seiner Insel, solange er ihr einziger Bewohner war. Bequem war in diesem Reich, daß der Monarch, seines Throns sicher, weder Aufstände noch Kriege noch Verschwörer zu fürchten hatte.

III. KAPITEL
Vom Recht des Stärkeren

Der Stärkere ist nie stark genug, um immer Herr zu bleiben, wenn er seine Stärke nicht in Recht und den Gehorsam nicht in Pflicht verwandelt. Daher das Recht des Stärkeren, dem Schein nach ironisch aufgefaßtes Recht, tatsächlich jedoch zum Prinzip erhoben: aber wird man uns dieses Wort je erklären? Die Stärke ist eine physische Macht; ich sehe nicht, welche Moralität aus ihren Wirkungen hervorgehen kann. Der Stärke nachgeben ist ein Akt der Notwendigkeit, nicht des Willens; bestenfalls ein Akt der Klugheit. In welchem Sinne könnte es zur Pflicht werden?

Nehmen wir einen Moment lang an, es gäbe dieses angebliche Recht. Ich behaupte, aus ihm würde nichts weiter als ein unerklärbares Durcheinander entspringen. Denn sobald die Stärke Recht schafft, wechselt die Wirkung mit der Ursache: jede Gewalt, die der vorangegangenen überlegen ist, folgt ihr in ihrem Recht. Sobald man ungestraft den Gehorsam verweigern kann, kann man es auch mit Recht; da der Stärkere immer recht hat, muß man nur zusehen, der Stärkere zu sein. Was ist das aber für ein Recht, das erlischt, sobald die Stärke verschwindet? Wenn man aus Zwang gehorchen muß, braucht man es nicht aus Pflicht, wenn man nicht mehr zu gehorchen gezwungen ist, braucht man es auch nicht. Man sieht also, daß das Wort Recht der Stärke nichts hinzufügt; es ist hier völlig bedeutungslos.

Gehorcht den Mächtigen! Wenn das heißt: Weicht der Gewalt, ist die Vorschrift gut, aber überflüssig. Ich stehe dafür, daß sie nie verletzt werden wird. Alle Macht kommt von Gott, ich gebe es zu, aber jede Krankheit auch. Heißt das, es ist verboten, den Arzt zu rufen? Überrascht mich ein Räuber im Walde, muß ich ihm gezwungenermaßen meine Börse geben; wenn ich sie ihm aber vorenthalten kann, verpflichtet mich dann mein Gewissen, sie ihm zu geben? Schließlich ist seine Pistole auch eine Macht.

Kommen wir also überein, daß Stärke nicht Recht stiftet und daß man nur rechtmäßigen Mächten zu gehorchen gezwungen ist. So taucht meine erste Frage wieder auf.

IV. KAPITEL

Von der Sklaverei

Da kein Mensch eine natürliche Autorität über seinesgleichen hat und die Stärke keinerlei Recht stiftet, bleiben die Übereinkünfte als Grundlage jeglicher legitimen Autorität unter den Menschen.

Wenn ein einzelner, sagt Grotius, seine Freiheit veräußern und sich zum Sklaven eines Herrn machen kann, warum sollte dann nicht ein ganzes Volk die seinige veräußern und sich einem König untertan machen können? Hier ist manches zweideutige Wort, das zu erklären wäre, bleiben wir bei *veräußern [aliéner]*. Veräußern heißt verschenken oder verkaufen. Ein Mensch, der sich zum Sklaven eines anderen macht, verschenkt sich nicht, bestenfalls verkauft er sich für seinen Unterhalt: aber wofür sollte sich ein Volk verkaufen? Weit entfernt, daß ein König seinen Untertanen ihren Unterhalt liefert, bezieht er seinen nur von ihnen; und nach Rabelais lebt ein König nicht von wenig. Die Untertanen geben also ihre Person, unter der Bedingung, daß man ihnen auch noch ihr Hab und Gut nimmt? Ich sehe nicht, was sie noch bewahren könnten.

Man wird einwenden, der Despot sichere seinen Untertanen die bürgerliche Ruhe. Mag sein: aber was gewinnen sie dabei, wenn die Kriege, die sein Ehrgeiz auf sie zieht, wenn seine unersättliche Habgier, wenn die Kränkungen seiner Regierung sie mehr in Verzweiflung treiben, als es je ihre Zwistigkeiten könnten? Was gewinnen sie dabei, wenn diese Ruhe selbst Teil ihres Unglücks wird? Auch in Kerkern lebt man ruhig; genügt das, sich in ihnen wohl zu fühlen? Die in der Höhle des Zyklopen eingesperrten Griechen lebten dort ruhig, bis sie an der Reihe waren, verschlungen zu werden.

Zu sagen, ein Mensch verschenke sich grundlos, ist absurd und unbegreiflich. Eine solche Handlung ist illegitim und nichtig schon allein deswegen, weil derjenige, der das tut, nicht bei Verstand ist. Das gleiche von einem ganzen Volk behaupten heißt ein Volk von Verrückten voraussetzen: Wahn aber stiftet kein Recht.

Wenn auch jeder sich selbst veräußern könnte, könnte er seine Kinder nicht veräußern. Sie werden als Menschen und frei geboren; ihre Freiheit gehört ihnen, niemand außer ihnen selbst hat das Recht, über sie zu verfügen. Ehe sie das Alter der Vernunft erreicht haben, kann der Vater in ihrem Namen Abmachungen für ihre Erhaltung, für ihr Wohlbefinden treffen, sie aber nicht unwiderruflich und bedingungslos weggeben. Ein derartiges Geschenk stünde im Widerspruch zu den Zwecken der Natur und überstiege die väterlichen Rechte. Um eine willkürliche Regierung zu legitimieren, müßte das Volk sie in jeder Generation anerkennen oder Herr darüber sein, sie zu verwerfen: dann aber wäre diese Regierung nicht mehr willkürlich.

Auf seine Freiheit verzichten heißt auf seine Qualität als Mensch, auf die Rechte des Menschseins, sogar auf seine Pflichten verzichten. Es gibt keine mögliche Entschädigung für den, der auf alles verzichtet. Ein solcher Verzicht ist mit der Natur des Menschen unvereinbar, und man nimmt seinen Taten jede Moralität, wenn seinem Willen jede Freiheit genommen wird. Es ist eine sinnlose und widersprüchliche Übereinkunft, auf der einen Seite eine absolute Autorität und auf der anderen einen grenzenlosen Gehorsam zu setzen. Ist es nicht klar, daß man dem gegenüber zu nichts verpflichtet ist, von dem man alles zu verlangen das Recht hat? Zieht diese einzige Bedingung, ohne Äquivalent, ohne Gegenleistung, nicht die Nichtigkeit des Akts nach sich? Denn welches Recht könnte mein Sklave gegen mich geltend machen, da alles, was er hat, mir gehört, also sein Recht mein Recht ist, dieses Recht gegen mich selber jedoch ein sinnleeres Wort ist?

Grotius und andere leiten aus dem Krieg einen weiteren Ursprung des angeblichen Rechts auf Sklaverei ab. Da ihrer Meinung nach der Sieger das Recht hat, den Besiegten zu töten, kann dieser auf Kosten seiner Freiheit sein Leben erkaufen; eine um so legitimere Übereinkunft, als sie beiden zum Vorteil gereicht.

Aber es leuchtet ein, daß dieses angebliche Recht, die Besiegten zu töten, in keiner Weise aus dem Kriegszustand hervorgeht. Allein dadurch, daß die Menschen in ihrer ursprünglichen Unabhängigkeit keine ausreichend beständigen Beziehungen untereinander haben, um einen Friedens- oder Kriegszustand herbeizuführen, sind sie nicht von Natur aus Feinde. Die sachlichen, nicht die menschlichen Beziehungen bringen den Krieg hervor, und da der Kriegszustand nicht aus einfachen persönlichen, sondern nur aus materiellen Beziehungen entstehen kann, ist der private Krieg oder der Krieg von Mensch zu Mensch weder im Naturzustand, wo es kein ständiges Eigentum gibt, noch im gesellschaftlichen Zustand, wo alles unter der Autorität der Gesetze steht, möglich.

Einzelkämpfe, Duelle und Zusammenstöße sind zeitweilige Handlungen, und die Privatfehden, die unter Ludwig IX. von Frankreich erlaubt und durch den Gottesfrieden aufgehoben waren, sind Mißbräuche der Feudalherrschaft, des absurdesten Systems, das es je gab, den Prinzipien des Naturrechts und jeder guten Politik *[politie]* zuwider.

Der Krieg ist also keine Beziehung von Mensch zu Mensch, sondern eine Beziehung von Staat zu Staat, in der die einzelnen nur akzidentell Feinde sind, nicht als Menschen und noch nicht einmal als Staatsbürger, sondern als Soldaten; nicht als Mitglieder des Vaterlandes, sondern als seine Verteidiger. Jeder Staat kann schließlich nur andere Staaten zu Feinden haben und nicht Menschen, da man zwischen Dingen verschiedener Natur keine wirkliche Beziehung herstellen kann.

Dieses Prinzip stimmt sogar mit den zu allen Zeiten aufgestellten Grundsätzen und der ständigen Praxis aller zivilisierten Völker überein. Kriegserklärungen sind weniger Warnungen an die

Mächte als an ihre Untertanen. Der Fremde, ob König, ob Privatmann, ob Volk, der, ohne dem Fürsten den Krieg zu erklären, dessen Untertanen raubt, tötet oder gefangenhält, ist kein Feind, sondern ein Räuber. Sogar mitten im Krieg bemächtigt sich ein gerechter Fürst in Feindesland alles öffentlichen Eigentums, aber verschont Person sowie Hab und Gut der einzelnen. Er achtet Rechte, auf denen seine eigenen begründet sind. Da der Zweck des Krieges die Zerstörung des feindlichen Staates ist, hat man das Recht, dessen Verteidiger zu töten, solange sie Waffen in den Händen haben; sobald sie sie jedoch niederlegen und sich ergeben, hören sie auf, Feinde oder Werkzeuge des Feindes zu sein, sie werden einfach wieder Menschen, und man hat kein Recht mehr über ihr Leben. Manchmal kann man den Staat vernichten, ohne einen einzigen seiner Angehörigen zu töten: der Krieg verleiht also keinerlei Recht, das nicht zu seinem Zweck notwendig ist. Diese Prinzipien teilt Grotius nicht; sie beruhen eben nicht auf Poetenansichten, sondern entspringen der Natur der Dinge und gründen auf Vernunft.

Das Recht zur Eroberung hat keine andere Grundlage als das Gesetz des Stärkeren. Wenn der Krieg dem Sieger nicht das Recht gibt, die besiegten Völker abzuschlachten, kann dieses Recht, das er nicht hat, nicht jenes begründen, sie zu unterjochen. Nur dann hat man das Recht, den Feind zu töten, wenn man ihn nicht zum Sklaven machen kann; das Recht, ihn zum Sklaven zu machen, geht demnach nicht aus dem Recht hervor, ihn zu töten. Es ist also ein unbilliger Tausch, ihn sein Leben, über das man kein Recht hat, mit seiner Freiheit erkaufen zu lassen. Leuchtet es nicht ein, daß man in einen Teufelskreis gerät, wenn man das Recht über Leben und Tod auf das Recht der Sklaverei gründet und das Recht der Sklaverei auf das Recht über Leben und Tod?

Selbst wenn ich dieses schreckliche Recht, alles zu töten, voraussetze, sage ich, daß ein im Krieg gemachter Sklave oder ein erobertes Volk seinem Herrn gegenüber zu nichts verpflichtet ist und nur zu gehorchen hat, solange er oder es dazu gezwungen ist. Da der Sieger ihm ein Äquivalent seines Lebens nimmt, hat er es ihm nicht geschenkt: statt ihn ohne Gewinn zu töten, hat er ihn nutzbringend umgebracht. Weit davon entfernt, über ihn eine mit der Gewalt verbundene Autorität erlangt zu haben, läßt er den Kriegszustand zwischen ihnen weiter bestehen, ihre Beziehung selbst ist dessen Wirkung, und die Ausübung des Kriegsrechtes setzt keinerlei Friedensvertrag voraus. Sie haben eine Übereinkunft getroffen, mag sein: aber die Übereinkunft beendet den Kriegszustand nicht, sie setzt im Gegenteil sein Fortbestehen voraus.

Wie man die Dinge auch betrachtet, das Recht der Sklaverei ist nichtig, nicht nur weil es illegitim ist, sondern weil es absurd und bedeutungslos ist. Die Wörter *Sklaverei* und *Recht* stehen im Widerspruch; sie schließen sich gegenseitig aus. Ob von Mensch zu Mensch oder von einem Menschen zu einem Volk, der folgende Diskurs wird stets ohne Sinn sein: *Ich treffe mit dir eine Übereinkunft ganz zu deinen Lasten und ganz zu meinem Nutzen, die ich einhalten werde, solange es mir gefällt, und die du einhalten wirst, solange es mir gefällt.*

V. KAPITEL

Dass man immer zu einer ersten Übereinkunft zurückgehen muss

Würde ich auch allem zustimmen, was ich bisher widerlegt habe, die Verteidiger des Despotismus wären kein Stück weiter. Es wird stets ein großer Unterschied zwischen der Unterwerfung einer Menge und dem Regieren einer Gesellschaft bestehenbleiben. Mögen verstreute Menschen, in welcher Zahl auch immer, nach und nach einem einzigen unterworfen werden, ich sehe nur einen Herren und Sklaven, kein Volk und sein Oberhaupt. Das mag eine Anhäufung sein, aber keine Assoziation; sie kennt weder öffentliches Wohl noch einen politischen Körper. Hätte dieser Mensch auch die halbe Welt unterworfen, er bleibt ein einzelner, und sein Interesse, von dem der anderen getrennt, bleibt Privatinteresse. Stirbt er, bleibt sein Reich zerstreut und bindungslos, wie eine Eiche sich auflöst und zu Asche zerfällt, nachdem das Feuer sie verzehrt hat. Ein Volk könne sich einem König schenken, sagt Grotius. Nach ihm ist ein Volk also bereits ein Volk, bevor es sich einem König schenkt. Diese Schenkung selbst ist ein staatsbürgerlicher Akt; er setzt eine öffentliche Beratung voraus. Ehe man also den Akt prüft, durch den ein Volk einen König wählt, sollte man erst den Akt prüfen, durch den ein Volk ein Volk wird. Da dieser Akt notwendigerweise dem anderen vorausgeht, ist er die wahre Grundlegung der Gesellschaft.

Gäbe es keine vorausgehende Übereinkunft, wo käme dann – außer bei einstimmiger Wahl – die Pflicht der Minderheit her, sich der Entscheidung der Mehrheit zu unterwerfen? Und woher haben hundert, die einen Herren wollen, das Recht, für zehn zu stimmen, die keinen wollen? Das Gesetz der Stimmenmehrheit ist selbst eine Übereinkunft und setzt wenigstens einmal Einstimmigkeit voraus.

VI. KAPITEL
Vom Gesellschaftsvertrag

Ich setze voraus, die Menschen sind an jenem Punkt angekommen, wo der Widerstand jener Hindernisse, die ihre Erhaltung im Naturzustand gefährden, die Kräfte übersteigt, die jedes Individuum aufbringen kann, um in diesem Zustand zu verbleiben. Dieser ursprüngliche Zustand kann dann nicht mehr fortdauern, und die menschliche Gattung ginge unter, änderte sie nicht ihre Seinsweise.

Da die Menschen aber nicht neue Kräfte hervorbringen, sondern nur vorhandene vereinigen und lenken können, bleibt ihnen kein anderes Mittel, sich zu erhalten, als durch Zusammenschluß eine Summe von Kräften zu bilden, die den Widerstand zu besiegen vermag. Sie müssen diese Kräfte aus einem gemeinsamen Beweggrund einsetzen und im Gleichklang wirken lassen.

Diese Summe von Kräften kann nur aus dem Zusammenwirken mehrerer entstehen: da jedoch die Kraft und die Freiheit jedes Menschen die ersten Werkzeuge seiner Erhaltung sind, wie kann er sie einsetzen, ohne sich zu schaden und die Sorge zu vernachlässigen, die er sich selbst schuldet? Diese Schwierigkeit läßt sich, wendet man sie auf mein Thema an, in folgenden Worten ausdrücken:

»Es ist eine Form der Assoziation zu finden, die mit der ganzen gemeinsamen Kraft die Person und die Habe jedes Assoziierten verteidigt und schützt und durch die jeder, mit allen vereint, dennoch nur sich selbst gehorcht und so frei bleibt wie zuvor.« Das ist das Grundproblem, das der Gesellschaftsvertrag löst.

Die Klauseln dieses Vertrages sind durch die Natur des Akts so genau determiniert, daß die geringste Änderung sie nichtig und wirkungslos machen würde. Obwohl vielleicht niemals eindeutig formuliert, sind sie überall dieselben, überall werden sie stillschweigend angenommen und anerkannt, bis der Gesellschaftsvertrag verletzt wird und jeder in seine ursprünglichen Rechte zurücktritt, seine natürliche Freiheit wiedererlangt und die auf Übereinkunft beruhende Freiheit verliert, für die er auf jene verzichtet hatte.

Diese Klauseln lassen sich, richtig verstanden, alle auf eine einzige zurückführen, nämlich auf die völlige Übereignung *[aliénation]* eines jeden Assoziierten mit allen seinen Rechten an die Gemeinschaft: da sich jeder ganz übereignet, ist die Bedingung für alle gleich; und da die Bedingung die gleiche für alle ist, hat niemand daran Interesse, sie für die anderen drückend zu machen.

Da ferner die Übereignung ohne Einschränkung geschieht, ist die Vereinigung so vollkommen, wie sie nur sein kann, und kein Assoziierter kann weitere Ansprüche stellen. Denn blieben den einzelnen irgendwelche Rechte, wäre jeder, da kein gemeinsamer Höherer zwischen ihm und der Öffentlichkeit entscheiden könnte, gewissermaßen sein eigener Richter und würde bald beanspruchen, es in allem zu sein; der Naturzustand würde fortdauern, und die Assoziation würde notwendigerweise tyrannisch oder hinfällig werden.

Indem schließlich jeder sich allen gibt, gibt er sich niemandem, und da man über jeden Assoziierten das gleiche Recht erwirbt, das man ihm über sich selbst gewährt, gewinnt man das Äquivalent all dessen, was man verliert, und mehr Kraft, das zu bewahren, was man hat.

Grenzt man also vom Gesellschaftsvertrag aus, was nicht zu seinem Wesen gehört, ist er auf folgende Worte zu reduzieren: *Jeder von uns unterstellt gemeinschaftlich seine Person und seine ganze Kraft der höchsten Leitung des Gemeinwillens, und wir empfangen als Körper jedes Glied als untrennbaren Teil des Ganzen.*

Dieser Assoziierungsakt bringt sofort anstelle der besonderen Person eines jeden Vertragschließenden einen moralischen und kollektiven Körper hervor, der aus ebenso vielen Mitgliedern besteht, wie die Versammlung Stimmen hat, und der durch ebendiesen Akt seine Einheit, sein gemeinsames *Ich*, sein Leben und seinen Willen erhält. Diese öffentliche Person, die auf diese Weise aus der Vereinigung aller anderen entsteht, nannte sich früher *Stadtstaat [Cité[1]]*, heute *Republik* oder *politischer Körper.* Er wird von seinen Mitgliedern *Staat* genannt, wenn er passiv, *Souverän*, wenn er aktiv ist, *Macht*, wenn er mit seinesgleichen verglichen wird. Die Assoziierten nehmen kollektiv den Namen *Volk* an, sie nennen sich als einzelne Staatsbürger *[Citoyens]*, sofern sie an der souveränen Gewalt teilhaben, und Untertanen *[Sujets]* als den Gesetzen des Staates unterworfen. Aber die Bezeichnungen werden oft verwechselt und füreinander genommen; man muß sie unterscheiden können, wenn sie in ihrer genauen Bedeutung verwandt werden.

VII. KAPITEL
Vom Souverän

Aus obiger Formulierung erkennt man, daß der Akt der Assoziierung eine wechselseitige Verpflichtung zwischen der Öffentlichkeit und den einzelnen einschließt und daß jedes Individuum, indem es gewissermaßen mit sich selbst einen Vertrag schließt, sich in zweifacher Beziehung verpflichtet sieht: einmal als Mitglied des Souveräns gegenüber den einzelnen und als Mitglied des Staates gegenüber dem Souverän. Allerdings darf man hier nicht

[1] Der wahre Sinn dieses Wortes ist bei den Modernen fast vollständig in Vergessenheit geraten; die meisten halten eine Stadt für einen Stadtstaat *[Cité]* und einen Bürger *[bourgeois]* für einen Staatsbürger *[Citoyen]*. Sie wissen nicht, daß die Häuser die Stadt bilden, aber die Staatsbürger *[Citoyens]* den Stadtstaat *[Cité]*. Derselbe Irrtum kam einst den Karthagern teuer zu stehen. Ich habe nicht gelesen, daß der Titel *Cives* jemals den Untertanen irgendeines Fürsten gegeben worden ist, weder in alten Zeiten bei den Makedoniern noch heute bei den Engländern, obgleich sie der Freiheit näher stehen als alle anderen. Nur die Franzosen gebrauchen ganz ungezwungen die Bezeichnung *Citoyen*, weil sie keine richtige

den Grundsatz des Zivilrechts anwenden, nach dem niemand an Verpflichtungen gebunden ist, die er mit sich selber eingegangen ist; denn es besteht ein großer Unterschied zwischen einer Verpflichtung sich selbst gegenüber und der gegenüber einem Ganzen, dem man als Teil angehört.

Ferner ist zu bemerken, daß der öffentliche Beschluß, der alle Untertanen gegenüber dem Souverän zu verpflichten vermag, wegen der beiden verschiedenen Beziehungen, unter denen sie betrachtet werden, aus entgegengesetztem Grunde den Souverän nicht gegenüber sich selbst verpflichten kann. Folglich ist es wider die Natur des Staatskörpers, daß der Souverän sich ein Gesetz auferlegt, das er nicht verletzen könnte. Da er sich nur in einer einzigen Beziehung betrachten kann, ist er in der Lage eines einzelnen, der mit sich selbst einen Vertrag schließt. Daraus ersieht man, daß es kein bindendes Grundgesetz für den Volkskörper gibt noch geben kann, nicht einmal den Gesellschaftsvertrag. Das bedeutet nicht, dieser Körper könne sich nicht durchaus gegen anderswen verpflichten, sofern es nicht gegen diesen Vertrag verstößt; denn dem Fremden gegenüber wird er wieder ein einfaches Wesen, ein Individuum.

Der politische Körper oder der Souverän aber, der sein Sein nur aus der Heiligkeit des Vertrages herleitet, kann sich niemals, selbst gegenüber einem anderen, zu etwas verpflichten, das diesen ursprünglichen Vertrag verletzt, etwa einen Teil seiner selbst veräußern oder sich einem anderen Souverän unterwerfen. Den Akt verletzen, durch den er existiert, hieße sich selbst vernichten; und nichts bringt nichts hervor.

Sobald diese Vielzahl dergestalt in einem Körper vereint ist, kann man keines seiner Mitglieder verletzen, ohne den Körper anzugreifen; noch weniger den Körper verletzen, ohne daß die

Vorstellung von ihr haben, wie man aus ihren Wörterbüchern ersehen kann. Sie würden ja, indem sie es für sich beanspruchen, das Verbrechen der Majestätsbeleidigung begehen: dieses Wort drückt bei ihnen eine Tugend und kein Recht aus. Als Bodin von unseren *Citoyens* und *Bourgeois* sprach, unterlief ihm ein grober Irrtum, indem er beide verwechselte. D'Alembert hat sich dagegen nicht geirrt und in seinem Artikel *Genève* (Genf) die vier Stände (sogar fünf, die Fremden mitgezählt) in unserer Stadt unterschieden, von denen nur zwei die Republik bilden. Kein anderer französischer Autor hat meines Wissens den wahren Sinn des Wortes *Citoyen* verstanden.

Mitglieder sich getroffen fühlen. Pflicht und Interesse verpflichten so beide vertragschließenden Seiten gleichermaßen, sich gegenseitig zu helfen; und dieselben Menschen müssen in dieser doppelten Beziehung alle Vorteile zu vereinigen suchen, die sich aus ihr ergeben.

Da der Souverän nur aus den einzelnen, die ihn zusammensetzen, besteht, kann er kein Interesse verfolgen, das ihrem entgegengesetzt ist. Folglich bedarf die souveräne Macht keines Garanten gegenüber den Untertanen, denn es ist unmöglich, daß der Körper allen seinen Mitgliedern schaden möchte, und wir werden im folgenden sehen, daß er keinem im besonderen schaden kann. Der Souverän ist allein dadurch, daß er ist, immer all das, was er sein soll.

Anders verhält es sich jedoch mit den Untertanen gegenüber dem Souverän, denn trotz des gemeinsamen Interesses würde nichts ihm für die Einhaltung ihrer Verpflichtungen bürgen, fände er nicht Mittel, sich ihrer Treue zu versichern.

In der Tat kann jedes Individuum als Mensch einen besonderen Willen haben, der dem Gemeinwillen, den er als Staatsbürger hat, entgegengesetzt ist oder von ihm abweicht. Sein besonderes Interesse kann von ihm ganz anderes fordern als das gemeinsame Interesse; seine absolute und von Natur aus unabhängige Existenz kann ihm das, was er der gemeinsamen Sache schuldet, als grundlosen Beitrag erscheinen lassen, dessen Verlust für die anderen weniger schädlich ist, als ihm die Begleichung teuer ankommt. Betrachtet man die moralische Person, die den Staat ausmacht, als ein Vernunftwesen, weil sie eben nicht ein Mensch ist, käme er in den Genuß der Rechte des Staatsbürgers, ohne die Pflichten des Untertanen erfüllen zu wollen; eine Ungerechtigkeit, deren Fortschreiten den Staatskörper zerstören würde.

Damit der Gesellschaftsvertrag kein leeres Formelwerk bleibt, muß er darum stillschweigend die Verpflichtung einschließen, die allein den anderen Gewicht verleiht: jedweder, der dem Gemeinwillen den Gehorsam verweigert, wird vom ganzen Körper dazu gezwungen werden. Das heißt nichts anderes, als daß man ihn zwingen wird, frei zu sein; denn diese Bedingung, durch die jeder Staatsbürger sich dem Vaterland übergibt, schützt ihn vor jeder persönlichen Abhängigkeit. Sie macht den Bau und das Spiel der

Staatsmaschine aus, sie allein legitimiert die staatsbürgerlichen Verpflichtungen, die ohne sie absurd, tyrannisch und gröbsten Mißbräuchen ausgesetzt wären.

VIII. KAPITEL
Vom Gesellschaftszustand

Der Übergang vom Naturzustand zum Gesellschaftszustand bringt im Menschen eine sehr bemerkenswerte Veränderung hervor: in seinem Verhalten tritt die Gerechtigkeit an die Stelle des Instinkts und verleiht seinen Taten die Moralität, die ihnen vorher fehlte. Jetzt erst, da die Stimme der Pflicht den körperlichen Trieb und das Recht die Begierde verdrängt, sieht sich der Mensch, der bis daher nur an sich selbst gedacht hatte, gezwungen, nach anderen Prinzipien zu handeln und seine Vernunft zu befragen, bevor er seinen Neigungen folgt. Obwohl er in diesem Zustand auf mehrere von Natur gegebene Vorteile verzichtet, gewinnt er dafür größere; seine Fähigkeiten üben und entwickeln sich, seine Gedanken werden weiter, seine Gefühle edler, seine ganze Seele erhebt sich zu solcher Höhe, daß er, zögen ihn die Mißbräuche des neuen Zustands nicht oft noch unter den hinab, aus dem er herausgetreten ist, unaufhörlich den glücklichen Augenblick preisen müßte, der ihn für immer dem Naturzustand entriß und aus einem dummen, beschränkten Tier ein intelligentes Wesen und einen Menschen machte.

Führen wir den Vergleich auf einige leicht einsehbare Punkte zurück. Der Mensch verliert durch den Gesellschaftsvertrag seine natürliche Freiheit und ein unbegrenztes Recht auf alles, was ihn reizt und was er erreichen kann. Er gewinnt die bürgerliche Freiheit und das Eigentumsrecht auf alles, was er besitzt. Um diesen Ausgleich richtig zu würdigen, muß man zwischen natürlicher, nur von den Kräften des Individuums begrenzter und bürgerlicher, vom Gemeinwillen begrenzter Freiheit genau unterscheiden; ebenso zwischen dem Besitz, der nur die Wirkung der Stärke oder das Recht des ersten Besitzergreifenden ist, und dem Eigentum, das nur auf einem positiven Rechtstitel begründet werden kann.

Man könnte zu den Gewinnen des Gesellschaftszustandes außerdem noch die moralische Freiheit hinzufügen, die allein den Menschen zum Herren über sich selbst macht; denn der Trieb der reinen Begierde ist Sklaverei, Gehorsam gegen das Gesetz, das man sich selbst gegeben hat, ist Freiheit. Doch habe ich darüber schon allzuviel gesagt, und der philosophische Sinn des Wortes *Freiheit* gehört hier nicht zu meinem Gegenstand.

IX. KAPITEL
Vom Sacheigentum

Jedes Mitglied übergibt sich der Gemeinschaft in dem Augenblick, da sie sich herausbildet, so wie er sich gerade befindet, mit allen seinen Kräften, zu denen auch seine Besitztümer gehören. Durch diesen Akt ändert sich nicht die Natur des Besitzes, weil er in andere Hände übergeht, er wird nicht Eigentum des Souveräns. Da aber die Kräfte des Gemeinwesens *[Cité]* unvergleichlich größer sind als die eines einzelnen, ist auch der öffentliche Besitz faktisch stärker und unwiderruflicher, wenn auch nicht, wenigstens den Fremden gegenüber, legitimer. Denn der Staat ist in bezug auf seine Mitglieder Herr aller ihrer Güter, und zwar durch den Gesellschaftsvertrag, der im Staat als Grundlage aller Rechte dient; anderen Mächten gegenüber ist er es nur durch das Recht des ersten Besitzergreifenden, das ihm die einzelnen gewähren.

Obwohl das Recht des ersten Besitzergreifenden wirklicher ist als das Recht des Stärkeren, wird es erst durch die Errichtung des Eigentumsrechts ein wirkliches Recht. Jeder Mensch hat von Natur aus ein Recht auf alles, was für ihn notwendig ist; aber der positive Akt, der ihn zum Eigentümer eines Gutes macht, schließt ihn von allem übrigen aus. Hat er seinen Teil erhalten, muß er sich auf ihn beschränken und hat keinen Anspruch mehr auf die Gemeinschaft. Deshalb wird das im Naturzustand so schwache Recht des ersten Besitzergreifenden von jedem in Gesellschaft lebenden Menschen *[homme civil]* geachtet. In diesem Recht achtet man weniger, was anderen gehört, als was man selbst nicht sein eigen nennt.

Um das Recht des ersten Besitzergreifenden auf ein Stück

Land zu begründen, müssen im allgemeinen folgende Bedingungen erfüllt sein. Erstens, das Land darf noch von niemandem bewohnt sein; zweitens, man darf nur so viel in Besitz nehmen, wie man zur Selbsterhaltung braucht; drittens, man soll es nicht durch eine leere Zeremonie, sondern durch Arbeit und Pflege in Besitz nehmen, das einzige Zeichen von Eigentum, das mangels juristischer Titel von anderen geachtet werden muß.

Geht man nicht an die Grenzen des Möglichen, wenn man dem Bedürfnis und der Arbeit das Recht des ersten Besitzergreifenden zuspricht? Kann man dieses Recht unbeschränkt gelten lassen? Genügt es, den Fuß auf Gemeinboden zu setzen, um sich sogleich zu seinem Herrn zu erklären? Genügt es, so stark zu sein, daß man einen Augenblick lang die anderen Menschen beiseite drängt, um ihnen für alle Zeiten das Recht der Rückkehr zu nehmen? Wie kann sich ein Mensch oder ein Volk anders als durch eine strafwürdige Usurpation eines riesigen Territoriums bemächtigen und es der ganzen menschlichen Gattung entziehen, da hierdurch den übrigen Menschen Raum und Nahrungsmittel geraubt werden, die die Natur ihnen gemeinschaftlich gibt? Als Núñez Balboa im Namen der Krone von Kastilien von der Küste aus das Südmeer und ganz Südamerika in Besitz nahm, reichte das aus, um alle Bewohner zu enteignen und alle anderen Fürsten der Welt auszuschließen? Auf dieser Ebene wiederholten sich derlei Zeremonien recht häufig, aber vergeblich, und der katholische König brauchte nur von seinem Kabinett aus mit einem Male das ganze Universum in Besitz zu nehmen und davon das abzutrennen, was andere Fürsten schon vorher besessen hatten.

So begreift man, wie die vereinigten und angrenzenden Privatländereien zum Staatsgebiet werden und wie das Recht der Souveränität, indem es sich von den Untertanen auf das von ihnen besetzte Land ausdehnt, zugleich sachlich und persönlich wird. Das bringt die Besitzenden in eine größere Abhängigkeit, und ihre Stärke selbst wird zum Garanten ihrer Treue. Diesen Vorteil scheinen die alten Monarchen nicht wahrgenommen zu haben. Sie schienen sich mehr als Oberhäupter der Menschen denn als Herren des Landes zu betrachten, nannten sie sich doch nur König der Perser, der Skythen, der Makedonier. Die heutigen nennen sich geschickter König von Frankreich, von Spanien, England usw. Indem sie das Land beherrschen, sind sie sicher, die Einwohner zu beherrschen.

Eigenartig bei dieser Veräußerung ist, daß die Gemeinschaft die einzelnen durch die Übernahme ihrer Güter keineswegs beraubt, sondern ihnen deren legitimen Besitz sichert, die Usurpation in ein wirkliches Recht und den Genuß in Eigentum verwandelt. Die Besitzer werden als Treuhänder des öffentlichen Besitzes betrachtet, ihre Rechte von allen Mitgliedern des Staates geachtet und mit allen Kräften gegen Fremde verteidigt. Durch eine Abtretung, die dem Gemeinwesen und mehr noch ihnen selbst zum Vorteil gereicht, haben sie sozusagen alles wiedererhalten, was sie gegeben haben. Dieses Paradox erklärt sich leicht durch die Unterscheidung zwischen den Rechten des Souveräns und denen des Eigentümers über den gleichen Landbesitz, wie wir im weiteren sehen werden.

Es kann auch vorkommen, daß die Menschen sich vereinen, ehe sie etwas besitzen, und dann sich eines für alle ausreichenden Landstückes bemächtigen, das sie gemeinsam nutzen oder unter sich teilen, sei es zu gleichen oder vom Souverän festgelegten Teilen. Wie sich der Erwerb auch vollzog, das Recht eines jeden einzelnen über seinen Landbesitz bleibt dem Recht der Gemeinschaft über alle stets untergeordnet, sonst gäbe es weder Festigkeit der gesellschaftlichen Bindungen noch wirkliche Macht in der Ausübung der Souveränität.

Ich schließe dieses Kapitel und dieses Buch mit einer Bemerkung, die jedem Gesellschaftssystem als Grundlage dienen muß. Statt die natürliche Gleichheit zu zerstören, setzt der Grundvertrag im Gegenteil an die Stelle der von Natur gegebenen physischen Ungleichheit der Menschen eine moralische und legitime Gleichheit: mögen sie auch in körperlicher oder geistiger Kraft ungleich sein, durch Übereinkunft und Recht werden sie alle gleich.[1]

[1] Unter schlechten Regierungen ist diese Gleichheit nur scheinbar und trügerisch; sie dient nur dazu, den Armen in seinem Elend und den Reichen in seinem widerrechtlich erlangten Besitz zu erhalten. In Wirklichkeit sind die Gesetze immer nur für die Besitzenden nützlich und für die Besitzlosen schädlich. Daraus folgt, daß den Menschen der gesellschaftliche Zustand *[l'état social]* nur so lange vorteilhaft ist, als alle etwas haben und keiner zuviel hat.

ZWEITES BUCH

I. KAPITEL

Die Souveränität ist unveräusserlich

Die erste und wichtigste Folgerung aus den bis jetzt dargestellten Prinzipien ist, daß allein der Gemeinwille die Kräfte des Staates dem Zweck seiner Gründung entsprechend lenken kann. Dieser Zweck ist das Gemeinwohl. Denn der Gegensatz der Einzelinteressen hat wohl die Errichtung von Gesellschaften nötig gemacht, doch erst die Übereinstimmung der gleichen Interessen hat sie ermöglicht. Das Gemeinsame innerhalb dieser verschiedenen Interessen bildet das gesellschaftliche Band, und gäbe es nicht manche Punkte, in denen alle Interessen übereinstimmen, könnte keine Gesellschaft existieren. Einzig und allein aus diesem gemeinsamen Interesse muß die Gesellschaft regiert werden.

Ich behaupte also, daß die Souveränität nie veräußert werden kann, weil sie nichts als die Ausübung des Gemeinwillens ist, und daß der Souverän ein kollektives Wesen ist, das nur durch sich selbst repräsentiert werden kann. Die Macht kann wohl übertragen werden, der Wille aber nicht.

Wenn es nämlich nicht unmöglich ist, daß ein Einzelwille in irgendeinem Punkte mit dem Gemeinwillen übereinstimmt, so ist es doch unmöglich, daß diese Übereinstimmung von Dauer und Bestand ist; denn seiner Natur nach strebt der Einzelwille nach Bevorzugungen, der Gemeinwille dagegen nach Gleichheit. Noch unmöglicher ist eine Garantie für diese Übereinstimmung, selbst wenn sie von Dauer wäre; sie wäre kein Ergebnis der Kunst, sondern des Zufalles. Der Souverän kann wohl sagen: Ich will jetzt, was dieser oder jener Mensch will oder doch zu wollen versichert; aber er kann nicht sagen: Was dieser Mensch morgen will, werde auch ich wollen, da es absurd ist, daß sich der Wille

Ketten für die Zukunft auferlegt, und da es nicht in der Gewalt irgendeines Willens steht, in etwas einzustimmen, was dem Wohle des wollenden Wesens widerspricht. Wenn das Volk also einfach zu gehorchen verspricht, löst es sich mit diesem Akt selbst auf und verliert die Qualität eines Volkes; sobald ein Herrscher da ist, gibt es keinen Souverän mehr, und damit ist der politische Körper vernichtet.

Das heißt nicht, daß die Befehle der Führer nicht als Gemeinwille gelten können, solange der Souverän frei ist, sich zu widersetzen, es jedoch nicht tut. In einem solchen Fall muß man aus dem allgemeinen Schweigen auf die Zustimmung des Volkes schließen. Das wird ausführlicher zu erklären sein.

II. KAPITEL

Die Souveränität ist unteilbar

Aus demselben Grund, aus dem die Souveränität unveräußerlich ist, ist sie auch unteilbar. Denn der Wille ist allgemein,[1] oder er ist es nicht; er ist der Wille des ganzen Volkskörpers oder nur eines Teils. Im ersten Falle ist diese Willenserklärung ein Akt der Souveränität und hat Gesetzeskraft. Im zweiten ist er nur Einzelwille, d. h. ein Verwaltungsakt, allenfalls ein Erlaß.

Da unsere Politiker die Souveränität nicht in ihrem Prinzip teilen können, teilen sie sie in ihrem Objekt: Sie teilen sie in Kraft und Willen, in legislative und exekutive Gewalt, in Steuerrecht, Justiz und Kriegsrecht, in innere Verwaltung und auswärtige Angelegenheiten. Manchmal vermengen sie alle diese Teile, manchmal trennen sie sie. Sie machen aus dem Souverän ein phantastisches und zusammengestückeltes Wesen; es ist, als ob sie den Menschen aus mehreren Körpern zusammensetzen wollten, von denen der eine nur Augen, der andere nur Arme, der dritte nur Füße und sonst weiter nichts hätte. Die Gaukler in Japan, erzählt man, zerstückeln vor den Augen der Zuschauer ein Kind, werfen seine Glieder nacheinander in die Luft und lassen dann das Kind

[1] Damit der Wille ein allgemeiner sei, ist nicht immer Einstimmigkeit erforderlich, dagegen ist die Zählung sämtlicher Stimmen notwendig; jeder formelle Ausschluß hebt die Allgemeinheit auf.

wieder lebendig und mit heilen Gliedern herabfallen. Der Art sind ungefähr die Taschenspielerkünste unserer Politiker; nachdem sie den Gesellschaftskörper durch Gaukeleien, die jahrmarktwürdig sind, zerlegt haben, setzen sie, man weiß nicht wie, die Stücke wieder zusammen.

Dieser Irrtum beruht auf ihren ungenauen Vorstellungen von der souveränen Gewalt und darauf, daß sie als Teile derselben ansehen, was nur ihre Entäußerungen sind. So hat man beispielsweise Kriegserklärungen und Friedensschlüsse für Akte der Souveränität angesehen, was sie keineswegs sind, da keiner dieser Akte ein Gesetz, sondern lediglich die Anwendung des Gesetzes ist, ein besonderer Akt, der gesetzliche Bestimmungen zur Geltung bringt, wie wir deutlich sehen werden, sobald der mit dem Wort *Gesetz* verbundene Begriff definiert sein wird.

Bei ähnlicher Prüfung anderer Unterteilungen würde sich herausstellen, daß man jedesmal irrt, wenn man die Souveränität geteilt zu sehen glaubt. Die Rechte, die man für Teile dieser Souveränität hält, sind ihr sämtlich untergeordnet und setzen stets einen höchsten Willen voraus, den diese Rechte nur ausführen.

Wie sehr hat doch dieser Mangel an Genauigkeit die Darlegungen der Staatsrechtler verdunkelt, wenn sie über die jeweiligen Rechte der Könige und Völker nach den von ihnen aufgestellten Prinzipien urteilen. Jeder kann bei Grotius (1. Buch, Kapitel III und IV) sehen, wie sich dieser gelehrte Mann und sein Übersetzer Barbeyrac in ihren Sophismen verwickeln und verwirren, aus Furcht, über ihre Anschauungen zuviel oder zuwenig zu sagen und Interessen zu verletzen, die sie versöhnen sollten. Mit seinem Vaterlande unzufrieden, war Grotius nach Frankreich geflüchtet und wollte Ludwig XIII., dem sein Werk gewidmet ist, den Hof machen, deshalb tat er alles, um die Völker sämtlicher Rechte zu entkleiden und die Könige nach allen Regeln der Kunst damit auszustaffieren. Das mochte auch ganz nach dem Geschmack von Barbeyrac sein, der seine Übersetzung dem König Georg I. von England widmete. Leider nötigte ihn die Vertreibung Jacobs II., die er Abdankung nennt, auf der Hut zu sein, Winkelzüge und Ausflüchte zu machen, um Wilhelm nicht als Usurpator erscheinen zu lassen. Hätten beide Schriftsteller sich die wahren Prinzipien zu eigen gemacht, die Schwierigkeiten wären behoben gewesen, und sie hätten sich treu bleiben können. Allerdings hätten sie die traurige Wahrheit sagen und allein das Volk hofieren müssen. Die Wahrheit aber führt nicht zu Vermögen, und das Volk verleiht weder Gesandtschaften noch Lehrstühle noch Renten.

III. KAPITEL

Ob der Gemeinwille irren kann

Aus dem Vorhergehenden folgt, daß der Gemeinwille immer im Recht ist und immer auf das Gemeinwohl zielt; daraus folgt jedoch nicht, daß die Beschlüsse des Volkes immer richtig sind. Man will stets sein Bestes, erkennt es jedoch nicht immer. Das Volk läßt sich nie bestechen, aber oft hinters Licht führen, und nur dann scheint es zu wollen, was schlecht ist.

Oft besteht ein großer Unterschied zwischen dem Willen aller und dem Gemeinwillen; letzterer zielt nur auf das Gemeininteresse, ersterer auf das Einzelinteresse und ist nur die Summe von Einzelwillen. Zieht man aber von diesen die Extreme ab, die sich gegenseitig aufheben,[1] so bleibt als Summe der Differenzen der Gemeinwille übrig.

Gäbe es bei der Beschlußfassung eines hinlänglich unterrichteten Volkes zwischen den Staatsbürgern keinerlei Kommunikation, so würde aus der Vielzahl kleiner Differenzen stets der Gemeinwille hervorgehen, und der Beschluß wäre immer gut. Wenn sich aber Klüngel und partielle Assoziationen auf Kosten der großen bilden, wird der Wille jeder dieser Assoziationen ein Gemeinwille ihrer Mitglieder und dem Staate gegenüber ein einzelner. Man kann dann sagen, daß es nicht mehr so viele Stimmberechtigte wie Menschen gibt, sondern nur so viele wie Assoziationen. Die Differenzen werden an Zahl geringer und führen

[1] *Jedes Interesse,* sagt der Marquis d'Argenson, *baut auf anderen Grundsätzen auf. Die Übereinstimmung zweier besonderer Interessen geht aus dem Gegensatz zu einem dritten Interesse hervor.* Er hätte hinzufügen können, daß die Übereinstimmung aller Interessen aus dem Gegensatz zu dem eines jeden einzelnen hervorgeht. Gäbe es keine verschiedenen Interessen, würde man das gemeinsame Interesse, das nie auf Hindernisse stieße, kaum wahrnehmen: alles ginge ganz von selbst, und die Politik würde aufhören, eine Kunst zu sein.

zu einem weniger allgemeinen Ergebnis. Wenn schließlich eine dieser Assoziationen so groß ist, daß sie alle anderen überwiegt, ist das Ergebnis nicht mehr eine Summe kleiner Differenzen, sondern eine einzige Differenz; dann gibt es keinen Gemeinwillen mehr, und die Ansicht, die überwiegt, ist nur eine Einzelansicht.

Damit der Gemeinwille klar zum Ausdruck kommen kann, darf es im Staate keine partiellen Gesellschaften geben, und jeder Staatsbürger soll nur für seine eigene Überzeugung eintreten.[1] So war die vom großen Lykurg begründete einzigartige und erhabene Verfassung beschaffen. Gibt es aber partielle Gesellschaften, so muß man ihre Zahl vervielfachen und ihrer Ungleichheit vorbeugen, wie es Solon, Numa und Servius Tullius taten. Diese Vorsichtsmaßregeln sind die einzig richtigen, damit der Gemeinwille immer aufgeklärt ist und sich das Volk nicht irrt.

IV. KAPITEL

Von den Grenzen der souveränen Macht

Wenn der Staat oder die Stadt *[la Cité]* nur eine moralische Person ist, deren Leben in der Vereinigung ihrer Mitglieder besteht, und wenn ihre wichtigste Sorge ihrer eigenen Erhaltung gilt, braucht sie eine allgemeine und zwingende Kraft, um jeden Teil auf die dem Ganzen zweckmäßigste Weise zu bewegen und einzuordnen. Wie die Natur jedem Menschen unumschränkte Macht über alle seine Glieder verleiht, gibt der Gesellschaftsvertrag dem Staatskörper eine absolute Macht über all seine Glieder, und diese vom Gemeinwillen geleitete Macht wird, wie ich schon sagte, Souveränität genannt.

[1] *Vera cosa è,* sagt Machiavelli, *che alcune divisioni nuocono alle repubbliche, e alcune giovano: quelle nuocono che sono dalle sette e da' partigiani accompagnate: quelle giovano che senza sette, senza partigiani, si mantengono. Non potendo adunque provedere un fundatore d'una repubblica che non siano nimicizie in quella, ha da preveder almeno che non vi siano sette.* (Hist. Florent., VII. Buch). *(Es ist wahr, daß manche Spaltungen den Republiken schaden und andere ihnen nützen: die von Sekten und Parteiungen begleiteten schaden ihnen; jene ohne Sekten, ohne Parteiungen nützen ihnen. Kann der Gründer einer Republik nicht verhindern, daß dabei Feindseligkeiten entstehen, muß er mindestens verhindern, daß daraus Sekten werden.)*

Außer der Person des Staates haben wir jedoch auch die einzelnen Personen zu betrachten, aus denen sie zusammengesetzt ist und deren Leben und Freiheit von Natur aus von ihr unabhängig sind. Wir müssen also zwischen den jeweiligen Rechten der Staatsbürger und denen des Souveräns[1] wohl unterscheiden, und ebenso zwischen den Pflichten, die erstere in ihrer Eigenschaft als Untertanen erfüllen müssen, und dem natürlichen Recht, das sie als Menschen genießen.

Man wird einräumen, daß durch den Gesellschaftsvertrag jeder von seiner Macht, seinem Hab und Gut und seiner Freiheit nur den Teil veräußert, der für die Gemeinschaft wichtig ist, aber auch, daß der Souverän allein über die Wichtigkeit befindet.

Alle Dienste, die ein Staatsbürger dem Staate zu leisten vermag, ist er ihm schuldig, sobald der Souverän sie verlangt. Der Souverän kann dagegen die Untertanen mit keiner der Gemeinschaft unnützen Fessel belasten, ja er kann es nicht einmal wollen: denn nach dem Gesetz der Vernunft geschieht nichts ohne Ursache, ebensowenig wie nach dem Gesetz der Natur.

Die Verpflichtungen, die uns an den Gesellschaftskörper binden, sind nur wegen ihrer Gegenseitigkeit zwingend, ihr Wesen ist der Art, daß man bei ihrer Erfüllung nicht für andere wirken kann, ohne auch für sich zu wirken. Warum ist der Gemeinwille immer im Recht, und warum wollen alle stets das Glück eines jeden, wenn nicht darum, weil es niemanden gibt, der nicht das Wort *jeder* auf sich bezieht und an sich selber denkt, wenn er für alle stimmt? Das beweist, daß die Rechtsgleichheit und die von ihr erzeugte Vorstellung von Gerechtigkeit aus jedermanns Bevorzugung der eigenen Person und folglich aus der menschlichen Natur entspringen; daß ferner der wahre Gemeinwille in seinem Gegenstand wie in seinem Wesen allgemein sein muß; daß er von allen ausgehen muß, um für alle zu gelten, und daß er seine natürliche Richtigkeit verliert, sobald er nur nach einem individuellen und bestimmten Gegenstand strebt, weil wir dann etwas uns Fremdes beurteilen und von keinem wahrhaften Gerechtigkeitsprinzip geleitet werden.

[1] Aufmerksame Leser, seid, ich bitte euch, nicht voreilig, mich hier des Widerspruchs zu zeihen. Bei der Armut der Sprache konnte ich ihn im Ausdruck nicht vermeiden; aber geduldet euch.

Sobald es nämlich um ein Ereignis oder ein Sonderrecht in einem noch nicht durch eine vorangegangene und allgemeine Übereinkunft geregelten Punkte geht, wird die Sache streitig. Es liegt dann ein Rechtsstreit vor, bei dem die interessierten einzelnen die eine und die Öffentlichkeit die andere Partei sind, ich jedoch weder das Gesetz sehe, das zu befolgen ist, noch den Richter, der das Urteil sprechen soll. Es wäre lächerlich, sich dann auf eine ausdrückliche Entscheidung des Gemeinwillens berufen zu wollen, die nur die Meinung der einen Partei sein kann und für die andere daher nur ein fremder Einzelwille ist, der in diesem Fall zur Ungerechtigkeit neigt und dem Irrtum unterworfen ist. Wie ein Einzelwille den Gemeinwillen nicht repräsentieren kann, verändert seinerseits der Gemeinwille seine Natur, sobald er ein partikulares Ziel verfolgt. Er kann, da allgemein, weder über einen Menschen noch über eine Sache entscheiden. Als beispielsweise die Athener ihre Führer ernannten oder absetzten, den einen auszeichneten, den anderen bestraften und durch zahllose Sonderdekrete unterschiedslos alle Regierungsgeschäfte regelten, hatte das Volk im eigentlichen Sinne keinen Gemeinwillen mehr; es handelte nicht mehr als Souverän, sondern als Beamter. Das steht scheinbar im Gegensatz zu verbreiteten Vorstellungen; man lasse mir Zeit, meine darzulegen.

Darunter ist zu verstehen, daß weniger die Zahl der Stimmen den Willen zu einem allgemeinen macht als vielmehr das gemeinsame Interesse, das sie vereinigt, denn bei dieser Institution unterwirft sich jeder notwendigerweise den Bedingungen, die er den anderen auferlegt: bewundernswerter Einklang des Interesses und der Gerechtigkeit, der den gemeinsamen Beschlüssen einen Charakter der Ausgewogenheit verleiht, die bei der Erörterung jeder Privatangelegenheit sichtlich verlorengeht, weil kein gemeinsames Interesse die Norm des Richters mit der der Partei in Einklang und Übereinstimmung bringt.

Von welcher Seite aus man auch auf das Prinzip zurückgeht, stets gelangt man zum gleichen Schluß: Der Gesellschaftsvertrag stellt unter den Staatsbürgern eine Gleichheit her, auf Grund deren sich alle unter denselben Bedingungen verpflichten und dieselben Rechte genießen sollen. Der Natur des Vertrages gemäß verpflichtet oder begünstigt jeder Souveränitätsakt, das heißt jeder authentische Akt des Gemeinwillens, alle Staatsbürger in gleicher Weise, so daß der Souverän nur den Körper der Nation kennt und zwischen denen, die ihn bilden, keinen Unterschied macht. Was ist denn ein Souveränitätsakt? Nicht eine Übereinkunft zwischen einem Höheren und einem Niedrigeren, sondern eine Übereinkunft des Körpers mit jedem seiner Glieder. Eine legitime Übereinkunft, weil sie den Gesellschaftsvertrag zur Grundlage hat; eine ausgewogene, weil sie allen gemeinsam ist; eine nützliche, weil sie nur das Gemeinwohl zum Ziel haben kann; eine dauerhafte, weil sie von der Staatsgewalt und der höchsten Macht garantiert wird. Solange die Untertanen nur solchen Übereinkünften unterworfen sind, gehorchen sie niemandem als ihrem eigenen Willen. Fragen, wie weit die jeweiligen Rechte des Souveräns und der Staatsbürger gehen, heißt fragen, wie weit sich letztere gegen sich selbst, jeder gegen alle und alle gegen jeden verpflichten können.

Hieraus ist ersichtlich, daß die souveräne Gewalt, so absolut, heilig und unverletzlich sie auch ist, die Grenzen der allgemeinen Übereinkünfte weder überschreitet noch überschreiten kann und daß jeder Mensch über den ihm durch diese Übereinkünfte gebliebenen Teil seiner Güter und seiner Freiheit uneingeschränkt verfügen kann. Der Souverän hat also niemals das Recht, einen Untertan stärker als den andern zu belasten, weil die Angelegenheit dann zu einer partikularen würde, für die ihm keine Befugnis zusteht.

Erkennt man diese Unterscheidungen an, so wäre nichts falscher, als im Gesellschaftsvertrag irgendeinen wirklichen Verzicht der einzelnen sehen zu wollen. Ihre wirkliche Situation hat sich durch den Vertrag nicht nur gegen früher verbessert; statt einer Veräußerung haben sie einen vorteilhaften Tausch gemacht, indem sie für eine unsichere und ungewisse Lebensweise eine bessere und gesichertere eintauschten, für die natürliche Unabhängigkeit Freiheit, für die Macht, andern zu schaden, ihre eigene Sicherheit und für ihre Stärke, die andere zu überwinden vermochte, ein Recht, das die gesellschaftliche Vereinigung unbesiegbar macht. Sogar ihr Leben, das sie dem Staate gewidmet haben, wird dadurch beständig geschützt, und wenn sie es zu seiner Verteidigung einsetzen, was tun sie anderes, als ihm zu geben, was sie von ihm empfangen haben? Haben sie nicht im Naturzustand dasselbe häufiger und mit größerer Gefahr tun müssen, wenn sie in unvermeidlichen Kämpfen unter Lebensgefahr verteidigten, was sie zu ihrer Erhaltung brauchten? Wenn nötig, müssen in der Tat alle für das Vaterland kämpfen, aber niemand braucht mehr für sich selbst zu kämpfen. Gewinnen wir nicht dabei, wenn wir für unsere Sicherheit einen Teil der Gefahren auf uns nehmen, denen wir uns, sobald uns diese Sicherheit genommen wäre, doch aussetzen müßten?

V. KAPITEL

Vom Recht über Leben und Tod

Man fragt, wie die einzelnen, die kein Recht über ihr eigenes Leben haben, ein solches Recht auf den Souverän übertragen können? Diese Frage scheint nur deshalb schwierig, weil sie falsch gestellt ist. Jeder Mensch hat das Recht, sein eigenes Leben zu riskieren, um es zu erhalten. Hat man je einen Menschen, der bei einer Feuersbrunst aus dem Fenster sprang, des Selbstmords beschuldigt? Hat man dieses Verbrechen je einem Menschen zur Last gelegt, der in einem Sturm umkam, obgleich er sich beim Einschiffen der Gefahr bewußt war?

Der Gesellschaftsvertrag hat die Erhaltung der Vertragschließenden zum Zweck. Wer den Zweck will, muß die Mittel wollen, und diese Mittel sind von bestimmten Gefahren, ja sogar Verlusten nicht zu trennen. Wer sein Leben auf Kosten anderer erhalten will, muß es, wenn nötig, auch für sie hingeben. Der Staatsbürger ist aber nicht Richter über die Gefahr, der er sich auf Verlangen des Gesetzes aussetzen soll. Wenn der Fürst sagt: Dein Tod ist für den Staat erforderlich, so muß er sterben, da er nur unter dieser Bedingung bisher in Sicherheit gelebt hat und sein Leben nicht mehr ausschließlich ein Geschenk der Natur ist, sondern eine an Bedingungen geknüpfte Gabe des Staates.

Die über Verbrecher verhängte Todesstrafe kann ungefähr unter demselben Gesichtspunkte betrachtet werden: um nicht Opfer eines Mörders zu werden, ist man zu sterben bereit, wenn man selbst einer werden sollte. Bei diesem Vertrag trifft man durchaus keine Verfügung über das eigene Leben, man denkt nur daran, es zu schützen; und es ist nicht anzunehmen, daß einer der Vertragspartner vorhätte, sich hängen zu lassen.

Übrigens wird jeder Übeltäter, indem er das Gesellschaftsrecht verletzt, durch seine Verbrechen zum Aufrührer und Verräter an seinem Vaterlande; als Gesetzesbrecher hört er auf, dessen Mitglied zu sein, ja erklärt ihm sogar den Krieg. Die Erhaltung des Staates wird mit seiner eignen Erhaltung unvereinbar; einer von beiden muß zugrunde gehen; der Schuldige wird dann weniger als Staatsbürger getötet denn als Feind. Das Gerichtsverfahren und das Urteil beweisen und stellen fest, daß er den Gesellschaftsvertrag gebrochen hat und folglich kein Mitglied des Staates mehr ist. Da er sich, wenigstens durch seinen Aufenthalt, als Mitglied bekannt hat, muß er als Vertragsbrüchiger verbannt oder als öffentlicher Feind getötet werden. Denn ein solcher Feind ist keine moralische Person mehr, sondern ein Mensch, und es entspricht dann dem Kriegsrecht, ihn als Besiegten zu töten.

Die Verurteilung eines Verbrechers, wird man einwenden, ist aber eine partikulare Handlung. Richtig: diese Verurteilung steht auch nicht dem Souverän zu; es ist ein Recht, das er verleihen, aber nicht selbst ausüben darf. Alle meine Gedanken hängen zusammen, aber ich kann sie nicht alle auf einmal darlegen.

Übrigens sind häufige Todesstrafen immer ein Zeichen der Schwäche oder Trägheit der Regierung. Es gibt keinen Bösewicht, den man nicht zu irgend etwas tauglich machen könnte. Man darf, selbst zur Abschreckung, nur den töten, den leben zu lassen gefährlich wäre.

Das Recht der Begnadigung oder der Freisprechung des Schuldigen von der durch das Gesetz verhängten und vom Richter ausgesprochenen Strafe steht nur dem zu, der über Richter und Gesetz steht, das heißt dem Souverän. Allerdings ist sein Recht dabei nicht eindeutig, und nur in sehr seltenen Fällen wird davon Gebrauch gemacht. In einem gut regierten Staate werden wenige Strafen verhängt, nicht weil viele begnadigt werden, sondern weil es wenig Verbrecher gibt: die Vielzahl von Verbrechen sichert ihre Straflosigkeit, wenn der Staat verfällt. In der römischen Republik versuchten weder der Senat noch die Konsuln Gnade zu üben; selbst das Volk begnadigte nicht, wenn es auch bisweilen sein eigenes Urteil widerrief. Häufige Begnadigungen künden an, daß man für Freveltaten ihrer bald nicht mehr bedürfen wird, und jeder sieht, wohin das führt. Aber ich fühle mein Herz mir zuraunen und meine Feder zurückhalten; lassen wir den Gerechten, der nie fehlte und nie selbst der Gnade bedurfte, diese Fragen diskutieren.

VI. KAPITEL
Vom Gesetz

Durch den Gesellschaftsvertrag haben wir dem politischen Körper Existenz und Leben gegeben: jetzt geht es darum, ihm durch die Gesetzgebung Bewegung und Willen zu geben. Denn der ursprüngliche Akt, durch den dieser Körper sich bildet und zu einer Einheit wird, bestimmt noch nicht, was er zu seiner Erhaltung tun muß.

Was gut und geordnet ist, ist es durch die Natur der Dinge und unabhängig von menschlichen Vereinbarungen. Alle Gerechtigkeit kommt von Gott, er allein ist ihre Quelle; wären wir imstande, sie von so hoch oben zu empfangen, brauchten wir weder Regierung noch Gesetze. Ohne Zweifel gibt es eine allgemeine Gerechtigkeit, die von der Vernunft allein ausgeht; damit diese aber unter uns anerkannt wird, muß sie gegenseitig sein. Vom menschlichen Standpunkt aus sind die Gesetze der Gerechtigkeit unter den Menschen nichtig, weil sie nicht von Natur aus sanktioniert sind; sie nutzen nur dem Bösen und schaden dem Gerechten, der sie gegen jedermann befolgt, während niemand das ihm gegenüber tut. Wir brauchen also Übereinkünfte und Gesetze, um die Rechte mit den Pflichten zu verbinden und die Gerechtigkeit auf ihren Gegenstand zurückzuführen. Im Naturzustand, wo alles gemeinsam ist, schulde ich denen nichts, denen ich nichts versprochen habe; nur was mir nichts nützt, erkenne ich als fremden Besitz an. Im Gesellschaftszustand, wo alle Rechte durch das Gesetz festgelegt sind, verhält es sich nicht so.

Aber was ist denn überhaupt ein Gesetz? Solange man sich damit begnügt, mit diesem Wort nur metaphysische Ideen zu verbinden, wird man weiter räsonieren, ohne sich zu verstehen; und auch wenn man erklärt hat, was ein Naturgesetz ist, weiß man noch immer nicht, was ein Staatsgesetz ist.

Ich habe bereits gesagt, daß es über einen besonderen Gegenstand keinen allgemeinen Willen gibt. Dieser besondere Gegenstand ist entweder im Staat oder außerhalb von ihm. Ist er außerhalb, so kann ein ihm fremder Wille in bezug auf ihn kein allgemeiner sein; ist er innerhalb des Staates, so bildet er einen Teil von ihm. Dann entsteht zwischen dem Ganzen und seinem Teil ein Verhältnis, das zwei getrennte Wesen aus ihnen macht; das eine stellt den Teil dar und das andere das um diesen Teil verminderte Ganze. Aber das Ganze weniger einen Teil ist nicht mehr das Ganze, und solange dieses Verhältnis fortbesteht, gibt es kein Ganzes mehr, sondern zwei ungleiche Teile; daraus folgt, daß der Wille des einen in bezug auf den anderen ebenfalls kein allgemeiner ist.

Sobald jedoch das ganze Volk über das ganze Volk beschließt, betrachtet es nur sich selbst; entsteht jetzt ein Verhältnis, so findet es ohne irgendeine Teilung des Ganzen nur zwischen dem ganzen Gegenstande unter einem Gesichtspunkt und dem ganzen Gegenstande unter einem anderen Gesichtspunkt statt. Dann ist der Gegenstand, über den man beschließt, ebenso allgemein wie der Wille, der beschließt. Diesen Akt nenne ich ein Gesetz.

Wenn ich sage, daß der Gegenstand der Gesetze immer allgemein ist, so meine ich damit, daß das Gesetz die Untertanen als einen einzigen Körper und die Handlungen als abstrakte betrachtet, nie einen Menschen als Individuum noch eine Handlung als die eines einzelnen. So kann das Gesetz zwar Privilegien beschließen, sie aber niemandem namentlich gewähren. Das Gesetz kann mehrere Klassen von Staatsbürgern schaffen und sogar die Eigenschaften bestimmen, die den Zugang zu diesen Klassen gewähren, kann aber nicht benennen, wer in eine dieser Klassen aufgenommen werden soll. Es kann eine königliche Regierung und eine Erbfolge einführen, aber nicht einen König wählen noch eine königliche Familie ernennen. Mit einem Worte: jede auf einen individuellen Gegenstand bezogene Funktion ist der legislativen Gewalt entzogen.

Damit sieht man sofort, daß sich die Frage erübrigt, wem die Gesetzgebung zusteht, da Gesetze Akte des Gemeinwillens sind;

auch, ob der Fürst über den Gesetzen steht, da er ein Mitglied des Staates ist; ebensowenig, ob das Gesetz ungerecht sein kann, da niemand gegen sich selbst ungerecht ist; ferner, wie man frei und doch den Gesetzen unterworfen sein kann, da letztere nur Register unserer Willensentscheidungen sind.

Da das Gesetz die Gesamtheit des Willens mit der des Gegenstandes verbindet, ist ferner ersichtlich, daß der eigenmächtige Befehl eines Menschen, wer immer er sein möge, niemals ein Gesetz ist; selbst was der Souverän über einen besonderen Gegenstand verordnet, ist kein Gesetz, sondern ein Dekret, kein Akt der Souveränität, sondern der Verwaltung.

Republik nenne ich deshalb jeden von Gesetzen regierten Staat, unter welcher Verwaltungsform auch immer; nur dann herrscht das öffentliche Interesse und gilt die öffentliche Sache etwas. Jede rechtmäßige Regierung ist republikanisch[1]; was Regierung ist, werde ich weiter unten erklären.

Die Gesetze sind eigentlich nur die Bedingungen der gesellschaftlichen Assoziation. Das Volk, das den Gesetzen unterworfen ist, muß ihr Urheber sein; nur denen, die sich assoziieren, steht es zu, die Bedingungen der Gesellschaft zu regeln. Aber wie sollen sie sie regeln? Durch Übereinstimmung, durch plötzliche Eingebung? Hat der politische Körper ein Organ, um seine Willensentscheidungen zu bekunden? Wer wird ihm die nötige Voraussicht verschaffen, um Beschlüsse zu fassen und im voraus bekanntzumachen, oder wie wird er sie im Notfall aussprechen? Wie soll eine blinde Menge, die oft nicht weiß, was sie will, weil sie selten weiß, was ihr guttut, von sich aus ein so großes, so schwieriges Unternehmen wie ein System der Gesetzgebung ausführen? Von sich aus will das Volk immer das Gute, aber es erkennt es nicht immer von sich aus. Der Gemeinwille ist stets im Recht, allein das Urteil, das ihn leitet, ist nicht immer aufgeklärt. Man muß ihm die Gegenstände zeigen, wie sie sind, manchmal, wie sie ihm erscheinen sollen; ihm den rechten Weg, den er

[1] Ich verstehe unter diesem Wort nicht nur eine Aristokratie oder Demokratie, sondern allgemein jede Regierung, die vom Gesetz gewordenen Gemeinwillen geleitet wird. Die Regierung darf, um rechtmäßig zu sein, nicht mit dem Souverän zusammenfallen, sondern muß sein Diener sein: dann ist sogar die Monarchie eine Republik. Das wird im nächsten Buch klarer werden.

sucht, weisen; ihn vor der Verführung durch den Willen einzelner schützen; ihm Raum und Zeit näherbringen und den Reiz gegenwärtiger und fühlbarer Vorteile durch die Gefahr entfernter und verborgener Übel ausgleichen. Die einzelnen sehen das Gute, das sie verwerfen; die Öffentlichkeit will das Gute, das sie nicht sieht. Alle brauchen in gleicher Weise jemanden, der ihnen den Weg zeigt: jenen muß man zwingen, seine Willensentscheidungen der Vernunft anzupassen, diesen muß man zur Erkenntnis dessen bringen, was er will. Dann geht im Gesellschaftskörper aus der allgemeinen Einsicht die Vereinigung des Urteils und des Willens hervor, daraus entsteht das genaue Zusammenwirken der Teile und schließlich die größte Kraft des Ganzen. So entsteht die Notwendigkeit eines Gesetzgebers.

VII. KAPITEL
Vom Gesetzgeber

Um die dem Wohl der Völker angemessensten Grundsätze der Gesellschaft zu entdecken, bedürfte es eines höheren Verstandes, der alle Leidenschaften der Menschen überschaute und keine derselben empfände; der keine Beziehung zu unserer Natur hätte und sie dennoch gründlich kennen würde; dessen Glück von uns unabhängig wäre und der dennoch sich um unseres kümmerte; der schließlich in der Folge der Zeiten sich für einen erst in weiter Ferne hervortretenden Ruhm aufsparte und in einem Jahrhundert wirkte, um in einem anderen zu genießen.[1] Man brauchte Götter, um den Menschen Gesetze zu geben.

Den Schluß, den Caligula in bezug auf die Tatsachen zog, zog Platon in bezug auf das Recht, um den in Gesellschaft lebenden oder königlichen Menschen zu definieren, den er in seinem Buch *Von der Regierung* beschreibt. Wenn es wahr ist, daß ein großer Fürst selten ist, wie sehr dann erst ein großer Gesetzgeber? Der erste braucht nur dem Modell zu folgen, das ihm der andere vorschlagen muß. Dieser ist der Mechaniker, der die Maschine erfin-

[1] Ein Volk wird erst berühmt, wenn seine Gesetzgebung zu verfallen beginnt. Man weiß nicht, wie viele Jahrhunderte Lykurgs Verfassung das Glück der Spartaner ausmachte, ehe von ihnen im übrigen Griechenland die Rede war.

det, jener nur der Arbeiter, der sie aufzieht und in Gang hält. Bei der Geburt der Gesellschaft, sagt Montesquieu, geben die Staatsoberhäupter die Verfassung, nachher formt die Verfassung die Staatsoberhäupter.

Wer es wagt, einem Volke eine Verfassung zu geben, muß sich imstande fühlen, gleichsam die menschliche Natur umzuwandeln; jedes Individuum, das durch sich selbst ein vollkommenes und selbständiges Ganzes ist, in einen Teil eines größeren Ganzen umzuformen, aus dem dieses Individuum gewissermaßen Leben und Sein erhält; die Beschaffenheit des Menschen zu verformen, um sie zu stärken; an die Stelle der physischen und unabhängigen Existenz, die wir alle von der Natur erhalten haben, eine partielle und moralische Existenz zu setzen. Mit einem Wort, er muß dem Menschen seine ihm eigenen Kräfte nehmen, um ihm fremde zu geben, die er ohne den Beistand anderer nicht nutzen kann. Je mehr diese natürlichen Kräfte erstorben und vernichtet und je größer und dauerhafter die erworbenen sind, desto stabiler und vollkommener ist auch die Verfassung. Wenn jeder Staatsbürger nur durch alle anderen etwas ist und etwas vermag und wenn die vom Ganzen erlangte Kraft der Summe der natürlichen Kräfte aller Individuen gleich ist oder sie übertrifft, kann man sagen, daß die Gesetzgebung auf dem höchsten Punkt der Vollkommenheit steht, den sie erreichen kann.

Der Gesetzgeber ist in jeder Beziehung ein außerordentlicher Mann im Staate. Er muß es durch seinen Geist sein und nicht weniger durch sein Amt, das weder Verwaltung noch Souveränität ist. Dieses Amt, das der Republik die Verfassung gibt, geht selbst in sie nicht ein: es ist eine besondere und höhere Funktion, die mit der menschlichen Herrschaft nichts gemein hat. Denn ebenso wie der, der den Menschen befiehlt, nicht den Gesetzen befehlen darf, darf auch der den Gesetzen Befehlende den Menschen nicht befehlen; sonst würden seine Gesetze, Werkzeuge seiner Leidenschaften, oft nur seine Ungerechtigkeiten verewigen, und er könnte nie vermeiden, daß Privatansichten die Heiligkeit seines Werkes entstellten.

Als Lykurg seinem Vaterlande Gesetze gab, dankte er zuerst als König ab. Es war Brauch bei den meisten griechischen Städten, Fremden die Abfassung ihrer Gesetze anzuvertrauen. Die modernen italienischen Republiken ahmten diesen Brauch oft nach; auch Genf tat es, und es fuhr gut dabei.[1] Rom erlebte in seiner Blütezeit die Wiedergeburt aller Verbrechen der Tyrannei und stand vor dem Untergang, weil es die gesetzgebende Autorität und die staatliche Gewalt in denselben Händen vereinigt hatte.

Selbst die Decemvirn maßten sich nie das Recht an, aus eigener Macht irgendein Gesetz zu erlassen. *Keiner unserer Vorschläge*, sagten sie zum Volk, *kann ohne eure Zustimmung Gesetz werden. Römer, seid selbst die Schöpfer der Gesetze, die zu eurem Glücke führen sollen!*

Wer die Gesetze verfaßt, hat kein gesetzgebendes Recht und darf keinerlei haben; und das Volk kann, selbst wenn es das wollte, auf dieses nicht übertragbare Recht nicht verzichten, weil nach dem Grundvertrag nur der Gemeinwille die einzelnen bindet und man erst durch eine freie Abstimmung des Volkes sich vergewissern kann, ob ein Einzelwille mit dem Gemeinwillen übereinstimmt. Ich sagte es bereits, doch kann die Wiederholung nichts schaden.

Im Gesetzgebungswerk finden wir somit zwei scheinbar unvereinbare Dinge: ein die menschliche Kraft übersteigendes Unternehmen und zu seiner Ausführung eine Macht, die gleich Null ist.

Eine weitere Schwierigkeit verdient unsere Aufmerksamkeit. Die Weisen, die zum Volk in ihrer statt in seiner Sprache sprechen, werden von ihm nicht verstanden. Tausenderlei Ideen können aber nicht in die Sprache des Volkes übertragen werden. Zu allgemeine Gesichtspunkte und zu entfernte Gegenstände übersteigen gleichermaßen seine Fassungskraft; da jedem Individuum nur der auf sein Sonderinteresse bezogene Regierungsplan zusagt, sieht es schwer ein, welche Vorteile es aus den ständigen Entbehrungen ziehen kann, die ihm gute Gesetze auferlegen. Damit ein entstehendes Volk die gesunden politischen Maximen

[1] Wer Calvin nur als Theologen betrachtet, verkennt den Umfang seines Geistes. Die Abfassung unserer weisen Edikte, an der er großen Anteil hatte, gereicht ihm ebenso zur Ehre wie seine *Institution*. Wie sich unser Kult auch mit der Zeit verändern mag, solange die Liebe für das Vaterland und die Freiheit unter uns nicht erloschen sind, werden wir niemals aufhören, das Gedächtnis dieses großen Mannes zu ehren.

würdigen und den Grundregeln der Staatsräson folgen kann, müßte die Wirkung zur Ursache werden, müßte der gesellschaftliche Geist, der das Werk der Verfassung sein soll, ihr selbst vorausgehen; die Menschen müßten vor den Gesetzen das sein, was sie durch sie werden sollen. Da der Gesetzgeber also weder Gewalt noch Überzeugungskraft anwenden kann, muß er notwendigerweise auf eine Autorität anderer Ordnung zurückgreifen, die ohne Zwang mitreißt und ohne Einsicht überredet.

Das hat die Väter der Nationen zu allen Zeiten gezwungen, sich auf einen Wink des Himmels zu berufen und den Göttern ihre eigene Weisheit zuzuschreiben, damit die Völker, die den Gesetzen des Staates genauso wie denen der Natur unterworfen sind, dieselbe Macht in der Formung des Menschen wie in der des Staates erkennen, freiwillig gehorchen und das Joch des öffentlichen Wohls einsichtig tragen.

Diese höhere Einsicht, die den Horizont der einfachen Menschen übersteigt, legt der Gesetzgeber den Unsterblichen in den Mund, um jene, die sich durch menschliche Klugheit nicht erschüttern lassen, durch göttliche Autorität mitzureißen.[1] Aber es ist nicht jedem gegeben, die Götter sprechen zu lassen noch glaubhaft sich für ihren Dolmetscher auszugeben. Die erhabene Seele des Gesetzgebers ist das wahre Wunder, das seine Sendung beweisen muß. Jeder kann Gebote in steinerne Tafeln einritzen, ein Orakel kaufen, geheimen Umgang mit irgendeiner Gottheit vortäuschen, einen Vogel darauf abrichten, ihm etwas ins Ohr zu flüstern, oder andere plumpe Mittel finden, um das Volk zu beeindrucken. Wer sich nur darauf versteht, kann aus Zufall vielleicht einen Haufen Narren um sich sammeln, wird aber nie ein Reich gründen, und sein ungereimtes Werk wird mit ihm bald zugrunde gehen. Nichtige Gaukeleien bilden ein loses Band, nur die Weisheit macht es dauerhaft. Das jüdische Gesetz, das noch im-

[1] *E veramente,* sagt Machiavelli, *mai non ju alcuno ordinatore di leggi straordinarie in un popolo, che non ricorresse a Dio, perchè altrimenti non sarebbero accettate; perchè sono molti beni conosciuti da uno prudente, i quali non hanno in se ragioni evidenti da potergli persuadere ad altrui.* (Discorsi sopra Tito Livio, I. Buch, XI. Kap.). *(In Wahrheit gab es bei keinem Volk einen herausragenden Gesetzgeber, der sich nicht auf Gott berief, denn andernfalls wäre er nicht anerkannt worden; zwar kennt ein kluger Mann viele Werte, jedoch enthalten sie in sich nicht solche einleuchtenden Gründe, daß sie andere überzeugen können.)*

mer besteht, das Gesetz des Kindes von Ismael, das seit zehn Jahrhunderten die halbe Welt regiert, künden noch heute von den großen Männern, die sie geschaffen haben. Während eine hochmütige Philosophie oder blinder Parteigeist in ihnen nur erfolgreiche Betrüger sieht, bewundert der wahre Staatsmann in ihren Verfassungen jenes große und gewaltige Genie, das dauerhafte Einrichtungen ins Leben ruft.

Man darf daraus nicht mit Warburton schließen, daß bei uns Politik und Religion einen gemeinsamen Zweck haben, sondern daß beim Entstehen der Nationen eine der anderen als Werkzeug dient.

VIII. KAPITEL
Vom Volk

Wie der Baumeister vor Errichtung eines großen Gebäudes den Baugrund untersucht, ob er die Last tragen kann, so beginnt der weise Gründer nicht, gute Gesetze zu verfassen, sondern prüft, ob das Volk, für das er sie bestimmt, fähig ist, sie zu ertragen. Darum lehnte es Platon ab, den Arkadiern und Kyrenaikern Gesetze zu geben, da er wußte, daß diese beiden Völker reich waren und keine Gleichheit dulden würden. Deshalb gab es auf Kreta gute Gesetze und schlechte Menschen, weil Minos nur ein lasterhaftes Volk diszipliniert hatte.

Tausende von Nationen, die nie gute Gesetze hätten ertragen können, haben auf Erden geglänzt, und selbst die, die es gekonnt hätten, haben es während ihres ganzen Bestehens nur sehr kurze Zeit vermocht. Gleich den Menschen sind die meisten Völker nur in ihrer Jugend einsichtig; im Alter werden sie unverbesserlich; haben sich erst Gewohnheiten festgesetzt und Vorurteile eingewurzelt, ist der Versuch, sie zu reformieren, gefährlich und vergeblich. Das Volk kann nicht einmal ertragen, daß man an seine Gebrechen rührt, um sie zu heilen; es gleicht darin den einfältigen und mutlosen Kranken, die beim Anblick des Arztes erzittern.

Wie gewisse Krankheiten den Kopf der Menschen verwirren und ihnen das Gedächtnis rauben, so kommen im Leben der Staaten bisweilen Epochen der Gewalt vor, in denen Revolutionen auf die Völker die gleiche Wirkung haben wie Krisen auf Individuen; wo der Abscheu vor der Vergangenheit an die Stelle des Vergessens tritt und der Staat im Feuer der Bürgerkriege wie aus der Asche wiedergeboren wird und, dem Tod entronnen, die Kraft der Jugend wiedergewinnt. So war es in Sparta zur Zeit des Lykurg und in Rom nach den Tarquiniern, so erging es in unserer Zeit Holland und der Schweiz nach der Vertreibung der Tyrannen.

Aber solche Ereignisse sind selten; es sind Ausnahmen, die ihren Grund stets in der besonderen Konstitution des betreffenden Staates finden. Sogar dasselbe Volk kann sie nicht zweimal erleben, denn es kann sich zwar frei machen, solange es noch in der Barbarei lebt, aber nicht mehr, wenn der gesellschaftliche Schwung verbraucht ist. Dann können Unruhen es vernichten, ohne daß Revolutionen es wiederherstellen können; es zerfällt und besteht nicht mehr, sobald seine Ketten zerbrochen sind: Jetzt braucht es einen Herrn und keinen Befreier. Freie Völker, gedenkt des Grundsatzes: Man kann die Freiheit erringen, aber niemals wiedererlangen!

Es gibt für die Nationen wie für die Menschen eine Zeit der Reife, die man abwarten muß, ehe man sie den Gesetzen unterwirft; allein die Reife eines Volkes ist nicht immer leicht zu erkennen, und greift man ihr vor, ist das Werk verfehlt. Ein Volk ist von Geburt an bildbar, ein anderes nach zehn Jahrhunderten nicht. Die Russen werden nie wirklich zivilisiert sein, weil sie es zu früh wurden. Peter war ein Genie im Nachahmen, aber kein wahres Genie, das alles aus nichts schöpft und hervorbringt. Manches war gut, was er tat, das meiste jedoch unangebracht. Er hatte gesehen, daß sein Volk ungesittet war, aber nicht, daß es für die Zivilisation noch nicht reif war; er wollte es zivilisieren, als es noch der Abhärtung bedurfte. Er wollte Deutsche und Engländer formen, als es geboten war, zuerst Russen hervorzubringen; er hat seine Untertanen daran gehindert, jemals das zu werden, was sie sein konnten, indem er ihnen einredete, sie seien, was sie nicht sind. So erzieht ein französischer Hauslehrer seinen Schüler, damit er in der Kindheit für kurze Zeit glänzt – und später wird nichts aus ihm. Das russische Reich wird Europa unterwerfen wollen und wird selbst unterworfen werden. Die Tataren, seine Untertanen oder seine Nachbarn, werden zu seinem und unserem Herren werden: diese Revolution scheint mir unausbleiblich zu sein. Alle Könige Europas arbeiten einmütig daran, sie zu beschleunigen.

IX. KAPITEL
Fortsetzung

Wie die Natur dem Wuchs eines gut gebauten Menschen Grenzen gesetzt hat, jenseits deren sie nur Riesen oder Zwerge hervorbringt, gibt es auch hinsichtlich der besten Konstitution eines Staates Grenzen der Ausdehnung, damit er nicht zu groß ist, um gut regiert werden zu können, noch zu klein, um sich selbst zu erhalten. In jedem politischen Körper gibt es ein *Maximum* an Kraft, das er nicht überschreiten darf und von dem er sich oft entfernt, indem er sich vergrößert. Je weiter sich das Gesellschaftsband ausdehnt, um so lockerer wird es; und gemeinhin ist ein kleiner Staat verhältnismäßig stärker als ein großer.

Zahllose Gründe beweisen diesen Satz. Erstens wird bei großen Entfernungen die Verwaltung belastender, wie ein Gewicht am Ende eines längeren Hebelarmes schwerer wird. Sie wird auch kostspieliger, weil ihre Zwischenstufen zunehmen: schon jede Stadt hat ihre Verwaltung, die das Volk bezahlt, dann jeder Kreis die seine, die das Volk ebenfalls bezahlt; sodann jede Provinz, die großen Regierungsbezirke, Statthalterschaften und Vizekönigreiche, die um so teurer werden, je höher man steigt, und alles auf Kosten des unglücklichen Volkes; schließlich kommt die oberste Verwaltung, die alles erdrückt. So viele zusätzliche Lasten erschöpfen die Untertanen ständig; durch diese verschiedenen Rangordnungen werden sie nicht etwa besser regiert, sondern schlechter, als wenn es nur eine einzige gäbe. Für besondere Fälle bleiben kaum Mittel übrig, und muß man auf sie zurückgreifen, steht der Staat regelmäßig vor dem Ruin.

Das ist nicht alles: nicht nur, daß die Regierung weniger Kraft und Schnelligkeit hat, die Gesetze durchzusetzen, Schikanen zu verhindern, Mißbräuche abzustellen, eventuellen aufrührerischen Unternehmungen in entfernten Gegenden vorzubeugen; das Volk liebt auch seine Oberen weniger, die es niemals sieht, sein Vaterland, das ihm wie die Welt erscheint, und seine Mitbürger, die ihm größtenteils fremd sind. Dieselben Gesetze können nicht so vielen verschiedenen Provinzen gemäß sein; diese haben verschiedene Sitten, leben unter gegensätzlichen Klimabedingungen und können nicht dieselbe Regierungsform ertragen. Unterschiedliche Gesetze stiften nur Unruhe und Verwirrung unter Völkern, die unter denselben Oberen stehen und in ständiger Verbindung leben, sich gegenseitig besuchen und untereinander heiraten und, da sie verschiedenen Bräuchen unterworfen sind, nie wissen, ob ihr Erbteil gesichert ist. Zwischen den vielen einander unbekannten Menschen, die der Sitz der höchsten Verwaltung am gleichen Ort vereinigt, bleiben Talente verborgen, Tugenden ohne Anerkennung, Laster ungestraft. Die mit Amtsgeschäften überlasteten hohen Beamten sehen nichts mit eigenen Augen; Subalterne regieren den Staat. Schließlich nehmen Maßnahmen, die zur Aufrechterhaltung der allgemeinen Autorität erforderlich sind, der sich viele vom Zentrum entfernte Beamte entziehen oder über die sie sich hinwegsetzen möchten, alle staatlichen Bemühungen in Anspruch; für das Glück des Volkes bleibt nichts übrig, kaum genug für seine Verteidigung im Notfall. So sackt ein für seine Konstitution zu großer Körper in sich zusammen und stirbt unter der Last seines eigenen Gewichts.

Andererseits muß sich der Staat eine sichere Grundlage geben, um Festigkeit zu erlangen, den unausbleiblichen Erschütterungen zu widerstehen und die Anstrengungen auszuhalten, zu denen ihn seine Erhaltung zwingt. Denn alle Völker haben eine gewisse Zentrifugalkraft, mit der sie ständig aufeinander einwirken und sich auf Kosten ihrer Nachbarn zu vergrößern streben wie die Wirbel des Descartes. So laufen die Schwachen Gefahr, schnell verschlungen zu werden, und ein jeder kann sich nur erhalten, indem er sich mit allen in eine Art Gleichgewicht bringt, das den Druck nach allen Seiten annähernd ausgleicht.

Man erkennt daraus, daß es Gründe für die Ausdehnung und Gründe für die Einengung gibt; und es ist nicht das geringste der Talente eines Staatsmannes, dazwischen das zur Erhaltung des Staates günstigste Verhältnis zu finden. Im allgemeinen kann man sagen, daß die ersten, da sie nur äußerliche und relative Gründe sind, den anderen untergeordnet werden müssen, die innere und absolute Gründe sind. Eine gesunde und starke Konstitution muß als erstes angestrebt werden, und man soll mehr der Kraft vertrauen, die aus einer guten Regierung erwächst, als den Reichtümern eines großen Territoriums.

Im übrigen gab es Staaten, deren Konstitution selbst sie zu Eroberungen zwang und die sich zu ihrer Erhaltung ständig vergrößern mußten. Sie haben sich vielleicht über diese Notwendigkeit glücklich geschätzt; dennoch zeigte sie ihnen auf der Höhe ihrer Größe den unvermeidlichen Augenblick ihres Falles.

X. KAPITEL
Fortsetzung

Man kann einen politischen Körper auf zweierlei Weise messen: nach der Größe des Territoriums und nach der Einwohnerzahl; im angemessenen Verhältnis dieser Größen liegt die wirkliche Größe des Staates: Die Menschen bilden den Staat, und der Boden ernährt sie; dieses Verhältnis ist folglich so beschaffen, daß das Land zum Unterhalt seiner Bewohner ausreicht und es so viele Menschen bewohnen, wie es ernähren kann. In dieser Proportion liegt das *Maximum* an Kraft einer gegebenen Volksmenge. Ist das Gebiet zu groß, so ist sein Schutz kostspielig, der Anbau ungenügend, der Ertrag überschüssig: das führt alsbald zu Verteidigungskriegen. Hat der Staat zuwenig Land, hängt er für den Fehlbetrag von der Willkür seiner Nachbarn ab: das führt alsbald zu Angriffskriegen. Jedes Volk, das durch seine Situation nur die Wahl zwischen Handel und Krieg hat, ist aus sich heraus schwach; es hängt von seinen Nachbarn, von den Ereignissen ab und hat nur eine unsichere und kurze Existenz. Es unterjocht und verändert seine Situation, oder es wird unterjocht und vernichtet. Nur durch Kleinheit oder Größe kann es sich frei erhalten.

Ein festes Verhältnis zwischen der Ausdehnung des Landes und der Anzahl der Menschen, wie sie füreinander genügen, läßt sich nicht berechnen, weil die Bodenbeschaffenheit, die Fruchtbarkeit, die Natur der Erzeugnisse, der Einfluß des Klimas ebenso verschieden sind wie die Temperamente der Bewohner, die auf einem fruchtbaren Boden wenig und auf einem undankbaren viel verbrauchen. Ferner müssen die größere oder geringere Fruchtbarkeit der Frauen, die mehr oder weniger die Bevölkerungsentwicklung fördernde Beschaffenheit des Landes und der Zuwachs, den der Gesetzgeber durch seine Einrichtungen herbeizuführen erhoffen kann, berücksichtigt werden. Er darf also sein Urteil nicht auf das stützen, was er sieht, sondern auf das, was er voraussieht; nicht so sehr vom gegenwärtigen Stand der Bevölkerung ausgehen, sondern von dem, den sie naturgemäß erreichen soll. Schließlich gibt es noch zahllose Fälle, in denen besondere örtliche Gegebenheiten erfordern oder gestatten, ein größeres Gebiet einzubeziehen, als nötig erscheint. In einer Gebirgsgegend wird man sich über ein großes Gebiet ausbreiten, weil die natürliche Produktion, die Wälder und Viehweiden, weniger Arbeit verlangen, die Frauen, wie die Erfahrung lehrt, fruchtbarer sind als in der Ebene und große Hänge nur eine kleine horizontale Basis ergeben, die allein für die Vegetation zählt. An der Meeresküste dagegen kann man, selbst zwischen Felsen und auf fast unfruchtbaren Sandböden, enger zusammenrücken, weil der Fischfang zum großen Teil die Produkte des Bodens ersetzen kann, die Bewohner zur Abwehr der Piraten sich enger zusammenschließen müssen und man leichter den Bevölkerungsüberschuß in Kolonien ableiten kann.

Zu diesen für die Gründung eines Volkes erforderlichen Bedingungen kommt eine hinzu, die keine andere ersetzen kann, ohne die jedoch alle anderen nutzlos sind: es müssen Überfluß und Frieden herrschen. Denn die Zeit, in der sich ein Staat herausbildet, gleicht der, in der eine Streitmacht sich formiert, gleicht dem Augenblick, da der Körper am wenigsten widerstandsfähig und leicht zu vernichten ist. Bei völliger Unordnung kann man besser Widerstand leisten als im Augenblick der Gärung, wo sich jeder mit seinem Platz und nicht mit der Gefahr beschäftigt. Bricht in solcher Zeit der Krise ein Krieg, eine Hungersnot, ein Aufruhr aus, bricht der Staat rettungslos zusammen.

Zwar haben sich viele Regierungen in solchen Stürmen gebildet, doch sind es alsdann diese Regierungen selbst, die den Staat zerstören. Stets führen Usurpatoren Zeiten der Verwirrung herbei oder benutzen sie, um unter der Gunst des allgemeinen Schreckens zerstörerische Gesetze einzuführen, die das Volk ruhigen

Blutes nie angenommen hätte. Die Wahl des Augenblicks zur Gründung eines Staates ist eines der sichersten Kennzeichen, das Werk des Gesetzgebers von dem des Tyrannen zu unterscheiden.

Welches Volk also ist reif, Gesetze anzunehmen? Das Volk, das durch Ursprung, Interesse oder Übereinkunft bereits verbunden ist, aber noch nicht das wahre Joch der Gesetze getragen hat; das weder in Gebräuchen noch Aberglauben verwurzelt ist; das nicht befürchtet, plötzlich überfallen zu werden; das sich nicht in die Streitigkeiten seiner Nachbarn hineinziehen läßt und jedem von ihnen allein widerstehen oder den einen mit Hilfe des anderen zurückdrängen kann; das, in dem jedes Mitglied allen bekannt sein kann und man niemandem eine schwerere Last auferlegen muß, als ein Mensch tragen kann; das ohne die anderen Völker auskommen kann, während diese wiederum ohne jenes Volk auskommen können;[1] das weder arm noch reich ist und sich selbst genügt; das endlich die Festigkeit eines alten Volkes mit der Gelehrigkeit eines neuen vereinigt. Was das Werk der Gesetzgebung schwierig macht, ist weniger das, was errichtet, als das, was zerstört werden muß; und was den Erfolg so selten macht, ist die Unmöglichkeit, die Einfachheit der Natur mit den Bedürfnissen der Gesellschaft vereinigt zu finden. Allerdings finden sich diese Bedingungen selten beieinander. Deshalb haben wenige Staaten eine gute Verfassung.

In Europa gibt es noch ein Land, das einer guten Gesetzgebung fähig ist: die Insel Korsika. Die Tapferkeit und Ausdauer, mit der dieses wackere Volk seine Freiheit wiederzuerlangen und zu verteidigen verstand, verdienten wohl, daß ein Weiser es lehrte, sie zu bewahren. Mir ahnt, diese kleine Insel wird eines Tages Europa in Erstaunen versetzen.

[1] Wenn von zwei Nachbarvölkern das eine nicht ohne das andere auskommen könnte, wäre es für das erste eine sehr schwierige und für das andere eine sehr gefährliche Lage. Jede kluge Nation wird in solchem Fall sich eiligst bemühen, die andere von dieser Abhängigkeit zu befreien. Die mitten im Mexikanischen Reich liegende Republik Thlascala verzichtete lieber auf das Salz, als es von den Mexikanern zu kaufen oder auch nur umsonst anzunehmen. Die klugen Thlascalaner erkannten die unter dieser Freigebigkeit verborgene Falle. Sie bewahrten ihre Freiheit, und dieser kleine Staat wurde schließlich das Werkzeug zum Untergang des großen Reiches, von dem es eingeschlossen war.

XI. KAPITEL

Von den verschiedenen Systemen der Gesetzgebung

Untersucht man, worin eigentlich das höchste Wohl aller besteht – das der Zweck eines jeden Systems der Gesetzgebung sein soll –, so wird man finden, daß es auf zwei Hauptgegenstände zurückzuführen ist: *Freiheit* und *Gleichheit.* Freiheit, weil jede Abhängigkeit des einzelnen dem Staatskörper eine ebenso große Kraft entzieht; Gleichheit, weil die Freiheit ohne sie nicht bestehen kann.

Ich habe bereits gesagt, was bürgerliche Freiheit ist. Was die Gleichheit anlangt, darf man unter diesem Worte nicht verstehen, alle hätten absolut den gleichen Grad an Macht und Reichtum, sondern daß die Macht jede Gewalttätigkeit ausschließt und nur kraft des Ranges und der Gesetze ausgeübt wird; und was den Reichtum angeht, daß kein Staatsbürger so reich sein darf, einen anderen kaufen zu können, noch so arm, sich verkaufen zu müssen.[1] Das setzt bei den Großen Mäßigung des Vermögens und des Einflusses und bei den Kleinen Mäßigung der Habgier und Begehrlichkeit voraus.

Diese Gleichheit halten einige für ein Hirngespinst, das in der Praxis nicht existieren kann: Wenn jedoch der Mißbrauch unvermeidlich ist, folgt daraus, daß man ihn nicht wenigstens zügeln muß? Gerade weil der Lauf der Dinge immer die Zerstörung der Gleichheit bewirkt, muß die Macht der Gesetzgebung stets danach trachten, sie aufrechtzuerhalten.

Diese allgemeinen Ziele jeder guten Verfassung müssen in jedem Lande entsprechend den Verhältnissen, die sowohl aus der örtlichen Situation als dem Charakter der Bewohner entstehen, modifiziert werden, und auf Grund dieser Verhältnisse muß jedes Volk ein besonderes Verfassungssystem erhalten, das vielleicht

[1] Wollt ihr dem Staat Bestand verleihen? Dann nähert die äußersten Rangstufen einander soweit wie möglich: duldet weder übermäßig Reiche noch Bettler. Diese beiden ihrem Wesen nach nicht voneinander zu trennenden Stände sind für das Gemeinwohl gleichermaßen verhängnisvoll; aus dem einen gehen die Förderer der Tyrannei und aus dem anderen die Tyrannen hervor; sie verschachern untereinander die öffentliche Freiheit; der eine kauft und der andere verkauft sie.

nicht an sich, doch für den betreffenden Staat das beste ist. Zum Beispiel, euer Boden ist undankbar und unfruchtbar oder das Land für seine Bewohner zu eng? So wendet euch Handwerk und Gewerbe zu und tauscht deren Erzeugnisse gegen Nahrungsmittel ein, die euch fehlen. Ihr bewohnt dagegen reiche Ebenen und fruchtbare Hügel? Es fehlt euch auf gutem Boden an Bewohnern? So treibt vor allem Ackerbau, der die Menschen vermehrt, und haltet die Gewerbe fern, die das Land weiter entvölkern würden, indem sich die wenigen Bewohner auf einige Punkte des Landes zusammenziehen.[1] Ihr wohnt an weiten und bequemen Küsten? So bedeckt das Meer mit Schiffen, betreibt Handel und Schiffahrt, ihr werdet eine glänzende und kurze Existenz haben. Das Meer benetzt an euren Küsten nur fast unzugängliche Felsenwände? Dann bleibt Barbaren und nährt euch von Fischen; ihr werdet dabei ruhiger, vielleicht sogar besser, und sicher glücklicher leben. Mit einem Worte, außer den für alle gültigen Grundsätzen hat jedes Volk einen Grund, sie in besonderer Weise anzuwenden und seine Gesetzgebung als für sich allein geeignet zu betrachten. So hatten einst die Hebräer und in neuerer Zeit die Araber die Religion zum Hauptgegenstand, die Athener die Wissenschaft, Karthago und Tyrus den Handel, Rhodos die Seefahrt, Sparta den Krieg und Rom die Tapferkeit. Der Verfasser des *Geistes der Gesetze* hat mit einer Fülle von Beispielen gezeigt, wie geschickt der Gesetzgeber die Verfassung auf jeden dieser Gegenstände zu lenken vermag.

Die Verfassung eines Staates wird wirklich fest und dauerhaft, wenn die Gegebenheiten so beachtet werden, daß die natürlichen Verhältnisse und die Gesetze stets zusammenfallen und erstere jene sozusagen nur bestätigen, begleiten und berichtigen. Verkennt der Gesetzgeber jedoch seinen Gegenstand und legt ein anderes Prinzip zugrunde, als sich aus der Natur der Dinge ergibt, so daß das eine zur Knechtschaft führt und das andere zur Freiheit, das eine zum Reichtum und das andere zu großer Bevölkerung, das eine zum Frieden und das andere zu Eroberungen,

[1] *Mancher Zweig des Außenhandels,* sagt der Marquis d'Argenson, *verschafft einem Reich im allgemeinen nur einen scheinbaren Nutzen; er kann einige Privatleute, ja selbst einige Städte bereichern, allein die Nation im ganzen gewinnt nichts dabei, und das Volk wird durch ihn nicht bessergestellt.*

dann wird man sehen, wie die Gesetze nach und nach unwirksam werden, die Verfassung entstellt und der Staat so lange erschüttert wird, bis er zerstört oder verändert ist und die unüberwindliche Natur ihre Herrschaft wiedergewonnen hat.

XII. KAPITEL
Einteilung der Gesetze

Um das Ganze zu ordnen oder dem Gemeinwesen die bestmögliche Gestalt zu geben, sind verschiedene Beziehungen zu beachten. Erstens die Wirkung des Gesamtkörpers auf sich selbst, das heißt die Beziehung des Ganzen zum Ganzen oder des Souveräns zum Staat; diese Beziehung ist, wie wir später sehen werden, aus Zwischengliedern zusammengesetzt.

Die Gesetze, die diese Beziehung regeln, heißen politische Gesetze und werden auch, wenn sie vernünftig sind, mit Recht Grundgesetze genannt. Denn wenn es in jedem Staat nur eine Möglichkeit guter Ordnung gibt, muß sich das Volk, das sie gefunden hat, an sie halten. Wenn die eingeführte Ordnung aber schlecht ist, warum sollte man dann Gesetze, die sie verhindern, gut zu sein, als Grundgesetze ansehen? In jedem Fall ist im übrigen das Volk Herr der Entscheidung, seine Gesetze, selbst die besten, zu ändern; wenn es ihm gefällt, sich selbst zu schaden, wer hat dann das Recht, es daran zu hindern?

Die zweite Beziehung ist die der Glieder untereinander oder zum Gesamtkörper, und diese Beziehung soll im ersten Fall so schwach und im zweiten so stark wie möglich sein, so daß jeder Bürger von allen anderen vollkommen unabhängig und vom Gemeinwesen im höchsten Maße abhängig ist. Beides wird stets durch die gleichen Mittel erreicht, denn nur aus der Stärke des Staates kommt die Freiheit seiner Glieder. Aus dieser zweiten Beziehung entstehen die bürgerlichen Gesetze.

Eine dritte Beziehung zwischen Mensch und Gesetz ist die zwischen Ungehorsam und Strafe; sie führt zur Festlegung der Strafgesetze, die genaugenommen keine besondere Art von Gesetzen sind als vielmehr die Sanktionierung aller anderen.

Zu diesen drei Arten von Gesetzen kommt eine vierte, die

wichtigste von allen, hinzu, die weder in Erz noch in Marmor, sondern in die Herzen der Bürger einzuprägen ist. Sie macht die wirkliche Verfassung des Staates aus; sie gewinnt täglich neue Kraft; wenn die anderen Gesetze veralten oder erlöschen, belebt sie sie neu oder ersetzt sie, sie erhält das Volk im Geist seiner Verfassung und ersetzt unmerklich die Autorität durch die Macht der Gewohnheit. Ich spreche von den Sitten, den Gebräuchen und vor allem von der öffentlichen Meinung, einem Gebiet, das unseren Politikern völlig unbekannt ist, von dem aber der Erfolg aller anderen abhängt; einem Gebiet, mit dem sich der große Gesetzgeber im geheimen beschäftigt, während er sich auf einzelne Verordnungen zu beschränken scheint, die nur die Bögen des Gewölbes sind, zu dem die sich langsamer herausbildenden Sitten den unverrückbaren Schlußstein bilden.

Unter diesen verschiedenen Arten beziehen sich nur die politischen Gesetze, die die Regierungsform bestimmen, auf meinen Gegenstand.

DRITTES BUCH

Bevor wir von den verschiedenen Regierungsformen sprechen, wollen wir versuchen, den genauen Sinn dieses bisher nicht genau erklärten Wortes »Regierung« festzulegen.

I. KAPITEL

Von der Regierung im allgemeinen

Ich mache den Leser darauf aufmerksam, daß dieses Kapitel mit Bedacht gelesen sein will, da mir die Kunst abgeht, mich dem, der es an Aufmerksamkeit fehlen läßt, verständlich zu machen.

Jede freie Handlung hat zwei Ursachen, die zusammenwirken, um sie hervorzubringen: eine moralische, nämlich den Willen, der die Tat bewirkt; und eine physische, die Kraft, die sie ausführt. Gehe ich auf einen Gegenstand zu, muß ich erst gehen wollen; dann müssen mich die Füße zu ihm tragen. Ob ein Gelähmter laufen will oder ein beweglicher Mann es nicht will, beide werden an ihrer Stelle bleiben. Der politische Körper hat die gleichen Antriebe; auch hier unterscheidet man Kraft und Willen. Der Wille heißt *gesetzgebende Gewalt [puissance législative]*, die Kraft *ausführende Gewalt [puissance exécutive]*. Ohne ihr Zusammenwirken geschieht nichts, darf nichts geschehen.

Wir sahen, die Legislative gehört dem Volke und kann nur ihm gehören. Aus den zuvor dargelegten Grundsätzen läßt sich dagegen leicht ersehen, daß die Exekutive der Allgemeinheit als Gesetzgeberin oder Souverän nicht gehören darf, weil diese Gewalt nur aus einzelnen Handlungen besteht, die außerhalb des

Gesetzes, mithin auch außerhalb des Souveräns liegen, dessen Akte nur Gesetze sein können.

Die öffentliche Gewalt braucht daher eine eigene wirkende Kraft, die sie vereint und nach den Weisungen des Gemeinwillens bewegt, die der Kommunikation zwischen Staat und Souverän dient und in der öffentlichen Person gewissermaßen so wirkt wie im Menschen die Verbindung von Seele und Körper. Dies begründet im Staat das Wirken der Regierung, die fälschlicherweise mit dem Souverän verwechselt wird, dessen Diener sie nur ist.

Was ist also die Regierung? Eine Zwischenkörperschaft, die zwischen den Untertanen und dem Souverän zu ihrer gegenseitigen Verbindung eingesetzt und mit der Ausführung der Gesetze und der Aufrechterhaltung der bürgerlichen und politischen Freiheit beauftragt ist.

Die Glieder dieser Körperschaft heißen höhere Beamte *[Magistrats]* oder *Könige [Roys]*, das heißt *Regierende [Gouverneurs]*, und die ganze Körperschaft trägt den Namen Fürst *[Prince]*[1]. Wer also behauptet, der Akt, durch den sich ein Volk seinen Oberhäuptern unterwirft, sei kein Vertrag, hat überaus recht. Es ist lediglich ein Auftrag, ein Amt, in dem sie als einfache Beamte des Souveräns in seinem Namen die Macht ausüben, die er ihnen übertragen hat und die er, sobald es ihm gefällt, begrenzen, verändern und entziehen kann, da die Veräußerung eines solchen Rechtes mit der Natur des Gesellschaftskörpers unvereinbar ist und dem Zweck der Assoziation widerspricht.

Ich nenne daher *Regierung* oder oberste Verwaltung die rechtmäßige Ausübung der exekutiven Gewalt und Fürst oder Magistrat den Mann oder die Körperschaft, die mit dieser Verwaltung beauftragt sind.

In der Regierung befinden sich die vermittelnden Kräfte, deren Beziehungen die des Ganzen zum Ganzen oder des Souveräns zum Staat bilden. Die letztgenannte Beziehung läßt sich durch die äußeren Glieder einer Verhältnisgleichung darstellen, deren mittleres Glied die Regierung ist. Die Regierung erhält vom Souverän die Befehle, die sie dem Volk weitergibt. Damit der Staat

[1] So nennt man in Venedig den Senat *Durchlauchtigster Fürst*, auch wenn der Doge nicht anwesend ist.

im Gleichgewicht bleibt, muß alles in allem Gleichheit bestehen zwischen dem Produkt oder der Macht der Bürger, die einerseits Souverän und andererseits Untertanen sind.

Außerdem kann keines dieser drei Glieder verändert werden, ohne sofort das Verhältnis aufzulösen. Will der Souverän regieren oder der Magistrat Gesetze erlassen oder wollen die Untertanen den Gehorsam verweigern, folgt der Regel die Unordnung, Macht und Wille handeln nicht mehr im Einklang, und der aufgelöste Staat verfällt dem Despotismus oder der Anarchie. Wie es zwischen jedem Verhältnis nur ein mittleres Verhältnisglied gibt, gibt es auch in einem Staat nur eine gute Regierung. Da aber tausend Ereignisse die Verhältnisse eines Volkes verändern können, können nicht nur verschiedene Regierungen für verschiedene Völker, sondern auch für dasselbe Volk zu verschiedenen Zeiten gut sein.

Um von den verschiedenen Verhältnissen, die zwischen diesen beiden Extremen bestehen können, eine Vorstellung zu geben, will ich die Bevölkerungszahl als Beispiel nehmen, da sie ein leichter auszudrückendes Verhältnis bildet.

Nehmen wir an, der Staat bestehe aus zehntausend Bürgern. Der Souverän kann nur kollektiv und als Körper betrachtet werden; aber jeder einzelne ist als Untertan ein Individuum. Demnach verhält sich der Souverän zum Untertan wie zehntausend zu eins; das heißt, jedes Mitglied des Staates besitzt nur den zehntausendsten Teil der souveränen Gewalt, obwohl es ihr ganz unterworfen ist. Besteht das Volk aus hunderttausend Menschen, ändert das nichts an der Stellung der Untertanen, und jeder trägt gleichermaßen die ganze Herrschaft der Gesetze, während seine auf den hunderttausendsten Teil reduzierte Stimme bei ihrer Abfassung einen zehnmal geringeren Einfluß ausübt. Während der Untertan stets eins bleibt, wächst das Verhältnis zum Souverän mit der wachsenden Anzahl der Staatsbürger. Hieraus folgt, daß die Freiheit um so kleiner wird, je größer der Staat ist.

Wenn ich sage, das Verhältnis wächst, so verstehe ich darunter, daß es sich von der Gleichheit entfernt. Je größer das Verhältnis im mathematischen Sinn ist, desto weniger Verhältnis ist im gewöhnlichen Sinne vorhanden. Im ersten Sinn wird das Verhältnis der Zahl nach betrachtet und mit Hilfe des Exponenten gemessen, im anderen seinem Wesen nach betrachtet und nach der Ähnlichkeit bewertet.

Je weniger nun die Einzelwillen mit dem Gemeinwillen, das heißt die Sitten mit den Gesetzen übereinstimmen, um so mehr muß die unterdrückende Gewalt zunehmen. Die Regierung muß also, um gut zu sein, relativ um so stärker sein, je zahlreicher das Volk ist.

Da andererseits die Vergrößerung des Staates den Inhabern der öffentlichen Gewalt mehr Versuchungen und Mittel bietet, ihre Macht zu mißbrauchen, muß in dem Maße, wie die Regierung größere Gewalt bekommt, um das Volk in Schranken zu halten, auch der Souverän mehr Gewalt bekommen, um die Regierung in Schranken zu halten. Ich spreche hier nicht von einer absoluten, sondern von der relativen Gewalt der verschiedenen Teile des Staates.

Aus dieser doppelten Beziehung folgt, daß die kontinuierliche Verhältnismäßigkeit zwischen Souverän, Fürst und Volk keine willkürliche Idee ist, sondern eine notwendige Konsequenz aus der Natur des politischen Körpers. Ferner folgt daraus: Da eines der äußeren Glieder, und zwar das Volk als Untertan, unveränderlich ist und durch die Einheit dargestellt wird, muß, sooft die doppelte Verhältnissumme zu- oder abnimmt, auch die einfache in gleicher Weise zu- oder abnehmen und folglich das mittlere Glied sich verändern. Dies beweist, daß es nicht eine einzige und absolute Regierungsform gibt, sondern so viele ihrem Wesen nach verschiedene Regierungen wie ihrer Größe nach verschiedene Staaten.

Wollte man dieses System ins Lächerliche ziehen und sagen, daß man, um dieses Mittelglied zu finden und den Regierungskörper zu bilden, nach meiner Ansicht nur die Quadratwurzel aus der Einwohnerzahl zu ziehen brauche, so würde ich erwidern, daß ich diese Zahl nur als Beispiel nehme. Die Verhältnisse, von denen ich rede, lassen sich nicht allein nach der Zahl der Menschen bemessen, sondern im allgemeinen nach der Anzahl der Handlungen, die sich aus einer Vielzahl von Ursachen ergibt. Wenn ich übrigens, um mich mit weniger Worten auszudrücken, einen Augenblick lang der Mathematik einige Ausdrücke entlehne, so weiß ich doch sehr wohl, daß es bei moralischen Größen keine mathematische Genauigkeit geben kann.

Die Regierung ist im kleinen, was der politische Körper, der sie einschließt, im großen ist: eine moralische Person, mit gewissen Fähigkeiten ausgestattet, aktiv wie der Souverän, passiv wie der Staat, die man in andere ähnliche Verhältnisse zerlegen kann. Daraus entsteht eine neue Proportion und in dieser immer wieder eine andere, entsprechend der Instanzenordnung, bis man zu einem unteilbaren Mittelglied gelangt, das heißt zu einem einzigen Oberhaupt oder höchsten Beamten, den man sich inmitten dieser Reihe wie die Eins zwischen der Reihe der Brüche und der der Zahlen vorstellen kann.

Statt uns in diesem Wirrwarr der Ausdrücke zu verwickeln, wollen wir uns damit begnügen, die Regierung als einen neuen Körper im Staate zu betrachten, der sich vom Volk wie vom Souverän unterscheidet und zwischen beiden steht.

Zwischen diesen beiden Körpern besteht der wesentliche Unterschied, daß der Staat aus sich selbst und die Regierung nur durch den Souverän existiert. Mithin ist oder soll der herrschende Wille des Fürsten nichts anderes als der Gemeinwille oder das Gesetz sein, seine Macht ist nur die in ihm konzentrierte öffentliche Macht; sobald er aus sich selbst irgendeinen absoluten und unabhängigen Akt vornehmen will, beginnt das Band des Ganzen sich zu lockern. Sollte es aber vorkommen, daß der Fürst einen Sonderwillen hätte, der aktiver als der des Souveräns wäre, und er die in seinen Händen ruhende öffentliche Gewalt nutzte, um diesem Willen zu folgen, so daß man gleichsam zwei Souveräne hätte, einen de jure und einen de facto, würde sofort die gesellschaftliche Einheit schwinden und der politische Körper sich auflösen.

Damit der Regierungskörper indessen Existenz und wirkliches Leben erhält, das ihn vom Staatskörper unterscheidet, damit alle seine Glieder in Übereinstimmung wirken und dem Zwecke entsprechen können, für den er bestimmt ist, braucht er ein besonderes *Ich*, ein gemeinsames Empfinden seiner Glieder, eine Kraft und einen eigenen Willen, der auf seine Erhaltung gerichtet ist. Diese besondere Existenz setzt Versammlungen, Räte, Vollmachten, zu beraten und zu beschließen, Rechte, Titel und Privilegien voraus, die ausschließlich dem Fürsten zustehen und den Stand des Beamten um so ehrenvoller machen, je beschwerlicher er ist. Die Schwierigkeiten liegen darin, dieses untergeordnete Ganze dem Staatsganzen so einzuordnen, daß es die allgemeine Verfassung nicht durch Stärkung der eigenen entstellt, daß es stets die zu seiner eigenen Erhaltung bestimmte besondere Macht von der öffentlichen Macht, die zur Erhaltung des Staates dienen soll, unterscheidet, kurz, daß es immer bereit ist, die Regierung dem Volk und nicht das Volk der Regierung zu opfern.

Obwohl übrigens der künstliche Körper der Regierung das Werk eines anderen künstlichen Körpers ist und gewissermaßen nur ein geliehenes und untergeordnetes Leben hat, hindert das nicht, daß er mit mehr oder weniger Kraft oder Schnelligkeit handeln und sich sozusagen einer mehr oder weniger robusten Gesundheit erfreuen kann. Endlich kann er, ohne sich direkt vom Zweck seiner Einrichtung zu entfernen, mehr oder weniger davon abweichen, je nach Art seiner Beschaffenheit.

Aus all diesen Verschiedenheiten entstehen die verschiedenen Beziehungen, die die Regierung mit dem Staatskörper haben muß, je nach den zufälligen und besonderen Beziehungen, durch die dieser Staat selbst verändert wird. Denn oft wird die an sich beste Regierung zur übelsten, wenn ihre Beziehungen nicht entsprechend den Mängeln des politischen Körpers, dem sie angehört, abgeändert werden.

II. KAPITEL

Vom Prinzip, das den verschiedenen Regierungsformen zugrunde liegt

Um die allgemeine Ursache dieser Verschiedenheiten darzulegen, ist hier der Fürst von der Regierung zu unterscheiden, wie vorher der Staat vom Souverän.

Der Beamtenkörper kann aus einer größeren oder kleineren Anzahl von Gliedern bestehen. Wir sahen, daß das Verhältnis zwischen Souverän und Untertanen um so größer ist, je zahlreicher das Volk ist; in offenkundiger Analogie dazu können wir dasselbe von der Regierung in bezug auf die Regierungsbeamten sagen.

Da die Gesamtmacht der Regierung immer die des Staates ist, ändert sie sich nicht; daraus folgt: Je mehr sie von dieser Macht auf ihre eigenen Glieder verwendet, desto weniger bleibt ihr, um auf das ganze Volk zu wirken.

Je zahlreicher also die Beamten, desto schwächer die Regierung. Da diese Regel von grundlegender Bedeutung ist, wollen wir uns bemühen, sie noch mehr zu erhellen.

In der Person des Beamten können wir drei wesentlich verschiedene Willen unterscheiden: 1. den eigenen Willen des Individuums, der nur auf seinen eigenen Vorteil gerichtet ist; 2. den gemeinsamen Willen der Beamten, der sich allein auf den Vorteil des Fürsten bezieht und den man körperschaftlichen Willen nennen kann, er ist in bezug auf die Regierung allgemein, in bezug auf den Staat, von dem die Regierung ein Teil ist, einzeln; 3. den Willen des Volkes oder souveränen Willen, der sowohl in bezug auf den Staat als Ganzes als auch in bezug auf die Regierung als Teil des Ganzen allgemein ist.

In einer vollkommenen Gesetzgebung muß der einzelne oder individuelle Wille gleich Null, der der Regierung eigene körperschaftliche Wille sehr untergeordnet und der Gemein- oder souveräne Wille folglich immer vorherrschend und die Richtschnur für alle anderen sein.

Der natürlichen Ordnung zufolge werden dagegen diese verschiedenen Willen immer aktiver werden, je mehr sie sich konzentrieren. So ist der Gemeinwille immer der schwächste, der körperschaftliche Wille nimmt die zweite und der Einzelwille die erste Stelle ein: In der Regierung ist folglich jedes Mitglied zuerst es selbst, dann Beamter, schließlich Bürger; eine Stufenfolge, die der von der gesellschaftlichen Ordnung verlangten direkt zuwiderläuft.

Befindet sich nun, dies vorausgesetzt, die gesamte Regierung in den Händen eines einzigen Menschen, so ist der Einzelwille und der Körperschaftswille vollkommen eins und folglich von höchstmöglicher Stärke. Da nun der Gebrauch der Macht vom Grad des Willens abhängt und die absolute Macht der Regierung unveränderlich ist, folgt daraus, daß die aktivste Regierung die eines einzigen Menschen ist.

Verbinden wir dagegen die Regierung mit der Legislative; machen wir den Souverän zum Fürsten und alle Bürger zu Beamten: der Körperschaftswille, in den Gemeinwillen übergegangen, wird dann nicht aktiver als dieser sein, und der Einzelwille bewahrt seine ganze Kraft. So wird die Regierung, obwohl ihre absolute Macht gleich bleibt, auf das *Minimum* ihrer relativen Macht oder Wirksamkeit sinken.

Diese Beziehungen sind unbestreitbar, und andere Betrachtungen bestätigen sie noch. Man sieht zum Beispiel, daß jeder Beamte in seiner Körperschaft aktiver ist als jeder Bürger in der seinen und daß mithin der Einzelwille weit mehr Einfluß auf die Handlungen der Regierung als auf die des Souveräns hat. Denn jeder Beamte ist fast immer mit einer Regierungsfunktion betraut, während kein Bürger, für sich genommen, eine Hoheitsfunktion erfüllt. Je mehr sich überdies der Staat ausdehnt, desto mehr nimmt seine tatsächliche Macht zu, wenn auch nicht im Verhältnis seiner Ausdehnung. Bleibt der Staat jedoch der gleiche, dann können sich die Beamten noch so sehr vermehren, die Regierung erhält dadurch keine tatsächliche größere Macht, denn diese Macht ist die des Staates und bleibt immer gleich. So vermindert sich die relative Stärke oder die Wirksamkeit der Regierung, ohne daß ihre absolute oder wirkliche Stärke zunehmen kann.

Ferner ist sicher, daß die Erledigung der Geschäfte langsamer vor sich geht, je mehr Leute daran beteiligt sind. Baut man zu sehr auf die Vorsicht, vertraut man zuwenig dem Glück, läßt man sich die Gelegenheit entgehen und verliert vor lauter Überlegen oft die Frucht der Überlegung.

Ich habe eben bewiesen, daß die Regierung um so schlaffer wird, je mehr die Beamten zunehmen, und auch, daß die unterdrückende Macht zunehmen muß, je zahlreicher das Volk ist. Daraus folgt, daß das Verhältnis zwischen Beamten und Regierung umgekehrt dem Verhältnis zwischen Untertanen und Souverän sein muß; das heißt, je größer der Staat wird, desto eingeschränkter muß die Regierung werden, so daß mit wachsender Bevölkerungszahl die Zahl der Vorgesetzten abnimmt.

Übrigens spreche ich hier nur von der relativen Macht der Regierung und nicht von ihrer Gradlinigkeit: denn im Gegenteil, je zahlreicher die Beamtenschaft, desto mehr nähert sich der Körperschaftswille dem Gemeinwillen; während, wie ich schon gesagt habe, unter einem einzigen Oberhaupt dieser Körperschaftswille nur ein Einzelwille ist. So verliert man auf der einen Seite, was man auf der anderen gewinnen kann, und die Kunst des Gesetzgebers besteht darin, den Punkt festzuhalten, wo sich die Macht und der Wille der Regierung, immer umgekehrt proportional, im für den Staat vorteilhaftesten Verhältnis vereinigen.

III. KAPITEL
Einteilung der Regierungen

Wir sahen im vorigen Kapitel, warum man die verschiedenen Arten oder Formen von Regierungen nach der Zahl ihrer Mitglieder unterscheidet; in diesem Kapitel bleibt zu zeigen, wie diese Einteilung vorgenommen wird.

Der Souverän kann erstens die Regierung dem ganzen Volk oder dem größten Teil des Volkes übertragen, so daß es mehr beamtete als einfache private Bürger gibt. Diese Regierungsform nennt man *Demokratie.*

Oder er kann die Regierung in die Hände weniger legen, so daß es mehr einfache Bürger als Beamte gibt; diese Form wird *Aristokratie* genannt.

Schließlich kann er die ganze Regierung in die Hand eines einzigen Beamten legen, von dem alle anderen ihre Macht empfangen. Diese dritte Form ist die verbreitetste und heißt *Monarchie* oder königliche Regierung.

Hierbei ist zu bemerken, daß alle diese Formen, oder wenigstens die beiden ersten, mehr oder weniger ausgeprägt sind und einen ziemlich weiten Spielraum haben; denn die Demokratie kann das ganze Volk umfassen oder sich bis auf die Hälfte beschränken. Die Aristokratie ihrerseits kann von der Hälfte des Volkes bis auf eine unbestimmt kleine Zahl schrumpfen. Selbst das Königtum ist einer Teilung fähig. Sparta hatte gemäß seiner Verfassung immer zwei Könige; im Römischen Reich gab es mitunter acht Kaiser auf einmal, ohne daß man sagen könnte, das Reich wäre geteilt gewesen. So gibt es einen Punkt, wo eine jede Regierungsform in die nächste übergeht, und man sieht, daß unter nur drei Benennungen die Regierung in der Tat ebenso vieler verschiedener Formen fähig ist, wie der Staat Bürger hat.

Mehr noch: da sich ein und dieselbe Regierung in mancher Hinsicht in weitere Teile zergliedern kann, von denen der eine auf diese, der andere auf jene Weise verwaltet wird, kann aus der Verbindung dieser drei Formen eine Vielfalt von Mischformen entstehen, von denen jede mit allen einfachen Formen multiplizierbar ist.

Man hat zu allen Zeiten viel über die beste Regierungsform gestritten, ohne zu bedenken, daß jede in bestimmten Fällen die beste und in anderen die schlechteste ist.

Wenn in den verschiedenen Staaten die Zahl der höchsten Regierungsbeamten im umgekehrten Verhältnis zur Zahl der Staatsbürger stehen muß, so folgt daraus, daß im allgemeinen die demokratische Regierung für kleine, die aristokratische für mittlere und die Monarchie für große Staaten geeignet ist. Diese Regel ist unmittelbar aus dem Prinzip abzuleiten; wer aber vermöchte die vielen Umstände aufzuzählen, die zu Ausnahmen führen können?

IV. KAPITEL

Von der Demokratie

Wer das Gesetz macht, weiß besser als irgendwer, wie es ausgeführt und ausgelegt werden soll. Es scheint demnach keine bessere Verfassung geben zu können als jene, bei der Exekutive und Legislative vereint sind. Aber gerade das macht diese Regierung in mancher Hinsicht untauglich, weil die Dinge, die unterschieden werden müssen, es nicht sind und weil Fürst und Souverän als ein und dieselbe Person gleichsam eine Regierung ohne Regierung bilden.

Es ist weder gut, daß der, der die Gesetze macht, sie anwendet, noch daß der Volkskörper seine Aufmerksamkeit von der Gesamtsicht abwendet, um sie auf besondere Gegenstände zu richten. Nichts ist gefährlicher als der Einfluß der Privatinteressen auf die öffentlichen Angelegenheiten, und der Mißbrauch der Gesetze von seiten der Regierung ist ein geringeres Übel als die Korruption des Gesetzgebers, die unausbleibliche Folge privater Absichten. Wenn der Staat erst in seiner Substanz entstellt ist, wird jede Reform unmöglich. Ein Volk, das die Regierung niemals mißbrauchen würde, würde auch nicht seine Unabhängigkeit mißbrauchen; ein Volk, das immer gut regierte, brauchte nicht regiert zu werden.

Strenggenommen hat es niemals eine wirkliche Demokratie gegeben und wird es sie auch niemals geben. Es ist gegen die natürliche Ordnung, daß die große Zahl regiert und die kleine regiert wird. Es ist nicht vorstellbar, daß das Volk ständig versammelt bleibt, um über die öffentlichen Angelegenheiten zu beraten, und es ist leicht einzusehen, daß es dafür keine Ausschüsse einsetzen kann, ohne daß sich die Form der Verwaltung verändert.

Ich glaube in der Tat, das Prinzip aufstellen zu können, daß, sobald die Regierungsfunktionen auf mehrere Behörden verteilt sind, die nach Zahl der Beamten kleinsten früher oder später die größte Macht erwerben, allein weil sie natürlicherweise die Geschäfte mit größerer Leichtigkeit abzuwickeln vermögen.

Wie viele schwer zu vereinigende Dinge setzt diese Regierungsform doch voraus! Erstens einen sehr kleinen Staat, in dem sich das Volk leicht versammeln läßt und jeder Bürger bequem alle anderen kennenlernen kann; zweitens eine große Einfachheit der Sitten, die einer Fülle von Problemen und heiklen Diskussionen zuvorkommt; dann annähernde Gleichheit in Stand und Vermögen, ohne die die Gleichheit an Rechten und Machtbefugnis nicht lange besteht; schließlich wenig oder gar keinen Luxus, denn entweder ist der Luxus die Folge des Reichtums, oder er macht ihn notwendig; er korrumpiert den Reichen wie den Armen, jenen durch Besitz, diesen durch Habgier; er liefert das Vaterland der Verweichlichung und Eitelkeit aus; er entzieht dem Staat alle Bürger, um die einen zu Sklaven der anderen und alle zu Sklaven der öffentlichen Meinung zu machen.

Deshalb hat ein berühmter Autor die Tugend zum Prinzip der Republik erklärt; denn ohne die Tugend könnte keine dieser Bedingungen bestehen. Da er es jedoch an den notwendigen Unterscheidungen fehlen ließ, unterliefen diesem erhabenen Geist Ungenauigkeiten und Unklarheiten. Er übersah, daß die souveräne Autorität überall dieselbe ist und daher in allen gut konstituierten

Staaten das gleiche Prinzip gelten muß, allerdings mehr oder weniger, je nach der Regierungsform.

Fügen wir noch hinzu, daß es keine Regierung gibt, die so sehr Bürgerkriegen und inneren Erschütterungen ausgesetzt ist wie die demokratische oder Volksregierung, weil keine so kräftig und so beständig ihre Form zu verändern sucht und keine mehr Wachsamkeit und Mut zu deren Erhaltung verlangt. Namentlich in dieser Verfassung muß sich der Bürger mit Kraft und Ausdauer wappnen und jeden Tag seines Lebens im Grunde seines Herzens nachsprechen, was ein edler Wojewode[1] im polnischen Reichstag sagte: *Malo periculosam vitam quam quietum servitium.*

Gäbe es ein Volk von Göttern, es würde sich demokratisch regieren. Eine so vollkommene Regierung ist für Menschen nicht angemessen.

V. KAPITEL
Von der Aristokratie

Wir haben es hier mit zwei deutlich unterschiedenen moralischen Personen zu tun, nämlich der Regierung und dem Souverän, folglich mit zwei Gemeinwillen, von denen der eine sich auf alle Bürger, der andere lediglich auf die Mitglieder der Verwaltung bezieht. Obgleich die Regierung ihre innere Ordnung so einrichten kann, wie sie es für richtig hält, kann sie zum Volk nur im Namen des Souveräns, das heißt des Volkes selber, sprechen; das darf man nie vergessen.

Die ersten Gesellschaften wurden aristokratisch regiert. Die Häupter der Familien berieten untereinander die öffentlichen Angelegenheiten; die jungen Männer fügten sich mühelos der Autorität der Erfahrung. Daher die Titel *Priester, Ältester, Senat, Geronten.* Die Wilden Nordamerikas regieren sich noch heute auf diese Weise, und zwar sehr gut.

Je mehr aber die institutionelle Ungleichheit die natürliche überwog, wurde Reichtum oder Macht[2] dem Alter vorgezogen,

[1] Der Wojewode von Posen, Vater des Königs von Polen und Herzogs von Lothringen.

[2] Das Wort *Optimates* bezeichnet bei den Alten offensichtlich nicht die Besten, sondern die Mächtigsten.

und es entstand eine Wahlaristokratie. Als schließlich die Macht mit dem Vermögen des Vaters auf die Kinder übertragen wurde und so Patrizierfamilien entstanden, wurde die Regierung erblich, und man sah Zwanzigjährige als Senatoren.

Es gibt mithin drei Arten von Aristokratie: die natürliche, die Wahl- und die Erbaristokratie. Die erste ist nur für einfache Völker geeignet; die dritte ist die schlechteste aller Regierungen. Die zweite ist die beste, sie ist die Aristokratie im eigentlichen Sinne.

Außer dem Vorteil der Trennung der zwei Gewalten hat sie noch den, daß ihre Mitglieder gewählt werden. Denn in einer Volksregierung werden alle Bürger als Beamte geboren; die Aristokratie aber beschränkt diese auf eine kleine Zahl, die nur aus der Wahl hervorgeht[1]; durch dieses Mittel werden Rechtschaffenheit, Einsicht, Erfahrung und alles, was Vorzug und öffentliche Achtung begründet, zu ebenso vielen Garanten einer weisen Regierung. Außerdem können Versammlungen bequemer abgehalten werden, die Geschäfte lassen sich besser diskutieren, sie werden sorgfältiger und rascher erledigt, das Ansehen des Staates im Ausland wird durch angesehene Senatoren mehr gefördert als durch eine unbekannte oder verachtete Menge.

Mit einem Worte, es ist die beste und natürlichste Ordnung, daß die Weisesten die Menge regieren, wenn man sicher ist, daß sie sie zu deren Nutzen und nicht zu ihrem eigenen Vorteil regieren werden. Man darf nicht grundlos die Ämter vermehren und durch zwanzigtausend machen lassen, was hundert ausgesuchte Männer besser können. Dabei ist zu bemerken, daß hier das Körperschaftsinteresse anfängt, die öffentliche Macht weniger entsprechend dem Gemeinwillen zu lenken, und daß eine andere, unvermeidliche Neigung den Gesetzen einen Teil ihrer Vollzugsgewalt nimmt.

Was die besonderen Bedingungen betrifft, braucht der Staat weder so klein noch das Volk so einfach und rechtschaffen zu

[1] Von großer Wichtigkeit ist es, die Form der Wahl der Beamten durch Gesetze festzulegen: wenn man sie dem Willen des Fürsten überläßt, fällt man unvermeidlich in die Erbaristokratie, wie es den Republiken von *Venedig* und *Bern* ergangen ist. Erstere ist seit langem ein aufgelöster Staat, während sich letztere durch die außerordentliche Weisheit ihres Senats hält; das ist eine sehr ehrenwerte, aber auch sehr gefährliche Ausnahme.

sein, daß die Ausführung der Gesetze unmittelbar dem öffentlichen Willen folgt, wie in einer guten Demokratie. Es darf auch keine so große Nation sein, daß die einzelnen Häupter in ihren jeweiligen Landesteilen den Souverän spielen und anfangen, sich unabhängig zu machen, um schließlich selber Herr zu werden.

Wenn die Aristokratie einige Tugenden weniger verlangt als die Volksregierung, so verlangt sie dafür andere, die ihr eigen sind, wie Mäßigung der Reichen und Genügsamkeit der Armen; denn eine strenge Gleichheit scheint bei ihr nicht angebracht; selbst in Sparta wurde sie nicht eingehalten.

Diese Regierungsform läßt übrigens deshalb eine gewisse Ungleichheit des Vermögens zu, damit die Verwaltung der öffentlichen Geschäfte gemeinhin denen übertragen werde, die ihr am besten ihre Zeit widmen können, nicht aber, wie Aristoteles behauptet, damit die Reichen immer bevorzugt werden. Es ist im Gegenteil wichtig, dem Volk bisweilen durch eine entgegengesetzte Wahl zu beweisen, daß das Verdienst der Menschen ein wichtigerer Grund zur Bevorzugung ist als Reichtum.

VI. KAPITEL
Von der Monarchie

Bisher haben wir den Fürsten als eine moralische und kollektive Person betrachtet, die durch die Kraft der Gesetze vereint und Träger der Vollzugsgewalt im Staate ist. Jetzt haben wir diese Gewalt als in den Händen einer natürlichen Person, eines wirklichen Menschen vereinigt zu betrachten, der allein das Recht hat, nach den Gesetzen darüber zu verfügen. Man nennt ihn Monarch oder König.

Im Gegensatz zu anderen Verwaltungsformen, in denen ein kollektives Wesen ein Individuum repräsentiert, repräsentiert hier ein Individuum ein Kollektivwesen. Auf diese Weise ist die moralische Einheit, die den Fürsten konstituiert, zugleich eine physische Einheit, in der alle Fähigkeiten, die das Gesetz mit so großer Anstrengung in der anderen vereinigt, von Natur aus vereinigt sind.

Der Wille des Volkes und der Wille des Fürsten, die allgemeine Staatsgewalt und die besondere Regierungsgewalt, alles entspringt dem gleichen Antrieb, alle Hebel der Maschine sind in einer Hand, alles strebt demselben Ziel zu. Es gibt keine entgegengesetzten, sich gegenseitig aufhebenden Bewegungen, und man kann sich keine Art von Verfassung denken, die mit geringerem Aufwand größere Wirkung hervorbringen würde. Archimedes, ruhig am Ufer sitzend und ein großes Schiff mühelos ins Wasser ziehend, stellt für mich einen geschickten Monarchen dar, der seine weiten Staaten von seinem Arbeitszimmer aus regiert und alles bewegt, während er selbst als unbewegt erscheint.

Wenn es auch keine Regierung gibt, die größere Kraft besitzt, so gibt es auch keine, in der der Einzelwille mehr Macht hat und die anderen leichter beherrscht. Alles strebt demselben Ziel zu, das ist wahr; aber dieses Ziel ist nicht das allgemeine Wohl, und die Stärke der Verwaltung selbst geht ständig auf Kosten des Staates.

Die Könige möchten absolute Herrscher sein, und von fern ruft man ihnen zu, das beste Mittel sei, die Liebe ihrer Völker zu erwerben. Diese Maxime ist sehr schön und in gewisser Hinsicht sogar sehr richtig: leider spottet man ihrer an den Höfen unentwegt. Die Macht, die der Liebe der Völker entspringt, ist zweifellos die größte; aber sie ist unsicher und bedingt; nie werden sich die Fürsten mit ihr begnügen. Die besten Könige möchten auch böse sein können, wenn es ihnen beliebt, und weiterhin Herren bleiben. Mag auch ein politischer Prediger ihnen sagen, die Stärke des Volkes sei ihre eigene und ihr größtes Interesse sei ein blühendes, zahlreiches und furchteinflößendes Volk; sie wissen sehr wohl, daß das nicht wahr ist. Ihr persönliches Interesse ist zuallererst, daß das Volk schwach und elend ist und daß es ihnen niemals Widerstand leisten kann. Ich gebe zu, könnte der Fürst immer vollkommen fügsame Untertanen voraussetzen, dann läge es in seinem Interesse, daß das Volk mächtig ist, damit diese Macht, die seine eigene ist, die Furcht seiner Nachbarn erregte. Da aber dieses Interesse zweitrangig und untergeordnet ist und beide Annahmen unvereinbar sind, ist es natürlich, daß die Fürsten stets den Grundsatz bevorzugen, der ihnen am unmittelbarsten nützt. Das hat Samuel den Hebräern eindringlich vor Augen gehalten; das hat Machiavelli klar bewiesen. Er gab vor, den

Königen Lehren zu erteilen, dabei gab er den Völkern große Lehren. *Der Fürst* von Machiavelli ist das Buch der Republikaner.

Wir sahen aus den allgemeinen Bedingungen, daß die Monarchie nur für große Staaten geeignet ist, und wir werden das bestätigt finden, wenn wir sie für sich betrachten. Je zahlreicher die Beamten sind, um so geringer wird das Verhältnis des Fürsten zu den Untertanen und nähert sich der Gleichheit, so daß in der Demokratie dieses Verhältnis gleich eins ist oder die Gleichheit selbst. Dasselbe Verhältnis vergrößert sich in dem Maß, wie die Regierung kleiner wird, und erreicht sein *Maximum*, wenn die Regierung in der Hand eines einzigen liegt. Dann ist der Abstand zwischen Fürsten und Volk zu groß, und es fehlt dem Staat der Zusammenhalt. Um ihn zu schaffen, braucht man vermittelnde Glieder: man braucht Fürsten, Große und Edelleute, die sie ausfüllen. Nichts von alledem paßt für einen kleinen Staat, den all diese Rangstufen zugrunde richten.

Ist es schon schwierig, einen großen Staat gut zu regieren, so noch weit schwieriger, daß er von einem einzigen Mann gut regiert wird; jeder weiß, was geschieht, wenn der König Vertreter ernennt.

Ein wesentlicher und unvermeidlicher Mangel, durch den die monarchische Regierungsform der republikanischen immer unterlegen sein wird, besteht darin, daß in der Republik die öffentliche Entscheidung fast immer nur aufgeklärte und fähige Männer, die ihren Ämtern Ehre machen, zu den höchsten Stellen erhebt. In den Monarchien gelangen zu ihnen dagegen häufig nur kleine Wirrköpfe, kleine Betrüger, kleine Intriganten, denen ihre kleinen Talente, die an den Höfen zu den großen Stellen führen, nur dazu dienen, der Öffentlichkeit ihre Unfähigkeit vorzuführen, sobald sie diese Stellen erklommen haben. Das Volk irrt sich weit weniger in der Wahl als der Fürst, und ein Mann von wahrem Verdienst ist in einem [königlichen] Ministerium fast so selten wie ein Dummkopf an der Spitze einer republikanischen Regierung. Ergreift daher infolge eines glücklichen Zufalls ein zum Regieren geborener Mann in einer durch diese Haufen sauberer Verwalter fast zugrunde gerichteten Monarchie das Ruder, dann staunt man über die Kräfte, die er findet. So etwas macht in einem Land Geschichte.

Damit ein monarchischer Staat gut regiert werden könnte, müßte seine Größe oder Ausdehnung nach den Fähigkeiten dessen bemessen werden, der ihn regiert. Erobern ist leichter als regieren. Besitzt man den hinreichenden Hebel, kann man mit einem Finger die Welt aus den Angeln heben; um sie zu tragen, bedarf es der Schultern des Herkules. Ist der Staat groß, ist der Fürst fast immer zu klein. Ist im Gegenteil der Staat für sein Oberhaupt zu klein – was sehr selten ist –, so wird er auch schlecht regiert, weil der Fürst, der immer der Größe seiner Entwürfe folgt, die Interessen der Völker vergißt und sie durch den Mißbrauch seiner überschüssigen Talente nicht weniger unglücklich macht als ein beschränktes Oberhaupt durch jene, die ihm fehlen. Man brauchte also ein Reich, das sich in jeder Herrschaftszeit nach dem Horizonte des Fürsten ausdehnt oder verengt. Da die Fähigkeiten eines Senats hingegen ein beständigeres Maß haben, kann der Staat feste Grenzen haben, ohne deshalb schlechter verwaltet zu werden.

Der empfindlichste Nachteil der Regierung eines einzigen ist der Mangel einer kontinuierlichen Nachfolge, die bei den beiden anderen ein ununterbrochenes Band bildet. Ist ein König tot, braucht man einen anderen. Wahlen lassen gefährliche Zwischenzeiten entstehen, sie sind stürmisch; und sind die Staatsbürger nicht von einer Uneigennützigkeit und Redlichkeit, wie sie in dieser Regierungsform kaum vorkommen, mischen sich Intrige und Korruption ein. Schwerlich wird der, dem sich der Staat verkauft hat, ihn nicht seinerseits verkaufen und sich an den Schwachen für das Geld entschädigen, das die Mächtigen von ihm erpreßt haben. Früher oder später wird unter einer solchen Regierung alles käuflich, und der Friede, den man dann unter den Königen genießt, ist schlimmer als die Unordnung der Interregnen.

Was hat man getan, um diesen Mißständen vorzubeugen? Man hat die Kronen in bestimmten Familien erblich gemacht und Nachfolgeregelungen getroffen, die jedem Streit beim Tod der Könige zuvorkommen; das heißt, indem man den Nachteil der Wahlen durch den der Regentschaft ersetzt, zieht man eine scheinbare Ruhe einer klugen Verwaltung vor und läßt es lieber darauf ankommen, daß Kinder, Monster und Idioten herrschen, als über die Wahl guter Könige streiten zu müssen. Man hat nicht bedacht, daß man fast immer verliert, setzt man sich den Gefahren einer solchen Alternative aus. Der junge Dionysios hatte recht, als er seinem Vater, der ihm eine Schandtat mit den Worten vorwarf: Gab ich dir ein solches Beispiel?, erwiderte: Dein Vater war auch nicht König!

Alles trägt dazu bei, einen zur Herrschaft über andere erzogenen Menschen von Gerechtigkeit und Vernunft fernzuhalten. Man gibt sich, wie man hört, viel Mühe, um junge Prinzen die Kunst des Regierens zu lehren: diese Erziehung scheint ihnen nicht zu nutzen. Man würde besser tun, sie zuerst die Kunst des Gehorchens zu lehren. Die größten Könige, die die Geschichte rühmt, sind nicht zum Regieren erzogen worden. Diese Wissenschaft beherrscht man um so weniger, je mehr man sie erlernt hat, und man erwirbt sie besser durch Gehorsam als durch Befehlen. *Nam utilissimus idem ac brevissimus bonarum malarumque rerum delectus, cogitare quid aut nolueris sub alio principe aut volueris.*[1]

Eine Folge dieses Mangels an Zusammenhalt ist die Unbeständigkeit der königlichen Regierung. Da sie, nach dem Charakter des regierenden Fürsten oder jener, die an seiner Statt regieren, bald diesen, bald jenen Plan befolgt, kann sie nicht lange ein festes Ziel und eine konsequente Haltung haben: dieser Wechsel, der bei anderen Regierungsformen, wo der Fürst immer derselbe ist, nicht vorkommt, läßt den Staat ständig von Grundsatz zu Grundsatz, von Entwurf zu Entwurf schwanken. Deshalb begegnet man im allgemeinen an einem Hofe mehr List und in einem Senat mehr Weisheit; Republiken gehen beständiger und beharrlicher auf ihre Ziele zu, während jede Umwälzung im Ministerium auch eine im Staat hervorruft, da alle Minister und fast alle Könige den Grundsatz teilen, in allem das Gegenteil ihrer Vorgänger zu tun.

Aus demselben Mangel an Zusammenhalt wird auch die Lösung eines Trugschlusses gewonnen, der bei monarchischen Politikern sehr beliebt ist. Sie vergleichen nicht nur die Regierung der Gesellschaft mit der der Familie und den Fürsten mit dem Familienvater – ein Irrtum, den ich bereits widerlegt habe –,

[1] Tacitus, *Hist.*, I. Buch.

sondern bekleiden sehr großzügig diesen Beamten mit allen Tugenden, die er nötig hätte, und setzen immer voraus, der Fürst sei, was er sein sollte: eine Annahme, bei der selbstverständlich die Monarchie allen anderen Regierungsformen vorzuziehen ist, weil sie unstreitig die stärkste ist und ihr, um auch die beste zu sein, nur fehlt, daß der Körperschaftswille besser mit dem Gemeinwillen übereinstimmt.

Wenn aber, nach Platon[1], der geborene König eine so seltene Erscheinung ist, wie oft werden Natur und Glück sich zusammentun, ihn zu krönen? Und wenn die königliche Erziehung notwendigerweise diejenigen verdirbt, die sie erhalten, was kann man von einer Abfolge von Männern erhoffen, die zum Herrschen erzogen wurden? Die königliche Regierung mit der eines guten Königs verwechseln ist demnach Selbsttäuschung. Um zu erkennen, was diese Regierung an sich ist, muß man sie unter beschränkten oder schlechten Fürsten betrachten; denn sie werden als solche den Thron besteigen, oder der Thron wird sie dazu machen.

Diese Schwierigkeiten sind unseren Autoren nicht entgangen, aber sie lassen sich davon nicht in Verlegenheit bringen. Das beste Heilmittel sei, ohne Murren zu gehorchen; Gott schickt die schlechten Könige in seinem Zorn, und man muß sie wie Züchtigungen des Himmels ertragen. Dergleichen Reden sind erbaulich, ohne Zweifel; aber ich weiß nicht, ob sie nicht besser auf die Kanzel als in ein Buch über Politik gehörten. Was soll man von einem Arzt halten, der Wunder verspricht und dessen ganze Kunst darin besteht, seine Kranken zur Geduld zu ermahnen? Daß man eine schlechte Regierung, hat man sie einmal, ertragen muß, ist bekannt. Die Frage wäre, eine gute zu finden.

VII. KAPITEL

Von den gemischten Regierungen

Strenggenommen gibt es keine einfache Regierungsform. Ein allein herrschendes Oberhaupt braucht untergeordnete Beamte; eine Volksregierung braucht ein Oberhaupt. Bei der Verteilung der Vollzugsgewalt gibt es daher immer eine Abstufung von der

[1] *In Civili.*

großen Zahl zur kleinen, mit dem Unterschied, daß mal die größere von der kleineren und mal die kleinere von der größeren abhängt.

Manchmal kommt es zu gleicher Aufteilung, entweder wenn die konstitutiven Bestandteile, wie in der englischen Regierung, gegenseitig voneinander abhängen oder wenn, wie in Polen, die Autorität eines jeden Teils unabhängig, aber unvollkommen ist. Letztere Form ist schlecht, weil der Regierung die Einheit und dem Staat der Zusammenhalt fehlt.

Welche ist nun besser, die einfache oder die gemischte Regierung? Eine bei den Politikern sehr umstrittene Frage, die gleiche Antwort verdient, wie ich sie weiter oben betreffs jeder Regierungsform gab.

Die einfache Regierung ist an sich die beste, schon allein weil sie einfach ist. Wenn aber die exekutive Gewalt nicht genug von der legislativen abhängt, das heißt, wenn zwischen dem Fürsten und dem Souverän ein größeres Verhältnis besteht als zwischen dem Volk und dem Fürsten, muß dieses Mißverhältnis durch Teilung der Regierung behoben werden; denn dann haben alle ihre Teile gleiche Autorität über die Untertanen, aber die Teilung macht sie allesamt dem Souverän gegenüber weniger stark.

Ferner läßt sich diesem Nachteil dadurch vorbeugen, daß man Zwischenbehörden einsetzt, die die Regierung als ein Ganzes belassen und nur dazu dienen, die beiden Gewalten im Gleichgewicht und in ihren entsprechenden Rechten zu erhalten. Dann ist die Regierung nicht gemischt, sondern gemäßigt.

Durch ähnliche Mittel kann der entgegengesetzte Nachteil behoben werden, indem man bei zu lockerer Regierung Instanzen errichtet, die sie straffen. Das geschieht in allen Demokratien. Im ersten Fall teilt man die Regierung, um sie zu schwächen, im zweiten, um sie zu stärken. Denn die *Maxima* an Stärke und Schwäche finden sich gleichermaßen in den einfachen Regierungsformen, während die gemischten Formen eine mittlere Stärke ergeben.

VIII. KAPITEL
Nicht jede Regierungsform ist für jedes Land geeignet

Da die Freiheit nicht Frucht eines jeden Klimas ist, ist sie nicht allen Völkern zugänglich. Je mehr man über dieses von Montesquieu aufgestellte Prinzip nachdenkt, desto mehr empfindet man seine Wahrheit; je mehr man es bestreitet, desto mehr bestätigt man es durch neue Beweise.

In allen Regierungen der Welt verbraucht die öffentliche Hand *[la personne publique]* und erzeugt nichts. Woher erhält sie, was sie verbraucht? Von der Arbeit ihrer Mitglieder. Der Überschuß der einzelnen erzeugt das für die Öffentlichkeit Notwendige. Daraus folgt, daß der gesellschaftliche Zustand so lange bestehen kann, wie die Arbeit der Menschen mehr erzeugt, als ihre Bedürfnisse verlangen.

Der Überschuß ist jedoch nicht in allen Ländern der Welt gleich. In einigen ist er erheblich, in anderen mittelmäßig, in anderen gleich Null, in anderen negativ. Er hängt von der Ergiebigkeit des Klimas, von der Art der Bearbeitung, die der Boden erfordert, von der Beschaffenheit seiner Erzeugnisse, von der Kraft seiner Bewohner, von ihrem größeren oder geringeren Bedarf und von einer Reihe ähnlicher Umstände ab.

Andererseits sind nicht alle Regierungen gleicher Natur; einige verschlingen mehr, andere weniger; die Unterschiede gründen auf jenem anderen Prinzip, wonach die öffentlichen Abgaben um so belastender werden, je weiter sie sich von ihrer Quelle entfernen. Nicht nach der Steuermenge ist die Belastung zu bemessen, sondern nach dem Weg, den sie zurücklegen muß, um wieder in die Hände zurückzukehren, aus denen sie gekommen ist. Vollzieht sich dieser Umlauf schnell und regelmäßig, so macht es nichts aus, ob man wenig oder viel bezahlt; das Volk ist dann immer reich und die Finanzlage vortrefflich. Dagegen wird ein Volk, sowenig es auch zahlt, durch stetes Geben bald erschöpft, wenn dieses wenige nicht zurückkommt: der Staat ist nie reich und das Volk bettelarm.

Daraus folgt, je größer der Abstand zwischen Volk und Regierung, desto drückender die Abgaben: deshalb ist das Volk in der

Demokratie am wenigsten belastet, in der Aristokratie mehr und in der Monarchie am schwersten. Die Monarchie eignet sich daher nur für reiche Nationen, die Aristokratie für Staaten mittleren Reichtums und mittlerer Größe und die Demokratie für kleine und arme Staaten.

Je mehr man darüber nachdenkt, um so mehr findet man darin den Unterschied zwischen freien und monarchischen Staaten. In ersteren wird alles zum gemeinsamen Nutzen verwandt; in den anderen stehen die öffentlichen und privaten Kräfte im umgekehrten Verhältnis zueinander; die einen erhöhen sich durch die Schwächung der anderen. Kurz, anstatt die Untertanen zu regieren, um sie glücklich zu machen, macht der Despotismus sie elend, um sie zu regieren.

So finden sich unter jedem Klima natürliche Ursachen, die die Regierungsform bedingen, diese wird nach der Gewalt des Klimas erzwungen, ja man kann sogar sagen, welche Art von Bewohnern ein Klima verlangt. Undankbare und unfruchtbare Gegenden, in denen der Ertrag die Arbeit nicht lohnt, müssen unbebaut und öde bleiben oder werden nur von Wilden bewohnt. Gegenden, in denen die Arbeit der Menschen nur das Notwendige erzeugt, müssen von barbarischen Völkern bewohnt werden; jede Zivilisation wäre dort unmöglich. Gegenden, in denen der Überschuß des Arbeitsertrages mittelmäßig ist, eignen sich für freie Völker; solche endlich, in denen reicher und fruchtbarer Boden großen Ertrag für geringe Arbeit ergibt, wollen monarchisch regiert werden, um den Überschuß der Untertanen durch den Luxus des Fürsten zu verbrauchen. Denn es ist besser, dieser Überfluß wird von der Regierung aufgezehrt als von den einzelnen verschwendet. Es gibt Ausnahmen, ich weiß es; allein diese Ausnahmen bestätigen die Regel, indem sie früher oder später Revolutionen hervorrufen, die die natürliche Ordnung der Dinge wieder herstellen.

Wir müssen stets die allgemeinen Gesetze von den besonderen Ursachen, die ihre Wirkung beeinflussen können, unterscheiden. Wäre der gesamte Süden von Republiken bedeckt und der ganze Norden von despotischen Staaten, es wäre nicht weniger wahr, daß wegen des Klimas der Despotismus für heiße Länder, die Barbarei für kalte und gute Verfassungen *[bonne politie]* für die gemäßigten Gegenden geeignet sind. Ich räume ein, man kann das Prinzip anerkennen, aber über seine Anwendung streiten: man könnte sagen, es gibt kalte und trotzdem sehr fruchtbare Länder und südliche, die sehr unfruchtbar sind. Aber diese Schwierigkeit besteht nur für jene, die die Sache nicht in allen ihren Beziehungen untersuchen. Man muß, wie ich schon gesagt habe, Arbeit, Kräfte, Verbrauch usw. berücksichtigen.

Nehmen wir an, von zwei gleich großen Gebieten bringt das eine fünf und das andere zehn ein. Verbrauchen nun die Bewohner des ersten vier und die des zweiten neun, so beträgt der Überschuß des ersten Ertrages ein Fünftel und der des zweiten ein Zehntel. Da die Überschüsse im umgekehrten Verhältnis zu den Erträgen stehen, gibt der Boden, der nur fünf hervorbringt, einen doppelt so großen Überschuß als der, der zehn hervorbringt.

Von einem doppelten Ertrag ist aber nicht die Rede, und ich glaube nicht, jemand wagte es, die Fruchtbarkeit kalter und heißer Länder im allgemeinen für gleich zu erklären. Nehmen wir jedoch diese Gleichheit einmal an. Vergleichen wir England mit Sizilien und Polen mit Ägypten. Weiter im Süden haben wir noch Afrika und Indien, weiter im Norden aber nichts mehr. Selbst bei angenommener Gleichheit des Ertrages, welcher Unterschied in der Bearbeitung! In Sizilien braucht man den Boden nur anzukratzen; wieviel Mühe dagegen in England, um ihn zu pflügen! Wo aber mehr Hände nötig sind, um den gleichen Ertrag zu erzielen, muß der Überschuß notwendigerweise geringer sein.

Man berücksichtige ferner, daß die gleiche Anzahl Menschen in den heißen Ländern viel weniger verzehrt. Das Klima verlangt Mäßigung, um sich wohl zu fühlen: Europäer, die dort wie zu Hause leben wollen, sterben sämtlich an Ruhr und Verdauungsstörungen. *Mit den Asiaten verglichen, sind wir*, sagt Chardin, *fleischfressende Tiere, Wölfe. Einige schreiben die Mäßigkeit der Perser der geringen Bebauung ihres Landes zu, ich dagegen glaube, ihr Land kennt keine Überfülle an Lebensmitteln, weil die Bewohner weniger brauchen. Wäre ihre Genügsamkeit*, fährt er fort, *die Folge der Kargheit ihres Landes, würden nur die Armen wenig essen, während es im allgemeinen doch alle tun; und man würde in jeder Provinz je nach Fruchtbarkeit des Bodens mehr oder weniger essen, während sich im ganzen Reich die gleiche Genügsamkeit findet. Sie rühmen sich ihrer Lebensweise und versichern, man brauche nur ihre Gesichtsfarbe zu betrachten, um anzuerkennen, um wieviel sie der der Christen überlegen ist. Die Gesichtsfarbe der Perser ist in der Tat rein, ihre Haut schön, fein und glatt, während die Gesichtsfarbe der ihnen unterworfenen Armenier, die nach europäischer Weise leben, rauh und von rötlichem Ausschlag ist und ihre Körper dick und schwer sind.*

Je mehr man sich dem Äquator nähert, desto bescheidener leben die Völker. Sie essen fast kein Fleisch; Reis, Mais, Kuskus, Hirse, Kassawa bilden die gewöhnlichen Nahrungsmittel. In Indien gibt es Millionen Menschen, deren Nahrung keinen Sou pro Tag kostet. Selbst in Europa sehen wir in bezug auf die Eßlust einen auffallenden Unterschied zwischen den nördlichen und südlichen Völkern. Ein Spanier kann von der Mahlzeit eines Deutschen acht Tage leben. In den Ländern, wo die Menschen größere Mengen essen, werden auch die Speisen zum Luxus. In England zeigt er sich an einer mit Fleisch überladenen Tafel; in Italien setzt man Zuckerwerk und Blumen vor.

Ähnliche Unterschiede bietet auch der Luxus der Kleidung. In Klimazonen mit plötzlichem und heftigem Witterungswechsel hat man bessere und einfachere Kleidung. Wo man sich nur um des Putzes willen kleidet, sucht man mehr Glanz als Nutzen; die Kleidung selbst wird zum Luxus. In Neapel kann man täglich Männer zum Posillipo spazieren sehen, die goldbesetzte Westen tragen, aber keine Strümpfe. Ebenso verhält es sich mit den Häusern: hat man nicht die Ungunst der Witterung zu fürchten, verwendet man alles auf äußere Pracht. In Paris, in London will man warm und bequem wohnen; in Madrid hat man prächtige Salons, aber keine schließenden Fenster, und man schläft in Rattenlöchern.

In warmen Ländern sind die Nahrungsmittel kräftiger und saftiger; das ist ein dritter Unterschied, der notwendigerweise auf den zweiten einwirken muß. Weshalb ißt man in Italien so viel Gemüse? Weil es dort gut, nahrhaft und äußerst wohlschmekkend ist. In Frankreich, wo es nur Wasser aufgenommen hat, nährt es nicht und spielt bei Tisch kaum eine Rolle; trotzdem nimmt es nicht weniger Land in Anspruch, und der Anbau kostet mindestens ebensoviel Mühe. Die Erfahrung lehrt, daß das nordafrikanische Getreide, das im übrigen dem französischen nachsteht, ungleich mehr Mehl liefert, während das Getreide Frankreichs seinerseits ergiebiger ist als jenes des Nordens. Daraus läßt sich im allgemeinen auf eine ähnliche Abstufung vom Äquator zum Pol schließen. Ist es aber nicht ein offensichtlicher Nachteil, wenn man bei gleichem Ertrag eine geringere Menge Nahrungsmittel erhält?

All diesen verschiedenen Betrachtungen kann ich noch eine hinzufügen, die sich aus ihnen ergibt und sie bestätigt: die warmen Länder brauchen weniger Bewohner als die kalten, obwohl sie mehr ernähren könnten. Das erzeugt einen doppelten Überschuß, wieder zugunsten des Despotismus. Je größer die Fläche ist, die eine gleiche Anzahl von Einwohnern bewohnt, desto schwieriger werden Aufstände, weil man sich weder schnell noch heimlich abstimmen kann und die Regierung immer leicht die Pläne aufdecken und die Verbindungen abschneiden kann. Je enger hingegen ein zahlreiches Volk zusammenrückt, desto weniger kann die Regierung die Macht des Souveräns usurpieren. Seine Anführer beraten in ihren Zimmern ebenso sicher wie der Fürst in seinem Kabinett, und die Menge sammelt sich auf den Plätzen ebenso schnell wie die Truppen in ihren Kasernen. In dieser Beziehung sind also große Entfernungen für eine tyrannische Regierung ein Vorteil. Mit Hilfe von Stützpunkten wächst ihre Kraft mit der Entfernung, wie bei einem Hebel.[1] Die des Volkes wirkt dagegen nur vereint; sie verflüchtigt und verliert sich, indem sie sich ausdehnt, wie auf der Erde verstreutes Pulver sich nur von Korn zu Korn entzündet. Die am wenigsten bevölkerten Länder eignen sich daher am besten für die Tyrannei: wilde Tiere herrschen nur in Wüsten.

[1] Dies widerspricht nicht dem, was ich im IX. Kapitel des Zweiten Buchs über die Nachteile großer Staaten gesagt habe: dort handelte es sich um die Autorität der Regierung über ihre Mitglieder, und hier handelt es sich um ihre Macht über die Untertanen. Ihre über das Land verteilten Mitglieder dienen ihr als Stützpunkte, um aus der Ferne auf das Volk zu wirken; aber sie hat keinen Stützpunkt, um unmittelbar auf diese Mitglieder selbst zu wirken. In dem einen Falle ist die Länge des Hebels seine Schwäche, in dem andern seine Stärke.

IX. KAPITEL

Von den Merkmalen einer guten Regierung

Will man absolut wissen, welche Regierung die beste ist, so stellt man eine ebenso unlösbare wie unbestimmte Frage; oder, wenn man will, eine Frage, die ebenso viele richtige Lösungen hat, wie es mögliche Kombinationen der absoluten und relativen Stellungen der Völker gibt.

Fragt man dagegen, woran man erkennen kann, ob ein bestimmtes Volk gut oder schlecht regiert wird, so ist das etwas anderes, diese Frage läßt sich beantworten.

Man löst sie aber nicht, weil jeder sie auf seine Weise lösen will. Die Untertanen preisen die öffentliche Ruhe, die Bürger die persönliche Freiheit; der eine zieht die Sicherheit des Eigentums vor, der andere die der Person; dem einen gilt die strengste Regierung als die beste, dem anderen die mildeste; dieser verlangt die Bestrafung, der andere die Verhütung der Verbrechen; der eine will gern von den Nachbarn gefürchtet werden, der andere bliebe lieber unbeachtet; der eine ist zufrieden, wenn Geld im Umlauf ist, der andere verlangt Brot für das Volk. Selbst wenn man über diese und ähnliche Punkte einer Ansicht wäre, hätte man damit viel gewonnen? Für moralische Größen gibt es kein genaues Maß; wäre man auch über das Zeichen einig, wie sollte man es bei der Bewertung sein?

Mich erstaunt es immer wieder, daß man ein so einfaches Merkmal verkennt oder böswillig leugnet. Was ist der Zweck der politischen Assoziation? Die Erhaltung und das Wohl ihrer Mitglieder. Und welches ist das sicherste Merkmal, daß sie sich erhalten und gedeihen? Ihre Anzahl und die Zunahme der Bevölkerung. Man suche also dieses vielumstrittene Merkmal nicht woanders. Bei Gleichheit aller übrigen Dinge ist unfehlbar die Regierung die beste, unter der sich ohne fremde Mittel, ohne Einbürgerungen und ohne Kolonien die Zahl der Bürger am stärksten vermehrt. Die Regierung dagegen, unter der ein Volk abnimmt und dahinschwindet, ist die schlechteste. Jetzt, ihr Rechenkünstler, macht euch ans Werk; zählt, meßt und vergleicht![1]

[1] Man muß nach dem gleichen Prinzip über die Jahrhunderte urteilen, die im Hinblick auf das Gedeihen des menschlichen Geschlechtes den Vorzug verdie-

X. KAPITEL
Vom Missbrauch der Regierung und ihrer Neigung zu degenerieren

Wie der Einzelwille ständig gegen den Gemeinwillen kämpft, so kämpft auch die Regierung ständig gegen die Souveränität. Je angestrengter dieser Kampf, desto entstellter die Verfassung. Da es hier keinen anderen Körperschaftswillen gibt, der dem Fürsten widersteht und so das Gleichgewicht wiederherstellt, muß es früher oder später dahin kommen, daß der Fürst den Souverän unterdrückt und den Gesellschaftsvertrag bricht. Das ist der innewohnende und unvermeidbare Mangel, der den Staatskörper von Geburt an ständig zu zerstören droht, wie Alter und Tod schließlich den Körper des Menschen zerstören.

nen. Man hat zu sehr die Zeitalter bewundert, in denen Wissenschaften und Künste in Blüte standen, ohne in den verborgenen Grund ihrer Kultur einzudringen, ohne ihre verheerenden Wirkungen zu erkennen: *idque apud imperitos humanitas vocabatur, cum pars servitutis esset.* Werden wir hinter den Buchweisheiten nie den plumpen Eigennutz erkennen, der aus den Autoren spricht? Nein, wie sie es auch drehen mögen: wenn trotz allem Glanz ein Land sich entvölkert, dann ist es nicht wahr, daß alles zum besten steht, und es genügt nicht, daß ein Dichter hunderttausend Livres Rente bezieht, um sein Jahrhundert zum besten aller Zeiten zu machen. Es kommt weniger auf die sichtbare Ruhe und auf die Zufriedenheit der Machthaber an als auf das Wohlergehen der Nationen im ganzen und besonders der zahlenmäßig stärksten Stände. Hagel verwüstet einige Kantone, ruft aber nur selten eine Hungersnot hervor. Aufstände und Bürgerkriege erschrecken die Machthaber aufs ärgste, machen aber nicht die wahren Leiden der Völker aus, die sich bei dem Streit darüber, wer sie künftig tyrannisieren soll, sogar erholen können. Aus dem Dauerzustand, in dem sie leben, erwachsen Wohlergehen oder wirkliche Not; wenn alles unter dem Joch zerdrückt wird, geht alles zugrunde; dann vernichten sie die Machthaber, wie sie wollen, *ubi solitudinem faciunt, pacem appellant.* Als die Fehden der Großen das Königreich Frankreich erschütterten und der Koadjutor von Paris mit einem Dolch in der Tasche in das Parlament ging, hinderte das das französische Volk nicht daran, glücklich und zahlreich in rechtschaffenem und freiem Wohlstand zu leben. Griechenland blühte einst unter den grausamsten Kriegen; das Blut floß in Strömen, und doch war das Land reich bevölkert. *Unsere Republik,* sagt Machiavelli, *schien mitten unter Mordtaten, Ächtungen und Bürgerkriegen immer mächtiger zu werden; die Tugend ihrer Bürger, ihre Sitten, ihre Unabhängigkeit bewirken mehr ihre Kräftigung als alle Zwistigkeiten ihre Schwächung. Eine geringe Erregung gibt den Gemütern Spannkraft, und was die menschliche Gattung in Wahrheit gedeihen läßt, ist weniger der Frieden als die Freiheit.*

Zwei Wege sind es im allgemeinen, auf denen eine Regierung degeneriert: sie schrumpft auf wenige zusammen, oder der Staat löst sich auf.

Die Regierung schrumpft, zieht sich zusammen, wenn sie von der großen zur kleinen Zahl übergeht, das heißt von der Demokratie zur Aristokratie und von der Aristokratie zum Königtum. Das ist ihre natürliche Neigung.[1] Kehrte sie von der kleinen Zahl zur großen zurück, könnte man sagen, daß sie erschlafft; aber dieser umgekehrte Übergang ist unmöglich.

Tatsächlich ändert die Regierung ihre Form nur, wenn die abgenutzte Triebfeder sie so schwächt, daß sie ihre bisherige Form nicht erhalten kann. Lockerte sie sich weiter, während sie sich ausdehnt, würde ihre Kraft auf Null sinken, und sie könnte noch weniger bestehen. Man muß also die Feder in dem Maße anziehen, wie sie nachgibt; sonst würde der Staat, den sie stützt, zusammenbrechen.

Die Auflösung des Staates kann auf zwei Arten geschehen.

Erstens, wenn der Fürst den Staat nicht mehr nach den Gesetzen verwaltet und die souveräne Macht usurpiert. Dann tritt eine auffallende Veränderung ein: Nicht die Regierung, sondern der Staat schrumpft zusammen; damit meine ich, der große Staat löst sich auf, und es bildet sich in ihm ein anderer, der nur aus den Mitgliedern der Regierung besteht. Für das Volk ist er nichts an-

[1] Das langsame Entstehen und die Entwicklung der Republik Venedig in ihren Lagunen bieten ein bemerkenswertes Beispiel für eine solche Aufeinanderfolge; und es ist erstaunlich, daß die Venezianer seit mehr als zwölfhundert Jahren noch immer auf der zweiten Stufe, die mit *Serrar di Consiglio* 1198 begann, zu stehen scheinen. Was die alten Herzöge betrifft, die man ihnen vorwirft, so ist, was auch das *squittinio della libertà veneta* sagen möge, erwiesen, daß sie nicht ihre Souveräne waren.

Man wird nicht versäumen, mir die römische Republik entgegenzuhalten, die angeblich eine völlig entgegengesetzte Entwicklung nahm, indem sie von der Monarchie zur Aristokratie und von der Aristokratie zur Demokratie überging. Ich denke hierüber anders.

Die erste Gründung des Romulus war eine gemischte Regierung, die bald in Despotismus ausartete. Aus besonderen Ursachen ging der Staat vor der Zeit zugrunde, so wie ein Kind stirbt, ehe es erwachsen ist. Die Vertreibung der Tarquinier war der eigentliche Beginn der Republik. Sie nahm jedoch nicht sofort eine feste Form an, weil man nur halbe Arbeit machte und das Patriziat nicht abschaffte. Daher blieb die Erbaristokratie, die schlechteste aller gesetzlichen Regie-

deres mehr als sein Herr und Tyrann. Sobald die Regierung die Souveränität usurpiert, ist der Gesellschaftsvertrag gebrochen; alle einfachen Bürger treten rechtmäßig in ihre natürliche Freiheit zurück und gehorchen nur noch aus Zwang, nicht aus Pflicht.

Derselbe Fall tritt ein, wenn die Regierungsmitglieder die Macht, die sie nur als Körperschaft ausüben dürfen, einzeln an sich reißen; das ist keine geringere Verletzung der Gesetze und ruft noch größere Unordnung hervor. Dann hat man sozusagen ebenso viele Fürsten wie Behörden *[magistrats]*, und der Staat, nicht weniger geteilt als die Regierung, geht unter oder ändert seine Form.

Löst der Staat sich auf, so wird der Mißbrauch der Regierung, welcher Art er auch sei, mit dem Namen *Anarchie* bezeichnet. Im Unterschied dazu degeneriert die Demokratie zur *Ochlokratie*, die Aristokratie zur *Oligarchie*. Ich könnte noch hinzufügen, das Königtum degeneriert zur *Tyrannei*, aber dieses Wort ist mehrdeutig und muß erklärt werden.

Im gewöhnlichen Sinne ist ein Tyrann ein König, der mit Gewalt und ohne Rücksicht auf Gerechtigkeit und Gesetz regiert. Im

rungsformen, im Konflikt mit der Demokratie, so daß, wie Machiavelli bewiesen hat, die immer unsichere und schwankende Regierungsform erst durch die Einsetzung der Tribunen einen festen Halt erhielt; erst dann gab es eine wirkliche Regierung und eine echte Demokratie. Jetzt war das Volk nicht nur Souverän, sondern auch Beamter *[magistrat]* und Richter; der Senat war nur eine untergeordnete Behörde, um die Regierung zu mäßigen oder zusammenzufassen, und selbst die Konsuln waren in Rom, obwohl Patrizier, höchste Beamte und im Krieg unumschränkte Feldherren, nur Vorsteher des Volkes.

Von da an folgte die Regierung sichtbar ihrem natürlichen Hang und neigte stark zur Aristokratie. Da das Patriziat wie von selbst erlosch, ruhte die Aristokratie nicht mehr in der Körperschaft der Patrizier, wie sie es in Venedig und in Genua tut, sondern in der des Senats, der aus Patriziern und Plebejern bestand, ja selbst in der der Tribunen, als diese anfingen, eine aktive Gewalt zu usurpieren; Namen tun nichts zur Sache, und wenn das Volk Führer hat, die für es regieren, handelt es sich immer um eine Aristokratie, wie diese Führer sich auch nennen mögen.

Aus dem Mißbrauch der Aristokratie entstanden die Bürgerkriege und das Triumvirat. Sulla, Julius Cäsar und Augustus wurden in der Tat wirkliche Monarchen, und schließlich löste sich der Staat unter dem Despotismus des Tiberius auf. Die römische Geschichte widerlegt also meinen Grundsatz nicht, sie bestätigt ihn.

engeren Sinne versteht man unter einem Tyrannen ein Individuum, das sich die königliche Autorität anmaßt, ohne ein Recht darauf zu haben. So faßten die Griechen das Wort Tyrann auf; sie bezeichneten mit ihm ohne Unterschied gute wie schlechte Fürsten, deren Machtausübung nicht rechtmäßig war.[1] Mithin sind *Tyrann* und *Usurpator* Wörter von völlig gleicher Bedeutung.

Um verschiedene Dinge auch verschieden zu bezeichnen, nenne ich *Tyrann* den Usurpator der königlichen Gewalt und *Despot* den Usurpator der souveränen Oberhoheit. Tyrann ist also, wer sich gegen die Gesetze aufdrängt, um mit den Gesetzen zu regieren; Despot, wer sich über die Gesetze hinwegsetzt. Folglich braucht ein Tyrann kein Despot zu sein, der Despot aber ist immer Tyrann.

XI. KAPITEL
Vom Tod des politischen Körpers

Das ist die natürliche und unvermeidliche Neigung auch der am besten verfaßten Regierungen. Wenn Sparta und Rom untergegangen sind, welcher Staat kann dann hoffen, ewig zu dauern? Wollen wir eine dauerhafte Einrichtung bilden, dürfen wir uns also nicht einbilden, ein Werk für die Ewigkeit zu schaffen. Um Erfolg zu haben, darf man weder das Unmögliche versuchen noch sich schmeicheln, einem Menschenwerk eine Beständigkeit zu geben, die menschlichen Dingen nicht zukommt.

Wie der menschliche Körper beginnt auch der politische Körper von Geburt an zu sterben und trägt die Ursachen seiner Zerstörung in sich. Der eine wie der andere kann aber eine mehr oder weniger robuste Konstitution haben, die ihn länger oder kürzer am Leben erhält. Die Konstitution des Menschen ist das

[1] *Omnes enim habentur et dicuntur Tyranni qui potestate utuntur perpetua in ea civitate, quae libertate usa est.* (Corn. Nep. in Milt., cap. VIII.) – Allerdings unterscheidet Aristoteles – *Mor: Nicom.* Buch VIII, 10. Kap. – den Tyrannen vom König, insofern ersterer zu seinem eigenen Vorteil und letzterer nur zum Wohl seiner Untertanen regiert, aber abgesehen davon, daß alle griechischen Autoren das Wort »Tyrann« in einem anderen Sinne gebraucht haben, wie es besonders aus Xenophons *Hiero* ersichtlich ist, würde aus der Unterscheidung des Aristoteles folgen, daß es seit Anfang der Welt noch keinen einzigen König gegeben hat.

Werk der Natur; die des Staates das Werk der Kunst. Es hängt nicht von den Menschen ab, ihr Leben zu verlängern, aber es hängt von ihnen ab, das Leben des Staats soweit wie möglich zu verlängern, indem sie ihm die beste Verfassung geben, die er haben kann. Auch der bestverfaßte Staat wird einmal ein Ende nehmen, aber später als ein anderer, wenn kein unvorhergesehener Zufall seinen Untergang vor der Zeit herbeiführt.

Das Prinzip des politischen Lebens liegt in der souveränen Autorität. Die Legislative ist das Herz des Staates, die Exekutive sein Gehirn, das alle Teile bewegt. Das Gehirn kann gelähmt werden und das Individuum dennoch weiterleben. Ein Mensch verfällt in Schwachsinn, aber lebt; sobald jedoch das Herz seine Tätigkeit einstellt, stirbt das Lebewesen.

Nicht durch die Gesetze besteht der Staat, sondern durch die gesetzgebende Gewalt. Das Gesetz von gestern verpflichtet nicht heute; aber vom Schweigen darüber schließt man auf stillschweigende Zustimmung; und dem Souverän wird unterstellt, daß er Gesetze immer wieder bestätigt, die er nicht aufhebt, wiewohl er das tun könnte. Alles, was er einmal als seinen Willen erklärt hat, will er immer, so lange wenigstens, bis er es widerruft.

Weshalb also achtet man alte Gesetze so sehr? Eben weil sie alt sind. Man muß annehmen, daß es nur die Vortrefflichkeit alter Willensäußerungen war, die ihnen so lange Geltung verschaffte. Hätte der Souverän sie nicht ständig als nutzbringend anerkannt, würde er sie schon tausendmal widerrufen haben. Deshalb werden die Gesetze in jedem Staat mit guter Verfassung nicht schwächer, sondern erstarken immer mehr; die Hochschätzung des Alten läßt sie täglich ehrwürdiger erscheinen. Verlieren dagegen die Gesetze mit dem Alter an Kraft, beweist das, daß es keine gesetzgebende Gewalt mehr gibt und der Staat nicht mehr lebt.

XII. KAPITEL
Wie sich die souveräne Autorität aufrechterhält

Da der Souverän keine andere Macht hat als die gesetzgebende Gewalt, handelt er nur durch Gesetze; und da die Gesetze nur authentische Akte des Gemeinwillens sind, kann der Souverän nur handeln, wenn das Volk versammelt ist. Das Volk versammelt! Welch ein Hirngespinst, wird man sagen! Heute mag es ein Hirngespinst sein, aber nicht vor zweitausend Jahren: hat sich die Natur der Menschen verändert?

In der Welt der Sitten sind die Grenzen des Möglichen weniger eng, als wir glauben: unsere Schwächen, unsere Laster und unsere Vorurteile verengen sie. Niedrige Seelen glauben nicht an große Männer; erbärmliche Sklaven lächeln spöttisch bei dem Wort Freiheit.

Erkennen wir in dem, was einst vollbracht wurde, das, was [heute] getan werden kann. Ich spreche nicht von den alten Republiken Griechenlands; aber die römische Republik war, wie mir scheint, ein großer Staat und Rom eine große Stadt. Der letzte Zensus ergab in Rom vierhunderttausend waffenfähige Bürger und die letzte Volkszählung im Reich mehr als vier Millionen Bürger, die Untertanen, Ausländer, Frauen, Kinder und Sklaven nicht mitgerechnet.

Man kann sich vorstellen, wie schwierig es war, die gewaltige Bevölkerung dieser Hauptstadt und ihrer Umgegend häufig zu versammeln! Dennoch vergingen nur wenige Wochen, wo das römische Volk nicht versammelt war, mitunter sogar mehrmals. Es übte nicht nur die Rechte des Souveräns aus, sondern zum Teil auch die der Regierung. Es behandelte bestimmte Angelegenheiten, sprach Urteil in bestimmten Fällen, und das ganze Volk war fast ebensooft als Beamter *[magistrat]* wie als Staatsbürger auf dem öffentlichen Platz.

Ginge man auf die ältesten Zeiten der Nationen zurück, so würde man finden, daß die meisten alten Regierungen, selbst monarchische wie die der Makedonier und Franken, ähnliche Ratsversammlungen abhielten. Wie dem auch sei, diese unbestreitbare Tatsache allein ist schon Antwort auf alle Schwierigkeiten: der Schluß vom Wirklichen auf das Mögliche scheint mir gut zu sein.

XIII. KAPITEL
Fortsetzung

Es genügt nicht, daß das versammelte Volk die Verfassung des Staats einmal festgeschrieben hat, indem es einen Gesetzeskorpus bestätigt; es genügt nicht, daß es eine ständige Regierung aufstellt oder ein für allemal zur Wahl der Beamten schreitet. Neben den außerordentlichen Versammlungen bei unvorhergesehenen Fällen muß es feste und regelmäßig wiederkehrende geben, die durch nichts abgeschafft oder vertagt werden dürfen, so daß das Volk am festgelegten Tag kraft Gesetz tagt, ohne daß es dazu einer anderen ausdrücklichen Aufforderung bedarf.

Außerhalb dieser durch den festgelegten Tag dem Gesetz entsprechenden Versammlungen ist jede Volksversammlung, die nicht von der dafür eingesetzten Behörde gemäß den vorgeschriebenen Formen einberufen wird, für ungesetzlich zu erklären. Was sie auch beschließt, es ist null und nichtig, weil selbst die Aufforderung, sich zu versammeln, vom Gesetz ausgehen muß.

Die mehr oder weniger häufige Wiederkehr der gesetzlich vorgesehenen Versammlungen hängt von so vielen Erwägungen ab, daß darüber keine bestimmten Regeln aufgestellt werden können. Es läßt sich nur allgemein sagen, je stärker die Regierung ist, desto häufiger muß sich der Souverän zeigen.

Für eine einzelne Stadt, wird man vielleicht einwenden, mag das ganz gut sein; was aber tun, wenn der Staat mehrere umfaßt? Soll man die souveräne Gewalt teilen oder sie in einer einzigen Stadt zusammenfassen und alle übrigen ihr unterwerfen?

Ich erwidere, man darf weder das eine noch das andere tun. Erstens ist die souveräne Gewalt eine Einheit, die man nicht teilen kann, ohne sie zu zerstören. Zweitens kann eine Stadt ebensowenig wie eine Nation von Gesetz wegen einer anderen untertänig sein, weil das Wesen des politischen Körpers in der Übereinstimmung von Gehorsam und Freiheit beruht und die Wörter *Untertan* und *Souverän* korrelative identische Begriffe sind, deren Idee im Wort Bürger *[citoyen]* zusammengefaßt ist.

Ferner antworte ich, daß es immer ein Übel ist, mehrere Städte zu einem einzigen Gemeinwesen *[cité]* zu vereinigen, und man sollte, wenn man eine derartige Vereinigung plant, nicht glauben, deren natürliche Nachteile vermeiden zu können. Man darf nicht die Mißstände der großen Staaten dem entgegenhalten, der nur kleine will: Wie macht man aber die kleinen Staaten so stark, daß sie den großen widerstehen können? So wie einst die griechischen Städte dem Perserkönig und in letzter Zeit Holland und die Schweiz dem Hause Österreich widerstanden haben.

Kann man den Staat aber nicht auf angemessene Grenzen beschränken, bleibt noch ein Ausweg: keine Hauptstadt zu dulden und jede Stadt reihum zum Sitz der Regierung zu machen und dort auch abwechselnd die Volksversammlungen für das ganze Land einzuberufen.

Bevölkert gleichmäßig alle Landesteile, führt überall die gleichen Rechte ein, verbreitet überall Wohlstand und Leben, und der Staat wird sowohl der stärkste wie der bestregierte sein, der irgend möglich ist. Vergeßt nicht, daß die Mauern der Städte nur aus den Trümmern der Bauernhäuser errichtet werden. Bei jedem Palast, der in der Hauptstadt vor meinen Augen emporwächst, glaube ich ein ganzes Land in Elendshütten versinken zu sehen.

XIV. KAPITEL

Fortsetzung

Sobald das Volk als souveräner Körper entsprechend dem Gesetz versammelt ist, hört jeder Eingriff der Regierung auf, die Exekutive ist außer Kraft gesetzt, und die Person des letzten Bürgers ist heilig und unantastbar wie die des ersten Staatsbeamten, denn wo sich der Vertretene selbst befindet, gibt es keine Vertreter. Die meisten Unruhen in den Komitien in Rom entstanden, weil man diese Regel nicht oder zuwenig beachtete. Die Konsuln waren dann nur noch Vorsitzende des Volkes, die Tribunen einfache Redner[1], und der Senat war gar nichts.

Diese zeitweiligen Amtsenthebungen, in denen der Fürst einen faktisch Höheren anerkennt oder anerkennen muß, hat er immer

[1] Ungefähr in dem Sinn, den man im englischen Parlament mit diesem Wort verbindet. Die Ähnlichkeit dieser Ämter hätte Zwistigkeiten zwischen den Konsuln und den Tribunen hervorgerufen, selbst wenn jede richterliche Gewalt geruht hätte.

gefürchtet; und diese Volksversammlungen, die der Schutz des politischen Körpers und der Regierung ein Zügel sind, waren zu allen Zeiten den Oberhäuptern ein Greuel: daher sparten sie niemals mit Bemühungen und Einwänden, mit Schwierigkeiten und Versprechungen, um die Bürger von ihnen abzuhalten. Sind diese geizig, feige, verzagt, lieben sie die Ruhe mehr als die Freiheit, dann halten sie den zunehmenden Druck der Regierung nicht lange aus. Durch deren ständig wachsenden Widerstand erlischt schließlich die souveräne Autorität, und die meisten Gemeinwesen *[cités]* verfallen und gehen vor der Zeit zugrunde.

Aber zwischen die souveräne Autorität und die Willkürregierung tritt manchmal eine Zwischenmacht, von der nun zu sprechen ist.

XV. KAPITEL

Von den Abgeordneten oder Vertretern

Sobald der öffentliche Dienst aufhört, die wichtigste Angelegenheit der Bürger zu sein, und sie lieber mit ihrer Geldbörse als mit ihrer Person dienen, ist der Staat seinem Ruin bereits nahe. Heißt es in die Schlacht ziehen? Sie bezahlen Soldaten und bleiben zu Hause. Muß man an Ratssitzungen teilnehmen? Sie ernennen Abgeordnete und bleiben zu Hause. Durch ihre Faulheit und ihr Geld haben sie am Ende Soldaten, die das Vaterland unterjochen, und Vertreter, die es verkaufen.

Die Plackerei mit Handel und Gewerbe, die unstillbare Gewinnsucht, die Schlaffheit und Bequemlichkeit lassen das Geld an die Stelle persönlicher Dienste treten. Man gibt einen Teil seines Gewinns ab, um ihn bequemer zu vermehren. Gebt nur Geld, und ihr werdet bald Ketten dafür haben. Das Wort *Finanzen* ist ein Sklavenwort; in einem Gemeinwesen *[cité]* ist es unbekannt. In einem wirklich freien Staat machen die Bürger alles mit ihren Händen und nichts mit Geld: statt sich von ihren Pflichten freizukaufen, würden sie bezahlen, um sie selbst zu erfüllen. Ich bin von den üblichen Ansichten weit entfernt: ich meine, Frondienste widersprechen der Freiheit weniger als Steuern.

Je besser die Verfassung des Staates, desto wichtiger sind den Bürgern die öffentlichen Angelegenheiten, verglichen mit den privaten. Es gibt dann sogar weit weniger Privatangelegenheiten, weil die Summe des gemeinsamen Glücks dem individuellen Glück einen beträchtlichen Teil beisteuert und der einzelne es daher weniger durch besondere Anstrengungen zu suchen braucht. In einem gutgeführten Gemeinwesen eilt jeder zu den Versammlungen; unter einer schlechten Regierung möchte niemand auch nur einen Schritt dahin tun, weil sich niemand dafür interessiert, was dort geschieht, weil man voraussehen kann, daß der Gemeinwille dort nicht herrscht, und weil schließlich die häuslichen Sorgen alles andere verschlingen. Gute Gesetze bringen bessere hervor, schlechte noch schlechtere. Sobald jemand von den Staatsangelegenheiten sagt: *Was geht das mich an?*, muß man damit rechnen, daß der Staat verloren ist.

Das Abkühlen der Vaterlandsliebe, die Regsamkeit des Privatinteresses, die Maßlosigkeit der Staaten, Eroberungen und Mißbrauch der Regierung brachten den Gedanken hervor, Abgeordnete oder Vertreter des Volkes in die Versammlungen der Nation zu entsenden. In manchen Ländern wagt man das den dritten Stand zu nennen. So wird das Sonderinteresse zweier Stände auf den ersten und zweiten Rang gehoben, das öffentliche Interesse findet sich auf dem dritten wieder.

Die Souveränität kann nicht vertreten werden, und zwar aus demselben Grund, aus dem sie nicht veräußert werden kann. Sie besteht wesentlich aus dem Gemeinwillen, und der Wille läßt sich nicht vertreten: er ist er selbst oder er ist ein anderer; ein Mittelding gibt es nicht. Abgeordnete des Volkes sind und können nicht seine Vertreter sein, sie sind nur seine Beauftragten, sie können nichts endgültig beschließen. Jedes Gesetz, das das Volk nicht selbst bestätigt hat, ist null und nichtig; es ist kein Gesetz. Das englische Volk meint frei zu sein; es täuscht sich sehr: nur während der Wahlen der Parlamentsmitglieder ist es frei; sobald sie gewählt sind, ist es Sklave, ist es nichts. Der Gebrauch, den es in den kurzen Augenblicken seiner Freiheit von ihr macht, verdient wahrlich, daß es sie wieder verliert.

Die Idee der Repräsentanten ist modern: sie stammt von der Feudalherrschaft, jener ungerechten und absurden Regierungsform, in der die menschliche Gattung erniedrigt und der Name des Menschen geschändet wird. In den alten Republiken und selbst in den Monarchien hatte das Volk nie Vertreter; man kannte dieses Wort nicht. Es ist auffallend, daß in Rom, wo die Tribunen so heilig waren, niemand sich auch nur vorgestellt hätte, sie könnten die Funktionen des Volkes usurpieren, und daß sie, inmitten einer so großen Menschenmenge, niemals von sich aus versucht haben, auch nur eine einzige Volksabstimmung zu umgehen. Von der Verwirrung, die die große Menge bisweilen verursachte, kann man sich eine Vorstellung aus der Zeit der Gracchen machen, wo ein Teil der Bürger von den Dächern herab seine Stimme abgab.

Wo Recht und Freiheit alles sind, bedeuten Unannehmlichkeiten nichts. Bei diesem weisen Volk hatte alles das rechte Maß: es ließ seine Liktoren tun, was seine Tribunen nie gewagt hätten; es brauchte nicht zu befürchten, daß die Liktoren es vertreten wollten.

Um zu erklären, wie die Tribunen manchmal das Volk vertraten, braucht man nur zu wissen, wie die Regierung den Souverän vertritt. Da das Gesetz nur die Deklaration des Gemeinwillens ist, ist klar, daß das Volk in der Legislative nicht vertreten werden kann; aber es kann und muß es in der Exekutive werden, die nur die auf das Gesetz angewandte Macht ist. Das zeigt, daß man bei näherem Hinsehen nur sehr wenige Nationen findet, die Gesetze haben. Wie dem auch sei, sicher ist, daß die Tribunen keinen Anteil an der Vollzugsgewalt hatten und daher das römische Volk von Amts wegen niemals vertreten konnten, ohne die Rechte des Senats zu usurpieren.

Bei den Griechen tat das Volk alles, was es zu tun hatte, selber: es war ständig auf den öffentlichen Plätzen versammelt. Es bewohnte ein mildes Klima, Habgier war ihm fremd, Sklaven verrichteten die Arbeiten, seine große Sache war die Freiheit. Wie kann man ohne die gleichen Vorteile dieselben Rechte bewahren? Euer rauhes Klima ruft größere Bedürfnisse hervor,[1] sechs Monate im Jahr kann man es auf den öffentlichen Plätzen nicht aushalten; eure klanglosen Sprachen tragen nicht im Freien, ihr

[1] In kalten Ländern sich dem Luxus und der Verweichlichung der Orientalen hingeben hieße sich ihre Ketten anlegen, hieße sich ihnen noch zwangsläufiger unterwerfen, als sie selbst es tun.

seht mehr auf Gewinn als auf Freiheit und fürchtet weit weniger die Sklaverei als die Armut.

Die Freiheit lasse sich nur mit Hilfe der Knechtschaft behaupten? Vielleicht. Die Extreme berühren sich. Was nicht in der Natur liegt, hat seine Nachteile, und die Gesellschaft *[société civile]* mehr als alles andere. Es gibt unglückliche Situationen, wo man seine Freiheit nur auf Kosten der anderer bewahren kann und der Bürger nur völlig frei sein kann, indem der Sklave völlig Sklave ist. Das war die Lage in Sparta. Ihr modernen Völker habt keine Sklaven, dafür seid ihr es selbst; ihr bezahlt ihre Freiheit mit eurer. Mögt ihr euch dieses Vorzuges rühmen, ich finde darin mehr Feigheit als Menschlichkeit.

Damit will ich nicht behaupten, man müsse Sklaven haben oder das Recht der Sklaverei sei legitim, wo ich doch das Gegenteil bewiesen habe. Ich nenne nur die Gründe, warum die modernen Völker, die sich frei glauben, Vertreter haben und warum die alten Völker keine hatten. Wie dem auch sei, sobald ein Volk sich Vertreter gibt, ist es nicht mehr frei, ja es existiert nicht mehr.

Nach genauer Prüfung sehe ich nicht, wie der Souverän seine Rechte wird ausüben können, wenn das Gemeinwesen *[la cité]* nicht sehr klein ist. Aber ist es sehr klein, wird es dann nicht unterjocht werden? Nein. Ich werde später zeigen[1], wie man die äußere Macht eines großen Volkes mit der einfachen Verwaltung und der guten Ordnung eines kleinen Staates vereinen kann.

XVI. KAPITEL

Dass die Einsetzung der Regierung kein Vertrag ist

Ist die Legislative fest begründet, geht es darum, die Exekutive zu errichten; denn sie arbeitet nur durch Einzelakte und ist von der Legislative naturgemäß getrennt, da sie ihrem Wesen nach von ihr verschieden ist. Könnte der Souverän als solcher zugleich die exekutive Gewalt ausüben, fielen Recht und Vollzug derart

[1] Das hatte ich mir für die Fortsetzung dieses Werkes vorgenommen, wenn ich bei der Behandlung der auswärtigen Beziehungen zu den Konföderationen gekommen wäre. Ein ganz neuer Stoff, dessen Prinzipien noch aufzustellen sind.

zusammen, daß man nicht mehr wüßte, was Gesetz ist und was nicht. Ein in seiner Natur so entstellter politischer Körper wäre bald eine Beute der Gewalt, gegen die er errichtet wurde.

Da die Bürger durch den Gesellschaftsvertrag alle gleich sind, können alle vorschreiben, was alle tun sollen, während keiner von einem anderen etwas verlangen darf, was er nicht selbst tut. Aber ebendieses Recht, das zur Belebung und Bewegung des politischen Körpers unentbehrlich ist, überträgt der Souverän dem Fürsten durch Einsetzung der Regierung.

Mehrere Autoren behaupten, der Akt dieser Einsetzung sei ein Vertrag zwischen dem Volk und den Oberhäuptern, die es sich gibt; ein Vertrag, durch den beide Parteien die Bedingungen festlegten, nach denen sich die eine zum Befehlen und die andere zum Gehorchen verpflichten. Man wird mir sicherlich zustimmen, daß das eine gar sonderbare Art ist, einen Vertrag zu schließen! Wir wollen jedoch untersuchen, ob diese Ansicht haltbar ist.

Erstens kann die höchste Autorität sich ebensowenig verändern wie veräußern. Sie beschränken hieße sie vernichten. Es ist absurd und widersprüchlich, daß der Souverän sich eine höhere Instanz gibt; sich verpflichten, einem Herrn zu gehorchen, heißt zur vollen Freiheit zurückkehren.

Ferner leuchtet von selbst ein, daß dieser Vertrag des Volkes mit dieser oder jener Person ein Einzelakt wäre. Daraus folgt, daß dieser Vertrag weder ein Gesetz noch ein souveräner Akt sein kann und folglich ungesetzlich wäre.

Außerdem stünden die vertragschließenden Parteien nur unter dem Naturgesetz und hätten keinen Garanten für ihre gegenseitigen Verpflichtungen, was in jeder Hinsicht dem gesellschaftlichen Zustand widerspricht: Da der, der die Macht in Händen hat, auch allein über deren Ausübung entscheidet, könnte man es ebensogut einen Vertrag nennen, wenn ein Mann einem anderen sagt: Ich gebe dir mein ganzes Vermögen unter der Bedingung, daß du mir davon wiedergibst, was dir beliebt.

Es kann nur einen Vertrag im Staat geben, den der Assoziation; der aber schließt jeden anderen aus. Kein öffentlicher Vertrag ist vorstellbar, der nicht den ersten verletzen würde.

XVII. KAPITEL
Von der Einsetzung der Regierung

Wie ist der Akt zu verstehen, durch den die Regierung eingesetzt wird? Zuerst möchte ich bemerken, daß dieser Akt zusammengesetzt ist und aus zwei anderen besteht, und zwar aus der Verabschiedung und der Durchführung des Gesetzes.

Durch die erste beschließt der Souverän, daß ein Regierungskörper in dieser oder jener Form eingesetzt wird. Dieser Akt ist selbstverständlich ein Gesetz.

Durch den zweiten Akt ernennt das Volk die Oberhäupter, die die eingesetzte Regierung bilden werden. Da diese Ernennung ein Einzelakt ist, ist sie kein zweites Gesetz, sondern nur eine Folge des ersten und eine Funktion der Regierung.

Die Schwierigkeit besteht darin, zu verstehen, wie es einen Regierungsakt geben kann, ehe die Regierung existiert, und wie das Volk, das nur Souverän oder Untertan ist, unter gewissen Umständen Fürst oder Behörde *[Prince ou Magistrat]* werden kann.

Hier offenbart sich wieder eine jener erstaunlichen Eigenschaften des politischen Körpers, die ihn befähigt, scheinbar sich widersprechende Schritte in Übereinstimmung zu bringen. Diese Eigenschaft zeigt sich in einer plötzlichen Verwandlung der Souveränität in Demokratie, so daß ohne wahrnehmbare Veränderung und nur durch eine neue Beziehung aller zu allen die zu Beamten *[Magistrats]* gewordenen Bürger von allgemeinen zu besonderen Akten und vom Gesetz zur Vollstreckung übergehen.

Dieser Wandel der Beziehungen ist keine Spitzfindigkeit, die in der Praxis ohne Beispiel wäre: täglich kommt er im englischen Parlament vor, wo sich in gewissen Fällen das Unterhaus in einen einzigen großen Ausschuß verwandelt, um die Staatsangelegenheiten gründlicher zu beraten, und aus dem souveränen Hof, der es eben noch war, zum einfachen Ausschuß wird. So erstattet es sich selbst als Unterhaus darüber Bericht, was es als großer Ausschuß beschlossen hat, und berät unter dem einen Titel das von neuem, was es unter einem anderen bereits beschlossen hat.

Der Vorzug einer demokratischen Regierung besteht also darin, de facto durch einen einfachen Akt des Gemeinwillens eingesetzt werden zu können. Danach bleibt diese provisorische Regierung im Amt, wenn das die angenommene Form ist, oder sie setzt im Namen des Souveräns die gesetzlich vorgeschriebene Regierung ein, und alles entspricht so den Regeln. Es ist unmöglich, die Regierung auf eine andere, dem Gesetz entsprechende Weise einzusetzen, ohne auf die oben aufgestellten Prinzipien zu verzichten.

XVIII. KAPITEL

Mittel, Usurpationen der Regierung vorzubeugen

Aus diesen Erläuterungen geht hervor, in Übereinstimmung mit dem XVI. Kapitel, daß der Akt, durch den die Regierung eingesetzt wird, kein Vertrag, sondern ein Gesetz ist; daß die Träger der exekutiven Gewalt nicht die Herren, sondern die Diener *[officiers]* des Volkes sind; daß es sie, wann immer es will, ein- und absetzen kann; daß keine Rede davon ist, daß sie einen Vertrag abschließen, sondern zu gehorchen haben; daß sie nur ihre Bürgerpflicht erfüllen, wenn sie die Funktionen übernehmen, die ihnen der Staat auferlegt, ohne irgendein Recht zu haben, über die Bedingungen zu streiten.

Wenn das Volk eine erbliche Regierung einsetzt – als monarchische in einer Familie oder als aristokratische in einer Klasse von Bürgern –, übernimmt es damit keine Verpflichtung. Es gibt der Verwaltung eine provisorische Form, die es nach seinem Gutdünken durch eine andere ersetzen kann.

Es ist richtig, daß derartige Veränderungen immer gefährlich sind und man an die eingesetzte Regierung erst dann rühren sollte, wenn sie mit dem Gemeinwohl unvereinbar wird. Diese Vorsicht ist jedoch nur eine politische Maxime und keine Rechtsvorschrift, ebensowenig wie der Staat verpflichtet ist, die zivile Autorität seinen Oberhäuptern zu überlassen und die militärische seinen Generälen.

Richtig ist auch, daß man in einem solchen Fall nicht sorgsam genug alle erforderlichen Formalitäten beachten kann, um zwischen einem ordentlichen, gesetzlichen Akt und einem aufwieglerischen Tumult, zwischen dem Willen eines ganzen Volkes und dem Gelärm einer Partei zu unterscheiden. Vor allem in einem solchen verabscheuungswürdigen Fall darf man nur so weit nachgeben, wie es die strengste Auslegung des Rechts zuläßt. Aus diesem Zwang zieht der Fürst einen großen Vorteil, um seine Macht auch gegen den Willen des Volkes zu behaupten, ohne daß man sagen kann, er habe sie usurpiert: Da er nur von seinen Rechten Gebrauch zu machen scheint, kann er sie leicht ausdehnen und unter dem Vorwand, die öffentliche Ruhe zu sichern, die Versammlungen verhindern, die der Wiederherstellung der Ordnung dienen sollen. So nutzt er ein Schweigen, das zu brechen er verhindert, oder Überschreitungen, die er selbst begehen läßt, um die Stimme derer, die aus Furcht schweigen, als Zustimmung für sich zu beanspruchen und die zu strafen, die zu sprechen wagen. So versuchten die Decemvirn, die zunächst nur für ein Jahr gewählt und dann für ein weiteres Jahr bestätigt worden waren, ihre Macht zu verewigen, indem sie die Komitien hinderten, sich zu versammeln. Durch dieses einfache Mittel usurpieren alle Regierungen der Welt, nachdem sie die Macht erlangt haben, früher oder später die souveräne Autorität.

Die von mir oben erwähnten regelmäßig wiederkehrenden Versammlungen sind geeignet, diesem Unglück vorzubeugen oder es hinauszuschieben, besonders wenn sie keiner formellen Einberufung bedürfen: dann kann sie der Fürst nicht verhindern, ohne sich offen als Gesetzesbrecher und Staatsfeind zu bekennen.

Diese Versammlungen, die nur die Aufrechterhaltung des Gesellschaftsvertrages zum Ziel haben, müssen immer durch zwei Anträge eröffnet werden, die man niemals streichen darf und über die getrennt abgestimmt werden muß:

Erstens: *Ist der Souverän damit einverstanden, die gegenwärtige Regierungsform beizubehalten?*

Zweitens: *Ist das Volk damit einverstanden, die Verwaltung denen weiter zu überlassen, die mit ihr gegenwärtig betraut sind?*

Ich setze hier voraus, was ich bereits bewiesen zu haben glaube: Es gibt im Staat kein Grundgesetz, das nicht widerrufen werden könnte, nicht einmal der Gesellschaftsvertrag. Denn wenn sich alle Staatsbürger versammeln sollten, um diesen Vertrag im Einvernehmen aufzuheben, dann gibt es keinen Zweifel, daß er völlig gemäß dem Gesetz aufgehoben ist. Grotius meint sogar, jeder könne auf den Staat, dessen Mitglied er ist, verzichten und seine persönliche Freiheit wie seinen Besitz zurücknehmen, wenn er das Land verläßt.[1] Da wäre es absurd, wenn alle versammelten Bürger nicht tun dürften, wozu jeder einzelne von ihnen berechtigt ist.

[1] Selbstverständlich nur, wenn man es nicht verläßt, um sich seiner Pflicht zu entziehen und sich in dem Augenblick vom Dienst am Vaterland zu befreien, da es uns braucht. Dann wäre die Flucht verbrecherisch und strafbar; es wäre kein Weggang, sondern Fahnenflucht.

VIERTES BUCH

I. KAPITEL

Dass der Gemeinwille unzerstörbar ist

Solange sich mehrere versammelte Menschen als einen einzigen Körper betrachten, haben sie nur einen einzigen Willen, der sich auf die gemeinsame Erhaltung und das allgemeine Wohl richtet. Dann sind alle Triebfedern des Staates kraftvoll und einfach, seine Grundsätze klar und deutlich; er hat keine verwickelten, einander widersprechenden Interessen, das Gemeinwohl tritt überall deutlich hervor und bedarf nur des gesunden Verstandes, um wahrgenommen zu werden. Frieden, Einigkeit und Gleichheit sind Feinde politischer Spitzfindigkeiten. Aufrechte und einfache Menschen sind wegen ihrer Einfachheit schwer zu betrügen, Täuschungen und raffinierte Vorwände beeindrucken sie nicht; sie sind nicht einmal fein genug, sich etwas vormachen zu lassen. Sieht man, wie bei dem glücklichsten Volk auf Erden Bauern die Staatsangelegenheiten unter einer Eiche klären und sich dabei stets weise verhalten, muß man dann nicht die Spitzfindigkeiten der anderen Nationen verachten, die sich mit so viel Kunst und Geheimniskrämerei berühmt und unglücklich machen?

Ein derart regierter Staat braucht nur wenige Gesetze, und wenn neue nötig werden, wird diese Notwendigkeit allgemein anerkannt. Wer sie als erster vorschlägt, spricht nur aus, was schon alle gefühlt haben, und es braucht weder Intrigen noch Redegewandtheit, um zum Gesetz zu erheben, wozu schon jeder entschlossen ist, sobald er weiß, daß ihm die anderen folgen werden.

Die Besserwisser werden dadurch getäuscht, daß sie nur Staaten sehen, die vom Ursprung an schlecht verfaßt waren, darum gilt ihnen die Erhaltung einer derartigen Ordnung als unmöglich. Sie lachen bei der Vorstellung, welche Dummheiten ein gewandter Schurke, ein einschmeichelnder Schwätzer dem Volk von Paris oder London weismachen könnte. Sie wissen nicht, daß Cromwell von den Bernern ins »Schallenhaus« und der Herzog von Beaufort von den Genfern in die »Disziplin« gesperrt worden wären.

Wenn aber das gesellschaftliche Band allmählich erschlafft und der Staat schwächer wird; wenn sich die Interessen der einzelnen bemerkbar machen und kleine Gesellschaften auf die große einwirken, dann wandelt sich das gemeinsame Interesse und findet Gegner; es herrscht keine Einstimmigkeit mehr, und der Gemeinwille ist nicht mehr der Wille aller; Widersprüche und Auseinandersetzungen werden laut, und die beste Ansicht wird nicht ohne Streit angenommen.

Wenn schließlich der fast ruinierte Staat nur noch in einer trügerischen und leeren Form besteht, das gesellschaftliche Band in allen Herzen zerrissen ist und schnöder Eigennutz sich schamlos mit dem heiligen Namen des öffentlichen Wohls schmückt, dann verstummt der Gemeinwille; und von verborgenen Beweggründen geleitet, äußert sich niemand mehr als Bürger, als hätte der Staat niemals existiert. Unter dem Namen von Gesetzen treten widerrechtliche Verordnungen in Kraft, die nur das Privatinteresse zum Ziel haben.

Folgt daraus, daß der Gemeinwille vernichtet oder verfälscht ist? Nein, er besteht nach wie vor, unveränderlich und rein; aber er ist anderen Willen unterworfen, die stärker sind. Jeder sieht, daß er sein Interesse nicht völlig vom allgemeinen Interesse trennen kann, dennoch scheint sein Anteil am öffentlichen Elend ihm nichtig, verglichen mit dem persönlichen Vorteil, den er sich zu verschaffen gedenkt. Von diesem privaten Vorteil abgesehen, will er im eigenen Interesse durchaus das allgemeine Wohl, so eifrig wie irgendein anderer. Selbst wenn er seine Stimme für Geld verkauft, löscht er den Gemeinwillen in sich nicht aus, er umgeht ihn nur. Der Fehler, den er begeht, besteht darin, die Frage zu verändern und auf etwas anderes zu antworten, als er gefragt wurde. Statt mit seiner Stimme zu erklären: *Es ist für den Staat vorteilhaft*, sagt er: *Es ist für diesen Mann oder für jene Partei vorteilhaft, daß dieser oder jener Antrag durchgeht.* Daher verlangt das Gesetz der öffentlichen Ordnung in den Versammlungen nicht so sehr, den Gemeinwillen aufrechtzuerhalten, als vielmehr, ihn stets zu befragen und stets antworten zu lassen.

Ich könnte hier noch viele Betrachtungen über das einfache Recht anstellen, bei jedem Souveränitätsakt abzustimmen; ein Recht, das den Bürgern niemals entzogen werden darf; sowie über das Recht, seine Meinung zu sagen, Vorschläge zu machen, zu bestreiten oder zu diskutieren, ein Recht, das die Regierung stets nur ihren Mitgliedern vorbehalten möchte. Aber dieser wichtige Gegenstand würde eine gesonderte Abhandlung erfordern, und ich kann in dieser nicht alles sagen.

II. KAPITEL
Vom Stimmrecht

Aus dem vorhergehenden Kapitel ist zu ersehen, daß die Art, wie die öffentlichen Angelegenheiten geregelt werden, einen sicheren Hinweis auf den jeweiligen Zustand der Sitten und die Gesundheit des politischen Körpers geben kann. Je größer die Übereinstimmung in den Versammlungen ist, das heißt, je mehr sich die Ansichten der Einstimmigkeit nähern, um so beherrschender ist der Gemeinwille. Lange Debatten dagegen, Uneinigkeit und Tumult weisen auf das Wachsen der Partikularinteressen und den Niedergang des Staates hin.

Dies tritt weniger deutlich hervor, wenn die Verfassung zwei oder mehrere Stände anerkennt, wie in Rom die Patrizier und Plebejer. Ihre Streitigkeiten störten oft die Komitien, selbst in den schönsten Zeiten der Republik. Allein diese Ausnahme ist mehr Schein als wirklich; denn infolge der dem politischen Körper innewohnenden Unvollkommenheit hat man dann sozusagen zwei Staaten in einem; was für beide zusammen nicht gilt, gilt für jeden einzelnen getrennt. Und in der Tat gingen selbst in den stürmischsten Zeiten die Volksentscheidungen, wenn sich der Senat nicht einmischte, stets ruhig und mit großer Stimmenmehrheit durch: da die Staatsbürger nur ein Interesse hatten, hatte das Volk nur einen Willen.

Die Einstimmigkeit tritt am anderen Ende des Kreislaufs wieder auf: wenn die Bürger in die Knechtschaft gefallen sind und weder Freiheit noch Willen mehr haben. Dann verwandeln Furcht und Schmeichelei die Stimmen in Beifallsbekundungen; man berät nicht mehr, man verehrt oder verflucht. Auf so schändliche Weise stimmte der Senat unter den Kaisern ab. Manchmal geschah das unter lächerlichen Vorsichtsmaßnahmen: Tacitus beobachtete, wie unter Otho die Senatoren Vitellius mit Verwünschungen überhäuften und gleichzeitig einen fürchterlichen Lärm machten, damit er, sollte der Zufall ihm die Macht geben, nicht wissen könne, was jeder von ihnen gesagt hatte.

Aus diesen verschiedenen Betrachtungen ergeben sich die Grundsätze, nach denen man die Stimmen zählen und die Meinungen vergleichen soll, je nachdem, ob der Gemeinwille mehr oder weniger leicht zu erkennen und der Staat mehr oder weniger im Niedergang begriffen ist.

Nur ein Gesetz verlangt seiner Natur nach einstimmige Annahme. Das ist der Gesellschaftsvertrag: denn die Assoziation der Bürger ist die freiwilligste Handlung der Welt; da jeder Mensch frei geboren und sein eigener Herr ist, kann ihn niemand, unter welchem Vorwand auch immer, ohne seine Einwilligung unterwerfen. Entscheiden, daß der Sohn eines Sklaven als Sklave geboren werde, heißt entscheiden, daß er nicht als Mensch geboren wird.

Wenn also bei Abschluß des Gesellschaftsvertrages sich Gegner wider ihn finden, macht ihre Ablehnung den Vertrag nicht ungültig, sondern verhindert nur, daß sie von ihm eingeschlossen werden; sie sind Fremde zwischen den Bürgern. Ist der Staat aber gegründet, gilt das Verbleiben in ihm als Einwilligung; sein Territorium bewohnen heißt sich der Souveränität unterwerfen.[1]

Mit Ausnahme dieses Urvertrages ist die Stimmenmehrheit für alle anderen immer bindend, das folgert aus dem Vertrag selbst. Aber man wird fragen: Wie kann ein Mensch frei und dennoch gezwungen sein, sich anderem als seinem eigenen Willen zu fügen? Wie können Opponenten frei und zugleich Gesetzen unterworfen sein, denen sie nicht zugestimmt haben?

[1] Das unterstellt natürlich einen freien Staat; ansonsten können Familie, Besitz, fehlendes Asyl, Not und Gewalt einen Einwohner gegen seinen Willen im Land zurückhalten, und in diesem Falle setzt sein Aufenthalt nicht mehr seine Zustimmung zum Vertrag oder zur Vertragsverletzung voraus.

Ich antworte darauf, die Frage ist falsch gestellt. Der Bürger stimmt allen Gesetzen zu, selbst denen, die gegen seinen Willen erlassen wurden, ja selbst denen, die ihn strafen, wenn er eines von ihnen zu übertreten wagt. Der beständige Wille aller Mitglieder des Staates ist der Gemeinwille; durch ihn sind sie erst Bürger und frei.[1] Wird ein Gesetz in der Volksversammlung vorgeschlagen, dann werden die Bürger strenggenommen nicht gefragt, ob sie den Vorschlag annehmen oder verwerfen, sondern ob er dem Gemeinwillen, also ihrem Willen, entspricht oder nicht. Jeder äußert mit seiner Stimme seine Meinung darüber, und in der Stimmenzahl zeigt sich der Gemeinwille. Werde ich überstimmt, beweist das nur, daß ich mich geirrt habe und daß der Gemeinwille nicht war, was ich für ihn hielt. Hätte meine besondere Meinung sich durchgesetzt, hätte ich etwas anderes getan, als ich gewollt hatte; gerade dann wäre ich nicht frei gewesen.

Das setzt allerdings voraus, daß alle Kennzeichen des Gemeinwillens in der Stimmenmehrheit enthalten sind; sind sie es nicht mehr, dann gibt es auch keine Freiheit mehr, welche Partei man auch ergreift.

Als ich weiter oben zeigte, wie man in öffentlichen Beratungen den Willen einzelner an die Stelle des Gemeinwillens setzen kann, habe ich auch hinreichend angemessene Mittel genannt, wie man diesem Mißbrauch vorbeugen kann; ich werde später darauf zurückkommen. Ich habe auch die Prinzipien erwähnt, wie das Verhältnis der zu dieser Willenserklärung abgegebenen Stimmen ermittelt werden kann. Die Differenz einer einzigen Stimme vernichtet die Gleichheit, ein einziger Opponent zerstört die Einstimmigkeit. Aber zwischen Einstimmigkeit und Stimmengleichheit gibt es mehrere ungleiche Mehrheitsverhältnisse. Je nach Lage und Bedürfnissen des politischen Körpers kann man für jedes dieser Verhältnisse eine entsprechende Zahl festlegen.

Zwei allgemeine Grundsätze können diese Verhältnisse regeln. Der erste lautet: Je bedeutsamer und schwerwiegender die Bera-

[1] In Genua liest man über den Gefängnistüren und auf den Ketten der Galeerensträflinge das Wort *Libertas.* Diese Anwendung des Wahlspruchs ist schön und richtig. In der Tat hindern nur die Übeltäter aller Stände den Bürger daran, frei zu sein. In einem Land, wo all diese Leute auf den Galeeren wären, würde man die vollkommenste Freiheit genießen.

tungen sind, um so mehr muß sich die vorherrschende Meinung der Einstimmigkeit nähern. Der zweite: Je rascher die Angelegenheit erledigt werden muß, um so kleiner muß die erforderliche Differenz der Stimmenzahl sein. Bei sofort zu treffenden Entscheidungen muß die Mehrheit einer einzigen Stimme genügen. Der erste Grundsatz scheint für Gesetze, der zweite mehr für laufende Angelegenheiten geeignet zu sein. Wie dem auch sei, aus ihrer verschiedenen Verknüpfung ergeben sich die besten Verhältnisse zur Festlegung einer Stimmenmehrheit für Entscheidungen.

III. KAPITEL

Von den Wahlen

Die Wahlen des Fürsten und der Beamten, die, wie bereits gesagt, komplexe Akte sind, sind auf zwei Wegen möglich, durch Wahl oder durch das Los. Beide wurden in verschiedenen Republiken angewendet, und noch heute gibt es ein sehr kompliziertes Mischverfahren bei der Wahl des Dogen von Venedig.

Die Wahl durch das Los, sagt Montesquieu, *entspricht der Natur der Demokratie.* Einverstanden, aber weshalb? *Das Los*, fährt er fort, *ist eine Art zu wählen, die niemanden verletzt; es läßt jedem Bürger eine berechtigte Hoffnung, seinem Vaterland zu dienen.* Das sind aber keine Gründe.

Berücksichtigt man, daß die Wahl der Oberhäupter Sache der Regierung und nicht des Souveräns ist, dann erkennt man, warum das Los eher der Natur der Demokratie entspricht, wo die Verwaltung um so besser ist, je weniger die Vorgänge vervielfältigt werden.

In jeder wahren Demokratie ist ein Amt *[magistrature]* kein Vorteil, sondern eine drückende Last, die man gerechterweise nicht dem einen mehr als dem anderen auferlegen darf. Nur das Gesetz kann sie dem auferlegen, auf den das Los fällt. Denn dann sind die Bedingungen für alle gleich, die Wahl hängt von keinem menschlichen Willen ab, und es gibt somit keine Ausnahme, die die Allgemeingültigkeit des Gesetzes einschränken kann.

In der Aristokratie wählt der Fürst den Fürsten, die Regierung erhält sich durch sich selbst, hier sind Wahlen angebracht.

Das Beispiel der Wahl des Dogen von Venedig bestätigt diesen Unterschied, statt ihn zu widerlegen: diese Mischform ist für eine Mischregierung geeignet. Denn es ist ein Irrtum, die Regierung von Venedig für eine echte Aristokratie zu halten. Wenn das Volk dort keinen Anteil an der Regierung hat, so ist dafür der Adel selbst das Volk. Viele arme Barnaboten haben niemals ein Amt erhalten, von ihrem Adel haben sie nichts als den leeren Titel »Exzellenz« und das Recht, am Großen Rat teilzunehmen. Da dieser Große Rat ebenso zahlreich ist wie unser Allgemeiner Rat in Genf, haben seine erlauchten Mitglieder nicht mehr Privilegien als unsere einfachen Bürger. Läßt man die gewaltigen Unterschiede zwischen beiden Republiken einmal außer acht, so entspricht die Genfer Bürgerschaft *[bourgeoisie]* genau dem venezianischen Patriziat, unsere *natifs* und *habitans* den »Städtern« *[citadins]* und dem Volk von Venedig, unsere Bauern den Untertanen der Terraferma [Festland]. Kurz, wie man diese Republik auch betrachtet, so ist, abgesehen von ihrer Größe, ihre Regierung nicht aristokratischer als unsere. Der ganze Unterschied besteht darin, daß wir das Los nicht in gleicher Weise brauchen, da wir kein Oberhaupt auf Lebenszeit haben.

Wahlen durch das Los hätten wenig Nachteile in einer wahren Demokratie, wo alle gleich sind, sowohl durch die Sitten und Talente wie durch die Grundsätze und das Vermögen; die Wahl wäre da fast bedeutungslos. Aber ich sagte bereits, daß es keine wahre Demokratie gibt.

Wenn Wahl und Los gemischt werden, muß erstere dazu dienen, Stellen zu besetzen, die besondere Fähigkeiten verlangen, zum Beispiel militärische Posten. Das Los eignet sich dagegen bei Stellen, wo gesunder Menschenverstand, Gerechtigkeitssinn und Redlichkeit ausreichen, wie bei richterlichen Ämtern, denn diese Eigenschaften sind in einem Staat mit guter Verfassung Gemeingut aller Bürger.

Bei einer monarchischen Regierung sind weder Los noch Wahl am Platze. Da der Monarch von Rechts wegen alleiniger Fürst und einziger Magistrat ist, steht die Wahl seiner Stellvertreter nur ihm zu. Als der Abbé Saint-Pierre den Vorschlag machte, die Zahl der Räte des Königs von Frankreich zu erhöhen und ihre Mitglieder durch Abstimmung zu wählen, erkannte er nicht, daß er damit eine Änderung der Regierungsform vorschlug.

Jetzt müßte ich noch über die Art und Weise sprechen, wie die Stimmen in der Volksversammlung abgegeben und eingesammelt werden; vielleicht kann aber die Geschichte der römischen Staatsordnung in dieser Hinsicht die Grundsätze anschaulicher erklären, als ich es könnte. Es ist eines urteilsfähigen Lesers nicht unwürdig, etwas ausführlicher zu erfahren, wie öffentliche und Privatangelegenheiten in einem Rat von zweihunderttausend Menschen behandelt wurden.

IV. KAPITEL
Von den römischen Komitien

Aus den frühesten Zeiten Roms haben wir keine gesicherten Denkmäler; wahrscheinlich ist das meiste, was erzählt wird, nur Fabel.[1] Im allgemeinen wissen wir über den lehrreichsten Teil der Annalen der Völker, nämlich über die Geschichte ihrer Entstehung, am wenigsten. Täglich lehrt uns die Erfahrung, aus welchen Ursachen Reiche umgewälzt werden; da sich aber keine Völker mehr herausbilden, können wir ihre Entstehung nur auf Grund von Mutmaßungen erklären.

Die Gebräuche, die man vorfindet, bestätigen wenigstens, daß sie einen Ursprung gehabt haben. Von den auf diese Urquellen zurückgehenden Überlieferungen müssen jene als sicherste angesehen werden, die von den größten Autoritäten gestützt werden und die die stärksten Gründe für sich haben. Diesen Grundsätzen bemühte ich mich zu folgen, als ich untersuchte, wie das freieste und mächtigste Volk der Erde seine höchste Gewalt ausübte.

Nach der Gründung Roms wurde die entstehende Republik, das heißt das aus Albanern, Sabinern und Fremden zusammengesetzte Heer des Gründers, in drei Klassen geteilt, die nach die-

[1] Der Name *Rom*, der angeblich von *Romulus* stammt, ist griechisch und bedeutet *Kraft*; auch der Name *Numa* ist griechisch und bedeutet *Gesetz*. Scheint es nicht, als hätten die beiden ersten Könige dieser Stadt von vornherein Namen getragen, die so genau dem entsprachen, was sie taten?

ser Einteilung den Namen *Tribus* erhielten. Jede Tribus wurde in zehn Kurien und jede Kurie in Dekurien unterteilt, an deren Spitze man Befehlshaber stellte, die *Kurionen* und *Dekurionen* genannt wurden.

Aus jeder Tribus wurde ferner eine Schar von hundert Reitern oder Rittern herausgezogen, die Zenturie genannt wurde: man sieht daran, daß diese Einteilungen, die für einen Marktflecken kaum notwendig waren, zuerst nur militärischer Natur waren. Es scheint, eine Ahnung künftiger Größe brachte die kleine Stadt Rom dazu, sich von vornherein eine staatliche Ordnung zu geben, die der Hauptstadt der Welt angemessen war.

Aus dieser ersten Teilung ergab sich bald ein Nachteil. Während die Tribus der Albaner[1] und die der Sabiner[2] immer gleich blieben, erhöhte sich die Zahl der Fremden[3] durch ständigen Zustrom, so daß sie bald die beiden anderen überflügelte. Die Abhilfe, die Servius gegen dieses gefährliche Mißverhältnis fand, war eine veränderte Einteilung. Er ersetzte die Einteilung nach der Herkunft *[races]* durch eine nach Stadtteilen, die jede Tribus bewohnte. Statt drei bildete er vier Tribus; jede besetzte einen der römischen Hügel und trug dessen Namen. Er beseitigte dadurch die bestehende Ungleichheit und beugte ihr auch für die Zukunft vor; und damit diese Einteilung nicht nur für die Wohnorte, sondern auch für die Menschen gelte, verbot er den Einwohnern, aus einem Stadtviertel in ein anderes zu ziehen, was eine Vermischung der einzelnen Stämme verhinderte.

Ferner verdoppelte er die drei Zenturien der Ritter und fügte zwölf neue hinzu, aber unter den alten Namen; ein einfaches und kluges Mittel, um vollends den Ritterstand vom Volksheer abzuheben, ohne daß dieses murrte.

Zu den vier städtischen Tribus fügte Servius fünfzehn weitere hinzu, genannt ländliche Tribus, weil sie aus den Bewohnern des Landes gebildet wurden, das er in ebenso viele Kantone aufteilte. Später kamen noch ebenso viele neue hinzu, und schließlich war das römische Volk in fünfunddreißig Tribus aufgeteilt. Diese Zahl wurde bis zum Ende der Republik beibehalten.

[1] *Ramnenses.*

[2] *Tatienses.*

[3] *Luceres.*

Diese Unterscheidung zwischen städtischen und ländlichen Tribus hatte eine beachtenswerte Wirkung, die beispiellos dasteht. Rom verdankt ihr nicht nur die Erhaltung seiner Sitten, sondern auch die Ausdehnung seines Reiches. Man sollte meinen, die städtischen Tribus hätten sich Macht und Ehre bald allein angemaßt und die ländlichen Tribus herabgewürdigt; das Gegenteil trat ein. Es ist bekannt, wie die ersten Römer das Landleben liebten. Dazu hatte sie jener weise Gründer erzogen, der ländliche Arbeiten und militärische Übungen mit der Freiheit verband und Künste, Handwerk, Intrigen, Reichtum und Sklaverei gleichsam in die Stadt verbannte.

Da alle berühmten Männer Roms auf dem Land lebten und das Feld bestellten, gewöhnte man sich daran, nur hier die Stützen der Republik zu suchen. Da zu diesem Stand die würdigsten Patrizier gehörten, wurde er von allen geachtet: das einfache und arbeitsreiche Leben der Landleute wurde dem müßigen und weichlichen Leben der Bürger von Rom vorgezogen, und wer in der Stadt nur ein unglücklicher Proletarier gewesen wäre, wurde als Ackersmann ein geachteter Bürger. Nicht ohne Grund, sagte Varro, schufen unsere hochherzigen Vorfahren auf dem Lande die Pflanzstätte jener kräftigen und tapferen Männer, die sie im Kriege verteidigten und im Frieden ernährten. Plinius erklärt ausdrücklich, daß die ländlichen Tribus wegen der zu ihnen gehörenden Männer geehrt wurden, während man Feiglinge, die man herabwürdigen wollte, zum Schimpf in die städtischen Tribus versetzte. Als sich der Sabiner Appius Claudius in Rom niederließ, wurde er mit Ehren überhäuft und in eine ländliche Tribus eingeschrieben, die dann den Namen seiner Familie annahm. Schließlich wurden Freigelassene nur in städtische, nie in ländliche Tribus aufgenommen; und es gibt während der ganzen Dauer der Republik kein Beispiel dafür, daß ein Freigelassener, selbst wenn er Bürger geworden war, in ein Amt gelangt ist.

Dieser Grundsatz war ausgezeichnet, wurde aber derart übertrieben, daß er schließlich zu einem Wandel, jedenfalls zu einem Mißbrauch in der staatlichen Ordnung führte.

Erstens gestatteten die Zensoren, nachdem sie sich über lange Zeit das Recht willkürlicher Versetzung von Bürgern aus einer Tribus in die andere angemaßt hatten, den meisten, sich dort einschreiben zu lassen, wo es ihnen am besten gefiel; eine Erlaubnis, die gewiß nichts Gutes bewirkte und der Zensur eine wesentliche Triebfeder raubte. Da außerdem die Großen und Mächtigen sich nur in die Landtribus einschreiben ließen, während die Freigelassenen, die Bürger geworden waren, mit dem gemeinen Volk in den städtischen verblieben, hatten die Tribus im allgemeinen keinen festen Standort mehr. Sie waren allesamt derart vermischt, daß man ihre Mitglieder nur nach Listen ermitteln konnte, so daß die Idee der *Tribus* vom Sachlichen zum Persönlichen verschoben oder vielmehr fast zu einem Trugbild wurde.

Es kam auch vor, daß die städtischen Tribus, die ja näher lagen, in den Komitien zahlreicher vertreten waren und den Staat denen verkauften, die bereit waren, die Stimmen des Pöbels zu kaufen, aus dem jene Tribus bestanden.

Da jede Tribus vom Gründer in zehn Kurien eingeteilt war, bestand das damals innerhalb der Stadtmauern lebende römische Volk aus dreißig Kurien. Jede hatte ihre eigenen Tempel, Götter, Beamten, Priester und Feste, die sogenannten *compitalia*, ähnlich den späteren *paganalia* der ländlichen Tribus.

Da bei der neuen Einteilung des Servius die dreißig Kurien nicht gleichmäßig auf die vier Tribus aufgeteilt werden konnten und er keine Änderung vornehmen wollte, wurden die von den Tribus unabhängigen Kurien eine weitere Gliederung der Bewohner Roms. Bei den ländlichen Tribus und dem sie bildenden Volk war dagegen von Kurien nicht die Rede, weil die Tribus zu einer rein zivilen Einrichtung und die militärischen Einteilungen des Romulus überflüssig geworden waren, da eine andere Aushebungsart galt. So war zwar jeder Staatsbürger in eine Tribus eingeschrieben, doch bei weitem nicht jeder in eine Kurie.

Servius vollzog noch eine dritte Aufgliederung, die mit den beiden anderen keine Beziehung hatte, in ihrer Wirkung jedoch die wichtigste von allen wurde. Er teilte das ganze römische Volk in sechs Klassen ein, die er weder nach dem Ort noch nach den Menschen, sondern nach dem Vermögen unterschied: Die ersten Klassen waren die Reichen, die letzten die Armen, die mittleren jene mit bescheidenem Vermögen. Diese sechs Klassen wurden in einhundertdreiundneunzig Körperschaften untergliedert, die Zenturien genannt wurden, sie waren so verteilt, daß auf die erste

Klasse allein über die Hälfte entfiel und auf die letzte nur eine einzige. Demnach zählte die Klasse mit den wenigsten Menschen die meisten Zenturien, und die ganze letzte Klasse wurde nur als eine Unterabteilung betrachtet, obwohl sie allein mehr als die Hälfte der Einwohner Roms umfaßte.

Damit das Volk die Folgen dieser letzten Einrichtung nicht so leicht durchschaute, suchte ihr Servius einen militärischen Anstrich zu geben: In die zweite Klasse fügte er zwei Zenturien von Waffenschmieden und in die vierte zwei von Kriegsbaumeistern ein. In jeder Klasse – mit Ausnahme der letzten – unterschied er die Jungen von den Alten, das heißt die zum Waffendienst Verpflichteten und die auf Grund ihres Alters gesetzlich davon Befreiten. Diese Unterscheidung machte, mehr als die nach dem Vermögen, eine häufigere Wiederholung des Zensus oder der Volkszählung nötig. Schließlich bestimmte er, daß die Versammlung auf dem Marsfeld stattfinden und alle Männer im dienstfähigen Alter mit ihren Waffen erscheinen sollten.

In der letzten Klasse nahm er nicht diese Einteilung zwischen Jungen und Alten vor, weil man dem Pöbel, aus dem sie zusammengesetzt war, nicht die Ehre zugestand, für das Vaterland Waffen zu tragen. Man mußte einen Herd haben, um ihn auch verteidigen zu dürfen. Wenn die Heere der Könige heutzutage mit einer Riesenschar von Bettlern aufwarten, so gibt es darunter vielleicht keinen einzigen, der nicht mit Schande aus einer römischen Kohorte gejagt worden wäre, als die Soldaten noch Verteidiger der Freiheit waren.

Dennoch unterschied man in der letzten Klasse noch die *Proletarier* von den sogenannten *capite censi.* Erstere waren nicht völlig besitzlos und brachten dem Staat wenigstens Bürger ein, in dringenden Fällen sogar Soldaten. Jene dagegen, die gar nichts besaßen und nur nach Köpfen gezählt werden konnten, wurden als nicht vorhanden betrachtet. Marius war der erste, der sich herbeiließ, sie anzuwerben.

Ohne hier zu entscheiden, ob diese dritte Einteilung an sich gut oder schlecht war, glaube ich behaupten zu können, daß nur die einfachen Sitten der ersten Römer, ihre Uneigennützigkeit, ihre Vorliebe für den Ackerbau, ihre Verachtung für den Handel und die Gewinnsucht sie durchführbar machten. Wo ist heute das

Volk, bei dem die verzehrende Habgier, der unruhige Geist, die Intrige, der ständige Ortswechsel, die ewigen Umwälzungen der Vermögen eine derartige Einrichtung auch nur zwanzig Jahre bestehen ließen, ohne den ganzen Staat umzustürzen? Auch verdient bemerkt zu werden, daß in Rom die Sitten und die Zensur, stärker als diese Einrichtung, deren Mißstände beseitigten und daß mancher Reiche in die Klasse der Armen zurückgestoßen wurde, weil er seinen Reichtum zu sehr zur Schau gestellt hatte.

Aus all dem ist leicht zu verstehen, warum fast immer nur fünf Klassen erwähnt werden, obwohl es in Wirklichkeit sechs gab. Da die sechste weder Soldaten für das Heer noch Stimmberechtigte für das Marsfeld[1] lieferte und der Republik kaum von Nutzen war, wurde sie selten berücksichtigt.

Das waren die verschiedenen Einteilungen des römischen Volkes. Betrachten wir jetzt, welche Rolle sie in den Versammlungen spielten. Die gesetzlich einberufenen Versammlungen hießen *Komitien*; gewöhnlich fanden sie auf dem Forum oder dem Marsfeld statt. Man unterschied drei Einteilungsformen: Komitien nach Kurien, nach Zenturien und nach Tribus. Die *comitia curiata* waren von Romulus, die *comitia centuriata* von Servius und die *comitia tributa* von den Volkstribunen eingeführt worden. Außerhalb der Komitien wurde kein Gesetz bestätigt, kein Beamter gewählt; und da es keinen Bürger gab, der nicht in eine Kurie, eine Zenturie oder eine Tribus eingeschrieben war, war folglich kein Bürger vom Stimmrecht ausgeschlossen und das römische Volk de facto und de jure wirklich der Souverän.

Damit die Komitien gesetzlich einberufen wurden und ihre Beschlüsse Rechtskraft erhielten, mußten drei Bedingungen erfüllt werden: Erstens mußte die Körperschaft oder der Beamte, der sie einberief, die dazu nötige Vollmacht besitzen; zweitens mußte die Versammlung an einem gesetzlich erlaubten Tag stattfinden, und drittens mußten die Vorzeichen *[augures]* günstig sein.

Der Grund der ersten Vorschrift bedarf keiner Erläuterung. Die zweite ist eine ordnungsrechtliche Bestimmung; so war es

[1] Ich sage, auf dem *Marsfeld*, weil sich dort die Komitien nach Zenturien versammelten; nach den beiden anderen Einteilungen versammelte sich das Volk auf dem *Forum* oder anderswo, und dann hatten die *capite censi* ebensoviel Einfluß und Macht wie die ersten Bürger.

nicht gestattet, die Komitien an Feier- und Markttagen abzuhalten, an denen die Landleute geschäftehalber nach Rom kamen und keine Zeit hatten, den Tag auf dem Forum zu verbringen. Durch die dritte hielt der Senat ein stolzes und unruhiges Volk am Zügel und mäßigte zu rechter Zeit den Eifer aufrührerischer Tribunen; allerdings fanden diese mehr als ein Mittel, sich diesem Zwang zu entziehen.

Die Gesetze und die Wahl der Oberen waren nicht das einzige, das dem Urteil der Komitien unterworfen war: da das römische Volk die wichtigsten Regierungsfunktionen an sich gerissen hatte, kann man sagen, daß das Schicksal Europas in diesen Versammlungen entschieden wurde. Die Mannigfaltigkeit der Gegenstände, über die diese Versammlungen zu urteilen hatten, bedingte die verschiedenen Formen, die sie annahmen.

Um über diese verschiedenen Formen urteilen zu können, genügt es, sie zu vergleichen. Als Romulus die Kurien einführte, wollte er den Senat durch das Volk und das Volk durch den Senat im Zaum halten, während er über alle herrschte. Durch diese Form gab er dem Volk die Autorität der Zahl, um die Macht des Einflusses und des Reichtums aufzuwiegen, die er den Patriziern ließ. Dem Geist der Monarchie entsprechend hatten die Patrizier durch den Einfluß ihrer Klienten auf die Mehrheit der Stimmen dennoch einen Vorteil. Die bewundernswerte Einrichtung von Patronen und Klienten war ein Meisterwerk der Politik und Menschlichkeit, ohne die das Patriziat, das dem Geist der Republik so widerspricht, nicht hätte bestehen können. Rom allein gebührt die Ehre, der Welt dieses schöne Beispiel gegeben zu haben, das nie zu einem Mißbrauch führte und dennoch niemals nachgeahmt wurde.

Da die Form der Kurien unter den Königen bis zu Servius bestand und die Herrschaft des letzten Tarquiniers nicht als rechtmäßig gilt, bezeichnete man später die königlichen Gesetze als *leges curiatae.*

Unter der Republik paßten die Kurien, da sie nach wie vor auf die vier städtischen Tribus beschränkt blieben und somit nur noch den Pöbel von Rom umfaßten, weder dem Senat, der an der Spitze der Patrizier stand, noch den Tribunen, die, obzwar Plebejer, an der Spitze der wohlhabenden Bürger standen. Sie gerieten deshalb in Verruf; ihre Herabwürdigung ging so weit, daß ihre dreißig versammelten Liktoren selbst alles entschieden, was die Kurienversammlungen hätten entscheiden müssen.

Die Einteilung nach Zenturien war für die Aristokratie so günstig, daß es im ersten Augenblick unbegreiflich ist, wie der Senat aus den gleichnamigen Komitien, in denen die Konsuln, die Zensoren und die anderen kurulischen Amtsträger gewählt wurden, nicht immer siegreich hervorging. Von den einhundertdreiundneunzig Zenturien, in die die sechs Klassen des ganzen römischen Volkes eingeteilt waren, umfaßte die erste Klasse in der Tat achtundneunzig. Da die Stimmen nur nach Zenturien gezählt wurden, überwog schon die erste Klasse allein alle übrigen an Stimmenzahl. Waren alle ihr angehörenden Zenturien einig, unterblieb deshalb jede weitere Stimmenzählung; was die kleinste Zahl entschieden hatte, galt als Entscheidung der Mehrheit, und man kann von den Zenturienversammlungen sagen, daß die Staatsangelegenheiten mehr von der Mehrheit des Geldes als von der Mehrheit der Stimmen abhingen.

Aber diese außerordentliche Autorität wurde durch zwei Mittel abgeschwächt. Erstens waren gewöhnlich die Tribunen und viele Plebejer in der Klasse der Reichen und glichen das Gewicht der Patrizier in dieser ersten Klasse aus.

Das zweite Mittel bestand darin, die Zenturien nicht in ihrer Reihenfolge abstimmen zu lassen: statt mit der ersten anzufangen, wurde eine durch das Los bestimmt, die allein[1] abstimmte. Alle Zenturien wurden dann an einem anderen Tag der Reihe nach zur gleichen Wahl gerufen, und gewöhnlich bestätigten sie diese. Dadurch nahm man dem Rang die Autorität, als Beispiel zu wirken, um sie nach dem Grundsatz der Demokratie dem Zufall zu überlassen.

Dieser Brauch hatte noch einen anderen Vorteil: Die Bürger vom Land hatten zwischen den beiden Wahlen Zeit, sich über die Verdienste des vorläufig gewählten Kandidaten zu erkundigen, und konnten so ihre Stimme mit Sachkenntnis abgeben. Aber unter dem Vorwand schnellerer Erledigung wurde dieser

[1] Diese durch das Los bestimmte Zenturie wurde *praerogativa* genannt, weil sie die erste war, die man um ihre Stimme befragte, und von daher stammt das Wort Prärogative.

Brauch abgeschafft, und beide Wahlen fanden am gleichen Tag statt.

Die Komitien nach Tribus waren die eigentlichen Ratsversammlungen des römischen Volkes. Sie durften nur von den Tribunen einberufen werden; die Tribunen wurden von ihnen gewählt und ließen über ihre Anträge abstimmen. Der Senat hatte in ihnen nicht nur keinen Vorrang, er durfte noch nicht einmal an ihnen teilnehmen. Gezwungen, Gesetzen sich zu fügen, über die sie nicht abstimmen durften, waren die Senatoren in dieser Hinsicht weniger frei als die geringsten Bürger. Diese Ungerechtigkeit wurde ganz und gar mißverstanden und genügte, die Beschlüsse einer Körperschaft, bei der nicht alle Mitglieder zugelassen waren, ungültig zu machen. Hätten alle Patrizier nach dem Recht, das sie als Bürger besaßen, an diesen Versammlungen teilgenommen, sie hätten als einfache Privatleute kaum Einfluß auf eine Form der Abstimmung gehabt, bei der die Stimmen nach Köpfen gezählt wurden und der geringste Proletarier soviel galt wie der Senatspräsident.

Abgesehen von der Ordnung, die sich aus den verschiedenen Einteilungen für die Stimmenabgabe eines so großen Volkes ergab, ist ersichtlich, daß diese Einteilungen an sich nicht gleichgültige Formen waren, sondern im Sinne der Absicht wirkten, um derentwillen man sie bevorzugt hatte.

Ohne weiter in Einzelheiten zu gehen, folgt aus den vorhergehenden Erörterungen, daß die Komitien nach Tribus die Volksregierung und die nach Zenturien die Aristokratie begünstigten. Die Komitien nach Kurien, in denen der Pöbel Roms die Mehrheit hatte, mußten in Verruf kommen, da sie nur dazu taugten, die Tyrannei und üble Machenschaften zu begünstigen, um so mehr, als selbst die Aufrührer ein Mittel verschmähten, das ihre Absichten allzu deutlich verriet. Soviel ist gewiß, die ganze Majestät des römischen Volkes fand sich nur in den Zenturienversammlungen, die allein vollzählig waren; in den Kurienversammlungen fehlten die ländlichen Tribus und in den Komitien nach Tribus der Senat und die Patrizier.

Die Form der Stimmenabgabe war bei den ersten Römern ebenso einfach wie ihre Sitten, wenn auch weniger einfach als in Sparta. Jeder gab seine Stimme laut ab, während ein Schreiber sie der Reihe nach aufschrieb. In jeder Tribus bestimmte die Stimmenmehrheit das Votum der Tribus, die Stimmenmehrheit unter den Tribus sodann das Votum des Volkes; bei den Kurien und den Zenturien wurde ebenso verfahren. Dieser Brauch war gut, solange Redlichkeit unter den Bürgern herrschte und jeder sich schämte, öffentlich für eine ungerechte Sache oder einen unwürdigen Menschen zu stimmen; als das Volk jedoch korrupt wurde und man Stimmen kaufte, zog man geheime Abstimmungen vor, um die Käufer durch Mißtrauen zu zügeln und es den käuflichen Gaunern zu ermöglichen, nicht zu Verrätern zu werden.

Ich weiß, daß Cicero diese Änderung tadelt und ihr zum Teil den Untergang der Republik zuschreibt. Obwohl ich fühle, welches Gewicht die Autorität eines Cicero hat, kann ich dennoch nicht seiner Meinung sein. Ich bin im Gegenteil überzeugt, daß man den Untergang des Staates dadurch beschleunigt hat, daß man nicht genug ähnliche Veränderungen vornahm. Wie sich die Lebensweise gesunder Leute nicht für Kranke eignet, so darf man ein korrumpiertes Volk nicht nach den Gesetzen regieren wollen, die einem guten Volk angemessen sind. Nichts beweist diesen Grundsatz besser als das Fortbestehen der Republik Venedig, deren Schattenbild einzig und allein darum noch existiert, weil ihre Gesetze nur für schlechte Menschen taugen.

Man verteilte also unter die Bürger Täfelchen, mit denen jeder wählen konnte, ohne daß man erfuhr, wie er gewählt hatte. Ferner führte man für das Einsammeln der Täfelchen, die Zählung der Stimmen, das Vergleichen der Ergebnisse usw. neue Förmlichkeiten ein. Das verhinderte jedoch nicht, daß die mit diesen Funktionen betrauten Beamten[1] oft der Untreue bezichtigt wurden. Um Bestechung und Stimmenhandel zu verhindern, erließ man Verordnungen, deren Zahl nur ihre Nutzlosigkeit beweist.

In den letzten Zeiten der Republik war man oft zu außerordentlichen Maßnahmen gezwungen, um der Unzulänglichkeit der Gesetze abzuhelfen. Mal ersann man Wunder; ein Mittel, das das Volk beeindrucken konnte, aber nicht die Regierenden; ein

[1] *Custodes* (Wächter, Aufseher), *diribitores* (Stimmenauszähler), *rogatores suffragiorum* (Stimmensammler).

andermal berief man plötzlich eine Versammlung ein, ehe die Kandidaten Zeit hatten, Ränke zu schmieden; dann wieder verbrachte man eine ganze Sitzung mit Reden, sobald man merkte, daß das bereits gewonnene Volk seine Meinung ändern wollte. Aber der Ehrgeiz verstand es letztlich, all diese Mittel zu umgehen; und unglaublich ist, daß inmitten so vieler Mißbräuche dieses Riesenvolk dank seinen alten Satzungen fortfuhr, Beamte zu wählen, Gesetze zu erlassen, Urteile zu fällen, private und öffentliche Angelegenheiten zu erledigen, und das fast mit derselben Leichtigkeit, wie es der Senat selbst hätte tun können.

V. KAPITEL
Vom Tribunat

Wenn zwischen den konstitutiven Teilen des Staates kein genaues Verhältnis hergestellt werden kann oder wenn unüberwindbare Ursachen ständig ihre gegenseitigen Beziehungen stören, dann wird eine besondere, von den anderen unabhängige Behörde eingerichtet, die jedes Glied wieder in sein richtiges Verhältnis stellt und ein Band oder Mittelglied zwischen dem Fürsten und dem Volk oder zwischen dem Fürsten und dem Souverän oder, wenn nötig, nach beiden Seiten gleichzeitig bildet.

Diese Körperschaft, die ich *Tribunat* nenne, wacht über Gesetze und die gesetzgebende Gewalt. Mitunter dient sie zum Schutz des Souveräns gegen die Regierung, wie in Rom die Volkstribunen; bisweilen zur Stütze der Regierung gegen das Volk, wie in Venedig der Rat der Zehn, und manchmal auch zur Aufrechterhaltung des beiderseitigen Gleichgewichts, wie die Ephoren in Sparta.

Das Tribunat ist kein konstitutiver Bestandteil des Gemeinwesens und darf weder an der Legislative noch an der Exekutive Anteil haben; aber gerade dadurch ist seine Gewalt um so größer: obwohl es nichts tun kann, kann es alles verhindern. Als Verteidiger der Gesetze ist es heiliger und wird mehr verehrt als der Fürst, der sie vollzieht, und als der Souverän, der sie erläßt. Das sah man deutlich in Rom, als die stolzen Patrizier, die immer das ganze Volk verachteten, gezwungen waren, sich vor einem einfachen Diener *[officier]* des Volkes zu beugen, der weder Auspizien noch richterliche Gewalt besaß.

Ein weise gemäßigtes Tribunat ist die festeste Stütze einer guten Verfassung; verfügt es jedoch über zuviel Macht, stürzt es alles um. Schwäche liegt nicht in seiner Natur, und ist es nur erst vorhanden, so fällt es nie weniger ins Gewicht als nötig.

Es artet in Tyrannei aus, sobald es die Exekutive usurpiert, die es lediglich zu mäßigen hat, und sobald es Gesetze durchführen will, die es nur zu beschützen hat. Die gewaltige Macht der Ephoren, die ungefährlich war, solange Sparta seine Sitten bewahrte, beschleunigte die einmal begonnene Korruption. Das Blut des von diesen Tyrannen gemordeten Agis wurde von seinem Nachfolger gerächt: das Verbrechen und die Bestrafung der Ephoren beschleunigten gleichermaßen den Untergang der Republik, und nach Kleomenes gab es eigentlich kein Sparta mehr. Rom ging auf dem gleichen Weg unter; die übermäßige Macht, die die Tribunen nach und nach usurpiert hatten, diente schließlich vermittels Gesetzen, welche für die Freiheit gemacht waren, dem Schutz von Kaisern, die sie vernichteten. Und der Rat der Zehn in Venedig ist ein Blutgericht, den Patriziern ebenso ein Grauen wie dem Volk; statt vor aller Augen die Gesetze zu schützen, dient er, nachdem sie herabgewürdigt wurden, nur noch dazu, im verborgenen Schläge auszuteilen, die niemand zu bemerken wagt.

Wie die Regierung wird auch das Tribunat durch die Vermehrung seiner Mitglieder geschwächt. Als die römischen Volkstribunen, anfangs zwei, später fünf, diese Zahl verdoppeln wollten, ließ der Senat sie gewähren, da er überzeugt war, die einen durch die anderen in Schranken halten zu können; was auch nicht ausblieb.

Das beste Mittel, den Usurpationen durch einen derart gefährlichen Körper zuvorzukommen – ein Mittel, das bis jetzt noch keiner Regierung eingefallen ist –, wäre, diesen Körper nicht zu einer ständigen Einrichtung zu machen, sondern Zwischenzeiten festzulegen, in denen seine Tätigkeit ruht. Diese Zwischenzeiten dürfen nicht so lang sein, daß sich Mißbräuche verfestigen können; sie können gesetzlich so festgelegt werden, daß sie im Notfall durch Sonderausschüsse verkürzt werden können.

Dieses Mittel scheint mir ohne Nachteil, weil das Tribunat, wie gesagt, kein Teil der Verfassung ist und, ohne sie zu gefährden, aufgehoben werden kann. Und ich halte es für wirksam, weil ein neueingeführter Beamter nicht von der Macht seines Vorgängers ausgeht, sondern von der, die das Gesetz ihm gibt.

VI. KAPITEL
Von der Diktatur

Die Unbeugsamkeit der Gesetze, die es ihnen unmöglich macht, sich den Ereignissen anzupassen, kann in gewissen Fällen Schaden stiften und in einer Krise den Untergang des Staates verursachen. Die Ordnung und Schwerfälligkeit der Formen verlangen mehr Zeit, als die Umstände es bisweilen erlauben. Es können tausend Fälle eintreten, für die der Gesetzgeber nicht vorgesorgt hat. Begreifen, daß man nicht alles vorhersehen kann, ist eine sehr notwendige Voraussicht.

Man darf daher die politischen Einrichtungen nicht derart verfestigen wollen, daß man nicht mehr die Macht hat, ihre Wirkung aufzuheben. Selbst Sparta setzte seine Gesetze zeitweise außer Kraft.

Doch nur allergrößte Gefahren können die Gefahr aufwiegen, die eine Änderung der öffentlichen Ordnung bedeutet, und man darf die heilige Macht der Gesetze nur aufheben, wenn es um das Wohl des Vaterlandes geht. In diesen seltenen und eindeutigen Fällen erhält man die öffentliche Sicherheit durch einen Sonderakt aufrecht, indem man den Würdigsten mit ihrem Amte betraut. Dieser Auftrag kann je nach Art der Gefahr auf zweierlei Weise erteilt werden.

Genügt zur Abhilfe eine verstärkte Tätigkeit der Regierung, dann konzentriert man sie auf ein oder zwei ihrer Mitglieder; auf diese Weise tastet man nicht die Autorität der Gesetze an, sondern nur die Form ihrer Handhabung. Ist jedoch die Gefahr so groß, daß die Gesetzesmaschine zum Hindernis wird, sich vor ihr zu schützen, ernennt man ein Oberhaupt, das alle Gesetze zum Schweigen bringt und die souveräne Gewalt zeitweilig aufhebt. In solchem Fall läßt der Gemeinwille keinen Zweifel zu, und es liegt auf der Hand, daß die Hauptsorge des Volkes darauf gerichtet sein muß, daß der Staat nicht stirbt. Somit bedeutet die vorübergehende Aufhebung der gesetzgebenden Gewalt nicht ihre Abschaffung; der Beamte, der sie zum Schweigen bringt, kann nicht für sie sprechen; er beherrscht sie, ohne sie vertreten zu können; er vermag alles, nur keine Gesetze zu erlassen.

Das erste Verfahren wandte der römische Senat an, wenn er die Konsuln mit einer feststehenden Formel beauftragte, für das Wohl der Republik zu sorgen. Das zweite war gegeben, wenn einer der beiden Konsuln einen Diktator ernannte[1]; für diesen Brauch hatte Alba Rom das Beispiel gegeben.

In den Anfängen der Republik griff man häufig zur Diktatur, weil der Staat noch nicht gefestigt war, um sich allein kraft seiner Verfassung erhalten zu können. Die Sitten machten damals viele Vorsichtsmaßnahmen überflüssig, die später notwendig wurden. Man fürchtete weder, daß ein Diktator seine Macht mißbrauchen noch daß er versuchen würde, sie über die Zeit hinaus zu behalten. Eine so große Macht schien im Gegenteil den damit Betrauten derart zu belasten, daß er sich ihrer schnell zu entledigen suchte; als wäre es ein zu mühseliges und gefährliches Amt, die Stelle der Gesetze einzunehmen!

Der zu häufige Rückgriff auf dieses höchste Amt in den ersten Zeiten ist auch nicht wegen der Gefahr des Mißbrauchs zu tadeln, sondern wegen seiner Abwertung. Denn wenn man es zur Abhaltung von Wahlen, Einweihungen und reinen Formalitäten verschwendete, war zu befürchten, daß es im Notfall weniger wirksam wäre und man sich daran gewöhnte, ein Amt, das nur zu leeren Feierlichkeiten diente, als leeren Titel zu betrachten.

Gegen Ende der Republik gingen die jetzt vorsichtiger gewordenen Römer mit der Diktatur ebenso unbegründet allzu sparsam um wie vorher allzu verschwenderisch. Es war leicht einzusehen, daß ihre Furcht wenig begründet war, denn gerade die Schwäche der Hauptstadt garantierte damals ihre Sicherheit gegen die in ihr tätigen Beamten. Ein Diktator konnte in gewissen Fällen die öffentliche Freiheit verteidigen, aber sie nie antasten; die Ketten Roms wurden nicht in Rom selbst, sondern in seinen Heeren ge-

[1] Die Ernennung geschah nachts und im geheimen, als ob man sich geschämt hätte, einen Menschen über das Gesetz zu stellen.

schmiedet: der geringe Widerstand, den Marius Sulla und Pompejus Cäsar leisteten, zeigte deutlich, was man von der Autorität im Innern gegen die Gewalt von außen erwarten konnte.

Dieser Irrtum führte zu großen Fehlern. So zum Beispiel, bei der Verschwörung Catilinas keinen Diktator ernannt zu haben. Da nur die Stadt und höchstens einige Provinzen Italiens im Spiele waren, hätte ein Diktator mit der schrankenlosen Autorität, die die Gesetze ihm gaben, die Verschwörung leicht auflösen können. Sie wurde nur durch ein Zusammentreffen glücklicher Umstände erstickt, die menschliche Voraussicht nicht erwarten konnte.

Statt dessen begnügte sich der Senat, den Konsuln seine ganze Macht zu übertragen. So kam es, daß Cicero, um mit Erfolg zu handeln, gezwungen war, diese Gewalt in einem entscheidenden Punkt zu überschreiten; zwar billigte man seine Handlungsweise im ersten Freudenüberschwang, doch dann zog man ihn mit Recht wegen des ungesetzlich vergossenen Blutes der Bürger zur Rechenschaft; ein Vorwurf, den man gegen einen Diktator nicht hätte erheben können. Aber die Beredsamkeit des Konsuls riß alle mit; und er selbst, obwohl Römer, liebte seinen eigenen Ruhm mehr als sein Vaterland; er suchte nicht das gesetzlichste und sicherste Mittel, den Staat zu retten, als vielmehr jenes, das ihm die gesamte Ehre in dieser Sache zuteil werden ließ.[1] Er wurde zu Recht als Befreier Roms geehrt und zu Recht als Rechtsbrecher bestraft. So glänzend seine Zurückberufung auch war, war sie doch mit Gewißheit nur eine Begnadigung.

Wie auch immer dieser wichtige Auftrag erteilt wird, es gilt, seine Dauer auf eine sehr kurze Zeit zu beschränken, die nie verlängert werden darf. In den Krisen, die seine Einführung erforderlich machen, wird der Staat schnell zerstört oder gerettet, und ist die größte Gefahr überwunden, wird die Diktatur tyrannisch oder sinnlos. Da die Diktatoren in Rom nur auf sechs Monate ernannt wurden, legten die meisten ihr Amt schon vorher nieder. Wäre der Zeitraum länger gewesen, hätten sie versucht sein können, ihn zu verlängern, wie es die Decemvirn mit ihrer einjähri-

[1] Darauf konnte er sich nicht verlassen, wenn er einen Diktator vorschlug, da er es nicht wagte, sich selbst zu ernennen, und nicht sicher sein konnte, daß sein Kollege ihn ernennen würde.

gen Amtszeit gemacht haben. Der Diktator hatte nur Zeit, die Aufgabe zu erfüllen, für die er gewählt worden war, er hatte keine Zeit, an andere Pläne zu denken.

VII. KAPITEL
Von der Zensur

Wie sich der Gemeinwille im Gesetz kundtut, äußert sich die öffentliche Meinung durch die Zensur. Die öffentliche Meinung ist die Art Gesetz, für dessen Einhaltung der Zensor zu sorgen hat und das er, nach dem Beispiel des Fürsten, nur bei besonderen Fällen anwenden darf.

Das Zensurgericht ist also keineswegs Schiedsrichter über die Meinung des Volkes, sondern nur ihr Sprachrohr, und sobald es von ihr abweicht, sind seine Entscheidungen null und nichtig.

Es ist nutzlos, die Sitten einer Nation von den Gegenständen seiner Wertschätzung zu unterscheiden, denn sie beruhen auf demselben Grundsatz und gehen notwendigerweise ineinander über. Bei allen Völkern der Erde entscheidet nicht die Natur, sondern die Meinung über die Wahl ihrer Vergnügungen. Bringt den Menschen bessere Meinungen bei, dann werden sich ihre Sitten von selbst veredeln. Man liebt stets das Schöne oder was man dafür hält; nur im Urteil darüber täuscht man sich; dieses Urteil muß folglich berichtigt werden. Wer über die Sitten urteilt, urteilt über die Ehre, und wer über die Ehre urteilt, läßt sich durch die Meinung bestimmen.

Die Meinungen eines Volkes entstehen aus seiner Verfassung. Obgleich das Gesetz die Sitten nicht regelt, bringt die Gesetzgebung sie hervor; verliert die Gesetzgebung an Kraft, entarten die Sitten; dann aber vermag auch das Urteil der Zensoren nicht zu bewirken, was die Kraft der Gesetze nicht vermochte.

Hieraus folgt, daß die Zensur der Erhaltung, nie aber der Wiederherstellung der Sitten dienen kann. Setzt Zensoren ein, solange die Gesetze in Kraft sind; haben sie ihre Wirkung verloren, ist alles hoffnungslos. Nichts Rechtmäßiges gilt mehr, wenn die Gesetze nicht mehr gelten.

Die Zensur erhält die Sitten, indem sie die Korruption der

Meinungen verhindert, ihre Lauterkeit durch weise Anwendung der Gesetze bewahrt und die Sitten manchmal fixiert, wenn sie noch ungefestigt sind. Der im Königreich Frankreich bei Duellen bis zum Äußersten getriebene Brauch, Sekundanten hinzuzuziehen, wurde allein durch folgende Worte eines königlichen Erlasses abgeschafft: *Wer so feige ist, Sekundanten zu bestellen ...* Dieses Urteil kam der allgemeinen Meinung entgegen und entschied es mit einem Schlag. Als aber die gleichen Erlasse durchsetzen wollten, daß es eine Feigheit sei, sich im Duell zu schlagen – was sehr wahr ist, aber der allgemeinen Meinung zuwiderläuft –, spottete das Publikum dieser Entscheidung, über die es bereits sein Urteil gefällt hatte.

An anderer Stelle[1] habe ich gesagt, daß die öffentliche Meinung keinem Zwang unterworfen ist, es also auch keine Spur eines Zwangs bei dem Tribunal geben darf, das eingerichtet wurde, sie zu vertreten. Man kann nicht genug bewundern, wie geschickt dieses bei den Modernen völlig verlorengegangene Amt von den Römern und mehr noch von den Spartanern gehandhabt wurde.

Wenn ein sittenloser Mensch in Sparta einen guten Vorschlag im Rat unterbreitet hatte, ließen die Ephoren, ohne ihn zu beachten, den gleichen Vorschlag von einem tugendhaften Bürger wiederholen. Welche Ehre für den einen, welche Schande für den anderen, ohne daß einer von ihnen gelobt oder getadelt worden wäre! Trunkenbolde hatten in Samos den Gerichtshof der Ephoren besudelt. Am nächsten Tag wurde den Samiern durch öffentlichen Erlaß gestattet, sich unanständig zu benehmen. Eine wirkliche Bestrafung wäre milder gewesen als diese Straflosigkeit. Wenn Sparta entschieden hatte, was ehrenhaft ist und was nicht, erhob Griechenland keine Einwände.

[1] Ich deute in diesem Kapitel nur an, was ich in dem Brief an d'Alembert ausführlich behandelt habe.

VIII. KAPITEL
Von der Bürgerreligion *[religion civile]*

Anfangs hatten die Menschen keine anderen Könige als die Götter und keine andere Regierung als die theokratische. Sie teilten Caligulas Schlußfolgerung, und so urteilten sie richtig. Es bedarf einer langwierigen Wandlung der Gefühle und Gedanken, ehe man sich entschließen kann, seinesgleichen als Herrn anzuerkennen und sich einzureden, es gehe einem dabei gut.

Allein daraus, daß man Gott an die Spitze einer jeden Gesellschaft *[société politique]* stellte, folgte, daß es ebensoviel Götter wie Völker gab. Zwei einander fremde und fast immer feindliche Völker konnten nicht lange ein und denselben Herrn anerkennen: zwei Heere, die sich eine Schlacht liefern, können nicht demselben Feldherrn gehorchen. Aus den nationalen Trennungen entstand so der Polytheismus und aus diesem die theologische und staatsbürgerliche Intoleranz, die, wie ich noch nachweisen werde, ihrem Wesen nach identisch sind.

Die Griechen wähnten, bei den barbarischen Völkern ihre eigenen Götter wiederzufinden, weil sie sich die natürlichen Herren dieser Völker wähnten. Höchst lächerlich ist aber die Gelehrsamkeit unserer Tage, wenn sie die Identität der Götter verschiedener Nationen behauptet; als ob Moloch, Saturn und Kronos der gleiche Gott sein könnten; als ob der Baal der Phönizier, der Zeus der Griechen und der Jupiter der Lateiner der gleiche sein könnten; als ob Trugbilder mit verschiedenen Namen etwas Gemeinsames haben könnten!

Wie ist zu erklären, daß es im Heidentum, wo jeder Staat seinen Kult und seine Götter hatte, keine Religionskriege gab? Meine Antwort: Eben weil jeder Staat seinen eigenen Kult wie seine eigene Regierung hatte und seine Götter nicht von seinen Gesetzen unterschied. Der politische Krieg war auch ein theologischer Krieg: die Machtsphären der Götter waren sozusagen von den Gesetzen der Nationen festgelegt. Der Gott eines Volkes hatte kein Recht über die anderen Völker. Die Götter der Heiden waren keine eifersüchtigen Götter; sie teilten untereinander die Herrschaft der Welt. Selbst Moses und das hebräische Volk vertraten manchmal diesen Gedanken, wenn sie vom Gott Israels sprachen. Allerdings betrachteten sie die Götter der Kanaanäer, geächteter Völker, dem Untergang und dazu geweiht, ihnen Platz zu machen, als nichtig. Aber seht, wie sie von den Gottheiten der Nachbarvölker sprechen, die anzugreifen ihnen verboten war. *Steht euch der Besitz dessen, was eurem Gott Kemosch gehört*, sagte Jephta zu den Ammonitern, *nicht von Rechts wegen zu? Wir besitzen mit gleichem Recht das Land, das unser Gott als Sieger erworben hat.*[1] Darin lag, wie mir scheinen will, eine wohl anerkannte Gleichwertigkeit der Rechte des Kemosch und des Gottes Israels. Als jedoch die Juden von den babylonischen und später von den syrischen Königen unterworfen worden waren und sich hartnäckig weigerten, einen anderen als ihren Gott anzuerkennen, wurde diese Weigerung als eine Empörung gegen den Sieger angesehen und zog ihnen die Verfolgungen zu, von denen ihre Geschichte berichtet; für sie gibt es vor dem Christentum kein anderes Beispiel.[2]

Da jede Religion einzig und allein an die Gesetze des Staates, der sie vorschrieb, gebunden war, konnte ein Volk nur dadurch bekehrt werden, daß es unterworfen wurde; es gab keine anderen Missionare als die Eroberer. Die Verpflichtung, den Kult zu wechseln, war Gesetz für die Besiegten, man mußte erst gesiegt haben, dann konnte man darüber sprechen. Nicht die Menschen kämpften für die Götter, sondern, wie bei Homer, die Götter für die Menschen. Jeder bat seinen Gott um den Sieg und bedankte sich für ihn durch neue Altäre. Ehe die Römer einen Ort eroberten, forderten sie seine Götter auf, ihn zu verlassen. Als sie den Tarentinern ihre erzürnten Götter ließen, waren sie überzeugt, diese Götter wären ihren Göttern unterworfen und ihnen zu huldigen gezwungen. Sie ließen den Besiegten ihre Götter, wie sie

[1] *Nonne ea, quae possidet Chamos, deus tuus, tibi iure debentur?* So lautet der Text der Vulgata. Pater de Carrières hat übersetzt: *Glaubt ihr nicht das Recht zu haben, das zu besitzen, was Chamos, eurem Gott, gehört?* Ich kenne nicht die Kraft des hebräischen Textes; ich sehe aber, daß in der Vulgata Jephta ausdrücklich das Recht des Gottes Chamos anerkennt und daß der französische Übersetzer diese Anerkennung durch ein *selon vous* (euch zufolge) schwächt, das nicht im Lateinischen steht.

[2] Es ist ganz klar, daß der als heiliger Krieg bezeichnete Krieg der Phokaier kein Religionskrieg war. Er sollte Kultschändungen bestrafen und nicht Ungläubige unterwerfen.

ihnen ihre Gesetze ließen. Eine Krone für den Jupiter des Kapitols war oft der einzige Tribut, den sie auferlegten.

Die Römer verbreiteten mit ihrem Reich auch ihren Kult und ihre Götter und nahmen oft selbst die Götter der Besiegten an, indem sie den einen wie den anderen das Bürgerrecht einräumten. Die Völker dieses Riesenreiches hatten schließlich und unmerklich eine Vielzahl von Göttern und Kulten, die überall ziemlich gleich waren. Auf diese Weise wurde das Heidentum in der gesamten bekannten Welt zu einer Religion.

Unter diesen Umständen gründete Jesus ein geistiges Reich auf Erden, das durch die Trennung des theologischen vom politischen System die Einheit des Staates aufhob und jene inneren Spaltungen hervorrief, die nie aufgehört haben, die christlichen Völker in Unruhe zu halten. Da diese neue Idee eines Reiches in der anderen Welt den Heiden nicht in den Kopf wollte, sahen sie die Christen immer als wirkliche Aufrührer an, die Unterordnung heuchelten und dabei nur auf den Augenblick warteten, unabhängig und Herren zu werden und die Macht, die sie in ihrer Schwäche scheinbar achteten, geschickt an sich zu reißen. Dies war die Ursache der Verfolgungen.

Was die Heiden befürchtet hatten, geschah; alles veränderte sein Aussehen, die demütigen Christen führten plötzlich eine andere Sprache, und das angebliche Reich einer anderen Welt verwandelte sich binnen kurzem unter einem sichtbaren Oberhaupt zur gewalttätigsten Despotie in dieser Welt.

Da es jedoch immer einen Fürsten und bürgerliche Gesetze gab, erzeugte diese zwiefache Macht einen ständigen Konflikt, der in den christlichen Staaten jede gute Staatsführung unmöglich machte. Man wußte nie, ob man dem weltlichen Herrn oder dem Priester zu gehorchen hatte.

Mehrere Völker, selbst in Europa oder in seiner Nachbarschaft, versuchten zwar, das alte System zu bewahren oder wiederherzustellen, jedoch ohne Erfolg; der Geist des Christentums setzte sich überall durch. Der geheiligte Kult blieb oder wurde immer wieder unabhängig vom Souverän, ohne notwendig eine Verbindung zum Staatskörper zu besitzen. Mohammed hatte vernünftige Ansichten, er hielt sein politisches System fest zusammen, und solange die Form seiner Regierung unter seinen Nachfolgern, den Kalifen, weiterbestand, war diese Regierung ganz und gar einheitlich und insoweit gut. Nachdem aber die Araber reich, gelehrt, gebildet, weichlich und feige geworden waren, wurden sie von Barbaren unterjocht, und die Trennung der beiden Gewalten begann von neuem. Obwohl bei den Mohammedanern weniger deutlich als bei den Christen, ist sie dennoch bei ihnen vorhanden, besonders in der Sekte des Ali; und es gibt Staaten wie Persien, wo sie unaufhörlich spürbar bleibt.

Unter uns erhoben sich die Könige von England zu Oberhäuptern der Kirche, und die Zaren taten dasselbe. Aber durch diesen Titel machten sie sich nicht zu Herren, sondern eher zu Dienern der Kirche. Sie erlangten weniger das Recht, sie zu ändern, als die Macht, sie zu schützen. Sie sind in ihr nicht Gesetzgeber, sondern nur Fürsten. Überall, wo die Geistlichkeit einen Körper bildet,[1] ist sie in ihrem Bereich Herr und Gesetzgeber. Es gibt folglich in England und in Rußland, wie überall sonst, zwei Gewalten und zwei Souveräne.

Unter allen christlichen Autoren ist der Philosoph Hobbes der einzige, der das Übel und das Heilmittel wohl erkannt hat; der vorzuschlagen gewagt hat, die beiden Köpfe des Adlers zu vereinen und alles auf die politische Einheit zurückzuführen, ohne die weder Staat noch Regierung jemals gut verfaßt sein werden. Er mußte aber einsehen, daß der herrschsüchtige Geist des Christentums mit seinem System unvereinbar ist und daß die Belange des Priesters immer stärker sein werden als die des Staates. Nicht so sehr das Schreckliche und Falsche in seiner Politik als vielmehr das Gute und Wahre in ihr hat sie verhaßt gemacht.[2]

[1] Man muß beachten, daß die Geistlichkeit nicht so sehr durch formelle Versammlungen, wie in Frankreich, zu einer Körperschaft vereinigt wird, als vielmehr durch die Gemeinschaft der Kirche. Die Kommunion und die Exkommunikation sind der Gesellschaftsvertrag der Geistlichkeit, ein Vertrag, durch den sie immer die Beherrscherin der Völker und der Könige sein wird. Alle Geistlichen, die miteinander kommunizieren, sind Mitbürger, selbst wenn sie an den entgegengesetzten Enden der Welt leben. Diese Erfindung ist ein Meisterstück der Politik. Unter den heidnischen Priestern gab es nichts Ähnliches; daher bildeten sie nie eine geistliche Körperschaft.

[2] Siehe unter anderem in einem Brief von Grotius an seinen Bruder vom 11. April 1643, was dieser Gelehrte an dem Werk *De cive* billigt und was er tadelt. Zur Nachsicht geneigt, scheint er allerdings dem Autor das Gute um des Bösen willen zu verzeihen; aber so gnädig ist nicht jedermann.

Entwickelt man von diesem Gesichtspunkt aus die historischen Tatsachen, könnte man leicht, wie ich glaube, die entgegengesetzten Ansichten von Bayle und Warburton widerlegen. Bayle behauptet, keine Religion sei dem politischen Körper nützlich, Warburton hält dagegen das Christentum für seine stärkste Stütze. Gegen Bayle könnte man beweisen, daß noch nie ein Staat gegründet wurde, dem die Religion nicht als Grundlage diente, und gegen Warburton, daß das christliche Gesetz einer starken Staatsverfassung im Grunde eher schädlich als nützlich ist. Um mich vollends verständlich zu machen, muß ich nur die zu vagen Begriffe über Religion, soweit sie mein Thema berühren, verdeutlichen.

In bezug auf die Gesellschaft – die entweder allgemein menschlich oder eine besondere ist – kann die Religion in zwei Arten unterteilt werden: die Religion des Menschen und die des Bürgers. Die erste, ohne Tempel, ohne Altäre und ohne Riten, beschränkt auf den rein innerlichen Kult des Höchsten Gottes und die ewigen Pflichten der Moral, ist schlicht und einfach die Religion des Evangeliums, der wahre Theismus, das, was man das natürliche göttliche Recht nennen kann. Die andere, auf ein einziges Land beschränkt, gibt diesem seine besonderen Götter und Schutzpatrone; sie hat ihre Dogmen, ihre Riten, ihren von Gesetzen vorgeschriebenen äußeren Kult. Außerhalb der Nation, die sich zu ihr bekennt, gilt ihr alles andere als ungläubig, fremd und barbarisch; die Pflichten und Rechte des Menschen reichen für sie nur so weit wie ihre Altäre. So waren alle Religionen der frühen Völker, die man bürgerliches oder positives göttliches Recht nennen kann.

Es gibt noch eine dritte, seltsamere Art von Religion. Indem sie den Menschen zwei Gesetzgebungen, zwei Oberhäupter und zwei Vaterländer beschert, unterwirft sie sie widersprechenden Pflichten und hindert sie, gleichzeitig fromm und gute Bürger zu sein. Derart ist die Religion der Lamas, der Japaner und des Katholizismus. Man kann sie Priesterreligion nennen. Aus ihr geht eine Art gemischtes, gesellschaftsfremdes Recht hervor, das keinen Namen hat.

Politisch betrachtet, haben alle drei Religionsarten ihre Mängel. Die dritte ist so offenbar schlecht, daß jeder Beweis Zeitverschwendung wäre. Alles, was die gesellschaftliche Einheit zerreißt, taugt nichts; alle Einrichtungen, die den Menschen mit sich selber in Widerspruch bringen, sind untauglich.

Die zweite ist insofern gut, als sie den Gotteskult mit der Liebe zu den Gesetzen vereint. Sie macht das Vaterland zum Gegenstand der Verehrung der Bürger und lehrt sie damit, daß dem Staat dienen zugleich dem Schutzgott dienen heißt. Es ist eine Art Theokratie, in der man keinen anderen Hohenpriester als den Fürsten und keine anderen Priester als die Beamten haben darf. Für das Vaterland sterben heißt ein Martyrium erdulden, Gesetze übertreten heißt gottlos sein, und einen Schuldigen öffentlich Schimpf aussetzen heißt ihn dem Zorn der Götter überantworten. *Sacer estod!*

Aber sie ist insofern schlecht, als sie auf Irrtum und Lüge gründet und die Menschen irreleitet, sie leichtgläubig und abergläubisch macht und die wahre Gottesverehrung in leerem Zeremoniell ertränkt. Schlecht ist sie ferner, wenn sie exklusiv und tyrannisch wird und das Volk blutgierig und intolerant macht; es dürstet dann nur noch nach Mord und Totschlag und glaubt ein heiliges Werk zu tun, wenn es alle ausrottet, die nicht an seine Götter glauben. Das versetzt ein solches Volk in einen natürlichen Kriegszustand mit allen anderen, der für seine eigene Sicherheit sehr schädlich ist.

Bleibt die Religion des Menschen oder das Christentum, nicht das heutige, sondern das des Evangeliums, das davon völlig verschieden ist. Durch diese heilige, erhabene, wahre Religion erkennen sich die Menschen, Kinder ein und desselben Gottes, als Brüder an, und das Gesellschaftsband, das sie vereint, wird nicht einmal vom Tod gelöst.

Da diese Religion jedoch in keiner besonderen Beziehung zu dem politischen Körper steht, läßt sie den Gesetzen lediglich die Kraft, die sie aus sich selbst ziehen, ohne ihnen eine andere zu verleihen, und so bleibt eines der wichtigsten Bande der besonderen Gesellschaftsform ohne Wirkung. Mehr noch: statt die Herzen der Bürger an den Staat zu fesseln, löst sie sie vielmehr von ihm ab, wie von allen anderen irdischen Dingen. Ich kenne nichts, was dem gesellschaftlichen Geist mehr widerspricht.

Man sagt uns, ein Volk wahrer Christen würde die vollkommenste Gesellschaft bilden, die denkbar ist. Bei dieser Annahme sehe ich nur eine große Schwierigkeit: eine Gesellschaft wahrer Christen wäre keine Gesellschaft von Menschen mehr.

Ich behaupte sogar, diese angenommene Gesellschaft wäre in all ihrer Vollendung weder die stärkste noch die dauerhafteste: wegen ihrer Vollkommenheit würde ihr der Zusammenhalt fehlen; ihre Vollkommenheit selbst wäre der sie zerstörende Mangel.

Jeder würde seine Pflicht erfüllen; das Volk würde den Gesetzen gehorchen, die Oberen wären gerecht und maßvoll, die Beamten integer und unbestechlich; die Soldaten verachteten den Tod; es gäbe weder Eitelkeit noch Luxus. Das ist alles höchst vortrefflich, aber sehen wir weiter.

Das Christentum ist eine rein geistige Religion, die sich einzig und allein mit den Dingen des Himmels beschäftigt: das Vaterland des Christen ist nicht von dieser Welt. Er erfüllt zwar seine Pflicht, aber mit tiefer Gleichgültigkeit hinsichtlich des Erfolgs oder Mißerfolgs seiner Bestrebungen. Hat er sich keinen Vorwurf zu machen, kümmert es ihn wenig, ob hienieden alles gut oder übel steht. Ist der Staat in Blüte, wagt er kaum, den allgemeinen Wohlstand zu genießen; er fürchtet, der Ruhm seines Landes könnte ihn hochmütig werden lassen. Geht der Staat zugrunde, segnet er die Hand Gottes, die schwer auf seinem Volk lastet.

Damit die Gesellschaft in Frieden und Eintracht leben kann, müßten alle Bürger ohne Ausnahme gute Christen sein. Fände sich indessen unglücklicherweise unter ihnen ein einziger Ehrgeiziger, ein einziger Heuchler, zum Beispiel ein Catilina oder ein Cromwell, so hätte dieser leichtes Spiel mit seinen frommen Landsleuten. Die christliche Nächstenliebe macht es nicht leicht, Böses von seinem Nächsten zu denken. Hat er durch eine List die Kunst entdeckt, sie hinters Licht zu führen und einen Teil der Staatsgewalt an sich zu reißen, so erlangt er auch Würde; Gott will, daß man ihn achte; schnell wird er eine Macht; Gott will, daß man ihm gehorcht. Mißbraucht der Träger diese Macht? Dann ist er die Geißel, mit der Gott seine Kinder züchtigt. Man würde sein Gewissen belasten, wollte man den Usurpator verjagen; man müßte die öffentliche Ruhe stören, Gewalt anwenden und Blut vergießen. All das ist mit der Sanftmut der Christen schwer vereinbar. Und schließlich, was liegt daran, ob man in diesem Jammertal frei oder Sklave ist? Die Hauptsache ist, ins Himmelreich zu kommen, und die Entsagung ist dazu nur ein Mittel mehr.

Bricht ein äußerer Krieg aus? Die Bürger ziehen guten Willens in den Kampf; keiner denkt an Flucht; sie tun ihre Pflicht, aber ohne Leidenschaft für den Sieg; sie verstehen es besser, zu sterben als zu siegen. Sieger oder Besiegte, was macht das aus? Weiß die Vorsehung nicht besser als sie, was sie brauchen? Man stelle sich vor, welchen Vorteil ein stolzer, ungestümer und leidenschaftlicher Feind aus ihrem Stoizismus ziehen kann! Stellt ihnen jene hochherzigen Völker gegenüber, die heiße Ruhm- und Vaterlandsliebe verzehrten, denkt euch eure christliche Republik Sparta oder Rom gegenübergestellt. Die frommen Christen wären geschlagen, überrannt und vernichtet, ehe sie Zeit hätten, sich zu besinnen; oder sie verdankten ihre Rettung nur der Verachtung, die der Feind für sie empfindet. Die Soldaten des Fabius legten einen schönen Eid in meinem Sinne ab: Sie schworen nicht, zu sterben oder zu siegen, sie schworen, als Sieger heimzukehren, und sie hielten ihren Schwur. Nie hätten Christen solchen Eid abgelegt; sie hätten befürchtet, Gott zu versuchen.

Aber ich irre mich, wenn ich von einer christlichen Republik rede; diese beiden Wörter schließen einander aus. Das Christentum predigt nur Knechtschaft und Abhängigkeit. Sein Geist ist der Tyrannei allzu günstig, als daß sie nicht immer ihren Vorteil daraus zöge. Die wahren Christen sind dazu geschaffen, Sklaven zu sein; sie wissen es und tragen es gelassen; dieses kurze Leben hat einen zu geringen Wert in ihren Augen.

Christliche Truppen sollen vortrefflich sein, sagt man. Ich bestreite es. Man zeige mir solche! Ich kenne überhaupt keine christlichen Truppen. Man wird mir die Kreuzzüge nennen. Ohne über die Tapferkeit der Kreuzfahrer streiten zu wollen, möchte ich nur bemerken, daß sie bei weitem keine Christen, sondern priesterliche Soldaten, Bürger der Kirche waren. Sie schlugen sich für das geistige Reich der Kirche, das sie, man weiß nicht wie, in ein weltliches umgewandelt hatten. Genaugenommen war es Heidentum. Da das Evangelium keine nationale Religion stiftet, ist jeder heilige Krieg unter Christen unmöglich.

Unter den heidnischen Kaisern waren die christlichen Soldaten tapfer. Alle christlichen Autoren versichern es, und ich glaube es: Es war ein Wettstreit der Ehre gegen die heidnischen Truppen. Sobald die Kaiser Christen geworden waren, hörte dieser Wettstreit auf, und als das Kreuz den Adler verjagt hatte, war es mit der ganzen römischen Tapferkeit zu Ende.

Aber lassen wir die politischen Betrachtungen und kommen wir auf das Recht zurück, um die Prinzipien in einem so wichtigen Punkt festzuhalten. Das Recht, das der Gesellschaftsvertrag dem Souverän über die Untertanen gibt, erstreckt sich, wie gesagt, nicht über die Grenzen des öffentlichen Wohls hinaus.[1] Die Untertanen sind dem Souverän mithin nur insoweit Rechenschaft über ihre Ansichten schuldig, als sich diese Ansichten auf die Gemeinschaft beziehen. Für den Staat ist es allerdings wichtig, daß jeder Bürger eine Religion habe, die ihn seine Pflichten lieben läßt. Die Dogmen dieser Religion gehen dagegen den Staat und seine Mitglieder nur insofern etwas an, als sie die Moral und die Pflichten betreffen, die der Gläubige anderen gegenüber zu erfüllen hat. Darüber hinaus kann jeder glauben, was er will, ohne daß dem Souverän zusteht, es zu wissen: Da er in der anderen Welt nicht zuständig ist, hat das Los seiner Untertanen im künftigen Leben ihn nicht zu kümmern, wenn sie nur in diesem gute Bürger sind.

Es gibt also ein rein bürgerliches Glaubensbekenntnis; und es steht dem Souverän zu, seine Artikel festzulegen, jedoch nicht als religiöse Dogmen, sondern als Gefühle gesellschaftlichen Zusammenlebens, ohne die man weder guter Staatsbürger noch treuer Untertan sein kann.[2] Ohne jemand zwingen zu können, an sie zu

[1] *In der Republik,* sagt der Marquis d'Argenson, *ist jeder vollkommen frei, soweit er den anderen nicht schadet.* Das ist die unverrückbare Grenze; man kann sie nicht genauer ziehen. Ich konnte mir nicht das Vergnügen versagen, manchmal aus diesem Manuskript zu zitieren, obwohl es dem Publikum unbekannt ist, um das Andenken eines berühmten und geachteten Mannes zu ehren, der auch als Minister das Herz eines wahren Bürgers und richtige und gesunde Ansichten über die Regierung seines Landes bewahrt hatte.

[2] Als Cäsar bei der Verteidigung des Catilina den Satz von der Sterblichkeit der Seele zu begründen suchte, verloren Cato und Cicero zu seiner Widerlegung keine Zeit mit philosophischen Erörterungen: sie begnügten sich nachzuweisen, daß Cäsar als schlechter Bürger spräche und eine dem Staate verderbliche Lehre aufstellte. In der Tat hatte der römische Senat darüber und nicht über eine theologische Streitfrage zu entscheiden.

glauben, darf der Souverän jeden, der nicht an sie glaubt, aus dem Staat verbannen; nicht als Ungläubigen, sondern als jemanden, der nicht bereit ist, in Gesellschaft zu leben, unfähig, die Gesetze und die Gerechtigkeit aufrichtig zu lieben und notfalls sein Leben seiner Pflicht zu opfern. Wer diese Glaubensartikel öffentlich anerkannt hat und sich dennoch verhält, als glaube er nicht an sie, soll mit dem Tod bestraft werden. Er hat das größte aller Verbrechen begangen, er hat vor dem Gesetz einen Meineid geleistet.

Die Dogmen der Bürgerreligion *[religion civile]* müssen einfach sein, gering an Zahl, klar im Ausdruck, ohne Auslegungen und Erklärungen. Die Existenz einer mächtigen, vernünftigen, wohltätigen, vorausschauenden und voraussorgenden Gottheit, das künftige Leben, die Belohnung der Gerechten, die Bestrafung der Bösen, die Heiligkeit des Gesellschaftsvertrages und der Gesetze, das sind ihre positiven Glaubenssätze. Die negativen Glaubenssätze beschränke ich auf einen einzigen: die Intoleranz. Sie gehört den Kulten an, die wir ausgeschlossen haben.

Wer zwischen staatsbürgerlicher und theologischer Intoleranz unterscheidet, irrt meiner Ansicht nach. Beide sind untrennbar. Es ist unmöglich, mit Leuten, die man für verdammt hält, im Frieden zu leben; sie lieben hieße Gott hassen, der sie bestraft. Man muß sie bekehren oder peinigen. Überall, wo theologische Intoleranz herrscht, muß sie notwendigerweise die bürgerlichen Verhältnisse[1] beeinflussen; und sobald sie das tut, ist der Souverän nicht mehr Souverän, nicht einmal in weltlichen Dingen: die Priester sind dann die wahren Herren, die Könige nur noch ihre Diener.

Da es heute keine ausschließende Nationalreligion mehr gibt

[1] Die Ehe zum Beispiel ist ein bürgerlicher Vertrag mit bürgerlichen Folgen, ohne die die Gesellschaft nicht bestehen könnte. Nehmen wir an, dem Klerus gelänge es, das alleinige Recht zur Eheschließung an sich zu reißen, wie er es in jeder intoleranten Religion notwendigerweise tut. Liegt es nicht auf der Hand, daß er durch Geltendmachen der kirchlichen Autorität die des Fürsten aufheben wird und diesem nur so viele Untertanen bleiben werden, als die Priesterschaft ihm zu überlassen geruht? Allein befugt, die Leute zu verheiraten oder nicht zu verheiraten, je nachdem, ob sie sich zu diesem oder jenem Glauben bekennen, ob sie dieses oder jenes Zeremoniell anerkennen oder zurückweisen, ob sie mehr oder weniger ergeben sind, wird die Geistlichkeit, wenn sie nur klug und beharrlich

noch geben kann, muß man alle Religionen dulden, die die anderen dulden, solange ihre Dogmen den Bürgerpflichten nicht widersprechen. Wer aber zu sagen wagt: *Außerhalb der Kirche gibt es kein Heil*, soll aus dem Staat verjagt werden, außer der Staat sei die Kirche und der Herrscher der Papst. Ein solches Dogma taugt nur in einer theokratischen Regierung, in jeder anderen ist es verderblich. Der Grund, aus dem Heinrich IV. zum Katholizismus übergetreten sein soll, müßte jeden anständigen Menschen und besonders jeden Fürsten, der bei Verstand ist, veranlassen, den Katholizismus aufzugeben.

IX. KAPITEL
Schluss

Nachdem ich die wahren Prinzipien des Staatsrechts aufgestellt und mich bemüht habe, den Staat auf seiner Grundlage aufzurichten, bliebe noch übrig, ihn durch seine äußeren Beziehungen zu stützen. Das würde das Völkerrecht umfassen, den Handel, das Kriegsrecht und die Eroberungen, das öffentliche Recht, Koalitionen, Unterhandlungen, Verträge usw. Das alles bildet jedoch einen neuen Gegenstand, der für meinen engen Blick viel zu weit ist; ich hätte ihn noch stärker auf meine nähere Umgebung richten sollen.

verfährt, allein über Erbschaften, Ämter, Bürger, ja über den Staat selbst verfügen, der nicht fortbestehen könnte, weil er nur noch uneheliche Kinder hat. Aber, wird man einwenden, man wird doch gegen solchen Mißbrauch Einspruch erheben, man wird vertagen, beschließen, sich an weltliche Gerichte wenden. Wie einfältig! Wenn die Geistlichkeit nur ein wenig, ich sage nicht Mut, sondern gesunden Menschenverstand hat, wird sie alles seinen Gang gehen lassen; sie läßt in aller Ruhe Einspruch erheben, vertagen, beschließen, berufen und ist am Ende doch der Herr. Es ist, will mir scheinen, kein großes Opfer, auf einen Teil zu verzichten, wenn man sicher ist, sich des Ganzen zu bemächtigen.

POLITISCHE FRAGMENTE

I

[EINFÜHRUNG]

1

Größe der Nationen
Regierung
Über die Gesetze
Über die Religion
Über die Ehre
Über die F
Über den Handel
Über die Reisen
Über die Nahrungsmittel
Unsitten der Gesellschaft
Pflege der Wissenschaften
Untersuchung über die Republik Platons

2

Vorwort

Ich werde die Wahrheit sagen, und dies in dem Ton, der ihr gemäß ist. Kleinmütige Leser, die seine Schlichtheit anwidert und seine Offenheit empört, schließt mein Buch, es ist nicht für euch geschrieben. Spottlüsterne Leser, die ihr an der Wahrheit nur liebt, was die Bosheit eurer Seele nährt, schließt mein Buch und werft es fort, ihr werdet darin nicht finden, was ihr sucht, und alsbald den ganzen Abscheu erblicken, den der Autor gegen euch hegt.

Wenn diese Schrift in die Hände eines ehrbaren Menschen fällt, der die Tugend verehrt, seine Brüder liebt, ihre Irrtümer beklagt und ihre Laster verabscheut, der sich manchmal von den Leiden der Menschheit rühren läßt und sich vor allem darum müht, sich zu bessern: der mag es ruhig lesen. Mein Herz wird zu dem seinen sprechen.

Ich stelle mir gern vor, daß irgendein Staatsmann eines Tages Staatsbürger sein wird und daß er die Dinge nicht allein verändert, um es anders zu machen als sein Vorgänger, sondern um sie zum Besseren zu wenden; daß er das öffentliche Glück nicht ohne Unterlaß im Munde führt, sondern es auch ein wenig im Herzen trägt. Daß er die Völker nicht unglücklich machen wird, um seine Macht zu stärken, sondern diese dazu benutzt, das Glück der Völker herzustellen. Daß er durch einen glücklichen Zufall seine Blicke in dieses Buch wirft und meine ungestalten Ideen in ihm nützlichere hervorbringen, daß er sich bemühen wird, die Menschen besser oder glücklicher zu machen, und daß ich vielleicht ein wenig dazu beigetragen haben werde. Dieser trügerische Wunsch hat mich zur Feder greifen lassen …

3

Wenn nach einigen Jahren mein Name in den literarischen Annalen gelöscht sein wird, möge er in irgendeiner armen und unbekannten, aber gerechten, weisen und glücklichen Nation weiterleben, die, weil sie Frieden und Unschuld über Ruhm und Eroberungen stellt, manchmal mit Freude lesen wird …

4

Denn wenn man alle angenehmen Tätigkeiten ausgeschöpft hat, muß man, um einen Müßiggang zu meiden, den die Gewohnheit des Denkens unerträglich werden läßt, schließlich zu den nützlichen Tätigkeiten zurückkehren. Übrigens, die dem Anschein nach nichtigsten Künste …

II

[ÜBER DEN NATURZUSTAND]

1

Wer ehrlich alle Vorurteile der menschlichen Eitelkeit ablegt und ernsthaft über all diese Dinge nachdenkt, wird schließlich herausfinden, daß all die hochtrabenden Worte über Gesellschaft, Gerechtigkeit, Gesetz, gegenseitigen Beistand, Hilfe für die Schwachen, Philosophie und Fortschritt der Vernunft nur Köder sind, die von geschickten Politikern oder feigen Schmeichlern erfunden wurden, um schlichten Gemütern etwas vorzumachen, und er wird, allen Sophismen der Vernünftler zum Trotz, schlußfolgern, daß der reine Naturzustand der einzige ist, in dem die Menschen am wenigsten bösartig, am glücklichsten und zahlreichsten auf Erden wären.

2

Die Stimme der Natur und die der Vernunft würden einander nie widersprechen, wenn der Mensch sich nicht selbst Pflichten auferlegt hätte, die er dann gezwungen ist, stets der natürlichen Neigung vorzuziehen.

3

Aber die Pflichten des Menschen im Naturzustand sind immer der Sorge um seine eigene Erhaltung untergeordnet, der wichtigsten und stärksten aller Sorgen.

4

… daraus folgt, daß das Naturgesetz verletzen nichts anderes heißt, als durch eine außergewöhnliche und der Ordnung der Natur widersprechende Weise des Handelns eine besondere Ausnahme in irgendeinem dieser allgemeinen Zusammenhänge zu machen.

5

Obwohl die Vereinigungen, von denen ich gerade sprach, kaum anders als stillschweigend eingegangen wurden, nur auf einen bestimmten Zweck gerichtet waren und nur so lange währten wie das Bedürfnis, das sie hervorgebracht hatte, gaben sie ihm immerhin eine grobe Vorstellung …

6

Aber Zwistigkeiten waren so selten und gegenseitige Hilfe so häufig, daß aus diesem freien Umgang weit mehr Freundlichkeit als Haß erwachsen mußte, eine Wohlgeneigtheit, die, verbunden mit dem Gefühl des Mitleids und der Barmherzigkeit, das die Natur in alle Herzen eingegeben hatte, die Menschen dazu bringen mußte, recht friedlich in der Herde zu leben.

7

Solange die Menschen ihre ursprüngliche Unschuld bewahrten, bedurften sie keines anderen Führers als der Stimme der Natur; solange sie nicht bösartig wurden, waren sie davon entbunden, gut zu sein; denn die meisten Übel, unter denen sie leiden, kommen von der Natur und weit weniger von ihresgleichen, so daß, bevor ein Mensch versucht war, einem anderen zu schaden, die Mildtätigkeit eine fast entbehrliche Pflicht gewesen war; und man kann sagen, daß selbst die Tugend, die das Glück dessen ausmacht, der sie übt, ihre Schönheit und Nützlichkeit nur aus den Notlagen des Menschengeschlechts gewinnt.

Aber schließlich begann eine Zeit, da das Gefühl des Glücks

relativ wurde und man auf die anderen schauen mußte, um zu wissen, ob man selbst glücklich war. Es kam noch eine spätere, in der das Wohl jedes Individuums so sehr vom Mitwirken aller anderen abhing und die Interessen sich derart kreuzten, daß man zwangsläufig eine gemeinsame, von allen respektierte Schranke errichten mußte, die den Anstrengungen jedes einzelnen, sich auf Kosten der anderen einzurichten, eine Grenze steckte.

8

Betrachtet man die natürliche Verfassung der Dinge, so scheint der Mensch offensichtlich dazu bestimmt, das glücklichste aller Geschöpfe zu sein; bedenkt man jedoch den gegenwärtigen Zustand, dann erscheint die menschliche Gattung als die bedauernswerteste von allen. Es ist allem Anschein nach so, daß die meisten ihrer Übel ihr eigenes Werk sind, und man darf annehmen, sie habe mehr getan, ihre Lage zu verschlechtern, als die Natur tun konnte, um sie zu verbessern.

Wenn der Mensch vereinzelt lebte, hätte er wenige Vorteile gegenüber den anderen Tieren. Erst im Umgang miteinander entwickeln sich die höchsten Fähigkeiten und zeigt sich das Herausragende seiner Natur.

Nur auf die Befriedigung seiner Bedürfnisse bedacht, erwirbt er durch den Verkehr mit seinesgleichen und mit den Erkenntnissen, die ihn erleuchten, die Gefühle, die ihn glücklich machen müssen. In einem Wort, nur wenn er Teil der Gesellschaft wird, wird er ein moralisches Wesen, ein vernunftbegabtes Tier, der König der anderen Tiere und das Ebenbild Gottes auf Erden.

Aber der Mensch konnte mit sehr begrenztem Wissen ein sehr vernünftiges Wesen sein. Denn da er nur die Gegenstände sah, die ihn interessierten, betrachtete er sie mit großer Sorgfalt und verknüpfte sie sehr richtig gemäß seinen wirklichen Bedürfnissen. Seitdem sich sein Blickfeld erweiterte und er alles erkennen wollte, hat er es unterlassen, die gleiche Klarheit in seine Überlegungen einzubringen, hat er weit mehr danach getrachtet, seine Urteile zu vermehren, als sich vor dem Irrtum zu schützen, ist eher vernünftlerischer und weniger vernünftig geworden.

All diese Unzulänglichkeiten beruhen mehr auf der Beschaffenheit der Gesellschaften als auf der des Menschen; denn was sind seine physischen Bedürfnisse, verglichen mit denen, die er sich selbst geschaffen hat, und wie kann er hoffen, seine Lage mit den letzteren zu verbessern, wenn diese neuen Bedürfnisse nur in Reichweite einer Minderheit liegen und die allermeisten davon gar ausgeschlossen sind; ein einzelner kann nur das genießen, was tausend vorenthalten wird, die nach vielen Strapazen und unnützen Leiden unglücklich sterben.

9

Die Zeit der schändlichsten Zügellosigkeiten und der schlimmsten Notlagen hatte der Mensch zu erdulden, als neue Leidenschaften die natürlichen Gefühle erstickten und der Menschenverstand noch nicht fortgeschritten genug war, um den Regungen der Natur durch weise Maximen zu begegnen. Beim ersten Hinsehen weniger schrecklich, aber in Wirklichkeit noch verderblicher war jene Epoche, in der die Menschen durch ständiges Grübeln und Verfeinern der Kunst zu denken dahin gelangten, jede Lehre von der Gesellschaft und den Sitten umzustoßen und zu verdrehen und ein Moralsystem nur als Köder zu betrachten, mit dem Leute von Geist Nutzen aus der Leichtgläubigkeit der schlichten Gemüter ziehen.

10

Sobald ein Mensch sich mit den anderen vergleicht, wird er notwendig zu deren Feind, denn jeder will zuinnerst der Stärkste, der Glücklichste, der Reichste sein und kann einen jeden, der das gleiche Vorhaben in sich trägt und ihm somit bei dessen Verwirklichung ein Hindernis ist, nur als heimlichen Feind betrachten. Dieser ursprüngliche und grundlegende Widerspruch bewirkt, daß die gesellschaftlichen Zuneigungen nur dem Anschein nach existieren und daß wir nur, um uns um so sicherer den Vorzug vor anderen zu geben, so tun, als zögen wir diese uns selbst vor.

11

Der vereinzelte Mensch ist ein so schwaches Wesen oder zumindest eines, dessen Kraft so sehr nach seinen natürlichen Bedürfnissen und seinem Urzustand bemessen ist, daß er, sobald sich dieser Zustand geringfügig ändert und diese Bedürfnisse wachsen, nicht mehr auf seinesgleichen verzichten kann, und wenn durch zunehmenden Fortschritt seine Gelüste die ganze Natur umfassen, reicht die Mithilfe der ganzen menschlichen Gattung kaum aus, sie zu stillen. So geschieht es, daß dieselben Gründe uns zugleich böse machen und versklaven, daß unsere Schwäche aus unserer Habgier erwächst, unsere Bedürfnisse uns in dem Maße einander annähern, wie unsere Leidenschaften uns trennen, und je mehr wir zu Feinden werden, desto weniger können wir aufeinander verzichten.

12

Aber obgleich es keine natürliche und allgemeine Gesellschaft zwischen den Menschen gibt, obgleich sie böse und unglücklich werden, wenn sie in den Gesellschaftszustand eintreten, obgleich die Gesetze der Gerechtigkeit und der Gleichheit für Menschen nichts bedeuten, die zugleich in Unabhängigkeit vom Naturzustand leben und den Bedürfnissen des Gesellschaftszustandes unterworfen sind, wäre die Annahme weit gefehlt, daß es für uns weder Glück noch Tugend mehr gäbe, daß der Himmel uns hilflos dem Verfall der Gattung ausgeliefert hätte; bemühen wir uns, aus dem Übel selbst das Gegenmittel zu gewinnen, das ihm beikommen soll; beheben wir durch neue Assoziationen den Grundfehler der allgemeinen Assoziation. Möge der Gewaltige, an den wir uns wenden, selbst Richter über unsere Bemühungen sein; wir wollen ihm zeigen, wie vollendete Kunst jene Übel beseitigt, die unfertige Kunst der Natur zufügte; zeigen wir ihm das ganze Elend des Zustandes, den er für glücklich hielt; führen wir ihm vor Augen, daß in einer besser eingerichteten Verfassung der Dinge der Lohn für gute Taten, die Strafe für schlechte und die wohltuende Übereinstimmung von Gerechtigkeit und Glück liegen; erhellen wir seinen Verstand mit neuen Einsichten, erwärmen wir sein Herz mit neuen Gefühlen, damit er lerne, das Vergnügen zu spüren, sein Wesen zu vervielfachen, indem er es mit dem von seinesgleichen vereint, daß er schließlich in seinem eigenen wohlverstandenen Interesse gerecht, mildtätig, gemäßigt, tugendhaft, ein Freund der Menschen und der würdigste unserer Staatsbürger werde.

13

Wenn wir ihm die wirkliche Beschaffenheit einer vernünftigen und rechtmäßigen Regierung erklären können und wenn mein Eifer mich bei diesem großen Unterfangen nicht blendet, dürfen wir nicht daran zweifeln, daß dieser Feind des Menschengeschlechts, falls er eine starke Seele und einen geradlinigen Verstand besitzt, seinem Haß mit seinen Irrtümern schließlich abschwören wird und daß er, der ein grausamer Räuber sein wollte, in seinem eigenen wohlverstandenen Interesse gerecht, mildtätig, gemäßigt, tugendhaft, ein Freund der Menschen und der würdigste unserer Staatsbürger wird.

14

Ihr würdet gewisse Übel vielleicht zurückdrängen oder ihnen vorbeugen können, auch wenn sie euch vielleicht niemals betreffen werden; aber das würdet ihr nur vermögen, indem ihr eindeutigere und nicht weniger verderbliche Übel auf euch lüdet.

15

… um wieder dort anzufangen, von wo wir ausgegangen sind. Wir wollen bei irgendeinem Teil der Regierungskunst herausfinden, was in allen Wissenschaften zu tun wünschenswert wäre; zerstören wir zunächst alles, was getan worden ist, das ist das Beste, was wir jetzt tun können, denn um eine Vorschrift aufzustellen, die den Taten der Menschen gemäß ist, muß man zuerst die verschiedenen Beziehungen, die sie untereinander eingehen müssen, gut regeln.

16

I. KAPITEL
Über das Naturrecht und die allgemeine Gesellschaft

Beginnen wir damit, eine Zweideutigkeit zu beseitigen, die Quelle vieler Sophismen ist.

Es gibt zwei Arten der Betrachtung …

III

[ÜBER DEN GESELLSCHAFTSVERTRAG]

1

Das Volk kann nur mit sich selbst Verträge abschließen: denn wenn es mit seinen Beamten Verträge schlösse, die es doch zu Verwahrern seiner ganzen Macht bestimmt hat, wobei es keinen Gewährsmann für den Vertrag gibt, wäre dies kein Vertrag mit ihnen, sondern es hieße in Wirklichkeit, sich ihrem Gutdünken zu unterwerfen.

2

Was soll man auf Verpflichtungen geben, die einzuhalten man die Vertragspartner nicht zwingen kann und da das Interesse, das ihnen [...], da es sich ändert [...]

3

Ihr habt mich mit Gewalt unterworfen, und solange Ihr der Stärkere wart, habe ich Euch redlich gehorcht; nun, da der Grund, der mich Euch unterwarf, nicht mehr besteht, endet meine Unterwerfung, und Ihr könntet nicht sagen, warum ich Euch gehorchte, ohne gleichzeitig zu sagen, warum ich Euch nicht mehr gehorche.

4

Eine Überlassung, die niemals rechtmäßig sein kann, weil sie auf einer Macht beruht, die weder für den Herrn noch für den Sklaven vorteilhaft ist und folglich dem Naturrecht widerspricht.

Denn der Vorzug zu befehligen ist jenseits des Dienstes an der Person nur ein vorgestelltes, auf reiner Annahme beruhendes Gut, und es ist für das persönliche Wohlbefinden des Fürsten ganz gleichgültig, ob er hunderttausend Untertanen mehr oder weniger hat. Noch weniger stellt der Zwang zum Gehorsam ein Gut dar, wenn man keinen Gewährsmann dafür hat, weise geführt zu werden; behauptet man aber ernsthaft, man könne die Völker wie Viehherden nach Belieben von Herrn zu Herrn weitergeben, ohne nach ihrem Interesse und ihrer Meinung zu fragen, dann heißt das, sich über die Menschen lustig zu machen.

5

Da alle Bürgerrechte auf dem Eigentumsrecht beruhen, kann, sobald das letztgenannte abgeschafft ist, kein anderes bestehen. Die Gerechtigkeit wäre nur noch ein Trugbild und die Regierung eine Tyrannei, und da die Staatsmacht keine rechtliche Grundlage hätte, wäre niemand gehalten, sie anzuerkennen, es sei denn, er würde durch Gewalt dazu gezwungen.

6

Wie man gesagt hat, daß die Schönheit nur die Verbindung der gewöhnlichsten Züge sei, so kann man sagen, daß die Tugend nur die Zusammenfassung der allgemeinsten Willensäußerungen sei.

7

Die Bosheit ist im Grunde genommen nur ein Widerstand des Einzelwillens gegen den Gemeinwillen, und darum kann es bei den Bösen keine Freiheit geben, denn wenn jeder seinen Willen durchsetzt, widerspricht dieser dem Gemeinwillen oder dem des Nachbarn und meist beiden gemeinsam, und wenn er gezwungen ist, dem Gemeinwillen zu gehorchen, wird er seinen niemals durchsetzen.

8

Da der Gemeinwille im Staat die Norm für Recht und Unrecht ist und er stets auf das Wohl der Gesellschaft und des einzelnen hinzielt, darf die Staatsmacht nur Ausführende dieses Willens sein, woraus folgt, daß die ihrer Natur nach beste aller Regierungen jene ist, die dem am besten entspricht; jene, deren Mitglieder am wenigsten persönliche Interessen wider das Interesse des Volkes verfolgen; denn dieser Zwiespalt der Interessen muß bei den Oberen zwangsläufig einen Sonderwillen ausprägen, der sich in ihrer Verwaltungstätigkeit oft über den Gemeinwillen hinwegsetzt; wenn die Leibesfülle dem Kopf Schaden zufügt, wird dieser mit großer Sorgfalt darauf bedacht sein, den Körper am Fettwerden zu hindern. Wenn das Glück eines Volkes für die Herrschsucht der Oberen ein Hindernis ist, dann soll das Volk sich nicht in der Hoffnung wiegen, je glücklich zu sein.

Wenn aber die Regierung beschaffen ist, wie sie es sein sollte, und wenn sie die Prinzipien befolgt, die sie haben muß, wird sie in der Ökonomie oder öffentlichen Verwaltung zuallererst danach trachten, unablässig auf die Vollstreckung des Gemeinwillens zu achten, der zugleich das Recht des Volkes und die Quelle seines Glücks ist. Jede Entscheidung dieses Willens heißt Gesetz, und folglich ist die erste Pflicht der Oberen, auf die Einhaltung der Gesetze zu achten.

9

Solange die Regierung nur für das öffentliche Wohl handelt, ist es unmöglich, daß sie die Freiheit antastet, weil sie dann nur den Gemeinwillen vollstreckt und weil niemand sich als unterworfen betrachten kann, wenn er allein seinem Willen gehorcht.

10

Aber immer dann, wenn es sich um einen wirklichen Akt der Souveränität handelt – der nur eine Äußerung des Gemeinwillens ist –, kann das Volk keine Repräsentanten haben, weil es unmöglich sicher sein kann, daß jene ihre Willensäußerungen nicht an die Stelle der seinen setzen und die einzelnen nicht zwingen werden, in seinem Namen Befehlen zu gehorchen, die es weder gegeben hat noch geben wollte. Eine Majestätsbeleidigung, die nur wenige Regierungen nicht begehen.

11

Demnach muß man sich hüten, das Wesen der Gesellschaft *[société civile]* mit dem der Souveränität zu verwechseln. Denn der Gesellschaftskörper entsteht aus einem einzigen Willensakt, und sein ganzes Fortbestehen ist nur die Folge und die Wirkung einer vorangegangenen Verpflichtung, deren Geltung erst dann endet, wenn dieser Körper aufgelöst ist. Aber die Souveränität, die nur die Anwendung des Gemeinwillens ist, ist frei wie dieser und keinerlei Verpflichtung unterworfen. Jeder Akt der Souveränität wie jeder Augenblick seiner Dauer ist absolut, unabhängig von dem vorhergehenden, und der Souverän handelt niemals, weil er gewollt hat, sondern weil er will.

12

Ich habe an anderer Stelle gesagt, worin das Ziel der öffentlichen Verwaltung besteht, und ich habe auch gesagt, wie die Regierung beschaffen sein muß, um dieses Ziel so unmittelbar wie möglich anzugehen; mir bleibt hier zu untersuchen, was sie tun muß, um es zu erreichen oder sich ihm soweit wie möglich zu nähern.

Das Ziel der Regierung ist die Durchsetzung des Gemeinwillens, und was sie daran hindert, dieses Ziel zu erreichen, ist der Widerstand der Einzelwillen.

13

Alle wesentlichen Pflichten der Regierung sind in diesen wenigen Hauptpunkten enthalten: 1. auf die Einhaltung der Gesetze achten, 2. die Freiheit verteidigen, 3. die Sitten wahren und 4. die gemeinschaftlichen Bedürfnisse befriedigen. Aber wie wichtig diese Gebote auch erscheinen mögen, sie verkümmern zu unnützen und dürren Maximen, die nicht anwendbar sind, wenn sie nicht durch das aktive und erhabene Prinzip, das sie inspirieren muß, zur Wirkung gebracht werden; dies deutlich zu machen ist mein Anliegen.

14

Das erste Ziel, das sich die Menschen bei ihrem gesellschaftlichen Verbund stellten, war die gegenseitige Sicherheit, das heißt die Gewährleistung des Lebens und der Freiheit eines jeden durch die ganze Gemeinschaft. Die erste Pflicht der Regierung besteht also darin, die Staatsbürger in den friedlichen Genuß des einen wie des anderen zu bringen; und auch die Einhaltung der Gesetze wird nur deshalb so streng gefordert, weil das Gesetz lediglich eine Äußerung des öffentlichen Willens ist und weil man es nicht übertreten kann, ohne die Freiheit anzutasten. Da die Öffentlichkeit nichts anderes ist als die Ansammlung der einzelnen, sind ihre Rechte allein auf denen der einzelnen begründet.

15

Wenn alle Teile des Staates zu seiner Festigkeit beitragen, wenn all seine Kräfte bereit sind, sich bei Bedarf zu seiner Verteidigung zu vereinen, und die einzelnen an ihre Selbsterhaltung nur denken, solange diese der des Staates nützt, dann ist der Körper so sicher, wie er nur sein kann, und widersteht mit seinem ganzen Gewicht fremder Bedrohung. Wenn aber die öffentliche Sache nicht im Lot ist, wenn ihr ganzes Gewicht sich nicht in die rechte Richtung verlagert und ihre zersplitterten und einander widerstrebenden Kräfte sich gegenseitig lahmlegen, reicht die geringste Anstrengung, um das ganze Gleichgewicht umzustoßen, und der Staat zerfällt, sobald er nur angegriffen wird.

16

Schließen wir daraus, daß das Herz der Staatsbürger der beste Hüter des Staates ist, daß er stets gut verteidigt werden wird, wenn er auch sonst gut regiert wird, daß dieser Teil der Verwaltung so sehr mit allen anderen verwoben ist, daß eine gute Regierung weder Truppen noch Verbündete braucht und daß eine schlechte nur noch schlimmer wird, wenn sie sich auf solche Mittel stützt.

17

Da ich von der Regierung sprechen will und nicht von der Souveränität, da ich mich des weiteren auf die allgemeinen Regeln beschränken will, welche sich auf alles beziehen können, habe ich zunächst gute Gesetze vorausgesetzt; Gesetze, die von keinem Einzelinteresse diktiert wurden und die folglich das Werk des gesamten Volkes sein müßten. Ich habe gefordert, daß sie genau eingehalten werden und daß die Oberen in ihrem eigenen Interesse ihnen nicht weniger unterworfen seien als das Volk. Ich habe gezeigt, daß man das nur durch Sittlichkeit und Vaterlandsliebe erreichen kann, ich habe von den Mitteln gesprochen, das eine wie das andere zu erlangen. Ich glaube nun schlußfolgern zu können, daß all diese Regeln anwendbar und ausreichend sind, weil die Vaterlandsliebe alles andere ersetzt, und daß mit diesen Regeln ein freies Volk sehr wohl glücklich und weise regiert werden kann, ohne daß man sich dafür ein Menschengeschlecht, vollkommener als das unsere, ausmalen müßte, selbst wenn man meinte, Römer und Spartiaten seien anderer Natur gewesen als wir. Das ist alles, was ich zu diesem Teil der öffentlichen Ökonomie, der die Verwaltung der Personen betrifft, zu sagen hatte; mir bleibt noch von der Verwaltung der Sachen zu sprechen.

18

Es ist erstaunlich, daß Aristoteles bei so vielen deutlichen Unterschieden nur einen bemerkt hat, der nicht einmal allgemeingültig ist. Er liegt darin, daß die Republik von mehreren Oberhäuptern regiert wird, während die Familie stets nur eines hat.

19

Die große Gesellschaft hat sich nicht nach dem Vorbild der Familie herausbilden können, weil sie aus einer Vielzahl von Familien zusammengesetzt war, die vor dem Zusammenschluß keine gemeinsame Regel hatten und darum dem Staat nicht als Beispiel dienen konnten. Der Staat dagegen muß, wenn er gut regiert wird, allen Familien gemeinsame Regeln auferlegen und auf gleichartige Weise für die Autorität des Vaters, den Gehorsam der Bediensteten und die Erziehung der Kinder sorgen.

20

In den Staaten, wo die Sitten mehr gelten als die Gesetze, wie es in der römischen Republik der Fall war, kann die Autorität des Vaters nicht unumschränkt genug sein, aber überall dort, wo, wie in Sparta, die Gesetze Quelle der Sitten sind, muß die private Autorität der öffentlichen so stark untergeordnet sein, daß selbst in der Familie die Republik noch vor dem Vater befiehlt. Diese Maxime erscheint mir unwiderlegbar, obwohl sie zu einer Schlußfolgerung führt, die der aus dem *Geist der Gesetze* entgegensteht.

21

Es ist ebenso gefährlich, wenn der Souverän in die Ämter der Regierung wie wenn die Regierung in die der Souveränität eingreift.

22

Es muß eines der obersten Gesetze des Staates sein, daß ein und dieselbe Person nicht gleichzeitig mehrere Ämter besetzen darf, sei es, damit eine größere Zahl von Staatsbürgern an der Regierung teilhat, sei es, um nicht einem von ihnen mehr Macht zu überlassen, als der Gesetzgeber gewollt hat.

23

Ebendeswegen wurde die Verfügungsgewalt der Regierenden, die sich anfänglich nur über die Menschen erstreckte, bald zu einem Recht über die Besitztümer, und solcherart wurde aus dem Titel eines Oberhaupts der Nation schließlich der eines Landessouveräns.

24

Die Macht eines Volkes dient eher zu dem Nachweis, daß es in der Lage ist, sich auszudehnen oder sich so zu erhalten, wie es ist, als zu dem Beweis, daß es sich tatsächlich wohl befindet.

25

Was die geläufige Annahme betrifft, daß man nicht aufhören dürfe, das Volk zu beschäftigen, um seine Gedanken von den Regierungsdingen abzulenken, wenn man will, daß es gehorsam und ruhig sei, so wird diese von der Erfahrung widerlegt: denn niemals ist England so ruhig gewesen, wie es heute ist, und niemals zuvor haben sich die einzelnen so sehr um die Angelegenheiten der Nation gekümmert und soviel darüber gesprochen. Betrachtet dagegen die Häufigkeit von Revolutionen im Orient, wo die Angelegenheiten der Regierung für das Volk immer undurchschaubare Geheimnisse sind.

Es ist ganz augenscheinlich, daß all diese barbarischen und sophistischen Maximen von ungetreuen und korrupten Beamten aufgestellt worden sind, die großes Interesse daran hatten, daß ihre Amtsmißbräuche nicht ans [Tageslicht?] gebracht würden.

26

Sollte irgendein Souverän nach entgegengesetzten Maximen handeln, dann ist er ein Tyrann. Und sollte irgendein Untertan es fertigbringen, seinem Souverän solche Maximen einzugeben, dann ist er ein Verräter.

27

Manche haben die Rechtschaffenheit gewürdigt und die Tugend belohnt, aber der Charakter des Monarchen ist das eine und der Geist der Monarchie etwas anderes. Hört, wie das Parkett beim Ausgang des *Tartuffe* in Bewegung gerät und murrt; dieses fürchterliche Murren, das die Könige erschaudern lassen müßte, wird euch sehr genau erklären, was ich sagen will.

28

Jesus Christus, dessen Herrschaft nicht von dieser Welt war, hat niemals daran gedacht, irgend jemandem auch nur einen Zoll Land zu schenken, und er besaß selbst keines; sein untertäniger Stellvertreter aber verteilte, nachdem er sich das Land Cäsars angeeignet hatte, das irdische Reich an die Diener Gottes.

29

… die Weisheit der Regierung, das Wirken der Gesetze, die Redlichkeit der Oberen, das Vertrauen des Volkes, die Harmonie aller Stände und vor allem das allgemeine Streben nach öffentlichem Wohl …

IV

[ÜBER DIE GESETZE]

1

Geht man an den Ursprung des Staatsrechts zurück, so findet man, daß es notwendigerweise Gesetze gegeben haben muß, bevor es Oberhäupter gab. Es bedurfte zumindest eines Gesetzes, um das Gemeinwesen zu errichten, und eines zweiten, um die Regierungsform festzulegen, und diese beiden setzen mehrere vermittelnde Gesetze voraus, deren höchstes und heiligstes jenes Gesetz war, mit dem man sich zur Einhaltung aller anderen verpflichtete. Wenn die Gesetze vor der Regierung bestehen, sind sie folglich von ihr unabhängig, die Regierung ist selbst von den Gesetzen abhängig, denn allein aus ihnen gewinnt sie ihre Autorität, sie ist weit davon entfernt, ihr Schöpfer oder Herr zu sein, sie ist nur ihr Garant, ihr Verwalter und allenfalls ihr Ausleger.

2

Diese Übereinkünfte machen das Recht und die Sicherheit der Herrscher aus, und niemand ist den Staatsbeamten anders zum Gehorsam verpflichtet als kraft der grundlegenden Gesetze des Staates, also der Gesetze, die auch die Staatsbeamten selbst einzuhalten verpflichtet sind.

3

Bei jedem Eid, den ein Minister oder ein beliebiger anderer Beamter seinem Fürsten leistet, muß man stets diese Klausel mitdenken: ausgenommen die Gesetze des Staates und das Wohl des Volkes.

4

Was macht die Gesetze, selbst ungeachtet ihrer Autorität, so heilig und gibt ihnen den Vorrang vor einfachen Willensakten? Das ist in erster Linie so, weil sie einem Gemeinwillen entspringen, der im Hinblick auf die einzelnen stets gerecht ist; des weiteren, weil sie beständig sind und ihr Fortbestehen allen von der ihnen zugrunde liegenden Weisheit und Gerechtigkeit kündet.

5

Man ist frei, auch wenn man den Gesetzen unterworfen ist, nicht aber, wenn man einem Menschen gehorcht, weil ich mich in diesem letzten Fall dem Willen eines anderen beuge, während ich, dem Gesetz gehorchend, nur dem Gemeinwillen gehorche, der ebenso meiner ist wie der eines beliebigen anderen. Im übrigen kann ein Herr dem einen erlauben, was er dem anderen verbietet, dagegen schafft das Gesetz, weil es ohne Ansehen der Person gilt, für alle die gleiche Lage, und folglich gibt es weder Herren noch Diener.

6

Über die Gesetze

Das einzige, was ein gutes Volk studieren sollte, sind seine Gesetze. Es muß ständig über sie nachdenken, um sie zu lieben, sie zu befolgen, sie gar, wenn es dringend und nachweislich erforderlich ist, mit jener Umsicht zu korrigieren, die eine so bedeutsame Angelegenheit verlangt. Jeder Staat, in dem es mehr Gesetze gibt, als das Gedächtnis jedes Staatsbürgers fassen kann, ist ein schlecht eingerichteter Staat, und jeder Mensch, der die Gesetze seines Landes nicht auswendig kennt, ist ein schlechter Staatsbürger; deshalb wollte Lykurg nur in die Herzen der Spartiaten schreiben.

7

Fragte man mich, welches das verdorbenste aller Völker ist, so würde ich ohne Zögern antworten: jenes, das die meisten Gesetze hat. Der Wille, Gutes zu tun, steht für alles ein, und wer auf das Gesetz seines Gewissens zu hören versteht, der braucht kaum weitere Gesetze; hingegen verweist die Vielzahl von Gesetzen auf zwei gleichermaßen gefährliche Dinge, die fast immer gemeinsam auftreten, nämlich daß die Gesetze schlecht sind und daß sie keine Geltung besitzen. Wäre das Gesetz eindeutig genug, bedürfte es nicht ständig neuer Auslegungen, und wäre es weise genug, nicht neuer Veränderungen; und wenn es geliebt und geachtet würde, sähe man nicht die verderblichen und schändlichen Streitigkeiten zwischen den Staatsbürgern, die es umgehen wollen, und dem Souverän, der es bewahren will. Diese entsetzliche Vielzahl von Erlassen und Mitteilungen, die täglich von einigen Höfen ergeht, macht allen deutlich, daß das Volk zu Recht den Willen seines Herrschers mißachtet; es wird durch sie angereizt, ihn noch mehr zu mißachten, weil es sieht, daß er selbst nicht weiß, was er will. Das erste Gebot des Gesetzes muß sein, die Liebe zu allen anderen Gesetzen durchzusetzen: aber weder mit Feuer und Schwert noch mit der Peitsche können die Hofschulmeister die Befolgung jenes ersten Gebots erreichen, ohne dieses jedoch taugen die anderen wenig; denn vergeblich predigt man jemandem, der keinerlei Lust hat, recht zu handeln.

Wenden wir diese Prinzipien auf all unsere Gesetze an, und es wird uns leichtfallen, zu bestimmen, wieviel Achtung wir denen, die sie verfaßt haben, und denen, für die sie gemacht worden sind, schulden. So stellt sich zum Beispiel beim Betrachten der umfangreichen Gesetzessammlung des Justinian als erster Gedanke der ein, daß dieses ungeheure Werk für ein großes Volk geschaffen wurde, das heißt für Menschen, die unfähig waren, ihre Gesetze zu lieben und sie folglich zu beachten und auch nur zu kennen; somit hat Justinian, weil er alles vorhersehen wollte, ein unnützes Werk verfaßt.

8

Ob man der enormen Vielzahl dieser Gesetze Beachtung schenkt oder den fortwährenden Besitzstreitigkeiten, um die sie sich fast ausschließlich drehen, oder den verschiedenen Auslegungen, die man mit Bedacht in ihnen angelegt zu haben scheint, man erkennt darin leicht die Habgier, die sie verfaßt hat. Daß Tribonian und Theodora sie dem Meistbietenden verkauft haben, braucht mir nicht erst Prokop zu sagen. Prokop mag ein Verleumder gewesen sein; aber ein stärkeres Zeugnis als das seine sind die Gesetze selbst und die Sitten des Hofes, an dem sie zusammengestellt wurden.

9

Ein Lakedaimonier, von einem Fremden über die von Lykurg für Vatermörder vorgesehene Strafe befragt, antwortete ihm, man zwinge sie, einen Ochsen zu weiden, der vom Gipfel des Taygetosgebirges im Eurotas trinken könne. Wie sollte es möglich sein, rief der Fremde, einen solchen Ochsen zu finden? Das sei leichter, entgegnete der Lakedaimonier, als einen Vatermörder in Sparta zu finden. Die Furcht kann die Schurken zurückhalten, aber niemals beginnt der Verfall eines Volkes mit großen Verbrechen, und darum muß man mit der ganzen Kraft der Gesetze den Anfängen wehren.

Das ist das Prinzip, nach dem man beurteilen muß, was die Gesetze vermögen, nicht nur, um vom Laster abzuschrecken, sondern auch, um die Tugend zu ermutigen. Ich weiß, daß der höchste Lohn für gute Taten die Freude ist, sie vollbracht zu haben, aber die Menschen kennen dieses Vergnügen erst, nachdem sie von ihm gekostet haben, also brauchen sie spürbarere Beweggründe, damit es ihnen zur obersten Gewohnheit werde, recht zu handeln. Solche Antriebe sind Belohnungen, die wohl auszuwählen und noch besser zu verteilen sind, denn geschähe dies nicht, würden sie nur zur Heuchelei anstacheln und die Habgier nähren, statt die Tugend zu ehren. Diese Auswahl und Verteilung sind das Hauptwerk des Gesetzgebers.

Ein schlechter Erzieher versteht sich nur darauf, die Peitsche zu geben, ein schlechter Minister nur darauf, hängen zu lassen oder ins Gefängnis zu werfen. So werden unsere Politiker, die nur die kleinen Dinge, die sie tun, für machbar halten, sich wohl hüten, diese Maximen anzunehmen, und das ist nur gut für uns, denn wenn sie die Nützlichkeit von Belohnungen begriffen, würden sie nur an Geld, Pensionen und Sonderzuwendungen denken; geschwind würden sie neue Steuern erheben, wovon sie einige Happen an jene Scharen von Sklaven und Schurken aus ihrer Umgebung verteilen und den Rest in ihre Taschen stecken würden. Das ist alles, was das Volk dabei gewinnen würde.

10

Ein moderner Autor, der es versteht, durch die Dinge, die er vorbringt, und durch jene, die er zu bedenken gibt, Kenntnisse zu vermitteln, lehrt uns, daß *alles, was das Gesetz als Belohnung vorsieht, tatsächlich eine wird.* Es war folglich für die Gesetzgeber nicht schwieriger, zu guten Taten anzuregen, als böse zu verhindern. Fast alle haben sich jedoch darauf beschränkt, die gerichtliche Verfolgung zu sichern und die Interessenstreitigkeiten zwischen Privatleuten zu regeln, zwei Gegenstände, die in der Gesetzgebung eines gut eingerichteten Staates als die geringfügigsten gelten müßten.

11

Gesetze, die ständig vom Bestrafen sprechen und niemals vom Belohnen, sind eher geeignet, die Schurken abzuschrecken, als ehrbare Menschen heranzubilden; solange die Gesetze sich bei Taten aufhalten und sich nicht an den Willen wenden, werden sie immer schlecht eingehalten werden, weil – mit welcher Weisheit sie auch ersonnen sein mögen – die böse Absicht immer genug Klugheit aufbringt, um sie umgehen zu lernen.

12

Man kann gar nicht genug bewundern, daß bei den ersten Römern die einzige Strafe, die die Zwölftafelgesetze gegen die größten Verbrecher vorsahen, darin bestand, von allen verabscheut zu werden, *sacer estod.* Man kann nicht besser begreifen, wie tugendhaft dieses Volk war, als wenn man bedenkt, daß öffentliche Verachtung oder Wertschätzung dort eine Strafe oder Belohnung war, die vom Gesetz zugemessen wurde.

13

Solcherart könnte das Gesetz in einem weise verwalteten Staat wie die Priesterin Theano sagen: Ich bin kein Diener Gottes, um zu hassen und zu verfluchen, sondern um zu lobpreisen und zu segnen.

14

Die alte Geschichte ist voll von Beweisen der Aufmerksamkeit, die das Volk den Sitten der einzelnen widmete, und diese Aufmerksamkeit war selbst die spürbarste Strafe oder Belohnung.

15

Die blutrünstigen Gesetzgeber, die nach dem Beispiel Drakons nur drohen und bestrafen können, gleichen jenen schlechten Lehrern, die die Kinder nur mit der Peitsche in der Hand erziehen.

16

Die Gesetze und die Ausübung der Gerechtigkeit sind bei uns nur die Kunst, dem Großen und dem Reichen Schutz vor den gerechten Vergeltungsakten des Armen zu gewähren.

17

Sie bringen die ganze Strenge der Gesetze zur Geltung, um Ungerechtigkeiten zu rächen, die sie erleiden, und umgehen die Gesetze mühelos bei all den Ungerechtigkeiten, die sie anderen antun.

18

Da die Gesetze so zahlreich geworden sind, daß niemand sie alle beachten kann, und dem Volk – wegen der exklusiven Privilegien, die die Mächtigen sich angeeignet haben – eine Unzahl von eigentlich unschuldigen Dingen untersagt sind, hat man ohne viel Skrupel erst einige Gesetze gebrochen und dann alle anderen. So haben die den verschiedenen Rängen angepaßten Luxusgesetze den Luxus genährt, statt ihn zu ersticken. So ist jemand, der den Diebstahl nur mit Abscheu betrachtet haben würde, ohne viel Skrupel zum Wilderer, dann zum Schmuggler und schließlich zum Straßenräuber geworden.

19

Niemals wird der ehrliche Mensch auf die Ehre verzichten, niemals wird der Schurke etwas aus Liebe zum Gesetz tun.

20

Ich wage zu behaupten, daß die Gesetze gegen die Duelle Werke der Ignoranz und Kleingeisterei sind. In dem Willen, gegenwärtigen Übeln abzuhelfen, haben jene, die diese Gesetze verfügten, es nicht verstanden, Weitsicht zu beweisen und den tödlichen Stoß vorauszusehen, den sie der gesetzgebenden Gewalt beibringen würden. Es ist fürchterlich, daß man die Völker gezwungen hat, Gesetz und Ehre als Gegensatz zu betrachten und sich für das eine oder das andere zu entscheiden.

21

Anzumerken ist, daß diesen barbarischen Vorurteilen, als sie sich herausbildeten, nicht die gleiche Unzulänglichkeit eigen war wie heute, weil damals das Gesetz des Fürsten und das der Ehre genau dieselbe Sprache redeten.

22

Nach den römischen Gesetzen gingen Erbschaften, die unwürdigen Personen hinterlassen worden waren, an den Fiskus über. Heutzutage ist es den Fürsten, so habgierig sie auch sein mögen, unmöglich, sich auf dieses Gesetz zu berufen, denn in dieser glücklichen Zeit findet man niemanden mehr, der unwürdig wäre zu erben. L. I. § de jure fisci.

(*Œconomiques*, S. 6.)

23

Im Hinblick auf die einmal verdorbenen Völker fällt es schwer, herauszufinden, was zu ihrer Besserung getan werden müßte. Ich weiß nicht, welche Gesetze dieses Wunder vollbringen könnten, sehr wohl aber weiß ich, daß alles rettungslos verloren ist, wenn man einmal zum Galgen oder zum Schafott Zuflucht nehmen muß.

24

[Über die Juden]

Sei es, daß die Menschen in früheren Zeiten, da sie ihrem Ursprung näher waren, nichts darüber hinaus zu sehen vermochten, sei es, daß die damals weniger verbreiteten Überlieferungen einem raschen Vergessen anheimfielen, man sieht keine Völker mehr, die sich, wie einstmals, rühmen, autochthon, Urbewohner, Kinder des Landes oder der Gegend zu sein, in der sie sich niedergelassen haben. Die häufigen Umwälzungen der menschlichen Gattung haben die Völker in einem Maße verpflanzt und verschmolzen, daß es auf der Erde, ausgenommen vielleicht in

Afrika, keines mehr gibt, das sich rühmen könnte, aus dem Land zu stammen, das es in Besitz hält. In diesem Durcheinander der menschlichen Art haben so viele verschiedene Rassen nacheinander dieselben Orte bewohnt, sind einander gefolgt oder haben sich vermengt, daß diese Rassen sich nicht mehr unterscheiden und die verschiedenen Namen der Völker nur mehr die der Orte sind, die sie bewohnen. Wenn auch bei einigen noch Spuren der Herkunft bleiben, wie bei den Persern und Kymrern, so findet man sie doch weder auf ihrem ehemaligen Territorium, noch kann man sagen, daß sie einen Nationalkörper bilden.

Aber ein erstaunliches und wirklich einzigartiges Schauspiel bietet ein seines Landes verwiesenes Volk, das seit etwa zweitausend Jahren weder Grund noch Boden mehr hat, ein seit noch längerer Zeit von Fremden entstelltes, belastetes, durchdrungenes Volk, das vielleicht keinen einzigen Abkömmling seiner Ursprungsrassen mehr aufweist, ein über die Erde zerstreutes, versprengtes, ein von allen Nationen unterjochtes, verfolgtes und verachtetes Volk, das dennoch seine Gebräuche, seine Gesetze, seine Vaterlandsliebe und seine ursprüngliche gesellschaftliche Einheit bewahrt, obwohl alle Bindungen daran gelöst scheinen. Dieses erstaunliche Schauspiel liefern uns die Juden; die Gesetze der Solon, Numa und Lykurg sind tot, die sehr viel älteren Gesetze Mosis aber leben noch immer. Athen, Sparta, Rom sind untergegangen und haben keine Kinder auf der Erde zurückgelassen. Das zerstörte Zion hat die seinen nicht verloren, sie erhalten sich, sie vermehren sich, sie breiten sich über die ganze Welt aus und erkennen sich noch immer, sie dringen in alle Völker und verschmelzen niemals mit ihnen; sie haben keine Oberhäupter mehr und sind noch immer ein Volk, sie haben kein Vaterland mehr und sind noch immer Staatsbürger.

Welche Kraft muß einer Gesetzgebung innewohnen, die derartige Wunder zu vollbringen vermag, die Eroberungen, Auflösungen, Umschwüngen und den Jahrhunderten zu trotzen, die Gebräuche, die Gesetze und die Herrschaft aller Nationen zu überleben vermag, eine Gesetzgebung schließlich, die durch die Proben, die sie bestanden hat, verspricht, alle weiteren zu bestehen, die Wechselfälle der menschlichen Geschicke zu bezwingen und fortzudauern so lange wie die Welt?

Von allen uns bekannten Systemen der Gesetzgebung sind die einen Gebilde der Vernunft, deren Möglichkeit gar bestritten wird, andere haben nur einige Jahrhunderte überdauert, wieder andere haben niemals einen gut eingerichteten Staat geschaffen, keines außer ihm hat alle Prüfungen erduldet und ihnen immer widerstanden. Der Jude und der Christ stimmen überein, darin einen Fingerzeig Gottes zu erkennen, der den einen zufolge sein Volk bewahrt und es den anderen zufolge züchtigt: aber jeder Mensch, wer es auch sei, muß darin ein einzigartiges Wunder erkennen, dessen göttliche oder menschliche Ursachen das Studium und die Bewunderung der Weisen gewiß mehr verdienen als alles, was Griechenland und Rom uns auf dem Gebiet der politischen Institutionen und menschlichen Einrichtungen an Bewundernswertem bieten.

25

Ich habe ein Volk geschaffen und keine Menschen hervorbringen können.

26

Was machst du bei uns, o Hebräer, ich sehe dich hier mit Freude; aber wie kann es dir hier gefallen; du, der du uns so sehr verachtetest, warum bist du nicht bei den Deinen geblieben?

Du irrst, ich komme zu den Meinen. Ich habe allein auf Erden gelebt, inmitten eines großen Volkes war ich allein. Lykurg, Solon, Numa sind meine Brüder. Ich kehre zu meiner Familie zurück. Ich komme, endlich die Wonne zu genießen, mich mit meinesgleichen zu unterhalten, zu sprechen und verstanden zu werden. Bei euch, erlauchte Seelen, will ich mich endlich meiner selbst erfreuen.

[...] du hast deinen Ton, deine Gefühle, deine Gedanken sehr verändert ...

V

[ÜBER DIE EHRE UND DIE TUGEND]

1

In jedem Land, in dem nicht Luxus und Korruption herrschen, liegt der schönste Lohn, den ein Mensch empfangen kann, darin, daß seine Tugend öffentlich bezeugt wird, und jede gute Tat bedarf zum Lohne nur der öffentlichen Preisung. Diese Tatsache entspringt den Prinzipien, die ich soeben aufgestellt habe, und es gereicht der Menschheit zur Ehre, daß sie durch die Erfahrung bestätigt wird. Worin bestand der Anreiz zur Tugend für die Lakedaimonier, wenn nicht darin, als tugendhaft geschätzt zu werden? Was brachte die Triumphatoren wieder an ihren Pflug zurück, nachdem sie auf das Capitol gezogen waren? Dies ist eben ein sichererer und weniger gefährlicher Quell für den Eigennutz als Schätze; denn der Ruhm, gute Taten vollbracht zu haben, ist nicht mit den gleichen Nachteilen verknüpft wie der, reich zu sein, und erfüllt diejenigen mit viel größerer Genugtuung, die ihn zu genießen gelernt haben. Was ist also zu tun, um die Menschen zur Tugend anzuhalten? Es gilt, sie zu lehren, die Tugend schön zu finden und jene zu schätzen, die sie üben. Ein beträchtlicher Vorteil für einen so eingerichteten Staat liegt darin, daß die Übeltäter dort keinerlei Macht haben, ihre bösen Absichten auszuführen, und daß dem Laster dort kein Erfolg beschieden sein kann.

Ich gebe die Hoffnung nicht auf, daß irgendein moderner Philosoph ebendies eines Tages von jenen glänzenden Nationen sagen wird, in denen mitsamt den Reichtümern der unermüdliche Eifer herrscht, sie zu mehren.

Ich spüre, daß ich meine Gedanken ein wenig erläutern muß, sonst würden nur wenige Leser meine Meinung teilen. Denn es geht darum, alle die zu überzeugen, die nur auf den Mammon schwören.

Eine Eigentümlichkeit des menschlichen Herzens besteht darin, daß die Menschen sich, trotz der ihnen allen eigenen Neigung, über sich selbst vorteilhaft zu urteilen, in manchen Punkten für noch verachtenswerter halten, als sie tatsächlich sind. Das gilt für den Eigennutz, den sie als ihre vorherrschende Leidenschaft betrachten, obwohl sie eine andere haben, die stärker, allgemeiner verbreitet und leichter abzuwerfen ist und die sich des Eigennutzes nur als Mittel zum Zweck bedient: das ist die Renommiersucht. Man tut alles, um sich zu bereichern, aber man will reich sein, um beachtet zu werden. Das läßt sich damit beweisen, daß ein jeder, statt sich auf jenen Mittelstand zu beschränken, der ein gutes Leben gewährt, zu dem Grad von Reichtum gelangen will, der alle Blicke auf sich zieht, der aber auch die Sorgen und Mühen vergrößert und fast ebenso zur Last wird wie die Armut. Das zeigt sich des weiteren im lächerlichen Gebrauch, den die Reichen von ihrem Besitz machen. Denn nicht sie genießen ihren Überfluß, er ist nur dazu da, die bewundernden Blicke der anderen auf sich zu ziehen. Es ist ganz offensichtlich, daß die Renommiersucht die einzige Quelle des Luxus herrschaftlichen Prunkes ist, denn was den Luxus der Bequemlichkeit betrifft, so gibt es nur eine kleine Zahl von Schwelgern, die es verstehen, ihn auszukosten und ihm dabei die Süße und die ganze Schlichtheit zu belassen, welche ihm eigen sein kann. Man erkennt also, daß alle Familien nach dem gleichen Prinzip unaufhörlich darauf hinarbeiten, sich abwechselnd zu bereichern und zu ruinieren. Wie Sisyphos, der Blut und Wasser schwitzt, um den Stein zum Gipfel des Berges hinaufzuwälzen, von wo er ihn sogleich hinabrollen läßt.

2

Man müßte das Bedürfnis wecken und einfache Mittel finden, durch die Tugend dieselbe Bewunderung auf sich zu ziehen, die man heute nur durch den Reichtum auf sich zu ziehen vermag.

3

Es ist also gewiß, daß wir weniger bei uns selbst als in der Meinung anderer unser Glück suchen. All unser Tun zielt nur darauf ab, glücklich zu scheinen. Wir tun fast nichts, um es tatsächlich zu sein, und wenn die Besten unter uns einen Augenblick aufhörten, sich beachtet zu fühlen, würden ihr Glück und ihre Tugend sich in nichts auflösen. O Athener, sprach Alexander, wie viele Übel erdulde ich, um von euch gelobt zu werden. Der eine wollte für seine Tapferkeit bewundert werden, ein anderer für seine Macht, dieser für seinen Reichtum, jener für seine Güte. Alle wollen bewundert werden. Darin liegt das heimliche und letzte Ziel der menschlichen Taten. Verschieden sind nur die Mittel. Welche Mittel aber nun gewählt werden, das hängt vom Geschick des Gesetzgebers ab. Die Völker sehen wohl das Ziel, ihm aber obliegt es, die Wege dahin abzustecken. Ich gebe zu, daß der Weg über die Reichtümer sich immer als erster anbietet; denn neben dem Ansehen, das sie gewähren, verschaffen sie noch die Annehmlichkeiten des Lebens, allerdings begleitet von allen Übeln, die das eigennützige Leben täglich den Sitten, dem Staat und den Staatsbürgern zufügt. Man müßte also dahin wirken, daß es für die Annehmlichkeiten des Lebens keinen Gewinn brächte, reich zu sein, und es dazu dem Ansehen abträglich wäre. Gerade das bewirkten auf bewundernswerte Weise die Gesetze Lakedaimons und die Sitten der alten Römer, woraus ich schließe, daß die Sache nicht unmöglich ist.

4

Der Eigennutz verdirbt die besten Taten. Wer Gutes nur des Geldes wegen tut, der wartet nur darauf, besser bezahlt zu werden, um Böses zu tun. Sosehr Tugend, Ehre, ja selbst Ehrenbezeigungen und Lobpreisungen das Herz erfreuen, so sehr wird es durch pekuniäre Belohnungen erniedrigt, darum werden sie von mutigen Männern verschmäht. Bei der letzten Belagerung von Lille wollte Monsieur de Boufflers, der in der Stadt den Befehl führte, gewisse Vorkehrungen der Belagerer, denen man sich nicht ohne höchste Gefahr nähern konnte, erkunden lassen. Er rief für diesen Auftrag Freiwillige unter den Soldaten auf und versprach demjenigen fünfundzwanzig Louisdor Belohnung, der ihn erfüllen würde. Ein einziger Grenadier, dessen Namen ich zu meinem größten Bedauern nicht weiß, meldete sich, erhielt seine Instruktionen, zog aus und machte unter fürchterlichem Feuerhagel seine Beobachtungen mit der Klugheit und Kaltblütigkeit des tapferen und verständigen Mannes, der er war. Er wurde nicht getroffen, und nachdem er zurückgekommen war und über seine Beobachtungen berichtet hatte, ließ ihm der Marschall, von Bewunderung erfüllt, statt fünfundzwanzig Louis fünfzig auszahlen. Herr General, erwiderte der Grenadier, nehmen Sie Ihre fünfzig Louis zurück, so etwas tut man nicht des Geldes wegen. Ich meine, eben für diesen Soldaten und für ihm gleichende hochherzige Männer müssen Belohnungen ersonnen werden; und es reicht nicht aus, daß der Fürst sie vergibt, wenn das Gesetz selbst sie nicht vorgesehen und man ihnen keine rechtliche Form gegeben hat, welche Vertrauen erwecken und Mißbräuchen vorbeugen kann.

5

Wenn es unter sonst gleichen Umständen mehr Nutzen bringt, seine Pflicht zu tun, als sie nicht zu tun, sei mir das recht; wer sich aber verkauft, um seine Pflicht zu tun, braucht sich nur zu höherem Preis zu verkaufen, um sie zu verletzen; die Rechnung ist ganz einfach, er wird mehr herausschlagen und sogar von beiden Seiten einstreichen.

Du bezahlst einen Gouverneur, damit er seine Stellung halte, aber man zahlt ihm noch mehr, um sie aufzugeben. Meinst du, dieser Mann kann nicht rechnen, und siehst du nicht, daß er mit dem Geld, das der Feind ihm gibt, an deinem Hof die Ehre kauft, für seine Treue belohnt zu werden, während er untergegangen wäre, falls er törichterweise die Treue gewahrt hätte. Er hat zuviel Ansehen, um nicht ein Schurke zu sein, er ist ein zu guter Staatsbürger, um nicht ein Verräter zu sein; wenn er den Ruhm auch nur ein wenig liebt, müßte er verrückt sein, um nicht ein Verräter zu sein. Welch großer Minister, erlauchter Monarch, überlegener Geist du auch sein magst, finde ein taugliches Mittel dagegen, ich wette, es wird dir nicht gelingen! Du wirst ihn hängen lassen. Armer Mensch! Man hat dir doch schon gesagt, daß man keinen Menschen hängt, der hunderttausend Ecus besitzt! Denn wie willst du wissen, daß dieser Mensch schuldig ist, wenn man dir seine Unschuld beweist? Wie, du entschließt dich zur Strenge? Und das ohne Beweise? Um so besser für die Schurken. Sollte ein ehrlicher Mann übrigbleiben, der ihnen hinderlich ist, wird er unweigerlich gehenkt werden.

6

Mag nun eine natürliche Neigung die Menschen veranlaßt haben, sich in der Gesellschaft zu vereinigen, oder mögen sie durch ihre wechselseitigen Bedürfnisse dazu gezwungen worden sein, sicher ist, daß aus diesem Umgang miteinander ihre Tugenden und Laster und in gewisser Weise ihr ganzes sittliches Wesen entstanden sind. Wo es keine Gesellschaft gibt, kann es weder Gerechtigkeit noch Gnade, weder Menschlichkeit noch Großzügigkeit noch Bescheidenheit geben, vor allem nicht das Verdienst all dieser Tugenden, ich meine das, was es kostet, sie unter Menschen zu üben, die von allen gegenteiligen Lastern erfüllt sind. Ist also die Gesellschaft an sich, moralisch gesprochen, eine Wohltat oder ein Übel? Die Antwort hängt ab vom Vergleich zwischen dem Guten und dem Schlechten, die aus ihr erwachsen, von der Bilanz der Laster und Tugenden, die sie hervorgebracht hat bei denen, die die Gesellschaft ausmachen. Von dieser Warte ist die Frage nur allzu leicht zu beantworten; und man breitete besser für immer den Schleier über alle menschlichen Taten, als unseren Blicken ein so häßliches und gefährliches Schauspiel freizugeben, wie sie es uns bieten; aber wenn man näher hinschaut, sieht man bald, daß in die Lösung dieses Problems andere Elemente eingehen, denen der Philosoph Rechnung tragen muß und die einen so trübseligen Schluß erheblich abwandeln. Denn die Tugend eines einzigen vortrefflichen Menschen adelt die menschliche Rasse mehr, als alle Verbrechen der Bösen sie herabsetzen können.

7

Ich bin überrascht, daß bei so vielen einzigartigen Entdeckungen, die in unseren Tagen gemacht worden sind, noch niemand bemerkt hat, daß die Philosophie ihre Geburtsstätte an den Höfen der Könige hatte. Mir scheint, daß dieses Paradoxon einem anderen in nichts nachsteht. In der Frühzeit der Welt dachten die noch rohen Menschen, man müsse anderen an Klugheit überlegen sein, um ihnen befehlen zu können; und da sie diesem Gedanken folgten, waren die Fürsten nicht nur die Richter über das Gerechte und Gute, sondern auch über das Schöne und Wahre.

8

Es wird immer groß und schwierig sein, die liebsten natürlichen Gefühle dem Vaterland und der Tugend zu unterwerfen.

9

Wie hätte Brutus, falls er seinen Sohn freigesprochen oder sich geweigert hätte, ihn zu verurteilen, sich je unterfangen können, einen anderen Staatsbürger zu verurteilen? O Konsul, hätte ihm der Verbrecher gesagt, habe ich Schlimmeres getan, als mein Vaterland zu verkaufen, und bin nicht auch ich Euer Sohn?

10

Mich grämen die Scherze, die sich der heilige Augustinus über diesen großen und schönen Akt der Tugend erlaubt hat. Die Kirchenväter vermochten nicht zu erkennen, welches Übel sie ihrer Sache antaten, als sie all das Große verurteilten, was Mut und Ehre hervorgebracht hatten; weil sie die Erhabenheit des Christentums so sehr steigern wollten, haben sie die Christen gelehrt, feige Menschen zu werden, ohne …

11

Man zeige mir heute einen einzigen Richter, der fähig wäre, das Leben seiner Kinder dem Vaterland und den Gesetzen zu opfern. Einige Frauen werden vielleicht für die scheinbare Ehre sterben, die auf der Meinung anderer beruht, aber man zeige mir eine einzige, die fähig wäre, für die wirkliche Ehre zu sterben, die in der Reinheit der Taten besteht.

12

Auf einen Autor, der sie lehrt, das Leben zu verachten, kommen hundert, die sie lehren, alles zu opfern, um es zu bewahren.

13

Ein einzelner rechtschaffener Mann ist in der Lage, der ganzen Straße, in der er wohnt, Ehrfurcht einzuflößen; das Laster ist immer voller Scham, sich vor den Augen der Tugend bloßzustellen.

14

Die Seele erwärmt sich, der Geist erhebt sich, wenn von der Tugend gesprochen wird. Selbst die Abartigsten spüren bisweilen diese göttliche Wallung, und es gibt keinen noch so bösen Menschen, der in seinem Herzen nicht einige Funken dieses himmlischen Feuers gespürt hätte und der nicht mindestens einmal in seinem Leben zu heroischen Gefühlen und Taten fähig gewesen wäre.

15

Denn daß zügellose und lasterhafte Menschen sich freiwillig und mit einem Schlag der härtesten und strengsten Ordnung, die es je gab, unterwerfen, das ist ein Wunder, das nur durch unerwarteten Enthusiasmus für Sitten und Tugend geschehen konnte, der ein ganzes Volk erfaßt hatte.

16

Über die Ehre

Die Kirchenväter haben den Tugenden der alten Heiden, die ihnen zufolge keinen anderen Leitwert besaßen als den eitlen Ruhm, große Verachtung entgegengebracht. Ich glaube jedoch, daß sie in sehr große Verlegenheit geraten wären, hätten sie eine so voreilige Behauptung stichhaltig begründen wollen. Denn was hätten sie im Verhalten von Sokrates, Phokion, Anaxagoras, Aristides, Cato, Fabricius oder in den Schriften von Platon, Seneca, Marcus Antoninus finden sollen, das diese Anschuldigung im geringsten rechtfertigte? Wahrscheinlich hätten sie sich damals gehütet, die Heiden mit solchem Ingrimm zu verleumden, wenn sie geahnt hätten, daß man eines Tages dahin kommen würde, alle Vorwürfe, die sie gegen die Weisheit des Heidentums erhoben, mit vollem Recht gegen die Christen selbst zu wenden.

VI

[ÜBER DAS ÖFFENTLICHE GLÜCK]

1

Inmitten so vieler Gewerbe und Künste, solchen Luxus und Prunks beklagen wir jeden Tag das menschliche Elend, wir meinen die Bürde unseres Daseins mit all den auf ihm lastenden Übeln nur schwer ertragen zu können; dagegen gibt es vielleicht nicht einen einzigen Wilden, der nackt im Wald lebt, von Dornen zerkratzt, jede Mahlzeit mit seinem Schweiß oder Blut bezahlend, der nicht mit seinem Los zufrieden wäre, das Leben nicht schön fände und der nicht jeden Tag seines Lebens mit ebensoviel Vergnügen genösse, als erwarteten ihn nicht die gleichen Strapazen am nächsten Tag. Unsere schlimmsten Übel kommen aus den Vorkehrungen, die man getroffen hat, um den kleinen zu begegnen.

2

Beginnen wir damit, die Doppeldeutigkeit der Termini zu beseitigen. Die beste Regierung ist nicht immer die stärkste. Die Stärke ist nur ein Mittel, ihr Zweck ist das Glück des Volkes. Aber der Sinn des Wortes Glück ist für die Individuen und noch mehr für die Völker recht unbestimmt; und aus der Verschiedenheit der Vorstellungen, die man sich darüber macht, erwächst die der politischen Maximen, die man sich setzt. Wir wollen zunächst ein hypothetisches Bild von einem glücklichen Volk entwerfen und dann unsere Regeln von dieser Vorstellung ableiten.

3

Sie fragen, meine Herren, welches Volk einmal das glücklichste gewesen ist; ich bin nicht gelehrt genug, um diese Frage faktisch zu beantworten, aber ich werde versuchen, sichere Prinzipien aufzustellen, um sie zu klären; wenn mir das gelingt, werde ich annehmen können, Ihre Aufmerksamkeit erlangt und mich nicht vom Ziel entfernt zu haben.

Wo ist der glückliche Mensch, wenn es ihn gibt? Wer weiß es? Das Glück ist nicht das Vergnügen; es besteht nicht in einer flüchtigen Gemütsbewegung, sondern in einem beständigen und ganz inneren Gefühl, über das niemand anderes urteilen kann als der, der es empfindet; niemand kann also mit Gewißheit darüber befinden, ob ein anderer glücklich ist, noch kann er folglich sichere Merkmale für das Glück der Individuen bestimmen. Aber das trifft nicht gleichermaßen für politische Gesellschaften zu. Ihre Vorzüge, ihre Übel sind alle deutlich sichtbar, ihr inneres Gefühl ist ein öffentliches Gefühl. Der gemeine Mann täuscht sich zweifellos darin, aber worin täuscht er sich nicht? Für jedes Auge, das zu sehen vermag, sind jene Gesellschaften, was sie zu sein scheinen, und man kann ohne Vermessenheit über ihr moralisches Wesen urteilen.

Das menschliche Elend wird bewirkt vom Widerspruch zwischen unserem Stand und unseren Begierden, zwischen unseren Pflichten und unseren Neigungen, zwischen der Natur und den gesellschaftlichen Einrichtungen, zwischen dem Menschen und dem Staatsbürger; laßt den Menschen eins mit sich werden, und ihr werdet ihn so glücklich machen, wie er nur sein kann. Liefert ihn ganz und gar dem Staat aus oder überlaßt ihn ganz und gar sich selbst, aber wenn ihr sein Herz teilt, zerreißt ihr ihn; und denkt nicht, daß der Staat glücklich sein könnte, wenn all seine Mitglieder leiden. Dieses moralische Wesen, das ihr öffentliches Glück nennt, ist für sich genommen ein Trugbild: wenn das Gefühl des Wohlbefindens sich bei niemandem einstellt, ist es ein Nichts, und die Familie erblüht nicht, wenn die Kinder nicht gedeihen.

Laßt die Menschen sich selbst gemäß werden, indem sie sind, was sie scheinen wollen, und scheinen, was sie sind. Ihr werdet das gesellschaftliche Gesetz tief in die Herzen der Menschen eingeschrieben haben; als zivilisierte Menschen kraft ihrer Natur und Staatsbürger kraft ihrer Neigungen werden sie eins sein, werden sie gut sein, werden sie glücklich sein, und ihr Glück wird das der Republik sein; denn da sie nur durch diese etwas sind, werden sie nur für sie etwas sein, sie wird alles haben, was sie haben, und wird alles sein, was sie sind. Der Kraft des Zwanges werdet ihr die des Willens beigesellt, dem Staatsschatz die Güter der einzelnen hinzugefügt haben; sie wird alles sein, was sie sein kann, wenn sie alles umfassen wird. Die Familie wird auf ihre Kinder zeigen und sagen: Durch sie erblühe ich. In jedem anderen System wird es im Staat immer etwas geben, was nicht dem Staat gehört, und wäre es nur der Wille seiner Glieder, und wer kann den Einfluß dieses Willens auf den Gang der Geschäfte leugnen? Wenn jeder nur für sich glücklich sein will, gibt es kein Glück für das Vaterland.

4

[...] wir dürfen vor allem nicht vergessen, daß das öffentliche Wohl in gewisser Weise das Wohl aller sein muß, oder es ist ein sinnentleertes Wort.

5

Der moralische Zustand eines Volkes ergibt sich weniger aus dem absoluten Zustand seiner Mitglieder als aus ihren Beziehungen untereinander.

6

Um deutlich zu umreißen, wie ein Volk glücklich sein kann, müssen wir zuerst den Zustand jener betrachten, die es nicht sind. Indem wir suchen, was ihnen fehlt, um es zu sein, werden wir herausfinden können, was ein Volk haben muß, das es ist.

7

… öffentliches Glück, es würde nicht ausreichen, die Stimmen zu zählen, und der Wohlstand einer Nation, der von so vielen Dingen abhängt, ist nicht so leicht zu schätzen wie der der einzelnen. Es gilt also, unter vielen Äußerlichkeiten, die über das Glück eines Volkes hinwegtäuschen können, die wirklichen Zeichen herauszusondern, die es charakterisieren.

8

Wenn ich doch nur, um zunächst die umstrittene Aussage gut zu begründen, genau bestimmen könnte, worin unter einer beliebigen Regierung das wirkliche Gedeihen des Staates besteht und welches die unfehlbaren Kennzeichen sind, auf deren Grundlage man von einer Nation behaupten kann, sie sei glücklich und blühend. Die Frage würde sich beinahe durch die Definition selbst beantworten: da aber diese Definition von einer Vielzahl besonderer Maximen abhängt, die man nur nach vielen Diskussionen und in dem Maße, wie man in der Materie vorankommt, aufstellen kann, bin ich vorerst gezwungen, mich auf eine sehr allgemeine Annahme zu beschränken, der aber, wie ich glaube, kein vernünftiger Mensch seine Zustimmung verweigern kann.

Ich behaupte also, die glücklichste Nation ist die, die am ehesten ohne alle anderen auskommen kann, und die blühendste jene, ohne die die anderen am wenigsten auskommen können.

Wenn ich die Vorstellung vom Glück des Staates durch Zusammenfassung aus der Vorstellung vom besonderen Glück eines jeden Bürgers, welches das erste ausmacht, abgeleitet hätte, hätte ich mich vielen Lesern verständlicher machen können; doch abgesehen davon, daß man nichts aus diesen metaphysischen Begriffen hätte schlußfolgern können, die von der Denkweise, von der Gemütsverfassung und dem Charakter jedes Individuums abhängen, hätte ich eine sehr unzutreffende Definition gegeben. Ein Staat könnte sehr gut eingerichtet sein, auf eine Weise, daß er für immer erblühen und gedeihen könnte, und trotzdem wären die

Staatsbürger, von denen jeder mit seinen besonderen Absichten beschäftigt ist, nicht mit ihm zufrieden. Als Lykurg seine Gesetze aufstellte, hatte er tausendfaches Murren und selbst schlechte Behandlung seitens der Lakedaimonier zu ertragen und wurde gar gezwungen, sich der List zu bedienen und seine letzten Tage außerhalb seines Vaterlandes zu fristen, weil er seine Mitbürger zwingen wollte, eine Verfassung zu bewahren, die sie zum berühmtesten und geachtetsten Volk werden ließ, das je auf Erden lebte. Haben sich die Römer nicht unaufhörlich über eine Regierung beklagt, mit der sie zu Herren der Welt wurden, und murrt nicht selbst heutzutage gerade die bestregierte Nation am meisten? Es gibt keine Regierung, die die Staatsbürger zwingen könnte, glücklich zu leben; die beste ist diejenige, die sie in die Lage versetzt, es zu sein, wenn sie vernünftig sind. Und dieses Glück wird niemals der Menge zuteil werden.

Die öffentliche Verwaltung darf nicht so gebildet werden, daß sie den Neigungen oder Einfällen jedes einzelnen am weitesten entgegenkommt, sie muß, um gut zu sein, nach allgemeineren Grundsätzen errichtet werden. Wie auch immer die Regierung beschaffen sein mag, eine weise Verwaltung kann die öffentlichen Sitten durch Erziehung und durch Gewöhnung herausbilden und die Neigungen der einzelnen so lenken, daß sie insgesamt zufriedener mit der Regierung sind, unter der sie leben, als sie es mit jeder anderen wären, gleich, ob diese nun besser oder schlechter wäre. Denn obwohl die Menschen sich immer beklagen, würden sie sich, in eine andere Lage versetzt, vielleicht noch mehr beklagen. Also kann man das Gedeihen des Staates nicht nach dem Gefühl, das die Bürger von ihrem Glück haben, und folglich auch nicht nach ihrem Glück überhaupt beurteilen.

Im übrigen kann man sagen, daß der dem Glück der einzelnen günstigste Gesamtzustand der Nation darin besteht, daß sie, um glücklich zu leben, der Hilfe keines anderen Volkes bedarf; denn um das größtmögliche Glück zu genießen, müssen die Bürger nur noch durch weise Gesetze für all ihre gegenseitigen Vorteile sorgen, was nicht allein von ihnen abhängen würde, wenn unbedingt die Hilfe Fremder erforderlich wäre. Wenn also andere Völker auf das Volk angewiesen sind, das keines anderen bedarf, könnte man sich keine geeignetere Lage vorstellen, um die Mitglieder einer solchen Gesellschaft so glücklich zu machen, wie Menschen nur sein können.

Ich hätte auch sagen können, die glücklichste Nation sei jene, die das meiste Geld besitzt, oder die, die den größten Handel treibt oder größte Erfindungskraft in den Künsten beweist, und das hätte die einhelligste Zustimmung gefunden. Aber wenn diese Definitionen richtig sind, muß sich die, die ich gegeben habe, notwendig daraus ableiten lassen, denn wenn das Geld die Reichen glücklich macht, dann weniger durch den unmittelbaren Besitz als dadurch, daß es ihnen zum ersten ermöglicht, ihre Bedürfnisse zu befriedigen und ihren Willen in allen Dingen durchzusetzen, ohne von jemandem abzuhängen, und zum zweiten, anderen zu befehlen und diese in ihrer Abhängigkeit zu halten. Ebendas sind die Vorstellungen, aus denen ich die von einer glücklichen und blühenden Nation aufgebaut habe.

Was den Handel und die Künste betrifft, so besteht deren erstes Ziel darin, das Geld zu vermehren und in Umlauf zu bringen, mit dem man das eine wie das andere Ziel nach Belieben erreichen kann, und die Definition als richtig vorausgesetzt, ergibt sich, daß auch sie in die meine eingeht.

Nachdem ich gezeigt habe, daß meine Definition alle anderen enthält und daß sie folglich die umfassendste ist, bleibt mir noch, deutlich zu machen, daß sie auch die richtigste ist und am besten mit unseren Vorstellungen von Glück und Gedeihen übereinstimmt.

Unsere Bedürfnisse sind von zweierlei Art, nämlich die zu unserer Erhaltung notwendigen physischen Bedürfnisse und jene, die die Annehmlichkeiten, das Vergnügen, die Prunksucht betreffen und deren Gegenstände im allgemeinen die Bezeichnung Luxus tragen. Diese letzteren werden buchstäblich zu wirklichen Bedürfnissen, wenn ein langanhaltender Gebrauch sie uns zur Gewohnheit hat werden lassen und wenn unsere Konstitution sich dieser Gewohnheit sozusagen angepaßt hat. So würde eine Frau aus der Stadt, die im Sommer auf dem Lande zwei Stunden lang der größten Sonnenglut ohne Schirm ausgesetzt wäre, schier unabdingbar einen Sonnenstich und vielleicht eine tödliche Krankheit auf sich ziehen, während dies einer Bäuerin nichts anhaben würde; ein Bourgeois kann nicht auf das Pferd verzichten, um auf sein Landstück zu gelangen, zu dem sein Bauer täglich den Weg zu Fuß geht. Und ein Höfling, der an die Bequemlichkeiten der Postkutsche gewöhnt ist, könnte dieselbe Reise nicht zu Pferd ablegen, ohne davon inkommodiert zu werden. So kann alles bis hin zu den Giften durch die Gewohnheit ein physisches Bedürfnis werden, wie das Opium bei den Türken und das Realgar bei den Chinesen.

9

Aber wenn man selber ein Volk glücklich zu machen hat, muß man dann Bücher schreiben, um die Herrscher zu lehren, das Glück der Völker herzustellen? Könige, lehrt durch das Beispiel!

10

Macht die gleichen Dinge aus besseren Gründen! Ihr müßt auf die Sicherheit eurer Untertanen achten, sie und ihre Güter gegen Gewalt und Unterdrückung verteidigen: aber das ist erst die Hälfte eurer Aufgaben, ihr müßt sie auch glücklich machen. Darin liegt die Vollendung der Pflichten des Herrschers.

VII

[DER LUXUS, DER HANDEL UND DIE KÜNSTE]

1

Wenn die Menschen verstehen könnten, daß der Irrtum für sie viel gefährlicher als das Wissen ihnen nützlich ist, würden sie weniger auf die Lehren der Philosophen erpicht sein, und die Philosophen wären zurückhaltender, sie zu erteilen, wenn sie ahnten, daß eine einzige falsche Beweisführung sie mehr Ansehen kostet, als hundert entdeckte Wahrheiten ihnen einbringen können. Der beste Gebrauch, den man von der Philosophie machen kann, besteht darin, mit ihrer Hilfe die von ihr verursachten Übel zu beseitigen, selbst wenn man dabei das Gute vernichten muß, so es welches gibt: denn es ist noch immer besser, aus dem, was den einfachen Erkenntnissen der Vernunft und den reinen Empfindungen der Natur hinzugefügt wird, das Gute auszusondern, als das Schlechte darin zu belassen. Damit ihre Arbeiten der Gesellschaft zum Vorteil gereichen, müßten die Philosophen sie auf eine solche Weise verbreiten, daß sie sich nach vielen Büchern und Streitgesprächen wechselseitig widerlegt sähen und das Ganze wie nicht geschehen wirkte. Zwar wüßten wir alsdann nichts, aber wir würden uns aufrichtig darüber verständigen und hätten tatsächlich bei der Suche nach der Wahrheit den Weg gefunden, den man nach rückwärts, vom Irrtum zur Unwissenheit, beschreiten muß. Um zu diesem heilsamen Ziel beizutragen, werde ich mich befleißigen, einige Fragen der Politik und der Moral zu untersuchen, die von mehreren modernen Schriftstellern aufgeworfen und gelöst worden sind und sich auf Gegenstände beziehen, über die nachzudenken ich gezwungen war. Ich hoffe auch, auf diesem Wege einige Theoreme zu entwickeln, die ich aus Furcht vor Abschweifungen in anderen Schriften ohne

Beweisführung vorgebracht habe. Aber da ich bei alledem eher beabsichtige, Irrtümer anzugreifen, als neue Wahrheiten aufzustellen, gestehe ich guten Glaubens, daß, sobald die Werke meiner Gegner nicht mehr von Bestand sind, die meinen völlig überflüssig sein werden. Ich will nicht der Führer meiner Zeitgenossen sein, sondern begnüge mich damit, sie zu warnen, wenn ich einen entdecke, der sie in die Irre führt, und ich brauchte sie nicht mit meinen Ansichten zu belästigen, wenn niemand sich erheischig machte, sie führen zu wollen.

Die Frage, die ich hier zu untersuchen beabsichtige, betrifft den Luxus, den Handel und die Künste, und zwar nicht, wie ich es zuvor tat, hinsichtlich der Sitten, sondern unter einem neuen Gesichtspunkt, in bezug auf das Gedeihen des Staates.

Alle Alten haben den Luxus als ein Zeichen der sittlichen Verderbtheit und der Schwäche der Regierung betrachtet. Die Luxusgesetze sind fast genauso alt wie die Staaten. Es gab deren bei den Ägyptern, die Hebräer erhielten sie von ihrem Gesetzgeber verordnet; man findet sie sogar bei den Persern, und was die Griechen anbelangt, so war deren tiefer Abscheu vor dem asiatischen Prunk das beste Luxusgesetz, das sie haben konnten.

Dieser Abscheu war noch spürbarer bei den Römern. Dem Luxus und der Pracht der anderen Nationen galt geradezu ihr Gespött, und wenn sie in ihren Triumphzügen Gebrauch davon machten, war dieser weit eher dazu angetan, diesen ganzen überflüssigen Pomp der besiegten Völker ins Lächerliche zu ziehen, als bei den Siegern die Lust zur Nachahmung zu wecken.

Natürlich mußte sich die Verachtung, die man für den Luxus empfand, auch auf den Handel auswirken. Die Römer verschmähten ihn, die Griechen ließen ihn bei sich von Ausländern durchführen, die mechanischen Künste wurden fast nur von Sklaven ausgeübt, und die freien Künste gar verlangten von den Ausübenden ein überlegenes Talent, wenn sie sich eine gewisse Anerkennung verschaffen wollten, was ihnen jedoch in Rom zu Zeiten der Republik nie gelang. Mit einem Wort, in Ländern, wo das Geld verachtet wurde, mußte all den Mitteln, welches zu verdienen, zwangsläufig etwas Schmachvolles anhaften.

Als diese Völker in Verfall gerieten, als Eitelkeit und Vergnügungssucht an die Stelle der Liebe zum Vaterland und zur Tugend traten, da drangen das Laster und die Verweichlichung überall durch, und es ging nur mehr um Luxus und Geld, um dem Luxus Genüge zu tun. Die einzelnen bereicherten sich, der Handel und die Künste erblühten, und der Staat ging alsbald zugrunde.

Doch noch während des schlimmsten Sittenverfalls warnten die Philosophen und die Politiker unablässig vor diesen Zügellosigkeiten, deren Folgen sie voraussahen; niemand widersprach ihnen, und niemand besserte sich; man war sich einig, daß ihre Gründe gut waren, und man verhielt sich so, daß sie noch besser wurden. Diese Schwätzer selbst schienen die Fehler der Völker nur aufzudecken, damit sich ihre eigenen als um so unentschuldbarer erwiesen; sie rügten öffentlich die Laster, für die sie das Beispiel gegeben hätten, wenn sie nicht vorgewarnt gewesen wären.

Die Menschen gaben sich also einem Verhalten hin, das ihren eigenen Maximen entgegengesetzt war, und erwiesen damit der Wahrheit die Ehre. So waren sich die Völker zu allen Zeiten darin einig, den Luxus zu verurteilen, selbst wenn sie sich ihm hingaben, und nicht einem Philosophen kam es über viele Jahrhunderte in den Sinn, darin der öffentlichen Meinung zu widersprechen.

Ich gedenke nicht, aus dieser allgemeinen Übereinstimmung Vorteil zu schlagen für die von mir verfochtene Meinung. Ich weiß, daß die Philosophie, wenn sie die Beweise der Philosophen übernimmt, auf ihr Zeugnis gern verzichtet und daß die Vernunft selbst keiner anderen Autoritäten bedarf. Da ich aber durch Erfahrung weiß, welches Unrecht man bewiesenen Aussagen mit der Bezeichnung Paradoxon zufügen kann, liegt mir daran, dieses Mittel von vornherein denen zu nehmen, die kein anderes haben, um das von mir zum Beweis Vorgebrachte anzugreifen. Ich gebe ihnen also kund, daß man just die Anschauung, gegen die ich zu Felde ziehe, ein Paradoxon nennen muß, das bis auf den heutigen Tag ebenso unerhört wie lächerlich und gefährlich ist, und wenn ich diese läppische und verweichlichte Philosophie widerlege, deren bequeme Maximen ihr so viele Anhänger unter uns verschafft haben, geselle ich nur meine Stimme dem Ruf aller Völker zu und verfechte die Sache des gesunden Menschenverstandes wie die der Gesellschaft.

Nach so vielen Jahrhunderten schließlich haben sich in unseren Tagen zwei Männer, die durch ungewöhnliche Anschauungen, die ganz nach dem Geschmack ihrer Zeit waren, Berühmtheit erlangen wollten, in den Sinn kommen lassen, alle ökonomischen Maximen der alten Politiker zu verwerfen und an deren Stelle ein ganz neues und so glänzendes Regierungssystem zu setzen, daß man schwerlich nicht davon geblendet wurde; und selbst wenn man davon absieht, daß das Einzelinteresse darin sehr gut auf seine Kosten kam, war das ein weiteres Erfolgsmittel in einem Zeitalter, da niemand sich mehr um das Gemeinwohl sorgt und in dem dieses ins Lächerliche gezogene Wort den Tyrannen nur noch als Entschuldigung und den Schurken als Vorwand dient.

2

Um ernsthaft über die anstehende Frage nachzudenken, möchte ich zuerst ein klares und sicheres Prinzip aufstellen, das niemand aus Vernunftgründen verneinen kann und das all meinen Nachforschungen als Grundlage diente, anderenfalls hätten wir anstelle von Definitionen nur vage Vorstellungen, die sich jeder seiner Phantasie und seinen persönlichen Neigungen gemäß bildet, und wir wüßten nie genau, was man unter den Wörtern Glück und Gedeihen, angewendet auf ein Volk, verstehen soll.

Bevor wir von den Mitteln sprechen, einem Volk Glück und Wohlstand zu geben, müssen wir bestimmen, worin genau der Ruhm und das Glück eines Volkes bestehen oder an welchen sicheren Zeichen man erkennen kann, daß ein Volk sich in diesem Zustand befindet.

Ich ahne wohl, daß diese Frage der Mehrheit der modernen Politiker wenig verfänglich erscheinen wird. Denn der eine wird ohne Zögern sagen, die glücklichste Nation sei die, in der alle Künste am besten gepflegt werden, ein anderer, es sei jene, in der der Handel stärker floriert, ein weiterer, jene, in der das meiste Geld vorhanden ist, und die meisten werden für die sein, die all diese Vorzüge in möglichst hohem Grade vereint. Prüfen wir zunächst, ob diese Definitionen richtig sind.

Was zum ersten den Handel und die Künste anbelangt, so sind

in dem von mir angegriffenen System diese Dinge ganz offensichtlich eher Mittel, deren man sich bedient, um zum Gedeihen des Staates zu wirken, als daß sie das Wesen seiner Wohlfahrt ausmachten: denn ich glaube nicht, daß es je einem Menschen eingefallen wäre, als Beweis für das Glück seines Volkes vorzubringen, es bestehe aus Handwerkern und Händlern. Auch wenn ich zugeben würde, daß die Handwerker und Händler unerläßlich sind, um die gemeinschaftlichen Bedürfnisse zu befriedigen, läßt sich daraus niemals schlußfolgern, daß die Nation glücklich sei, denn man kann, wie ich es im folgenden tun werde, beweisen, daß der Handel und die Künste, indem sie einige eingebildete Bedürfnisse befriedigen, eine viel [größere] Zahl wirklicher Bedürfnisse schaffen.

Man mag mir entgegnen, die Künste, die Manufakturen und der Handel hätten nicht so sehr die persönlichen Bequemlichkeiten der Staatsbürger zum Ziel, sondern die Bereicherung des Staates, sei es durch den Zufluß fremden oder durch den Umlauf des eigenen Geldes. Woraus man schließen muß, daß das ganze Glück eines Volkes daraus bestünde, reich an barer Münze zu sein; was mir zu untersuchen bleibt.

Gold und Silber sind nur die Zeichen für die Stoffe, gegen die sie eingetauscht wurden, und so haben sie eigentlich keinen absoluten Wert, und selbst der Herrscher vermag ihnen keinen zu geben. Denn wenn der Fürst zum Beispiel anordnet, daß eine Silbermünze von bestimmtem Gewicht und mit einer bestimmten Prägung den Wert von soundso vielen Livres oder Sous haben soll, legt er einen Nennwert für den Handel fest und nicht mehr. Der Ecu ist dann soundso viele Livres wert und der Gulden soundso viele Sous, aber es ist klar, daß der Preis des Sous oder des Livres und folglich des Guldens oder des Ecu genauso veränderlich bleibt wie zuvor und daß er im Handel nicht nach dem Willen des Fürsten, sondern aus ganz anderen Gründen steigen oder fallen wird. Alle Maßnahmen, um den Wert der Währung festzulegen, bestehen demzufolge nur in der Einbildung, wenn sie aber irgendeine tatsächliche Wirkung ausüben, dann nur auf die jährlichen Zuwendungen, auf die Pensionen und alle sonstigen nur durch erdachte Nennwerte der Livres, Gulden usw. bestimmten Zahlungen. Wenn der Fürst den Preis der Währungen erhöht, dann ist das ein Betrug an seinen Gläubigern, und wenn er ihn senkt, dann ist das ein weiterer Betrug, mit dem er seine Schuldner hintergeht. Aber wie auch der Preis aller Waren im Verhältnis zum wechselnden Kurs der Währungen steigt oder fällt, stets bleibt im Handel das gleiche Verhältnis zwischen dem Zeichen und der dargestellten Sache erhalten. Was ich hier vom Münzsilber sage, betrifft gleichermaßen den durch staatliche Verordnung festgelegten Preis der Gold- oder Silbermark. Dieser Preis ist nur so hoch, wie der Handelskurs ihn sein läßt, und allen Verordnungen zum Trotz machen sich bei ihm die gleichen Schwankungen bemerkbar, je nachdem, ob die Geschäfte gut oder schlecht gehen.

Obwohl das Geld von sich aus keinen realen Wert hat, erhält es in jedem Land, wo es in Gebrauch ist, einen solchen durch stillschweigende Übereinkunft, und dieser Wert verändert sich nach den Gründen, die zu seiner Bestimmung dienen. Sie lassen sich auf drei Hauptgründe zurückführen, nämlich: 1. den Überfluß oder Mangel an barem Geld, 2. den Überfluß oder Mangel an Lebensmitteln und anderen Waren, 3. den Grad der Zirkulation, der vom Umfang des Austauschs abhängt, also vom Umfang der Handelstätigkeit. Je nachdem, wie diese drei Dinge in einem Land aufeinandertreffen, kann das Geld dort auf einen exorbitanten Wert steigen oder auf beinahe nichts fallen: daraus folgt, daß ein Staat sich in einer Lage befinden kann, mit einer großen Menge Geldes in Wirklichkeit noch immer sehr arm zu sein und am Nötigen Mangel zu leiden; andererseits kann er trotz Mangels an Geld dennoch sehr reich sein durch den Überfluß an all den Dingen, für deren Erwerb die anderen Völker ihre Gelder gebrauchen müssen.

Dieser ersten Beobachtung ist eine zweite, nicht weniger wichtige hinzuzufügen, die sich durch eine fernerliegende Folgerung aus der ersten ableitet. So gilt es wohl zu unterscheiden zwischen den Reichtümern, die ausschließlich einigen einzelnen gehören, und denen, die der ganzen Nation gemein sind. Da die Wörter arm und reich relativ sind, gibt es Arme nur, weil es Reiche gibt, und das läßt sich in mehr als einer Bedeutung sagen, doch beschränke ich mich hier auf die Beziehung der beiden Begriffe. Man bezeichnet einen Menschen, der mehr Güter hat, als die meisten anderen zu haben gewohnt sind, als reich, und man nennt arm nicht nur denjenigen, der nicht genug zum Leben hat, sondern auch den, der weniger hat als die anderen. Es können solche Umwälzungen in der Gesellschaft eintreten, daß derselbe Mensch sich abwechselnd reich oder arm findet, ohne sein Vermögen vergrößert oder verringert zu haben. Man kann Gleiches von den Nationen sagen, wenn sie einzeln betrachtet und miteinander verglichen werden; auch verwendet jedes Volk, obgleich ein wenig versteckter, kaum weniger Mühe darauf, den Gewinn seiner Nachbarn zu schmälern, als für den eigenen zu arbeiten: die Menschheit ist also durch den Staat dem nationalen Interesse ausgeliefert, wie sie durch die einzelnen tagtäglich dem Besitzstreben ausgesetzt ist. Jedoch kann man nicht ohne Mühe begreifen, wie die Armut eines Landes zum Wohlstand der Bewohner eines anderen beitragen kann.

Nehmen wir an, ein Volk sei nach langen und mühevollen Anstrengungen in dieser Hinsicht an das Ziel seiner Pläne gelangt, es habe all seine Nachbarn ruiniert und ganz allein so viel Gold und Silber angehäuft, wie es in der übrigen Welt gibt, und schauen wir, was aus dieser öffentlichen Prosperität für das persönliche Glück der Bürger erwächst. Wenn diese Reichtümer gleichmäßig verteilt sind, ist es zum ersten sicher, daß sie nicht in diesem Zustand der Gleichheit verbleiben können, weil sie sonst für ihre Besitzer gleichsam nicht vorhanden wären, da in allem, was über das unmittelbar Notwendige hinausgeht, die Vermögensvorteile sich nur durch Unterschiede bemerkbar machen. Wenn in dem angenommenen Fall all jene Schätze in einer einzigen Nacht vernichtet würden, die Lebensmittel und anderen Waren aber keinerlei Verringerung erführen, würde dieser Verlust somit niemandem auffallen, auch am nächsten Tag würde man ihn kaum bemerken.

Aber es hieße zuviel Zeit verschwenden, wollte man sich bei einer so unwahrscheinlichen Annahme wie der von der gleichen Verteilung der Reichtümer aufhalten: diese Gleichheit kann selbst hypothetisch nicht angenommen werden, weil sie nicht in der Natur der Dinge liegt, und ich glaube, daß es keinen verständigen Leser gibt, der nicht schon selbst dieser Überlegung vorgebaut hat.

Von dem Augenblick an, da die Menschen den Gebrauch des Goldes kennenlernten, haben sie sich bemüht, viel davon anzuhäufen. Die Erfolge mußten natürlich den verschiedenen Graden der Geschicklichkeit und der Geldgier der Konkurrenten entsprechen, das heißt sehr ungleich sein. Diese ursprüngliche Ungleichheit, verbunden mit Habgier und den Talenten, welche sie hervorgebracht hatten, mußte sich noch aus eigenem Antrieb verschärfen; denn einer der Fehler der bestehenden Gesellschaften liegt darin, daß die Schwierigkeit des Erwerbens stets im Verhältnis zu den Bedürfnissen wächst und daß noch der Überfluß die Reichen in die Lage versetzt, den Armen des Notwendigen zu berauben. Es ist ein Grundsatz in den Geschäften wie in der Physik, daß aus nichts nichts wird. Das Geld ist der wahre Samen des Geldes, und der erste Ecu ist unendlich viel schwerer zu erlangen als die zweite Million. Im übrigen werden die Gaunereien immer nur dann bestraft, wenn die Notwendigkeit sie verzeihlich macht, dem Bedürftigen kosten sie Ehre und Leben, dem Reichen bringen sie Ruhm und Vermögen. Stiehlt ein Notleidender, um Brot zu haben, einem herzlosen Menschen mit Gold im Überfluß einen Ecu, dann ist er ein Spitzbube, den man an den Galgen bringt, während geehrte Staatsbürger sich friedlich am Blut des Handwerkers und des Bauern laben, während die Monopole des Händlers und die Unterschlagungen des Steuerpächters als nützliche Talente bezeichnet werden und denen, die sie anwenden, die Gunst des Fürsten und öffentliche Wertschätzung sichern. So bewirkt der Reichtum einer ganzen Nation den Überfluß einiger einzelner zum Nachteil der Gemeinschaft, und so verstärken die Schätze der Millionäre die Not der Staatsbürger. Denn bei dieser ungeheuerlichen und erzwungenen Ungleichheit geschieht es notwendigerweise, daß die Genußsucht der Reichen mit Wonne das Fleisch des Volkes verschlingt und ihm für viel Schweiß und zum Preis der Knechtschaft gerade noch ein trockenes Schwarzbrot verkauft.

Nimmt man dann noch die unausbleibliche Preissteigerung für alle Dinge durch den Überfluß an Geld und vor allem den Mangel an Nahrungsmitteln hinzu, der notwendig aus einer solchen Lage erwachsen muß, wie ich im folgenden beweisen werde, so wird man leicht dem Nachweis folgen, daß ein Staat, je reicher er an Geld ist, um so mehr Arme haben muß und die Armen in ihm um so mehr leiden müssen.

Da indes Handel und Künste in einer Nation nur von Bedürfnissen zeugen und das Geld kein Beweis wirklichen Reichtums ist, folgt daraus, daß die Vereinigung all dieser Dinge auch kein Beweis für Glück ist.

Um weitere unnütze Aufzählungen zu umgehen, sind die Mittel, die die einzelnen, jeder entsprechend seinem Charakter und seinen Neigungen, einsetzen, um glücklich zu werden, von denen zu unterscheiden, die die Gesellschaft im ganzen zum gleichen Zweck anwenden kann. Denn da die Gesellschaft die verschiedenen Bedürfnisse ihrer Mitglieder weder vorhersehen noch befriedigen kann, belastet sie sich nicht mit dieser Sorge, sondern sorgt allein für die Verteidigung und die gemeinsame Sicherheit, was aber den Lebensunterhalt der einzelnen betrifft, so versetzt sie sie in die Lage, ihre Bedürfnisse selbst zu befriedigen; so daß sich alle Verpflichtungen, die die Vereinigung gegenüber ihren Mitgliedern eingehen kann, auf zwei Punkte beschränken: Frieden und Überfluß; vorausgesetzt, man versteht unter dem Wort Frieden nicht allein die Sicherheit, die den Frieden nach außen gewährt, und die Sitten, die den Frieden im Innern herstellen, sondern auch die Freiheit, ohne die es keinen wirklichen Frieden geben kann. Denn die Tyrannei und die Sklaverei sind ganz eindeutig ein Kriegszustand, und es ist leicht zu beweisen, daß ein Sklave, der seinen Herrn tötet, sich damit weder gegen das Naturgesetz noch gar gegen das Menschenrecht versündigt.

Was den Überfluß betrifft, so verstehe ich unter diesem Wort weder eine Lage, in der einige einzelne alles in Überfülle besitzen, während der Rest des Volkes gezwungen ist, sich an sie zu wenden, um von ihnen seine Existenzmittel zu einem Preis zu erhalten, den sie nach ihrem Belieben festsetzen, noch jenen anderen angenommenen und zumindest auf die Dauer unmöglichen Zustand, in dem jedem ohne Arbeit und Mühe alles in den Schoß fliegen würde, um seine Bedürfnisse zu befriedigen, sondern den Zustand, in dem alle lebensnotwendigen Dinge in einer solchen Menge im Lande vorhanden sind, daß ein jeder mit seiner Arbeit bequem alles zusammentragen kann, was er zu seinem Unterhalt braucht.

VIII

[ÖKONOMIE UND FINANZEN]

1

Wenn diese Maxime richtig ist, so leitet sich aus ihr folgerichtig die ab, daß man bei allem, was von menschlichem Gewerbefleiß abhängt, vorsorglich jede Maschine und jede Erfindung verbieten muß, die die Arbeit verkürzen, Arbeitskräfte einsparen und dieselbe Wirkung mit weniger Mühe erreichen kann.

2

Ganz folgerichtig gedacht, müßte man danach streben, den gewerblichen Erzeugnissen wenig Beständigkeit und Solidität zu geben, sie so vergänglich wie möglich zu machen und Feuersbrünste, Schiffbrüche und all die anderen Schäden, die den Menschen Leid bringen, als wahre Vorzüge zu betrachten.

3

Wenn man irgendein Mittel fände, die Feldarbeit zu erleichtern und an der Zahl der dabei eingesetzten Ochsen zu sparen, so ergäbe sich aus dieser Erfindung zwingend eine Preissenkung für Getreide und eine Erhöhung für Fleisch. Es bleibt nun zu prüfen, ob diese Emsigkeit für die Armen ebenso nützlich wäre, wie es den Kranken, die mehr Brühe als Brot brauchen, schaden würde.

4

Allgemein ist zu beobachten, daß vermehrte Arbeit in den Gewerben wohl einer großen Anzahl Menschen den Lebensunterhalt gewährt, zugleich aber, weil sich dadurch die Lebensmittel verteuern, den Unterhalt des ganzen Volkes erschwert.

5

Ich gebe zu, daß das Geld den Tauschhandel erleichtert, aber tut ein Beßres, beschränkt die Notwendigkeit des Tauschhandels, sorgt dafür, daß jeder, soweit es nur geht, sich selbst genügt.

6

Durch den Mangel an Eisen wurde die Schiffahrt zu den Amerikanern erst vernachlässigt, dann vergessen.

7

Die Steuern sind eine Art Einkommen, das von seiner Natur her, weil es in den Händen, die es empfangen, zum großen Teil schwindet, das Volk in Armut stürzt, ohne das Spargut zu vermehren, und das folglich stets mehr Schlechtes als Gutes bewirkt.

8

Nachdem England lange Zeit die Börse der Reichen durch Anleihen und die Börse der Armen durch Steuern ausgeschöpft hat, muß es schließlich notwendig Bankrott machen aus dem einzigen Grund, daß es seine Anleihen nur mit Steuern bezahlt.

IX

[ÜBER DIE BEVÖLKERUNG]

1

Ich habe zum Ende dieses Artikels nur noch ein Wort zu sagen. Die ganze allgemeine Ökonomie bezieht sich auf einen letzten Zweck, der Ergebnis und Nachweis einer guten Verwaltung ist; dieser auf das Gemeinwohl der menschlichen Gattung bezogene Zweck ist die Vermehrung des Volkes, die unerläßliche Folge seiner Wohlfahrt. Wollt ihr wissen, ob ein Staat gut oder schlecht regiert wird, dann prüft, ob die Zahl seiner Einwohner steigt oder fällt. Bei Gleichheit aller übrigen Dinge ist es offensichtlich, daß die Menschen sich in dem Land am wohlsten fühlen, das eine verhältnismäßig größere Zahl von ihnen ernährt und am Leben erhält, denn zu Recht beurteilt man die Sorgfalt des Schäfers nach dem Anwachsen der Herden.

2

Dann wird der Staat so reich wie möglich sein, denn er wird die kostbarste Ware, nämlich Menschen, im Überfluß besitzen, und die Menschen, die er haben wird, wird er ganz und gar besitzen.

3

Aus der Erfahrung (daß mehr Menschen in den großen Städten sterben als auf dem Lande geboren werden) muß man auf eine von den beiden Möglichkeiten schließen: entweder, daß sich die Landbewohner beständig stärker vermehren, da trotz der vielen, die die Stadt unaufhörlich aufsaugt, die Landgebiete immer gleich bevölkert bleiben, oder aber, daß das Leben auf dem Lande, wo es mehr Geburten gibt, günstiger für die Bevölkerung ist als das in der Stadt, wo es mehr Todesfälle gibt.

Wenn auf dem Lande die Zahl der Geburten der der Todesfälle entspricht und wenn in den Städten die Todesfälle gemeinhin die Geburten übersteigen, liegt die fortgesetzte Entvölkerung klar auf der Hand.

4

Und was bedeutet es schon für die Gesellschaft, daß weniger Menschen durch Totschlag umkommen, wenn der Staat sie vor ihrer Geburt tötet, indem er die Kinder zur Last für die Väter werden läßt?

5

Paris 1758

Todesfälle	19 202
Taufen	19 148
Eheschließungen	4 342
Findelkinder	5 082

X

[DER EINFLUSS DES KLIMAS AUF DIE ZIVILISATION]

1

Um erfolgreich die Geschichte des Menschengeschlechts zu verfolgen, um richtig über die Herausbildung der Völker und ihre Revolutionen zu urteilen, muß man zu den Prinzipien der Leidenschaften der Menschen, zu den allgemeinen Ursachen, die sie zum Handeln veranlassen, zurückgehen. Wenn man dann diese Prinzipien und Ursachen auf die verschiedenen Umstände bezieht, in denen diese Völker sich befunden haben, wird man den Grund für das erfahren, was sie getan haben, und man wird sogar erfahren, was sie bei den Gelegenheiten tun mußten, wo uns die Geschehnisse weniger bekannt sind als die ihnen vorausgehenden Situationen. Ohne diese Untersuchungen ist die Geschichte für uns ohne jeden Nutzen, und die Kenntnis von Tatsachen ohne Kenntnis der Ursachen dient nur dazu, das Gedächtnis zu überlasten, ohne Lehre für die Erfahrung und ohne Vergnügen für den Verstand.

Der Mensch kann sich nicht selbst genügen; seine stets neuerwachsenden Bedürfnisse versetzen ihn in die Notwendigkeit, außerhalb seiner selbst nach Mitteln für deren Befriedigung zu suchen. Er hängt immer von den Dingen und oft von seinesgleichen ab. Wir spüren diese Abhängigkeit mehr oder weniger, entsprechend dem Umfang und der Natur unserer Bedürfnisse, und in ebendiesen mehr oder weniger starken, mehr oder weniger wahrgenommenen Bedürfnissen muß man das Prinzip aller menschlichen Taten suchen.

Unsere Bedürfnisse sind verschiedener Art; die ersten richten sich auf den Lebensunterhalt, von ihnen hängt unsere Erhaltung ab. Sie sind solcherart, daß jeder Mensch zugrunde gehen würde, wenn er sie nicht mehr befriedigen könnte: diese heißen physische Bedürfnisse, weil sie uns von der Natur auferlegt worden sind und nichts uns davon befreien kann. Es gibt nur zwei Bedürfnisse dieser Art: die Ernährung und den Schlaf.

Andere Bedürfnisse zielen weniger auf unsere Erhaltung als auf unser Wohlergehen und sind eigentlich mehr Gelüste, die aber manchmal so stark sind, daß sie uns mehr als die wirklichen Bedürfnisse quälen; sie zu befriedigen ist jedoch nie eine unbedingte Notwendigkeit, und jeder weiß nur allzugut, daß leben nicht in Wohlergehen leben heißt.

Die Bedürfnisse dieser zweiten Klasse zielen auf den Luxus der Sinnenlust, des wollüstigen Lebens, auf die Vereinigung der Geschlechter und alles, was unseren Sinnen schmeichelt.

Eine dritte Ordnung von Bedürfnissen, die nach den anderen entstanden sind und letztlich doch vor allen anderen den Vorrang haben, entstammt der öffentlichen Meinung. Dabei handelt es sich um Ehrenbezeigungen, um den Ruf, den Rang, den Adel und alles, was nur in der Wertschätzung der Menschen existiert, durch diese Wertschätzung aber zu wirklichen Besitztümern führt, die man ohne diese nicht erhalten würde.

All diese verschiedenen Bedürfnisse sind miteinander verkettet, aber die ersten und die zweiten werden für die Menschen nur spürbar, wenn die ersten befriedigt sind. Solange man nur damit beschäftigt ist, etwas zum Leben aufzutreiben, denkt man kaum an die Wollust und noch weniger an die Eitelkeit: die Ruhmsucht martert hungrige Menschen kaum.

So reduziert sich alles in erster Linie auf den Lebensunterhalt, und erst dann legt der Mensch Wert auf all das, was ihn umgibt. Er hängt von allem ab, und er wird zu dem, wozu all das, wovon er abhängt, ihn zu sein zwingt. Das Klima, der Boden, die Luft, das Wasser, die Produkte der Erde und des Meeres formen sein Temperament, seinen Charakter, bestimmen seinen Geschmack, seine Leidenschaften, seine Arbeiten und seine Handlungen jeder Art. Wenn das nicht voll und ganz auf die Individuen zutrifft, dann ist es doch unbestreitbar richtig für die Völker; und wenn, an welchem Ort auch immer, der Erde ganz fertig ausgebildete Menschen entsprängen, so könnte, wer den ganzen Zustand ihrer gesamten Umgebung gut kennen würde, genau bestimmen, was sie werden.

Bevor man also die Geschichte unserer Gattung in Angriff nimmt, müßte man damit beginnen, ihren Lebensraum und alle darin sich befindenden Arten zu untersuchen, denn dort liegt die wichtigste Ursache für alle Umwälzungen des Menschengeschlechts. Da es mir an Zeit und an den erforderlichen Kenntnissen mangelt, um auf ein so wichtiges Detail einzugehen, werde ich mich hier auf die Betrachtungen beschränken, die unerläßlich sind, um zu verstehen, was ich in der Folge zu sagen habe.

Obwohl die Erde mit einem Umfang von dreitausend Meilen keine Riesenkugel ist, weitet sie diese gewissermaßen durch die Vielfalt ihrer Klimazonen aus, die verschiedenartigen Eigenschaften von Pflanzen und Tieren angemessen sind und die Erde gewissermaßen in ebenso viele Welten unterteilen, deren Bewohner, da ein jeder auf seine beschränkt ist, nicht von der einen zur anderen übersiedeln können. Allein der Mensch und einige Haustiere leben überall natürlich und können so viele Lebensarten annehmen, wie es die Verschiedenartigkeit der Klimazonen und ihrer Produkte von ihnen verlangt. Dazu kommt der die genannte Vielfalt erweiternde und sich mit ihr verknüpfende Wechsel der Jahreszeiten. Deren Abfolge, die nacheinander mehrere Klimaarten in eine Klimazone einbringt, gewöhnt die Menschen, die sie bewohnen, an deren verschiedenartige Wirkungen und befähigt sie, in allen Ländern sich anzusiedeln und zu leben, deren Temperatur sie aus ihrem Land kennen. Fiele die Ekliptik mit dem Äquator zusammen, hätte es vielleicht niemals eine Völkerwanderung gegeben, und keiner hätte je seine Klimazone verlassen, weil niemand ein anderes Klima vertragen hätte als das, in dem er geboren worden war. Mit dem Finger die Erdachse neigen oder dem Menschen sagen: Fülle die Erde und lebe in Gesellschaft, das war das gleiche für DEN, der weder der Hand bedarf, um zu handeln, noch der Stimme, um zu sprechen.

Am Äquator, von dem die Sonne sich kaum entfernt und wo die Tage sowohl den Nächten als untereinander stets gleich sind, bringen Sommer und Winter, die nur durch den Wechsel von Sonne und Regen bestimmt werden, kaum irgendeine Temperaturschwankung hervor. Aber je weiter man sich von dieser Linie entfernt, desto größer wird sowohl der Unterschied der Tage als auch der der Jahreszeiten. Die Nächte werden länger und kälter, die Winter länger und rauher, je näher man den Polen kommt. Die Wärme nimmt nicht im gleichen Verhältnis ab, denn sonst hätte die Erde bald nichts mehr hervorzubringen. In den nördlichen Ländern sind die Sommer kurz, aber heiß, das Getreide wird dort in einem Zeitraum von zwei Monaten ausgesät und abgeerntet; ferner sind die Nächte in diesem kurzen Zeitraum so kalt, daß man zum Sommer nur die Zeit rechnen darf, in der die Sonne über dem Horizont steht; alle vierundzwanzig Stunden wechselt man zwischen Winter und Sommer hin und her.

Aus diesen Beobachtungen würde folgen, daß die Völker der warmen Klimazonen, deren Temperatur wenig schwankt, zum Auswandern weniger geneigt wären als die Völker der kalten Zonen, die bis zu einem gewissen Grad zwei Extreme kennen. Ich weiß, im allgemeinen ist die gegenteilige Meinung im Umlauf, daß die Bewohner des Nordens den Aufenthalt in den warmen Ländern weniger ertragen als letztere den Aufenthalt in den kalten Ländern. Man sieht schon, welcher dieser beiden Sätze sich mehr auf die Vernunft stützt, und man wird in der Folge erkennen, welcher mehr der Geschichte und den Tatsachen entspricht.

Die Eigenschaften der Erde und die Arten ihrer Produkte werden nicht weniger als die menschlichen Temperamente von dem verschiedenen Stand der Sonne beeinflußt, und der Boden verändert sich von einer Klimazone zur anderen ebensosehr wie das Naturell seiner Bewohner. Die in den warmen Ländern leichtere und lockerere Erde erfordert weniger Arbeit und nimmt leichter die sie fruchtbar machenden Salze in sich auf. Die Pflanzen, die sie hervorbringt, sind nahrhafter, die Bäume tragen reichlich bessere Früchte. Eine einzige Art kann hier den gesamten Bedarf des Menschen decken: ihre natürliche Fruchtbarkeit reicht aus, ihre Bewohner fast ohne Arbeit und Mühe zu ernähren.

In den kalten Ländern hat die karge und halbtote Erde nicht genug Kraft, um in den Pflanzen Säfte zu erzeugen, die für die Ernährung des Menschen geeignet sind: wenn sie Pflanzen wachsen läßt, dann nur ungenießbare Kräuter und fruchtlose Bäume, die uns nur über Zwischenstufen Lebensmittel liefern, indem sie Tiere ernähren, die uns als Nahrung dienen.

Tausend Arten auf und in der Erde bestimmen die Daseinsweisen ihrer Bewohner und unterwerfen sie bestimmten Bedingungen. Im allgemeinen sind die Bergbewohner von Beruf Hirten, die Bewohner der Wälder von Beruf Jäger und die der Ebenen von Beruf Ackerbauern.

Das Wasser und selbst die Luft können jenen Menschen Lebensmittel liefern, denen die Erde sie verweigert; die Bewohner der unfruchtbaren Küsten sind alle Fischer und Fischesser. Es gibt, wie man hört, in den Bergen des Kaukasus Menschen, die von ihren Falken und Adlern versorgt werden. Und an bestimmten Orten spendet der Himmel in der Nacht kräftige Säfte, die als Nahrung dienen können.

Ohne etwas an ihrer Oberfläche hervorzubringen, gewährt die karge und unfruchtbare Erde ihren Bewohnern letztlich meist noch immer, wenn auch mittelbar, den Lebensunterhalt, sei es durch die Ausbeute der Minen, die man in ihrem Innern findet, sei es durch die Bequemlichkeit der Verkehrswege, die den Bewohnern das Mittel gibt, überall hinzugelangen, um ihre Arbeiten und ihre Person gegen die Dinge einzutauschen, die sie benötigen.

Wenn die ganze Erde gleichermaßen fruchtbar wäre, hätten sich die Menschen vielleicht niemals einander genähert. Aber die Notwendigkeit, die Mutter des Gewerbefleißes, hat sie gezwungen, füreinander nützlich zu sein, damit sie es für sich selbst sind. Über diesen erst erzwungenen, dann freiwilligen Verkehr haben sich ihre geistigen Fähigkeiten entwickelt, haben sie Talente, Leidenschaften, Laster, Tugenden, Kenntnisse erworben und sind alles geworden, was sie im Guten wie im Bösen sein können. Der vereinzelte Mensch bleibt immer sich selbst gleich, Fortschritte macht er nur in der Gesellschaft.

Weitere, dem Anschein nach zufälligere Ursachen haben dazu beigetragen, die Menschen ungleich an manchen Orten zu verstreuen, sie an anderen in Haufen zusammenzuscharen und die Verbindungen zwischen den Völkern je nach den Zufällen, die sie vereint oder getrennt haben, zu festigen oder zu lockern. Erdbeben, Vulkanausbrüche, Feuersbrünste, Überschwemmungen, Sintfluten haben unversehens das Antlitz der Erde und auch den Lauf der menschlichen Gesellschaften verändert, haben diese andersartig verknüpft, und diese Zusammenschlüsse, deren Ursprünge physischer und natürlicher Art waren, sind im Lauf der Zeit zu moralischen Ursachen geworden, die den Zustand der Dinge verändern, sie haben Kriege, Auswanderungen, Eroberungen und schließlich Revolutionen hervorgerufen, von denen die Geschichte voll ist und die man zu Menschenwerk erklärt hat, ohne auf den Anstoß zurückzugehen, der die Menschen so handeln ließ. Es ist nicht zu bezweifeln, daß die großen Naturereignisse häufiger in den frühen Zeiten auftraten, als eine gleichmäßigere Bevölkerung das Antlitz der Erde noch nicht in den festen Zustand versetzt hatte, in dem die Kunstfertigkeit und die Hand der Menschen die Erde heute bewahren, häufiger, als solche Ereignisse selbst heute noch in entlegenen Gebieten auftreten, wo nichts das Gleichgewicht wiederherstellt, das die Naturereignisse einmal zerstört haben.

2

Man darf eine Regel, die nur für eine Klimazone aufgestellt worden ist, nicht auf alle übertragen. Ein Acker erfordert nur sechs Tage Arbeit, bei einem anderen ist die ganze Woche nicht zuviel. Im allgemeinen erlauben und verlangen die wärmeren Länder mehr Erholung, die kalten Länder haben robustere Menschen, die mehr Arbeit vertragen, und einen undankbareren Boden, der das verlangt.

XI

[ÜBER DAS VATERLAND]

1

Die Erde, die wir bewohnen, ist die Mutter und die gemeinsame Ernährerin der Menschen, sie ist das Vaterland des Menschengeschlechts. Jedoch bindet uns kein besonderes Gefühl an sie; wenn wir alle auf einen anderen Planeten versetzt würden und dort angenehmer leben könnten, wem von uns käme es in den Sinn, diesem hier nachzutrauern? Das gleiche trifft nicht auf das Gefühl zu, das uns an die Heimat, das eigentliche Vaterland, bindet; dieses Gefühl verändert sich ebenso wie das Klima, die Regierungen, die Lebensweisen; manche wurden in einem guten Land geboren und vergessen es mühelos, um in einem schlechteren zu leben; andere leben auf fremdem Boden in Wohlstand und beklagen ohne Unterlaß ihre traurige Bleibe und seufzen im Andenken an Sand und Gestein ihrer Heimat. Für die ersten ist das Vaterland überall dort, wo es einem gut geht, für die zweiten geht es einem nur im Vaterland gut. Woher kommt dieser Gegensatz? Vielleicht daher, daß sie verschiedene Bezeichnungen verwenden, um das gleiche zu sagen, und daß das Wort Vaterland für beide Seiten nicht die gleiche Bedeutung hat.

Dieser Gedanke drängte sich, unklar und wirr, meinem Geist schon seit langem auf, er hat sich zufällig erhellt und entwickelt, als ich mich am wenigsten damit beschäftigte. Als ich eines Tages das Buch des Abbé Dubos über die Poesie und die Malerei las, stieß ich auf die folgende Stelle, die mich innehalten ließ.

»Wir kennen heute Völker, deren Charakter gegenwärtig nicht mehr dem entspricht, den die alten Schriftsteller ihren Vorfahren geben. Die Römer ähneln nicht mehr den für ihre militärischen Tugenden so berühmten Römern.«

Bei diesen Worten unterbreche ich meine Lektüre, ich frage mich, ob es wohl wahr ist, daß die Römer von heute die Landsleute der früheren Römer sind. Mit Empörung denke ich daran:

Reiche Priester setzen ungerührt ihren Fuß
Auf die Gräber der Catonen und des Aemilius.

Ich suche, was diese beiden Arten von Menschen auf demselben Boden gemeinsam haben können. Ich vertiefe mich in Betrachtungen, die dieser Gegenstand mir auferlegt, das Buch gleitet mir aus den Händen. Gedanken fliegen mir scharenweise zu und löschen einander ebenso rasch wieder aus, sie regen mich an, zu Papier zu bringen, was ich davon festhalten könnte; diese ungestalte und ungeordnete Sammlung kann man jetzt lesen.

Um zu verstehen, wie sich Menschen als zugehörig zu einem Vaterland empfinden können, muß man wissen, was das Vaterland ist und durch welche Art von Bindungen sie daran hängen. Eine Untersuchung, die man nicht anstellen kann, ohne auf die ursprünglichen Verhältnisse des Menschen im allgemeinen zurückzugehen.

Wir hängen an den Dingen durch unsere Gelüste, an den Personen durch unsere Zuneigung, an beiden durch die Gewohnheit; ich sehe keine andere Art der Bindung, die einen Menschen eher an einen Ort als an einen anderen fesseln könnte. Indes ist seine Verfassung der Art, daß seine Gelüste aus seinen Bedürfnissen entstehen und seine Gewohnheiten hervorbringen. Damit sich die Menschen erhalten, sei es als Individuum, sei es als Gattung, müssen ihre natürlichen Gelüste befriedigt werden, und aus ihren täglich befriedigten Gelüsten erwachsen die zu ihrer Erhaltung geeigneten Gewohnheiten. Daraus würde folgen, daß durch die Wirkung der Eigenliebe alle Völker, weil sie gleichermaßen an den Gegenständen ihrer Gelüste und Gewohnheiten, die auch die Instrumente zu ihrer Erhaltung sind, hängen, die gleiche Verbundenheit mit dem Boden haben müßten, der sie seit ihrer Geburt ernährt und der allein ihren Sinnen diese Gegenstände bietet. Und wenn es einen Unterschied gäbe, müßte er in der mehr oder weniger großen Leichtigkeit begründet sein, ebendiese Gegenstände zu erlangen, wer das Notwendige schwieriger erlangt, müßte das Land, das es ihm liefert, weniger lieben, was nicht dem entspricht, was weiter oben gesagt wurde. Was man an seinem Land liebt, was man im eigentlichen Sinn Vaterland nennt, ist also nicht das, was mit unseren Gelüsten und den aus ihnen erwachsenden Gewohnheiten zu tun hat, es ist nicht einfach der Ort, es sind nicht einfach die Dinge, der Gegenstand dieser Liebe ist uns viel näher.

2

Wenn die Staatsbürger von ihr alles erhalten, was ihre eigene Existenz kostbar machen kann – weise Gesetze, einfache Sitten, das Lebensnotwendige, Frieden, Freiheit und die Achtung der anderen Völker –, wird ihr Eifer sich für eine so zartliebende Mutter entflammen. Sie werden kein wirkliches Leben kennen als jenes, das sie ihr verdanken, noch wahres Glück, wenn sie nicht ihr Leben in ihren Dienst stellen; die Ehre, im Notfall ihr ganzes Blut für ihre Verteidigung zu vergießen, wird ihnen als eine ihrer Wohltaten gelten.

3

Nach der Definition, die ich von der Tugend gegeben habe, führt Vaterlandsliebe notwendig zur Tugend, da wir gerne das wollen, was jene wollen, die wir lieben.

4

Die Liebe zu den Menschen bringt viele Tugenden wie Sanftmut, Gerechtigkeit, Mäßigung, Nachsicht hervor, aber sie beseelt weder zum Mut noch zur Entschlossenheit und ähnlichem und verleiht jenen Tugenden nicht die Energie, die sie von der Vaterlandsliebe erhalten, welche sie bis zum Heroismus steigert.

5

Gewisse Züge der römischen Geschichte, darunter der Fall des Atilius Regulus, sprechen dafür, daß die Römer, wenn sie in die Hände des Feindes fielen, glaubten, ihre Bürgerrechte eingebüßt zu haben und gewissermaßen bei denen eingebürgert zu sein, die sie gefangenhielten. Aber diese absurde Maxime bestand nur in ihrer Vorstellung, im Verhalten dieser tugendhaften Männer ist nichts davon zu bemerken. Regulus selbst, der sich als Karthager betrachtete und sich weigerte, seinen Platz im Senat von Rom einzunehmen, sprach dort so sehr gegen die Interessen seines neuen Vaterlandes und gegen die Weisungen seiner Herren, daß, falls er ihnen wirklich Treue und ihren Befehlen Gehorsam schuldete, die erhabenste menschliche Tat nichts als das Verbrechen eines Verräters wäre und man gerechterweise den entsetzlichen Martertod billigen müßte, den die grausamen Karthager ihm als Strafe für seinen Ungehorsam auferlegten.

XII

[VERGLEICH ZWISCHEN DEN REPUBLIKEN SPARTA UND ROM]

1

Ich überlasse es den Bewunderern der modernen Geschichte, herauszufinden und zu entscheiden, welche von beiden Schilderungen ihr am besten entsprechen mag. Was mich betrifft, so betrachte ich nur jene Beispiele gern, die der Menschheit zur Lehre und zur Ehre gereichen; bei meinen Zeitgenossen aber kann ich nur gefühllose Herren und wehklagende Völker sehen, Kriege, die niemanden interessieren und Unheil über alle Welt bringen; Armeen, die in Friedenszeiten riesig wirken, in Kriegszeiten ohne Wirkung sind; Minister, die unentwegt damit beschäftigt sind, nichts zu tun; geheimnisvolle Verträge ohne Gegenstand; lang ausgehandelte Bündnisse, die am nächsten Tag gebrochen werden; schließlich Untertanen, die um so elender sind, je reicher der Staat ist, und um so verachteter, je mächtiger der Fürst; ich schließe den Vorhang vor diesen Gegenständen des Schmerzes und des Jammers, und da ich unsere Übel nicht mildern kann, vermeide ich es zumindest, sie zu betrachten.

Dagegen lenke ich mit Freude meine Blicke auf jene ehrfurchtgebietenden Bilder der Antike, wo ich Menschen sehe, die von großartigen Einrichtungen zur höchsten Stufe der Größe und der Tugend erzogen werden, zu der menschliche Weisheit gelangen kann. Die Seele erhebt sich und der Mut entflammt beim Betrachten dieser ehrwürdigen Zeugnisse; man nimmt in gewisser Weise teil an den heroischen Taten dieser großen Menschen, durch das Nachsinnen über ihre Größe scheint sich ein Teil auf uns zu übertragen, und man könnte von ihrer Person und ihren Reden sagen, was Pythagoras von den Ebenbildern der Götter sagte: daß sie denen eine neue Seele geben, die sich ihnen nähern, um ihren Weissagungen zu lauschen.

Die Dichter können bei der Erfindung ihrer Fabeln nichts Geeigneteres finden, um uns zu gefallen und uns gar zu belehren, als die Verbindung von Verdienst und Glücksumständen. Das Herz kann sich einer innigen Anteilnahme für die Guten nicht erwehren, und wenn man sie gedeihen sieht, lieben die Guten ihr Glück, weil sie Tugend besitzen, die anderen lieben ihre Tugenden, weil ihnen Glück beschieden ist. Wenn die Geschichte selten den genannten Vorzug aufweist, so erzielt sie daraus eben eine größere Wirkung, und wenn zum Bild der glücklichen Weisheit sich der heilige Charakter der Wahrheit hinzugesellt, lehrt sie die Menschen, die Gebote der Vorsehung zu achten, und verleiht den aufrechten und empfindsamen Herzen neuen Mut, Gutes zu tun. Die Geschichte kann auch das, was in ihren Schilderungen zur Belehrung der Leser fehlt, ergänzen, indem sie die Ereignisse und die Helden, die sich wechselseitig zu erhellen vermögen, unter einem Gesichtspunkt zusammenfügt. Man scheidet mit solchen Vergleichen das Werk des Zufalls besser von dem der Klugheit; stellt man die Menschen oder Völker in allem, was sie unterscheidet, einander gegenüber, so lassen die Fehler, die der eine begeht, die Weisheit des anderen, sie zu vermeiden, erkennen, und man zieht gleichen Gewinn aus ihren Mängeln und ihren Tugenden. Wenn man sich einen Vergleich vorstellen kann, der all diese Vorzüge vereint, dann scheint mir dies für den Vergleich zwischen den beiden Republiken zu gelten, den ich anstellen möchte. Rom und Sparta brachten den menschlichen Ruhm auf den höchsten Gipfel, den er erreichen kann; beide glänzten gleichermaßen durch Tugenden und Stärke, beide hatten große Rückschläge und noch größere Erfolge, sie begünstigten oder besiegten den Zufall mit Weisheit und widerlegten durch eine feste und dauerhafte Verfassung die gewöhnlichen Vorurteile über die Unbeständigkeit der freien Völker. Wenn die Gegenstände bedeutend sind, werden die Zusammenhänge erkennbar: beide Republiken hatten zuerst Könige, wurden dann zu freien Staaten und vergingen unter Tyrannen. Jede hatte einen schrecklichen Rivalen zu bekämpfen, von dem sie oft an den Rand des Zusammenbruchs getrieben wurde, den sie zwar überwand, dessen Niederlage jedoch für die Sieger fatale Folgen hatte. Die Ausdehnung beider, wenn auch in sehr ungleicher Größenordnung, war ebenfalls ein Grund ihres Niedergangs. Schließlich sind bei beiden der gleiche Stolz, die gleichen Sitten, die gleichen Maximen, vor allem der gleiche Enthusiasmus für das Vaterland zu bemerken. Was Unterschiede angeht, so werden sich nur allzu viele finden lassen, die das Anstellen eines Vergleichs rechtfertigen, ich werde in der Folge so viele Gelegenheiten haben, darüber zu sprechen, daß es unnütz wäre, sie hier zu betrachten.

Die Gründung der Republik von Sparta hatte nicht weniger einzigartige Ursachen als ihre Gesetze, und ihre Errichtung wurde auf eine Art und Weise herbeigeführt, die denen anderer Regierungen völlig entgegengesetzt war. Die bürgerliche Freiheit *[liberté civile]* ist unter den verschiedenen Zuständen des in der Gesellschaft lebenden Menschen eines der beiden Extreme, deren anderes die natürliche Freiheit ist. Die verschiedenen politischen Verfassungen bilden zwischen diesen beiden Grenzen eine Vielzahl von Zwischenstufen, die mit den Auswüchsen der Zügellosigkeit beginnen und mit denen der Tyrannei enden. Sparta dagegen begann mit dem Despotismus und entartete bald zur Anarchie, rückwärts zur natürlichen Ordnung fortschreitend. Dies war eine Folge der Eroberung des Peloponnes durch die Herakliden. Da Eurysthenes und Prokles anfangs die dumme Gier zeigten, alle Besitztümer der einzelnen unter dem Vorwand an sich zu reißen, Lakonien sei ein erobertes Land, wanderten die Einwohner, die nichts mehr an ihr Vaterland band, in die benachbarten Länder aus, und die beiden Tyrannen, Herrscher über eine riesige Einöde, lernten zu ihrem Schaden, daß Souveränität und Eigentum unvereinbar sind, daß die Rechte des Fürsten nur auf denen der Untertanen beruhen und daß es unmöglich ist, lange Zeit unbegründet über Menschen zu gebieten, die nichts mehr zu verlieren haben.

Um die Einwohner zu ersetzen, die man nicht hatte zurückhalten wollen, indem man ihnen einen Teil ihres eigenen Besitzes überließ, lockte man Fremde an, denen man mehr geben mußte, als man den Vorgängern genommen hatte. So geschah, was immer geschieht, die Könige verarmten, weil sie sich alles gewaltsam angeeignet hatten. Doch ständig gebend und nichts empfangend, vermochte die Regierung nicht lange zu bestehen. So mußte man schließlich auf Steuern zurückgreifen, mit denen man sich zu Anfang hätte begnügen sollen. Agis forderte sie mit der Härte eines Fürsten ein, der glaubt, daß ihm alles erlaubt sei, und den die Erfahrung nicht klüger werden läßt. Das Volk schritt vom Murren zur Revolte. Man griff zu den Waffen; Agis war der Stärkere, und die besiegten und für immer unterworfenen Bewohner von Helos lieferten in Sparta das unnütze und verderbliche Beispiel grausamster Sklaverei inmitten der vollkommensten Freiheit.

Weit davon entfernt, ihre Macht durch diese Gewalttaten zu festigen, unterließen es die Könige, eine ungerechte Usurpation durch eine rechtmäßige Verwaltung zu bemänteln, und beraubten sich der Stützen für jene unvermeidbaren Augenblicke der Schwäche, da allein das Recht die Gewalt ersetzt und da die stärkste Regierung, was sie auch tun mag, sich ganz dem Volk ausgeliefert sieht. Deshalb mußte man bald die Verfahrensweise ändern, und jene Fürsten, die niemals von der Vernunft geleitet wurden und in ihrer Nachgiebigkeit so wenig maßvoll wie in ihrer Strenge waren, ließen allzusehr erkennen, daß sie nur aus Furcht gerecht waren und daß man unaufhörlich ihre Macht anfechten mußte, um deren Mißbrauch zu verhindern. Was aber am meisten dazu beitrug, die fürstliche Macht zugrunde zu richten, das war ihre Teilung unter zwei Königen. Denn da der eine ständig darauf aus war, sich die Macht des anderen anzueignen, gingen sie ihrer beide verlustig. Da sie es nicht verstanden, durch Milde Liebe zu erwerben und sich durch Gerechtigkeit Achtung zu verschaffen, sahen sie sich gezwungen, der Menge um die Wette unwürdig zu schmeicheln, und erwarben sich durch eine blinde Parteilichkeit, die sie verhaßt, und durch eine Straflosigkeit für Verbrechen, die sie verächtlich machte, mehr Feinde als Günstlinge.

All diese Gründe zusammen vernichteten die Monarchie Spartas nach einigen Generationen vollständig, so daß als Regierung nur noch eine leere, unwirkliche Form blieb, die lediglich ein Hindernis für die Errichtung einer besseren Ordnung war. Der Staat verfiel in eine Anarchie, die schlimmer als die natürliche Unabhängigkeit war, weil es keinen Weg gab, daraus zu entkommen, und weil das Volk sich weder Gesetze noch Beamte geben konnte, solange es Könige gab. Das machtlose Königtum diente nur noch der Erhaltung der Zügellosigkeit und der Räuberei. Erst unter diesen Umständen, als der Staatskörper zum Zerfall bereit war, erschien der Gesetzgeber.

Um richtig beurteilen zu können, was Lykurg vollbrachte, müssen wir uns einen Augenblick vorstellen, er hätte sich lediglich vorgenommen …

Hätte Karthago in Italien gelegen und Athen im Peloponnes, würden Rom und Sparta vielleicht noch existieren.

Aber er sah nicht, daß die Eroberungssucht ein unvermeidbarer Fehler seiner Verfassung war, mächtiger noch als das Gesetz, das sie unterdrückte, denn das staatsbürgerliche Leben der Lakedaimonier war von solcher Strenge, daß sie in der Armee ein angenehmeres Leben führten als in ihren Familien; und die Strapazen des Krieges wurden Spartas Schwäche, eine Schwäche, die, wiewohl neuer Art, die frühere Größe der Republik auf nicht mehr als ihr Territorium eingrenzte und damit ihre Bürger so weit herabsetzte, daß sie den übrigen Menschen nur mehr gleich waren.

2

Beide schufen viele Schauspiele, Versammlungen und Zeremonien, viele Kollegien und besondere Gesellschaften, um unter den Staatsbürgern jene sanften Gewohnheiten und jenen unschuldigen, uneigennützigen Verkehr anzuregen und zu hegen, welche die Vaterlandsliebe ausprägen und nähren. So setzten sie ähnliche Mittel ein, um auf entgegengesetzten Wegen zu den gleichen Zielen zu gelangen. Denn während der eine seinen Völkern die Furcht vor den Göttern eingab, sie Gefallen am Kult und an einer friedlichen Gesellschaft finden ließ und damit ihren Mut mit Einsicht verband und ihre Wildheit mäßigte, verstand es der andere, bei den seinen durch die gleichen Friedensübungen militärische Neigungen und Tugenden zu entfalten; und beide dachten als Gegner von Gewalttätigkeit und Eroberungen nur daran, dem Staat Unabhängigkeit und Ruhe zu schenken.

3

Was die Größe des Staates betrifft, ist kein Vergleich zwischen beiden Republiken möglich. Sparta, das nahezu auf seine Stadtmauern begrenzt war, gelang es nicht einmal, Griechenland zu unterwerfen, das doch sozusagen nur einen Flecken im Römischen Reich ausmachte. Und Rom, dem so viele Könige untertan waren, erstreckte seine Herrschaft so weit, daß es schließlich gezwungen war, sich selbst zu begrenzen. Sparta hatte gegenüber Rom nicht einmal den Vorzug, wie er kleinen Staaten eigen ist, standhaft den Angriffen größerer Völker, den Schicksalsschlägen und den Anzeichen eines völligen Untergangs zu wehren. Denn die Anfänge dafür machten sich in der einen wie in der anderen Republik nur schwach bemerkbar, und wenn die eine die Könige Persiens, Epameinondas und Antipatros im Sinn hatte, hatte die andere sich der Gallier, Pyrrhos', Hannibals zu erwehren. Da letztere dem Mißgeschick noch standhafter trotzte, machten ihre Niederlagen sie nur unbeugsamer, und dieser Stolz, den Sparta nicht im selben Maße besaß, ließ Rom schließlich über all seine Feinde triumphieren. Es war auf beiden Seiten die gleiche, von unterschiedlichen Maximen geleitete Tugend. Stets bereit, für sein Land zu sterben, liebte ein Spartiat sein Vaterland so innig, daß er selbst die Freiheit geopfert hätte, um es zu retten. Die Römer aber zogen niemals in Betracht, daß das Vaterland ohne Freiheit oder gar Ruhm weiterbestehen könnte.

4

In jenen vergangenen Zeiten, als das entstehende und ungefestigte Eigentumsrecht noch nicht durch Gesetze festgeschrieben war, galten Reichtümer nur als widerrechtliche Aneignungen, und wenn man sie den Besitzern nehmen konnte, betrachtete man dies kaum als Diebstahl, da ihnen geraubt wurde, was ihnen nicht gehörte. Herkules und Theseus, diese Helden der Antike, waren im Grunde nur Räuber, die andere Räuber ausraubten.

5

Das gelungenste an dieser Verknüpfung aber ist dies: Wenn auch keine der beiden Republiken jene Vollendung erreichte, deren sie fähig war, so wiesen sie doch keineswegs die gleichen Mängel auf; und da die eine die Tugenden besaß, die der anderen fehlten, tritt, wenn man sie vergleicht, das Übel nur mit dem Gegenmittel zutage. So liefert ein derartiger Vergleich, den Tatsachen entsprechend, das Bild von der vortrefflichsten Regierung und vom tapfersten und weisesten Volk, das es geben kann.

XIII

[GESCHICHTE LAKEDAIMONIENS]

Im südlichen Teil des Peloponnes liegt zum Osten hin ein schmales Gebiet, das man früher Lelegien, dann Lakonien und schließlich Lakedaimonien nannte, es wird vom Eurotas durchströmt, und seine Hauptstadt trägt den Namen Sparta. Mein Anliegen ist es, die Geschichte der Bewohner eines so kleinen Landes zu schreiben. Ohne entscheiden zu wollen, ob mächtigere Völker nicht eine interessantere Geschichte aufzuweisen haben, begnüge ich mich mit dem Glauben, man werde den Weisen niemals eine Geschichte zur Betrachtung vorlegen, an der sich deutlicher machen ließe, was Gesetze und Sitten beim Menschen vermögen und was der Mensch selbst vermag, wenn er die Tugend aufrichtig liebt. Es heißt also die Menschheit ehren und aufklären, wenn man diese kostbaren Zeugnisse sammelt, die uns lehren, was die Menschen sein können, indem sie uns zeigen, was sie gewesen sind. Überlassen wir der modernen Geschichte die wichtigen Einzelheiten wie Geburten, Eheschließungen und Tode irgendwelcher Fürsten, ihre Jagdgesellschaften, ihre Liebschaften, ihre ermüdenden Feste, ihre trübseligen Vergnügungen und die Nöte ihrer Völker; überlassen wir die ungenauen Berichte sowohl über ihre Kriege als auch über ihre nebensächlichen Schlachten allein ihren Verfassern. Wir wollen, soweit möglich, unsere Zeitgenossen lehren, daß es einmal eine Zeit gab, wo Menschen existierten, und wir wollen das Unglück und die Schande unseres Jahrhunderts beklagen, das uns zwingt, sie so fern von uns zu suchen.

Ich habe lange abgewogen, ob ich mich mit einer Arbeit belasten soll, die meine Kräfte wohl überschreitet, doch da diese Geschichte die einzige ist, an die sich noch kein Moderner gewagt hat, wuchs meine Kühnheit, sie zu schreiben, je mehr ich um die Schwierigkeiten wußte. Ein schier unüberwindbarer Trieb hat so lange in mir gebohrt, bis ich schließlich diesem hartnäckigen Wunsch nachgab, wohl wissend, daß der Eifer oft das Talent ersetzt und daß das glühende Streben, die Sache gut zu verrichten, auch das Mittel dazu ist. Jedoch ist nicht zu befürchten, daß diese Neigung mich zur Parteilichkeit verleiten könnte; ich weiß, welches die heiligen Rechte der Geschichte sind; wenn ich auch Lakedaimonien ehre, so ehre ich die Wahrheit doch noch mehr, und wenn diese Geschichte manchmal einer Lobrede ähnelt, soll man es weniger mir zuschreiben als den Tugenden jener, von denen ich spreche, oder den Zeugnissen, die ich benutzte. Ich kann mir nur schwer vorstellen, wie Mißgunst und Zweifelsucht es wagen könnten, den Argwohn der Schmeichelei auf Geschehnisse zu lenken, die in dieser Hinsicht so wenig verdächtig sind wie die in diesem Werk zusammengetragenen. Da sie der Nachwelt alle durch fremde oder befeindete Völker übermittelt wurden, darf man annehmen, das Gute sei eher abgeschwächt worden als das Schlechte; denn die Spartiaten selbst überließen es anderen, Gebote der Tugend aufzustellen, und waren es zufrieden, das Beispiel dafür abzugeben; sie haben ihren Ruhm nicht entwürdigt, indem sie ihn übersteigerten; ohne sich selbst zu loben und ohne sich um die Lobpreisungen ihrer Feinde zu kümmern, haben sie ihnen ständig welche entlockt; tapfer und tugendhaft im stillen, haben sie nichts anderes getan, um die Unsterblichkeit zu erlangen, als sie zu verdienen.

Nicht daß sie immer in allen Dingen richtig gehandelt hätten: sie waren Menschen und hatten Schwächen; sie wurden ehrgeizig, und sie begingen Verbrechen. Behüte mich Gott, daß ich mich unterfange, ihre Fehler zu entschuldigen, und meine Feder ihre Laster beschönige. Ich rufe die Seele der Leser bei der Lektüre dieses Werkes zum Zeugen an, ob sie in meiner Seele anderes erkennen als die Liebe zur Tugend und den Wunsch, daß sie der Tugend zu Ehren den Menschen oder Dingen durch Lob oder Tadel gerechten Tribut zollen, die, ungeachtet welcher Nation, dessen würdig sind. Ich merke wohl, wie das Herz sich erwärmt und entflammt beim Schildern großer Taten, und unvermeidlich hebt und belebt sich auch der Stil entsprechend. Aber auch Verachtung und Entrüstung können sich heftig äußern, und wenn diese Gefühle nur gerecht verteilt sind, mache ich mir kaum Sorgen, daß man mir vorwerfen könnte, es mangele mir an jener ernsten Distanziertheit, die den Historikern, ich weiß nicht warum, anempfohlen wird, als ob der größte Nutzen der Geschichte nicht darin bestünde, glühende Liebe zu rechtschaffenen Menschen und Abscheu für Bösewichter zu erwecken.

Der größte Nachteil der Geschichte, die ich verfasse, besteht darin, daß man hier Menschen begegnet, die uns beinahe in nichts ähneln, die uns vielleicht darum so unnatürlich erscheinen, weil wir selbst es sind, nicht aber, weil sie es tatsächlich sind. Ihre Verbrechen werden uns erschrecken. Manchmal werden uns selbst ihre Tugenden erzittern lassen. Da wir im Guten wie im Bösen gleichermaßen schwach und kleinmütig sind, erscheint uns alles, was einen gewissen Charakter von Stärke und Tatkraft zeigt, als nicht mehr möglich. Die Skepsis, die wir zur Schau tragen, ist eher das Werk unserer Feigheit als das unserer Vernunft. Aber das Unrecht, das die Ablehnung der Leser einem guten Werk antun kann, darf nicht schwerer wiegen als die Zustimmung eines einzigen verständigen Menschen, der daraus Nutzen zieht: vor allem in solcher Lage gilt es, die Menge zu vergessen; wer für die Wahrheit streitet, darf nicht an den Erfolg denken. Wie man diese Schrift auch beurteilen mag, ich meinerseits glaube, vor dem Publikum bestehen zu können, weil ich nichts vorbringe, was nicht von geachteten Bürgen, meist Zeugen der Ereignisse, bestätigt worden ist. Zu meiner eigenen Zufriedenheit reicht es mir aus, bei der Abfassung dieser Geschichte kein anderes Ziel verfolgt zu haben, als die Vorurteile herabzusetzen, mit denen die Menschen meiner Zeit ihre Kleingeisterei und die von ihr gestifteten Laster nähren.

Wir kennen nicht viele Sagen über die Gründung Spartas. Seine Einwohner, die ihren Ruhm mehr in der Gegenwart als in der Vergangenheit suchten, versäumten oder verschmähten es, ihrer Stadt nach dem Vorbild aller anderen einen wunderbaren Ursprung zu geben. Es ist unwahrscheinlich, daß man in jenen frühen Zeiten plötzlich große Städte an zuvor völlig unbewohnten Orten errichtet hat. Wahrscheinlicher ist, daß am Beginn dieser berühmten Ansiedlungen ein paar Hütten von Bauern oder

Nomadisierenden standen, wonach sie sich durch den Zustrom weiterer Nomaden, die von den ersten oder von der angenehmen Lage des Ortes angezogen wurden, unmerklich weiter ausdehnten. Stetig anwachsend, wurden die Städte schließlich berühmt, ihre Einwohner vermochten die Zeit ihrer Gründung nicht mehr zu nennen und malten sie sich nach irgendwelchen volkstümlichen Überlieferungen so vorteilhaft wie nur möglich aus. Da das Land zuerst sehr wenig bevölkert, ja kaum bewohnbar war, darf man diese Art der Gründung für Sparta als um so wahrscheinlicher annehmen, als man in der Antike einen Teil der Fortschritte verfolgen kann, die schließlich den Boden so fruchtbar machten und die Stadt erblühen ließen. Pausanias und andere berichten uns nämlich, daß das Gebiet zuvor morastig war, sei es wegen der Vielzahl kleiner Flüsse, die sich nach tiefer gelegenen Stellen ergossen, oder als Folge einer außergewöhnlichen Überschwemmung; Eurotas schnitt es vom Wasserzufluß ab und legte es trokken, der Name dieses Fürsten verblieb dem größten Wasserlauf, der alle anderen aufnahm und ein wirklicher Fluß wurde. Sie fügen hinzu, daß sein Schwiegersohn und Nachfolger Lakedaimon Sparta erbaut oder erweitert habe und es nach dem Namen seiner Frau benannte, während er seinen Namen dem Land gab. Schließlich nahmen Eurysthenes und Prokles ihren Wohnsitz in dieser Stadt, die sie noch verschönerten und für immer zum Königssitz machten.

Ich werde die Aufmerksamkeit des Lesers nicht mit der unergiebigen und zweifelhaften Abfolge der Könige beschäftigen, die Lakedaimonien von Lelex bis zu den Zeiten der Republik regierten. Es will mir nicht einleuchten, wie man es wagen kann, die hundertmal verfälschte Sammlung von sich widersprechenden und fast in jedem Fall lächerlichen Sagen, wie sie in jedem Land jahrhundertelang umgingen, bevor jemand daran dachte, daraus Annalen zu verfassen, als Geschichte auszugeben. Dürre der Chronologie kann in der allgemeinen Geschichte dazu dienen, Lebensalter, Taten und jeweilige Regierungszeiten zu bestimmen, doch ist es in einer speziellen Geschichte offensichtliche Zeitverschwendung, sämtliche Fürsten unnütz Revue passieren zu lassen, die nicht mehr taten, als geboren zu werden und zu sterben. Wenn ich hier einige nenne, dann darum, weil Züge ihres Lebens einiger Gedanken würdig sind oder weil ihre Geschichte notwendige Erkenntnisse für die Geschichte der nachfolgenden Zeiten vermittelt.

Das Königreich war also über die Frauen der Nachfahren des Lelex an die Erben Lakedaimons gekommen, deren letzte waren die Dioskuren, danach ging es über deren Schwester Helena wieder auf das Haus der Atriden über. Während der Herrschaft von Tisamenes, des Sohnes von Orest, wurde der Peloponnes dem Geschlecht des Pelops durch das des Herkules entrissen, und das Königreich Lakedaimonien fiel gänzlich dem Aristodemos zu. Nach dessen Tod sah sich die Königin, weil sie für ihre beiden Söhne Eurysthenes und Prokles die gleiche Liebe empfand, außerstande zu erklären, welcher der ältere war, und so bestiegen beide gemeinsam den Thron; mit ihnen begannen die beiden Zweige der Herakliden, die unter dem Namen Agiden und Prokliden oder Eurytioniden in Lakedaimonien bis zum Ende der Republik gemeinsam herrschten.

Diese Teilung der Krone und der Neid, den sie ständig zwischen den einander beigesellten Königen hervorrief, waren die Hauptursachen für Spartas Glück und Ruhm, denn sie zwangen beide Rivalen, miteinander wetteifernd, um die Gunst des Volkes zu buhlen und stückweise auf die despotische Macht zu verzichten, die sie usurpiert hatten. Allerdings führte die der Zügellosigkeit des Volkes aus solchen Gründen hingeopferte königliche Macht nicht sogleich eine vorteilhafte Lösung herbei; im Gegenteil, die einzelnen, die so am Joch der Tyrannei rüttelten, ohne sich dem der Gesetze zu unterwerfen, wurden dabei unverschämter, ohne darum glücklicher zu sein; damit sie vor den Übergriffen zweier Männer bewahrt blieben, waren sie durch die Straffreiheit denen all ihrer Feinde ausgesetzt. Aber diese Art von Anarchie, für Fürsten wie Untertanen gleichermaßen schädlich, bewegte die einen wie die anderen, eine bessere Staatsordnung anzunehmen, als die Zeit gekommen war, ihnen eine solche vorzuschlagen. Die Könige zogen es vor, dem Gesetz eine sichere und maßvolle Macht zu verdanken, als eine ungewisse, scheinbar unumschränkte Macht zu besitzen, die faktisch wirkungslos war; und das Volk gab unparteiischen Gesetzen den Vorzug vor schlechten oder unnützen Königen und war nur zu glücklich, daß es darauf verzichten konnte, anderen Böses anzutun, um es nicht selbst angetan zu bekommen. Im übrigen hörten die Könige nicht plötzlich auf, Tyrannen zu sein. Eurytion, der Enkel des Prokles, war der erste, der von seinen Rechten oder Ansprüchen abließ und so seinen Mitherrscher und seine Nachfolger zwang, ihn darin zu überbieten oder zumindest seinem Beispiel zu folgen; diese Selbstbescheidung machte ihn bei seinen Untertanen so beliebt, daß sie den Namen der Prokliden ihm zuliebe änderten und durch seinen ersetzten, so wie sie der Familie des Eurysthenes den Namen seines Sohnes Agis gaben, weil er die Heloten unterworfen hatte.

Diese Iloten oder Heloten waren die Bewohner einer Küstenstadt Lakoniens namens Helos.

Wenn ein Mensch würdig wäre, Herr der anderen zu sein, dann jener, der damit auch Herr über sich selbst zu sein vermöchte. Wenn irgendein Treuebruch erlaubt werden könnte, um das Vaterland zu retten, dann jener, den man nur aus lauter Tugend begehen kann.

XIV

[FRAGMENTE ALTER GESCHICHTE]

1

Ihr habt alle die Herrschaft des Kyros erlebt, und euer aller Größe ist sein Werk. Dennoch haltet ihr es für angebracht, eine Form der Verwaltung zu suchen, die geeignet ist, uns zu fürchtenswerter Stärke und zu Prosperität zu verhelfen, uns, die wir unter diesem großen Mann Asien unterworfen und alle Schätze der Semiramis erobert haben. Ich werde also euren Vorstellungen in dieser Hinsicht folgen, und wegen der Befürchtung, von den Gegenständen, die vor unseren Augen liegen, geblendet zu werden, setze ich bei der Untersuchung dieser großen Frage voraus, daß es sich nicht darum handelt, die Herren der Welt zu leiten, sondern ein barbarisches Volk zu zivilisieren.

2

Was nutzten Dareios alle Schätze Asiens gegen einen Fürsten, der nichts besaß [?]

Die Republik Athen war ohne Einnahmen, als sie die Perser besiegte, Sparta unterwarf Griechenland und sogar Athen ohne Gold und Silber, allein mit dem purpurnen Kriegsrock und der »schwarzen Suppe«, aber kaum hatte Lysander Sparta durch die Ausplünderung Asiens bereichert, verlor es dieses Reich schon wieder.

Die Reichtümer Karthagos und seine Söldnertruppen waren die Ursache für seinen Untergang.

3

Die Philenen

Vergebens würde man behaupten, diese Tatsachen seien nicht richtig, denn selbst wenn wir sie als falsch annehmen, müßten sie zumindest in jenen Zeiten von gewisser Wahrscheinlichkeit gewesen sein, so daß sie von den Geschichtsschreibern aufgezeichnet wurden. Wenn man uns heute von vergleichbaren Zügen bei einem unserer Zeitgenossen berichtete, würden wir darüber nur lachen, und niemand ließe sich herab, davon zu sprechen.

4

Es sind auch seine Mitbürger, bei denen er in seiner Eigenschaft als Beamter gezwungen ist, Genügsamkeit, Bescheidenheit und gute Sitten zu bewahren.

5

Scipio und Lysander, der eine genügsam und der andere selbstlos, streuten unter ihre Staatsbürger die ersten Saatkörner der Korruption, der eine durch den Luxus, der andere durch die Reichtümer.

6

Ich betrachte die Olympischen Spiele als eines der Mittel, die in Griechenland am längsten die Liebe zur Freiheit bewahrt haben.

7

Demosthenes trotzte Philippos und verteidigte Griechenland. Cicero vernichtete Catilina.

8

Vergleich

Die 300 Fabius und Leonidas im Thermopylenpaß
Die Horatier und die Curiatier mit ...

9

Einer der schwerwiegendsten Vorwürfe, die gegen Sulla erhoben worden waren, bestand darin, er habe sein Erbgut erweitert und sei reicher, als es sein Vater gewesen war.

10

Apologie Roms

Romulus
Die Macht war in jenen Zeiten nicht wie heute ausschließlich auf Geld oder Intrigen begründet, sondern auf den Talenten, der Tapferkeit, der Achtung, dem Vertrauen, sie war ein wirkliches Verdienst. Sie setzte mehr Seelengröße, mehr Hochherzigkeit voraus, edlere Eigenschaften als jene niedrigen, durch die man heute mit Hilfe der Höflinge zur Herrschaft gelangt.

11

[...] stets maßvoll und großmütig beim Sieg, stets beherzt und unerschütterlich bei Niederlagen.

12

Diese Politik ist nicht die einer einzigen Tat, Gerechtigkeit und Tugend erlangen erst nach langer Zeit Vorteile; im Lauf der Jahrhunderte [...]

XV

[ÜBER DEN ADEL]

1

Sie fragen mich, mein Herr, nach meiner Ansicht über jene Frage, die Sie besprochen haben: ob die Herabsetzung der hohen Adelsherren in Frankreich dem Königreich zum Vorteil oder zum Schaden gereicht hat.

Denn es ist im Munde eines Franzosen sehr zweideutig, was das Wort Königreich *[royaume]* für ihn bedeutet. Wenn Sie unter Königreich den König verstehen, ist die Frage nicht doppelsinnig, und die Antwort springt in die Augen; wenn Sie aber die gesamte Nation meinen, ist das etwas anderes, und es gibt Stoff zur Diskussion.

2

Der ganze Unterschied besteht darin, daß das Übel früher manchmal auf Widerstand traf und daß es heute keinem mehr begegnet.

Der damalige Luxus erweiterte ihre Macht, der heutige zerstört sie; er hält sie in der größten Abhängigkeit vom Hofe und den Ministern und setzt sie außerstande, sich anders als durch ständige Gunstbezeigungen zu erhalten, welche die Frucht der Knechtschaft des Volkes und der Preis der ihren sind.

3

Zwar lebten sie in Knechtschaft, aber was ist das Adelskorps anderes als ein Korps von Knechten. Der Adel ist im wesentlichen geschaffen worden, um zu dienen, er existiert nur aus diesem Grund und nur für diesen Zweck. Die Knechtschaft ist immer die gleiche, nur der Herr ist ein anderer.

4

Englands Staatsmaxime ist es, sich nur um seine Angelegenheiten zu kümmern, Frankreichs Staatsmaxime lautet, sich in alles einzumischen.

XVI

[ÜBER DIE SITTEN]

GESCHICHTE DER SITTEN

1

Der Irrtum der meisten Moralisten bestand immer darin, den Menschen für ein grundsätzlich vernünftiges Wesen zu halten. Der Mensch ist nur ein Gefühlswesen, das allein seine Leidenschaften befragt, um zu handeln, und dem die Vernunft nur dazu dient, die Dummheiten zu bemänteln, zu denen die Leidenschaften es verleiten.

2

Wenn man das Zusammenspiel aller Teile dieses ausgedehnten Universums mit den Augen eines Philosophen betrachtet, bemerkt man bald, daß die vollkommenste Schönheit eines jeden Teils, aus dem es besteht, nicht in dem Teil selbst liegt und daß es nicht geschaffen worden ist, um allein und unabhängig zu bleiben, sondern um mit allen anderen zur Vervollkommnung der Maschine im ganzen beizutragen.

Das gleiche gilt für die moralische Ordnung. Die Laster und die Tugenden jedes Menschen sind nicht nur auf ihn allein bezogen. Ihre wichtigste Beziehung ist die zur Gesellschaft, und gerade das, was sie im Hinblick auf die allgemeine Ordnung sind, macht ihr Wesen und ihren Charakter aus.

3

Die Natur sät immer gleichmäßig, wir aber ernten nicht in gleicher Weise.

4

Erstens sind die Dinge, die das Gute und Schlechte ausmachen, nicht gleich. Um gerecht und gut zu sein, muß eine Handlung dies nicht nur ihrem Ziel nach, sondern in jeder möglichen Beziehung sein. Dagegen wird jede noch so löbliche Tat, wenn sie auch nur in einer Hinsicht unmoralisch ist, an sich schlecht. Dergestalt muß, bei Gleichheit aller sonstigen Umstände, das Schlechte notwendig das Gute im Verhältnis zur Vielzahl der Dinge, auf die die Moralität jeder Handlung sich beziehen kann, überwiegen. Des weiteren …

5

Wenn man bei jeder Handlung die Mittel beiseite läßt und nur das Ziel in Betracht zieht, wird man unvergleichlich mehr gute als schlechte Handlungen finden. Alle haben das Wohl ihrer Urheber zum unmittelbaren oder fernen Ziel, ein an sich sehr gutes und sehr reines Motiv, wenn man nicht kriminelle Wege einschlüge, um dahin zu gelangen. Viele tun das Gute aus reiner Tugend und ohne ein anderes Ziel als das Gute selbst, aber es fällt sehr schwer, zu glauben, daß jemals ein Mensch das Böse nur aus Freude an der bösen Tat getan hätte. Daraus schließe ich, daß unserem Verhalten insgesamt mehr Blindheit als Bösartigkeit innewohnt und daß ein einziger redlicher Mensch die Menschheit mehr ehrt, als alle schlechten sie erniedrigen. Ich fühle mich nicht durch die Verbrechen Caligulas, Neros oder Elagabals entwürdigt, aber meine Seele wird veredelt und erhoben durch den Bericht über die Tugenden des Antoninus.

6

Das Gesetz wirkt nur äußerlich und regelt nur die Handlungen; allein die Sitten dringen nach innen und lenken den Willen.

7

In jedem Land, in dem die Sitten einen festen Bestandteil der Staatsverfassung bilden, sind die Gesetze stets mehr darauf gerichtet, die Gebräuche zu erhalten, als zu bestrafen oder zu belohnen. Dazu bedarf es nur öffentlicher Verpflichtungen, die von den einzelnen immer nur in verdorbenen Ländern mißachtet werden, wo sie in der Tat verachtenswert sind.

8

… in den kommenden Jahrhunderten, daß ihr gelebt habt, wenn ihr ihnen weder ein System der Philosophie noch Verse, weder Komödien noch Statuen hinterlaßt? Bedenkt, wenn alle Völker Griechenlands euch dies unglücklicherweise nachgetan hätten, wie viele schöne Dinge, die sie der Nachwelt hinterlassen, für immer verloren wären. Bedenkt, daß man nach der Tugend nur insofern streben darf, als der Ruhm …

Beeilt euch, Gesetze preiszugeben, die nur dazu taugen, euch glücklich zu machen. Denkt nur daran, viel von euch reden zu machen, wenn ihr nicht mehr sein werdet, und vergeßt niemals, daß es unnütz wäre, zu den großen Männern zu gehören, wenn man sie nicht rühmte.

9

Der Hang zur Gelehrsamkeit *[lettres]* erwächst aus dem Müßiggang und nährt ihn, so daß die Geistesbildung eines Volkes einen beginnenden Verfall anzeigt und ihn umgehend vollendet. Neben dem Müßiggang künden die freien Künste auch von der Ungleichheit des Besitzes, vom Hang nach kleinen Annehmlichkeiten und von der Einführung des Luxus, drei Quellen, aus denen sich die Laster in großen Strömen über die Gesellschaft ergießen.

Was die mechanischen Künste anbelangt, die uns immer mehr von schweren Anstrengungen befreien, so schwächen sie den Körper, knechten die Seelen und bringen noch andere, gefährlichere Übel hervor, über die ich mich noch nicht geäußert habe und von denen ich wohl bei anderer Gelegenheit zu sprechen haben werde.

10

Die frühen Philosophen predigten alle die Tugend, und sie taten gut daran, denn sie hätten sich der Steinigung ausgesetzt, wenn sie anders gesprochen hätten. Aber als die Völker sich anschickten, aufgeklärt zu werden und sich selbst Philosophen zu wähnen, gewöhnten sie sich nach und nach an die sonderbarsten Behauptungen, und es gab kein noch so haarsträubendes Paradoxon, das nicht aus Geltungssucht verfochten worden wäre. Selbst die Tugend und die Göttlichkeit wurden in Frage gestellt, und da man stets anders denken muß als das Volk, war es nicht das Amt der Philosophen, die Gegenstände seiner Verehrung ins Lächerliche zu ziehen.

11

Die Großen, die Reichen und jener glänzende Teil der Gesellschaft, den man die gute Gesellschaft nennt, achten sehr darauf, sich in allem anders zu verhalten als die anderen Menschen. Man muß sich anders kleiden als das Volk, anders gehen, trinken, essen als das Volk, anders sprechen, denken, handeln, leben als das Volk. Bleibt noch eine abstoßende Sache übrig: daß man sich mit den anderen zusammen der vier Elemente bedienen muß. Könnten wir nicht irgendeinen manierlichen Weg finden, uns dieser neun Zehntel aller Menschen zu entledigen, deren gemeiner Atem die Luft verdirbt, die wir atmen?

12

… und da sie ihren Weg mit so ungleichen Kräften begannen, wird ihr Abstand mit jedem Schritt, den der eine dem anderen voraushat, zunehmen.

13

Die von den alten Gesetzgebern so geschickt eingesetzte Triebfeder der öffentlichen Meinung ist den modernen Regierungen völlig unbekannt, denn da sie selbst sie verachten, wie sollen sie die Staatsbürger Achtung vor ihr lehren?

14

Wenn sie sich etwas weniger darum sorgten, uns zu sagen, daß man recht handeln muß, und ein wenig mehr darum, es selbst zu tun, meint ihr, ihr Beispiel wäre weniger nützlich als ihre Belehrungen? Warum müssen sie ihre Zeit damit verlieren, uns auf unsere Pflichten zu verweisen, statt sie zu nutzen, die ihre zu tun? Et cetera …

15

Der modernen Geschichte fehlt es nicht an bewundernswerten Zügen, aber es handelt sich lediglich um Züge; ich erkenne darin einige große Taten, aber ich sehe keine großen Männer mehr.

16

Jeder Stand, jeder Beruf hat sein besonderes Wörterbuch, um in wohlgefälligen Worten die ihm jeweils eigenen Laster auszudrükken. Von einem Minister wird man nicht sagen, daß er das Volk drangsaliert, sondern daß er für Abhilfe sorgt, von einem Finanzmann nicht, daß er den Fürsten bestiehlt, sondern daß er ein gutes Geschäft macht. Ein Dieb wird sagen, er habe sich eine Geldbörse *erangelt*, und eine Kurtisane, sie habe sich unter Leute von Welt begeben. Der Anstand ist nur noch in den Wörtern zu finden, und je größer die Verderbtheit in den Seelen, desto mehr Erlesenheit und Reinheit trägt man in der Rede zur Schau. Mir wäre es hundertmal lieber, wenn ein Mann mir beherzt gestehen würde, daß er seinen Wohltäter und Freund verraten hat.

17

Ein Minister, der auf Abhilfe sinnt, ein Steuerpächter, der ein gutes Geschäft macht, ein Dieb, der eine Geldbörse erangelt, machen alle in etwa das gleiche; aber jeder von ihnen ist bemüht, die Vorstellung davon durch Ausdrücke seines Faches abzuschwächen. Wenn ein Unverfrorener mir ohne Umschweife erklärt, daß er gerade eine treffliche Gaunerei begangen hat, werde ich in seiner Rede vielleicht ein wenig mehr Anmaßung finden, mit Gewißheit aber viel weniger Feigheit.

18

Aber was man auch tun mag, Raub und Diebstahl verändern ihre Natur, wenn die Maßstäbe sich ändern; die kleinen entehren die Täter und bringen sie an den Galgen oder aufs Rad, die großen sind der Straflosigkeit sicher und führen schließlich zum Ruhm.

19

Es gibt Länder, in denen die öffentliche Domäne nichts mehr abwirft. Das geschieht, wenn der Beruf des Diebes im Staatsdienst *[voleur public]* derart angesehen ist, daß alle ehrlichen Menschen des Volkes ihn in Würde ausüben und, was man früher als Diebstahl bezeichnet hätte, stolz ihr Recht nennen.

20

Es ist ein Wunder, wie der schöne Grundsatz, daß der Diebstahl am Fürsten nicht verwerflich sei, sogleich das Gewissen hinsichtlich aller möglichen Arten von Diebstahl beruhigt.

21

Die meisten Straßenräuber haben als Schmuggler begonnen, und die Morde, die sie begingen, um ihr Leben zu retten, brachten sie bald dazu, die Reisenden zu töten, um ihre Geldbörse zu erangeln.

22

Sie opfern ihre Freiheit der Bewahrung ihres Lebens, wie ein Reisender einem Räuber seine Geldbörse überläßt, um nicht erwürgt zu werden; heißt das aber, der Dieb habe die Börse anständig erworben und dem Eigentümer stehe nicht das Recht zu, sie ihm wieder abzunehmen, sobald es in seiner Macht steht?

23

Dummheit der grausamen Todesstrafen in Japan, wo die Schande so viel Macht hat. Vergleiche Mandelslo, S. 424.

24

(Inhaltsverzeichnis zum Entwurf einer »Geschichte der Sitten«)

Buch I, Kap. I: Über die Sitten im allgemeinen; Kap. II: Über die wilden Völker; Kap. III: Über die barbarischen Völker; Kap. IV: Über die Völker mit einer staatlichen Ordnung; Kap. V: Über die gebildeten Völker; Kap. VI: Über die arbeitsamen Völker; Kap. VII: Über die Religion.

Buch II, Kap. I: Über die Ägypter; Kap. II: Über die Perser; Kap. III: Über die Skythen; Kap. IV: Über die Griechen; Kap. V: Über die Karthager; Kap. VI: Über die Gallier; Kap. VII: Über die Germanen; Kap. VIII: Über die Römer.

ANHANG

ANMERKUNGEN

ÜBER DIE WISSENSCHAFTEN UND DIE KÜNSTE

Das Werk, das in der Geschichte des Jahrhunderts und im Leben des Autors Epoche machte, erschien Anfang Januar 1751. Über die Entstehung hat Rousseau mehrfach berichtet, zum ersten Male im Brief an Malesherbes vom 12. Januar 1762, danach im Achten Buch der *Bekenntnisse*. Das Oktoberheft der Zeitschrift *Mercure* hatte 1749 die von der Akademie in Dijon für 1750 ausgeschriebene Preisfrage für die Moralklasse angezeigt, »ob die Wiederherstellung der Wissenschaften und der Künste zur Läuterung der Sitten beigetragen habe«. Als Preis war eine Goldmedaille im Werte von 30 Pistolen ausgesetzt. Zu den Rahmenbedingungen hieß es: »Es wird allen, die sich am Wettbewerb beteiligen, freistehen, französisch oder lateinisch zu schreiben, wenn sie beachten, daß ihre Werke lesbar sind und die Lektüre jeder Abhandlung eine halbe Stunde füllt, aber nicht überschreitet.« Wie es allgemein üblich war, mußte die Abhandlung anonym eingeschickt und mit einem Motto versehen werden, um die Identifizierung des Autors zu garantieren.

Die Ausarbeitung des Manuskripts erfolgte zwischen Oktober 1749 und März 1750. Am 10. Juli erhielt Rousseaus Arbeit den Preis zuerkannt. Diderot, den Rousseau im Arrest in Vincennes besuchte, berichtet 1774 in seiner Widerlegung des Helvétiusschen Buches *Vom Menschen*, er habe Rousseau auf die Frage, welchen Standpunkt er in dieser Frage einnehmen solle, geantwortet: »Darüber gibt es keinen Zweifel. Sie werden den Standpunkt einnehmen, den kein anderer einnehmen wird.« Unter den eingereichten Arbeiten hat indessen neben Rousseau auch ein Historiker namens Grosley, aus Troyes, eine negative Antwort gegeben und dafür das erste »Accessit« erhalten.

Unter Diderots Leitung ist die Erstausgabe in Paris bei Pissot gedruckt worden. Die Angabe auf dem Titelblatt »In Genf bei Barillot und Sohn« ist ebenso fiktiv wie die Umschreibung des Verfassers als »citoyen de Genève«, der Rousseau seit seiner Flucht aus seiner Vaterstadt und dem Übertritt zum Katholizismus nicht mehr war. Die Fiktion gab Rousseau die Möglichkeit, seinen Protest gegen die Pariser Zivilisation mit der Stimme eines andern zu äußern, brachte gleichzeitig aber auch die Rückbesinnung auf seine Genfer Herkunft zum Ausdruck.

Durch diesen Text wurde Rousseau mit einem Schlag zu einer europäischen Berühmtheit. Bis zum Ausgang der Französischen Revolution sind in französischer Sprache neun Ausgaben erschienen. Für die ersten Jahre nach Erscheinen hat G. de Reynold 68 Entgegnungen gezählt. Auf einige von ihnen hat Rousseau geantwortet. Schon im April 1751 nannte Lessing in der Zeitungsbeilage *Das Neueste aus dem Reiche des Witzes* die Rede ein »Meisterstück«, »wenn sie auch von keiner Akademie dafür erkannt worden wäre«, und gab einen »ausführlichen Auszug« in deutscher Sprache. Die erste deutsche Übersetzung von J.D. Titius erschien 1752 in Leipzig.

Die Abhandlung ist dem in der rhetorischen Tradition ausgebildeten Ideal des hohen Stils verpflichtet. Sie vermeidet weitgehend konkrete Angaben und umschreibt vor allem Namen. Eine vorherige kursorische Lektüre der Anmerkungen kann das Verständnis des Textes erleichtern und die Aufmerksamkeit des Lesers für die literarischen Qualitäten frei machen.

49 *Barbarus hic ego sum …* – (lat.) Hier bin ich ein Barbar, weil ich von jenen nicht verstanden werde. – Ovid hat den Vers in den *Tristia* (V, 10, 37) auf seine Verbannung ans Schwarze Meer bezogen, wo die Bewohner ihn nicht verstanden. Rousseau wählt ihn, um seine geistige Einsamkeit in der französischen Hauptstadt auszudrücken, er wird ihn auch den *Dialogen* als Motto voranstellen.

51 *einige Weise* – die Akademiker von Dijon.
zu Zeiten der Liga – Bündnis der katholischen Partei zur Bekämpfung der Hugenotten in Frankreich, 1576 begründet.

52 *wenige Anmerkungen … und zwei Zusätze* – Das der Akademie in Dijon vorgelegte Manuskript ist verloren; was als »Anmerkungen« und »Zusätze« zu betrachten ist, darüber hat die Forschung noch zu keiner einhelligen Meinung gefunden.

53 *Decipimur specie recti* – (lat.) Wir werden durch den Anschein des Richtigen getäuscht. – Unter diesem Wort des Horaz (*Über die Dichtkunst*, Vers 25) hatte Rousseau seine Abhandlung eingereicht.
Hat die Wiederherstellung der Wissenschaften und der Künste … – Gemeint ist die Periode der Renaissance, die als Epochenbezeichnung erst im 19. Jahrhundert aufkam. Das »oder zu verderben?« ist ein Zusatz Rousseaus.

55 *Sturz des Konstantinischen Throns* – die Eroberung Konstantinopels durch die Türken 1453: sein letzter Kaiser war Konstantin XI.

56 *unsere Nation* – Gemeint ist die französische, was freilich, da der Autor sich als »Bürger Genfs« bezeichnet, eine verwirrende Situation ergibt.
die Ichthyophagen – Fischesser; Bezeichnung der Griechen für die Bewohner der südlichen Meere. Rousseaus Quelle ist Plinius, *Historia naturalis*, VI, 25.

57 *von deutscher Grobheit wie von ultramontaner Pantomime* – »das bäurische Wesen der Deutschen; die wälsche Harlekinerey«; so übersetzte der empörte Gottsched die ärgerliche Passage, als er im Juli 1751 in *Das Neueste aus der anmuthigen Gelehrsamkeit* (I, S. 469–486) eine sarkastische Besprechung der Abhandlung gab.

58 *Pyrrhonismus* – die Lehre Pyrrhons (360–270 v.u.Z.), des Begründers des antiken Skeptizismus, der zufolge ein Erkennen der Dinge nicht möglich ist, weshalb dem Weisen Urteilsenthaltung zukomme.

58 *aller unserer Schöngeister, außer einem* – Vermutlich ist Diderot diese Ausnahme; seine *Pensées philosophiques* zitiert Rousseau auf Seite 75 als einzige zeitgenössische Schrift.

59 *das andere Mal auf eigenem Boden* – in den Kriegen gegen die Perser 500–449 v. u. Z.

60 *das Joch des Makedoniers* – Philipps II. von Makedonien, der Griechenland 338 v. u. Z. eroberte.

Demosthenes – der bedeutendste der attischen Redner (384–322 v. u. Z.), dessen Appelle zum Widerstand gegen Philipp und Alexander den Großen bei den kriegsmüden Athenern kein Echo fanden.

Zur Zeit des Ennius ... – Ennius (238–169 v. u. Z.), der bedeutsamste Vermittler griechischen Geisteslebens an die römische Literatur; Terenz (190–159 v. u. Z.), nach Plautus der größte römische Lustspieldichter; Ovid (43 v. u. Z.–17 u. Z.), der Dichter des weltstädtischen Roms; Catull (87–54 v. u. Z.), berühmt durch seine Liebeslieder; Martial (40–102), der Epigrammatiker der Weltliteratur: Rousseaus paradoxe These verbindet stoische Askese mit christlichem Rigorismus; er nähert sich hier auf bedenkliche Weise der eifernden Tonart eines Kapuzinerpredigers.

arbiter elegantiae – (lat.) Richter des guten Geschmacks; Beiname des Petronius am Hofe Neros, von dem er im Jahre 66 zum Freitod gezwungen wurde.

61 *vor dem Joch des ... Tataren* – Die Tataren eroberten Peking im Jahre 1215.

als philosophischer Roman gegolten hat – Gemeint ist die *Kyrupaideia* des Xenophon (430–354 v. u. Z.), der älteste Roman der europäischen Literatur; darin wird die Erziehung des Perserkönigs Kyros des Jüngeren geschildert.

eine Feder, die es leid war – die des Tacitus, dessen *Germania* im Jahre 98 erschien.

jenes bäuerliche Volk – die Bewohner der Schweiz.

62 *ein Tyrann* – Peisistratos (560–528 v. u. Z.) richtete zu Ehren der Götter Athene und Dionysos Wettspiele ein, bei denen auch Theateraufführungen stattfanden, und er ließ die Homerischen Gedichte sammeln.

63 *der erstrangige und unglücklichste unter ihnen* – Sokrates; Rousseau, der kein Griechisch konnte, zitiert eine sehr freie Übersetzung aus Platons *Apologie des Sokrates*, die nur sehr bedingt als authentische Äußerung Platons gelten kann.

64 *der alte Cato* – Marcus Porcius Cato (234–149 v. u. Z.), zur Unterscheidung von seinem Urenkel als Cato maior bezeichnet, ein Römer alten Schlages und Verfechter der römischen Werte in Literatur und Leben.

Epikur, Zenon, Arkesilaos – Die drei Namen stehen für die griechische Philosophie nach Platon und Aristoteles: Epikur (341–270 v. u. Z.), ein materialistischer Denker, dessen Ethik den Gegenpol zum Stoizismus bildet; Zenon aus Kition begründete um 300 v. u. Z. die stoische Schule; Arkesilaos (315–241 v. u. Z.) gab der platonischen Akademie eine skeptische Orientierung.

64 *Seit die Gelehrten ...* – Zitat aus Senecas *Epistolae morales ad Lucilium.*
Fabricius – Konsul und Feldherr (3. Jahrhundert v. u. Z.), der später als Muster altrömischer Tugenden galt. Die ganze Rede des Fabricius ist nach Rousseaus eigenen Angaben während der »Inspiration« auf dem Wege nach Vincennes niedergeschrieben worden; sie kann also als der älteste Teil der Preisschrift gelten.
fällt einem Flötenspieler zu – Gemeint ist Kaiser Nero.

67 *das Thema des Frontispizes* – Auf dem Titelkupfer der Erstausgabe war der geschilderte Augenblick dargestellt. Den Sinn dieser Allegorie hat Rousseau in der Antwort auf Lecats Kritik näher erläutert: er selbst ist Prometheus, der den ungebildeten Menschen, den Satyr, vor den Gefahren der »Fackel der Wissenschaften« warnt.

68 *ihr berühmten Philosophen* – Es folgen Anspielungen auf Newtons Physik, Malebranches und Leibnizens Erkenntnistheorie, Fontenelles *Entretiens sur la pluralité des mondes* und Réaumurs *Mémoires pour servir à l'histoire naturelle des insectes.*

69 *Luxus mache den Glanz der Staaten aus* – In *Vom Geist der Gesetze* hatte Montesquieu betont: »Der Luxus ist notwendig in den Monarchien: er ist es noch mehr in despotisch regierten Staaten.« Er hatte nur die demokratischen kleinen Stadtrepubliken davon ausgenommen.

70 *Einer wird euch sagen* – Montesquieu hatte geschrieben: »Der Ritter Petty hat in seinen Berechnungen angenommen, daß ein Mensch in England soviel wert ist, wie man ihn in Algier verkaufen würde. Das kann nur für England richtig sein. Es gibt Länder, wo ein Mensch gar nichts wert ist, und solche, wo er weniger als nichts kostet.« Ohne seine Sätze als Zitat zu kennzeichnen, hat Rousseau Montesquieu kopiert, dabei aber die Tonalität verändert.
Sybarit – Das Schlemmerleben der Bewohner der griechischen Kolonie Sybaris in Unteritalien war sprichwörtlich; im Jahre 510 v. u. Z. wurde die Stadt zerstört.
von einem Fürsten – Alexander dem Großen.
Skythen – Sie wehrten 513 v. u. Z. den Angriff der Perser unter Dareios I. ab.
Zwei berühmte Republiken stritten – Gemeint sind die Kriege zwischen Rom und Karthago in der Zeit von 264 bis 146 v. u. Z.
Bergbewohner – Die Schweizer siegten über die Herzöge von Österreich 1315 bei Morgarten, 1386 und 1388 bei Sempach und Näfele, über Karl den Kühnen von Burgund 1476 und 1477 bei Murten und Nancy.
Heringsfischer – die Niederländer, die sich 1568 gegen die spanische Statthalterschaft erhoben.

71 *Arouet* – Voltaires bürgerlicher Name, den er seit 1718 nicht mehr trug.

72 *Carle, Pierre* – zwei zeitgenössische Maler: Charles-André van Loo (1705–1765), später Hofmaler Ludwigs XV., und Jean-Baptiste Pierre (1713–1789), von dem die Zeichnung zum Titelkupfer über die Prometheus-Allegorie stammt (vgl. Anm. zu S. 67).
Pigalle – Jean-Baptiste Pigalle (1714–1785), Hofbildhauer Ludwigs XV.

73 *Als die Goten Griechenland verwüsteten* – Die beiden Begebenheiten werden von Montaigne in den *Essays* (I, 24) berichtet; er ist jener »Mann von Verstand«. – Karl VIII. war französischer König von 1483 bis 1498 und eroberte 1495 das Königreich Neapel.

75 *sagte ein Weiser* – Montaigne in den *Essays* (I, 25).
»Pensées philosophiques« – In Diderots 1746 anonym erschienener Schrift lautet der Aphorismus VIII: »Es gibt Menschen, von denen man nicht sagen sollte, sie fürchten Gott, sondern vielmehr, sie hätten Angst vor ihm.«
sagt Montaigne – in den *Essays* (I, 25). Rousseau übernimmt von Montaigne auch die irrtümliche Lokalisierung des »Sitzes der Musen« in Sparta; der Olymp befindet sich in Nordgriechenland.

76 *wenn man die angenehmen Talente den nützlichen vorzieht* – Rousseaus Polemik gegen die Überschätzung der »angenehmen Talente« stimmt mit der Konzeption der *Enzyklopädie* überein; allerdings verfolgt Rousseau eine Aufwertung der Bauern, während Diderot eine soziale Aufwertung der Handwerker und Arbeiter fordert: »Legen Sie auf eine Waagschale die realen Vorteile der hervorragendsten Wissenschaften und angesehensten Künste und auf die andere die realen Vorteile der mechanischen Künste, so werden Sie feststellen, daß die Wertschätzung, die man den einen, und die Wertschätzung, die man den anderen entgegengebracht hat, nicht im richtigen Verhältnis zu den beiderseitigen Vorteilen stehen und daß man die Männer, die uns eingeredet haben, wir seien glücklich, weitaus mehr gelobt hat als die Männer, die dafür gesorgt haben, daß wir tatsächlich glücklich wurden. Wie wunderlich sind doch unsere Urteile! Wir fordern, daß man sich nützlich mache, und verachten die nützlichen Menschen!« (Diderot im Artikel *Kunst* des ersten Bandes der *Enzyklopädie*)
in genere demonstrativo – (lat.) in demonstrativer Art; eine Stilform der Rhetorik.

77 *jener große Monarch* – Ludwig XIV., unter dessen Regierung die Pariser Akademien gegründet wurden.

78 *Der eine behauptet* – Die folgenden Anspielungen gelten Berkeley (1685–1753), Spinoza (1632–1677), La Mettrie (1709–1751) und Hobbes (1588–1679).
Leukippos ... Diagoras – Leukippos ist der Begründer der griechischen Atomistik, die erst durch die Texte seines Schülers Demokrit überliefert wurde. Diagoras, »der Gottlose«, ein Erbe der ionischen Naturphilosophie, galt der späteren Antike als der erste der typischen Gottesleugner; er wurde um 415 v. u. Z. verurteilt und mußte Athen verlassen.

79 *Was sollen wir von den Kompilatoren ... halten* – Die Abgrenzung zum Grundanliegen der Aufklärung im allgemeinen und der Enzyklopädie im besonderen, nämlich Wissen zu verbreiten, könnte nicht schärfer erfolgen als durch diese ihre Denunziation als »Plünderer«.
Sultan Achmet ... – Achmet III., Sultan von 1703 bis 1730. Die erste türkische Druckerei wurde 1728 durch Ibrahim Mütyeferik errichtet. Kalif Omar I. regierte von 643 bis 644. Gregor der Große war Papst von 590 bis 615.

80 *Der Fürst der Beredsamkeit* – Marcus Tullius Cicero war Konsul im Jahre 63 v.u.Z.
der vielleicht größte unter den Philosophen – Francis Bacon wurde 1619 Lordkanzler.

81 *Mögen sie auf das alte ... Vorurteil verzichten* – Die Sendung der »philosophes«, die »Völker ... aufzuklären«, erhält ein überraschendes Lob. Das von Rousseau später beklagte Fehlen von Logik in der Preisschrift ist begründet.

82 *zwischen zwei großen Völkern* – Athen und Sparta.

BRIEF AN RAYNAL

Der Brief erschien in der Zeitschrift *Mercure* im Juni 1751, gleichzeitig mit den *Observations sur le Discours qui a été couronné à Dijon*, auf die er antwortet. Der mit Rousseau befreundete Abbé Raynal, der später als Autor einer Kolonialgeschichte berühmt wurde, hatte Rousseau seinen Text also schon in Manuskriptform zugänglich gemacht. Nach der Sitte der Zeit hat Raynal als Herausgeber des *Mercure* den von ihm geschriebenen Artikel nicht gezeichnet. Ein Indiz dafür, daß er selbst der Verfasser ist, ist außerdem der in der Einleitung dieser Ausgabe erwähnte, 1753 in Gotha erschienene *Recueil de toutes les pièces qui ont été publiées à l'occasion des Discours de M. J. J. Rousseau*. Raynal war seit 1747 literarischer Korrespondent der Herzogin von Gotha und schickte ihr bis 1755 monatlich Berichte über literarische Neuigkeiten. Nur er kann diese Sammlung nach Gotha vermittelt haben, die, wie es in der Vorrede heißt, »mit Zustimmung Herrn Rousseaus« veröffentlicht wurde. Seine *Bemerkungen*, die in Frankreich die öffentliche Diskussion über Rousseau einleiteten, stehen in der Reihe der 19 in den *Recueil* aufgenommenen Texte an zweiter Stelle, unmittelbar nach Rousseaus Abhandlung.

84 *Was die beiden folgenden Bemerkungen angeht* – Sie fragen nach den praktischen Konsequenzen, die aus dem konstatierten Mißverhältnis zwischen dem Überfluß an Wissenschaftlern und Künstlern und dem Mangel an Bauern zu ziehen seien.

85 *in meiner ersten Antwort* – der Antwort an Stanisław.
wer der Gegner ist – Gemeint ist der Domherr Joseph Gautier, dessen *Widerlegung* Raynal im Oktoberheft des *Mercure* veröffentlichte, nachdem der Autor sie zuvor in der Akademie von Nancy vorgetragen hatte. Rousseau antwortete darauf nur indirekt im *Brief an Grimm*. Im *Recueil* von 1753 steht Gautiers *Réfutation* in Band 1, S. 126–157.

BEMERKUNGEN ZU EINER ANTWORT
(Antwort an Stanisław)

Diese *Bemerkungen zu einer Antwort* erschienen im November 1751 in Paris als Broschüre. Sie antworten auf den im September im *Mercure* erschienenen Artikel *Réponse au discours qui a remporté le prix de l'Académie de Dijon*, dessen ungenannter Verfasser durch die schmeichelhafte Vorbemerkung des Herausgebers Raynal identifizierbar wurde. Es handelte sich um Stanisław I. Leszczyński (1677–1766), der 1735 unter russischem Druck auf die polnische Krone hatte verzichten müssen und seitdem als Herzog von Lothringen in Nancy residierte. Seine Tochter Maria Leszczyńska war seit 1725 die Gemahlin des französischen Königs Ludwig XV.

Rousseau weist, ohne den Namen zu nennen, in verschiedenen Passagen seiner *Bemerkungen* auf seinen fürstlichen Gegner hin, der 1750 in Nancy eine Akademie gestiftet hatte. Er wußte aber auch um die Mitarbeit des Jesuitenpaters Menoux an dem Text und schlug einen vom Stolz des Bürgersinnes vor Fürstenthronen getragenen Ton an, durch den die *Bemerkungen* nach dem Urteil der *Bekenntnisse* zu einem »Werk einzig in seiner Art« wurden: »Ich vertraute auf meinen Takt, herauszufinden, was auf Rechnung des Fürsten und was auf Rechnung des Mönches ging; und während ich über alle jesuitischen Redensarten ohne Schonung herfiel, deckte ich auf diesem Weg einen Anachronismus auf, der meiner Ansicht nach nur von Hochwürden kommen konnte.«

90 *wenn Plinius niemals geschrieben hätte* – Die offizielle Dankrede, mit der sich Plinius der Jüngere (62–113) anläßlich seiner Ernennung zum Konsul im römischen Senat im Jahr 100 beim Kaiser Trajan bedankte, galt als Muster eines »Panegyricus«.
Für den Preis der Eloquenz des Jahres 1752 – Die imperative Formulierung des Themas und die Verleihung des Preises an den Rhetoriklehrer Courtois in Dijon lassen keinen Zweifel daran, daß die Akademiker von Dijon durch die Académie française getadelt werden sollten.

92 *Vergleich mit jenen Gefäßen zitieren* – Aurelius Augustinus (354–430), der bedeutendste Kirchenvater der katholischen Kirche, hatte 426 in dem Werk *De doctrina christiana* gefordert, die christlichen Schriftsteller sollten sich der Wahrheiten der heidnischen Philosophen zu christlichen Zwecken bedienen, wie die Israeliten beim Auszug aus Ägypten goldene und silberne Gefäße und kostbare Gewänder für heiligere Zwecke mitnahmen.

93 *das gottlose Wort Alphons' X.* – Dem König von Kastilien (1252–1282) wurde die Äußerung nachgesagt, hätte Gott ihn bei der Schöpfung hinzugezogen, hätte er ihm gute Ratschläge erteilt.

94 *Wir haben einen Führer in uns* – Wie schon am Schluß der *Abhandlung über die Wissenschaften* arbeitet Rousseau hier mit dem Begriff des Gewissens, auf das sich auch sein Leitbild Sokrates berufen hatte.

95 *ein modernes Volk* – die Schweizer »Bergbewohner« (vgl. S. 70).
Mißgunst gegenüber meinen Landsleuten – Rousseau spielt mit seinem Leser und mit seinem Kritiker: während Stanisław im Verfasser der Preisschrift

einen Franzosen sah, der über seine Landsleute urteilte, bezieht sich Rousseau in seiner Entgegnung auf die Genfer als Landsleute.

95 *einen wichtigen Einwand* – Im *Discours préliminaire* zur *Enzyklopädie* hatte d'Alembert 1751 seine Kritik Rousseaus mit hoher Anerkennung gepaart. Den Gedanken d'Alemberts, ein Verzicht auf die erworbenen Kenntnisse sei für die Menschheit keine Alternative, hat Rousseau später aufgegriffen (s. Fußnote zu S. 109).

97 *Josephus* – Flavius Josephus (37–95), ein in griechischer Sprache schreibender jüdischer Historiker; sein *Jüdischer Krieg* ist der Augenzeugenbericht über die Jahre 66–70, bis zur Zerstörung Jerusalems.

Philon – Philon von Alexandria (um 25 v. u. Z.–50 u. Z.), ein jüdischer Philosoph, der in seinen Schriften die jüdische Religionsphilosophie mit platonischen und stoischen Gedanken zu vereinigen suchte.

»Bürger als Edelmann« – Komödie von Molière.

99 *Der heilige Justinus* – der älteste der christlichen Apologeten (um 100–165); das erwähnte Gespräch mit dem Juden Tryphon ist die einzige von ihm erhaltene Schrift. Der Kirchenvater Tertullian (um 150–240) gehört in die gleiche Reihe der christlichen Apologeten.

Lukian – einer der geistreichsten Schriftsteller der römischen Kaiserzeit (um 125–180), der in der Aufklärungsperiode vor allem wegen seiner satirischen Dialoge über die Götter rezipiert wurde.

Kyrenaiker – griechische hedonistische Philosophenschule, um 380 v. u. Z. von dem Sokratesschüler Aristippos in Kyrene begründet; sein Nachfolger Theodoros erhielt den Beinamen Atheos.

Sustulit amicitiam ... – (lat.) »Er lehnte die Freundschaft ab, weil sie weder bei den Ungebildeten noch bei den Gebildeten anzutreffen sei ... Er sagte, es sei billig, daß der kluge Mann sich nicht für das Vaterland Gefahren aussetze, denn man solle nicht zum Nutzen Unverständiger auf diese Klugheit verzichten. Auch könne der Weise, wenn es geboten sei, Diebstahl, Ehebruch und Sakrileg begehen. Denn nichts davon sei schändlich von Natur. Die gewöhnliche Meinung über diese Dinge, die von der Masse der Dummen und Ahnungslosen ausgeheckt werde, sei auszulöschen ... Der Weise könne ohne jede Scham und ohne alle Verdächtigung mit den Huren umgehen.« (Diogenes Laertios, *Vitae philosophorum*, II, 98–99)

Allein die Philosophie – Diese Polemik entnimmt ihre Belege der antiken Philosophie und beschuldigt Pythagoras zu Unrecht; sie hat in Wahrheit die »modernen« Philosophen im Visier und bezeugt Rousseaus eigenständige weltanschauliche Position auch in den Jahren der engsten Freundschaft mit Diderot.

100 *man hätte erst Platon, dann Aristoteles neben Jesus Christus auf den Altar gestellt* – Rousseau folgt hier *De incertitudine et vanitate scientiarum* des Agrippa von Nettesheim (1530), seiner Hauptquelle für den gesamten Abschnitt, einem Werk, das für seine damalige religiöse Position wichtig ist.

Einer der hervorragendsten Päpste – Gregor der Große (540–604).

Clemens von Alexandria – Philosoph (um 150–215); war bemüht, die griechische Philosophie in den Dienst der christlichen Theologie zu stellen.

102 *Non Aristotelico more* ... – (lat.) Nicht nach der Weise des Aristoteles, sondern der des Fischers (d. h. des Apostels Petrus).
105 *Die Heuchelei soll eine Huldigung sein* – Zitat von La Rochefoucauld.
Cartouche – Louis Dominique Cartouche hatte bis zu seiner Hinrichtung als Bandenchef die Pariser Umgebung unsicher gemacht und war zur Legende geworden.
Cromwell – Rousseau sieht, auch im *Gesellschaftsvertrag*, in Oliver Cromwell nur den machthungrigen Heuchler und Abenteurer.
109 *Diogenes Laertios* – Autor des Werkes *De vitis, dogmatibus et apophthegmatibus clarorum philosophorum* (um 220), einer wertvollen Quelle für die antike Philosophiegeschichte, aus der Rousseau schon in einer Fußnote auf Seite 99 zitiert.
der ... schon einmal zitierte Philosoph – d'Alembert (vgl. S. 95).
110 *einen großen Fürsten* – Stanisław I. Leszczyński.

BRIEF AN GRIMM

Der von Sarkasmen funkelnde Brief an Grimm erschien im November 1751 als Broschüre. Zusammen mit Diderot gehörte der aus Regensburg stammende Friedrich Melchior Grimm (1723–1807) in diesen Jahren zu den engsten Freunden Rousseaus. Der eigentliche Adressat, Joseph Gautier, der Verfasser der im Oktober im *Mercure* erschienenen *Réfutation d'un Discours*, lehrte in Lunéville Mathematik und Geschichte. Einer direkten Antwort nicht für würdig befunden, veröffentlichte Gautier gleichwohl einige *Observations sur la lettre de Rousseau à Grimm*, in denen er Rousseaus rasch hingeworfene Antwort mit dem Satz resümiert: »Er antwortet, indem er sagt, daß er nicht antwortet.« (*Recueil de toutes les pièces*, Band 1, S. 182)

112 *die Rede Ludwigs des Großen* – Als Parodie auf die Rede des Fabricius (s. S. 64f.) hatte Gautier Ludwig XIV. eine Gegenrede halten lassen. (*Recueil des toutes les pièces*, Band 1, S. 148)
114 *Damit sind wir bei Herodot* ... – Gautier hatte anerkannt, daß Justinus (vgl. Anm. zu S. 99) ein prachtvolles Lob der Skythen geschrieben habe, doch Herodot und andere Geographen der Antike hätten sie als eins der wildesten Völker beschrieben.
116 *Wir fragen gewöhnlich* ... – Zitat aus Montaigne, *Essays*, I, 25.
117 *Osymandias* – Der Historiker Diodor von Sizilien zitiert in seiner Weltgeschichte, Buch I, Kap. 49 die Inschrift, die der ägyptische König Osymandias (Ramses II.) an seiner Bibliothek anbringen ließ: »Heilstätte für die Krankheit der Seele«.
118 *Karneades* – Griechischer Philosoph (214–129 v. u. Z.), Begründer der sogenannten dritten Akademie und erster Theoretiker des Wahrscheinlichkeitsbegriffs. Karneades kam im Jahre 155 mit der athenischen Philosophengesandtschaft nach Rom, die entscheidend zur Hellenisierung der römischen Bildung beitrug.

122 *eine pompöse Darstellung des Werkes* — In den *Observations*, seiner Erwiderung auf Rousseaus Brief an Grimm, betonte Gautier, er habe an der Rezension seiner *Réfutation* keinen Anteil. Redakteur der *Gazette d'Utrecht* war damals Henri-Philippe de Limiers, eine zwielichtige Figur.

LETZTE ANTWORT

Im April 1752 in Paris als Broschüre erschienen, war dieser Text als abschließende Stellungnahme in der Debatte um die Preisschrift gedacht. Wahrscheinlich ist der *Brief an Lecat* aber zeitlich später erschienen, und auch in der *Vorrede zu »Narcisse«* hat Rousseau noch einmal versucht, seine Position zu verdeutlichen. Die *Letzte Antwort* ist die Erwiderung auf den *Discours sur les avantages des sciences et des arts*, den Charles Bordes (1711—1781) im Juni 1751 in der Akademie von Lyon vorgetragen und im Dezember 1751 im *Mercure* veröffentlicht hatte. Rousseau, der Bordes seit seiner Hauslehrerzeit in Lyon 1740 kannte und ihm zwei Gedichte gewidmet hatte, trug dieser Beziehung durch den Ton seiner *Réponse* Rechnung. Bordes antwortete auf die *Dernière Réponse* mit einem *Second Discours sur les avantages des sciences et des arts*, der 1753 in Avignon erschien. Die Antwort Rousseaus darauf ist fragmentarisch geblieben.

125 *Ne, dum tacemus ...* — (lat.) Damit es nicht, wenn wir schweigen, den Anschein hat, wir schwiegen aus Diskretion, sondern um der Verschiedenheit willen. — Zitat aus der Schrift *Contra Demetrianum* des Kirchenvaters Cyprianus (um 200—250).

126 *jener berühmte Philosoph* — Plutarch in dem Artikel *Vom Neid und vom Haß* in seinen *Moralia*; auch das Zitat des spartanischen Königs stammt von Plutarch.

Brutus — der sagenhafte Befreier Roms von der Königsherrschaft, der als Konsul der Republik 510 seine beiden Söhne hinrichten ließ, als sie an einer Verschwörung gegen die Republik teilgenommen hatten.

die Sache der Künstler — In Platons *Apologie des Sokrates* ist von »Handwerkern« die Rede; Rousseau ist im 18. Jahrhundert nicht der einzige, für den die Grenzen zwischen Kunst und Handwerk bzw. »artisans« und »artistes« noch fließend waren.

129 *Kyros, Alexander und der junge Scipio* — Kyros der Ältere, der erste selbständige König der Perser (um 558—529 v.u.Z.); Scipio der Jüngere, der Eroberer Karthagos (146) und Numantias (133); Alexander der Große als Muster von »Enthaltsamkeit« ist weniger überzeugend.

Pyrrhus — Pyrrhus von Epirus kam zur Unterstützung der Tarentiner gegen die Römer nach Italien und siegte 280 bei Heraclea und 279 bei Ausculum; ein Sieg mit großen Verlusten heißt seither »Pyrrhussieg«.

Dryden — John Dryden (1631—1700), dessen Drama *Cleomenes, the Spartan Hero* (1692) sich durch den Kult der Antike und der heroischen Gestalt auszeichnet.

130 *die Kinder, durch die man mich in meinem Land hat widerlegen lassen* – Rousseau war ungenau unterrichtet: in einer öffentlichen Sitzung hatte in Genf der Prediger Jacob Vernet eine Widerlegung der Preisschrift gegeben.

132 *einen Schacht bis zum Mittelpunkt der Erde* – Die Idee eines solchen Schachts ist in den im Herbst 1752 in Dresden veröffentlichten *Briefen* des Berliner Akademiepräsidenten Maupertuis entwickelt und durch Voltaires im gleichen Jahr erschienene berühmte Satire *Histoire du docteur Akakia* in die Literaturgeschichte eingegangen: »Auch kann er (der Verfasser) ferner versichert sein, daß, wenn es ihm gelingen sollte, wie er meynet, ein Loch bis in den Mittelpunct der Erde zu bohren (darein er sich unfehlbar vor Schaam verbergen will, daß er solch Zeug vorgebracht hat) man ihm in dieses Loch so wenig, als unter den Nordpol folgen werde.« (*Vollständige Sammlung aller Streitschriften, die … zwischen dem Herrn Präsidenten von Maupertuis zu Berlin und Herrn Professor König in Holland … gewechselt worden.* Leipzig 1753, S. 494f.)

141 *Tiberius* – römischer Kaiser von 14 bis 37, dessen Regierung durch eine Schreckensherrschaft diskreditiert wurde. Katharina von Medici, Mutter des französischen Königs Karl IX., ist verantwortlich für die Ermordung von zehntausend französischen Protestanten in der Bartholomäusnacht von 1672.

142 *Catos Wahn* – Cato Uticensis hat sich nach dem Untergang der römischen Republik im Jahre 46 in Utica getötet; er wurde in der Kaiserzeit zur Idealgestalt des stoischen Republikaners.

Ecce spectaculum dignum … – (lat.) Welch ein Anblick, würdig, daß der eifrig auf sein Werk bedachte Gott darauf schaue! Ein gottgleiches Schauspiel, wie der Tüchtige mit dem widrigen Geschick ringt! Ich sehe nichts, sage ich, was Jupiter auf Erden Schöneres erblicken kann, wenn er seinen Sinn darauf richten mag, als Cato, der, obwohl die Teile mehr als einmal zerbrachen, trotzdem in den Trümmern des Staates aufrecht steht. (Seneca, *De providentia*, II)

144 *Titus* – Titus Flavius Vespasianus (39–81), römischer Kaiser von 79 bis zu seinem Tode.

Privatus atque etiam … – (lat.) »Ihm fehlte es als Privatmann und auch unter der Herrschaft seines Vaters nicht an Haß und öffentlichem Tadel. Aber dieser schlechte Ruf wandelte sich zu seinen Gunsten und machte dem höchsten Lob Platz.«

146 *bei jener Eroberung Amerikas* – Die moderne Wissenschaft geht davon aus, daß der Eroberung Amerikas durch die Spanier 50 Millionen Ureinwohner zum Opfer fielen.

Guatimozin – der von Cortez 1525 hingerichtete letzte König von Mexiko. Rousseau modifiziert hier seine vielfach benutzte Quelle, Montaignes *Essays*, III, 6.

148 *Hébert, Lafrenaye* … – Goldschmiede und Kunsttischler, die um 1750 einen guten Ruf hatten.

Paucis est opus … – (lat.) Ein guter Geist braucht wenig Bücher. (Seneca)

148 *Tros Rutulusve fuat* – (lat.) Troer und Rutuler gelten mir gleich. (Vergil)
150 *Melon* – Jean-François Melon hatte in seinem *Essai politique du commerce* (1734) den Luxus bejaht.
151 *Selbst in kritischen Blättchen* – vermutlich eine Anspielung auf die Zeitschrift *Lettres sur les écrits de ce temps*, in welcher der Herausgeber Fréron im Oktober 1751 und wiederholt im Jahr 1752 sich kritisch mit Rousseau auseinandersetzte.
Gautier – siehe die Anmerkung des Herausgebers zum *Brief an Grimm*.

BRIEF ÜBER EINE ERNEUTE WIDERLEGUNG
(Brief an Lecat)

Die Erstausgabe dieses Textes erschien als Broschüre 1752 wahrscheinlich in Lyon.

Claude-Nicolas Lecat (1700–1768), Chirurg in Rouen und 1744 Begründer der dortigen Akademie, hat die umfangreichste aller Widerlegungsschriften geschrieben. Er veröffentlichte sie »unter dem Namen eines Mitgliedes der Akademie zu Dijon« und erweckte damit den Eindruck, als wolle er seine ablehnende Haltung bei der Preisverleihung nunmehr ausführlich begründen. Rousseau hat diese »Fiktion« Lecats nicht durchschaut, wie der Anfang seiner Replik zeigt. Die Akademie zu Dijon sah sich zu einer Richtigstellung veranlaßt, auf die Lecat mit *Observations* reagierte. Alle diese Texte sind im zweiten Band des *Recueil de toutes les pièces* enthalten.

155 *den Preis der Académie française* – vgl. Fußnote 2 auf S. 90.
Ich habe die neuerliche Überlegung überflogen – Lecats *Observations sur le Désaveu de l'Académie de Dijon*.
156 *Ich und Grundbesitz!* – Rousseau unterstellt seinem Gegner etwas, was aus Lecats Text nur durch Rabulistik herauszulesen war.
Clénard – Nicolas Cleynaerts, ein Grammatiker des 17. Jahrhunderts aus Lüttich.
Die Abhandlung ... von Lyon – der Discours von Bordes; vgl. die Anmerkung des Herausgebers zu *Letzte Antwort*.
157 *quid valeant humeri* – (lat.) was die Schultern vermögen. (Horaz, *Von der Dichtkunst*, 40)
Ego cur, acquirere pauca ... – (lat.) Oder soll mir übelgenommen werden, wenn ich etwas Weniges erwerben kann, da Ennius und Cato die Sprache mit so vielen neuen Wörtern bereichern durften? (Horaz, *Von der Dichtkunst*, 55–57)
was man von meinem Stil hält – Der gereizte Ton ändert nichts daran, daß Rousseau in diesen Sätzen einen wichtigen Einblick in schriftstellerische Maximen ermöglicht, die sein literarisches Schaffen bestimmen.
158 *Ramón Lull* – spanischer Dichter und Philosoph (um 1235–1315), der in seiner *Ars magna* durch Kombinatorik der allgemeinsten Begriffe einen Weg universaler Wahrheitsfindung zeigen wollte.

158 *Drei Schriftsteller nacheinander* – Stanisław, Bordes und Lecat.

159 *eine schlecht geführte Polemik* – In einer ausführlichen Bilanz der Einwände gegen Rousseau bedauerte Grimm, daß der »citoyen de Genève« nicht einen seiner würdigen Gegner gefunden habe, und hielt nur die Schriften von Stanisław und Bordes für erwähnenswert. Noch schärfer urteilte Lessing über die durch Rousseau ausgelöste Polemik, »die sehr lehrreich hätte werden können, wenn sich in Frankreich nicht fast eben so kleine Geister damit abgegeben hätten, als in Deutschland, wo ein gewisser Schulmeister [Gottsched] seine gutherzige Knaben davon deklamieren ließ«. (Lessing, *Gesammelte Werke*, 2. Aufl., Band 3, Berlin, 1968, S. 153)

VORREDE ZU »NARCISSE«

In den Jahren zwischen 1732 und 1740 entstanden und im Dezember 1752 zweimal aufgeführt, ist *Narcisse* das einzige Stück Rousseaus, das überhaupt auf die Bühne gekommen ist. Für den Druck schrieb er Anfang 1753 diese *Vorrede*, in der er noch einmal zur Debatte über die Wissenschaften und die Künste Stellung nimmt und seine ganze Eloquenz aufbietet, um den völlig berechtigten Vorwurf abzuschwächen, zwischen seinen Grundsätzen und seinen Handlungen gebe es einen Widerspruch. Gleichzeitig sind in der *Vorrede* sozialkritische Töne angeschlagen, die die tiefer lotende *Abhandlung über die Ungleichheit* vorbereiten.

161 *von der ersten Antwort* – der von Stanisław.
bis zu vier deutschen Reden – Unter Gottscheds Patronat wurde am 5. September 1752 in der Universität Leipzig eine öffentliche Sitzung der Philosophischen Fakultät zur Verteidigung der Wissenschaften gegen Rousseaus Kritik abgehalten. Die Redner waren Friedrich Burscher, Abraham Wilhelm Teller, Karl Friedrich Brucker und Johann Traugott Schulz. Eine Buchausgabe erschien im gleichen Jahr in Leipzig unter dem Titel *Vertheidigung der Gelehrsamkeit, und sonderlich der schönen Wissenschaften gegen den Herrn Rousseau aus Genf.* Durch seinen Freund Grimm, der als ehemaliger Leipziger Student mit Gottsched in Verbindung stand, wird Rousseau der Vorgang bekannt geworden sein. Zum Urteil Lessings über die Aktivitäten in Leipzig vgl. Anm. zu S. 159.
Widerruf der Akademie zu Dijon – vgl. die Anmerkung des Herausgebers zum *Brief an Lecat.*

162 *daß ich, wenn ich einen Satz beweise, weiterhin doch das Gegenteil glaube* – In der Tat stand Rousseau bei seinen Zeitgenossen in diesem Ruf (vgl. dazu die Einleitung des Herausgebers, S. 11).

164 *satis loquentiae, sapientiae parum* – (lat.) Reichlich Mundwerk, wenig Weisheit.

167 *Ursprung der widersinnigen Systeme eines Leukippos ...* – Leukippos gilt als Begründer der griechischen Atomistik, Diogenes, ein Zeitgenosse Alexanders des Großen, als Begründer der kynischen Schule; Pyrrhon als Stifter

der Schule der Skeptiker; Protagoras war der bedeutendste der Sophisten; der römische Dichter Lukrez und der englische Philosoph Hobbes sind erklärte Materialisten. Für Rousseau zählt allein die ethische Relevanz philosophischer Theorie; den Fürsprecher des Egoismus, den 1733 gestorbenen Mandeville, setzt er bewußt an den Schluß seiner schwarzen Liste.

167 *»Le Méchant« – Der Nichtswürdige*, eine 1747 uraufgeführte Komödie Gressets, die als abgeschwächte Version des *Tartuffe* gelten kann.

169 *»Wenn die Wissenschaft sich bemüht ...«* – Zitat aus Montaignes *Essays*, III, 12.

171 *daß alle diese Laster ... zum schlecht regierten Menschen gehören* – Die soziale Kritik der »verhängnisvollen Verhältnisse« ist hier bis an die politische Grenze herangeführt, wird durch die Fußnote aber sofort wieder in geschichtsphilosophische Theorie umgelenkt.

173 *Denn die Gebräuche sind die Moral des Volkes* – eine Position des Traditionalismus, von der sich die verwandte Sentenz Friedrichs II., »Die Vorurteile sind die Vernunft des Volkes« (in einem Brief vom 4. Februar 1763), durch ihren Zynismus unterscheidet.

Illum non populi fasces ... – (lat.) Ihn beugten nicht die Fasces des Volkes, nicht der Purpur der Könige und die Zwietracht, die die treulosen Brüder erregte, nicht das römische Geschick und der nahende Untergang des Reiches. Auch bedauerte nicht arm den Armen und beneidete nicht den Besitzenden. (Vergil, *Georgica*, II, 495–496 und 498–499)

VORWORT
ZU EINEM ZWEITEN BRIEF AN BORDES

Geschrieben Ende 1753/Anfang 1754, veröffentlicht zum ersten Male 1861, zeigt das *Vorwort* einen Autor, der sich seiner »traurigen und großen Theorie« völlig sicher ist und nunmehr mit Entschlossenheit »für das Volk schreiben« will. Vor allem die neue Preisfrage der Akademie zu Dijon über den Ursprung der Ungleichheit, deren Beantwortung bis zum Juni 1754 erfolgt sein mußte, dürfte Rousseau bewogen haben, den geplanten zweiten Brief an Bordes nicht zu schreiben. Bordes' neuerliche Kritik, sein *Second Discours sur les avantages des sciences et des arts*, war seit September 1753 im Pariser Buchhandel erhältlich, ohne jedoch sonderliches Interesse zu finden. Daß Rousseau überhaupt einen zweiten Brief an Bordes erwogen hat, unterstreicht die Sonderstellung, die er dem Akademiker aus Lyon unter seinen Gegnern einräumte.

178 *Wenn ich einen Fehler beging ...* – Anspielung auf die in der *Letzten Antwort* bekundete Absicht, die Auseinandersetzung mit seinen Kritikern nicht mehr fortzusetzen.

180 *daß ein berühmter Maler mich porträtiert hat* – Maurice Quentin de La Tour hatte im »Salon« des Jahres 1753 ein Pastellporträt ausgestellt, das Rousseau noch als Weltmann vorstellte.

181 *den vollen Umfang einer wahren, aber betrüblichen Theorie* – Rousseau unterstellt sich als seit der Illumination von Vincennes im Vollbesitz seiner Theorie, was eine Übertreibung ist, aber der Rolle des Sittenreformators angemessen erscheint.

ÜBER DEN URSPRUNG UND DIE GRUNDLAGEN DER UNGLEICHHEIT

Mit dem *Discours sur l'origine et les fondements de l'inégalité*, der im Juni 1755 bei Marc-Michel Rey in Amsterdam erschien, hat Rousseau erneut auf eine Preisfrage der Akademie von Dijon reagiert und seiner Zivilisationskritik eine sozialgeschichtliche Begründung gegeben. Das Thema der Fragestellung: »Welchen Ursprung hat die Ungleichheit unter den Menschen und ist sie durch das Naturgesetz gerechtfertigt?« war im November 1753 im *Mercure* veröffentlicht worden. Es hatte Rousseau zu gleicher Zeit erregt und ermutigt. »Von dieser großen Fragestellung betroffen, war ich überrascht, daß die Akademie es gewagt hatte, sie aufzugeben; doch da sie diesen Mut gehabt, konnte ich wohl auch den haben, sie zu behandeln, und ich unternahm es.« Bis zum Juni 1754 war das Manuskript abgeschlossen, doch hatte Rousseau die Wettbewerbsbedingungen weder im Stil noch im Umfang beachtet, so daß die Akademie den Text nicht in Betracht zog und den Preis einem Abbé Talbert zuerkannte.

Vorangestellt sind der Abhandlung ein Vorwort, das nach der Fertigstellung des Textes entstand, und eine vom 12. Juni 1754 datierte Widmung. Adam Smith hat diese Widmung in seinem dem Zustand der europäischen Literatur gewidmeten *Letter to the »Edinburgh Review«* 1756 einen »wahren Panegyricus« genannt. In der Tat hatte die Widmung die Funktion eines Entrebillets, mit dem Rousseau das nach dem Übertritt zum Katholizismus 1728 verlorene Recht auf den Titel eines »citoyen de Genève« zurückgewinnen wollte. Die Wiederaufnahme durch das Genfer Konsistorium fand bei seinem Aufenthalt in Genf am 1. August 1754 statt. Als berühmter Schriftsteller war der »Bürger Genfs« den Herrschenden seiner Vaterstadt willkommen, obwohl die Widmung nicht an den Kleinen Rat, sondern an den Allgemeinen Rat der Bürgerversammlung adressiert war und eine Interpretation der Genfer Verfassung gab, wie sie die Opposition vertrat.

In Deutschland war es wiederum Lessing, der in der *Berlinischen Privilegierten Zeitung* vom 10. Juli 1755 als erster Rousseaus »ganz neue Schrift« anzeigte und auf die bevorstehende Übersetzung hinwies, die 1756 aus der Feder seines Freundes Mendelssohn erschien. In England charakterisierte Smith in dem erwähnten Brief an die *Edingburgh Review* das Werk, nachdem er dessen Verpflichtung gegenüber der englischen Philosophie im allgemeinen und gegenüber dem zweiten Band von Mandevilles *Bienenfabel* im besonderen hervorgehoben hatte, mit den Worten: »Um das wilde Leben als das glücklichste zu schildern, stellt Herr Rousseau nur dessen träge Seite dem Blick dar. Diese stellt er in der Tat mit den schönsten und angenehmsten Farben zur Schau und in einem Stil, der, obwohl ausgearbeitet und mit Absicht elegant, überall ausreichend kräftig und gelegentlich selbst erhaben und ergreifend ist. Mit Hilfe dieses Stils und mit ein wenig philosophischer Chemie scheinen die Grundsätze und Gedanken des liederlichen Mandeville bei ihm all die Reinheit und Erhabenheit der Ethik Platons zu haben und nur der echte Sinn eines ein klein wenig zu weit gegangenen Republikaners zu sein. Sein Werk ist in zwei Teile gegliedert: im ersten beschreibt er die vereinzelte Lebensweise des Menschengeschlechts, im zweiten die ersten Anfänge und den allmählichen Fortschritt von Gesellschaft. Es wäre vergeblich, von jedem eine Analyse zu geben. Denn niemand vermag eine richtige Vorstellung von einem Werk zu geben, das fast gänzlich aus Beredsamkeit und Beschreibung besteht.« (A.Smith, *Essays on Philosophical Subjects*, Oxford 1980, S. 251)

183 *Non in depravatis ...* – (lat.) Was natürlich ist, müssen wir nicht in verdorbenen Wesen, sondern in jenen betrachten, die sich gut der Natur gemäß verhalten. (Aristoteles, *Politik*, I, 5)

185 *Hochlöbliche ... Herren* – die Anredeformel des Allgemeinen Rats; mit der gleichen Formel ohne das Attribut »erhaben« wendet sich der Autor wenig später an den Kleinen Rat.
Hätte ich den Ort meiner Geburt – Die in den folgenden Abschnitten verwendete hypothetische Ausdrucksweise präsentiert Rousseaus wirkliche Vergangenheit als Gegenstand eines Wunsches, weil er das Genfer Bürgerrecht, das ihm der Zufall der Geburt bescherte, nun mit gereifter Erkenntnis anstrebt.

187 *Einmal an Herren gewöhnt* – Die absolut formulierte Aussage steht in eigentümlichem Widerspruch zu der geschichtlichen Exemplifizierung, denn am Beispiel der römischen Geschichte wird im folgenden belegt, daß eine Rückkehr aus den Ketten in »die heilsame Luft der Freiheit« möglich ist.
eine freie Stadt, zwischen mehreren Völkern gelegen – Wie Genf zwischen Frankreich, Savoyen und den Schweizer Kantonen lag.

189 *unheilvolle Mißverständnisse* – ein bezeichnender Euphemismus für den Genfer Bürgerkrieg von 1737, über den Rousseau in den *Bekenntnissen* viel offener sprechen wird.

192 *einen Mann, der von seiner Hände Arbeit lebte* – Isaac Rousseau, von dem der Sohn ein idealisierendes Porträt zeichnet, war Uhrmacher.

193 *die Staatsbürger und selbst die einfachen Einwohner* – Die Genfer Verfassung unterschied fünf politische Klassen: siehe dazu die Einleitung des Herausgebers, S. 13.

194 *die hohe Kunst der Kanzelrede in Genf* – In Wahrheit hatte man sich in Genf die englische Predigtart zu eigen gemacht, in der rhetorische Pracht und glänzende Bilder der nüchternen Analyse und didaktischen Behandlungsweise geopfert waren. In der ganzen Welt des Calvinismus war um die Jahrhundertmitte »die Kunst der Kanzelrede auf einen sehr dürftigen Stand« gesunken (Formey, *Lettres sur la prédication*, Berlin 1753, S. 37–39).
Gemeinschaft von Theologen und von Literaten – Gemeint ist die 1559 von Calvin gegründete Hochschule oder Akademie.

197 *die Inschrift am Tempel von Delphi* – »Erkenne dich selbst.«
Statue des Glaukos – In Platons *Staat*, X, 611, verwendet Sokrates das Beispiel der Statue des Glaukos (deren ursprüngliche Gestalt durch Ablagerun-

gen und Beschädigungen durch die Meereswogen völlig entstellt wurde), um einen Begriff von der »wahren Beschaffenheit« der Seele »in völliger Reinheit« zu erhalten und diese von der Seele im gegenwärtigen Zustand abzuheben, »der die Folge von tausenderlei Übeln ist«. Die Bedeutung des Platonismus für Rousseau ist hier mit Händen zu greifen: aus Platons Formulierung »entstellt durch die Gemeinschaft mit dem Körper« wird bei Rousseau »die menschliche Seele, im Schoß der Gesellschaft verformt«; die Konstruktion des ursprünglichen, reinen Zustandes ist in beiden Fällen idealistisch.

198 *einen Zustand ... der vielleicht überhaupt nicht existiert hat* – Der Naturzustand wird als Hypothese gekennzeichnet, »um unseren gegenwärtigen Zustand richtig zu begreifen«. – Dieses theoretische Modell ist von dem französischen Ethnologen Lévi-Strauss, dessen Arbeiten der *Abhandlung über die Ungleichheit* eine ganz neue Dimension erschlossen haben, als »universell« gültige und bleibende Aufgabenstellung mit den Worten interpretiert worden: »Der natürliche Mensch ist der Gesellschaft weder vorausgegangen, noch ist er ihr äußerlich. Uns obliegt es, seine Gestalt wiederzufinden, die dem gesellschaftlichen Zustand innewohnt, ohne den das Menschsein unvorstellbar wäre.« (*Traurige Tropen*, Leipzig 1988, S. 449)

199 *Plinius* – Plinius der Ältere (23–79), dessen *Naturgeschichte* in 37 Bänden ein Sammelwerk von enzyklopädischen Dimensionen darstellt.
Burlamaqui – Jean-Jacques Burlamaqui (1694–1748), Lehrer an der Genfer Akademie für Naturrecht, Verfasser der *Principes du droit naturel* (1747), aus deren Kapitel I, § 2 Rousseau zitiert.

200 *eine treffende Definition des Naturgesetzes* – Aus der Kritik des den Theoretikern des Naturrechts unterlaufenen Fehlers, intellektuelle Errungenschaften späterer Perioden in die Frühzeit zu reprojizieren, ergibt sich für Rousseau, daß die Preisfrage der Akademie von Dijon in ihrem zweiten Teil (»Ist [die Ungleichheit] durch das Naturgesetz gerechtfertigt?«) falsch gestellt und durch die Frage nach den »Grundlagen der Ungleichheit« zu ersetzen war.

203 *Quem te Deus esse ...* – (lat.) Was zu sein dir Gott befahl und wohin du im menschlichen Leben gestellt bist, lerne. (Persius, *Satiren*, III, 71–73)

206 *Die Philosophen, die die Grundlage der Gesellschaft untersuchten* – Hugo Grotius, der mit *De iure belli ac pacis* (1625) das Völkerrecht begründete; Samuel Pufendorf in *De iure naturae et gentium* (1672) und John Locke in *Second Treatise of Civil Government* (1690), Thomas Hobbes in *De cive* (1642) und *Leviathan*.

207 *Beginnen wir also damit, alle Fakten beiseite zu lassen* – Gemeint sind die im vorangehenden Abschnitt erwähnten Aussagen der Bücher Mosis über die Genesis des ersten Menschenpaares, wobei Rousseau die Lehre vom Sündenfall übergeht, um sich ganz der anthropologischen Hypothese zu widmen.
unsere Physiker – Anspielung auf Buffons *Théorie de la terre* (1749) und Maupertuis' *Essai de cosmologie* (1750).
Xenokrates – einer der ersten Schüler Platons, seit 339 v. u. Z. Leiter der von Platon begründeten Akademie.

209 *Die vergleichende Anatomie* — Als wissenschaftliche Disziplin wurde sie bereits von Aristoteles praktiziert, von dem zum erstenmal die vergleichende Erfassung der Tierwelt nach dem Kriterium der »differentiae« systematisch angewandt wurde. Der französische Zoograph Pierre Belon wagte in seinem Werk über die Vögel 1555 die Gegenüberstellung eines Vogel- und eines Menschenskeletts und gilt deshalb als ihr eigentlicher Begründer. Erst am Ausgang des 18. Jahrhunderts entdeckte Georges Cuvier in seinen Vorlesungen zur vergleichenden Anatomie das Gesetz von der »Korrelation der Organe«.

211 *Hobbes behauptet* — in *De cive*, I, 4 und 12, und im *Leviathan*, 13.
Ein berühmter Philosoph — Montesquieu kritisierte im *Esprit des lois*, I, 2, die Hobbessche These.
Cumberland — Richard Cumberland nahm in seinem Hauptwerk *De legibus naturae* (1672) nicht den Hobbesschen Egoismus, sondern die Neigung zu tätigem Wohlwollen als Triebfeder menschlichen Handelns an.

214 *daß der sinnierende Mensch ein entartetes Tier ist* — Die provozierende Formulierung, die das körperliche und seelische Gleichgewicht des Menschen im Naturzustand betonen soll, löste eine Flut von Repliken aus. Rousseau hat damit die genaue Gegenposition zu Diderot bezogen, der im Artikel *Naturrecht* der *Enzyklopädie* feststellte: »Derjenige, der nicht nachdenken will, verzichtet auf die Eigenschaft eines Menschen und soll wie ein entartetes Tier behandelt werden.«
Celsus berichtet — Der römische Schriftsteller des 1. Jahrhunderts u. Z. Aulus Cornelius Celsus gibt in seinem Werk *De medicina* einen Rückblick auf die Ursprünge der Heilkunde.

215 *Laet* — Jan Laet (1593—1649), flämischer Geograph, dessen Redaktion von Reiseberichten der Holländischen Ostindiengesellschaft, *Histoire du nouveau monde, ou Description des Indes orientales*, 1633 lateinisch, 1650 französisch erschienen war.

216 *die Hottentotten* — Hauptquelle für Rousseaus ethnographisches Wissen waren Reisebeschreibungen, von denen der Abbé Prévost bis 1750 eine zwölfbändige Sammlung unter dem Titel *Histoire générale des voyages* herausgegeben hatte.

217 *Einige Philosophen haben sogar behauptet* — Montaigne (*Essays*, I, 42) nennt als Vertreter dieser Ansicht Plutarch.
die von den Gesetzen der Mechanik in nichts zu erklären sind — Rousseaus Anthropologie ist hier noch deutlich vom cartesianischen Dualismus geprägt, von dessen idealistischer Variante eine Wechselwirkung zwischen Körper und Seele negiert wurde. Voltaire, dem Rousseau ein Exemplar seiner Abhandlung zugeschickt hatte, notierte am Rande dieses Abschnittes: »Das ist eine sehr schlechte Metaphysik.«

218 *Vervollkommnungsfähigkeit* — Die Hervorhebung von »perfectibilité« soll anzeigen, daß es sich um eine Wortneubildung handelt.

219 *diese Bedürfnisse zu befriedigen* — Ausgehend von dem Begriff Bedürfnis legt Rousseau hier eine Skizze der menschlichen Evolution vor, die genuin materialistisch ist.

222 *das verwirrende Problem des Ursprungs der Sprachen* – Rousseau stellt im folgenden Exkurs nur die Schwierigkeiten zusammen, die sich für eine Theorie ergeben, für die Geselligkeit und Sprache nicht zum Wesen des Menschen gehören. Erst 1781 erschien sein *Essai sur l'origine des langues*, eine Untersuchung, die er als »zu umfangreich« und »fehl am Platze« aus der *Abhandlung über die Ungleichheit* herausnahm und wohl 1761 in die heutige Form brachte. Eine kritische Edition dieses Werkes, in dem Rousseau indirekt auf die Kritik des berühmten Komponisten Rameau an seiner Musikkonzeption antwortete, besorgte Charles Porset in: *Essai sur l'origine des langues où il est parlé de la mélodie et de l'imitation*, Bordeaux 1968.
Untersuchungen ... von Condillac – Gemeint ist der *Essai sur l'origine des connaissances humaines* (1746) des Begründers des französischen Sensualismus. Im zweiten Teil des Werkes unterstellt Condillac »eine Art von Gesellschaft«, gebildet durch zwei Kinder beiderlei Geschlechts, die sich in unbesiedeltem Gebiet verirrt haben und keinerlei Zeichengebrauch kennen.

223 *daß gerade das Kind die Hauptlast der Spracherfindung trägt* – Dies war die Hauptthese Condillacs.

224 *Die erste ... Sprache* – Der gesamte Abschnitt korrespondiert mit dem ersten Kapitel des obengenannten *Essai sur l'origine des langues*.

225 *anfangs jedem Wort die Bedeutung eines ganzen Satzes verliehen* – Dieser Gedanke vom synthetischen Charakter der ältesten Kommunikation war schon 1719 vom Abbé Dubos in seinen *Réflexions critiques sur la poésie et sur la peinture* entwickelt worden und hatte in der ästhetischen Diskussion der Aufklärung besonders für die Wertung der Poesie eine wichtige Funktion.
der Wortschatz desto umfangreicher – Condillac hatte das Gegenteil behauptet: »Es war nicht möglich, Namen für jeden einzelnen Gegenstand zu ersinnen, daher wurde es frühzeitig erforderlich, über allgemeine Bezeichnungen zu verfügen.«

227 *durch bloßes menschliches Zutun* – Voltaire unterstrich diese Worte und notierte erbost am Rande: »erbärmlich«. Rousseaus Haltung konnte nur den Vertretern der These vom göttlichen Ursprung der menschlichen Sprache dienlich sein.

230 *tanto plus in illis ...* – (lat.) Bei jenen bewirkt die Unkenntnis des Lasters mehr als bei diesen die Kenntnis der Tugend; ein Satz des römischen Historikers Justin über die Skythen.

231 *der radikalste Verleumder menschlicher Tugend* – Gemeint ist Bernard de Mandeville, der von Henry Fielding auch »Mandevil« geschrieben und damit zum »veritablen Teufel in Menschengestalt« erklärt wurde, weil er »private Laster als gesellschaftliche Vorteile« zu betrachten lehrte.

232 *daß Mitleid nur ein Gefühl ist, mit dem wir uns an die Stelle des Leidenden versetzen* – La Rochefoucauld und La Bruyère hatten sich in diesem Sinne schon im 17. Jahrhundert geäußert, allerdings ohne den gattungskonstitutiven Charakter und die geschichtsphilosophische Dimension zu sehen, die »pitié« erst bei Rousseau erhält.

232 *Es ist der Verstand, der die Selbstsucht hervorbringt* – Voltaire unterstrich die Worte »raison qui engendre l'amour propre« und notierte am Rande: »Was für eine Idee! Sind Urteilsschlüsse nötig, um das eigene Wohlbefinden zu wollen?« Der negative Akzent, mit dem Rousseau stets das Wort »amour propre« verwendet, bildete also schon für die französischsprachigen Zeitgenossen eine Verständnisbarriere. So kann nicht überraschen, daß auch Moses Mendelssohn mit seiner Übersetzung »Die Vernunft hat die Eigenliebe gezeugt« Rousseaus Gedanken verfehlt.

Gleich dem blutrünstigen Sulla – Die Anekdote über den römischen Diktator Sulla und den Tyrannen Alexander von Pherai fand Rousseau bei Plutarch und Montaigne. Die ganze Fußnote ist, ausgenommen das lateinische Zitat, dem *Brief an d'Alembert über die Schauspiele* von 1758 entnommen.

Molissima corda ... – (lat.) Die weichsten Herzen gab die Natur, wie sie selber bekennt, dem Menschengeschlecht, als sie Tränen ihm gab. (Juvenal, *Satiren*, XV, 131–133)

233 *woanders etwas für sich selbst zu finden* – Voltaire notiert dazu am Rande, das laufe auf die Behauptung hinaus, »daß die Irokesen mitfühlender sind als wir«.

Mit so wenig regen Leidenschaften ... – In den folgenden Darlegungen ist Hobbes und seine Lehre vom Naturzustand als »Krieg eines jeden gegen jeden« der ungenannte Adressat der Kritik.

235 *das Geschlecht, das gehorchen sollte* – Voltaire unterstrich die drei letzten Worte und notierte am Rande: »Warum?«

und jede Frau ist ihm gut genug – Grundlage für den ganzen Abschnitt ist der 1752 im siebenten Band der *Histoire naturelle* erschienene *Discours sur la nature des animaux* Buffons; nur schreibt Rousseau dem Menschen im Naturzustand zu, was Buffon den Tieren vorbehalten hatte.

239 *Nachdem ich bewiesen habe* – Die methodologischen Überlegungen aus dem Vorwort und dem Beginn der *Abhandlung* werden wieder aufgenommen, um den Übergang von der philosophisch rekonstruierten Vorgeschichte zur Geschichte der Menschheit vorzubereiten.

240 *zwei Tatsachen, die real gegeben sind* – »Die gegebenen Tatsachen sind der Naturzustand und der gegenwärtige Despotismus.« (Leo Strauss, *Naturrecht und Geschichte*, Frankfurt/M. 1977, S. 280, Anm.)

241 *Der erste, der ein Stück Land einzäunte* – Empört über diesen Anfang, kommentierte Voltaire: »Was, derjenige, der gepflanzt, gesät und eingezäunt hat, hat kein Recht auf die Frucht seiner Mühen. – Was, dieser unbillige Mensch, dieser Dieb wäre der Wohltäter des Menschengeschlechts! Dies ist die Philosophie eines Bettlers, der wünschte, daß die Reichen durch die Armen bestohlen werden.« – Der geschichtliche Hintergrund, vor dem Rousseaus berühmte Sätze zu lesen sind, ist die nach dem Vorbild englischer Grundeigentümer praktizierte Intensivierung der Landwirtschaft in Frankreich. Um die Erträge zu steigern, ließen gebildete Grundbesitzer ihre Ländereien einhegen und entzogen sie dadurch dem Weiderecht der Gemeinden, dem sie bis dahin für die Brachweide offengestanden hatten.

241 *der Begriff des Eigentums* – In der Tat war der Gedanke, daß Eigentum nur aus menschlicher Arbeit erwachse, erst 1689 im zweiten von Lockes *Two Treatises of Government* entwickelt worden: »Was immer er [jeder Mensch] also aus dem Zustand entfernt, in dem die Natur es geschaffen und belassen hat, wird dadurch, daß er es mit seiner Arbeit vermischt und ihm etwas eigenes zugesellt hat, zu seinem Eigentum.« (§27) »Dazu möchte ich noch anfügen, daß, wer sich durch seine Arbeit Land aneignet, den gemeinsamen Vorrat der Menschen ja nicht verringert, sondern vielmehr vergrößert. Denn die der menschlichen Ernährung dienenden Erträge eines Morgens eingehegten und bebauten Landes belaufen sich (vorsichtig geschätzt) auf das Zehnfache dessen, was ein Morgen ebenso reichen, aber brachliegenden Gemeindelandes abwirft.« (§ 37) (Locke, *Bürgerliche Gesellschaft und Staatsgewalt. Sozialphilosophische Schriften*, Leipzig 1980)

244 *wie ich schon sagte* – Vgl. S. 225 und 226ff.

245 *durch diese neue Situation* – Aus der Errichtung von Hütten erklären sich die moralischen Wandlungen im Leben der Menschen, was im folgenden in den freundlichsten Farben beschrieben wird. In diesem Stadium sieht Rousseau »das glücklichste Zeitalter« in der Entwicklung der Menschheit, auch wenn er in der Vermehrung der Bedürfnisse die Quelle künftiger sozialer Leiden nicht übersieht.

246 *auf welche Weise verschiedene Einzelgründe zur Verbreitung der Sprache … führten* – Während im Ersten Teil durch die Hypothese des isolierten Individuums der Ursprung der Sprache unerklärbar blieb (vgl. S. 228), werden jetzt Naturkatastrophen als auslösende Impulse für die Sozialisierung des Menschen angeführt. Für die geologische Entwicklung hält sich Rousseau an die Darstellung Buffons in der *Théorie de la terre*.

248 *hat mancher eilig geschlossen* – Gemeint ist wiederum Hobbes' Lehre vom Naturzustand.

dem Axiom des weisen Locke zufolge – *An Essay Concerning Human Understanding* (1690), Buch IV, Kap. 3, § 18.

die goldene Mitte – Voltaire unterstrich diese Worte und notierte: »Was für eine Chimäre, diese goldene Mitte!«

249 *daß dieser Zustand die wahrhafte Jugend der Welt ist* – Rousseaus Sehnsucht nach dieser »Entwicklungsstufe« unterscheidet sich von den entsprechenden Äußerungen in der deutschen Philosophiegeschichte durch ethische Fundierung. Auch Marx sieht »die geschichtliche Kindheit der Menschheit« bei den Griechen, weil griechische Kunst und Homerisches Epos »für uns noch Kunstgenuß gewähren und in gewisser Beziehung als Norm und unerreichbares Muster gelten«. (*Einleitung zur Kritik der politischen Ökonomie*, MEW, Band 13, S. 641) – Die wichtige Unterscheidung zwischen Naturzustand und jener Frühform der Gesellschaft, in der der Mensch am glücklichsten war, hat Rousseau später mit der simplifizierenden Zusammenfassung »Sein großes Prinzip ist, daß die Natur den Menschen glücklich und gut macht, aber daß die Gesellschaft ihn verdirbt und elend macht« (*Dialoge*, III) wieder aufgegeben und damit der irreführenden Interpretation seiner Lehre selbst Vorschub geleistet.

249 *die deshalb auch Wilde geblieben sind* – Voltaires Kommentar: »Die von den unmenschlichen Spaniern unterworfenen Mexikaner und Peruaner waren hochzivilisiert. Mexiko war ebenso schön wie Amsterdam.«

250 *am fruchtbarsten an Getreide ist* – »falsch«, notierte Voltaire.

251 *daß das Eigentum aus ... der Arbeit hervorgegangen ist* – Rousseau schließt sich Lockes Auffassung an (vgl. Anm. zu S. 241).

252 *Demeter* – griechische Göttin der Fruchtbarkeit und des Ackerbaus.
Grotius – De iure belli ac pacis, II, 2.

253 *Konkurrenz und Rivalität auf der einen, Widerstreit der Interessen auf der anderen Seite* – Die Hauptthesen der *Abhandlung über die Wissenschaften und die Künste* sind damit rekapituliert, der Ursprung der kritisierten moralischen Phänomene ist jetzt mit dem Aufkommen des Eigentums verknüpft.

254 *Attonitus novitate mali ...* – (lat.) Starr vor Schreck ob des neuen Verderbs, so dürftig im Reichtum, möcht er den Schätzen entfliehen und haßt, was jüngst er begehret. (Ovid, *Metamorphosen*, XI, 127/128)

258 *Ich weiß, manche haben die Staaten auf andere Ursprünge ... zurückgeführt* – Hatte Rousseau zunächst »all die wissenschaftlichen Bücher ... beiseite« gelassen (vgl. S. 201), so analysiert er jetzt kritisch verschiedene Theorien über den Ursprung und die Grundlagen des Staates.
das Eroberungsrecht – Rousseau schließt sich weitgehend den Ideen an, die Locke im 16. Kapitel *Über Eroberungen* seiner *Abhandlung über den Staat* entwickelt hatte.

260 *sagte Plinius* – im *Panegyricus*, LV, 7 (vgl. Anm. zu S. 90). Der gesamte Passus ist gegen Hobbes' Lehre vom Unterwerfungsvertrag gerichtet.
miserrimam servitutem ... – (lat.) Die elendeste Knechtschaft nennen sie Frieden. (Tacitus, *Historien*, IV, 17)

261 *Was nun die väterliche Gewalt betrifft, aus der mehrere ... hergeleitet haben* – Zu ihnen gehörte der Engländer Robert Filmer, dessen *Patriarcha* 1680 erschienen war. Gegen Filmer hatten Stellung genommen Locke in den *Two Treatises of Government* (1690) und Algernon Sidney in den *Discourses concerning Government* (1698). Ausführlicher hat sich Rousseau mit dem hier angeschlagenen Thema in dem *Enzyklopädie*-Artikel *Politische Ökonomie* beschäftigt.

262 *Man sage also nicht ...* – Zitat aus dem *Traité des droits de la reine très chrétienne sur divers Etats de la monarchie d'Espagne*, verfaßt von A. Bilain und dem Abbé de Bourzéis; ein Zitat, das die Kluft zwischen Theorie und Praxis des Absolutismus evident macht.
Barbeyrac – Der Jurist Jean Barbeyrac (1674–1744) hatte Werke von Grotius und Pufendorf ins Französische übersetzt.

263 *Pufendorf sagt* – in *De iure naturae et gentium*, VII, 3, § 4.
zum Werkzeug von Verbrechen machen lassen – Voltaire annotiert: »Sehr schön.«

264 *eine Arbeit, die noch zu tun bleibt* – Damit wird auf den *Contrat social* als eine klar profilierte Projektidee verwiesen und werden die folgenden Ausführungen zum Herrschaftsvertrag als provisorisch bezeichnet. Während

Rousseau die Errichtung des Staates hier noch als »echten Vertrag« ansieht, wird er im *Gesellschaftsvertrag* das XVI. Kapitel des Dritten Buches überschreiben: »Daß die Einsetzung der Regierung kein Vertrag ist«.

266 *auf der anderen Glück und Tugend* – »Larifari«, kommentiert Voltaire.
Seigneur – von lateinisch »senior«, der Ältere.

269 *dieses allgemeine Verlangen nach Ansehen, Ehre und Auszeichnungen* – Voltaires Kommentar dazu: »Affe des Diogenes, wie du dich selbst verurteilst!«

270 *Pectore si fratris ...* – (lat.) Verlangst du von mir, das Schwert in die Brust des Bruders, die Kehle des Vaters oder in die Leibesfrucht der Gemahlin zu stoßen, so werde ich, mit der widerstrebenden Rechten, dennoch dies alles tun. (Lucan, *Pharsalia*, I, 376–378)
die Macht ... die sie alle niederhält – Voltaires Kommentar am Rande: »Wenn die königliche Macht alle Faktionen unterdrückt und niederhält, machst du dem Königtum, gegen das du zu Felde ziehst, das höchste Lob.«

271 *cui ex honesto ...* – (lat.) der vom Ehrenhaften nichts zu hoffen hat.
Hier ist die letzte Stufe der Ungleichheit – In diesen Sätzen hat Engels in seiner Analyse des Entwicklungsprozesses dialektischen Denkens ein klassisches Beispiel einer »Negation der Negation« vor Hegel gesehen: »Und so schlägt die Ungleichheit wieder um in Gleichheit, aber nicht in die alte naturwüchsige Gleichheit der sprachlosen Urmenschen, sondern in die höhere des Gesellschaftsvertrags. Die Unterdrücker werden unterdrückt. Es ist Negation der Negation.« (MEW, Band 20, S. 130)

272 *Diogenes* – In einer der Anekdoten über den Begründer der kynischen Schule heißt es, er habe am Tage Licht angezündet und gesagt: »Ich suche einen Menschen.«

273 *der gesellschaftliche Mensch, stets außerhalb seiner selbst* – Was Rousseau hier sehr präzise beschreibt, indem er Gedanken der *Abhandlung über die Wissenschaften und die Künste* wieder aufnimmt, bezeichnen die Philosophen mit dem Begriff »Entfremdung«, der wesentlich die Rückwirkungen der menschlichen Tätigkeit auf den Menschen reflektiert.

275 *Herodot berichtet* – in *Historiae*, III, 80–83.

276 *»Hist. Nat.«* – Zitat aus dem Band *Über die Natur des Menschen* von Buffons *Histoire naturelle*. Rousseau betrachtete Buffon als anthropologische Autorität.

277 *wie Herr Condillac sagt* – im *Essai sur l'origine des connaissances humaines* (1746), I, IV, § 23.
Der kleine Wilde ... von Hannover – Gemeint ist der »wilde Peter«, der 1724 bei Hameln gefunden, 1726 nach London gebracht wurde und in England eine lebhafte Debatte auslöste.
bevor man sie als gegeben annimmt – Rousseau will von einer Evolutionstheorie offenkundig nichts wissen. Als »Vierbeiner« war der Mensch schon 1746 von dem schwedischen Naturforscher Linné definiert worden.

279 *Buffon* – *Histoire naturelle*, Band 1, Art. 7, S. 354–355.

280 *Dikaiarchos* – ein Schüler des Aristoteles, Autor der ersten Kulturgeschichte Griechenlands.

280 *Adv. Jovinian.* – In der Schrift *Adversus Jovinianum*, II, 13, verteidigte der Kirchenvater Hieronymus das Ideal eines asketischen Lebens.

281 *schreibt Kolben* – Peter Kolbe oder Kolben, *Caput Bonae spei hodiernum*, zuerst 1713 in Nürnberg erschienen, in gekürzter Form von Prévost in die *Histoire générale des voyages*, Band 5, aufgenommen.

282 *Pater du Tertre* – Jacques Du Tertre lebte von 1640 bis 1656 als Missionar auf den Antillen; seine *Histoire générale des Antilles* erschien 1667 bis 1671.

283 *Gautier* – Jacques Gautier d'Agoty, dessen *Observations* seit 1752 erschienen.

schreibt Buffon – in der *Histoire naturelle*, Band 8, S. 249f.

284 *Ein berühmter Autor* – Gemeint ist Maupertuis, der Präsident der Preußischen Akademie, in dessen *Essai de philosophie morale* (1751) das zweite Kapitel überschrieben war: »Daß im gewöhnlichen Leben die Summe der schlechten Seiten die der guten übersteigt.«

285 *Gleichwohl ist der Mensch von Natur aus gut* – Damit wird ein Gedanke aufgegriffen, den Rousseau schon in der *Letzten Antwort* formuliert hatte.

286 *Der große … Brand von London* – im Jahre 1666.

Montaigne – *Essays*, I, 22; die Anekdote stammt aus Senecas *De beneficiis.*

287 *Gift der Gefäße* – Im Juni 1753 hatte der *Mercure* einen Brief Rousseaus *Über den gefährlichen Gebrauch von Kupfergeschirren* veröffentlicht. Rousseaus Sorgen waren unbegründet, und eine Koryphäe der Chemie an der Berliner Akademie, Eller, antwortete mit einer Widerlegung: *Recherches sur l'usage prétendu dangereux de la vaisselle de cuivre dans nos cuisines.*

288 *was ich an anderer Stelle über den Krieg gesagt habe* – Vgl. S. 257f.

jene brutalen und verkommenen Neigungen – Voltaires Kommentar dazu: »Man hat dieses schändliche Verhalten in Amerika vorgefunden; und in den jüdischen Büchern, die man uns lesen läßt, gibt es da ein barbarischeres Volk als die Sodomiten!«

die Aussetzung … so vieler Kinder – Nur wenige Leser wußten 1755, daß Rousseau hier in eigener Sache sprach. Wie er in einem Brief an Madame Francueil 1751 gestand, brachte er seine eigenen Kinder als »Opfer des Elends ihrer Eltern« ins Findelhaus. Daß er damit auch nach seiner moralischen »Reform« fortfuhr, hat ihm, nachdem sein Verhalten durch die Veröffentlichung der *Bekenntnisse* allgemein bekannt wurde, die schärfste Kritik eingebracht. Da aus Statistiken bekannt war, daß von elf ins Pariser Findelhaus gebrachten Kindern nur eins am Leben blieb, war die Folgerung naheliegend: »Diese fünf Schwangerschaften sind es auch eigentlich, die Rousseaus Verbrechen wirklich abscheulich machen … denn das Verbrechen ist kein geringeres als wahrer Kindesmord.« (Mauvillon, *Mann und Weib*, 1791, S. 214)

289 *an ihrer Wurzel bedroht* – Voltaire notierte am Rande: »Unglücklicher Jean-Jacques, dessen Wucherungen hinreichend bekannt sind, armer der Syphilis Entkommener, weißt du nicht, daß sie von den Wilden kommt.« Rousseaus Krankheit der Harnwege dürfte die Grundlage für diese Beschuldi-

gung gewesen sein, die Voltaire 1764, als Rousseau ihn bei den Genfer Behörden denunzierte, auch im Druck noch einmal aufnahm.

289 *Realgar* – alter Name für Arsen, das Rousseau hier gleichwohl auch aufführt.

die väterlichen Rechte – Rousseau wird in der *Nouvelle Héloïse* darauf als soziales Problem zurückkommen.

293 *Ktesias* – griechischer Arzt, der um 400 v. u. Z. 17 Jahre am persischen Hofe lebte und darüber in 23 Büchern berichtet hat.

294 *»Histoire des Voyages«* – Zitat aus Band 5, Paris 1748, S. 87–89.

Battel – Andrew Battel (ca. 1565–1640), ein englischer Reisender, der bei den Indianern in Brasilien, in Angola und im Kongo gelebt hatte. Seine Erlebnisse wurden von dem weiter hinten genannten Samuel Purchass 1614 im zweiten Teil der »Pilgrims« bekanntgemacht.

295 *Dapper* – der holländische Arzt und Geograph Olfert Dapper, dessen *Description de l'Afrique* 1668 erschien.

296 *Merolla* – Der Reisebericht des italienischen Missionars Geronimo M., *Breve e succinta relazione de viaggio nel regno del Congo*, war 1692 erschienen.

298 *gäbe es jedoch ein Mittel* – Gemeint ist die Kreuzung, durch deren nichtvermehrungsfähiges Resultat, Buffon zufolge, der Nachweis der Zugehörigkeit der Eltern zu verschiedenen Arten erbracht wäre.

300 *sozusagen das Allgemeinwissen der Weisen* – Auf das hier skizzierte Programm anthropologischer Forschung bezieht sich C. Lévi-Strauss mit seinem Beitrag *J.-J. Rousseau fondateur des sciences humaines* in: *J. J. Rousseau*, Neuchâtel 1962, S. 239–248.

301 *La Condamine und Maupertuis* – La Condamine (1701–1774) hatte 1736 in Auftrag der Pariser Akademie der Wissenschaften an einer Äquatorexpedition teilgenommen, um die Figur der Erde genau zu vermessen, während Maupertuis im gleichen Jahr und zum gleichen Zweck die Expedition nach Lappland leitete. Die von Newton berechnete Abplattung der Erde an den Polen war bestätigt worden.

Chardin – Aus Jean Chardins *Voyage en Perse et aux Indes Orientales* (1711) hatte Rousseau als Sekretär Madame Dupins Auszüge machen müssen.

von den Jesuiten gut erforscht – Die Berichte der Missionare wurden in der Reihe *Lettres édifiantes et curieuses* seit 1702 veröffentlicht.

Kaempfer – Engelbrecht Kaempfer, ein deutscher Arzt, der von 1690 bis 1692 Japan bereiste. Sein Bericht *Amoenitatum exoticarum politico-physico-medicarum fasciculi V* erschien 1712 und wurde in der *Histoire générale des voyages* übersetzt.

Duclos – Charles-Pinot Duclos, ein Romancier und Historiker, seit 1755 Präsident der Académie française, ein Vertreter der Aufklärungsfraktion. Er stand bis zu seinem Tod 1772 mit Rousseau in freundschaftlicher Verbindung. Duclos ist der einzige Mensch, dem Rousseau ein Werk gewidmet hat, seine Oper *Der Dorfwahrsager*.

302 *»Weil der Zweck ...«* – Zitat der Paragraphen 79/80.

306 *beweist keineswegs, daß diese Bindung* – Voltaire notiert am Rande: »Das ist alles abscheulich und heißt die Natur sehr schlecht kennen«; er interpretierte also als Verhaltensvorschrift, was als Reflexion historischer Anthropologie gemeint war.

308 *»Nec quidquam ...«* – (lat.) Und nichts würde dem Glück des Menschengeschlechts abgehen, wenn die verhängnisvolle Verwirrung so vieler Sprachen beseitigt wäre, die Menschen eine einzige Kunst verständen, durch Zeichen, Bewegungen und Gesten alles auszudrücken. Jetzt aber ist es so, daß die Tiere, die gemeinhin für dumm gehalten werden, in einer weit besseren Lage sind als wir, da sie ihre Empfindungen und Gedanken ohne Dolmetscher schneller und vielleicht glücklicher ausdrücken, als es die Menschen können, vor allem wenn sie sich einer fremden Sprache bedienen. (Isaac Vossius, *De poematum cantu et viribus rhythmi*, Oxford 1673)
Indem Platon zeigt – *Der Staat*, 552 cde.

309 *Man darf Selbstsucht und Eigenliebe nicht verwechseln* – Die Unterscheidung zwischen »amour propre« und »amour de soi-même« war bei dem protestantischen Prediger J. Abbadie 1692, bei der Spiritualistin Marie Huber 1738 und bei dem Moralisten Vauvenargues 1749 ausgearbeitet worden; für Rousseaus Menschenbild ist es ein zentrales Begriffspaar und besonders für den *Emile* und die *Dialogues* wichtig.

312 *von den Eskimos* – Die hier berichteten Geschichten finden sich in der *Relation de Groenland* (1645) des Isaac de La Peyrère.
»Alle Bemühungen der holländischen Missionare ...« – Rousseau zitiert Kolbes *Description du Cap de Bonne-Espérance* nach der Fassung der *Histoire générale des voyages*, wie er angibt. Das Titelbild der Erstausgabe der *Abhandlung über die Ungleichheit* hatte diese Anekdote illustriert.

313 *Marschall von V.* – Gemeint ist der Herzog von Villars (1653–1734), Marschall von Frankreich.

314 *ein Passus von Isokrates* – Paragraph 21 der Rede *Areopagitikos* des berühmten attischen Redners Isokrates (436–338 v.u.Z), den Cicero den »Vater der Beredsamkeit« nannte.

FRAGMENT EINES ENTWURFES

Der Entwurf erlaubt einen Einblick in Rousseaus »Werkstatt«, und dies in doppelter Hinsicht. Einmal zeigt er die Arbeitsweise des Schriftstellers, der beim offenbar raschen Niederschreiben von Ideen mit dem richtigen Ausdruck ringen muß: alle hervorgehobenen Wörter und Wendungen sind Korrekturen. Zum anderen könnte dieser sehr kritische Text über die Geburt der Religionen, den Rousseau dann nicht in die *Abhandlung* aufnimmt, durchaus von Diderot inspiriert sein. Da Rousseau in den *Confessions* Beiträge Diderots zur *Abhandlung* erwähnt, hat diese Deutung des Fragments, wie sie R. S. Leigh in dem Artikel *Manuscrits disparus de Rousseau* vorschlug, mancherlei für sich. Ausschlaggebend für die Entscheidung, das Problem der politischen Rolle der Religion nicht zu behandeln, dürfte die Absicht Rousseaus gewesen sein, mit der *Abhandlung* das

Genfer Bürgerrecht zurückzugewinnen. Die Religion als Priesterbetrug zu deuten und vor dem Genfer Oberkonsistorium zugleich ein christliches Glaubensbekenntnis abzulegen waren zwei schlecht miteinander vereinbare Zielstellungen.

ANTWORT AN VOLTAIRE

Rousseau hatte ein Exemplar der *Abhandlung über die Ungleichheit* an Voltaire geschickt. Die Antwort Voltaires vom 30. August 1755, die durch Indiskretion eines Rousseau-Freundes rasch bekannt wurde, funkelte von Witz und mußte Rousseau verletzen: »Ich habe Ihr neues Buch gegen das Menschengeschlecht erhalten«, begann Voltaire, um alsbald fortzufahren: »Niemals ist so viel Geist aufgewandt worden, uns zu Tieren zu machen. Man bekommt Lust, auf allen vieren zu laufen, wenn man Ihr Buch liest. Da ich diese Gewohnheit jedoch seit über sechzig Jahren verloren habe, merke ich, daß es mir leider unmöglich ist, sie wiederaufzunehmen. Und so überlasse ich diese natürliche Art der Fortbewegung denjenigen, die ihrer würdiger sind als Sie und ich.«

Rousseau zwang sich in seiner *Antwort* in die Haltung des stoischen Weisen, der durch nichts aus seiner heiteren Ruhe zu bringen ist. J. Starobinski urteilt zu Recht: »Die Höflichkeit Rousseaus in dieser ganzen Sache grenzt an Masochismus: beleidigt, aber würdevoll versagt er sich jede aggressive Replik.« Der Brief Voltaires, von dessen Randbemerkungen zu Rousseaus *Abhandlung* wir einen beträchtlichen Teil wiedergegeben haben, erschien im Oktober im *Mercure*, Rousseaus *Antwort* im November.

319 *Verschönern Sie den Zufluchtsort* – Im Februar 1755 hatte Voltaire sich vor den Toren Genfs in Schloß Délices niedergelassen.

321 *der weise Memnon* – Anspielung auf Voltaires 1749 erschienene Erzählung *Memnon*.
sagt Montaigne – *Essays*, I, 25.
so viele Dandins – Nach der Titelfigur von Molières Komödie *Georges Dandin* werden Personen so bezeichnet, die trotz eines bestimmten angeeigneten Wissens borniert geblieben sind.

322 *als Lotos … und Molys* – in der *Odyssee* gerühmte Nahrungsmittel.

BRIEF AN PHILOPOLIS

Unter dem Pseudonym »Philopolis«, »Freund der Stadt«, hatte der Genfer Physiologe Charles Bonnet (1720–1793) im Oktoberheft des *Mercure* eine Entgegnung auf Rousseaus *Abhandlung* veröffentlicht. Bonnet, dem zahlreiche physiologische Experimente hohes Ansehen verschafft hatten, war von 1752 bis 1768 Mitglied des Großen Rates und gehörte nach dem Erscheinen des *Emile* und des *Contrat social* zu den Gegnern Rousseaus. In einer Notiz von 1783 hat Bonnet erklärt, das Pseudonym gewählt zu haben, um Rousseau größere Freiheit bei der Beantwortung zu ermöglichen.

Rousseaus Antwort erschien erstmals in der Genfer Werkausgabe von 1782. Das Motiv für diesen Aufschub hat Rousseau in einem Brief an den *Mercure* vom Januar 1756 benannt: er bedauerte inzwischen die Zeit, die er für die Beantwortung der Kritiken seiner ersten Preisschrift verloren hatte, und wollte sich nicht erneut auf eine langwierige öffentliche Debatte einlassen.

326 *Leibniz* – Gemeint sind die *Essais de Théodicée sur la bonté de Dieu, la liberté de l'homme et l'origine du mal*, die Leibniz 1710 veröffentlicht hatte.
Pope – In seiner Epistel *Essay on Man* hatte Pope 1733 für das Problem des Übels in der Welt die Leibnizsche Antwort aufgegriffen: »Whatever is, is right.« (I, 294)

329 *Wenn die Natur uns dazu bestimmt hat, heilig zu sein* – Rousseau kritisiert Bonnet zu Unrecht: Dem *Mercure* war ein Druckfehler unterlaufen, und statt »sains« (gesund) war »saints« gesetzt worden.

330 *wie Séide … oder Thyest* – Figuren aus Voltaires *Mahomet* (1741) und Crébillons *Atrée et Thyeste* (1707).

ANTWORT AN EINEN NATURFORSCHER

Adressat dieser Antwort ist Georges Le Roy, ein Freund von Helvétius, Buffon und Diderot, der für die *Enzyklopädie* Artikel über die Jagd und zur Naturtheorie schrieb. Die Bemerkungen Le Roys waren Rousseau durch Condillac am 7. September 1756 übermittelt worden. Rousseau notierte seine Antwort gleich am Rande von Le Roys Text.

331 *aus der Welt selbst zu gewinnen trachte* – Le Roy hatte gegen die Anmerkung 4 vorgebracht: »Wäre der Mensch pflanzenfressend und umherschweifend, würde er während fünf oder sechs Monaten des Jahres Hungers sterben.«
Tatsache, daß die Arten Bestand haben – Am Ausgang des 20. Jahrhunderts ist diese Tatsache fragwürdig geworden und damit auch der »Beweis, daß alles gut geregelt ist«.
in der Wahl und in der Anwendung der Regeln – Gegen die Anmerkung 8 hatte Le Roy geltend gemacht, Hasen, Kaninchen und andere pflanzenfressende Tiere brächten 7 bis 8 Junge zur Welt, Fleischfresser wie das Wiesel aber nicht mehr, so daß »die Leichtigkeit zu leben« kein zwingendes Argument abgebe.

ÜBER DIE POLITISCHE ÖKONOMIE

Rousseaus Artikel *Economie (morale et politique)* erschien zum erstenmal in Band 5 der *Enzyklopädie*, im November 1755. Über die Entstehung liegen keine zeitgenössischen Quellen vor. So bleibt ungeklärt, ob die Anregung dazu von Diderot oder von Rousseau selbst ausging; in den Jahren 1754/55 waren die Beziehungen zwischen beiden noch ungetrübt. Diderots erster politischer Text, der Artikel *autorité politique*, unterschied sich kaum von der herkömmlichen Auffassung der Macht und fand wegen seines kompromißlerischen Charakters auch Kritik bei seinen Freunden; Rousseau hingegen hatte sich längst zu einem eigenständigen politischen Denker entwickelt. Es spricht viel dafür, daß der Artikel nicht als Auftragswerk entstanden ist.

Die Bedeutung dieses Artikels über politische Ökonomie liegt darin, daß er einige der wichtigsten Gedanken des *Contrat social* in erster Fassung enthält. Die Theorie des Gemeinwillens und des Volkes als Träger der Souveränität ist klar herausgearbeitet. Auf der anderen Seite sind aber auch Unterschiede zwischen beiden Arbeiten zu erkennen: Lockes Staatstheorie wird noch eine hohe Bedeutung beigemessen, und der Begriff des »Gesellschaftsvertrags« spielt nur eine beiläufige Rolle. Die theoretischen Differenzen zu Diderot sind unverkennbar. Während dieser im Artikel *droit naturel* noch von jenen erhabenen Sterblichen sprach, »deren partikularer Wille die Autorität und die Unfehlbarkeit des Gemeinwillens vereint«, ist für Rousseau nur jene Regierung »legitim«, in der sich Gemeinwille nicht mehr in einem partikularen Individuum, dem absoluten Monarchen, verkörpert, sondern im »politischen Körper« als solchem aufgeht.

335 *allgemeine oder politische Ökonomie* – Wie aus der Terminologie hervorgeht, schrieb Rousseau den Artikel, bevor es eine Wissenschaft der politischen Ökonomie im modernen Sinne gab. Als Geburtsstunde der physiokratischen Bewegung und damit der modernen Ökonomie gilt die Begegnung zwischen Quesnay und Mirabeau dem Älteren im Jahre 1757.

336 *den einzelnen Frieden und Wohlstand zu erhalten* – Sehr viel deutlicher und polemischer lautet die korrespondierende Passage der Erstfassung des *Contrat social*: »Der Reichtum des Fürsten, weit entfernt, dem Wohl der einzelnen irgend etwas hinzuzufügen, kostet sie fast immer Frieden und Wohlstand.«

muß der Vater in der Familie bestimmen – Anders als Voltaire, der die sozialen Werte der von Frauen beherrschten Pariser Salonkultur vertrat, verteidigt Rousseau einen dezidiert patriarchalischen Standpunkt. In der *Abhandlung über die Ungleichheit* wie später im *Gesellschaftsvertrag* hat Rousseau die weniger traditionalistische Position bezogen, daß der Sohn, sobald er unabhängig wurde, dem Vater vollkommen gleichgestellt sei und diesem zwar Achtung schulde, »nicht aber Gehorsam, denn Dankbarkeit ist zwar eine Pflicht, die man erfüllen, jedoch kein Recht, das man fordern kann« (S. 261). Die Passage deutet auf eine Abfassung des *Enzyklopädie*-Artikels vor der Redaktion der *Abhandlung über die Ungleichheit* hin.

338 *zwei berühmte Männer* – Gemeint sind Locke und Sidney, wie die *Abhandlung über die Ungleichheit* zeigt (S. 261).

im ersten Buch seiner »Politik« – Kap. 1, § 2, 1252a.

339 *die Maschine in Bewegung setzen* – Das Wort bezeichnete damals im Französischen, wie im Deutschen, noch ganz allgemein ein komplexes Werkzeug oder System. »Jede Maschine«, definiert Diderot in dem *Enzyklopädie*-Artikel *Beau* (schön), »setzt Kombination, Anordnung der Teile auf ein und das-

selbe Ziel ... voraus.« Erst nach der Erfindung der Maschine im modernen Sinn im letzten Drittel des 18. Jahrhunderts trat die Bedeutungsverengung ein.

339 *dieser Gemeinwille* – Hier erscheint zum erstenmal in Rousseaus Werk der zentrale Begriff der »volonté générale«.

Vgl. unter dem Wort RECHT – Hinweis auf Diderots Artikel *droit naturel*, der im gleichen Band der *Enzyklopädie* erschien und in dem der Begriff »Gemeinwille« ebenfalls vorkommt.

342 *in den Satiren des Machiavelli* – Gemeint ist *Il principe* (1532).

die erste und wichtigste Maxime – Nachdem in der Einleitung die Grundbegriffe vorgestellt sind, beginnt jetzt der eigentliche Traktat, den Rousseau nach einer später nicht mehr aufgenommenen Bemerkung in drei Teile gliederte: »Wenn ich feststellen will, worin die öffentliche Ökonomie besteht, werde ich feststellen, daß ihre Funktionen sich auf drei wesentliche zurückführen lassen: die Gesetze zu geben, die zivile Freiheit aufrechtzuerhalten und für die Bedürfnisse des Staates Sorge zu tragen.«

343 *die Güter, das Leben und die Freiheit ... aller zu sichern* – Wie bei Locke wird der Zweck des Staates im Schutz des Eigentums gesehen: die Menschen vereinigen sich »zum gegenseitigen Schutz ihres Lebens, ihrer Freiheit und ihres Vermögens, was ich mit dem allgemeinen Begriff ›Eigentum‹ bezeichne«. (Locke, *Abhandlung über den Staat*, Kap. 9, § 123)

Diese Wunder sind das Werk des Gesetzes – Vorbereitet durch eine Massierung schwieriger Fragen und durch feierliche Wortwahl, beginnt mit dieser schlichten Antwort das hymnische Preislied auf das Gesetz, das als Ausdruck des Gemeinwillens den Menschen erst den wahren Gesellschaftszustand verschafft.

344 *ist es grundsätzlich nicht möglich, sich über das Gesetz zu stellen* – Die Staatsform des Absolutismus ist damit negiert.

Platon – Gesetze, IV, 719e ss.

345 *Da die erste Pflicht des Gesetzgebers* – Ein weiteres wichtiges Element der Rousseauschen politischen Theorie, die Funktion des Gesetzgebers, der die Grundordnung oder Verfassung fixiert, wird hier eingeführt. Im *Contrat social* wird der Rolle des Gesetzgebers ein ganzes Kapitel (II,7) gewidmet.

347 *daß die Völker ... das sind, wozu die Regierung sie macht* – Diese historisch wohl unvermeidbare Überbewertung der Politik hat Rousseau auch im Achten Buch der *Bekenntnisse* zum Ausdruck gebracht: »Ich hatte bemerkt, daß alles von Grund auf mit der Politik verknüpft war und daß jedes Volk, wie immer man sich stellte, stets nur das sein würde, was die Natur seiner Regierung es werden ließ.«

laßt ... die Tugend herrschen – Als »Übereinstimmung zwischen Partikular- und Gemeinwillen« definiert, erhält das Wort Tugend eine Bedeutung, die es im gewöhnlichen Sprachgebrauch nicht hat.

350 *die Vaterlandsliebe ist das wirksamste* – Was Rousseau unter »Vaterland« verstand, hat er am klarsten in einem Brief vom 1. März 1764 an den Oberst Pictet zum Ausdruck gebracht: »Es sind weder die Mauern noch die Men-

schen, die das Vaterland bilden: es sind die Gesetze, die Sitten, die Bräuche, die Regierung, die Verfassung und die Art zu sein, die aus all dem resultiert. Das Vaterland lebt in den Beziehungen des Staates zu seinen Gliedern; wenn diese Beziehungen sich verändern oder verschwinden, vergeht das Vaterland.«

351 *zwischen Cäsar und Pompejus erscheint Cato als ein Gott* — Pompejus, der erfolgreiche römische Feldherr, schloß im Jahr 60 v. u. Z. mit Cäsar und Crassus das 1. Triumvirat. Cato Uticensis, der Urenkel des älteren Cato, tötete sich nach dem Untergang der Republik in Utica 46.

353 *Lex Porcia* — Nach dem vom Volkstribunen P. P. Läca 199 v. u. Z. erlassenen Gesetz durfte kein Römer zur Strafe gepeitscht oder geköpft werden; in der frühen Kaiserzeit und massiver noch in der Spätantike wurden immer häufiger die Todesstrafe verhängt und andere schreckliche Sühnemaßnahmen ersonnen.

354 *Das größte Übel ist schon gesehen* — Bemerkenswert ist die Leidenschaftlichkeit, mit der Rousseau in diesem doch der Zensur unterworfenen *Enzyklopädie*-Artikel das Thema der *Abhandlung über die Ungleichheit* aufgreift und auf die politischen Konsequenzen hin betrachtet.

355 *der ... notwendig gewordene Steuerpächter* — Im Ancien régime garantierten 40 Generalsteuerpächter der chronisch verschuldeten Krone eine jährliche Einnahme von 80 Millionen. Sie hatten dafür das Recht, alle indirekten Steuern einzutreiben, wobei sie sich skandalös bereicherten.

Pistolen — ehemalige Goldmünzen.

Staatsbürger heranzubilden — Ein weiteres Schlüsselwort der politischen Theorie Rousseaus ist damit eingeführt und in seiner neuen Bedeutung kenntlich gemacht. Das Wort »citoyen« existierte seit Jahrhunderten im Französischen; erst durch Rousseau wird es mit politischem Gehalt aufgeladen.

357 *Die öffentliche Erziehung* — Das Plädoyer für ein vom Staat getragenes Schulsystem kritisiert stillschweigend das bestehende Erziehungswesen, das völlig in den Händen der katholischen Kirche und ihrer Orden lag.

359 *Gewiß ist das Eigentumsrecht das heiligste aller Rechte* — Auch wenn mit dem Eigentum für Rousseau der Sündenfall des Menschengeschlechts verbunden war — sobald der Gesellschaftszustand einmal hergestellt ist, kann es nur in Schranken gehalten, aber nicht mehr aufgehoben werden. In diesem Sinne definiert er das Eigentum als »das eigentliche Fundament der Gesellschaft«.

360 *Pufendorf — De iure naturae et gentium*, IV, 10, § 4.

362 *der Gründer einer Republik* — Vor dem Hintergrund der Antike, in der Griechen und Römer ihr Herrschaftsgebiet durch ein Netz von Kolonien ausdehnten, wird die Figur des »Gründers« bzw. »Gesetzgebers« verständlicher.

Bodin — Jean Bodin begründete in seinem Werk *Les six livres de la République* (1576) für Frankreich die Theorie der absoluten Monarchie auf politischem und ökonomischem Gebiet; Rousseau bezieht sich hier auf das Kapitel *Über Finanzen* (VI, 11).

362 *wenige Galbas* – Servius Sulpicius Galba wurde 68 zum Nachfolger Neros ausgerufen und 69 ermordet.

364 *Da sie die Herren über den ganzen Handel im Staate sind* – Im Unterschied zu den Physiokraten, die nachdrücklich für die Freiheit des Getreidehandels eintraten, verteidigt Rousseau die staatliche Reglementierung des Handels, um einer weiteren Konzentration des Reichtums vorzubeugen.

alit et ditat – (lat.) es ernährt und bereichert.

365 *die Politik, die Joseph gegenüber den Ägyptern betrieb* – Als oberster Staatsbeamter ließ der Sohn des Erzvaters Jakob Jahre hindurch »den Fünften« (vgl. 1. Mose 41, 35) in die königlichen Kornhäuser sammeln, um Vorräte für Dürreperioden anzulegen.

daß niemand so unterjocht und elend ist wie die Völker der Eroberer – Die Erfahrung der Regierungsperiode Ludwigs XIV., der zwischen 1667 und 1714 fast ununterbrochen Kriege geführt und das Land in das größte Elend gestürzt hatte, bestätigte diese Maxime.

366 *Marius war der erste* – Im Krieg gegen Jugurtha (111–105 v. u. Z.) reorganisierte Marius als Konsul das römische Heer und schuf ein Berufsheer, in das auch all jene aufgenommen wurden, die sich nicht selbst mit Waffen ausrüsten konnten und für 16 Jahre Dienst verpflichtet wurden.

367 *das wahre ökonomische System* – Den Begriff »système économique« wird Rousseau auch im Verfassungsentwurf für Korsika und als Titel für das XI. Kapitel der *Betrachtungen über die Regierung Polens* verwenden.

368 *Im Buch vom »Geist der Gesetze« steht* – Buch 13, Kap. 14; Rousseau modifiziert freilich Montesquieus Gedanken erheblich: während bei diesem von »Steuern auf Waren« die Rede ist, die als indirekte Steuern weniger ins Auge fallen, spricht Rousseau von »Realsteuer«, die auch die Grundrente einbezieht.

capitation – In Frankreich 1695 eingeführt, wurde die Kopfsteuer nach Personen bzw. Haushalten erhoben; der Klerus kaufte sich frei durch die Zahlung einer Pauschale. Im Gegensatz zu Rousseau, der die Kopfsteuer als »die gerechte Steuer« ansieht, betrachtet Smith den Versuch, »Kopfsteuern dem Vermögen oder der Revenue jedes Steuerpflichtigen anzupassen«, als »völlig willkürlich«. (*Eine Untersuchung über das Wesen und die Ursachen des Reichtums der Nationen* [1777], Band 3, Berlin 1984, S. 267.)

die Unterscheidung zwischen dem Notwendigen und dem Überflüssigen – Die Unterscheidung war im 18. Jahrhundert gebräuchlich, um den Luxus definieren zu können. Während Rousseau rigoros alles, was für den Lebensunterhalt nicht unbedingt erforderlich ist, als Luxus verurteilt und für die Relativität des Begriffs kein Verständnis aufbringt, ist Smith liberaler und faßt unter lebensnotwendig »alles, ohne das man der Landessitte entsprechend achtbare Leute sogar aus der untersten Schicht schicklicherweise nicht lassen kann«. In Großbritannien sind für Smith Bier und Wein »Luxusartikel«. (Ebenda, S. 270)

370 *Gesellschaftsvertrag der beiden Stände* – Es ist die Karikatur des wahren Gesellschaftsvertrages, die sich schon in der *Abhandlung über die Ungleichheit* findet (vgl. S. 254 f.). Marx zitiert den Passus in dem berühmten Kapitel

über »die sogenannte ursprüngliche Akkumulation des Kapitals« im ersten Band des *Kapitals* (MEW, Band 23, S. 774).

371 *die Realtaille* – Eine ausführliche Darstellung der »taille réelle« gibt Adam Smith (a. a. O., S. 250f.).

372 *Chardin sagt* – Vgl. Anm. zu S. 301.

377 *die Bodin »Schwindler« nennt* – in *Les six livres de la République*, VI, 11.

VOM GESELLSCHAFTSVERTRAG

»Dasjenige unter den verschiedenen Werken, die ich in Arbeit hatte, über das ich seit langem nachdachte, mit dem ich mich mit der größten Neigung beschäftigte und das meiner Auffassung nach meinen Ruf vollenden sollte, waren die *Politischen Institutionen.*« So charakterisiert Rousseau aus der Rückschau der *Bekenntnisse* die Entstehung seines politischen Hauptwerkes, mit dem er sich mit Sicherheit bereits während der Niederschrift der *Abhandlung über die Ungleichheit* beschäftigte. Denn »Untersuchungen über das Wesen des Grundvertrages« bezeichnet er in dieser Abhandlung ausdrücklich als »eine Arbeit, die noch zu tun bleibt«. Die Ausarbeitung verzögerte sich dann freilich. Zunächst forderte die Fertigstellung so umfangreicher Werke wie der *Nouvelle Héloïse* und des *Emile* seine ganze Kraft. Dann stellte er fest, daß sein geplantes Buch »noch mehrere Jahre Arbeit« beanspruchen würde, und änderte 1758/59 die Konzeption, indem er Teilstücke ausgliederte und als *Contrat social* vollendete.

In einer ersten Fassung des Werkes, die teilweise erhalten blieb und 1882 zum erstenmal als »Manuscrit de Genève« bekannt wurde, ist die Arbeit des Ausgliederns noch erkennbar. Den auffälligsten Unterschied zu den korrespondierenden Partien der definitiven Fassung bildet das Kapitel *De la société générale du genre humain* (I, 2), in welchem Rousseau den Geselligkeitsinstinkt des Menschen im Naturzustand negiert und mit einer Kritik an Diderots *Enzyklopädie*-Artikel *Naturrecht* verbindet: es ist in der Endfassung überhaupt nicht mehr enthalten. Gegenüber der ersten Fassung hat Rousseau in der definitiven außerdem die behandelten Thesen logischer geordnet und dem Ganzen eine völlig veränderte Bearbeitung des Kapitels über die Bürgerreligion beigegeben. Die erste, von Marc-Michel Rey in Amsterdam besorgte Ausgabe des *Contrat social* erschien im April 1762. Eine zweite authentische erschien erst postum in den *Œuvres complètes*, Genève 1782. Sie enthält nur eine geringe Anzahl von Textveränderungen.

Verglichen mit Rousseaus anderen Werken war der *Gesellschaftsvertrag* sehr abstrakt. In dem Jahrzehnt zwischen 1762 und 1772 erschien nur ein Dutzend Ausgaben in französischer Sprache. In dem Zeitraum zwischen 1789 und 1799 waren es achtundzwanzig.

Die Zielsetzung des Werkes verdeutlicht der Nebentitel *Prinzipien des Staatsrechts.* Was Rousseau damit ausdrücken wollte, hat er in einer Bemerkung in der ersten Fassung präzise formuliert: »Ich zeige in diesem Werk nur einen Weg zur Bildung politischer Gesellschaften, auch wenn in der Vielzahl der Ansammlungen, die gegenwärtig unter diesem Namen bestehen, vielleicht nicht einmal zwei sind, die auf die gleiche Art gebildet wurden, und nicht eine, die es auf jene Art wurde, die ich aufstelle. Aber ich suche das Recht und die Vernunft, und ich streite nicht über Fakten.« Es handelt sich also um ein Handbuch politischen Rechts, geschrieben »für alle Zeiten«, wie Rousseau in einem Brief vom 7. Dezember an Rey betont. Sosehr dabei, wie gleich die ersten Seiten zeigen, an die Verhältnisse in Genf gedacht und damit die indirekte Kritik der Widmung der *Abhandlung über die Ungleichheit* in direkter Form wiederaufgenommen wird und sosehr der Text auch eine fundamentale Kritik am System des französischen Absolutismus enthält — ein Manifest, das zur Aktion aufrief, wollte Rousseau nicht schreiben. Er war kein Revolutionär, und die rationalistische, von wenigen Prinzipien ausgehende Methode, das Recht als solches zu entwickeln, kam ihm bei dieser Zielsetzung sehr entgegen. Als Traktat politischen Rechts beschreibt der *Contrat social* daher ein Ideal, aber er vermengt manchmal, wie Lecercle 1955 formulierte, »das Ideale und das Wirkliche und maskiert so ein wenig seinen revolutionären Gehalt um den Preis einiger logischer Unmöglichkeiten«.

Eine dieser Unmöglichkeiten ist der utopische Ort des Vertragsgedankens selbst. Dieser unterstellt, daß der Staat durch einen Willensakt aller Mitglieder einer Gesellschaft begründet wurde, um der Anarchie des Naturzustandes ein Ende zu machen. Er setzt damit den »gesellschaftlichen Geist« voraus, der Rousseau Theorie zufolge gerade Resultat der Gesetzgebung sein sollte. Rousseau überbrückt diese Schwierigkeit mit seiner Theorie des »Gesetzgebers«, einer reinen Inkarnation der Vernunft. Angesichts der Existenz einer Monarchie göttlichen Rechts, gegen die im 16. Jahrhundert die Theorie des gesellschaftlichen Vertrages entstanden war, haben für Rousseau die logischen Probleme offenbar eine untergeordnete Rolle gespielt. Schwerer wog, daß dem Vertragsbegriff die Idee immanent war, der Ursprung aller politischen Macht liege im Volk. Und wenn neuere Forschung auch ermittelt hat, daß wichtige Elemente der Theorie der Souveränität des Volkes schon 1603 bei dem deutschen Protestanten Johannes Althusius ausgebildet waren, so bleibt Rousseaus *Gesellschaftsvertrag* doch das Verdienst, die politischen Grundprinzipien der bürgerlichen Demokratie dem 18. Jahrhundert wieder ins Gedächtnis gerufen zu haben.

Weil Rousseau um die Gebrechlichkeit seines Idealstaates wußte und den Gemeinwillen durch Klasseninteressen permanent gefährdet sah, fügte er der Abhandlung das Kapitel *Von der Bürgerreligion* hinzu, das wie kein anderes zur Kritik herausgefordert hat. Waren die Christen durch das vernichtende Urteil über ihre Religion empört (»Ich kenne nichts, was dem gesellschaftlichen Geist mehr widerspricht«), so schockierte die Aufklärer Rousseaus Parteinahme für die Intoleranz. Im Widerspruch zur Grundlinie seiner Abhandlung, die individuelle Freiheit zu verteidigen, enthüllt sich Rousseau in diesem Kapitel als Anhänger von Hobbes, der dem Staat das Recht zuspricht, auch die Gewissen zu regieren.

Trotz des ahistorischen Charakters des Vertragsgedankens und der sich daraus ergebenden Probleme bleibt der *Contrat social* ein »Höhepunkt der staatsrechtlichen Literatur« (Werner Krauss), unmittelbar uns ansprechend durch seine zutiefst demokratische Intention und unverzichtbar für politische Bildung durch seine klare Analyse der einzelnen Elemente der »Staatsmaschinerie«.

379 *foederis aequas* ... – (lat.) Laßt uns feierlich die gerechten Gesetze eines Vertrages verkünden. (Vergil, *Aeneis*, XI, 321)

381 *einem größeren Werk entnommen, das ich einst begonnen hatte* – Die Datierung der Arbeit an diesem »größeren Werk« ist durch die Bemerkung Rousseaus an Moultou vom 18. Januar 1762 möglich: »Ich muß Ihnen sagen, daß ich in Holland ein kleines Werk drucken lasse, das den Titel hat ›Vom Gesellschaftsvertrag oder Prinzipien des Staatsrechts‹. Es ist ein Auszug aus einem größeren Werk, ›Politische Institutionen‹ überschrieben, das ich vor zehn Jahren begonnen und aufgegeben habe, als ich die Schriftstellerlaufbahn verließ, ein Unternehmen übrigens, das gewiß über meine Kräfte ging.«

382 *Das Thema dieses ersten Buches* – »Die Gedrängtheit dieses ersten Kapitels schadet der Klarheit. Aufgabe des ersten Buches ist es, die legitime Grundlage der gesellschaftlichen Ordnung zu finden. Das ist nicht das Naturrecht (Kap. II). Das ist noch weniger die Gewalt (Kap. III und IV). Man muß daher auf eine Vereinbarung zurückgehen (Kap. V), die der Gesellschaftsvertrag bildet (Kap. VI), dessen Prinzipien in den Kapiteln VII bis IX entwickelt sind.« (Lecercle)

383 *nur durch Übereinkunft* – Damit wird der paternalistischen These, die Herrschaft des Königs über seine Untertanen entspreche ihrer Natur nach der Beziehung eines Vaters zu seinen Kindern, die Axt an die Wurzel gelegt: die Familie kann erst als »Modell der politischen Gesellschaft« dienen, sobald sie sich auf freie »Übereinkunft« selbständiger Individuen gründet.

384 *Grotius leugnet* – in *De iure belli ac pacis*, I, 3, § 8.
Aristoteles hatte ... behauptet – in *Politik*, I, 1.
d'Argenson – René-Louis Marquis d'Argenson, von 1744 bis 1747 französischer Außenminister, war 1754 beim Preisausschreiben der Akademie von Dijon einer der Konkurrenten Rousseaus. Sein von Rousseau nach einer der zirkulierenden Handschriften zitierter *Traité* wurde erst 1764 von dem Amsterdamer Verleger Rey unter dem Titel *Considérations sur le gouvernement ancien et présent de la France* gedruckt. In einer Vorbemerkung erklärt der Verleger: »Herr Rousseau, der in verschiedenen Fußnoten des ›Contrat social‹ davon spricht, scheint große Stücke darauf zu halten.«

385 *König Adam ... Kaiser Noah* – ironische Anspielung auf Robert Filmers Werk *Patriarcha, or the Natural Power of Kings* (1680), in dem die Ansicht vertreten wurde, die von Gott dem ersten Menschen verliehene Macht sei erblich auf die Fürsten gekommen.

386 *Alle Macht kommt von Gott* – Anspielung auf die berühmten Sätze im Brief des Paulus an die Römer, Kap. 13, Vers 1: »Jedermann sei untertan der Obrigkeit, die Gewalt über ihn hat. Denn es ist keine Obrigkeit ohne von Gott; wo aber Obrigkeit ist, die ist von Gott verordnet.«
Von der Sklaverei – Eines der wichtigsten Kapitel des Werkes, das das Kapitel I des Zweiten Buches, *Die Souveränität ist unveräußerlich*, unmittelbar vorbereitet. Rousseau widerlegt zunächst die Theorie vom Unterwerfungsvertrag, dann die These, die Sklaverei sei aus dem Recht des Eroberers ab-

zuleiten. Das Wort »Sklaverei« wird im weiten Sinne verwendet, das »Historische der Sklaverei«, wie Rousseau ursprünglich vorhatte, wird nicht berücksichtigt.

Man wird einwenden – Für Hobbes war die Sicherung vor inneren Unruhen die vornehmste Aufgabe des Fürsten.

387 *Auf seine Freiheit verzichten* – Das Wesen der menschlichen Natur besteht für Rousseau im freien Willen. (Vgl. *Abhandlung über die Ungleichheit*, S. 263.)

388 *und jeder guten Politik zuwider* – Um sich auch sprachlich vom zeitgenössischen, durch Machiavellismus gefärbten Politikbegriff abzugrenzen, hat Rousseau aus dem griechischen »politeia« das Wort »politie« neu gebildet und in einem Brief an Rey vom 23. Dezember 1761 diesem eingeschärft: »Achten Sie darauf, daß man nicht ›politique‹ für ›politie‹ setzt an allen Stellen, wo ich das letztere Wort geschrieben habe.«

389 *Poetenansichten* – Grotius zitierte viele antike Dichter, allerdings nicht als Autoritäten, sondern – was Rousseau unterschlägt – um seine Gedanken zu schmücken und zu veranschaulichen.

391 *sollte man erst den Akt prüfen* – Angespielt wird auf die Theorie Pufendorfs vom doppelten Vertrag bei der Gesellschaftsbildung: dem der Assoziation und dem der Unterwerfung.

392 *die völlige Übereignung eines jeden Assoziierten mit allen seinen Rechten an die Gemeinschaft* – Auf diesen Satz beziehen sich diejenigen, die Rousseau als Theoretiker eines extremen Kollektivismus kritisieren, durch den das Individuum dem Staat geopfert würde. In Wahrheit ist der Satz gegen die exklusive Stellung des absoluten Monarchen gerichtet und muß im Zusammenhang mit dem Schlußabsatz von Kapitel IV des Zweiten Buches (S. 408) gelesen werden.

Jeder von uns unterstellt … – In dieser grundlegenden Aussage ist jedes Individuum unter zwei verschiedenen Aspekten betrachtet: als besondere Person und als Glied des Souveräns. Diese Doppeleigenschaft verleiht dem vergesellschafteten Individuum gegenüber dem natürlichen seine neue »Natur«.

man muß sie unterscheiden können – Die Definitionen Rousseaus geben vor allem den Begriffen »Staat« und »Souverän« einen neuen Inhalt: »Souverän« bezeichnet nicht eine Person, sondern, wie in Genf, die Gesamtheit des politischen Körpers, wenn er Gesetze beschließt. »Staat« bezeichnet nicht das Ganze der Institutionen, die auf dem Volk lasten, sondern das Volk, das den beschlossenen Gesetzen Gehorsam leistet.

daß es kein bindendes Grundgesetz für den Volkskörper … geben kann – Dies war der entscheidende Satz, der die Genfer Regierung zum Verbot des Werkes veranlaßte. Der Generalprokurator Tronchin formulierte in seinem Gutachten für den Kleinen Rat: »Die Verfassungsgesetze aller Regierungen erscheinen ihm jederzeit widerrufbar … so sieht er alle Staatsformen für provisorisch an, betrachtet sie als Versuche, die man jederzeit abändern kann.«

394 *Bodin* – *Les six livres de la République*, I, 6.

394 *D'Alembert* – Sein Artikel *Genève* war 1757 in Band 7 der *Enzyklopädie* erschienen.

395 *Folglich bedarf die souveräne Macht keines Garanten gegenüber den Untertanen* – Durch die Übertragung aus dem Stadtstaat in einen Staat von der Größe Frankreichs wird diese These unhaltbar; die Liberalen des 19. Jahrhunderts kritisierten von dieser veränderten Voraussetzung her mit Recht einen solchen Gedanken als Theorie des Staatsdespotismus.

schützt ihn vor jeder persönlichen Abhängigkeit – Schutz vor arbiträrer Abhängigkeit ist ein Hauptanliegen des *Contrat social*. Im Zweiten Buch des *Emile* hat Rousseau seine Auffassung erläutert: »Es gibt zwei Arten von Abhängigkeit: die von Sachen, welche aus der Natur hervorgeht, und die von Menschen, welche aus der Gesellschaft hervorgeht. Die Abhängigkeit von Sachen schadet der Freiheit nicht und verursacht keine Übel, da sie ohne Moralität ist: die Abhängigkeit von Menschen erzeugt sie alle, weil sie maßlos ist, und durch sie verderben sich der Herr und der Sklave gegenseitig. Gibt es überhaupt ein Mittel, diesem Übel in der Gesellschaft abzuhelfen, liegt es darin, das Gesetz an die Stelle des Menschen zu setzen und den Gemeinwillen mit einer Machtfülle auszustatten, die der Handlung eines jeden partikularen Willens überlegen ist.«

398 *Núñez Balboa* – spanischer Eroberer vom Anfang des 16. Jahrhunderts. Rousseaus Protest gegen die Kolonialeroberungen der Europäer ist unüberhörbar.

400 *Die Souveränität ist unveräußerlich* – R. Derathé bemerkt in der Pléiade-Edition, das korrespondierende Kapitel im »Manuscrit de Genève« (I, 4) sei der definitiven Fassung durch zwei wichtige, beim Druck weggelassene Passagen überlegen. Souveränität werde gleich am Anfang definiert: »Es gibt also im Staat eine gemeinsame Kraft, die ihn aufrechthält, einen Gemeinwillen, der diese Kraft lenkt, und die Anwendung des einen auf die andere ist es, die die Souveränität konstituiert.« Hier ist Souveränität der Gemeinwille, der den Gebrauch der öffentlichen Kraft lenkt; die Formel des *Contrat social*, Souveränität sei nichts als »die Ausübung des Gemeinwillens«, ist demgegenüber weniger genau. Ebenso fehlt in der Druckfassung der Beweis für die im ersten Satz aufgestellte Maxime, »daß allein der Gemeinwille die Kräfte des Staates dem Zweck seiner Gründung entsprechend lenken kann«. Das »Manuscrit de Genève« enthält ihn: »Da nun der Wille stets nach dem Wohl des Wesens strebt, das will, da der partikulare Wille stets das private Interesse verfolgt und der Gemeinwille das gemeinsame Interesse, folgt daraus, daß dieser letztere allein die wahre Triebfeder des gesellschaftlichen Körpers ist oder sein sollte.«

Die Macht kann wohl übertragen werden, der Wille aber nicht – Die Kritik der Repräsentativsysteme deutet sich hier an, die in Kap. XV des Dritten Buches fortgesetzt wird.

401 *und verliert die Qualität eines Volkes* – In Rousseaus Augen waren also fast alle Völker im damaligen Europa des Titels »Volk« nicht würdig, weil sie von absoluten Monarchen regiert wurden.

Das wird ausführlicher zu erklären sein – im Dritten Buch.

401 *teilen sie sie in ihrem Objekt* – Gemeint sind Schriftsteller wie Grotius, Pufendorf und Barbeyrac, bei denen »von Teilen der Souveränität« die Rede ist; sie werden etwas später genannt. Ungenannt wird jedoch auch Montesquieu attackiert, der in dem berühmten Kapitel über die englische Verfassung (*Esprit des lois*, XI, 6) die Theorie der Gewaltenteilung entwickelt.

402 *um Wilhelm nicht als Usurpator erscheinen zu lassen* – Die Revolution von 1688 hatte Wilhelm von Oranien auf den englischen Thron und Jakob II. ins Exil nach Frankreich gebracht. Um das Prinzip der Erbmonarchie nicht anzutasten, hatte das Parlament die Vertreibung Jakobs II. als »Abdankung« deklariert, was den Tatsachen nicht entsprach, von Burlamaqui aber übernommen wurde.

403 *Wenn sich aber Klüngel und partielle Assoziationen* – Für Rousseaus Absage an Parteien und das Repräsentativsystem lassen sich historische Erfahrungen benennen: Die antiken Polisdemokratien kannten keine repräsentativen Körperschaften, die Generalstände des 16. Jahrhunderts waren keineswegs Volksvertretungen, das englische Parlament war im 18. Jahrhundert vor allem wegen seiner Korruptheit zu traurigem Ruhm gelangt – in Versammlungen vereinigten sich also nur die herrschenden Stände. Dennoch bleibt diese Seite von Rousseaus Demokratie-Denken ohne Perspektive.

405 *in seinem Gegenstand wie in seinem Wesen* – Das heißt, der Gemeinwille bezieht sich auf alle (der Gegenstand), und er wird von allen gebildet (das Wesen).

406 *Er kann, da allgemein, weder über einen Menschen noch über eine Sache entscheiden* – Die Regelung solcher partikularen Angelegenheiten ist deshalb Sache der Regierung, nicht des Souveräns.
man lasse mir Zeit, meine darzulegen – Siehe Drittes Buch.

408 *Vom Recht über Leben und Tod* – Das Kapitel folgt logisch auf das vorangehende, indem die Frage gestellt wird, ob die Todesstrafe zu den Machtbefugnissen des Souveräns gehört. Im Unterschied zu Montesquieu und anderen Aufklärern, die sich für Strafmilderung aussprachen, vertrat Rousseau die Todesstrafe.
Wenn der Fürst sagt – Das Wort hier im Sinne von »Magistrat« gebraucht, wie im Dritten Buch, Kap. I definiert: »Ich nenne daher *Regierung* oder oberste Verwaltung die rechtmäßige Ausübung der exekutiven Gewalt und Fürst oder Magistrat den Mann oder die Körperschaft, die mit dieser Verwaltung beauftragt sind.«

410 *Was gut und geordnet ist, ist es durch die Natur der Dinge* – Der Originaltext »Ce qui est bien et conforme à l'ordre ...« bringt das platonische Erbe in Rousseaus Denken noch deutlicher zum Ausdruck. In dem ganzen Abschnitt betont er die göttliche Herkunft der Gerechtigkeit, die schon vor der Gesellschaft existiert, aber erst durch den Gesellschaftsvertrag zum Machtfaktor wird.
mit diesem Wort nur metaphysische Ideen zu verbinden – Das ist gegen Montesquieu gerichtet, der im *Esprit des lois* (I, 1) die Definition gegeben hatte: »Die Gesetze in ihrer weitesten Bedeutung sind die notwendigen Beziehungen, die sich aus der Natur der Dinge herleiten.«

411 *Aber das Ganze weniger einem Teil* – Wie schon in Kapitel III dieses Buches arbeitet Rousseau mit mathematischer Kalkulation, um zu verdeutlichen, daß es wirklichen Gemeinwillen nur über Fragen geben kann, die alle Bürger ohne Ausnahme betreffen.

412 *Republik nenne ich* – im Sinne des lateinischen »res publica«.

413 *die Öffentlichkeit will das Gute, das sie nicht sieht* – Bewußt formuliert Rousseau paradox, um »die Notwendigkeit des weisen Gesetzgebers« zu motivieren, dessen Autorität wie bei einem Propheten in seiner Auserwähltheit begründet liegt.

Den Schluß ... zog Platon – in seinem Dialog *Politikos.*

414 *sagt Montesquieu* – in den *Betrachtungen über die Ursachen der Größe und des Verfalls der Römer* (1734), Kap. 1, im Zusatz von 1748.

415 *in denselben Händen* – in den Händen der Decemvirn (im Jahre 454 v. u. Z.), die sich nach der Erfüllung ihres Auftrages weigerten, ihre außerordentlichen Vollmachten zurückzugeben, so daß es zu Unruhen kam. Die Decemvirn waren als außerordentliche höchste Beamte gewählt, um das geltende Stadtrecht Roms schriftlich zu fixieren. Das 451 vorgelegte Zwölftafelgesetz, eine wichtige Etappe in der Auseinandersetzung der Plebejer mit den Patriziern, galt bis zum Ausgang des römischen Imperiums als Quelle des gesamten römischen Rechts.

417 *des Kindes von Ismael* – Mohammed.

Während eine hochmütige Philosophie – Anspielung auf Voltaires Tragödie *Mahomet* (1741).

Warburton – William Warburton, Bischof von Gloucester, hatte 1736 das Buch *The Alliance between Church and State* veröffentlicht.

Vom Volk – Im »Manuscrit de Genève« hatte Rousseau geschrieben: »Obwohl ich hier vom Recht und nicht von zweckdienlichen Übereinkünften handle, kann ich nicht umhin, nebenbei auch das Augenmerk auf solche zu richten, die für jede gute Verfassung unentbehrlich sind.« Damit war der methodische Wechsel angegeben, der für die folgenden, stark Montesquieu verpflichteten Abschnitte beibehalten wird: nicht von »Prinzipien des Staatsrechts« ist hier mehr die Rede, sondern von konkreten, je nach den Bedingungen einzelner Völker vereinbarten positiven Gesetzen. Das gleiche Verfahren wird Rousseau in den Verfassungsentwürfen für Korsika und Polen anwenden.

418 *Man kann die Freiheit erringen, aber niemals wiedererlangen* – Rousseau hat das Schicksal der antiken Republiken vor Augen und vergleicht fälschlich das Leben der Staaten mit dem der Menschen.

Die Russen werden nie wirklich zivilisiert sein – Die Kritik des Reformwerkes Peters I. ist eine Polemik gegen Voltaire, der in seinen Werken *Histoire de Charles XII.* (1731) und *Histoire de l'empire de Russie sous Pierre le Grand* (1760) den Zaren als Genie gefeiert hatte. Für Voltaire gehörte der Zar zu den seltenen Gesetzgebern, die ihrem Werk auch ohne religiöse Aura Geltung zu verschaffen wußten. Mit dieser Passage des *Contrat social* hat sich Voltaire im *Dictionnaire philosophique* (1764) mit Spott, in späteren Arbeiten mit ernsthaften Argumenten auseinandergesetzt. In der frühesten

Reaktion, den *Republikanischen Ideen* (1762), lautet die Erwiderung auf Rousseaus Tatarenprognose: »Es scheint ihm unausbleiblich, daß elende Tatarenhorden, die auf der niedrigsten Stufe des Verfalls leben, alsbald ein Reich unterwerfen werden, das von zweihunderttausend Soldaten geschützt wird, die zu den besten Truppen Europas gehören! Hat der Almanach des ›Hinkenden Boten‹ jemals solche Voraussagen gemacht? Der Petersburger Hof wird uns als große Astrologen ansehen, wenn er erfährt, daß einer unserer Uhrmachergehilfen die Stunde festgesetzt hat, zu der das Russische Reich zerstört werden soll.« (Voltaire, *Erzählungen, Dialoge, Streitschriften*, Berlin 1981, Band 3, S. 267)

420 *Dieselben Gesetze können nicht so vielen verschiedenen Provinzen gemäß sein* — Die konservative Seite in Rousseaus Denken ist unübersehbar. Durch seine Fixierung auf die Polisdemokratie blieben ihm die progressiven Aspekte am Absolutismus unsichtbar, dessen vereinheitlichende Gesetzgebung in Wahrheit »das erste politische Werkzeug der Bourgeoisie gegen Feudale« (Lenin) gewesen ist.

423 *diese kleine Insel wird eines Tages Europa in Erstaunen versetzen* — Der erfolgreiche Widerstand der Korsen gegen die Herrschaft Genuas wurde in Frankreich aufmerksam verfolgt. 1764 erreichte Rousseau eine Einladung, für die Insel einen Verfassungsentwurf auszuarbeiten (s. Band 2 dieser Ausgabe).

Republik Thlascala — Ein selbständiger Stadtstaat inmitten des Aztekenreiches, der sich der Expansionspolitik der Gott-Könige Montezuma I. und II. widersetzte und daraufhin von Importen abgeschnitten wurde.

424 *Ich habe bereits gesagt* — Erstes Buch, VIII.

425 *Der Verfasser des »Geistes der Gesetze«* — Montesquieu in Buch XI, Kap. 5.

426 *wie wir später sehen werden* — Drittes Buch, I.

429 *die Verbindung von Seele und Körper* — An dieser cartesianischen Unterscheidung hat Rousseau zeitlebens festgehalten.

Könige, das heißt Regierende — Im Lateinischen gehört »rex«, aus dem das französische »roi« hervorgeht, zur Wortfamilie »regere« = regieren.

Es ist lediglich ein Auftrag — Als im Mai 1790 in der Nationalversammlung über das Recht des Königs, den Krieg zu erklären, debattiert wurde, erklärte Robespierre: »Es ist falsch, zu sagen: der *Repräsentant* der Nation. Der König ist der Angestellte *[commis]* und Beauftragte der Nation, um die Verfügungen der Nation auszuführen.«

430 *je größer der Staat ist* — Rousseau favorisiert das Polisideal also auch, weil das Gewicht der Stimme des einzelnen immer mehr zur Bedeutungslosigkeit verurteilt wird, je größer und volkreicher ein Staat ist.

434 *je mehr sie sich konzentrieren* — das heißt, sich auf eine immer begrenztere Zahl von Individuen beziehen.

435 *je größer der Staat wird, desto eingeschränkter muß die Regierung werden* — Am Ende des nächsten Kapitels wird daraus gefolgert, »daß im allgemeinen die demokratische Regierung für kleine, die aristokratische für mittlere und die Monarchie für große Staaten geeignet ist«.

436 *Einteilung der Regierungen* — Klassifikationen der Regierungen finden sich schon bei Platon und Aristoteles. Rousseaus Originalität ist es, Souverän und Regierung unterschieden zu haben.

438 *früher oder später die größte Macht erwerben* — wie die Erfahrungen in Genf zeigten, wo der Kleine Rat den Conseil général zu einer Macht rein theoretischer Natur herabgedrückt hatte.
ein berühmter Autor — Montesquieu im *Esprit des lois*, III, 3 und V, 2.

439 *das gleiche Prinzip gelten muß* — Gemeint ist der im Zweiten Buch, Kap. VI dargelegte Grundsatz: »Republik nenne ich deshalb jeden von Gesetzen regierten Staat, unter welcher Verwaltungsform auch immer.«
Malo periculosam vitam ... — (lat.) Lieber eine gefährliche Freiheit als eine ruhige Knechtschaft; Zitat aus den *Observations sur le gouvernement de Pologne* (1749) Stanisław Leszczyńskis.
Geronten — In Sparta bildete der Rat der Geronten (Greise) neben den Königen und Ephoren die dritte Regierungsgewalt.

441 *wie Aristoteles behauptet* — Im Interesse der Reichen wirkt die Regierung bei Aristoteles in der Oligarchie, nicht in der Aristokratie (*Politik*, III, 7).
Von der Monarchie — Theoretisch kann auch die Monarchie als legitime, d.h. nach Gesetzen regierte Staatsform betrachtet werden. In der Praxis tendieren die Monarchien für Rousseau zum Despotismus, weshalb das Kapitel zu einer scharfen Anklage wird. Voltaire, der für eine konstitutionelle Monarchie optierte, reagierte darauf in dem Dialog *Das ABC*: »Gegenwärtig widmet sich eine große Anzahl von Schriftstellern der Reformierung von Reichen und Republiken. Ein Mann, der keinen Hühnerhof regieren könnte, ja nicht einmal einen besitzt, greift zur Feder und gibt einem Königreich Gesetze.« (*Erzählungen, Dialoge, Streitschriften*, Band 2, S. 320)

442 *ein politischer Prediger* — Anspielung auf Hobbes' *Leviathan*, Kap. 19.
Samuel — 1. Samuel 8, 10–18.

443 *»Der Fürst« von Machiavelli ist das Buch der Republikaner* — In einer erst 1782 veröffentlichten Anmerkung hat Rousseau den Satz erläutert: »Machiavelli war ein redlicher Mann und ein guter Bürger. Aber da er dem Hause Medici verbunden war, sah er sich bei der Unterdrückung seines Vaterlandes gezwungen, seine Freiheitsliebe zu verbergen. Allein die Wahl seines scheußlichen Helden [Cesare Borgia] bekundet hinreichend seine geheime Absicht; und der Widerspruch der Maximen seines Buches *Der Fürst* zu denen seiner *Unterhaltungen über Titus Livius* und seiner *Florentiner Geschichten* beweist, daß dieser tiefe politische Denker bis jetzt nur oberflächliche oder korrumpierte Leser gefunden hat. Die Kurie in Rom hat sein Buch verboten: Das will ich meinen, denn sie ist es, die er am klarsten beschrieben hat.«
Ein wesentlicher und unvermeidlicher Mangel ... — Der ganze Abschnitt wurde in letzter Minute eingefügt, wie aus einem Brief Rousseaus an Rey vom 6. Januar 1762 hervorgeht. Rousseau hoffte, mit der abschließenden Anspielung auf den Minister Choiseul, den »zum Regieren geborenen Mann«, dessen Gunst zu erringen und die Einfuhr des *Contrat social* nach Frankreich zu erleichtern. Er bewirkte das Gegenteil, was kaum verwundern

kann: Choiseul förderte das Verbot des *Emile* und des *Contrat social* und übte im gleichen Sinne Druck aus auf die Behörden in Genf. Voltaire kommentierte den Satz über die Minister in den *Republikanischen Ideen* als fatalen Mißgriff: »Eine solche abstoßende Anhäufung von erbärmlichen und zynischen Antithesen gehört sich ganz und gar nicht für ein Buch über die Regierung, das doch mit der Würde der Weisheit geschrieben werden sollte.« (*Erzählungen, Dialoge, Streitschriften*, Band 3, S. 266)

444 *seine Größe* – die Größe der Bevölkerung.

445 *Dein Vater war auch nicht König!* – Plutarch, *Moralia*, 3, 31.

Nam utilissimus ... – (lat.) Denn das beste Mittel und zugleich das kürzeste, das Gute vom Schlechten zu unterscheiden, besteht darin, zu überlegen, was man unter einem anderen Fürsten gewollt hätte und was nicht.

ein Irrtum, den ich bereits widerlegt habe – Erstes Buch, II.

446 *In civili* – Gemeint ist Platons Dialog *Politikos*.

448 *Nicht jede Regierungsform ist für jedes Land geeignet* – Auch für dieses Kapitel gilt der methodische Wechsel, von dem schon für Kapitel VIII bis XI des Zweiten Buches die Rede war.

Montesquieu – Esprit des lois, XVII, 2.

451 *Posillipo* – Name eines im Südwesten von Neapel gelegenen Berges.

452 *Seine Anführer* – die Anführer des Volkes vor dem Aufstand.

453 *Die Untertanen ... die Bürger* – In den folgenden Parallelen werden die in einer Monarchie lebenden Menschen mit den Bürgern einer Demokratie konfrontiert.

454 *Das ist der innewohnende und unvermeidbare Mangel* – Die Problematik seines Idealstaates ist Rousseau deutlich bewußt, sein Pessimismus bemerkenswert.

idque apud imperitos ... – (lat.) Bei den Unerfahrenen wurde Bildung genannt, was ein Teil der Knechtschaft war. (Tacitus, *Agricola*, 30)

daß ein Dichter hunderttausend Livres Rente bezieht – übertreibende Anspielung auf die jährliche Pension von zwanzigtausend Livres, die Friedrich II. Voltaire 1750 gegeben hatte, als er ihn nach Berlin holte.

ubi solitudinem faciunt ... – (lat.) Wo sie eine Einöde schaffen, nennen sie es Frieden. (Tacitus, *Agricola*, 31)

mit einem Dolch in der Tasche – Kardinal Retz, der 1648 den Aufstand der Fronde leitete, hat in seinen *Memoiren* über diese Begebenheit berichtet. Daß die französische Bevölkerung in dieser Periode glücklich gelebt hätte, steht zu den historischen Tatsachen in schneidendem Gegensatz.

Machiavelli – Florentiner Geschichten, Vorrede.

455 *Serrar di Consiglio* – Schließung des Rates.

Squittinio della libertà – Eine anonyme Schrift aus dem Jahre 1612, in der die rechtlichen Ansprüche des Kaisers auf Venedig vertreten wurden.

456 *Anarchie ... Ochlokratie* – Jede nicht legitime Regierung nennt Rousseau Anarchie; Ochlokratie ist die Pöbelherrschaft.

457 *Wenn Sparta und Rom untergegangen sind* – fast ein Zitat aus Montesquieus berühmtem Kapitel *Von der Verfassung Englands*: »Wie alle menschlichen Dinge ein Ende haben, wird der Staat, von dem wir handeln,

seine Freiheit verlieren und untergehen. Rom, Sparta und Karthago sind untergegangen.« (*Esprit des lois*, XI, 6)

457 *Omnes enim ...* – (lat.) Denn alle gelten als Tyrannen, die dauernd die Macht in einem Staate innehaben, der die Freiheit kannte.

459 *Erkennen wir in dem, was einst vollbracht wurde, das, was [heute] getan werden kann* – So idealisiert Rousseaus Antikebild ist, seine politische Theorie beansprucht, wie gerade dies Kapitel zeigt, auch für die modernen Großstaaten Gültigkeit.

460 *Neben den außerordentlichen Versammlungen ... muß es ... regelmäßig wiederkehrende geben* – In diesem Kapitel und im letzten des Buches werden die politischen Verhältnisse in Genf ins Visier genommen. In den *Briefen vom Berge* wird Rousseau dann ausführlich auf die Genfer Auseinandersetzungen zurückkommen.

Zweitens kann eine Stadt ebensowenig ... einer anderen untertänig sein – Auf diesen Grundsatz beriefen sich die Girondisten, als sie die Pariser »Diktatur« attackierten.

korrelative identische Begriffe – vgl. Erstes Buch, VI, in fine.

462 *Frondienste widersprechen der Freiheit weniger als Steuern* – Ein Gedanke, der im *Entwurf einer Verfassung für Korsika* wiederaufgenommen wird, mit dem Rousseau den wirtschaftlichen und politischen Realitäten seiner Zeit freilich wie ein Don Quichote begegnet. Seine Sehnsucht nach der idealen »cité« ist hier mit Vorstellungen verknüpft, die man später als romantischen Antikapitalismus bezeichnen wird.

463 *den dritten Stand zu nennen* – Rousseau sieht im dritten Stand bereits den Träger des Gemeinwillens. Der Schritt zu der berühmten, 1789 von Abbé Sieyès aufgestellten These ist nicht mehr groß: »Was ist der dritte Stand? Alles. Was ist er bisher in der politischen Ordnung gewesen? Nichts.«

und der Name des Menschen geschändet wird – Anspielung auf das »hommage« genannte Feudalrecht, wonach der Vasall »homme« (Mensch) seines Lehnsherrn war.

465 *wenn das Gemeinwesen nicht sehr klein ist* – Obwohl Rousseau darum weiß, daß die antike Demokratie ohne Sklaverei nicht vorstellbar war, weicht er der Frage aus, wie der moderne Bürger, der selbst für seine Bedürfnisse aufzukommen hat, seine Zeit ganz dem politischen Leben widmen soll. Moderne Demokratie kann es nicht ohne Volksvertreter geben; deren permanente Kontrolle war das historisch sich stellende Problem.

466 *heißt zur vollen Freiheit zurückkehren* – Weil der Vertrag gebrochen ist, tritt der Zustand der natürlichen Freiheit wieder ein.

468 *daß es sie ... ein- und absetzen kann* – ein weitreichendes Prinzip, von dem man das Recht des Volkes zur Insurrektion ableiten konnte, wie es in der Verfassung von 1793 verankert wurde.

zwischen dem Willen eines ganzen Volkes und dem Gelärm einer Partei zu unterscheiden – Der Streit um Rousseau zwischen den Parteien der Revolution ist hier schon vorprogrammiert (s. Einleitung zu dieser Ausgabe, S. 34).

470 *Grotius* – *De iure belli ac pacis*, II, 5, § 24.

471 *bei dem glücklichsten Volk auf Erden* – Anspielung auf die Schweizer Kantone.

472 *»Schallenhaus«* – Schwere Haftstrafen mußten in Bern in einem Gefängnis verbüßt werden; die zu öffentlichen Arbeiten herangezogenen Häftlinge wurden mit Schellen versehen, um ihre Flucht zu erschweren.

Herzog von Beaufort – einer der Anführer der Fronde.

»Disziplin« – ein Haus für jugendliche Taugenichtse in Genf.

473 *dieser wichtige Gegenstand würde eine gesonderte Abhandlung erfordern* – In den *Briefen vom Berge*, VII bis IX, ist Rousseau auf das Problem zurückgekommen.

474 *Tacitus beobachtete* – *Historiae*, I, 85.

476 *sagt Montesquieu* – *Esprit des lois*, II, 2.

477 *arme Barnaboten* – Spottname der venezianischen Nobili, die im Armenviertel um die Kirche St. Barnaba wohnten.

Abbé Saint-Pierre – im *Discours sur la Polysynodie* (1718).

478 *Von den römischen Komitien* – »Comitia« hießen im republikanischen Rom die von einem ordentlichen Magistrat einberufenen Volksversammlungen. Rousseaus Hauptquelle für dieses und die folgenden Kapitel, die an Bedeutung jedoch nicht die anderen Teile des Werkes erreichen, ist Sigonius' *De antiquo iure civium romanorum* (1560) und Machiavellis *Unterhaltungen über Titus Livius.* Beide Werke gehören zu den Büchern, die Rousseau 1767 in England verkaufte. Mit »Prinzipien des Staatsrechts« haben die vier Kapitel über die politischen Institutionen im alten Rom nur einen indirekten Zusammenhang. Es ging Rousseau vor allem darum, das Vierte Buch etwas aufzufüllen – wozu auch ein Exkurs dienen konnte –, um das entscheidende Kapitel *Von der Bürgerreligion* unterzubringen.

479 *Servius* – Servius Tullius, der sechste römische König (578–534 v. u. Z.); die nach ihm benannte Verfassung verschaffte den Plebejern Zugang zur Bürgerversammlung, bewahrte den Patriziern aber die Vorherrschaft.

480 *jener weise Gründer* – Romulus.

sagte Varro – Marcus Terentius Varro (116–27 v. u. Z.), der größte Gelehrte des alten Rom; das Zitat stammt aus seinem Lehrbuch über die Landwirtschaft.

die Zensoren – Das Amt des Zensors war das vornehmste der Republik, nur je zwei der sittenstrengsten ehemaligen Konsuln wurden zu Zensoren gewählt. Als oberste Steuerbeamte hatten sie das Verzeichnis der Bürger aufzustellen und die Verteilung der Bürger auf die Stände nach ihrem Vermögen vorzunehmen; Ritter und Senatoren konnten sie bei schlechtem Lebenswandel aus ihren Ständen ausschließen.

482 *Man mußte einen Herd haben* – Eigentum und Freiheit sind für Rousseau unlösbar verbunden. Wer kein Eigentum besitzt, wird als »Bettler« verachtet.

capite censi – (lat.) diejenigen, die man nur nach Häuptern besteuern kann.

484 *die Kurien* – Die Kuriatskomitien waren in Wirklichkeit nur Versammlungen der Patrizier.

487 *geheime Abstimmungen* – Sie wurden am Anfang des 2. Jahrhunderts v.u.Z. eingeführt, um dem Stimmenkauf durch die Patrizier zu begegnen. Ciceros Tadel (*De legibus*, III) erklärt sich daraus.

489 *Auspizien* – Als Beamter der Plebejer besaß der Tribun keine religiöse Vollmacht; die Erkundung des Willens der Götter durch Vogelschau war den Auguren vorbehalten.

Agis – König von Sparta (245–240 v.u.Z.), den nach Plutarch die Ephoren erdrosseln ließen.

493 *Von der Zensur* – Das Kapitel unterscheidet sich von den vorangegangenen dadurch, daß es nicht untersucht, wie das geschriebene Gesetz anzuwenden ist, sondern wie das nicht geschriebene, d.h. die Sitten, zu bewahren ist.

494 *Brief an d'Alembert* – Auf das Problem der Duelle ist Rousseau kurz in genanntem Brief (Edition Garnier-Flammarion, Paris 1967, S. 144ff.), ausführlicher jedoch in der *Neuen Héloïse*, I, 57, eingegangen.

495 *Von der Bürgerreligion* – Nach den altrömischen Institutionen kommt die Behandlung der »religion civile« überraschend. Rousseau hat das Kapitel erst in ultimo seinem Verleger übersandt, obwohl er sich mit dem Problem seit langem befaßt hatte. Schon in dem Brief an Voltaire vom 18. August 1756 hatte er geschrieben: »Ich möchte, daß es in jedem Staat ein Moralgesetzbuch gäbe oder eine Art bürgerlichen Glaubensbekenntnisses, welches in positiver Hinsicht die sozialen Grundsätze enthielte, die jeder zu billigen gehalten wäre, und in negativer Hinsicht die fanatischen Grundsätze, die abzulehnen wären, nicht weil sie gottlos, sondern weil sie aufrührerisch sind ... Ein solches Werkzeug, sorgfältig ausgeführt, würde, so scheint mir, das nützlichste Buch sein, das jemals geschrieben worden ist, und vielleicht das einzige, welches die Menschen wirklich brauchen.« (Voltaire, *Korrespondenz aus den Jahren 1749 bis 1760*, Leipzig 1978, S. 114f.). Im Gegensatz zu der seit Bayle von der französischen Aufklärung vertretenen Auffassung, daß die Religion von der Moral zu trennen sei, bemüht Rousseau die Religion, um die Autorität der Gesetze zu stärken.

die Gelehrsamkeit unserer Tage – Die von Rousseau abgelehnte vergleichende Religionsgeschichte der Aufklärung hat zu Recht nach Gemeinsamkeiten zwischen den partikularen Gottheiten gesucht.

498 *Sekte des Ali* – die Schiiten unter den Muselmanen, die nur die Nachkommen Alis als legitime Immane anerkennen.

Hobbes – *De cive*, Kap. XVII, § 28, in fine.

499 *Bayle* – Die angeführten Ideen hatte Pierre Bayle vor allem in den *Pensées sur la comète* (1680) entwickelt.

der wahre Theismus – Dieses ganz individualistische Religionskonzept entwickelt Rousseau im *Glaubensbekenntnis des savoyischen Vikars* im Vierten Buch des *Emile*.

500 *Sacer estod!* – Die lateinische Formel der Exkommunikation: Sei verflucht!

Ich kenne nichts, was dem gesellschaftlichen Geist mehr widerspricht – Dieser Satz über das Christentum löste die stärksten Polemiken aus. Im ersten der *Briefe vom Berge* hat Rousseau seine Anschauungen erläutert.

502 *Die Soldaten des Fabius* – Die Episode ist berichtet bei Livius, *Ab urbe condita*, II, 45.

504 *Die Ehe zum Beispiel* – Diese Anmerkung ließ Rousseau kurz vor Abschluß des Druckes streichen, um kein Risiko einzugehen; nur in wenigen Exemplaren blieb sie erhalten. Sie enthält eine klare Anspielung auf die protestantischen Ehen, die in Frankreich zwischen 1685 und 1788 keine Gültigkeit hatten.

505 *Heinrich IV.* – Péréfixe berichtet in der *Histoire d'Henri le Grand* (1664), Heinrich solle bei einem in seiner Gegenwart geführten Religionsgespräch, als der protestantische Vertreter einräumte, man könne auch in der katholischen Kirche das Heil finden, geäußert haben: »Dann sagt mir, warum es klug ist, daß ich die katholische Religion wähle und nicht die eure; denn schließe ich mich der katholischen an, dann werde ich selig sowohl nach eurer wie nach der Katholiken Überzeugung. Schließe ich mich aber der euren an, werde ich zwar nach eurer Meinung, nicht aber nach der Meinung jener gerettet. Die Klugheit heißt mich den sichern Weg wählen.«

Schluß – ein Ausblick auf Fragen, die Rousseau in den *Institutions politiques* behandeln wollte.

POLITISCHE FRAGMENTE

Robert Derathé hat für die Pléiade-Edition der *Ecrits politiques* aus unveröffentlichten und bereits veröffentlichten Fragmenten eine nach Themen geordnete Fragmentensammlung zusammengestellt, die hier zum erstenmal in deutscher Übersetzung vorliegt. Neben Skizzen oder Fragmenten von Arbeiten umfaßt sie auch Varianten gedruckter Texte oder einfach Notizen und bildet insofern kein »Werk« Rousseaus. Dennoch verdienen die *Fragmente* ein doppeltes Interesse: die in den Sektionen XII bis XIV zusammengestellten Texte fallen durch sparsame Polemik und Dominanz des erzählenden Elements auf, es scheinen sehr frühe literarische Versuche zu sein. Die politischen Fragmente im eigentlichen Sinne ermöglichen einen Einblick in die »Werkstatt«, nicht in die gedankliche Entwicklung Rousseaus; bei ihrer Niederschrift hatte Rousseau seine politische Theorie bereits weitgehend ausgebildet. Wie er seine Hauptprinzipien in prägnanten Sätzen oder treffenden Formulierungen festhalten konnte, scheint für Rousseau ein wichtiger Teil seiner Arbeit gewesen zu sein. Daß die Fragmente für eine ganze Reihe der gedruckten Werke benutzt wurden, belegen einige Anmerkungen.

509 *Über die F* – Zu ergänzen wohl: Frauen oder Finanzen. Das Fragment enthält eine Liste von Themen für die persönliche Arbeit, nicht das Exposé zu einem bestimmten Werk.

Vorwort – Dieser Text könnte ein erster Entwurf für die Vorrede zu den geplanten *Institutions politiques* gewesen sein.

513 *entwickeln sich die höchsten Fähigkeiten* – Vernunft und Gewissen, die im Naturzustand schlummernde Anlagen waren. Perfektibilität und Geselligkeit,

von Rousseau häufig als problematische Momente betrachtet, werden hier in ihrer positiven Funktion gewürdigt.

515 *Der vereinzelte Mensch* – Die Fragmente I, 11 bis 13 sind eine Erstfassung oder Varianten von Abschnitten aus jenem Kapitel *Über die allgemeine Gesellschaft des Menschengeschlechts* (I,2) des »Manuscrit de Genève«, das Rousseau in die definitive Fassung des *Contrat social* nicht aufnahm.

517 *Über das Naturrecht und die allgemeine Gesellschaft* – R. Derathé zufolge wohl die ursprüngliche Fassung des obengenannten Kapitels des »Manuscrit de Genève«.

518 *Das Volk kann nur mit sich selbst Verträge abschließen* – vgl. *Gesellschaftsvertrag*, Drittes Buch, I.

519 *Da alle Bürgerrechte auf dem Eigentumsrecht beruhen* – vgl. *Abhandlung über die Politische Ökonomie*, S. 359f.

521 *das Ziel der öffentlichen Verwaltung* – Die Fragmente 12 bis 22 wurden in Vorbereitung des *Enzyklopädie*-Artikels über die politische Ökonomie geschrieben.

524 *während die Familie stets nur eines hat* – Die Texte 18 und 19 waren ursprünglich für den Anfang des *Enzyklopädie*-Artikels gedacht, in welchem Rousseau die Führung eines Staates und einer Familie eingehend untersucht.

Schlußfolgerung ... die der aus dem »Geist der Gesetze« entgegensteht – Montesquieu hatte die Ansicht vertreten, die väterliche Gewalt sei in Monarchien entbehrlich, unabdingbar jedoch in Republiken.

526 *beim Ausgang des »Tartuffe«* – wenn der Offizier des Königs ganz unerwartet den betrügerischen Tartuffe verhaftet und der Monarch so zum wirkenden Prinzip des Guten stilisiert wird.

529 *Gesetzessammlung des Justinian* – Rousseaus vernichtendes Urteil über das *Corpus iuris* wird dem großen Kodifikationswerk aus dem Jahr 533 nicht gerecht, das in den Zusammenhang der von Kaiser Justinian verfolgten, aber gescheiterten Politik gehört, das alte Römerreich zu reorganisieren; es stellt das letzte große Vermächtnis der Römer an die Nachwelt dar.

530 *Prokop* – Bedeutender Historiker der Justinianischen Regierungszeit, der in den nachgelassenen Anekdoten seiner *Arcana historia* Justinian und die Kaiserin Theodora mit Schmähungen überhäuft. Tribonian war ein Günstling des Kaisers, der das Kodifikationswerk angeregt haben soll.

531 *Ein moderner Autor* – Montesquieu, der im *Esprit des lois* (VI, 9) allerdings geschrieben hat: »Alles, was das Gesetz eine Strafe nennt, ist eine Strafe.«

532 *Ich bin kein Diener Gottes, um zu hassen* – Zitat aus Plutarchs *Parallelen Lebensbeschreibungen (Alkibiades)*.

534 *»Œconomiques«* – Zitat aus dem Werk des Generalsteuerpächters Claude Dupin, bei dessen Frau Rousseau als Sekretär arbeitete, als das Werk 1745 als Privatdruck erschien.

539 *Es ist also gewiß, daß wir weniger bei uns selbst als in der Meinung anderer unser Glück suchen* – vgl. *Abhandlung über die Ungleichheit*, S. 273.

542 *Mich grämen die Scherze, die sich der heilige Augustinus ... erlaubt hat* – Anspielung auf Buch III, 16 und Buch V, 18 der *Civitas dei*, wo der Kir-

chenvater die Verse der *Aeneis*, VI, 820, über Brutus zitiert und dann den Widerspruch zwischen Vaterlandsliebe und Menschlichkeit herausstellt.

543 *ein Wunder, das nur durch unerwarteten Enthusiasmus ... geschehen konnte* – Gemeint sind die Gesetze des Lykurg.

544 *Marcus Antonius* – Mark Aurel, von 161 bis 180 römischer Kaiser, ein »Weiser auf dem Thron«, dessen *Selbstbetrachtungen* ein vielgelesenes Dokument stoischer Resignation bildeten.

546 *Sie fragen, meine Herren, welches Volk einmal das glücklichste gewesen ist* – Ein Brief Rousseaus vom 29. April 1762 an V. von Tscharner erhellt, daß das Fragment in jenem Jahr entstanden ist. Rousseau wendet sich an die Mitglieder der Ökonomischen Gesellschaft in Bern und versucht jene der vier auf einem Fragebogen enthaltenen Fragen zu beantworten, die ihm die wichtigste schien.

548 *die glücklichste Nation ist die, die am ehesten ohne alle anderen auskommen kann* – vgl. *Gesellschaftsvertrag*, Zweites Buch, X.

553 *wie ich es zuvor tat* – in der *Abhandlung über die Wissenschaften* und den Antworten an Stanisław und Bordes.

555 *haben sich in unseren Tagen zwei Männer ... in den Sinn kommen lassen* – Einer der beiden dürfte der Bankier R. Cantillon sein, der große Vermittler der englischen Ökonomie des 17. Jahrhunderts an die französische Schule des 18. Jahrhunderts, dessen um 1725 geschriebener *Essai sur la nature du commerce en général* zwar erst 1755 im Druck erschien, in Manuskriptform aber schon vor 1750 in England und Frankreich zirkulierte und zitiert wurde.

559 *der erste Ecu ist unendlich viel schwerer zu erlangen als die zweite Million* – Eine ganz ähnliche Formulierung findet sich in der *Abhandlung über die Politische Ökonomie*, S. 370.

563 *Ich habe zum Ende dieses Artikels* – Das Fragment sollte zunächst den *Enzyklopädie*-Artikel über politische Ökonomie beschließen.

564 *Findelkinder* – Die Statistik verrät, daß Rousseau das Problem der Findelkinder nicht mehr losließ.

565 *Um erfolgreich die Geschichte des Menschengeschlechts zu verfolgen* – Der Text entstand während der Arbeit an den Anmerkungen zur *Abhandlung über die Ungleichheit* und weist enge Bezüge zu Kapitel IX des *Essays über den Ursprung der Sprachen* auf.

571 *das Buch des Abbé Dubos* – *Réflexions critiques sur la poésie et sur la peinture* (1719), das Zitat aus Band 2, S. 261.

582 *Geschichte Lakedaimoniens* – Das Fragment scheint ein sehr früher Versuch Rousseaus zu sein, der sich einen Gegenstand sucht, an den »sich noch kein Moderner gewagt hat«.

599 *Vergleiche Mandelslo* – Jean-Albert Mandelslo, *Relation du voyage d'Adam Olearius en Moscovie, Tartarie et Perse* (1659).

INHALT

Abhandlung
über den Ursprung und die Grundlagen
der Ungleichheit unter den Menschen
Von Jean-Jacques Rousseau, Bürger von Genf

Discours
sur l'origine et les fondements de l'inégalité
parmi les hommes
Par Jean-Jacques Rousseau, citoyen de Genève

Deutsch von Brigitte Burmeister

Abhandlung
über die Politische Ökonomie

Discours
sur l'économie politique

Deutsch von Heinz Hohenwald

Vom Gesellschaftsvertrag
oder Prinzipien des Staatsrechts
Von Jean-Jacques Rousseau, Bürger von Genf

Du contrat social
ou Principes du droit politique
Par Jean-Jacques Rousseau, citoyen de Genève

Deutsch von Vincent von Wroblewsky

Drittes Buch

Viertes Buch

Politische Fragmente
Fragments politiques

Deutsch von Heinz Hohenwald

Anhang

1. Auflage 1989

Einbandgestaltung Norbert Barowski
Typographie Christa Wendt
Offizin Andersen Nexö, Graphischer Großbetrieb, Leipzig III/18/38
Printed in the German Democratic Republic
Lizenznummer 220. 415/25/89
Bestellnummer 618 503 9
I/II 03480

Rousseau, Kulturkr. Schriften 1–2
ISBN 3-352-00292-4